GRIECHENLAND

REISE-TIPS

MARTIN VELBINGER

Erhältlich gegen Voreinsendung von 29.8o DM auf das Postscheckkonto München — 2o 65 6o - 8o8 oder gegen Scheck im Brief. —

VERLAG MARTIN VELBINGER Bahnhofstr. 1o6, — 8o32 Gräfelfing

INHALT

ANREISE

1. Per Auto:

MÜNCHEN PASSAU WIEN BUDAPEST

1a 1b

VENEDIG RIJEKA 1

3 4 BELGRAD

ANCONA Balkan autobahn

BARI Albanien

V.ORFU IGOUMENITSA

ATHEN

BRINDISI

PATRAS

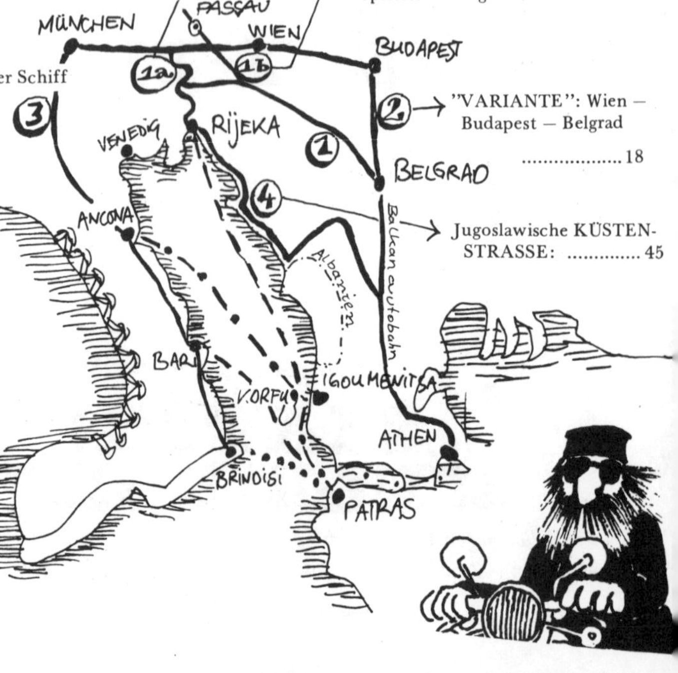

mit vielen — Restaur.-Tips | mit Wander-tips | mit Wort.... schatz

GRIECHENLAND

VERLAG MARTIN VELBINGER

Bahnhofstr. 1o6 — 8o32 Gräfelfing/München

DIESES vorliegende Buch erscheint als Band 4 einer Reihe unkonventioneller Reiseführer im Verlag Martin Velbinger:

Band 1: SÜDAMERIKA, 1.584 Seiten/Neuausgabe, 68,- DM
Band 2: SÜDL. KARIBIK, 512 Seiten, M. Velbinger, 39,8o DM
Band 3: ZENTRALAMERIKA + MEXICO, in Vorbereitung
Band 4: GRIECHENLAND, 416 Seiten, M. Velbinger, 29,8o DM
Band 5: PORTUGAL, M. Müller, ca. 350 Seiten, 26,8o DM
Band 6: SÜDFRANKREICH, M. Müller, Neuausgabe, 24,80 DM
Band 7: PARIS, H. - J. Sing, 352 Seiten, 29,8o DM
Band 8: BAHAMAS & FLORIDA, 288 Seiten, 26,8o DM
Band 1o: WIEN, Norbert Steidl, 480 Seiten, 24,80 DM
Band 11: TOSKANA & ELBA, H.-J. Sing, 288 Seiten, 24,80 DM
Band 12: SÜDITALIEN, Hans Bausenhardt, 448 Seiten, 26,80 DM
Band 13: KORSIKA, Schröder/Pagenstecher, 416 Seiten, 24,80 DM
Band 14: SARDINIEN, Hans Bausenhardt, 432 Seiten, 22,80 DM
Band 15: GOLF VON NEAPEL/CILENTO, H. Bausenhardt, 24,8o DM
Band 16: JUGOSLAWIEN, Schröder/Pagenstecher, 320 Seiten, 24,80
Band 17: SCHOTTLAND, Franz Rappel, 384 Seiten , 26,80 DM
Band 18: SCHWEDEN, Marlen + Bert Baesgen, 416 Seiten, 26,80 DM
Band 19: NORWEGEN/Süd Mitte, Schröder/Pagenstecher, 26,80 DM
Band 20: ROM, Hans Bausenhardt, ca. 350 Seiten, 22,80 DM
Band 21: KRETA, Velbinger/Bausenhardt, ca. 350 Seiten, 22,80 DM
Band 22: INTERRAIL, Autorenteam, ca. 600 Seiten, 24,80 DM
Band 23: SIZILIEN & EOL. INSELN,H. Bausenhardt 480 Seiten, 26,80
Band 24: IRLAND, Franz Rappel, ca. 400 Seiten, 26,80 DM
Band 25: BRETAGNE & NORMANDIE, 480 Seiten, 26,80 DM
Band 26: FR. ATLANTIKKÜSTE/LOIRE, ca. 250 Seiten, 22,80 DM
Band 27: ENGLAND/WALES, Franz Rappel, ca. 400 Seiten, 26,80 DM
Band 28: SKANDINAVIEN- NORD, ca. 450 Seiten, 26,8o DM

Weitere Titel in Vorbereitung. Bitte Anfrage an den Verlag.

Graphiken: Bimbo von Hacke & Martin Velbinger
Karten: Martin Velbinger
Graphische Gestaltung, Layout: Martin Velbinger
Cover (vorne): Christoph Gloor
Cover (Rückseite): Bettina von Hacke und Martin Velbinger

ISBN: 3 - 88 316 - oo1 - 6

DRUCK: Pressedruck Augsburg
COVER-LITHOS: Gebr. Czech
SATZ: Verlag Martin Velbinger, München- Gräfelfing
PRINTED IN WEST GERMANY   **15. AUFLAGE 1987**

Einschiffungshäfen (*), Sehenswürdigkeiten und besondere Hinweise unterwegs nach Griechenland:

Allgemeine Tips

Österreich
Italien
Jugoslawien
Ungarn
Griechenland

INHALT

Allgemeine Tips

für GRIECHENLAND:

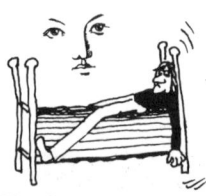

TRANSPORT

Seite 225 + 303

UNTERKUNFT   SPORT

INHALT

NORD-GRIECHENLAND

PELO-PONNES

SARONISCHE INSELN

INHALT

ATHEN
&ATTIKA

SPORA-
DEN

SÜDL. ÄGÄIS

INHALT

IONISCHE INSELN / TÜRKEI

Kleiner Wortschatz

ANREISE:

PerAuto:

mit eigenem Auto nach Griechenland zu fahren, bringt den Vorteil, das Gepäck mit sich trans= portieren zu können und: FLEXIBILITÄT in Griechenland. Man spart lange Wartezeiten und kommt an Stellen, an die kein Bus fährt.

Nach den Touristenströmen der vergangenen Jahre und gestiegenen Ben= zinpreisen sind die Fähren im innergriechischen Verkehr immer noch rela= tiv günstig.

Bei der weiten Anreise aus Mitteleuropa sollte man aber mindestens 2, — besser aber 3 - 4 Wochen Zeit haben, damit die Sache kein Stress wird, und wenn möglich, über ITALIEN anreisen (Fährverbindungen, d.h. im Schiff pennen, statt Km- hetzen auf dem Jugo- Autoput!).

Folgende Routen:

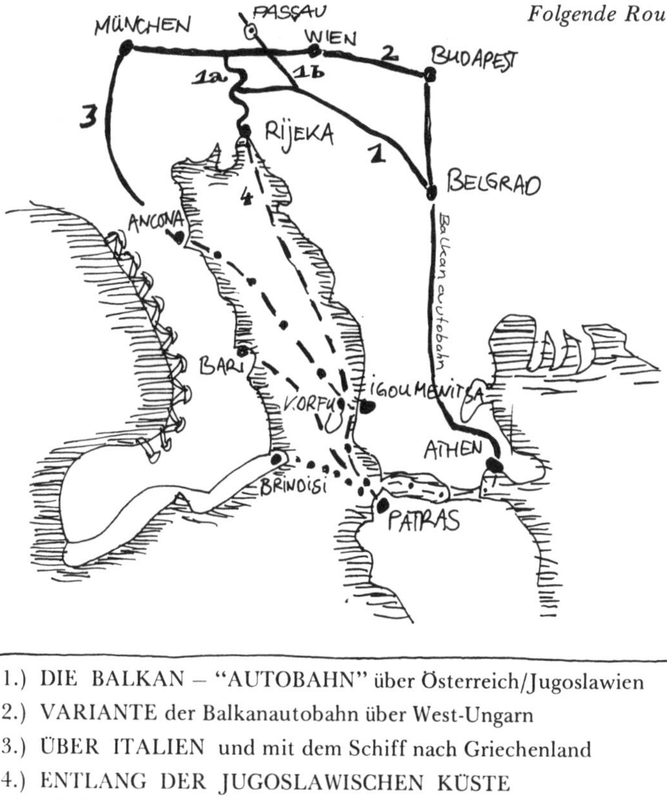

MÜNCHEN   PASSAU   WIEN   2   BUDAPEST
1a   1b
3
RIJEKA   1
4   BELGRAD
ANCONA   Balkanautobahn
BARI   IGOUMENITSA
K.ORFU   ATHEN
BRINDISI
PATRAS

1.) DIE BALKAN — "AUTOBAHN" über Österreich/Jugoslawien
2.) VARIANTE der Balkanautobahn über West-Ungarn
3.) ÜBER ITALIEN und mit dem Schiff nach Griechenland
4.) ENTLANG DER JUGOSLAWISCHEN KÜSTE

①a Die Balkan-Autobahn

über ÖSTERREICH / JUGOSLAWIEN   (*ca. 22oo km = 2 - 3 Tage*)
                                      München ➤➤*Athen*

NON—STOP—FAHRER, die sich abwechseln, schaffen es auch in 25 Std.
Ist aber nicht gerade zu empfehlen! Die Straße, — die "Rallystrecke für
Gastarbeiter" gilt als eine der gefährlichsten Straßen Europas!
Zerknitterte Autowracks und Kreuze mit Kränzen am Straßenrand alle
paar Kilometer!
Die Bezeichnung "Autobahn" trifft nur nur auf kurze Teilstücke zu. Fertig ist ein rund 8o km langes Teilstück um Zagreb rum, sowie rund 1oo
km in Teilstrecken um Belgrad und zwischen Skopje und Nis. Im allge=
meinen handelt es sich aber um eine gewöhnlich breite Landstraße mit
relativ geradem Verlauf. Ab LUBIJANA führt die Straße 9oo km durch
eintönig flaches Tiefland: Felder, die sich bis zum Horizont erstrecken,
ab und zu Waldstücke. Streckenweise sehr schlechter Straßenzustand:
HOLPERPISTE, die einen angenehm in den Schlaf schunkelt! Hin und
wieder mal 'n riskantes Überholmanöver.

ÜBERHOLT WIRD NACH DEM AMOK—PRINZIP: ohne Rücksicht, ob
jemand entgegenkommt. Häufig scheren geschlossene Konvois von 1o und
mehr PKW's zum Überholen auf die Gegenspur aus, - Abstand zum Vordeɪ
mann: 15 m und weniger! Die Hinteren sehen natürlich nichts, überholen
aber trotzdem. Ich habe haarsträubende Verkehrssituationen erlebt!
Am besten, ihr hängt euch an einen der schnellfahrenden LKW's (Tempo
1oo) mit genügendem Sicherheitsabstand und benutzt ihn als Puffer!

VIELE DER FAHRER hängen total übermüdet in ihrem Wagen. Die
deutsche Polizei holte kürzlich auf der Salzburger - Autobahn einen aus
Südeuropa kommenden Fahrer aus seinem PKW, der bereits 3o Std. Non-
Stop hinter sich hatte, und sofort in Tiefschlaf verfiel!!
Die meisten PKW's sind hoffnungslos überladen. Auf der selben Autobahn
stoppte die Polizei einmal einen tiefhängenden VW - Bus, aus dem sie 15 (!)
Türken incl. Gepäck herausholte; der 16. war aus Platzmangel auf dem
Dach festgeschnallt!

HINTER BELGRAD (nach der Abzweigung der Nah- und der Fernost-
Route über Istanbul) wird es sichtlich ruhiger. Ab SKOPJE zugleich landschaftlich interessanter: durch Täler und reizvolle Hügellandschaften.

NACH MÖGLICHKEIT das Stück Lubijana ➤➤ Belgrad meiden! Dazu
mein Tip der Variante über West- Ungarn! Ansonsten nicht nachts fahren
bis ca. 1 Std. nach Mitternacht. In dieser Zeit wird besonders rigoros
überholt, — vermutlich da alle vor dem Schlafen noch recht viele Kilome=
ter herausholen wollen. RUHIGSTER VERKEHR zwischen 1^{oo} und
9^{oo} Uhr morgens, oder Sonntags früh.

ÜBERNACHTEN: ist in Jugoslawien in den "Autobahn" - Raststätten relativ teuer für jugoslawisches Niveau. Mit 3o - 4o DM rechnen! Außerdem

meist die Nacht über viel Lärm. BESSER: seitlich ab in einen der kleineren Orte, die fast immer Hotels, sowie billige "Gastonikas" haben. Aber möglichst vor 22⁰⁰ Uhr! —

ROUTEN:

von Deutschland zwei Hauptrouten: (a) *über München — Salzburg — Villach* (b) *über Nürnberg — Regensburg — Passau — Linz — Graz — Spielfeld.*
Beide Strecken sind in der Hauptsaison sehr stark befahren, wobei ich die Route a) über Salzburg — Villach bevorzuge, da insgesamt mehr Autobahn. Die Route b) dagegen ist kilometermäßig ab Nürnberg kürzer und wird daher gern von Gastarbeitern bevorzugt, — ebenso sind die Pässe niedriger, daher relativ hohes LKW- Aufkommen.

a.) Wer aus <u>Nord- oder Mitteldeutschland</u> kommt, benutzt am besten die Autobahn über Nürnberg nach München, da er dann nicht durch's Zentrum von München muß (siehe Karte!) und biegt kurz vor München auf die Umgehungsautobahn, die mit Wegweiser "SALZBURG" gekennzeichnet ist.

Nürnberg/ Würzburg
Stuttgart
Lindau
Passau
Garmisch-Partenk.
Salz- burg

Autobahnen um MÜNCHEN

NACHDEM es während der Sommermonate auch auf dieser Autobahn speziell im Bereich München oft zu Staus kommt, besteht die Möglichkeit, den "WEISS—BLAU—EXPRESS" ab Ingolstadt zu benutzen: zwischen 26. Juni und 6 September stündlich Autoreisezug zwischen Ingolstadt- Hauptbahnhof und Raubling/Inntaldreieck.

<u>Einfache Fahrt</u>: 6o DM, <u>Hin+Rück</u>: 98 DM. Für Caravan- Gespanne und Bootsanhän= ger 25 DM Aufpreis. Ermäßigung bei Vorverkauf über ADAC- Geschäftsstellen.

Im Preis Beförderung aller Wageninsassen eingeschlossen. Von Nürnberg kommend ist eine Informationsstelle über diese Zugverbindung in der Raststätte Köschinger Forst eingerichtet.

Vor der österreichischen Grenze in den Sommermonaten häufig Stauungen; wenn möglich sollte man diesen Grenzübergang auf die Nacht legen, da in den Haupt- Stoßzeiten dann weniger Verkehr.

Etwa 7 km hinter der Grenze teilt sich die Autobahn. RECHTS AB! (Hinweisschild "Tauernautobahn/Villach"). Nicht irreleiten lassen vom Schild "Jugoslawien"! Das ist ein Umweg, der zudem im Sommer stundenlange Wartezeiten an der jugoslawischen Grenze bedeuten kann!

Also den rechten Autobahnzweig nehmen, der nunmehr durchgehend bis SPITAL fertig ausgebaut und befahrbar ist. Am 27. Juni 198o wurde das letzte Teilstück der <u>TAUERNAUTOBAHN</u> dem Verkehr übergeben, womit Verkehrsstaus im Bereich des Liesertales nunmehr der Vergangenheit angehören dürften.

Die Tauernautobahn ist gebührenpflichtig, bringt aber eine Zeitersparnis von ca. 1 Std. , schont Nerven und spart Benzin (gegenüber der Alternative des Tauernpasses), womit sie unbedingt zu empfehlen ist.

a) <u>TAUERNAUTOBAHN</u>: 146 km zwischen Salzburg/Autobahnkreuz und Spittal. maximale Steigung 4,5 %, keine scharfen Kurven, 2 Tunnel a 6,5 und 5,4 km. Derzeitige Preise für das gebührenpflichtige Teilstück zwischen Flachau und Rennweg: einfach: ca. 27 DM, Hin+Rück ca. 47 DM. Motorräder: ca. 12,5o DM. Vorverkauf von Einzelfahrkarten über ADAC, jedoch keine Ermäßigung.

b) <u>TAUERNPASS</u>, Alternative zur Tauernautobahn: ab Radstatt abbiegen über zwei Pässe (1738 m und 1641 m mit Steigungen bis zu 23 % (!)) nach Spittal Runde 3o km länger als die Tauernautobahn, Teilweise sehr schmale, aber landschaftlich schöne Strecke!

c) <u>AUTOVERLADUNG BÖCKSTEIN</u>⋙⟶ MALLNITZ: nach Fertigstellung der durchgehenden Tauernautobahn die wohl am wenigsten attraktivste Alternative. Bei Stegen über die Landstraße Lend — Bad Gastein nach Böckstein. Hier Autoverladung auf den Zug durch den Tauerntunnel bis Mallnitz. Preis derzeit: PKW bis 5oo ccm: ca. 12 DM einfach und ca. 2o DM Hin+Rück. Der normale PKW mit bis zu 9 Sitzplätzen kostet einfach ca. 22 DM, Hin+Rück ca. 23 DM.

<u>Ab SPITTAL</u> geht's dann weiter über eine gut ausgebaute weitgehend geradlinige und schnelle Landstraße im Tal der Drau hinunter nach <u>VILLACH.</u>

Achtung: häufige Radar- Kon= trollen der österreichischen Polizei, die bei Geschwindigkeits- Überschreitungen sehr strikt ist!

<u>Ab VILLACH</u> dann entweder über den <u>WURZENPASS</u> (extrem steil!) — Jesenike/Jugoslawien — Lubijana, landschaftlich lohnend wegen ausgesprochen schöner 1- tages- Abstecher bei BLED zum Bohinjsko jez. (See, schöne Übernachtungsmöglichkeiten, Seilbahn),— bzw. der Umweg- Route ab Wurzen= pass/Grenze Jugoslawien über den Vrsic- Sattel (Steigung 14 %) und im Trenta- Tal (wilder, grünblauer Gebirgsfluß) über IDRIJA mit An= schluß <u>ADELSBERGER GROTTEN</u> (Details siehe dort!). Für diesen Umweg sollte man bis Adelsberger Grotten ca. 1 Tag einkalkulieren.

<u>Die andere ALTERNATIVE</u> ab VILLACH/Österreich (siehe unsere Karte, nächste Seite!) führt ab Villach über die Autobahn entlang des Wörthersees über Klagenfurt und über Landstraßen und den <u>LOIBL—PASS</u> (jugoslawische Grenze) nach LUBIJANA. Schnellste und bequemste Verbindung von Deutschland/Österreich an die Balkan- "Autobahn",

Tip: jedes Jahr in der letzten Augustwoche am PREBERSEE (bei Tamswg) das "Rikoschett-Schießen": Kugel durch Wasserreflektion in Zielscheibe! ⟶

allerdings kann es am jugoslawischen Grenzübergang während der Sommermonate zu Staus kommen.

Ihr seid in Jugoslawien; es begrüßen Euch 1.3oo km jugoslawische "Autobahn" bis zur griechischen Grenze! "Keep smiling", Backstein auf's Pedal, Streichholz zwischen die Augen, gute Kassette in den Recorder. und viel Vergnügen!
Lubijana — Belgrad — Skopije — Gevgelija (griech. Grenze).

In Griechenland ab Grenze eine breite, echte Autobahn bis Abzwei= gung "Thessaloniki" gebührenfrei. Danach Autobahn bis Athen (ca. 6 DM). — TIP: fahrt in LARISSA von der Autobahn und auf breiter Landstraße durch's schöne Thessalien über Pharsala nach LAMIA (kürzer und ihr spart die Autobahn- Gebühren!) — TIP: hinter Lamia führt die Autobahn durch die Thermophylen. Rechter Hand ein Parkplatz und auf halber Höhe am Hang 4o° heiße Quellen, in denen ihr baden könnt! —

Sehenswürdigkeiten und Unterbrechungen:

✗ Salzburg:
Für Kunst - Interessierte sehr zu empfehlen! Besonders: Mirabell - Schlößchen: Treppenaufgänge mit Putten. Park und Blick auf die Festung. Altstadt. Franziskaner - Kirche. Schloß Hellbrunn. – Festung. (Siehe einschlägige Reise- und Kunstführer!) In der Mozart= stadt mit ihren schönen Gassen kann man gut essen gehen, — außerdem gibt's schöne Kaffee - Häuser! —

✗ Eisriesenwelt:
Bei Werfen, 5o km hinter Salzburg an der Straße nach Villach. Größte aller bekannten Eishöhlen der Welt. Ca. 3o.ooo qm Eisfläche und über 4o km Ganglänge. Der Eingang in 1664 m Höhe, — der vor= dere, vereiste Teil der Höhle (Länge ca. 1 km) ist für Besucher offen und durch Holzgeländer und Stege abgesichert.

Von WERFEN mit dem PKW oder Taxi zum Parkplatz Fallstein (6 km). Ab hier 15 Min. Fußweg zur Gondelseilbahn bei der Wimmer - Rasthütte in 1o8o m Höhe. Die Straße soll übrigens demnächst bis zur Talstation der Seilbahn ausgebaut wer= den. —
Mit der Seilbahn rauf in 1575 m Höhe zum Dr. F. Oedl Haus nahe dem Eingang der Höhle. —

Einmalig in der ganzen Welt! Bärenjäger und Schützenkönige aus aller Welt kommen. Infos über Fremdenverkehrsverb. Tomsweg Lungau A-5580 Tamsweg Austria

Es gibt einen anderen Fußweg ab TENNECK (an der Salzburg – Villach - Straße, ca. 4 km vor Werfen) rauf zum Höhleneingang. Dauert ca. 3 1/2 Std. und geht ziemlich steil rauf.

Die HÖHLE ist von Mai bis September geöffnet, tägl. zwischen 9.3o und 15.3o Uhr. Die Führung in der Höhle dauert ca. 1 1/2 Std.; warme Sachen mitnehmen, gute Schuhe, – der Führer hat die Lampen. Fotografieren leider nicht gestattet.–

✸ Villach:
Thermalbad (an der Straße zum Wurzenpass, aber noch im Ort. Wegwei= ser vorhanden!) Sehr schönes Gebäude aus der Jahrhundertwende. Von den Umkleidekabinen direkter Eingang ins Wasser. –

✸ Adelsberger Grotten/Jugoslawien ("Postojnska jama"):
gehört zu den schönsten und größten Höhlen der Welt! Anfahrt: ab Lubijana ca. 5o km auf Autobahn bis Postojna. Eintritt um die 13 DM, lohnt sich aber sehr!!

Riesige Höhlendome, dann wieder niedrige Gänge mit Salzzapfen, durch die ihr gebückt kriechen müsst! Große, unterirdische Flußläufe! –

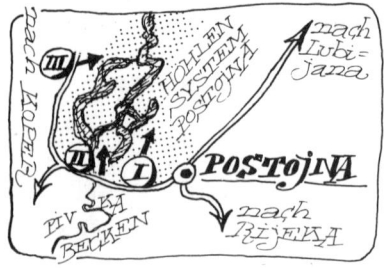

ADELSBERGER GROTTEN

MEHRERE EINGÄNGE:

Eingang Nr. 1 (beim Parkplatz) Mit einer kleinen Schmalspur - Eisenbahn geht's 3 km in's Innere des Berges durch einen schmalen Gang. Ihr sitzt in Plastik- Mänteln (im Eintrittspreis inkl.) auf den Loren. Dann zu Fuß durch das Labyrinth der Gänge und Hallen. Jede Menge an Tropfsteinen; – eine der Hallen wird öfters als "Konzert- Saal" genutzt wegen seiner guten Akustik. – Unter den Tropf- steinen zum Aufwärmen jugoslawischen Kaffee am Stand in der Höhle.

Urwelttiere, Grottenolme und Schwanzlurche . . .

Im Eingang Nr. 2: geht's in Booten auf unterirdischen, riesigen Flußläufen (die Piv- ka) tief in's Berginnere: kleine Seen mit tiefgrünem Wasser und riesigen bis zu 3o m hohen Hallen. –

ENTSTANDEN sind die Adelsberger Grotten durch eine Anhebung der Kalkschich- ten um das Pivka- Becken bei Postojna vor mehreren Millionen Jahren. Das Pivka- Becken selbst besteht aus relativ wasserundurchlässigen Sandstein- und Mergelschich- ten, während seine Randbereiche aus Kalkstein bestehen, die nach dem EOZÄN- Zeitalter aufgeworfen wurden, wobei schräge Spalten entstanden, durch die sich die Pivka den Abfluß Richtung Planina- Becken suchte = die unterirdischen Fluß- läufe. Wir waren fasziniert, was sich da "unter der Erde" abspielt!!

Der Reichtum an Tropfsteinen in der Postojna- jama wird von Wissenschaftlern auf die dichten Nadelwälder über der Höhle zurückgeführt, die das Regenwasser halten und nur langsam durch die Höhlendecke tröpfeln lassen.

Eingang Nr. 3: ("Pivka- jama"), eine Einsturzdoline: man steigt ca. 55 m hinunter und kann weitere ca. 2,5 km entlang des unterirdischen Flußlaufes gehen. Höhlen- eingang ca. 4 km von Postojna entfernt.

UNBEDINGT: warmen Pullover anziehen! Unten im Höhlensystem sind's gerade 8° C und damit runde 2o° C Unterschied zur Außentemperatur im Sommer.

✗ Lohnende weitere Höhlen in der Umgebung von Postojna:
die "Krizna Jama", östlich des nur gelegentlich mit Wasser angefüllten
Cerknica- Jezero beim Ort Grahovo: Höhle mit mehreren, unterirdi=
schen Seen, über die man mit Booten fahren kann   und

die "Skocjanske Jame" beim Ort Divaca auf der Strecke Postojna nach
Koper an der Küste, ca. 28 km von Postojna entfernt: riesiger, unterirdischer Cañon mit bis zu 1oo m hohen Höhlenwänden, dazwischen
die tosenden Wassermassen des unterirdischen Flußlaufes. An einer
Stelle unterirdischer Wasserfall.

*Die andere Anreise- Alternative ab Deutschland zur jugoslawischen
Balkan- "Autobahn" führt:*

1 b) ab Nürnberg nach Passau (Autobahn fertig, — bis auf ein ca. 3o
km- Teilstück zwischen Straubing und Deggendorf, das Sommer '82 fer-
tiggestellt sein wird.) . Bei SCHÄRDING über die Grenze. Ab hier über
österreichische Landstraßen nach WELS (nicht nach Linz reinleiten
lassen!) — per (ebenfalls!) Landstraße über die Rottmanner Tauern
mit zwei Steigungen von 15 %. Erst bei Leoben kurz vor Graz gibt's
dann wieder Autobahn, die in ca. 7o km Graz umgeht und kurz vor
der Grenze bei SPIELFELD wieder in eine Landstraße einmüdet.

Hier am Grenzübergang während der Hochsaison STAUS von 12 - 15 km
und Wartezeiten von 4 - 5 Std. keine Seltenheit. Diese Route ist berühmt
berüchtigt als Gastarbeiter- Zufahrtsstrecke; hier sammeln sich die überla=
denen PKW's der Gastarbeiter, die möglichst Non- Stop in die Heimat
wollen, um Hotel und Restaurant unterwegs zu sparen, — der LKW- Wa=
rentransport aus den EWG- Staaten in den Balkan, Nahen- und Fernen
Orient und während der Hochsaison die Touristen- PKW's.

Nach den ermüdenden Autobahn- Anreise- Kilometern in Deutschland,
bzw. langwieriger Jugo-Autoput- Anreise in Gegenrichtung sind die meis=
ten Fahrer auf den anstrengenden, österreichischen Landstraßen dieser
Route sehr übermüdet; die Unfallhäufigkeit ist überproportional hoch,
und, als das kurze Autobahnstück vor Spielfeld noch nicht fertig war,
mußten nachts regelmäßig die Polizisten raus, um an den Bahnübergän=
gen die Autofahrer aufzuwecken, die bei geschlossenen Schranken sofort
in Erschöpfungsschlaf fielen.

Nach dem Grenzübergang bei SPIELFELD führt die Hauptroute über
MARIBOR und fast fertiger Autobahn nach ZAGREB zur Balkan- Auto=
bahn.

ALTERNATIV- ROUTE ab Maribor/Jugoslawien:
Günter Grunewald schrieb uns: "Ab Maribor über Ptuj, Varasdin, Osijek nach Novi
Sad praktisch parallel zum Autoput in der Nähe der ungarischen Grenze! Guter
Straßenzustand entsprechend der jugoslawischen Verhältnisse, und vorallem: kein
Amok- Verkehr. Zügiges Fahren und landschaftlich sehr reizvoll. Viele Straßendör-
fer mit Lindenalleen, die wir in voller Blüte erlebten. Auch in diesen Straßendörfern
kaum Behinderungen."

Achtung: in Sotin (hinter Vukovar) wird der arglose Reisende verführt (so auch ich) einer Beschilderung über SID nach Belgrad zu folgen, womit ich dann doch vom Autoput noch 89 km mitgekriegt, was zumindest die Richtigkeit der bisherigen Route bestätigt."

② Eine Variante der Balkan-"Autobahn"

München-Athen
2300 km, 3 Tg.
über WEST-UNGARN

Sehr zu empfehlen, denn man umgeht den schlimmsten Teil der Balkan-Autobahn (bei Belgrad biegt der Hauptverkehr nach Istanbul und Orient ab!), — zudem werden die zeitraubenden Alpenpässe umgangen: fast durchgehende Autobahn bis <u>WIEN</u>, danach auf flachen, relativ geradlini= gen Landstraßen über <u>BUDAPEST/Ungarn</u> — Szeged/Grenze nach <u>BEL= GRAD /Jugoslawien.</u>

Die Vorteile liegen klar auf der Hand: neben zügigem Fahren zusätzlich das <u>Bonbon "UNGARN"</u>! Zudem ist diese Route nur ca. 1oo km länger, als die Direktroute nach Athen über Tauern oder Spielfeld! Bei zur Zeit wesentlich günstigeren Benzinpreisen in Ungarn und entsprechend ge= schickter Tank- Organisation , ist diese Route trotz 1oo km- mehr u.U. sogar noch billiger!

<u>EINREISE</u>: Visum nötig! Das gibt's entweder bei der Ungarischen Botschaft in 5ooo Köln 1, Sachsenring 38, oder an der Grenze bzw. bei der Durchfahrt durch Wien in der dortigen Botschaft. Liegt in der Nähe der Oper, Wien 1. Bezirk, Bank= gasse 4, geöffnet 8.3o — 13.oo Uhr. Bearbeitungszeit normalerweise ein Vormittag.

<u>Visum</u> kostet z.Z. ca. 2o DM, 2 Passbilder,— das Transit- Visum (gültig 48 Std. ab Ein= reise) ca. 26 DM,— Bearbeitungsdauer 2–3 Wochen. Pass per Post zur Botschaft.

<u>Wer per ZUG</u> einreist: kein Visum an der Grenze. Auch Autotouristen empfiehlt es sich, das Visum vorher zu besorgen, um unnötige Wartereien an der Grenze zu vermeiden! —

Touristische Infos: IBUZ-Reisebüro
Mauritiussteinweg 114-116, 5000 Köln 1

Strecke:

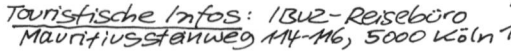

München — Wien (Autobahn. Wer von Norddeutschland kommt, kürzt über Passau ab!). — <u>WIEN</u> lohnt sich als Zwischenstop sehr, mit gemütlichen Beisl'n, Cafehäusern, im Zent= rum gibt's Weinkeller, die 3 Stockwerke unter den Boden gehen mit engen Gewölben und schmalen Treppen, — mit Kleinkunstbühnen und dem K & K- Donaumonarchie- Charme mit leicht morbidem Touch, der einige Größen hervorgebracht hat, von Siegmund Freud und Karl Kraus zu Hundertwasser und den Wiener Liedermachern wie der ewig melancholische Hirsch und der zeitkritische Georg Danzer.
Viele Tips und Infos in unserem WIEN—BAND, die den Kaufpreis des Bandes sicher zurückzahlen!

Band 10
NORBERT STEIDL,
460 Seiten, 22.80 DM

Ab <u>WIEN</u> dann entweder über die Direkt- Route Wien/Schwechat — <u>HEGYESHALOM</u>/Grenze. Ausgesprochen lohnend ist die Umwegroute um den Neusiedlersee nach <u>SOPPRON</u>/Grenze,

einem ausgesprochen hübschen ungarischen Landstädtchen mit viel er=
haltener Patrizier- Architektur und ausgezeichneten Weinkellern!
In der Nähe, ca. 23 km das ESTERHAZY- Schloß (beim Ort Fertöd),
in dem Haydn längere Zeit lebte. Heute im Sommer Schloßkonzerte
in schöner Barock- Atmosphäre, vermischt mit dem ungarischen "Land-
Geruch"! Genaue Termine über's Ungar. Fremdenverkehrsbüro, Köln.

Landschaftlich ist UNGARN ungemein schön! In Budapest viele, ge=
mütliche alte Cafes und Restaurants, billige Schallplatten und Krim-
Sekt für nur ca. 6 DM! *Altstadt oben am Burghügel (Varhegy): enge
Gässchen mit schönen Barockhäusern, Pflastersteinen und verwinkelten
Restaurants. Budapest ist berühmt für excellenten Jazz (siehe einschlä=
gige Veranstaltungskalender!). Mal nach SENTENDRE rausfahren, ca.
2o km nördlich an der Donau, Künstler- Vorort. Alle Details über Ho=
tels etc. vom Ungar. Fremdenverkehrsbüro.

Ab BUDAPEST über die Direktroute (schnelle Landstraße) — Kecske-
met — Szeged. Sehr lohnend aber der Abstecher über die PUSTA:
Die durchgehende Landstraße Gödöllo — Hatvan — Debrecen berührt
schöne Pußta- Teile. Wer jedoch mit eigenem PKW unterwegs ist und
über genügend Orientierungssinn verfügt (kaum Wegweiser!), sollte kurz
hinter Budapest, zwischen Gödöllö und Hatvan südlich auf Landstraßen
abbiegen (Feldwege) und sich weitgehend parallel zur Hauptstraße hal=
ten: Sandpisten durch Felder; tausende von schwarzen Raben fliegen
auf in den Himmel, daß dieser schwarz wird, — Gänseherden warten
auf westliche Weihnachten und die typischen Pußta- Höfe mit Zieh=
brunnen und Mutterschwein, hinter dem die 1o Jungen mit dem Ringel·
schwanz herwackeln.

Wir sind im Bereich Tiszafüred/Debrecen total abseits der Landstraßen
die Feldwege überland gefahren: Flüßüberquerungen per Fährmann, der
alte Holzpontons hinüberstakte, — verschlafene Nester, wo gerade im
einzigsten Lebensmittelgeschäft bis zum Horizont eine Zündapp- Ma=
schine angekommen war, und alle rumstanden, um sie anzutreten, —
dann wieder Weite, Weite, sodaß wir auf's Autodach stiegen, um Orien=
tierung zu finden . . . Ich bin immer wieder gerne in UNGARN, weil
das Land touristisch noch relativ wenig verdorben ist, die Küche ausge=
zeichnet und die Leute, — vorallem auf dem Land sehr freundlich.
Hinzu kommt das Temperament, wenn die Pußta- Kapelle aufspielt! —

Sagenhafte Sonnenuntergänge über der Pußta, wenn das Lagerfeuer
schon knistert und die Sonne bis fast auf den Boden "runterkommt"!

Der auf den ersten Blick vermeintliche "Umweg" wird trotz Visa- Auf=
wand kaum teurer und bringt viel "Mehr"- an Erlebnis! Wer Zeit hat,
kann über Debrecen und Rumänien (durch Transsylvanien, Dracula!)
sich nach Griechenland schlagen, allerdings 1 - 2 Wochen zusätzlich
einplanen! — ⟶ Siehe auch S. 303 (Fähren Türkei-Griechenland)

*METROSTATION Deak Ter: billige, deutsche Bücher aus
DDR-Produktion // **Bestes Hotel mit Sagenhaftem Panoramablick: Hilton!

③ Über Italien:

*führt die bequemste und kilometermäßig kürzeste Route: z.B. München –
Ancona nur 811 km (Autobahn), den Rest per Schiff, das am nächsten
Mittag in Patras/Peloponnes, Griechenland anlegt!*

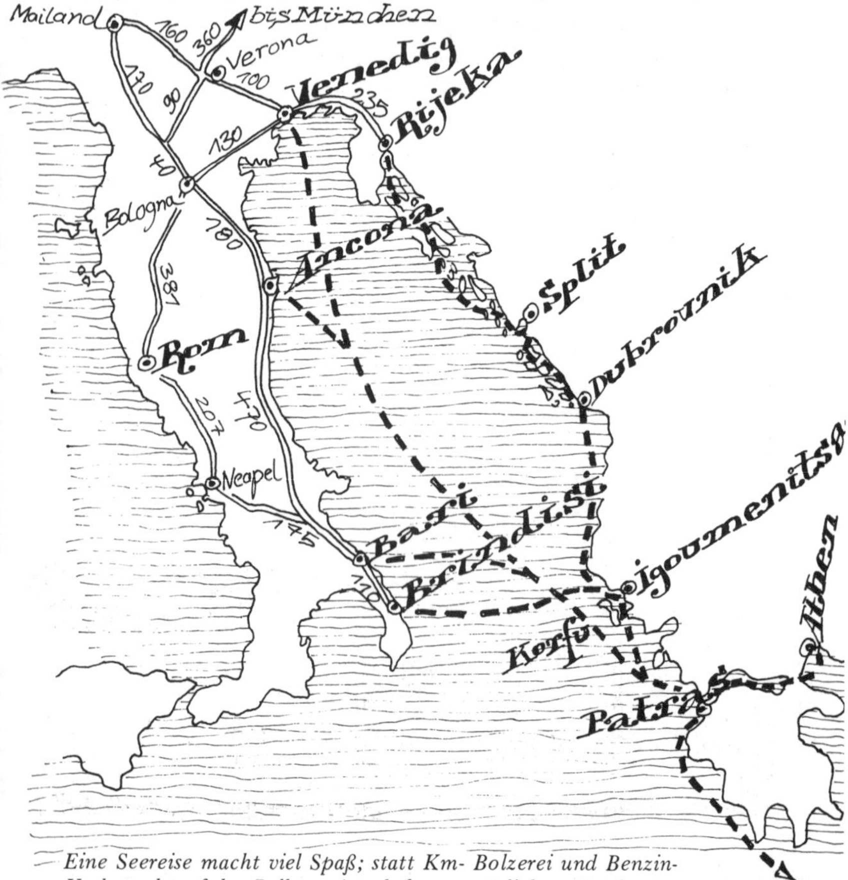

Mailand · 760 · 360 · bis München
470 · 90 · Verona
130 · 700 · Venedig · 235 · Rijeka
40 · Bologna · 100 · Ancona · Split · Dubrovnik
381 · Rom · 470 · 207 · Neapel · 745 · Bari · Brindisi · Igoumenitsa · Korfu · Athen
770 · Patras · Kreta

*Eine Seereise macht viel Spaß; statt Km- Bolzerei und Benzin-
Verbrauch auf der Balkan- Autobahn: gemütlich an Deck rum-
hängen, Seeluft schnuppern, unten in der Koje relaxen, bzw.
Bierchen an der Bar heben und Kontakte. Unter'm Strich: 2 Tage mehr
Urlaub!*

Es gibt auch Fähren ab <u>BARI</u> und <u>BRINDISI</u> (47o bzw. 58o km süd=
licher), — bzw. ab <u>VENEDIG</u> (nur ca. 46o km ab München!).

<u>TIPS ZU DEN FÄHREN:</u>
die auf den ersten Blick billigste Fährverbindung muß nicht unbedingt
auch der billigste Weg nach Griechenland sein. Mit einzukalkulieren sind
die Anreisekilometer (Sprit und Autobahngebühren in Italien, neueste
Daten über ADAC) und die Anzahl der mitfahrenden PKW- Passagiere,
durch die sich die Benzin-, Autobahn- und Fährkosten teilen.

PKW alleine gefahren bedeutet automatisch höhere Gesamtkosten, als
wenn sich die Kosten durch 4 mitfahrende Freude teilen. Ist klar.

Außerdem geben einige Schiffslinien zwar billige PKW- Transportpreise,
aber hohe Personen- Tarife. Oder umgedreht.

So kann u.U. eine Verbindung ab dem nördlicheren ANCONA unter'm
Strich billiger sein, als die kürzere ab BRINDISI. —

Es lohnt sich, die Preis- Prospekte aller Schiffslinien zu besorgen und
den persönlichen Fall durchzurechnen! Man kann einige 2o- Mark- Schei
ne ein sparen! —

WEITERE KRITERIEN:
Einige Schiffslinien geben Rabatt bei gleichzeitiger Buchung von Hin & Rückfahrt.
Studenten erhalten Rabatt (3o %), teils auch Jugendliche: mit der "FYTO- KARTE"
Einige Linien fahren nur bis PATRAS/Griechenland, — andere bis PIRÄUS/Athen.

Ganzjährige Überfahrten April-November Venedig-Piräus-Rhodos-
Limasol-Hafia, sowie Wintersaison Piräus-Rhodos-Limasol-Hafia und
zürück.m/v SOL OLYMPIA roll-on/roll-off Fährschiff, Unterbringung für
450 Passagiere in Kabinen und Sitzen, Fahrpreis Venedig-Piräus ab DM
145, Venedig-Rhodos ab DM 240

Zu überlegen und preislich durchzukalkulieren wäre, welchen Teil Griechenlands man besuchen möchte, – bzw. wieviel Bus- DM noch für die Verbindung Patras – Piräus dazukommen.
Für die angelaufenen Häfen sind Hafentaxen zu zahlen, die in den verschiedenen Häfen ebenfalls unterschiedlich hoch sind. –

ALLE diese Informationen in den Prospekten der einzelnen Schiffslinien. Kalkuliert Euch den persönlichen Fall durch! – Hier die

ADRESSEN

General- Agenturen:

Adriatica: Seetours, Weißfrauenstr. 3, 6ooo Frankfurt 1, Tel.o611/1333 262

Fragline: Emery Reise Service, Goethestr. 3o, 6ooo Frankfurt 1, Tel.o611/281994

HML: MTA, Eisemannstr. 4, 8ooo München 2, Tel. o89/ 265o31 + 264o51
       Viamare, Apostelstr. 14-18, 5ooo Köln 1, Tel. o221/ 234911

Ionian Line: Seetours, Weißfrauenstr. 3, 6ooo Frankfurt 1, Tel.o611/ 1333 262
             Libra Maritime, Nordendstr. 62, 8ooo München 4o, Tel.o89/ 2715 o59
             Viamare, Apostelstr. 14–18, 5ooo Köln 1, Tel. o221/234911

Karageorgi: Hellas Orient Reisen, Kaiserstr. 11, 6ooo Frankfurt, Tel.o611/ 2o736
            und Sonnenstr. 27, 8ooo München 2, Tel. o89/ 55 5o 53

Libra Maritime: : Nordendstr. 62, 8ooo München 4o, Tel. o89/ 2715 o59
                  Viamare, Apostelstr. 14–18, 5ooo Köln 1, Tel. o221/234911

Minoan Lines: Seetours, Weißfrauenstr. 3, 6ooo Frankfurt 1, Tel. o611/1333 262

MSL: Weinstr. 6, 8ooo München 2, Tel. o89/ 22 27 15

R – Line: Geo - Reisen, Rosental 7, 8ooo München 2, Tel. o89/ 26 5o o9

Solines: MTA, Eisemannstr. 4, 8ooo München 2, Tel. o89/265o31 + 264o51
         Viamare, Apostelstr. 14–18, 5ooo Köln 1, Tel. o221/234911

Stabiliti–Line: Melia Reisebüro, Gr. Bockenheimer Str. 54, 6ooo Frankfurt 1,
                Tel. o611/ 295303 - o5

Strintzis Line. MTA, Eisemannstr. 4, 8ooo München 2, Tel. o89/265o31 + 264o51
                Emery Reise Service, Goethestr. 3o, 6ooo Frankfurt 1, Tel.o611/281889

★ Die meisten Schiffslinien haben ihre Prospekte bei den Büros der Griechi=
schen Fremdenverkehrszentrale ausliegen, sodaß man sich für's erste die
Wege zu den einzelnen Agenturen spart (bzw. das Porto!)–

✦ Auch von KOMFORT und ZUVERLÄSSIGKEIT DER BUCHUNG
sind die einzelnen Schiffslinien unterschiedlich. Es kann schon mal pas=
sieren, daß Kabinen doppelt gebucht werden, d.h., man im Hafen an=
kommt und schon jemand Fremder im eigenen gebuchten Bett pennt.
Oder daß der Dampfer mit einiger Verspätung den Hafen verlässt . . .
(Nur um die harmloseren Sachen zu zitieren. Den Rest konnte man in
der Presse lesen).– Insgesamt läuft aber der Laden, – auch weil die (meisten)
Reeder selber wissen, daß derartige "Pannen" das Image untergraben.

Intercruise Ltd. Piräus

La Palma

Kreuzfahrten in die Sonne

---

wöchentliche Kreuzfahrten
April bis Oktober

VENEDIG – PIRÄUS – RHODOS – HERAKLION – KORFU – DUBROVNIK – VENEDIG

7-tägig deshalb wöchentliche
Unterbrechungsmöglichkeiten in jedem Hafen

LA PALMA · der Kreuzfahrt Renner, beliebt,
bewährt und preisgünstig

VORAUSBUCHEN in jedem Fall empfehlenswert! Dieser Anreiseweg ist sehr beliebt, und so kann es im Sommer für PKW- Fahrer u.U. recht schwierig sein, im Hafen vor der Abfahrt noch einen Platz auf dem Schiff zu bekommen!

Rechtzeitig für Hochsaison- Termine buchen! Sind oft auf Monate im Voraus ausgebucht! *TIPS FÜR'S EINCHECKEN siehe Seite !*

Der günstigste Ausschiffungs- Hafen über die Adria nach Griechenland ist nicht nur ein Rechenexempel, bei dem auch Komfort an Bord und Abwechslung mitberücksichtigt werden sollte, – sondern auch eine Frage, was und wieviel man unterwegs noch sehen will:

Lohnend z.B. * GARGANO, der Stiefelsporn Italiens vor Brindisi, – die TOSCANA (siehe unser neuer Band ab Frühjahr 1982!), – * ein= same Abruzzendörfer, – oder * VESUV- BESTEIGUNG mit sagen= haftem Rundblick bei klarem Wetter über den Golf von Neapel, Ischia und Capri, Besuch der Blauen Grotte (Meereshöhle auf Capri mit schö= nen Wasser- Reflektionen an den Höhlenwänden).

Weiteres PLUS bei einigen Fährlinien: vom italienischen Hafen kann man den PKW einladen direkt bis KRETA, so bei den Dänen DFDS ("M/S Dana Sirena"), bei der "Atalante" der MSL oder bei der "C/F Espresso Corintho" der Trans Tirreno Express.

✱ **ZWISCHENSTOPS** sind bei vielen Schiffsverbindungen erlaubt. Also z.B. in KORFU auf der Fahrt von Brindisi/Italien nach Patras/Griechenland. Man kauft lediglich das durchgehende Ticket, lässt sich aber den Stop mit eintragen. (und unbedingt die Plätze schon im Voraus für beide Teilstrecken reservieren!!) Mit den Zwischenstop erhöht sich in unserem Fall der Ticketpreis nur um die zusätzliche Korfu- Hafentax.

[NORMALER WEISE ist das Buchen einer Langstrecke mit eingebautem Zwischen= stop immer billiger, als wenn man 2 Teilstrecken, also z.B. Brindisi – Korfu und Korfu – Patras kauft.]

✱ Anreise per EISENBAHN nach Griechenland über Italien: sicherlich erheblich weniger Streß wegen entspannender Seereise. Zudem sind die italienischen Züge sehr billig! Eisenbahn bis zum Fährhafen, dann mit dem Schiff übersetzen.–

BEACHTEN: ZEITVERSCHIEBUNG

ITALIEN: dortige Sommerzeit beginnt und endet wie in der BRD.

GRIECHENLAND + TÜRKEI: sowohl Winter-, als auch Sommerzeit der MEZ- Zeit (incl. der Sommerzeit- Verschiebung) 1 Std. voraus!

VENEDIG

*Meine liebste Anreise, da nur 47o km über durchgehende Autobahn,—
VENEDIG ungemein schön ist für den Vorabend vor dem Einschiffen
nach Griechenland, während der Hochsaison jedoch unbedingt Hotel
vorreservieren!*

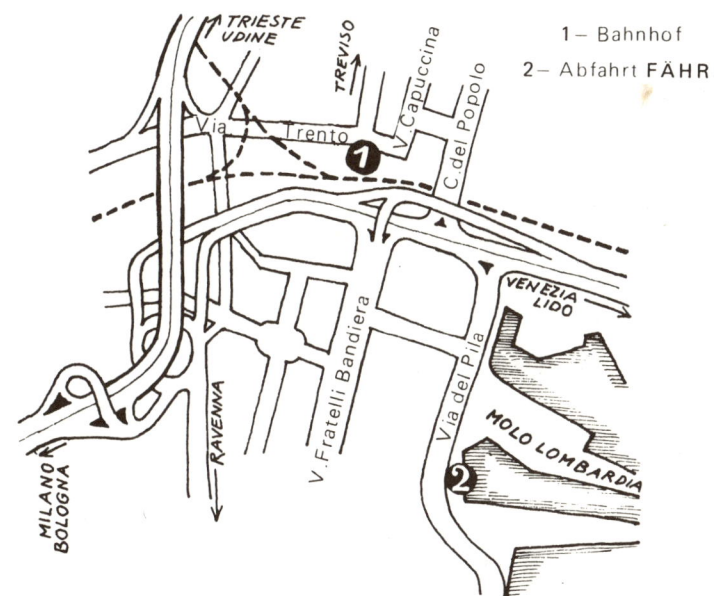

1 — Bahnhof

2 — Abfahrt **FÄHRE**

✶ ADRIATICA

Venedig — Piräus. Verkehrt in der Hauptsaison wöchentlich, sonst ganzjährig ca. alle 2 Wochen. In Doppel-Kabine ab ca. 28o,-; PKW ab ca. 25o,-
Hauptsaison rd. 10% teurer. Bei gleichzeitiger Buchung für PKW von Hin-
u.Rückreise wird ein Nachlaß gewährt.

SOL lines

Venedig–Korfu–Piräus–Rhodos mit der "m/v SOL OLYMPIA". In der
NS 14-tägig, in der HS wöchentlich. Kabinenpreise: n.Korfu ab 28o,-,
n.Piräus ab 32o,- nach Rhodos ab 51o,- Pullmannsitze Korfu ca.16o,-
Piräus ca.18o,- u. Rhodos ca. 32o,- ; Deckplätze: Korfu rd. 13o,- Piräus
rd. 15o,- und Rhodos ca. 24o,- Für PKW liegen die Preise für Korfu bei
ca. 24o, Piräus 28o,- und für Rhodos bei rd. 44o,- In der Hauptsaison liegen die Preise rd. 10% höher! Bei Buchung des PKW's von Hin&Rückrei-

se erhält man eine Ermäßigung.

In den Kabinen-Preisen sind die Mahlzeiten mit enthalten!! Unterbrechungen sind gegen Zuschlag in allen Häfen möglich.

Anreise: Auto

München — Brenner — Verona — Venedig über durchgehende Autobahn, gebührenpflichtig ab Innsbruck bis Venedig. Neueste Preise über ADAC. Wer abkürzen will, biegt ab ROVERETO, 24 km hinter Trento von der Autobahn ab und fährt über den Paß Pian D. Fugazze (Steigung 14%) nach VICENZA. Hier noch knapp 6o km Autobahn bis Venedig.

PKW-PARKPLATZ: über die Venedig-Zufahrt "Ponte della Liberta" zum "PARCHEGGIO",— dem Hauptparkplatz von Venedig. Leuchtschrift-Anzeige, ob offen oder voll. Pro Tag ca. 4 DM parkgebühr. Direkt ab "Parcheggio" Anfahrtstelle des Bootes Nr. 3, das direkt und ohne Stop bis zum Piazza San Marco durchfährt. Hier fahren die meisten Dampfer in die anderen Richtungen ab.

Anreise: Bahn

der "Alpenexpress" (Hamburg — Hannover — Würzburg — München) führt Kurswagen bis Venedig,— ansonsten Umsteigen in Verona. Bahnhof direkt in der Lagunenstadt Venedig: Stazione S. Lucia,— direkt am Canale Grande. Hier Abfahrt der Motoboot-Liniendampfer auf den Lagunenwasserstraßen.

Anreise: Flug

interessanter Flug über die Alpen! Täglich Nonstop-Flug mit der Lufthansa ab Frankfurt nach Venedig, werktags z.Z. ab 16:3o, Ankunft Venedig 1 Std. 2o Min. später, sonntags z.Z. ab 13:1o. Ebenfalls täglich Nonstop-Flug mit Lufthansa ab München innerhalb 1 Std. Ab München kostet das Excursion-Ticket (Hin&Rück innerhalb eines Monats) z.Z. ca. 35o DM. Zuzüglich des Schiffstickets bis Piräus . . .

Ab dem Flughafen Venedig, der nördlich in der Lagune liegt, per Wassertaxi z.Z. ca. 5o DM pro Boot (bis zu 4 Personen, Gepäck extra).

BELLA VENEZIA

DIE INSELN IN DER LAGUNE VON VENEDIG

Das Freilichtmuseum Venedig selbst ist hinreichend bekannt und platzt im Sommer aus allen Nähten. Ihr schiebt Euch über Brücken, so als würdet Ihr in München im Stoßverkehr eine Ampel überqueren. Der Thomas Mann-Film "Tod in Venedig"

hat sein übriges getan (Innenaufnah= men übrigens im Hotel Danielli, am Markusplatz, sehenswert!).

Ein Erlebnis für sich ist die Morbidität der Stadt, der Zerfall des früheren Reichtums der Stadt: an die Häuser schwabbt das brackige, stinkige Wasser, die Mauern voll von grünem Schimmel, meist schief.

Geht mal in die Gallerie Internationale d' Arte Moderna, Motorboot Linie Nr. 1 ab Ferrovia (Bahnhof) zum Palazzo Battagio: prunkvolle Innenräume, deren parkettgedeckte Fußböden schief geneigt sind mit braunen Spuren eindringenden Regenwassers, das sich in Bächen zu den tiefsten Stellen hin sammelt. An den Wänden Chagall, Matisse, Gaugin und andere

Größen der modernen Malerei.
Man hat den Eindruck, daß im näch=
sten Moment alles zusammenstürzt.

Abends, wenn die Lichter angehen:
ein Traum aus einem Märchen von
1oo1- Nacht! Gemütliche, venezia=
nische Restaurants, enge Kanal- Gassen,
durch die die Gondoliere rudern und
das Wasser platscht an die Hauswän=
de, kleine Piazzas und der breite Ca=
nale Grande mit dichtem Motorboot-
Verkehr, Geruch vom Meer und ve=
nezianischen Prachtbauten.

Die VAPORETTOS, Linienmotor-
Boote verkehren auf den Hauptka=
nälen, billiges Mittel zum "Szenen-
Wechsel", um Venedig kennenzu=
lernen, – zugleich aber auch einer
der "Zerstörer" der Lagunenstadt:
die Häuser vibrieren leicht, wenn die
Boote zum Bremsen beim Anlegen die
Motorschrauben auf Gegendrehung
schalten . . .

Einheitlicher Preis im Stadtgebiet Venedig, egal, wie lang die Strecke: ca.
1,8o DM. TAGESKARTE: ca. 6 DM,
im Sommer ca. 7 DM. Gültig für alle
Linien. Macht unheimlich viel Spaß,
Venedig per Linienboot zu entdecken;
oben an der Reeling lehnen, Luft
schnuppern, – abends, wenn die Lichter in den Kanälen tanzen, Girlanden
über den Restaurants, quirlige Schnell-
boot- Taxis dazwischen und behäbig
vor sich hingondelnde Liebespaare, –
damit's schön schnulzig wird, quetscht
hinten im Boot ein Musiker auf der
Ziehharmonica, drei vier Boote nebeneinander, die elegant unter der Rialto-
brücke wenden.

Stadtplan besorgen; besonders schöne
Strecken fährt das Motorboot Nr. 5
(einmal außen um die Lagunenstadt
herum mit schönem Blick auf die
Architekturkulisse um den Markusplatz, – das Boot Nr. 2 (Canale Grande
zum Markusplatz/Riva delgi Schiavoni),
– die Nr. 1 zwischen Bahnhof über
Canale Grande bis Lido.

LAGUNE VON VENEDIG:
mal ab Museo Navale das Motorboot
Nr. 5 nehmen, zum Chiesa del Gesuti
fahren (an der Nordseite der Lagunenstadt) und hier mit dem Dampfer nach
BURANO.

Burano ist ein malerisches kleines
Inseldörfchen, weit draußen in der
Lagune, war lange Zeit Malerkolonie.

Der Dampfer tuckert etwa eine Stunde
durch die Lagune, entlang der Pfähle,
die die Fahrtrinne angeben, es riecht
nach Meer und an Bord Frauen mit
Körben, in denen sie das Obst zum

Lagune von Venedig

Markt gebracht haben. Es ist die At=
mosphäre der Ruhe und Ausgeglichen=
heit, die den Reiz dieser Insel ausma=
chen. Der Turm von Burano neigt sich
bedenklich schief auf die Seite, und
oben wachsen Sträucher zwischen den
Steinen. Die Bewohner scheinen sich
viel Zeit zu lassen, und zwischen den
bunten, zweistöckigen Häusern ziehen
sich die Kanäle. Irgendwo spielen
Kinder Fußball.

Hier ein Kneipentip: Restaurant "Al
Pescatore," Via Galuppi, 371, im
Zentrum des Ortes, gemütlich einge-

richtet mit vielen Bildern an der Wand der Duft der Küche zieht sich durch den Raum und durch große Glasfenster habt ihr den Blick auf den Platz. Hier gibt es die besten Scampis, die ich je gegessen habe: Gegrillt, mit leckerer Soße, 10 DM (Spezialita: Vasto Assortimento Pesce Fresco Cucina Casalinga).

Von Burano geht der Blick weit über das glatte Wasser der Lagune, immer wieder flache, verschilfte Inseln dazwischen nach Torcello (romanische Kathedrale), Obst und Gemüseanbau, – hier kann man schöne Spaziergänge machen.

Ein anderer Ausflug geht mit Motorboot Nr. 25 nach Chioggia, einem malerischen kleinen Hafenstädtchen im Süden der Lagune, das auf dem Dünenstreifen liegt, die die Lagune vom offenen Meer abtrennt. Die Überfahrt dauert ca. 2 Stunden (Abfahrt Riva dei Schiavoni/Venedig).

Im Sommer ist allerdings Chioggia, wie auch Venedig und der Lido hoffnungslos überfüllt.

LIDO von Venedig: landschaftlich sehr schön: Villen mit subtropischen Bäumen und Blumen. In einer dieser Villen bei "Parco" (Via Rodi,Nr. 1) kann man für ca. 3o DM übernachten, Frühstück inkl. mit Blick über den Garten und die Lagune.

Autofähre: Venecia/Parcheggio – Lido: ca. 1o DM ab Einfahrt Parcheggio.

HOTELS: (Superior), wer's hat, sollte es sich wirklich leisten; vom Flair zu den schönsten Hotels Italiens gehören das

* DANIELLI, Riva delgi Schiavoni, prunkvolle Lobby, Berühmtheiten wie Wagner, Charles Dickens, aber auch Helmut Schmidt (während des EG- Gipfels 198o) haben hier gewohnt. Excellente Küche oben im Dachgarten des Hotels mit Blick!

* HOTEL DES BAINS, Lido, ebenfalls Drehort des Thomas Mann- Romanes "Tod in Venedig", monströser Gründerstil- Kasten mit authentischem Flair russischer Großfürsten und entsprechenden Preisen.

* LOCANDA, abseits und ruhig, Insel Torcello (über Cipriani buchen!)

* CIPRIANI, auf der Insel Guidecca gegenüber S. Giorgio.

* CASA FROLLO: hübsch und erheblich billiger , auf der Guidecca- Insel, ein alter Palazzo.

ÜBERNACHTUNG billiger:
im Stadtbereich der Altstadt von Venedig mehr als 14o Hotels, die sich einmal auf die vom Bahnhof abgehende Lista di Spagna konzentrieren, – zum anderen auf den Bereich Rialto bis San Marco.

ACHTUNG: während der Hochsaison sehr oft voll und kaum Chancen in Venecia, Lido, sogar Mestre! Weiterhin: in Venedig bei den Hotels oft monströse Marmor- Eingänge, aber düstere Zimmerblicke auf graue Kanäle und Hinterhöfe

Man kann ab Info- Ständen in Mestre oder Venecia/Parcheggio vorbuchen, sollte aber sicherheitshalber Hotel und Zimmer selbst inspizieren! Die Top-Hotels ab ca. 2oo DM (Danieli ca. 3oo DM), die billigeren um 3o - 6o DM jeweils für's Doppel mit Frühstück.

Schön: die Hotels an der Riva delgi Schiavoni und Verlängerung Riva Martini, sofern mit Blick auf San Giorgio. Schön auch die kleineren Lido- Hotels.

Gefahren für Venedig:

Wie die SZ am 3o.12.8o treffend schrieb: "San Marco faulen die Füße". Seit Gründung der Stadt ist Venedig 3 m in den Sandboden abgesunken und daher anfälliger für Hochwasser.

Dabei sank die Stadt in den letzten 25 Jahren sogar um 25 cm! Hauptgrund: erhöhter Trinkwasser- Verbrauch der aus dem Boden abgepumpft wurde, wodurch Hohlräume entstanden, in die die Pfähle langsam hineinsinken.

RIALTO- PONTE steht auf 12.ooo Eichenpfählen, – der CAMPANILE von San Marco auf 1oo.ooo (!) und die schräg gegenüber liegende Santa Maria della Salute sogar auf 18o.ooo Pfählen!

Zwischen den Jahren 1978 und 198o

gab es wegen der gering höheren Lage der Stadt über dem Meer insgesamt 284 mal Überflutung des Markus-Platzes, wobei das Meereswasser die Fundamente angriff.

Zunächst baute man eine 1oo km lange Trinkwasserleitung vom Festland nach Venedig und ist zur Zeit dabei, an den Laguneneinfahrten vom Meer Unterwasser-Schleusentore zu errichten, die bei Hochwassergefahr geschlossen werden können.

Hauptschädling ist jedoch das Industriegebiet MESTRE/MARGHERA, das,— typisch für die rigorose Zerstörung von Schönheit unseres Jahrhunderts durch Macht des Kapitals, — nur 5 km von der Altstadt Venedigs entfernt liegt.

Riesige Erdölhäfen und Raffinerien: das Industriegebiet, das größer ist als das alte Venedig, hält dieses fest im Würgegriff.
Mitte letzten Jahrzehntes baute man, —

man höre und staune! An einem Kanal, der Tankern bis zu 8o.ooo Tonnen die Zufahrt durch die Lagune zum Ölhafen Mestre/Maghera ermöglichen sollte! (Zum Größenvergleich: bereits 17.ooo Tonnen sind ein größeres Kreuzfahrtschiff!). Mal ganz abgesehen von den Erschütterungen, die Schiffs-Schrau= ben derart großer Frachter auf den Sandboden der Lagune abgeben, ist der Dreck und die Wasserverschmutzung gewaltig.

In vergangenen Jahrhunderten regulierte sich die Lagune von Venedig durch den Wechsel von Ebbe und Flut selber.

Der Industriehafen von Mestre brachte jedoch das fein ausgewogene ökologische System von Salz- und Süßwasser total durcheinander. Im Eindruck der sich anbahnenden Katastrophe wurde zu nächst ein Abwasserkanal ab Mestre durch die Lagune errichtet und die ge= plante Erweiterung der Industriezone gestoppt.

Weiter in den SÜDEN:

POMPOSA:
Ca. 45 km ab Chioggia südwärts, altes Benediktiner- Kloster mit schönen Fresken und Museum.

RAVENNA:
Die Stadt natürlich total touristisch, aber trotzdem unbedingt lohnend auf der Durchfahrt in den Süden wegen byzantinischer Mosaiken in herrlichen Farben und vielen Details. Am besten Fernglas mitbringen, denn viele der kleinen Tierchen, Pflanzen und sonstigen Details liegen außer Sehweite.
Die besten Sachen sind im Mausole= um der Galla Placidia, im Baptisteri= um des Doms, im Baptisterium der Arianer, in der Erzbischöflichen Kapelle, in San Vitale, Sant' Apollinare re Nuovo und in Sant' Apollinare in Classe. —

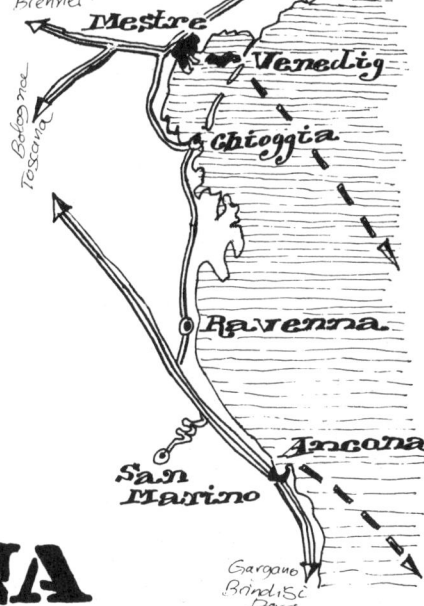

ANCONA

Neben BRINDISI einer der beliebtesten Anreise- Häfen für Griechen= land, da Kompromiss zwischen Fahrtkilometern und Schiffspassage.

Wer die Autobahn fährt: Ausfahrt "ANCONA—NORD" nehmen!
Mündet in die Via Flaminia, die am Rand der Bucht entlang zum
Fährhafen führt (ausgeschildert).

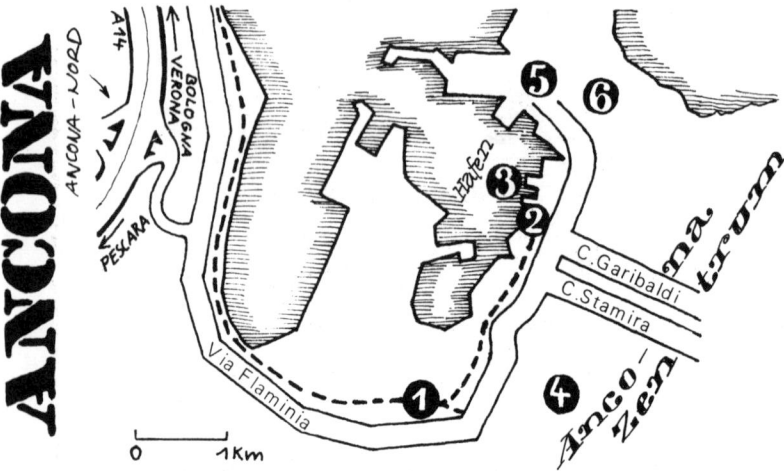

1— Bahnhof
3— Abfahrt **FÄHRE**
5— Trajans- Bogen

2— Stazione Marittima
4— Cittadella
6— Kathedrale

 **TURKISH MARITIME
LINES**

Ancona — Izmir/Türkei. Die Türken fahren z.Zt. noch direkt an die
Kleinasiatische Küste, evtl. später Zwischenstop in Piräus. Nur Juni—
Sept. Kabinenplatz ab ca. 35o,- PKW ab ca. 3oo,-. General-Agentur:
MTA, Eisenmannstr. 4, München.

KARAGEORGIS LINES
PIRAEUS - GREECE

Strecke Ancona — Patras mit der "Mediterranean Sea", "Med. Sky"
und der "Med. Star". Ganzjährig 2 - 3 mal pro Woche, während der
Hauptsaison 6 mal wöchentlich. Passage in der 2- Bettkabine NS ca.
18o,- in der HS ca. 25o,- DM; in der 4- Bettkabine NS ca. 12o,- HS
ca. 16o,- jeweils pro Person und Richtung. PKW kosten in der NS
ca. 12o,- in HS ca. 16o,-.

MINOAN
LINES

Strecke Ancona — Igoumenitsa — Patras mit der "F/B EL GRECO", einem modernen und schnellen Schiff, welches zweimal wöchentlich ver-

kehrt. Die Preise gelten jeweils für 1 Person in einer Richtung und zwar in der Vor-, Mittel- bzw. Hochsaison. In 2-Bett-Kabine ca. 12o/170/19o, 4- Bett-Kabine ca. 12o/17o/19o,- ; Pullmannsitze ca. 1oo/15o/17o,- . PKW ab ca. 12o/17o/19o,- . Kinder bis 4 Jahre frei!

✦ STRINTZIS LINES

Strecke: Ancona — Igoumenitsa — Patras. Die "Ionian Star" ver-kehrt bis Mitte Oktober wöchentlich 2 mal. Die genannten Preise gel-ten für Vor-, Mittel- und Hauptsaison jeweils für eine Person und Rich-tung. 2- Bett-Kabine ab ca. 16o/2oo/25o,- ; 4- Bett-Kabine ca. 120/ 17o/2oo,-; PKW ab ca. 11o/14o/17o,- Die Ein- und Ausschiffungsge-bühren sind in den genannten Preisen enthalten.

✦

Ancona — Heraklion (Kreta) — Rhodos (und weiter nach Bodrun/Türkei) Die MS Atalante, ein modernes Kreuzfahrtschiff nimmt auf seinen Fahr-ten auch Passagiere im Liniendienst auf. Die 7-tägige Kreuzfahrt kostet zwischen rd. 1.000,- bis 1.800,- DM, inkl.Verpflegung und PKW. Für Heraklion bzw. Rhodos die Kosten: 4-er Kabine ab ca. 43o/58o,-; 3-er Kabine ab ca. 55o/73o und bei 2-er Kabine ca. 6oo/8oo,-; Diese Prei-se beinhalten volle Verpflegung, als auch den PKW-Transport. Die Preise gelten jeweils für eine Person und Richtung.

DER GARGANO

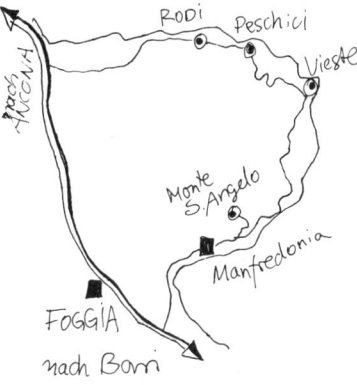

Auf dem Weg in den Süden die wohl schönste Stelle der Strecke! Sozusagen der Sporn des italienischen Stiefels, ein 5o mal 3o km riesiger Felsklotz, bis zu 1ooo m hoch (Monte Spinio).

Der Gargano ist bestimmt nicht mehr un= bekannt, aber solang ihr nicht direkt in der Hochsaison kommt: eine sehr schöne Gegend! Dichte Vegetation mit weiten Kiefernwäldern, — dem FORESTA UM= BRA, auf den die Apulier sehr stolz sind! (Weil: eine der wenigen dicht bewaldeten Stellen Süditaliens!). Ein Naturschutz= park mit Forstpolizei stark vertreten ("Eine Zigarette, und Du bist ein toter Mann"!)—

Sandstrände an der NORDKÜSTE, — die OST- und WESTKÜSTEN des Spornes dagegen steil abfallend mit vielen Felsbuch=ten und herrlich tiefblauer Adria! —

Autobahnabfahrt: POGGIO IMPERI=ALE und an der Küste entlang über RODI (langeweiliger Fremdenver=kehrsort) nach PESCHICI, einem sehr malerischen Fischerort. Weiter nach

VIESTE, einem ebenfalls schönem Fischerort. Typisch für den Gargano: die Dörfer weiß gekalkt, verschachtel=

te Gassen, Treppen an den Häusern, Flachdächer und Dachterassen. Sozu= sagen ein Vorgeschmack auf Griechen= land! —

Die Küstenstraße schlängelt sich ober= halb der Buchten am Fels. — Auf der Strecke von Viesta 8 km vor Manfredo= nia (Staufergründung!) rechts abzweigen: rauf zum MONTE SAN ANGELO. Eine Kirche in den Fels reingebaut. Bereits zu Griechenzeiten mysterien= erfüllt. Grottenstil mit viel Blech und Firlefanz. Von oben tropft Wasser, und die Frauen halten ihr Taschentuch hin und schlecken es ab. —

In SAN GIOVANNI ROTONDA, einem kleinen Dorf mitten oben auf dem Gargano - Felsen lebte der Pater Pio, eine Berühmtheit, weil er gelegent= lich Blut schwitzte. = Viele Spenden von den Gläubigen, — so viel, daß man damit ein riesiges Krankenhaus baute. Als es fertig war, fehlten die Patienten. Auf= passen, weil überall Ärzte lauern!! —

MANFREDONIA hat eine schöne romanische Kirche: die "Santa Maria

di Siponto". — Von hier gab's in den vergangenen Jahren einen Küstendam= pfer, der die ganzen Fischerdörfer des Gargano anlief und weiter zu den TREMITI - INSELN fuhr: gute Möglichkeiten zum Unterwasser= fischen, steile Küsten mit Grotten und einige burgartige Klöster. INSEL SAN DOMINO: Pinienwäl= der, — INSEL SAN NICOLA: mit einem Castell (Zugbrücke, Fallgitter, Wachtürme, Gräben und wuchtige Festungsmauern), — die schönsten Grotten sind "Grotta del Bue Marino"und "Grotta le Viole", beide nur mit dem Boot zugänglich! —

WEITER SÜDLICH: TRANI mit schönem Dom; Spezialität: 3 Stück übereinandergebaut! Auf Wunsch sind alle drei zu sehen! —

Ab Trani oder Barletta landein: das CASTEL DEL MONTE, ein Staufer= schloß, Jagdschloß Friedrich II. Roher Bau, Spätromanik mit sonstigen Stil = einflüssen. 8 - eckig, schön gelegen.

MOLFETTA:, rund 55 km vor BARI,— größter Fischereihafen der Südadria. Wer Meeresgetier in Topf und Pfanne liebt, sollte in APULIEN Messer und Gabel nicht ganz beiseite legen! Die Boote der Fischer von Mofetta mit stärkeren Mo= toren fahren weiter hinaus, — so sauberer und frischerer Fisch, als z. B die langsameren Kähne der "Fischer von Capri". Für die apuluische Bevölke= rung waren Fische, Muscheln, Polypen und Krebse schon immer Grundnahrungs= mittel, das die Phantasie beflügelte!

Morgens am Hafen Fischmarkt und Entladen der Boote. Kompakt weiße und winkelige Altstadt. Dom (Duomo vecchio) romanisch mit drei Pyramiden als Kup= pel, direkt am Meer.

BITONTO: landeinwärts gelegen. Kathe= drale romanisch, Fassade und Inneres streng gegliedert und harmonisch. Kanzel mit reichem Relief- Schmuck.

Ancona — Bari direkt auf (gebührenpflichtiger) Auto- bahn, — 47o km und somit ca. 5 - 6 Std., sehr lohnend allerdings wegen Gargano.

BARI

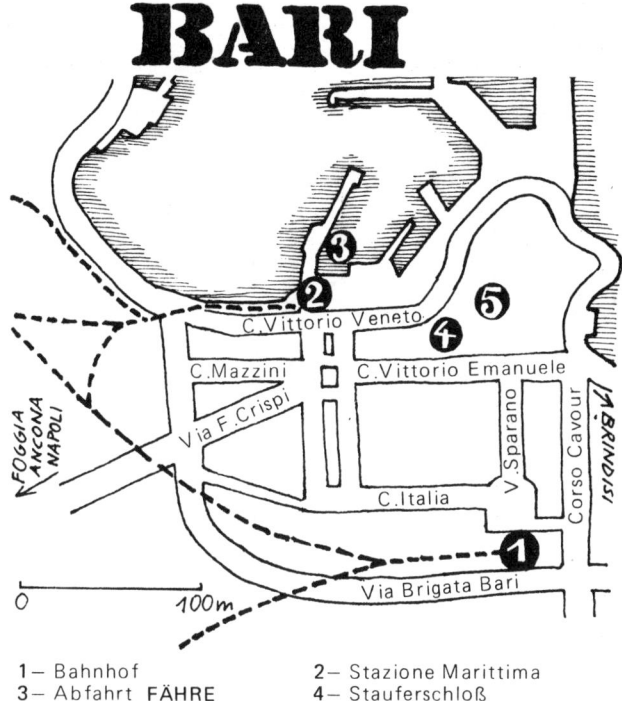

1— Bahnhof   2— Stazione Marittima
3— Abfahrt **FÄHRE**   4— Stauferschloß
5— Kathedrale

Keine Stadt Süditaliens ist in den letzten 2o Jahren so schnell und chaotisch gewachsen wie Bari. Deprimierende Industrie- und Wohnsilo= städte als äußerste "Schale", − als nächste "Schale" die charmante Neu= stadt der Gründerzeit und schließlich die verwinkelte Altstadt, − sauber und hell, wie fast immer in Apulien, ein Labyrinth von Gassen, Höfen, Durchgängen, bewohnt von Handwerkern, Fischern und vielen, vielen Kindern.

Wer auf's Schiff warten muß, sollte im 55 km nördlich am Meer liegenden TRANI übernachten. "Eine der schönsten Städte Apuliens", wie Hans Bausenhardt in seinem Süditalien/Sizilien- Band schreibt (erschienen als Band 12 unserer Reihe), "schon die Ankunft auf dem Bahnhof verspricht, daß man es hier aushalten wird..." Häufige und schnelle Zugverbindungen mit Bari, alle weiteren Details im Bausenhardt.

Stabiliti Line

Fahren auf der Strecke Bari − Insel Korfu − Patras/Peloponnes. Preise für Bari nach Patras: in der 2-er Kabine ca. 145 DM, 4-er Kabine ca. 115 DM, bessere Kabinen etwas teurer. Pullmansitz ca. 95 DM. Der PKW je nach Größe ab ca. 95 DM. Die Hochsaisonpreise etwas höher!

Überfahrten während der Saison ca. alle 2 Tage. Fahrtdauer: 1 Nacht bis Korfu, bzw. 1 Nacht + 1 Tag bis Patras.

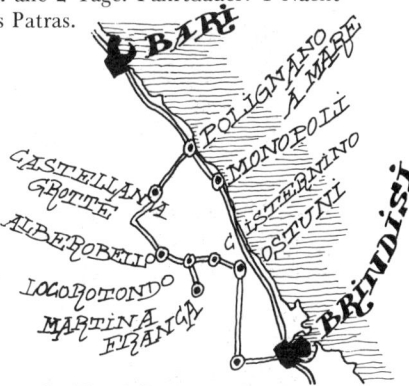

Weiter am Stiefelabsatz runter:

BARI–BRINDISI über Küsten=straße: 11o km, keine Autobahn.

Alternative zur gut ausgebauten Küsten-Straße : durchs Landesinnere.
Straße: durchs hügelige Landesinnere, wo man mit Leichtigkeit 1 bis 2 Tage verbummeln kann, etwa weil man noch auf die Fähre warten muß oder einfach Lust hat, Italiens vielfältige und orginel=le "Spontan"- Architektur zu sehen.

Bari bis <u>POLIGNANO AL MARE</u>: wild auf Felsen über der Adria gelegen. Hier abzweigen ins Landesinnere zur <u>CASTELLANA GROTTE</u> (14 km, Wegweiser):

Unteriridischer Superlativ: 6o m unter der Erde, der Eingang ein riesiges, bodenloses Loch, aber es gibt den Aufzug. Ca. 2 km sind begehbar, schönste Tropfstein-Höhle Italiens. (Stündliche Führungen).

<u>Die Landschaft</u> wird ein riesiger Garten aus Weinfeldern, Öl und Mandelgärten, mit unzähligen Mäuerchen und eigenartigen Häusern, den <u>TRULLI.</u>

Schon vor Bari konnte man die ersten sehen, aber meist oben abgeflacht und selten bewohnt. Ihr Ursprung ist ein beliebtes Streitobjekt zwischen den Forschern, allgemein wird aber angenommen, daß sie von einem Volk nach vielen Teilen des Mittelmeer- Raumes gebracht wurden, das in der Jungsteinzeit an den Küsten ganz West- Europas Steingräber und Rundbauten errichtete. (England, Irland, Spanien, Sardinien und Apulien). Allen "Trullis" ist das Trockenmauerwerk, die konsequente Rundform und das unechte Gewölbe (wie beim Schatzhaus in Mykene) gemeinsam.

In <u>ALBEROBELLO</u> (="schöner Baum") und in <u>SELVA DI FASANO</u> besteht der ganze Ortskern aus tausenden von diesen grellweiß gekalkten Wohnkegeln. Da sie nur im Paterre bewohnbar sind, müssen größere Familien mehrere Trulli nebeneinandersetzen, — jeder Spitzkegel ist ein Raum.

In Alberobello kann man einige besichtigen und auch drin essen (Cucina dei Trulli = lokale Bauernküche) und in einem Trulli- Komplex übernachten ("Albergo dei Trulli, Doppel ca. 9o - 1oo DM, witzig und komfortabel). Südlich von Alberobello im <u>VALLE D' ITRIA</u> sind die Trulli als Bauernhöfe über die Landschaft verstreut, wo sie blendendweiß aus dem silbergrün der Ölbäume herausleuchten, die dunkelen Kegeldächer mit magischen Zeichen verziert.

<u>LOCOROTONDO</u> (="runder Ort"), was er auch ist. Hier ist die Trullibauweise in herkömmlichere Hausformen umgesetzt. Kein Haus wie das andere, und trotzdem alles so geschlossen, als wäre die Stadt eine riesige Burg.

<u>MARTINA FRANCA</u>, kleine Barockstadt mit schönen Palästen zwischen den ein=facheren Häusern, Modell einer urbanen Struktur, wie sie von den Bewohnern ge=schaffen wurde. Arbeiten, Wohnen und Nichtstun, — Adel, Bauern und Esel, alles harmoniert.

Einfacher in den Häusern sind <u>CISTERNI=NO und OSTUNI</u>, dort die Häuser kalk=weiß mit einigen grellrosa und türkisgrü=nen Akzenten, drüber dunkel die Kathe=drale.

<u>Wein, Öl und Mandeln</u> aus der gesamten Trulli- Region sind gesuchte Spitzenprodukte. Wer handwerkliches sucht, findet hier neben dem üblichen Touristenkram noch Gebrauchskeramik, Schmiedearbeiten handgewebte Teppiche, Decken und Spitzen.

BRINDISI

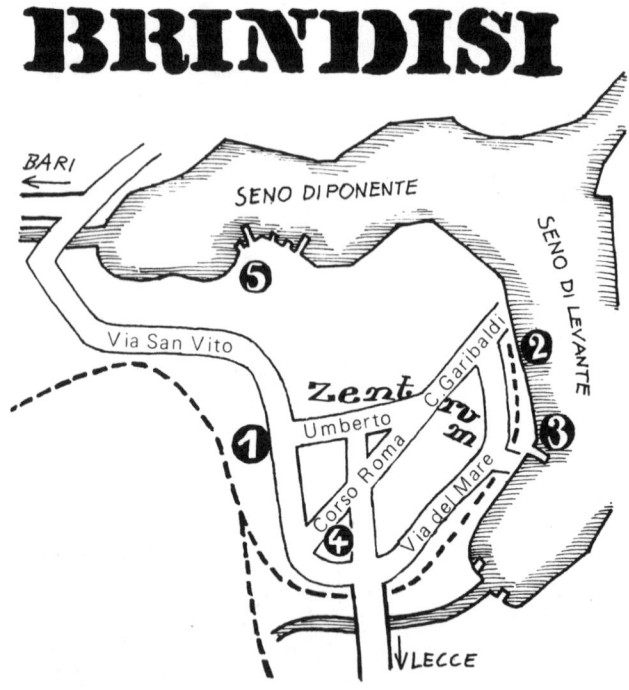

1– Bahnhof   2– Stazione Marittima
3– Abfahrt **FÄHRE**   4– Automobilclub
5– Stauferschloß

AKTIVSTER Fährhafen für Griechenland im Süden Italiens.

DIE STADT selbst ist nicht besonders einladend und reizvoll, – hält aber seit den Tagen der Eroberung Griechenlands durch die Römer das Ausschiffungs- Prädikat "Hafen für Griechenland". Die Römer ließen hier die Via Appia enden, – eine der beiden Straßensäulen am Hafen steht noch, und fast alle Heroen des Latein- Unter= richtes waren hier und haben auf das Schiff gewartet, später dann die Kreuzfahrer.

Einzigstes Baudenkmal, das ernstlich den Besuch lohnt, S. MARIA DEL CASALE, romanisch mit bunt eingelegter Fassade, strengem, lichten Inneren und schönen, by= zantinischen Fresken, nahe Aeroporto in weniger eindrucksvoller Industriezone, dort auch die Jugendherberge.

ADRIATICA and HELLENIC MEDITERRANEAN LINES

ganzjährig auf der Strecke Brindisi – Korfu – Igoumenitsa – Patras, wo- bei die Schiffe ganzjährig 2 mal wöchentlich, in der HS täglich verkehren. Preise je Person nach Korfu/Igoumenitsa: Sitz ca. 100,-. Pullmans. ca.130 3-er bzw. 4-er Kab. ca. 170,- und 2-er Kabine ab ca. 21o,-. Für Patras lie-

gen die Preise bei Sitz ca.12o,- Pullmannsitz ca. 15o,-, 3-er/4-er Kabine
ca. 2oo,- und bei 2-er Kabine ab ca. 26o,- In der HS rd. 15% teurer.
PKW nach K/I ab ca. 230,-, nach Patras ab ca. 26o,-; Bei gleichzeitiger
Buchung für Hin&Rücktransport erfolgt eine Ermäßigung. Es gibt noch
weitere Ermäßigungen für Kinder, Studenten, Rückreise etc.

FRAGLINE

Strecke Brindisi — Korfu — Igoumenitsa — Patras in der HS 6-mal wöchentlich, sonst 2-3 mal in der Woche. Die Preise sind in die NS, MS und HS unterteilt. Für Korfu und Igoumenitsa gleicher Preis. Nach Korfu/Ig. in 2-er
Kabinen ab ca. 12o/16o/19o,- ; 4-er Kab. ab ca. 1o5/13o/15o,- ; Liegesess.
ca. 9o/1oo/115,- und Deckplatz 90/1oo/11o,-. Für Patras: 2-er Kabinen
ab ca. 135/18o/2o5,- ; 4-er Kabine ab ca. 11o/15o/17o,-; Liegesessel ca.
1o5/12o/14o,-. PKW ab ca. 11o,-. Auch hier gibt es Vergünstigungen für
Kinder, Studenten, bei Rückfahrten usw.

SEA BRIDGE ITALY-GREECE

car & passenger joint ferry service by

ADRIATICA
and
HELLENIC MEDITERRANEAN LINES

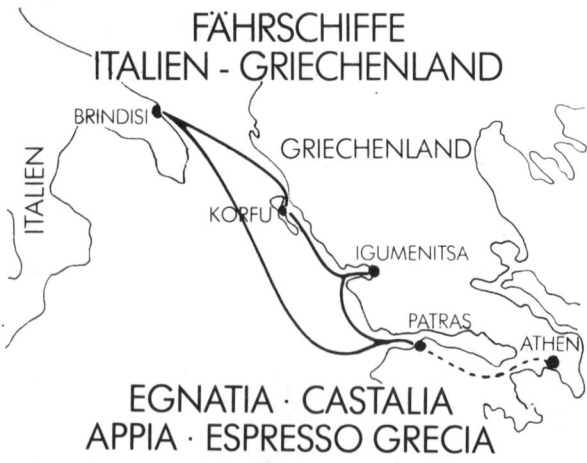

FÄHRSCHIFFE
ITALIEN - GRIECHENLAND

BRINDISI

ITALIEN

GRIECHENLAND

KORFU

IGUMENITSA

PATRAS

ATHEN

EGNATIA · CASTALIA
APPIA · ESPRESSO GRECIA

50% RABATT
AUF DEN RÜCKFAHRPREIS
IHRES WAGENS

★ ♎ LIBRA MARITIME

Während der Saison tägliche Überfahrten auf der Strecke Brindisi — Igou menitsa — Korfu — Patras. Die Preise bis Patras liegen für Neben-/Haupts. wie folgt: 2-3er Kabinenplatz ca. 13o/2oo,- Pullmannsitz ca. 100/140,-; Deckplatz ca. 95/13o. PKW ab ca. 90/13o,-. Für den Fahrer des PKW ist Deckplatz frei!

★ STRINTZIS LINES

Mit der "Ionian Glory' auf der Strecke Brindisi — Korfu — Igoumenitsa — Kefalonia — Patras. Schiff verkehrt nur in der Saison (bis Mitte Sept.) 3 x wöchentlich. Preise - stets für Vor- Mittel- und Haupts. - nach Korfu/Igou.: 2-3-er Kab. ab ca. 16o/19o/22o,- , 4-er Kab. 1oo/12o/17o,-; Pullmanns.- ca. 9o/1o5/13o,- und Deckplatz ca. 8o/1oo/12o,- und nach Kefalonia/ Patras: 2-3-er Kab. ab ca.17o/2oo/26o,- 4-er Kab. ca. 11o/13o/19o,-; Pull- manns.: ca. 95/12o/145,- und Deckplatz ca. 9o/1o5/135,-. PKW ab ca. 9o/1o5/135,-. Diverse Vergünstigungen. Ein- und Ausschiffungsgebühren sind in den Preisen enthalten.

★

Auf der Strecke Brindisi — Korfu — Paxi — Ithaka — Kephalonia — Patras verkehren diese modernen und schnellen Schiffe während der Haupt- saison täglich, in der NS 2-3 mal wöchentlich. Preise für Korfu/Paxi:2-er Kabinenpl. ab ca. 13o/15o/21o,- ; 4-er Kab. 1oo/12o/19o,- ; Pullmanns. ca. 90/1o5/13o,-, Deckplätze 85/1oo/12o,- Bis Ithaka/Kephalon/Patras: 2-er Kab. ab ca. 14o/16o/24o,- ; 4-er Kab.ca. 11o/13o/21o,-; Pullmanns. 1oo/12o/15o,- und Deckplatz 9o/1o5/14o,- . PKW ab ca. 9o/120,- ; Verschiedene Ermäßigungen für Kinder, Studenten, bei gleichz. Buchung von Hin- und Rückreise usw. Fahrtunterbrechungen möglich! Die Hafen- gebühren sind in den Preisen enthalten!

> *Die FAHRZEIT zwsichen Brindisi und Korfu/Igoumenitsa beträgt eine Nacht. Abfahrt der Schiffe meist gegen 22 oder 23 Uhr, Ankunft am nächsten Morgen gegen 7 oder 8 Uhr. (Ankunft Patras gegen 17 Uhr).*

> Andreas Kuhlmann schrieb uns mit Recht, daß die Schiffe auf der Route Brindisi- Korfu - Igoumenitsa im Hochsommer hoffnungslos überfüllt seien und wegen der vielen Rucksacktouristen eine qualvolle Enge in allen Gängen, beim Essen, an der Bar etc. hersche. Außerdem gäbe es häufig Verspätungen bei Abfahrt und Ankunft von 2 - 3 Stunden. (Anmerkung der Red.: dies gilt für die Termine der Hochsaison, in denen man nach Möglichkeit unbedingt vorbuchen sollte!)

b.w.

Reinhard Hoffmann schreibt uns, daß ihm in Brindisi aus dem Auto Bargeld, Fotoap=
parat und die Pässe gestohlen worden sind. "Das bedeutete eine Verschiebung der Über=
fahrt um 2 Tage und eine Autofahrt nach Neapel zum Deutschen Generalkonsulat,
um neue Pässe zu bekommen. Das Konsulat in Bari darf nämlich nur Bargeld aus=
geben, aber keine Pässe ausstellen. Die Umbuchung um 2 Tage klappte unproble=
matisch (Vermutlich nicht Hochsaison, Anm. der Red.). Die Polizei in Brindisi war
vollkommen gleichgültig und hat lediglich einen kurzen Bericht aufgenommen."

Hans Bausenhardt schrieb uns zu Diebstahl/Bari: "St. Nicolaus ist der Schutz-
heilige von Bari. Leider tut er keine Wunder gegen die vielen kleinen Diebe, die es
auf Autos, deren Inhalt, Fotoapparate und Handtaschen abgesehen haben, — voraus-
gesetzt, man präsentiert sich und das Auto gut sichtbar als Selbstbedienungsladen."

Winfried Leist weißt darauf hin, daß in Brindisi (zur Zeit) 4.ooo Lire Hafentax pro
Person fällig sind (=ca. 1o DM). ". . . und wehe, Du hast kein italienisches Geld
mehr, — der Wechselkurs für andere Währungen ist kriminell)."

Stiefelabsatz: Brindisi ➤ Otranto:
ca 83km

Für die meisten wird in BRINDISI die Stiefeltour zu Ende sein, —
außer man nimmt die Fähre Otranto — Igoumenitsa:

Auf der Schnellstraße BRINDISI — LECCE (Ausfahrt Squinzano Sud- Trepuzzi),
3,5 km das ehemalige Kloster S. Maria Cerrate, romanisch mit sehr fein gearbeite=
ten Kapitellen. In den Gebäuden interessantes Museum der örtlichen Bauernkultur.

LECCE, Barockstadt mit Ambiente und viel Eleganz. Die Kirchen- und Palastfassa=
den erinnern an mexikanischen Indianerbarock und gar manchem Kunst- "Kenner"
sind die Phantasiespielereien mit dem weichen Stein entschieden zu viel.

Dom, Seminar und Domplatz, am wildesten aber die Kirche S. Croce. Vor der Stadt
liegt die Kirche S. Nicolo e Calaldo, wo Groteskes und Verschnörkeltes aus Barock
und Romanik bestens miteinander harmonisieren.

Markthalle, ein Gußeisenbarock der Jahrhundertwende voller Eß und Farbgenüsse,
sodaß man sich tagelang hindurchfressen könnte.

Südlich von Lecce heißt es dann etwas abseits der großen Straße "CALIMERA"
(=griechisch für "guten Tag"), — ein Dorf, wo noch heute griechisch gesprochen
wird, — ein Griechisch aus dem byzantinischen Mittelalter Süditaliens. In der Nähe
weitere Griechendörfer: MARTIGNANO, STERNATIA, MARTANO und CARI=
GLIANO D'OTRANTO.

OTRANTO

Ab hier nur ein einzigster Dampfer: die "R- LINE". Kürzeste Entfer=
nung über's Meer nach Griechenland.

Der Käp'n, ein gestandener Seebär , der schnon viele Jahrzehnte auf
dem Meer unterwegs ist, hat uns gestanden: "daß ich das Schiff heil
über's Meer bekomme, davor habe ich keine Sorge; was mir Sorge
macht, sind die Touristen" (bei Seegang!)

Die Schiffe verkehren Mitte Mai bis Mitte Oktober. Überfahrt eine
Nacht.

Otranto:

Kleinstadt an der schmalsten Stelle zwischen Italien und dem Balkan. Bei klarem Wetter sieht man die Berge Albaniens. Im DOM vollständig erhalten das größte mittelalterliche Fußbodenmosaik Europas. Bei meinem letzten Besuch standen allerdings die Kirchenbänke drauf, aber man sieht dennoch viel!

Um 1165 geschaffen, füllt es die ganze Kirche wie ein Teppich aus, — auch weil es nicht die steinerne Strenge vieler anderer Mosaike hat, weil das übliche Gold fehlt. Stattdessen die erdfarbenen Töne des Natursteins, der in unregelmäßigen Formen zusammengefügt ist. Thema: ein riesiger Baum, der durch die gesamte Kirche geht. An den Ästen zweigen Geschichten aus dem alten Testament und der grie= chischen Geschichte und Mythologie ab, — in 12 Monatskreisen ist der bäuerliche Jahreszyklus dargestellt. Beim Sakrestan detailierte Beschreibung erhältlich.

Unter dem Dom eine hübsche Krypte. — Oberhalb des Hafens von Otranto: Kirche S. Pietro, klein, quadratisch. Schon ein Stückchen Griechenland!

von *Italien*
nach **GRIECHENLAND**

EIN-
SCHIFFUNG

DIE HÄFEN Italiens sind meist ausgeschildert "ALLE NAVE TRA= GHETTI" (= zu den Fährschiffen), — siehe auch unsere Kartenübersich= ten.

Die VERLADE—KAIS liegen meist im Hafen- Zollbezirk; daher bei der Einfahrt den Pass bereithalten. Wagen zunächst in der eingewiesenen Spur abstellen (gut verschließen!) und zum Hafenbüro der Reederei be= züglich Fahrtausweisen und letztem "check- in". Hier gibt's die "Em= barcation- Card". Mit dieser und dem Pass geht man zur Hafenpolizei, wo die "Embarcation- Card" mit dem Ausreisestempel versehen wird.

Der Einschiffungs- Officer weist die PKW's und LKW's in den Bauch des Schiffes nach Kriterien des Platzes, vorallem aber danach, wer bei an= gelaufenen Häfen früher wieder raus muß (=zuletzt eingewiesen).

Beim Einfahren ins Schiff: möglichst nur eine Person im Auto sitzen und langsam fahren, damit Auspuff und Unterseite durch die Schwin= gungen des Wagens nicht aufstreifen. Dies insbesondere, da der Gepäck- Raum meist voll be- oder überladen ist!

Sachen, die man an Bord braucht, ausladen. Meist kommt man auch während der Überfahrt ans Auto, aber sicher ist sicher! Daher: Zahnbür= ste raus, Handtücher mitnehmen, warme Pullover für die kühle Brise nachts an Deck.
Wenn das Schiff spät in der Nacht abfährt: Reiseproviant mitbringen, denn manchmal wird das Restaurant nicht mehr aufgemacht.

ALLE FÄHRSCHIFFE auf der Adria rüber nach Griechenland haben ein Restau=
rant oder eine Cafeteria an Bord,– ebenso Geldwechselmöglichkeit, – die meisten
einen Swimming Pool und Discothek.

BEACHTEN: unbedingt bei Ankunft des Schiffes im Hafen den Auto-
motor erst anwerfen, wenn die PKW - Schlange losfahren kann.

④ Entlang der jugoslawischen Küste nach Griechenland

> Möglichkeiten: entweder
> mit dem Auto auf der
> "Adriatischen Küstenstraße"
> oder mit dem Schnelldampfer
> oder eine Kreuzfahrt mit
> einem Segelboot von Insel
> zu Insel

a) "ADRIATISCHE KÜSTENSTRASSE"

Ein Anreiseweg für Leute mit viel Zeit.
München —► Athen: 2800 km. Damit ihr etwas
davon habt, kalkuliert mindestens 1 Woche für die
Anreise entlang der jugoslawischen Küste! —

Landschaftlich sehr reizvoll entlang der Küste mit Blick
auf unzählige, im Meer liegende, verkarstete Inseln. —

Aber: im Verhältnis zur Länge der vielen Auto=
kilometer relativ wenig Abwechslung! Spätestens
ab Dubrovnik solltet ihr mit dem Schiff weiter
nach Griechenland fahren!

STRASSENZUSTAND: 800 km entlang der Küste
eine Kurve nach der anderen! Schlaucht gehörig! Viele
LKW's, die besonders vor Bergen aufhalten. Oft bilden sie
dort Kolonnen ohne Zwischenraum, sodaß Überholen unmög=
lich wird.
Nicht nachts fahren! Häufig defekte jugoslawische PKW's und
unbeleuchtete Fuhrwerke bzw. Esel. Im Küstenbereich durch
starken nächtlichen Temperaturabfall Steinschlag! Und die jugos=
lawischen Straßenbehörden lassen sich oft Zeit, die Trümmer abzu=
transportieren.

Streckenweise spezieller Straßenbelag, der bei Regen einen Schmier=
seifen- Charakter annimmt. Vorsicht auch vor häufigem Seitenwind.

dem "Bora", der von den Bergen herunterkommt (vorwiegend Monate Nov. bis April, aber auch im Sommer).

Auf dem Streckenabschnitt DUBROVNIK–SKOPJE hat sich in den letzten Jahren viel getan. Straßenbegradigungen und - Verbreiterungen.

* AM BEQUEMSTEN: Albanien "umschiffen", das heißt, mit dem im Sommer 2 mal wöchentlich verkehrenden Liniendampfer der "Jadrolinja" ab Dubrov= nik nach Corfu/Griechenland und Igoumenitsa . Fährt ab Dubrovnik am spä= ten Nachmittag ab und landet in Korfu am nächsten Morgen ca. 1o Uhr. Mit Autotransport. DETAILS siehe Seite

* Die Überlandroute ab DUBROVNIK führt um Albanien rum: am Skutari-See (stark verwachsen, Grenzsee zu Albanien) landeinwärts. Sobald man die Küste verlassen hat: seltener Tankstellen! Rechtzeitig immer volltanken! – Über die sozialistische Retortenstadt Titograd tief in die jugoslawische Provinz: weite Hügel- und Berglandschaften, dicht von Bäumen überwachsen, – wie Transsylva= nien in Rumänien, rotbraune Täler, einsame Dörfer.

  Die gut ausgebaute Hauptroute führt Titograd – Titovo Uzice und durch's Amselfeld ("Kosovo Polje") – Pristina und bei SKOPJE wieder auf den jugos- lawischen Autoput mündet. Fahrzeit Titograd – Skopje ca. 3/4 Tag.

* Interessanter, Kilometer- mäßig kürzer, wenn auch in schlechterem Straßenzu= stand ist folgende Route: TITOGRAD als Ausgangspunkt und bei Kolasin rüber über den Pass Tresenjevik (1598 m, landschaftlich schöne Route!) – Adrijevica– Cakor- Pass (1849 m, Höhepunkt der Reise, auch topographisch; alpine Land= schaft, schlechte Straße) und die Rugovo- Schlucht nach Pec – anschließend auf relativ schnellen Provinz- Straßen bis Prizren. Hier beginnt die landschaftlich schöne Strecke nach Doganovic. Ab hier entweder direkt über SKOPJE und Rest- Autoput nach Thessaloniki/Griechenland.

  Schöner ist jedoch die Strecke Doganovic – Tetovo (2 Pässe, 1o9o m und 78o m, 1o % Steigung) – und über Gostivar ganz nah an die albanische Grenze . Mavrosko Jezero – Debar– Strugar – Ohrid (am Ohridsko Jezero, dem Grenz- See zu Albanien, Ort wie See landschaftlich sehr schön. Bevölkerung zu 8o % Mohamedaner, Moscheen, Minarette, Orient wie es lebt!). Rainer Runge, der diese Strecke 198o im November fuhr (besten Dank für Deinen Brief!), war sehr begeistert ("unbedingt mal auf die Märkte gehen"!), schreibt jedoch, daß die Bevölkerung nicht ganz so freundlich wie die Griechen seien. Außerdem weist er darauf hin, daß diese hier beschriebene Route nur von sehr wenigen Touristen befahren wird (wohl wegen der durchschnittlich bis schlechten Streckenverhältnissen, Anm. der Red.).

  Von Ohrid geht's über einen 119o m Pass (Steigung 1o %) Prespansco Jezero, ebenfalls Grenzsee zu Albanien, der auch von der griechischen Seite (über Flo= rina erreichbar ist, jedoch kein direkter Grenzübergang. Griechenland erreicht man über BITOLA und Nike (auch Nika geschrieben, Grenze).

  Raus kommt man in Nordgriechenland, und zwar in einem Teil, der auch in der Hochsaison nur sehr wenig von Touristen berührt wird, aber landschaftlich groß- artige Stellen zu bieten hat, so z.B. KASTORIA am See von Kastoria!

Einreise Albanien:
nach wie vor für Normaltouristen nicht möglich. So bleibt einem nichts anderes übrig, als der riesige Umweg um das Land und das jugoslawische Skopje, oder die PKW- Fähre Dubrovnik – Korfu/Igoumenitsa.

Ich bin immer wieder in Briefen gefragt worden, ob es nicht doch eine Einreise= möglichkeit gäbe: die gibt es! Reisen vermittelt die "Gesellschaft der Freunde Al= baniens (GFA)" Postfach 11 16 o5, 2ooo Hamburg 11 in Zusammenarbeit mit

dem Reisebüro Skanderbeg- Reisen und dem albanischen Reisebüro Albtourist.
14 Tage mit Flug in DC 9 Düsseldorf — Tirana (direkt) & Hotel kosten ca. 1.3oo
DM, inkl Besichtigungsprogramm, wo einem besonders fortschrittliche Fabriken ge=
zeigt werden.

Um ein Visa zu bekommen, müssen die Antragsteller gewisse äußere Bedingungen
erfüllen; so dürfen Männer z.B. keine langen Haare (Kragenabstand!) und keinen
Vollbart tragen. Der Visum- Antrag kann auch aus politischen Gründen abgelehnt
werden.

Nach Berichten von Albanien- Reisenden soll das Land wegen seiner jahrelangen
Abgeschiedenheit noch sehr unberührt und ursprünglich sein mit Pferdekutschen
etc., — chinesischer Einfluß ist unüberseh- und überhörbar. Radio Albanien ist in
Italien und Jugoslawien über weite Strecken ausgezeichnet zu hören mit antirissi=
scher Propaganda.

Bereits nach dem Tod Stalins kam es 1956 zu scharfen Auseinandersetzungen
zwischen Albanien und der UDSSR; insbesondere kritisierte Albanien den sowjeti=
schen Führungsanspruch in der Außenpolitik und die "Entstalinisierungskampagne"
in der Innenpolitik. 1961 brach die Sowjetunion sämtliche wirtschaftlichen und
politischen Beziehungen zu Albanien ab. 1968 trat Albanien aus Protest gegen den
CSSR- Einmarsch schließlich aus dem Warschauer Pakt aus. Seither beschuldigen
sich die Sowjetunion und Albanien gegenseitig, den Marxismus- Leninismus verra=
ten zu haben.

Nach 1968 entwickelte Albanien sehr enge Beziehungen zur VR China; es erhielt
von dort umfangreiche wirtschaftliche, finanzielle und militärische Unterstützung.
Nach dem Tode Maos und der zunehmenden Hinwendung seiner Nachfolger zur
"Theorie der drei Welten" (die Länder der Dritten Welt sollten sich mit den Indus=
trienationen der 2. Welt gegen die beiden Supermächte der Ersten Welt, USA und
UDSSR verbünden; UDSSR ist dabei der gefährlichere Gegner!), kam es zu schwer=
wiegenden Meinungsverschiedenheiten zwischen Albanien und der VR China.

1976 brach die VR China plötzlich und einseitig jede weitere Unterstützung Alba=
niens ab; im Gegenzug bezeichnete Albanien die chinesischen Machthaber und
auch Mao selbst als Verräter.

Besten Dank für Infos an Sieghard Lange und Willi Halden!

Sehenswürdigkeiten:

Entlang der jugoslawischen Küste nach Griechenland

Unbedingt: ADELSBERGER–GROTTEN bei Postonja, siehe bereits be=
schrieben! Und die PLITWITZER SEEN (Umweg 1oo km, lohnt sich
aber sehr!!). 16 stufenförmig übereinander liegende Seen, die sich in
Wasserfällen und Kaskaden ineinander ergießen. Eine der schönsten
Stellen, die ich in Europa kenne!
Die Seen liegen inmitten üppiger Wälder und schimmern in unbeschreib=
lich schönen blau- grünen Pastellfarben. Hier wurden nicht ohne Grund
die Karl May- Filme gedreht; hier weidete der Gaul Old Shatterhands
während dieser oben hinter einem Busch im kargen jugosl. Hinterland
auf die Komantschen lauerte, — und unter den diversen Wasserfällen
räkelte sich Nitschotscha, die Indianerbraut alias Uschi Glas oben bereits
halb-ohne, aber keusch mit dem Arm verdeckt. . .

CAMPINGPLATZ am größten See. Nachts das Gequake von hunderten von Jugo-
Fröschen! Im Lebensmittelgeschäft im Ort wenig Auswahl, — daher besser vorher
schon vorsorgen, irgendwo an der Küste! —

Zurück an die Küste entweder über KARLOBAC, oder über die neue

Straße Udbina–Gracac–Zadar. Landschaftlich schön, aber üble Schotter -
piste ist der MALI HALAN- PASS.

Bei ZADAR für FKK- Anhänger ein schöner Strand (Starigrad, 5o km
vor Zadar). –
In Zadar auf der HALBINSEL ARBANASI einer der schönsten Camping-
Plätze Jugoslawiens. ("Autocamp punta baijala") Föhrenwäldchen.
Die sanitären Einrichtungen in Jugoslawien lassen meist zu wünschen
übrig. (Als Reinigung wird häufig mit dem Gartenschlauch einmal durch=
gespritzt. Das verteilt den Dreck!)–

CAMPEN überall erlaubt, sofern nicht 🚫 oder 🚫 - Schild!
Sonnenbrand holt man sich in Jugoslawien schnell! Wegen der Reflektion
der weißen Karst- Steine ist der Kopf und sonstig Entblößtes in spätestens
5 Min. rot! Im Falle hilft "After- Sun- Lotion".

SCHLANGEN (Vipern etc.) gibt's viele in Jugoslawien,
besonders zwischen Rijeka und Zadar, aber auch auf
der Insel Losinji. Wer zeltet, sollte am Abend,
kurz bevor er in den Schlafsack krabbelt, selbigen
auf "Inhalt" untersuchen. Ich möchte an dieser
Stelle auch vor Skorpionen warnen! –

DIE KORNATEN, eine Inselgruppe vor Zadar gilt
bestes Tauchgebiet des Mittelmeeres.(Schiffe von
Zadar und Sibenik) Hunderte von Hügelkuppen
in der jugoslawischen Adria, meist nur mit Gras=
büschel bewachsen, wenn überhaupt. Mit mehr oder weniger verschwiege=
nen Buchten, in denen aber auch öfters deutsche Sport- Motorjachten
ankern. Höhlen, Grotten und sehr klares Wasser. Unter der Oberfläche:
Edelkorallen, sowie riesige Mengen von Hummern und Langusten. Die
Milica (=Polizei) hat sich schnelle Kajütkreuzer in Italien besorgt und
kontrolliert die Angelegenheit. Sondergenehmigung für Gerätetauchen
eventuell notwendig. Zeitweilig wurde diese schon bei der Einreise nach
Jugoslawien verlangt, bzw. die Geräte konfisziert. Bei Botschaft checken!

HAIE vor der Küste. Hier gehen die Meinungen auseinander. In der Süd=
deutschen Zeitung stand ein Bericht über einen Schwimmer, der auf's
Meer hinausschwam zu einem Boot, in dem jemand mit der Angel saß.
An Bord geklettert erfuhr er, daß der Angler Haie angle und pro Tag
2 Stück heraushole. . . Schwimmt also nicht zu weit hinaus, denn ins
flache Wasser kommen die Haie selten.

SPLIT: schönes, altes Städtchen. Hier besonders auf eure Pässe aufpassen!
Seit die BRD den Zustrom der Gastarbeiter drosselte, besteht in Jugosla=
wien ein verstärktes Ineresse an deutschen Pässen. Ich kenne mehrere
Fälle . . . Die Polizei unternimmt keine größeren Klimmzüge, das grüne
Papier wiederzufinden. Schöne Märkte. Tourismus sprengt den Ort im
Sommer aus seinen Nähten! –

STON auf der Halbinsel PELJESAC, 5o km vor Dubrovnik: Fischerdörf=
chen mit gemütlichem Marktplatz. Hote l Adriatic am Markt sehr zu em=

pfehlen! Ca. 24 DM Doppel, — billiger und gemütlicher, als Dubrovnic.

DUBROVNIC ist von Touristen überlaufen und hat dadurch viel an Reiz verloren. Industrieansiedlungen inmitten von Wohngebieten, Werften etc. Trotz allem: die Altstadt hat architektonisch eine fantastische Gestaltung und lohnt sich! BADEN allerdings in der näheren Umgebung schlecht: dreckiges Wasser! Besser: CAVTAT, 11 km Richtung Süden, in einer Bucht, die von Palmen umstanden ist.

BUCHT VON KOTOR sehr eindrucksvoll: ein Fjord wie von Norwegen importiert in Kleeblatt- Form. Nicht die Fähre zur Abkürzung quer rüber nehmen, sondern am Ufer entlang! Blick!

SKUTARI—SEE an der albanischen Grenze: riesiger, flacher See, der von Schilf bewachsen ist. Schönes Hotel in Plavica! —

b) Fähre von Rijeka nach Griechenland...

Sehr lohnende Anreise- Alternative: in den Sommermonaten fährt ein Dampfer vom in Nord- Jugoslawien gelegenen RIJEKA quer zwischen den tausenden Inseln und Inselchen an der Küste entlang bis runter nach GRIECHENLAND (Korfu und Igoumenitsa). Macht viel Spaß und dauert 1 1/2 Tage.

Verglichen mit den italiensichen Griechen- land- Fähren durchaus interessante Preise, daher im Sommer recht voll!

VORTEILE:
unter anderem die kurze Entfernung zwischen Rijeka und Deutschland bzw. Österreich. München — Rijeka nur rund 5oo km ! Wer also mit dem Auto nach Griechenland will, hat hier eine der kürzesten Straßenent= fernungen! Den Rest der Strecke hängt man am (kleinen) Swimming Pool, der Bar oder knüpft Kontakte, während die Inselwelt der Jugoslawischen Küste an einem vorbeizieht.

Landschaftlich eine unheimlich schöne Strecke: zwischen verkarsteten Inseln an der jugoslawischen Küste entlang. Ihr spart die Schlaucherei der Küstenstraße und könnt die Fahrt unter= brechen, wo es euch gefällt. Die jugos= lawischen Inseldörfchen sind zum Teil ungemein hübsch (z.B. Ston/Peljesac), ver=

RIJEKA
RAB
ZADAR
SIBENIK
SPLIT
HVAR
KORČULA
DUBROVNIK
BAR
KORFU IGOUMENITSA

winkelten Gässchen, Fischkutter im Hafen; in den Hafenkneipen isst man gut und billig, Übernachtung kostet zwischen ca. 4o und 5o DM in mittleren Hotels, bzw. ca. 1o DM Privat.

NACHTEILE:
Seid euch bezüglich Zwischenstops aber bitte im Klaren, daß nur die Haupt- Touristengebiete Jugoslawiens angelaufen werden, wie z.b. die Insel Hvar oder Dubrovnik, und die sind im Sommer knallvoll. Außer= dem liegen hier die Preise erheblich über jugoslawischem Durchschnitt.

Allerdings: von diesen "Stützpunkten" mit Regionaldampfern oder - Bussen zu weniger besuchten Stellen möglich. Ich bin immer wieder gerne in Jugoslawien, − bei allen Nachteilen. Jugoslawien ist nun mal wegen der Nähe zu Deutschland einer der Hausbadestrände, wobei aber Bequemlichkeit eine große Rolle spielt ; komplizierter zu erreichende Stellen sind auch weniger überlaufen.

Wild- Campen ist übrigens auf den meisten Inseln verboten wegen Brand= gefahr und Umweltverschmutzung. − Trotz allem: von diesen Haupt- Touristen- Zentren kann man sich einen Regionaldampfer zu kleineren Nachbarinseln nehmen, braucht dafür aber etwas Zeit, weil die nicht immer täglich verkehren.

BLAUE GROTTE auf der Insel Bisevo ist zwar sehr touristisch, lohnt sich aber trotzdem. Einfahrt mit Booten. Das Sonnenlicht bricht sich im Wasser und wird an die Wände reflektiert. Kann es an Schönheit mit der berühmten Höhle von Capri aufnehmen. − Zu erreichen ab Hvar mit Liniendampfer nach Vis und weiter im Ausflugsdampfer. −

Fahrplan:
Ab RIJEKA: 2 mal pro Woche:
  Rijeka − Insel Rab − Zadar − Sibenik − Split − Insel Hvar − Insel Korcula − Dubrovnik − (Bar) − Insel Korfu/Griechenland − Igoumenitsa/Griechenland

Ab RIJEKA: 2 mal pro Woche:
  Rijeka − Insel Rab − Zadar − Sibenik − Split − Insel Hvar − Insel Korkula − Dubrovnik

AB RIJEKA: 2 mal pro Woche:
  Rijeka − Insel Rab − Zadar − Sibenik − Split − Insel Hvar − Insel Korkula − Dubrovnik − Bari/Italien

Die angegebenen Häufigkeiten beziehen sich auf die Hochsaison, sowie pro Fahrt= richtung. Einige Linien werden in den Wintermonaten nicht befahren! −

Praktisch dicht abgedeckt ist der Streckenteil RIJEKA→DUBROVNIK. Nachdem der Griechenland- Dampfer ab Rijeka nur 2 mal die Woche fährt, ist es trotzdem möglich, mit anderen Dampfern in diesem Teil= stück zu kombinieren und damit zeitlich unabhängiger zu sein.

Ermäßigungen: während der Vorsaison 15 - 25 % auf PKW- und Personen Transport. − KAuft man Hin- und Rückfahrkarte, so ermäßigt sich der KFZ- Transport um 25 %. −

Vorbuchen würde ich unbedingt für PKW- Transport, ebenso für Personen während der Hauptsaison in Kabinen- Plätzen. Das geht über größere Reisebüros, — oder über die BRD- Generalagentur der Jadrolinija in 6ooo Frankfurt/M., Eschersheimer Landstraße 25 - 27.

Preise:	PERSON	PKW	
Rijeka — Split:	ca. 165 — 195 DM	ca. 195 — 165 DM	Deckspassage
" — Dubrovnik:	ca. 1oo — 125 DM	ca. 13o — 225 DM	supergünstig!
" — Korfu:	ca. 18o — 245 DM	ca. 165 — 325 DM	Rijeka—
" — Igoumenitsa:	ca. 195 — 255 DM	ca. 165 — 325 DM	Dubrovnik
Dubrov — Korfu:	ca. 125 — 185 DM	ca. 11o — 165 DM	z.B. nur 5o DM
" — Igoumenitsa:	ca. 135 — 195 DM	ca. 11o — 165 DM	

RIJEKA

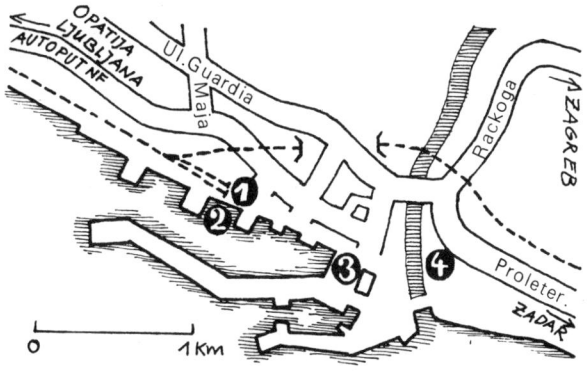

1— Bahnhof
3— Theater
2— Abfahrt **FÄHRE**
4— Post

Startpunkt ist RIJEKA, durch die neue Tauernautobahn relativ schnell erreichbar: Salzburg — Tauernautobahn — Villach — anschließend über Landstraße nach Tolmezzo/Italien — weiter über Autobahn nach Triest und Landstraße nach Rijeka.

Die rund 5oo km zwischen München und Rijeka dürften wegen der nur noch verbleibenden ca. 15o km Landstraße in ca. 6 Std. zu schaffen sein! Bzw. München — Igoumenitsa in 2 Tagen.

TIP für die Anreise via Jugoslawien ist unser neuer, ca. 35o Seiten dicker JUGOSLAWIEN- BAND (Schröder/Pagenstecher, Band 16). Bringt jede Menge Tips zur Route inkl. lohnender Abstecher auf die vorgelagerten Inseln. Sowie Infos zu Übernachtung, Restaurants, Sportmöglichkeiten etc. 19,8o DM, Bezug siehe Verlagsprogramm am Ende dieses Buches! —

4 c) per Segelkutter:

entlang der jugoslawischen Küste. Interessante ALTERNATIVE für die Griechenland- Anreise.

Kostet allerdings ihren Preis. Meist umgebaute, ehemalige Holz- Fischer= kutter mit Besegelung und Motor, die vor der jugoslawischen Küste kreuzen. Angelegt wird in schönen Inselhäfen oder einsamen Badebuch= ten. Hier könnt ihr schnorcheln, tauchen oder am Ufer ein Feuer machen und Grillen. Schlafen in Kojen unter Deck mit durch Vorhän= gen abgeteilten Betten, — auf größeren Schiffen auch in 2- Bett- Kojen.

Eine 2 wöchige Kreuzfahrt zwischen RIJEKA und DUBROVNIK kostet zur Zeit je nach Boot ca. 7oo DM, Essen und Rückfahrt mit dem Jadro- linja- Schnelldampfer eingeschlossen. Mit den Agenturen, die diese Schiffe vermitteln, lässt sich ausmachen, daß man bei Ankunft in Du= brovnik nicht gleich mit dem Schnelldampfer zurückfährt, sondern noch privat 2 oder 3 Wochen Griechenland einbaut. — So eine Kreuzfahrt entlang der jugoslawischen Küste ist natürlich sehr von den Leuten an Bord abhängig. — Buchung (z.B. "Seeadler Kreuzfahrten") über die diversen Reisebüros.

Per Bus über "Autoput" JUGOSLAWIEN

Zuständig: "Deutsche Touring". Beliebt be- sonders bei griechischen Gastarbeitern und Touristen.

Route: Köln — Frankfurt — München — Ma- ribor — Belgrad — Nis — Thessaloniki — Athen Fahrzeit: ca. 2 Tage. Die Linien von Ham- burg und Dortmund brauchen 2 1/2 Tage. Der Fahrpreis einfach München — Athen ca. 18o,- DM, Hin- und Rück 288,- DM.

Deutsche Touring GmbH, 6ooo Frankfurt/M. 1, Am Römerhof 17

Tel.: 069/ 7 9o 3o — Zweigbüros in München, Hamburg, Hannover und Wuppertal-Elber- feld. Zentrale Reservierung jedoch in Frankfurt.

Griechenland per Eisenbahn:

Um es vorwegzunehmen, 35 Std. in überfüllten, heißen Zügen erfordern gutes Sitzfleisch. Andererseits hat man aber genügend Zeit, Kon= takte zu knüpfen, sei es mit anderen Griechen= land- Reisenden, sei es mit griechischen Gast= arbeitern. Vielleicht springt sogar auch eine Einladung dabei heraus! —

Die meisten Leute kommen aber recht gestresst in Athen- Hauptbahnhof an; ich würde jedem empfehlen, zumindest einen Liegewagen zu buchen.

STRECKE: BRD — JUGOSLAWIEN — BELGRAD — GRIECHENLAND.
Kostet regulär bei der DB gekauft (Stand 1981): München ⟫→→ Athen:
ca. 18o DM einfach in der 2. Klasse. Hinzu kommt der Liegewagen (6-
Bett) für ca. 35 DM, bzw. Schlafwagen ca. 1oo DM (2. Klasse, 3- Bett).

STUDENTEN UND SCHÜLER (Bestimmungen beachten, manchmal
genügen der internat. Studentenausweis, manchmal wird Immatrikula=
tionsbescheinigung verlangt) erhalten zum Teil erhebliche Ermäßigun=
gen. Mal bei der DB fragen, — ebenso bei "Transalpino". Österreichische
Studenten und Schüler fragen bei "Ökista", — schweizer bei "SSR".

Interrail- Karte: weitere Möglichkeit, günstig nach Griechenland zu kommen:
Jugendliche bis 26 Jahren erhalten bei der DB ein generelles Ticket für alle Eisen-
bahnstrecken Europas, — auch Marokko. Gültig innerhalb eines Monats. Für "Viel-
Fahrer"; ob sich die "Interrail" lohnt, sei jedem selbst überlassen und Rechenexempel. Einerseits schön, möglichst viel von Europa "anzuschnuppern", viel Zeit zum
intensiverem Erleben bleibt jedoch nicht, will man das Ticket voll ausnutzen!

ALTERNATIVEN:

*Der "Akropolis- Express" fährt die direkte Überland- Route über Jugos=
lawien. Landschaftlich "tut sich" nicht mehr viel, nachdem die Alpen
in Österreich überquert sind. Der Zug fährt über mehr als 1.ooo km
durch die Tiefebene im Landesinneren und anschließend hinter Belgrad
durch leichtes Hügelland.*

*Sehr interessant ist die Alternative über Italien: Zug plus Fährschiff.
Sofern man nicht eine Luxuskabine auf dem Dampfer bucht, kann diese
Kombination unter Umständen preislich nicht teurer als der Direktzug
durch Jugoslawien, und zeitlich aufs gleiche kommen.*

*Großer VORTEIL: statt dem "Rumhängen" im stickichen Balkanexpress
habt ihr auf dem Schiff mehr Bewegungsfreiheit und könnt u.U. in den
Schiffs- Swimming- Pool .*

Über Italien:

Beispiel: München —— Brindisi/Italien: ca. 7o DM, — ca. 16 Std. Hier
Schiff (Hellenic Mediterranean Lines, täglich im Sommer) rüber nach
Patras/Griechenland: ca. 12o DM/Decksklasse, Sitz, — ca. 8o DM für
Schüler, Studenten und Fyto-Karten- Inhaber bis 26 Jahren, — in ca.
16 - 18 Std. mit direktem Busanschluß nach Athen (ca. 2 1/2 Std.).

Alles zusammen ca. 19o,— DM (bzw. ca. 15o,—DM), Stand 1981. Damit
kaum Unterschied zu den Eisenbahn- Fahrpreisen des "Akropolis- Ex=
presses" auf der Direktroute durch Jugoslawien. Auch von Fahrzeit
nur geringfügiger Unterschied.

Zug in Verbindung mit der "Ionian Star" (Ancona — Patras) ergibt
eine ähnlich günstige Relation zum Zug- Ticket durch Jugoslawien.

Die Sache mal durchrechnen! In jedem Fall aber Vorbuchung in der
Hauptsaison zu empfehlen.

Tip:
Die Preise der Italienischen Eisenbahnen gehören zu den billigsten in Eu=
ropa. Außerdem gibt's immer wieder Sonderangebote wie z.B. verbilligte
<u>Tickets, gültig für das gesamte Streckennetz Italiens</u>, oder sog. <u>Kilometer-
Tickets,</u> die auf die eh schon billigen Normalpreise zusätzliche Rabatte
geben.⎯ normale ⎰Brenner ⟶ Brindisi: ca. 4o DM
      Bahntickets ⎱München ⟶ Brenner: " 3o DM
      kosten: ⎩München ⟶ Brindisi: " 7o DM
Diese Preisrelation nutzen viele Leute aus dem Süddeutschen Raum,
zu mehreren im Auto zum Brenner (billig da Sprit geteilt und Entfernung
kurz) und ab der italienischen Seite mit dem dort gekauften Ticket und
der Eisenbahn nach Brindisi.
Drei Leute kämen z.B. über diese Alternative für je rund 5o DM von
München nach Brindisi. Noch billiger wird's, wenn ihr mit der <u>"Ionian
Star"</u> ab Ancona fahrt.

<u>ALTERNATIVE:</u> Eisenbahn nach Rom und ab hier Flug rüber nach Athen
war in der 7. Auflage dieses Buches 1981 ein Tip. Zwischenzeitlich haben
die Preise aber stark angezogen. Studenten erhalten Vergünstigung.

<u>ALTERNATIVE:</u> (für Leute mit Zeit, macht viel Spaß!!): Zug ab Brenner
nach Livorno oder Piombino und mit dem Schiff rüber nach Korsika (ca.
4 Std./45 DM)́, runter an die Südspitze, Bonifacio und für 1o DM/1 Std.
Überfahrt nach Sardinien. Ab Olbia nach Chivitavechia bei Rom, tägl. mit
der Staatsfähre "Tirrenia", die nur ca. 4o DM in der Kabine kostet! —

In eigener Sache :

Es liegt in der Natur der Dinge, daß bei einer solchen Fülle an Informationen, wie sie dieses Buch enthält (über den Daumen gepeilt ca. 1o.ooo !!)
sich im Laufe eines Jahres einiges ändern kann.

Deshalb bitte ich euch, mir diese Abweichungen mitzuteilen. Wer mir ansonsten irgendwelche ausgefallenen Tips, wie neue Routen, schöne Hotels
mit viel Atmosphäre oder ähnliches schickt, wird bei der Neuausgabe dieses Buches im Text namentlich zitiert.

Bitte schreibt mir, ich freue mich über jeden brauchbaren Tip, weil ich
wichtig finde, daß man nicht irgendein blödes Laberbuch, wie leider so
viele Reiseführer mit sich schleppt, sondern etwas, was wirklich nützlich
und hilfreich ist! —

VERLAG
MARTIN
VELBINGER
Feichthofstr. 49
8000 München 6o

Über Jugoslawien:
Funktioniert ähnlich wie über Italien; Zuganreise bis Rijeka/Nordjugos=
lawien, und hier mit dem Küstendampfer runter nach Igoumenitsa/Grie=
chenland.

Ganz raffiniert ist folgende Kombination, die der Globetrotter Rudolf
Mayr aus Rosenheim getestet hat: in München in den Zug nach Athen
setzen (Akropol. Express), aber bereits in Lubijana wieder aussteigen.
Weiter gehts mit einem innerjugoslawischen Flug über die Küste und
Dubrovnik zum nahe der jugoslawisch- griechischen Grenze.Hier auf den
"Akropolis Express" warten, der wenig später eintrifft. Das Ganze soll,
sofern man den Flug in Jugoslawien kauft, nur unwesentlich teurer sein,
als der Direktflug.

AXEL BERMEL und ELISABETH ROENSPIES schickten uns die Information,
den Liegewagen für den "Akropolis Express" für Sommer- Termine möglichst 3 Wo=
chen vorher zu reservieren, da hoffnungslos überfüllt.

WERNER SCHUH "schlief" per Schlafwagen nach Griechenland und schrieb uns:
"der Schlafwagen durch Jugoslawien kostet für beide Nächte 98 DM (rentiert sich,
man hat relativ Ruhe, allerdings kein Frühstück — dazu noch ein Tip: in Gevgelija,
der jugoslawischen Grenzstation gibt's für ca. 1,5o DM einen schönen, saftigen Ham=
burger vom Holzkohlenrost zwischen zwei dicken Scheiben Weißbrot, — mmhhh!).

Die jugoslawischen Büffetwagen könnt ihr vergessen, das Essen absolut beschissen
und viel zu teuer (auch im griechischen Speisewagen), empfehlenswert ist der
jugoslawische Speisewagen (ich habe für Suppe, Salat, Spaghetti mit Schinken und
Tomatensouce, Kotlett mit Gemüse, Weißbrot und 'ner Tasse Kaffee sowie 'nem
Bier ca. 12 DM bezahlt, — geht . . .).

WINFRIED LEIST schrieb uns über's Zugfahren ab Athen ins Ausland: "offizielle
Platzkartenpflicht (35 Dra., in Athen gibt's Platzkarten nicht im Bahnhof, sondern
im Office 1, Karolon Street im Viertel zwischen Bahnhof und Omonia. Lange Wartezeiten, wir gaben's nach 1/2 Std. auf, weil die Schlange in der Zeit etwa um 5 - 7
Leute vorgerückt war, es warteten aber 5o!). — Im Zug hat dann keiner Platzkarten
und kein Schaffner fragt danach. Im Zug Richtung Jugoslawien besonders im Juli/
August ohnehin 2 - 5 mal soviel Fahrgäste, wie Plätze! (Man schläft z.B. im Güter-
waggon, wenn der Korridor total voll ist. Bzw. 1. Klasse probieren; wir wurden erst
in Jugoslawien rausgeschmissen).

HANS BAUSENHARDT weist auf die günstigen Eisenbahn- Tickets in Italien hin:
es gibt 1.) pauschale Tickets, die für sämtliche, italienischen Strecken gelten und
zeitlich begrenzt sind. — 2.) Pauschale Kilometertickets: man kauft z.B. 3.ooo km
italienisches Eisenbahngleis und erhält dafür einen langen Ticketstreifen, der peu-a-
peu vom Schaffner abgeknipst wird, bis die Strecke abgefahren ist. Keine Vorschriften, welche Strecke gefahren werden muß. 3.ooo km kosten z.Z. ca . 1oo DM!
Kann von mehreren Personen mitbenutzt werden, die jedoch vorher beim Karten-
Kauf eingetragen sein müssen! —

Autoreisezüge:
Luxuriöseste und teuerste Möglichkeit, den eigenen PKW nach Grie=
chenland zu bekommen. Autoreisezüge gibt's in den Sommermonaten
nach * MAILAND (mit Anschluß zu den Fährhäfen Bari und Brindisi),
— * RIMINI (Rest per Autobahn zum Fährhafen), — *RIJEKA (An=
schluß an die jugoslawische Fähre entlang der Küste nach Griechen=
land), — * LUBIJANA (weiter über jugoslawischen Autoput).

Vorteil: wenn man aus der Mitte Deutschlands oder Norden kommt:
statt runden 1.500 oder 2.000 km, die der PKW über die Straße rollt,
und die man ca. 3 Tage steuern muß, — hat man die Kiste hinten auf
dem Waggon, während man selber im Schlafwagen pennt oder an der
Bar einen hebt.

Bei den hohen Gesamtpreisen dieser Alternative (ausgenommen viel=
leicht die Strecke nach Rijeka, bzw. bequemere Alpenüberquerungen
ab Schweiz/ Rheintal nach Mailand und Rest per Autobahn) bleibt zu
überlegen, ob man nicht auf den PKW mal 2 oder 3 Wochen verzich=
tet, fliegt und allenfalls unten in Griechenland sich einen mietet. —

FLIEGEN
nach Griechenland.

Reinhard Mey ist wirklich oft genug bemüht worden, wenn's um's Flie=
gen geht ("über den Wolken muß die Freiheit grenzenlos sein"), —
sicherlich ist zur Zeit jedoch das Flugzeug die schnellste, bequemste
und z.Z. auch noch insgesamt günstigste Möglichkeit, nach GRIECHEN=
LAND zu kommen.

1.) FLUG mit Pauschalarrangement:
   breites Angebot deutscher, schweizer und österreichischer Reise=
   veranstalter. Direktflüge ab

* München	* KORFU
* Frankfurt	* THESSALONIKI
* Düsseldorf	* ATHEN
* Hannover	* KRETA (heraklion)
* Hamburg	* RHODOS
* Berlin	* ANDRAVIDA (Peloponnes)

Die deutschen Reiseveranstalter arbeiten meist mit "Hapag Lloyd", —
"Condor" (Tochter der Lufthansa) und "Aero Lloyd" zusammen, auf
der Strecke ab Düsseldorf meist mit "LTU", — ab Berlin meist mit dem
King of the Billigflieger "Laker".

Flugzeit: ca. 2 Stunden ab München nach Athen. Preise liegen hier
für den billigsten Flug & Arrangement (=Camping) bei ca. 300 DM
retour (wenn ein Veranstalter in letzter Minuten noch verbliebene
Restplätze in seiner Maschine füllen will), — gehen über ca. 400 DM
in Vor- und Nachsaison, bis zu ca. 500 - 700 DM während der
Hauptsaison. Für die Flüge bis Kreta oder Rhodos + ca. 50 DM, —
alle Preise ab München.

Ab Frankfurt ca. 3 Stunden, — Hauptsaison nach Athen ca. 6oo - 75o DM. Ähnlich Hannover, Hamburg, Düsseldorf und Berlin.

PREISE der einzelnen Veranstalter vergleichen! Zum Teil erhebliche Unter= schiede. Nach Möglichkeit in der Vor- oder Nachsaison nach Griechenland fliegen. Nicht nur wegen günstigeren Preisen, sondern auch wegen leereren Stränden, weniger überarbeiteten Tavernen- Wirten und geringerer Hitze am Mittag in Griechenland. BEACHTE: auch im September liegen die Wasser= temperaturen im Gebiet Athen noch bei ca. 23° C, — im Gebiet Kreta bei ca. 24° C !

WER IN BERLIN wohnt: zum Teil sehr günstige Flüge mit Ostblock- Airlines ab Ost- Berlin über Sofia oder Budapest. Buchungen über berliner Studentenreisebüros wie z.B. "Artu".

Ähnlich WIEN: über Budapest mit Ostblock- Airlines. Kontakte z.B. über "Ökista" (A- 1o9o Wien, Türkenstraße 4, ebenso Salzburg, Graz, Linz und Innsbruck).

SCHWEIZER: günstige Flug & Pauschalarrangements über "SSR", Leonhardstr. 19, CH- 8oo1 Zürich, — die Airtour Suisse und der sehr aktive "Travelphot", im Huserhof, CH 5212 Hausen, — nur um eine Auswahl zu nennen.

Wer zu den Hauptterminen wie Ostern, Pfingsten und Sommer- Schul= ferien fliegen möchte, sollte möglichst früh buchen, da voll.

AUFPREIS bei vielen Veranstaltern, wenn man länger in Griechenland bleibt. Auch hier lohnt sich der Preisvergleich.

* Möglichkeit der Reiseveranstalter, in Linienflüge der Lufthansa, Olym= pic Airways, Austrian Airways, Agypt Air per IT- Ticket einzubuchen: siehe "Linienflüge nach Griechenland"!

* günstige "FLY and DRIVE"- Angebote im Flug- Pauschalarrangement Preise liegen für eine Woche ab München inkl. Mietwagen bei ca. 8oo DM (Vorsaison) und ca. 1.ooo DM (Hauptsaison). Details siehe "Fly and Drive"!

2.) LINIENFLÜGE:
kosten regulär für das 1- Jahr gültige Hin & Rückflugticket auf der Strecke München — Athen ca. 1.4oo DM.

LUFTHANSA fliegt mit bequemen Airbussen auf dem Direktflug: München — Athen (täglich), sowie München — Thessaloniki (täglich). In den meisten Fällen kommt der Airbus aus Frankfurt. Anschluß von allen anderen deutschen Airports.

OLYMPIC AIRWAYS fliegt auf den Strecken Stuttgart — Thessaloniki (Zwischenstop) — Athen 4 mal pro Woche, sowie 1 mal pro Woche Stuttgart— Corfu (Zwischenstop) — Athen.

Frankfurt — Thessaloniki (Zwischenstop) — Athen: 6 mal pro Woche, sowie Frankfurt — Corfu (Zwischenstop) —Athen (2 mal pro Woche) und täglich mit Airbus Direktflug Frankfurt — Athen

Düsseldorf — Thessaloniki (Zwischenstop) — Athen (6 mal pro Woche) und Düsseldorf — Corfu — Athen (1 mal pro Woche).

Erheblich billiger sind auf Linienflügen der Lufthansa und Olympic Airways die sogenannten "YE 2M"- Tickets, eine Art "Flieg & Spar-" Tarif. Bedingungen: maximal 2 Monate in Griechenland, minimal

6 Tage. Keine Flugunterbrechung möglich, wohl aber das Umbuchen des Flug- Datums. Dieses Ticket läuft oft auch unter der Bezeich= nung "Fly and Save" oder "Point to Point".

Preis z.Z. auf der Strecke <u>MÜNCHEN — ATHEN: ca. 77o DM! Ab Frankfurt ca. 82o DM</u>). Mit diesem Ticket rücken die Linienflug-Preise nahe an die Pauschalarrangements der Griechenlandveran= stalter , können in der Hochsaison bei längerem Aufenthalt in Griechenland sogar günstiger sein, — bei dem Vorteil des Umbuchens.

✦ <u>STUDENTEN</u> erhalten auf Linienflügen der Olympic Airways und der Lufthansa nach Griechenland 55 % Rabatt, sofern sie ihren 3o. Geburtstag noch nicht gefeiert haben. Dabei kann man gleich auf eine griechische Insel durchbuchen (Kreta z.B. oder Santorini oder Mykonos), kann unterwegs Zwischenstop einlegen (Athen z.B.) und zahlt dann bis zur Insel nur geringfügig mehr wegen Langstreckenrabatt und den 55 %, die jedoch nur auf den Normal-Tarif angerechnet werden können. München — Athen somit z.Z. mit dem Studentenrabatt retour, 1 Jahr gültig: ca. 65o DM.

✦ <u>JUGENDLICHE</u> erhalten auf Linienflüge der Lufthansa und Olympic Airways 25 % Rabatt (auf Normaltarif), sofern sie den 22. Geburts-tag noch nicht vollendet haben.

ZWISCHENSTOP: viele interessante Möglichkeiten: z.B. statt Flug München—Athen: fliegen München — Thessaloniki, umsteigen in eine Propellermaschine der Olympic Airways und schöner Flüg über die Athos- Klöster rüber nach Limnos. Von hier weiter nach Athen.

ODER: München — Venedig — Rom — Athen. Bei den günstigen Rabatten für Studenten interessante Alternative!ZWISCHENSTOPS sind jedoch nur beim 1- Jahresnormaltarif möglich!

✦ <u>IT—Reisen</u>: Reiseveranstalter können auf Linienmaschinen sogenannte "IT- Reisen" einbuchen. Bedingungen: Linienflug mit touristischer Leistung, also Hotel, Pension etc. Günstiger Gesamtpreis, jedoch an feste Flugtermine gebunden. Details über Reisebüros.

Fly and Drive:

Beliebte und schnelle, wenn auch relativ teure Anreise- Alternative:

+ *: schnell nach Griechenland, genau an den Ort, wo man Urlaub machen will. Z.B.: München — Kreta in 3 Stunden (statt ca. 3 Tagen Schiff & Autobahnfahrt). Hier Miet- PKW übernehmen.*

− *: in den meisten Fällen teurer als die Mitnahme des eigenen PKW Auto- und Schiffsfahrt.*

Sinnvoll wird Fly and Drive sicherlich, wenn man nur 1 Woche oder 2 Wochen in Griechenland bleiben will. Zudem wird auch der eigene PKW geschont.

"Fly and Drive" gibt es bei den Griechenland - Veranstaltern auf Flügen der Hapag Lloyd, Condor, LTU etc., aber auch in Verbindung mit Linienflügen der Lufthansa und Olympic Airways.

Preise liegen je nach Saison verschieden, ca. 800,- DM für Flug und 1 Woche PKW (Mittelklasse) in Vorsaison (pro Zusatzwoche ca. + 350,- DM), in der Hauptsaison ca. 1.000,- DM.

Wer sowieso vorhat, sich in Griechenland einen PKW zu mieten, bucht in den meisten Fällen günstiger "Fly and Drive", statt sich separat in Griechenland auf eigene Faust einen PKW zu mieten: in Griechenland liegen die PKW - Mietpreise z.Zt. bei ca. 650,- DM pro Woche für z.B. einen Opel Kadett (km-frei, Vollkasko-Versicherung), Daten: "budget" Heraklion/Kreta, Airport.

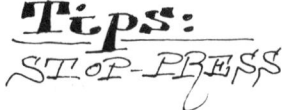

Tips:
STOP-PRESS

"ISTS", München, Türkenstraße 71, hat ab Frühjahr 1983 eine Flug-Direktverbindung MÜNCHEN ≫→ SANTORINI eröffnet !

Flugdauer ca. 3 Stunden. Mit dieser Verbindung erhält man eine gute und zeitsparende Direktverbindung ins Zentrum der Kykladen. Preise sind ähnlich denen nach Athen und Kreta! Eine gute Idee, die gewiß den erhofften Erfolg haben wird!

Von Santorini im Sommer häufige Flugverbindung nach Athen und Kreta, — ebenso viele Schiffe zu den Nachbarinseln. Santorini selbst ist sehr lohnend als Stop und für längere Ferien, — siehe unter Santorini - Text!

FLÜGE ab Berlin: Stop-Press: günstige Abflüge mit Ostblock - Airlines nach Athen ab BERLIN—OST. Die Routen laufen meist über Sofia und Bukarest, teilweise mit Zwischenstop und Aufenthalt. Abchecken! Wir sind über Infos diesbezüglich für Neuauflagen dankbar!

IN BEZUG auf Flüge wird sich auch in Zukunft einiges tun. Negativ die Bezinpreis- Erhöhungen, — positiv (für den Kunden!) der Konkur= renzkampf zwischen den einzelnen Charter- und Linien- Airlines.

In jedem Fall empfehlenswert, möglichst viele Reisebüros abzuchecken nach dem günstigsten Angebot! In diesem Sektor tut sich einiges, — nicht nur bei den sogenannten "Studentenreisebüros", die auch Flüge an Nicht- Studenten vermitteln!

Pass :

Für JUGOSLAWIEN nötig, — für Griechenland, Österreich und Ita=
lien genügt jedoch der PERSONALAUSWEIS. Auch für den, der mit
dem Auto über Italien nach Griechenland fährt, reicht der Personal=
ausweis, — besser jedoch Pass, in den mit Stempel der PKW eingetra=
gen wird. Wer mit dem Personalausweis einreist, erhält für den PKW
ein seperates Papier.(Laufereien, Warten). —

Aufenthalt: max. 3 Monate. Verlängerung (2o Tage vor Ablauf) mög=
lich bei der Ausländerpolizei in Athen, Astinomia Allodapon, Chal=
kodondylli 9, — oder außerhalb Athens bei der nächsten Polizeistation.

SOLLTE eine andere Person mit dem Wagen wieder ausreisen, so muß derjenige
der den Wagen nach Griechenland eingeführt hat, mit dieser Person zur nächsten
Zollstation, die den Wagen überträgt. Für denjenigen, der den Wagen dann ausführt,
ist eine Vollmacht vom Wagenbesitzer notwendig.

PKW :

Für den PKW genügt in Italien, Österreich, Ungarn, Jugoslawien und
Griechenland der nationale FÜHRERSCHEIN. *Schweizer brauchen*
INTERNAT. FÜHRERSCH.
"Grüne Versicherungskarte" in jedem Fall nötig.

Wer nicht mit seinem eigenen, sondern einem geliehenen PKW nach
Griechenland fährt, benötigt eine Vollmacht des Besitzers, die vom
ADAC oder Griech. Konsulat bestätigt sein muß. — Den PKW im
Ausland einer dort wohnenden Person zu überlassen, ist verboten.

Bei der Einreise nach Griechenland gibt's einen Stempel in den Pass,
in dem die Nummer des PKW's eingetragen wird. Sollte man einen To=
talschaden haben und aus diesem, oder aus anderem Grund (z.B. Auto
gestohlen) den Wagen nicht mehr ausführen, ist die Zahlung einer Zoll-
Summe fällig. Tip: Auslandsschutzbrief des ADAC: übernimmt die Zoll-
zahlung, — weitere Leistungen: Krankenrücktransport, Ersatzteilever=
sand von Deutschland, Kredite für Autoreperaturen etc.

durch Ungarn: ✦

Alternativ- Anreiseroute (siehe S. 18!). Benötigt wird ein Visum oder Transit- Visum, das es bei der

> UNGAR. BOTSCHAFT/Köln, Tel.: (o221) — 31 8o 51 oder
> 5ooo Köln 1, Sachsenring 38 — 21 82 39

gibt. Bearbeitungszeit kann im Sommer, wenn man den Pass per Post schickt, bis zu 3 Wochen dauern. Das Visum (2 Passfotos nötig!) kostet ca. 2o DM, das Transitvisum (48 Std.) ca. 26 DM. Man muß einen Vi= sumsantrag ausfüllen, erhältlich in jedem größeren Reisebüro und diesen zusammen mit Pass, Passfotos und Bearbeitungsgebühr per Einschreiben an die Botschaft schicken. Das ganze kann man auch durch das Reisebü= ro bearbeiten lassen, welches dafür Bearbeitungsgebühr zusätzlich berech= net.

Visum auch in Wien bei der dortigen Ungar. Botschaft erhältlich; die Bearbeitung dauert dort meist nur einen Vormittag, — oder an der un= garischen Grenze, hier jedoch nur bei der Einreise mit dem PKW!

Devisen: ✦

Nach GRIECHENLAND dürfen ausländische Zahlungsmittel in un= begrenzter Höhe eingeführt werden, müssen aber, wenn sie 5oo US $ pro Person übersteigen, bei der Einreise deklariert werden.

Die Einfuhr von Griechischen Drachmen ist auf 1.5oo Dra. pro Person beschränkt; zur Zeit ist der Wechselkurs DM zu Dra. jedoch sowieso in Griechenland günstiger als in Deutschland.

Geschwindigkeits- Beschränkungen ✦

ITALIEN:

Richtet sich nach Hubraumgröße:

bis 599 cm^3	9o (8o)	
6oo - 9oo cm^3	11o (9o)	Erste Zahl für Autobahnen,
9o1 - 13oo cm^3	13o (1oo)	zweite Zahl für Landstraßen
ab 13o1 cm^3	14o (11o)	

innerhalb von Ortschaften: 5o km/Std.

Die italienische POLIZEI ist ziemlich scharf, wenn sie einen Schnellfahrer er= wischt! Bis zu 1o km/Std. zu schnell kostet zwischen ca. 5o und 1oo DM, danach wird's teuer: wer mehr als 1o km/Std. zu schnell fährt, zahlt je nach gestopptem Tempo zwischen ca. 26o und 1.6oo DM!

Allerdings: die Polizei kontrolliert nicht so häufig, wie bei uns in Mitteleuropa.

JUGOSLAWIEN:

Höchstgeschwindigkeit innerhalb von Ortschaften:	6o km/Std.
auf Autobahnen:	12o km/Std.
auf Straßen Nr. 1— Nr. 99:	1oo km/Std.
auf sonstigen Straßen:	8o km/Std.

Gurtanlegepflicht. Promillegrenze bei 0,5. Wohnanhänger max. 80 km/h.

UNGARN:

Höchstgeschwindigkeit innerhalb von Ortschaften:	60 km/Std.
auf Landstraßen:	80 km/Std.
auf Autobahnen:	100 km/Std.

Gurtanschnallpflicht. Promillegrenze: 0,0! PKW mit Wohnwagenanhän=
gern dürfen auf Landstraßen max. 70 und Autobahnen max. 80 km/h
fahren.

ÖSTERREICH:

Höchstgeschwindigkeit innerhalb von Ortschaften:	50 km/Std.
auf Autobahnen:	130 km/Std.
auf Landstraßen:	100 km/Std.

Gurtanlegepflicht. Promillegrenze bei 0,8. Für PKW mit Anhänger gilt:
max. 80 km/h für Anhänger unter 300 kg zulässiges Gesamtgewicht,
bzw. 60 km/h für Anhänger über 300 kg.

Achtung: an den Haupt- Touristendurchfahrtsstrecken häufig Geschwin-
digkeitskontrollen. Polizei greift streng durch, Strafen werden sofort
kassiert.

GRIECHENLAND:

Höchstgeschwindigkeit innerhalb von Ortschaften:	50 km/Std.
auf Autobahnen:	80 km/Std.
auf Landstraßen:	80 km/Std.

Gurtanlegepflicht. PKW mit Wohnanhänger dürfen maximal 80 km/Std.
auf Landstraßen und Autobahnen fahren. Promillegrenze: 0,5.

MOTORRAD–FAHRER dürfen nicht schneller als 80 km/h und müssen
wie auch Mopedfahrer den Helm tragen.

✱ Spezielle Autotips:

JUGOSLAWIEN:

Die Jugoslawen sind für ihr Fahrtemperament bekannt! Karosserieschäden
am Unfallort von der Polizei bestätigen lassen, bzw. mit bereits demoliertem
Auto an der Grenze! Solche Fahrzeuge dürfen das Land nur mit polizeilicher
Bestätigung verlassen. Fahrt besonders vorsichtig! Die Mißachtung von Vor-
schriften ist hier häufig Ursache von schweren Unfällen.
Nachts viele Fuhrwerke bzw. Viehherden unbeleuchtet! Aufpassen!
Die Adria- Küstenstraße kann sehr glitschig sein (verlängerter Brems=
weg; Kurven!). —

Die vielen Unfälle, — vorallem auf dem Autoput will die jugoslawische

Regierung durch eine Reihe neuer Verkehrsgesetze reduzieren:

— Überholen von Kolonnen verboten
— Hat das Fahrzeug hinter einem bereits zum Überholen ange=
  setzt, darf man nicht mehr zum Überholen ansetzen
— Kolonnen von LKWs (länger als 7 m das einzelne Fahrzeug und
  mehr als 3,5 t zulässiges Gesamtgewicht) müssen zwischen den
  einzelnen Fahrzeugen einen Mindestabstand von 1oo m einhalten.
  Damit will man das Überholen erleichtern und Kolonnenspringen
  vermeiden
— Personen, die müde sind, dürfen kein Fahrzeug lenken. Dies gilt
  auch für Personen, die krank sind oder unter Drogeneinfluß stehen.
— Motorradfahrer müssen einen Sturzhelm tragen.
— Marschkolonnen (Soldaten, aber auch Kinder, Trauerzüge etc.)
  haben in jedem Fall Vorrang und dürfen durch Fahrzeuge nicht
  gestört werden
— Auf Straßen mit zwei Spuren in eine Fahrtrichtung darf rechts
  schneller gefahren werden
— Liegengebliebene Fahrzeuge außerhalb von Ortschaften sind mit
  einem Warndreieck in mindestens 5o m (!) hinter Fahrzeug abzu-
  sichern
— Fußgänger und Fuhrwerke, die sich nachts auf der Straße bewegen
  müssen vorne mit weißem und hinten mit rotem Licht abgesichert
  sein. (Sich nicht darauf verlassen!)
— Promillegrenze liegt bei 0,5 $^o/oo$, aber auch wer weniger Alkohol
  im Blut hat, darf nicht fahren, wenn eine nachträgliche Unter=
  suchung ergibt, daß er dadurch fahrtuntauglich war.
— Personen, die unter Alkoholeinfluß stehen und Kinder dürfen nicht
  auf dem Beifahrersitz befördert werden

Eines der wichtigsten, der neuen Verkehrsgesetze ist das Überholverbot
von Kolonnen. Die Strafen bewegen sich zwischen ca. 5o und 2.6oo DM.

ÖSTERREICH:

An schmalen Bergstreckenengpässen muß das Fahrzeug zurückgefahren werden, dem dies leichter möglich ist. — Im Bereich von 8o m um Bahnschran=
ken darf nicht überholt werden. — Nichtbeachtung von Rotlicht ist teuer! —

ITALIEN:

In Ortschaften mit guter Beleuchtung muß mit Standlicht gefahren werden!
In Tunnels und Galerien auch am Tage: Abblendlicht! Häufig steht hinter dem
Tunnelausgang die Polizei und kontrolliert, bzw. kassiert. Überholen im
Bereich von Kreuzungen, Kurven und unbeschrankten Bahnübergängen ver-
boten! — Vor Anhalten: Blinker betätigen! — Straßenbahnen haben immer
Vorfahrt!
Autodiebstahl oder Klauen des Inhaltes ist in Italien sehr häufig: auch wenn
es Mühe macht, Wertsachen unbedingt aus dem Auto. Handschuhfach auf-
klappen, damit der Dieb sieht, daß nichts mehr zu holen ist. Auch bei

größter Hitze die Fenster schließen bevor man den Wagen abstellt, — und nach Möglichkeit in Sichtweite parken, wenn ihr Essen geht.

GRIECHENLAND:

In Städten bei ausreichender Straßenbeleuchtung: mit <u>Standlicht fahren.</u> Beachten: die Griechen fahren sehr temperamentvoll, besonders in Städten. Athen ist berühmt dafür! Artistisches Fahrfeeling im dicksten Stoßverkehrgewühl ist wichtiger als Spurfahren. Bei aller Raserei erstaunlich wenig Unfälle.

<u>Hupen in Ortschaften</u> ist prinzipiell verboten, woran man sich aber meistens nicht hält. — Besonders auf den schnellen Straßen, z.B. Korinth — Athen oder Thessaloniki — Athen: immer häufiger jetzt Radarkontrollen.

<u>Aufpassen auf Überlandstraßen</u>, die in Griechenland meist sehr kurvenreich und bergig sind: ich habe beobachtet, daß die Griechen am liebsten in der Straßenmitte fahren und dies auch vor Kurven und Bergkuppen. Auf schmalen Wegen im Landesinneren kann dies recht gefährlich werden, da einem meistens für eine Viertelstunde kein Auto entgegenkommt und man besonders auf Schotterstraßen den Bremsweg unterschätzt. Häufiges Hupen vor Kurven ist angebracht.

ΚΙΝΔΥΝΟΣ (kindyno β)	= Gefahrenstelle
ΠΡΟΣΟΧΗ (Prossoche)	= Achtung
ΑΠΑΓΟΡΕΥΕΤΑΙ (Agaporéiete)	= Verboten
ΕΞΟΔΟΣ	= Ausgang
ΕΙΣΟΔΟΣ	= Eingang
ΑΡΓΑ	= Langsam
ΑΠΟΓΟΡΕΥΕΤΑΙ Η ΣΤΑΘΜΕΥΣΙΣ	= Parkverbot

<u>Die Verkehrs=zeichen</u> Griechen=lands entsprechen weitgehend denen Mitteleuropas. <u>Wegweiser</u> sind in den meisten Fällen auch in lateinischer Schrift, wobei oft 50 m nach der griechischen Wegweisertafel nochmals eine Tafel mit lateinischer Beschriftung kommt.

<u>In einsamen Bergregionen</u> der Inseln, aber auch auf dem Festland oft jedoch nur griechische Beschriftung (vergleiche dazu unser Kasten "Griechische Schriftzeichen" am Ende des Buches, die sich, zumindest was die Großbuchstaben betrifft, relativ schnell erlernen lassen, da keine zu großen Abweichungen).

— Kreisverkehr hat Vorfahrt
— Motorradfahrer müssen Sturzhelm tragen
— Parkverbote, vorallem in Athen beachten, siehe dazu unser seperates Kapitel im Athen- Teil!

UNGARN:

Kreisverkehr hat Vorfahrt! — Parken auch in Einbahnstraßen nur auf der rechten Seite! Überholverbot in Kurven, an Bahnübergängen und auf Kreuzungen! — Striktes Alkoholverbot für Autofahrer!! — In bewohnten Gebieten bei ausreichender Straßenbeleuchtung: Standlicht! — Außerhalb von Ortschaften müßt ihr in jedem Fall vor Bahnschranken (ohne Schranken) anhalten! — Achtung: Ungarn ist bei weitem nicht so motorisiert, wie westeuropäische Länder. Daher ist, — vorallem die Landbevölkerung an Verkehr nicht so gewohnt wie wir. Ihr müßt damit rechnen, daß die Verkehrsvorschriften nicht beachtet werden! Abends und nachts besonders vorsichtig fahren, da vielfach unbeleuchtete Fuhrwerke, Radfahrer und u.U. Traktoren!

ZOLL — (Besonderheiten)

Griechenland:

A) **EINFUHR:** zollfrei sind Waren für den persönlichen Gebrauch ("personal belongings"), Geschenke und fabrikneue Waren für eigenen Gebrauch bis zum Gesamtwert von 150 US $ pro Person, Ausgenommen sind davon elektrische Geräte, sowie Foto- und Filmausrüstung und ähnliches. — Zollfrei weiterhin Tabakwaren (300 Zigaretten, 75 Zigarren, 150 Zigarillos, 200 gr Tabak), zwei Kartenspiele, 2 Liter Wein oder sonstiger Alkohol, 750 ml Parfum, 1 Flasche Kölnisch Wasser, Süßigkeiten und Teigwaren bis max. 10 kg, sowie maximal 5 Schachteln Streichhölzer.

Ebenso gelten als zollfrei: 1 Fotoapparat mit "vernünftiger" Menge von Filmmaterial, 1 Filmkamera und Projektor, 1 Fernglas, 1 trag= bares Radio, 1 tragbarer Schallplattenspieler mit 20 Schallplatten, 1 Tonbandgerät, 1 Reiseschreibmaschine, Sport und Campingaus= rüstung, 1 Fahrrad, 1 Gaspistole, Sportartikel (Ski etc.), 1 - 2 Jagd= gewehre (Sonderbestimmungen beachten, siehe griech. Botschaft!).

BEACHTEN: gemäß zur Zeit geltender Bestimmungen müßten alle im zweiten Absatz (ab Fotoapparat) genannten Artikel in den Reisepass eingetragen werden, was aber in der Praxis, wie wir be= obachten konnten, kaum jemand macht.

YACHTBESITZER bzw. Personen, die in Griechenland mit Yachten reisen, dürfen weiterhin auch 1 Signalpistole und eine Leuchtpistole mitführen.

Der VERKAUF der oben genannten Artikel in Griechenland ist verboten. VERBOTEN ist ebenfalls, Blumen, Pflanzen und Funkgeräte einzuführen.

C.B.— Funkgeräte dürfen nach momentan geltenden Bestimmungen dann im Fahrzeug belassen werden, wenn sie fest im Fahrzeug installiert sind. Bei der Einreise wird Typ und Gerätenummer im Reisepass des Besitzers eingetragen; der Besitzer ist verpflichtet, dieses Gerät wieder aus Griechenland auszu= führen. BENUTZUNG von C.B.- Funkgeräten in Griechenland ist nicht ge= stattet.

B) **AUSFUHR:** Reiseproviant bis zum Wert von max. 50 US $, — Reiseandenken bis zum Maximalwert von 150 US $. Alles was darüber liegt, unterliegt dem Ausfuhrzoll Griechenlands.

ANTIQUITÄTEN und Kunstgegenstände dürfen prinzipiell nicht
aus Griechenland ausgeführt werden. Dies gilt jedoch nicht für
Nachbildungen von Kunstwerken, sowie die Gegenstände der Art
Webteppiche etc. Im Zweifelsfalle bei der Ausländerpolizei in
Athen nachfragen.

EWG – STAATEN (also BRD und Italien in unserem Anreise- Fall):

	Mengen, die abgabefrei einge= führt werden dürfen aus:	
	EWG–Staaten	anderen Ländern
TABAK:		
Zigaretten	3oo Stück	2oo Stück
oder Zigarillos	15o Stück	1oo Stück
oder Zigarren	75 Stück	5o Stück
oder Rauchtabak	4oo Gramm	25o Gramm
ALKOHOL. GETRÄNKE:		
mit mehr als 22 Vol % Alkohol	1,5 Liter	1 Liter
mit weniger als 22 Vol % Alkohol	3 Liter	2 Liter
oder Schaumwein	3 Liter	2 Liter
oder Likörwein	3 Liter	2 Liter
und sonstiger Wein	3 Liter	2 Liter
KAFFEE:		
Kaffeeauszüge oder -essenzen	3oo Gramm	1oo Gramm
oder geröste ter oder nicht gerösteter Kaffee	75o Gramm	25o Gramm
TEE:	15o Gramm	1oo Gramm
oder Teeauszüge	6o Gramm	4o Gramm
PARFÜMES:	75 Gramm	5o Gramm
und Toilettenwasser	o,375 Liter	o,25 Liter
ANDERE WAREN:	bis zu 46o DM	bis zu 1oo DM
TREIBSTOFFE FÜR PKW:	der Inhalt des serienmäßigen Tanks + 1o Liter in Reserve= kanistern	

Jugoslawien:

Einfuhr von Pressluftflaschen und anderem Tauchgerät benötigte über
lange Jahre die schriftliche Deklaration im Pass.Sicherheitshalber beim
jugoslaw. Fremdenverkehrsamt in 6ooo Frankfurt/M. Goetheplatz 7
erkundigen.

Zollfrei, aber mündlich deklarieren: 2oo Zigaretten oder 5o Zigarren,
1 Liter Wein, o,25 Liter Spirituosen.

Funkgeräte im PKW verboten, Bootsfunkgeräte fest eingebaut: erlaubt,
aber schriftliche Genehmigung durch Pass- Eintrag. Details sicherheits=
halber beim Fremdenverkehrsamt abchecken!

Österreich:

Frei: 2 Liter Wein, 1 Liter Spirituosen, – weder Fleisch- oder Milchpro=

dukte aus Italien mitbringen, denn die Österreicher fürchten die Ein=
schleppung der Maul und Klauenseuche aus Italien. —

Ungarn:

Frei: 2 Liter Wein, 1 Liter Spirituosen, Lebensmittel für 3 Tage, — Ge=
schenke im Wert bis 4.ooo Florint. Alle besonderen Wertgegenstände
wie Autotonbandgerät etc. in den Pass eintragen lassen, um reibungs=
lose Wiederausfuhr zu garantieren.

Benzin - Gutscheine:

gibt es zur Zeit nur für JUGOSLAWIEN. Ersparnis bei Normal, Super
und Diesel jeweils ca. 1o Pfennige pro Liter.

ITALIEN diskutiert die Wiedereinführung unter dem Druck deutscher
Journalisten (wie ein italienischer Kollege schrieb, dem "Lieblingsthema
verwöhnter Kinder"). Tendenz momentan, keine Gutscheine einzu=
führen mit dem Argument, es sei nicht einzusehen, warum Urlauber
subventioniert werden sollten, wenn es die Italiener doch viel wichtiger
bräuchten bei momentanem Super- Benzin- Preis von ca. 2 DM!

GRIECHENLAND: denkt zur Zeit bei ähnlich hohen Benzinpreisen
ebenfalls nicht an die Wiedereinführung von Benzingutscheinen, da es
selber erhebliche Benzinprobleme hat (Devisenknappheit für Benzin=
einkauf) und der Tourismus sowieso floriert.

*Wegen niedriger OKTAN–WERTE im Normalbenzin von Jugoslawien
und Griechenland wird empfohlen, Super zu tanken.*

Glücklich, wer einen DIESEL fährt: in allen drei Ländern sehr billig:

Auto - Pannen:

Der ADAC ist sehr aktiv! In Jugoslawien, Griechenland und Italien
eine Reihe von Auslands- Stationen, die mit deutschsprachigen Mit=
arbeitern besetzt sind und bei Autoproblemen helfen:

PADUA/Italien: Tel.: (o49) — 66 16 51 **ROM/Italien:** Tel.: (o6) — 495 47 3o	Die Auslandsstationen sind bis Saisonende (3o September) jeweils Montag bis Samstag zwischen 9.oo und 17.oo Uhr telefonisch zu erreichen.
BELGRAD/Jugoslawien Tel.: (o11) — 4o 11 11 **THESSALONIKI/ Griechenland:** (o31) — 41 22 9o	Die Stamm- Stationen(Rom, Athen und Belgrad) auch Sonntag zwi= schen 9.oo und 13.oo Uhr.
ATHEN/Griechenland: (o1) — 7 77 56 44	Ansonsten: **ADAC–NOTRUF MÜNCHEN:** Tel.: (o89) — 222 222

ADAC- Mitglieder erhalten bei Autoproblemen (z.B. Pannen, Unfälle etc.) ebenfalls Hilfe in Gegenleistung von den Landes- Automobilclubs

ÖSTERREICH: ÖAMTC/Wien
ÖAMTC/Wien, Tel.:

ITALIEN:
Automobile Club d'Italia (ACI)/Rom, Tel.:

JUGOSLAWIEN:
Auto Moto Savez Jugoslavije/Belgrad, Tel.:

GRIECHENLAND:

> ELPA, Zentrale: Athen, Messogionstr. 2, Tel.: (o1) — 779 16 15,
>   hier sitzen während der Saison auch die ADAC- Leute.

Die Streifenwagen des ELPA leisten auch ausländischen Fahrern Hilfe. Es sind gelbe Wagen mit der Aufschrift <u>"ASSISTANCE ROUTIERE"</u>, <u>OVELPA</u>. Diese Wagen sind im Umkreis von Athen und Thessaloniki im 24- stündigen Einsatz und kommen im Falle eines Schadens in den Umkreis von 6o km um beide Städte, — sowie von 7.oo — 22.oo Uhr im 25 km - Umkreis von Lamia, Volos, Patras, Heraklion, Ioannina, Kavala, Kalamata und Agrinio.

<u>Die Verkehrshilfe</u> ist für ADAC- Mitglieder kostenlos, ebenso für die Mitglieder ausländischer anderer Automobilclubs wie ÖAMTC, TCS AvD, ARBÖ und weitere.

Ersatzteile werden berechnet, sofern vorhanden.

Weitere ELPA- Stationen in:

ELPA, Thessaloniki, Vas. Olgas 228, — TEL.: (o31) — 42 63 19
ELPA, Volos, Eolidos 2, — TEL.: (o421) — 25 oo o1
ELPA, Patras, Astigos und Korinthou 127, — TEL.: (o61) — 42 54 11
ELPA, Kavala, Evdomis Merarchias 1o9, — TEL.: (o51) — 22 97 78
ELPA, Korfu, Donatou Dimoulitsa Str. 29, — TEL.: (o661) — 395 o4
ELPA, Larissa, 3 km auf der Nationalstraße Larissa — Athen, TEL. (o41)—228660
ELPA, Chania, Reouf Passastr. 1, — TEL.: (o821) — 26o 59

Griechische 50 Drachmen (Gegenwert ca. 2.20 DM)

ELPA, Heraklion, Leof. Knossou und G. Papandreou, TEL.:(o81)— 28 94 4o
ELPA, Kalamata, Aristomenousstr. 131, — TEL.: (o721) — 2 11 66
ELPA, Ioannina, Platia Omirou 2, — TEL.: (o651) — 2o6 95
ELPA, Agrinio, Char. Trikoupi 79, — TEL.: (o6 41) — 2 o2 93
ELPA, Lamia, Miaouli 9, — TEL.: (o231) — 268 83

Elpa- Stationen auch an den beiden Grenzen zu Bulgarien und Jugoslawien:

* EVZONI (auch Oizonoi geschrieben), Grenze zu Jugoslawien an der
    Strecke Thessaloniki — Skopje (TEL.: o3 43 — 51 223)

* PROMACHON, Grenze zu Bulgarien an der Strecke Thessaloniki —
    Sofia. (TEL.: o3 23 — 4 12 26)

 ## PKW-Reperatur:

In Griechenland und Italien sehr billig in Bezug auf Arbeitslöhne, — teurer
jedoch in Bezug auf Ersatzteile. Solang man keine ausgefallene Automarke
fährt, ist Griechenland mit Werkstätten relativ gut versorgt. Nachdem viele
griechische Mechaniker mal in Deutschland gearbeitet haben, kann man
zumindest in den größeren Werkstätten Athens und Thessalonikis mit
einem Mechaniker rechnen, der Ausdrücke wie "Kupplung", "Lenkgestän=
ge" etc. in Deutsch kennt. Die gängigsten Begriffe auch siehe unser Wort=
schatz am Ende des Buches!

Sicherlich keine schlechte Idee, das Bedienungsbuch des eigenen PKW's
mit nach Griechenland zu nehmen. An Hand der Fotos lösen sich Sprach-
Probleme meist recht schnell!

AUTO MOTOR SPORT schreibt in Heft 21/79 zum Problem der teuren Ersatzteile
in Griechenland, daß viele 6 und 8 Zylinderautos auf Griechenlands Straßen wegen
hoher Besteuerung und Einfuhrzöllen weitgehend verschwunden sind und sich die
Händler auf Ersatzteile der landesüblichen Klein- und Mittelklassewagen weitgehend
beschränken.

In jedem Fall gut heraus ist derjenige, der einen Japaner (Datsun, Toyota etc.) fährt,
die sich in den letzten Jahren kräftig durchgesetzt haben. O.K. ist jedoch auch die

Versorgung für Opel, Ford, BMW, VW und Mercedes, sofern man hier die gängigeren Modelltypen fährt. Optimal natürlich, wenn einen der "Breakdown" in der Nähe von Athen erwischt, – hier beste Garagenauswahl:

Athen

* BMW: Lenorman und Kifissou, – TEL.: 922.45.26
* AUSTIN, MORRIS, ROVER, JAGUAR, LEYLAND, MG:
    Iera Odos 131, – TEL.: 346 72 o1
* FORD: Leoforos Athinon 1o8, – TEL.: 5 22 85 11
* OPEL: Leoforos Sygrou 34o, – TEL.: 942 24 31
* MERCEDES: Leoforos Athinon 4o, TEL.: 571 52 o1 ("Viamax")
* RENAULT: Terma Kolokynthous, – TEL.: 512.88.17
* PEUGOT: Leoforos Sygrou 97, – TEL.: 921.94.11
* FIAT: Aghias Annis Street 7, Votanikos, – TEL.: 347 o7 oo ("Ototechnika")
* VW und Audi: Miliaraki Street 51 - 53, – TEL.: 831.96.34 ("Carenta S.A.")
* CITROEN: Plateon 51, – TEL.: 345 53 12
* ALFA, SKODA, FERRARI: Leoforos Syngrou 132, – TEL.: 9 22 11 o1
* TOYOTA: Kifissou 168, – TEL.: 5 9o 42 22
* MAZDA: Acharnon 375, – TEL.: 2 o2 52 11
* VOLVO, HONDA, CHRYSSLER, COLT, OLDSMOBILE, PLYMOUTH:
    Leoforos Athinon 71, – TEL.: 345 81 11 ("Sarakakis")
* DATSUN: Leoforos Athinon 169, – TEL.: 345 93 1o

✱ *Rechtsanwälte:*

Kostenlose Rechtsberatung bei Verkehrsunfällen durch ELPA- vermittelte Rechtsanwälte. ELPA oder ADAC kontaktieren!

✱ *Botschaft BRD:*

Für den Notfall: <u>ATHEN</u>: Odos Karaoli und Dimitriou 3, TEL.: 3 69 41 mit Generalkonsulat in <u>THESSALONIKI</u>, Odos Karolou Diehl 4 a (Tel.: 22 49 11) und Honorarkonsulen in * Chania/Kreta, – * Ioannina, – * Corfu und * Heraklion/Kreta, – * Patras/Peloponnes, – * Rhodos, – * Samos und * Volos/Nordgriechenland.

100 Drachmen, – Gegenwert ca. 4.40 DM

JUGOSLAWIEN:
Botschaft BRD: 11ooo Belgrad, Ulica Kneza Milosa 74 - 76, T.: o11—
64 57 55
Generalkonsulat: 41ooo Zagreb, Preobrazenska 4, Tel.: 041 — 44 2o o8

ITALIEN:
Botschaft BRD: in Rom, Via Po 25c , Tel.: 86 o3 41
Generalkonsulate: Genua, Via San Vincenzo 4/28, Tel.: 59 o8 41
    Mailand: Via Solferino 4o, Tel.: 63 21 14, —
    Neapel: Via Crispi 69, Tel.: 68 33 93
    Palermo: Via Quintino Sella 77, Tel.: 24 8o 13 (Konsulat)

UNGARN:
Botschaft BRD in Budapest: Izso utca 5, Budapest XIV, Tel.: 224 2o4

ÖSTERREICH:
Metternichgasse 3, Wien 3, — TEL.: 73 65 1o, — Generalkonsulate in
    * Graz, — * Innsbruck, — * Salzburg, — * Bregenz, — Klagenfurt
    und * Linz.

Geldsachen: ✗

GRIECH. WÄHRUNG ist der "Drachme", der mit altgriechischen Philo=
sophen verziert ist. Die im Handel befindlichen Scheine haben wir zusam=
men mit derzeitigem Umtauschwert unten abgebildet.

GELDWECHSELN in Griechenland günstiger! — Fremdwährung (also nicht=
griechisches Geld) darf von Touristen in unbegrenzter Höhe eingeführt wer=
den, muß aber ab 5oo US $ (oder Gegenwert) deklariert werden bei der
Einreise.

TRAVELLER—SCHECKS oder EUROSCHECKS müssen nicht deklariert
werden. Euroschecks werden von vielen, der größeren Hotels, sowie von

den Banken der *"National Bank of Greece", — der * "Commercial Bank" — * "Ionian and Popular Bank", — * "Commercial Credit Bank of Greece" angenommen.

Mit welchem Geld reisen?

Im Vergleich zu Süditalien, das auf selben Breitengraden im Mittelmeer-Raum liegt, ist Griechenland relativ sicher. Selbst eine Situation des offen gefüllten, im Hotelzimmer liegengelassenen Geldbeutels würde in den meisten Fällen zu Gunsten des schusseligen Touristen ausgehen.

* TRAVELLER—SCHECKS sind daher nicht unbedingt nötig, wenn auch sicher, da es Ersatz bei eigener Schusselei gibt.

> EINGELÖST werden Travellerschecks von den meisten Banken, oft allerdings gegen geringfügige Umtauschgebühr, — ebenso von größeren Hotels und Souvenirshops.

* EUROSCHECKS werden von den meisten größeren Hotels, Souve= nirshops, sowie Banken (siehe oben!) eingelöst. Sehr angenehm! Meist geringfügige Eintauschgebühr, dafür günstigerer Kurs!

* CREDIT—CARDS: die Plastikkarten, eingeführt von den "kings of plasticland", USA erweisen sich in der Praxis als sehr nützlich. Statt dickem Geldbeutel mit 4,4o DM- Scheinen (4o DM er= geben, gefaltet bereits 1,5 cm!): Credit.

> DIE VORTEILE liegen klar auf der Hand: statt lästigem Währungstauschen direktes Bezahlen, Hauptvorteil beim Reisen. Zudem höhere Sicherheit, da man weniger Bares mit sich führt.
>
> Beim Mieten von Leihwagen, entgegen üblicher Konvention entfällt die Hinterlegung einer Kaution in Bar. Olympic Airways- Tickets können per Credit Card bezahlt werden, wobei eine Flugversicherung eingeschlossen ist, größere Hotels akzeptieren Credit Cards (Achtung, nicht alle!)

Wer allerdings auf eigene Faust kleine Inseln besuchen will, in Dorftavernen essen, in Pensionen schlafen, wird an den Plastik-Ritsch-Ratsch- Credits wenig Freude haben. Für solche Trips nur:

* BARGELD: wichtigstes Zahlungsmittel für den Griechenland- Trip,— egal ob per Pauschalreise oder "Eigene — Faust".

Sollte das Geld unterwegs nicht reichen: * Telefonanruf zu Hause und per * TELEGRAPHISCHER POSTANWEISUNG nach Griechenland. Wird von jedem Postamt ausgezahlt in Drachmen.

Banken: "ΤΡΑΠΕΖΑ"

Sind normalerweise von 8.oo — 13.oo Uhr (Mo.–Fr.) geöffnet. Einige die= ser Banken, — vorallem in Touristengebieten sind im Sommer an einem Tag der Woche bis ca. 18.oo Uhr offen. Andere Banken öffnen erst ab 8.45 Uhr.

Kleinere Beträge tauschen auch fast alle mittleren bis großen Hotels, die sich aber ca. 1 Dra. pro DM als Umtausch- Vergütung einbehalten. Gut für den Notfall, wenn die Bank schon zu hat.

ALLGEMEINE TIPS

Einreise über Autoput/Jugoslawien:
An der Grenze Wechselstube, — offen Sommer (1.7. — 15.9.): 6 — 24.oo
" Winter (16.9.— 3o.6.): 8 — 22.oo

Einreise über Bulgarien/Promachon:
An der Grenze Wechselstube, offen täglich von 8.oo — 21.oo Uhr

Einreise per Schiff über Patras/Peloponnes:
Nationalbank of Greece, Leoforos Gounari, im Sommer verlängerte
Öffnungszeiten: (1.6. — 3o.9.) Mo.—Sa.: 9.oo — 13.3o und 17.3o—21.3o
sowie . . . . .So.: 1o.oo — 13.3o und 17.3o — 21.3o
Nationalbank of Greece, Platia Trion Symmachon, ganzjährig:
Mo.— Fr.: 17.3o — 19.3o und Sa.: 9.oo — 13.oo Uhr zu den normalen
Öffnungszeiten.

Einreise per Schiff/Piräus:
Mo. — Fr.: 18.oo — 2o.oo Uhr Ethnikis Antistaseos, Nat. Bank of Greece
Tägl. 7.oo — 22.oo Uhr: Nat. Bank of Greece, 5,Telonio Pireos (Zollamt)

Einreise per Flugzeug/Athen Airport:
Tag und Nacht geöffnet im Flughafen Athen - Hellenikon.

*In jedem Fall sollte man sich einige Drachmen von zu Hause mitbringen
(1.5oo Dra. pro Person sind für die Einreise erlaubt!), — um sofort an=
fallende Sachen zahlen zu können wie z.B. Taxi oder Bus ab Athen- Air=
port in die Stadt oder Autobahngebühr jugoslwa. Grenze»→ Thessaloniki.*

Öffnungszeiten der Geschäfte: Die meisten Geschäfte sind
während der griechischen Siesta zwischen 14.30 - 17.00 Uhr geschlossen.
Die größeren Warenhäuser in Athen schließen gegen 18.00 Uhr, die klei=
neren Geschäfte, besonders Lebensmittelgeschäfte etc. sind meistens bis
2o.3o Uhr offen, — je nach Bedarf aber auch länger.

In ATHEN: kompliziertes Öffnungssystem. Wenn der Beauty Shop z.B.
den Rolladen schon unten hat, gibts im Weinshop durchaus noch Ouzo
zu kaufen (Di. nachmittag). Prinzipiell sind alle Geschäfte morgens of=
fen, nachmittags aber an einigen Wochentagen geschlossen. *Laufend Neuregelungen!*

Kioske: Eine griechische Spezialität. Sie stehen an fast jeder Straßen=
ecke und hier bekommt ihr von Zigaretten ("Pallas") über Postkarten,
Briefmarken, Schreibmaterial, Sonnenbrillen, Taschenlampen zu Süßig=
keiten und Zeitschriften so ziemlich allen Kleinkram.

GRIECHISCHES FREMDENVERKEHRS AMT
*Umfangreiches Informationsmaterial. Neben den üblichen
Touristenprospekten: sehr brauchbar das Heft " General
Information über Griechenland" ;— in den deutsches Büros gibts ein Heft =*

chen mit den Adressen sämtlicher Griechenland- Veranstalter (wichtig
beim Heraussuchen der günstigsten Flugverbindungen), — in dem Athener
Büro einen recht brauchbaren Athenstadtplan, sowie jede Woche neu
herausgegebene Zusammenstellung der aktuellsten, innergriechischen Fähr=
verbindungen.

DEUTSCHLAND:

Parcellistraße 2
8ooo München 2
Tel.: (o89) — 22 2o 35

ÖSTERREICH:

Kärntner Ring 5
1o15 Wien
Tel.: 52 53 17

SCHWEIZ:

G. Kellerstr. 7
8oo1 Zürich
Tel.: 32 84 87

ATHEN:

Syntagma Square, in der
National Bank of Greece, im
Zentrum von Athen

TOURIST – POLICE Tel.-Hilfe: (O1) – 171 Tag & Nacht! ATHEN:

(touristiki astinomia): sprachgewandte Griechen in Polizeiuni=
form, die den Touristen bei sämtlichen Problemen helfen.
Ärmelaufdruck: Tourist Police, — und die Sprache, die sie spre=
chen.
Jeder griechische Ort, der speziell mit Touristen zu tun hat, besitzt eine
TOURIST-POLICE-STATION: Zimmervermittlung, sowie Kontrolle bei
Wucher. Die Adressen stehen bei den jeweiligen Orten im Text unter dem
obigen Zeichen.

WUNDERMITTEL: bei überhöhten Zimmerpreisen (müssen im Zimmer an der Tür
angeschlagen sein!) hilft oft der Hinweis, daß man ganz gerne den nächsten Tourist
Polizisten besuchen würde.

In kleineren Orten, wo es keine Touristen Polizei gibt, hilft bei der Zim=
mervermittlung im Notfall der örtliche Polizeiposten.

Ermäßigungen:

Eisenbahn in Griechenland (O.S.E.):

Schüler und Studenten erhalten leider keine Ermäßigung mehr gemäß
Leserbriefen, die wir erhielten. Auf der anderen Seite publiziert die
Griech. Fremdenverkehrszentrale in ihrem 1981- Merkblatt: "5o % für
Schüler und Studenten nach Vorlage des Studentenausweises bzw. Schü=
lerausweises, — 5o % für jedes Mitglied einer Studentengruppe, — 3o %
für jedes Mitglied einer Touristengruppe".

Museen/Archeologische Stätten:

Ermäßigung für Schüler und Studenten in Begleitung eines Lehrers oder
Professors, sowie Studenten nach Vorlage des Studentenausweises. Nach=

dem der Eintritt meist nur 1 - 2 DM beträgt, ist die Ermäßigung mini=
mal.

Freier Eintritt für Archeologen, Historiker und Professoren klassischer
Fächer nach Vorlage einer offiziellen Bescheinigung. Ebenso Schüler und
Studenten dieser Fächer in Begleitung ihres Lehrers/Professors.

Flüge Inland:

wie normal üblich: Kinder bis zu 2 Jahre: 9o %, — Kinder 2 - 12 Jahre:
5o %. Für Studenten keine 55 % auf Inlandsflüge.

Hotels/Car rentals:

inoffiziell, aber möglich: in der Vor- und Nachsaison je nach Verhand=
lungsgeschick Rabatte. Nach Berichten, aber auch eigenen Erfahrungen
von 1981 diversen Reisen in Griechenland sind die Griechen z.Z. sehr
hart, — aber dies wird in den nächsten Jahren besser, da sowohl Hotel-
Preise, wie auch Car- Rentals sehr hoch im Verhältnis zu anderen Mittel-
Meer Ländern liegen; Gefahr der "Abwanderung", die sich auf den Indi=
vidualtouristen, der auf eigene Faust reist, aber auch auf die weitere Preis=
entwicklung in Griechenland positiv auswirken wird.

"O.T.E." Telefonieren:

Von Griechenland nach Deutschland (Schweiz/Österreich), — aber auch
innergriechische Telefonverbindungen stoßen immer wieder auf Engpässe:
Folge: jeder wählt so lang, bis er die Verbindung hat, wodurch die Lei=
tungen noch mehr verstopft werden. . . . sorry for bad news . . . .

Die griechischen Telefone werden nicht von der Post, sondern einer eigenen
Company, der "O.T.E." durchgeführt, die in den größeren Orten eigene
Gebäude hat, — in ganz kleinen Insel- oder Festlandsdörfern jedoch meist
mit dem Postamt zusammenhängt.

GRIECHENLAND ≫➤ BRD: oo49 – Nr. der Stadt + Teilnehmer
(ohne erste Null)

BRD ≫➤ GRIECHENLAND: oo3o – Nr. der Stadt + Teilnehmer
(Schweiz+Österreich)
(ohne erste Null)

GRIECHENLAND ≫➤ ÖSTERREICH: oo43 – Nr. Stadt + Teiln.
GRIECHENLAND ≫➤ SCHWEIZ: oo41 – Nr. Stadt + Teiln.

Telefonieren vom Hotel aus: zwar bequemer, aber wie international üb=
lich, auch erheblich teurer, da nunmehr nicht nur O.T.E., sondern auch
noch der Hotelbesitzer mitverdienen will. — Inlandsgespräche (innerinsular)
auch von Restaurants und oft vom "roten Telefon" am berühmten KIOSK!

UNHÖFLICH: griechische Familien zwischen 14 und 16 Uhr (=Siesta!)
anzurufen. Dafür abends länger möglich, d.h. bis ca. 21.oo Uhr. Der

Grieche meldet sich am Telefon übrigens nicht als erster, sondern wartet, bis der Anrufer seinen Namen nennt. Ausnahme: Hotel-Rezeption, Be= hörden, Flugbüros etc.

In Griechenland herscht eine wahre Telefonitis. Erinnere mich noch an einen Morgen im Hellenikon- Airport Athen, wo mindestens 8o Leute vor einem Schalter eines Olympic- Inlandfluges warteten, weil der Olympic- Mann gerade (wohl schon 15 Min. oder so) weg war zum Cafe-Trinken.

Permanent das Telefon, und die Griechen mit wahrer Freude über den Counter- Tisch rüber zum Telefon gelangt "Hier Olympic Airways" auf griechisch, — "nein, kein Flug im Moment. Nein! Woher rufen Sie an? Ach, Heraklion, eine schöne Stadt, meine Tante . . . "

TELEGRAMME: ebenfalls über "O.T.E.". Extrem billig im innergrie= chischen Verkehr. 21 Worte kosten um die 1 - 2 DM. Für die Hinter= lassung von Nachrichten der billigste Weg, — denn wenn der Betreffende erst lang im Hotel gesucht werden muß, vergeht viel Zeit. —

 *Post.* "ΤΑΧΥΔΡΟΜΕΙΟΝ"

gelb wie auch bei uns. Briefmarken bekommt man übrigens in Griechen= land auch an den Kiosken und in Geschäften, die Ansichtskarten verkau= fen.

POSTLAGERNDE SENDUNGEN: "Poste Restante" auch in Griechen= land möglich. Sofern kein spezieller Vermerk: in den Großstädten geht der Brief ans Hauptpostamt (siehe unsere Texthinweise). —
Tip: wer nach Post fragt, auch unter Vornamen suchen lassen, da auch in Griechenland oft üblich, daß der Nachname vorangestellt wird.

Beförderungszeit ab Griechenland: sehr unterschiedlich, ob Athen oder Mini- Insel, Vorhandensein eines Airports oder Kaiki, — vorallem aber auch interne Postprobleme. . . Ab größerem Ort, also z.B. Athen, Thessaloniki, Corfu, Heraklion etc. dauerts bis Deutschland ca. 4 - 7 Tage trotz täglicher Flugverbindung und genereller Beföderung per Flugzeug.

Postkarten brauchen meist länger als Briefe, — gelegentlich kommen beide überhaupt nicht an. Wichtige Sachen wie z.B. Filme etc. daher besser nicht per Post schicken. In dringenden Fällen: LUFTFRACHT per Olym= pic oder Lufthansa. Mindestgewicht 3 kg. Kostenpunkt ca. 5o DM für 3 kg.

BRIEFKÄSTEN:

"ΕΣΩΤΕΡΙΚΟΥ" ◄ ► "ΕΞΩΤΕΡΙΚΟΥ"
(=Inland)   (=Ausland)

GELDÜBERWEISUNGEN aus Deutschland nach Griechenland gehen per "Poste Restante" an den entsprechenden Ort. Telegrahisch empfehlens= wert. Dauer unterschiedlich, — zwischen 2 - 3 Tagen und einer Woche.

In Griechenland heute fast durchweg 22o Volt/5o Hz. **Strom:**  Nur noch gelegentlich auf Dörfern des Landesinneren oder kleineren Inseln: 11o Volt/Gleichstrom. In jedem Fall aber diese Spannung auf den <u>innergriechischen Schiffen</u>! Auch bei den internationalen Flugzeugen wird man in der Bordtoilette diese Span= nung antreffen. — <u>Als Stecker</u> passen unsere Stifte in die griechischen Stromlöcher. —

Leitungswasser gilt meist als sauber. Daneben Mineral= wasser in 1,5 l- Plastikflaschen in Lebensmittel- Shops.

TRANSPORT in Griechenland.

Auf den Hauptlinien relativ gute Verbindungen, — problematischer kann es bei öffentlichen Verkehrsmitteln auf Nebenstrecken werden, da ent= weder seltene oder zeitlich ungünstige Abfahrten.

Taxis Griechen= land:

<u>Stadttaxis</u> sind extrem billig. Übe r'm Dau= men: eine Stadtfahrt per Taxi, die bei uns in Deutschland ca. 1o DM kosten würde, macht in Athen ca. 4 DM. Deshalb fährt auch fast jeder Taxi, und es ist besonders während der Stoßzeit schwierig, eine Kiste zu kriegen.

<u>Die Taxifahrer</u> sind deswegen auch wählerisch und lehnen öfters unbequeme Strecken ab.

griechische Taxis: meist Datsun, Toyota oder Mercedes

<u>Zur Zeit kostet der TAXI- KM</u> innerhalb von Städten ca. 0,5o DM bei einem Mindest- Preis von 2 DM. Wohlgemerkt: für's Taxi, — egal wieviel Leute drinsitzen. Die meisten Taxis mit Taxameter. Wenn sie (z.B. auf dem Land) kein Taxameter haben sollten oder für Überlandfahrten sollte man vorab den Preis vereinbaren und sich notfalls auf ein Papier aufschreiben lassen, wenn's Sprachprobleme gibt.

<u>Überlandfahrten</u> (Taxi kehrt leer zurück) kosten ca. 1 DM pro km. Hier Handeln mög= lich. — Wer vorhat, öfters Taxi in Griechenland zu fahren, sollte sich von der Frem= denverkehrszentrale oder Tourist Police die aktuell gültigen, exakten Drachmen/km- Daten besorgen. Gerade im Sektor Taxi wird viel an überhöhten Preisen und falschem Taxameter- Einstellen gegenüber Touristen getrixt, — besonders wenn sie "neu" aus= sehen (d.h. frisch angekommen).

<u>In kleineren Städten und Dörfern</u> stehen die Taxis meist auf dem Haupt= platz, bzw. können vom Kneipenwirt des dortigen Restaurants besorgt werden. —

Aufpreise für Nachtfahrten, Sa. - und So. - Fahrten, mehr als 2 Personen als Fahrgäste und für Gepäck in den Kofferraum (d.h. größere Gepäck= stücke). *Siehe auch "Athen", Seite 202!*

inlandsbusse:

Verbindungen auf Haupt- und Nebenstrecken. Die Hauptstrecken oft mit ausgezeichneten Bussen inkl. weniger erfreulicher Air Condition (da Er= kältung). — Auf den kleineren Nebenstrecken, Inseln der Ägeis, Kreta- Gebirgsstrecken sind die Busse jedoch älteren Baujahres, riechen nach Öl und Schafen, — mit heißen Plastiksitzen, offenen Fenstern, zu dem die warme, griechische Luft reinbläst, während vorn am Spiegel das Kruzifix baumelt und der Casettenrecorder Bouzuki plärrt.

Die beiden größten Busorganisationen sind:

* "OSE", zur Griechischen Eisenbahn gehöriges Busnetz, das das Streckennetz ergänzt.

* "KTEL", ein Pool verschiedener Bus- Privatunternehmer. In Ver= einbarung der einzelnen Busunternehmer hat man sich abge= sichert, wer welche Strecke fährt, um sich nicht durch un= nötige Konkurrenz gegenseitig aufzureiben.

Bus- Fahrpläne gibt's entweder beim Tourist Büro oder der örtlichen "Tourist Police", sofern vorhanden, gelegentlich sind sie auch an dem Bus- Stop- Schild angebracht.

Abfahrt in größeren bis mittleren Orten: ab Busterminals , in kleineren Dörfern: Abfahrt am Hauptplatz, auf Inseln: Abfahrt meist am Hafen.

Sofern weder Busfahrplan noch Bus- Stopschild, noch irgend= wo so eine verstaubte blaue Kiste am Hafen rumsteht, fragt man im Kafenion, der Taverne oder am Kiosk.

KLEINERE BUSSE auf Nebenstrecken kann man meist mit der Hand am Straßenrand stoppen, — sofern sie nicht voll sind, bzw. der Fahrer einen zu spät sieht.

LANGSTRECKENBUSSE (z.B. Athen — Thessaloniki) nur ab Bus= terminals in den unterwegs angelaufenen Städten.

"ΣΤΑΣΙΣ" = BUSSTOP

FAHRPREISE innergriechisch recht günstig! Z.B. Heraklion/Kreta — Lassithi- Hochebene (1 Std. 3o Min.) für ca. 5 DM! Ähnlich auf dem Festland.

FAHRTHÄUFIGKEIT: zwischen größeren Ortschaften recht dicht, d.h. ca. 3 - 8 mal pro Tag und Richtung, auf Nebenstrecken oft nur ein mal am Tag und zu derart ungünstigen Zeiten, daß man sicherlich einige Zeit im Kafenion rumhängt, um auf den Bus zu warten.

Genau darin liegt der Reiz, Griechenland per Bus zu entdecken! Genügend

Zeit haben zum Relaxen. Langeweile ist Luxus bei uns. Aber so was schö= nes!!

Sich ein Vorbild an den Griechen nehmen! Die stundenlang zum Fenster raussehen aufs Meer. Das Leben genießen: sicherlich nicht "konsumieren"! Die Harmonie in sich suchen, die Schönheit um sich aufnehmen! Den Meereswellen zuhören, Luft riechen. Am griechischen Cafe nippen.

Schiffe: siehe Seite 25
Flüge: siehe Seite 227

Eisenbahn:

Nur wenige Strecken und nur auf dem Festland. Die beiden Hauptstrecken sind die

* PELOPONNES—LINE: geht von Athen nach Korinth, von wo ein Zweig nach Patras—Olympia—Kalamata abzweigt und der andere nach Tripolis — Kalamata. Schmalspur. Gemütliche Angelegenheit, die manchen Touristen nicht hektisch genug ist, da streßgewohnt. Durchschnittsgeschwindigkeit dieser Züge dürfte bei ca. 3o km/h liegen!

* NORTHERN —LINE: internationale Hauptstrecke, die Grie= chenland an den Balkan, Mitteleuropa und Asien (Istan= bul) anbindet. Strecke: Athen — Larissa — Thessaloniki — Jugoslawien, bzw. —Alexandropolis — Istanbul. Stichlinien innerhalb Griechenlands nach Trikala bei den Meteora Klöstern, Volos (Pilion) und Thessaloniki— Sofia/Bulgarien.

Preise liegen ähnlich günstig denen der Busse. Z.B. Athen — Thessaloniki ca. 2o DM für einfach, 2. Klasse. Weitere Details siehe unser "Athen-Text"!

WINFRIED LEIST schrieb uns: "Zug Athen — Istanbul interessant, wenn auch lang: 38 Std. (davon steht der Zug ca. 5 Std. an der Grenze bei Pythion. Raus, sich das Dorf ansehen: neben Moskitoschwärmen viele Störche: große Sümpfe in der Nähe). Vorsicht: im Grenzbahnhof ist Fotografieverbot! Auf der türkischen Seite uralte Dampflok!

Es kostet von der Grenze bis Istanbul ca. 4 DM für 28o km . INTERRAIL—KARTE gilt in der Türkei nicht.

ACHTUNG: nur ein Waggon geht über die Grenze, der Rest des Zuges fährt auf grie= chischer Seite ins Gebirge und wenn man nicht aufpasst, landet man mitten in der Nacht ohne Pass in einem abgelegenen Dorf nahe der bulgarischen Grenze. Warten, bis türkische Waggons rüber nach Pythion rüberkommen (bequeme Polstersitze "Pantoffelzug")."

eigener PKW:

Wegen der Unabhänigkeit von Busverbingen natürlich optimales Reisemit= tel, — zumindest auf dem Festland und den größeren Inseln.   Auf Mini= inseln wie z.B. Skiathos/Sporaden (ca. 2o km Straßen- Netz)lohnt sich der PKW nicht bei den zugleich relativ hohen PKW- Transportkosten auf der

Fähre Volos — Skiathos .

Die Hauptverbindungen in Griechenland asphaltiert, auch viele Nebenstre=
cken. Im Inselinneren, sowie Festlandinneren häufig jedoch schmale Schot=
terstraßen, eher Feldwegen zu vergleichen. Viele neue Strecken befinden
sich im Ausbau.

Auf Schotterstrecken längere Bremswege berücksichtigen, — auf schmalen
Strecken vor Kurven hupen! Auf der Autobahn Patras — Athen — Thessa=
loniki (zum Teil einspurige, jedoch breite Fahrbahn) ist es üblich, daß der
langsamer fahrende (z.B. LKW, Busse) den PKW's Platz macht, indem er
auf den Seitenstreifen ausweicht. Dabei aber damit rechnen, daß er plötz=
lich wieder auf die Hauptspur einschert wegen Fahrbahnverengung,
Brücken etc.!

Genügend Tankstellen, auch auf dem Land, die aber oft So. zu sind. In
diesem Fall hilft eventuell ein Tavernen- oder Kafenion- Wirt, den Tank=
stellenbesitzer im Ort aufzutreiben. TROTZDEM: Tank nie mehr als 1/3
leerfahren, besonders auf abgelegeneren Strecken, wo oft auf 1oo oder
15o km keine Tankstelle kommt.

Bei Nachtfahrten sollte man Tiere und unbeleuchtete Fahrzeuge einkalku=
lieren, — ebenso nicht angekündigte Straßenverengungen durch Brücken,
scharfe Kurven etc.

Mietwagen: in Griechenland

In den griechischen Touristenzentren, aber auch in fast allen, einigermaßen
großen Provinzorten gibt es CAR—RENTALS. So z.B. in Ioannina, Kasto=
ria, Korinth, Heraklion/Kreta, Sitia/Kreta etc.

Die Wagen bekommt man entweder * im Flughafen (angenehm, z.B. bei
der Ankunft in Heraklion, Kreta, weil man sich das Busfahren in die Stadt
spart und per gemietetem PKW sich das Hotel sucht), — * im Ort, — oder
* über die Hotelrezeption größerer Hotels. Hier wird der Wagen zu Hotel
gebracht!

BEACHTEN: vor Annahme des Wagens technischen Zustand wie Blinker, Bremsen,
Lenkspiel, Reifen (ob genügend Profil und ob Seitenflanken nicht durch Steine ver=
letzt testen, ob die Hupe fungioniert. — Wer nicht Vollkasko versichert, sollte den
Vermieter auf bereits vorhandene Beschädigungen, Beulen etc. des Wagens hinweisen.

WAGENTYPEN: VW- Käfer seltener , — meist Typen wie Fiat 127, VW Polo, Ford
Fiesta, Opel Kadett, Mazda, sowie den SUZUKI—JEEP, neuerdings beliebt, da relativ
stabil und sehr schmal, — die "Nähmaschine"wie wir sie nennen. Zwei enge Vorder=
sitze, das Gepäck wird dahintergeklemmt. Der Suzuki Jeep hat Allradantrieb, also
empfehlenswertes Auto für den, der enge Gebirgsstrecken auf Inseln oder am Strand
fahren will. Viel Urlaubsvergnügen, wenn man nicht längere Strecken fahren muß!

Ebenfalls im Einsatz: die beiden offenen Fiat Scout und Citroen Pony, letzteres Fahr=
zeug auf Citroen- Basis, der Aufbau in Griechenland gefertigt. Der Fiat Scout basiert
auf dem Fiat 127 mit entsprechender Motorstärke.

MIETPREISE liegen zur Zeit bei ca. 23 - 15 US $ (je nach Saison, beginnt ab An=
fang Juni bis Ende September) für einen kleineren PKW wie Fiat 127, Ford Fiesta oder

Opel Kadett um die 14 - 18 US $ (je nach Saison) der Suzuki Jeep für ca. 2o US $ (vorsaison, Nachsaison) zu ca. 45 US $ Hauptsaison, alles Preise pro Tag ohne Sprit und Km, die nochmals extra laufen.

Geringfügige Ermäßigungen, wenn man pro Woche mietet. Hierbei dann auch bei den meisten Firmen inkl. freier Kilometer.

Automieten in Griechenland ist nicht billig, zumal nach US $ abgerechnet wird, der in der letzten Zeit kräftig gestiegen ist. Die hohen Vermietpreise werden auf den Einkauf von PKW auf US $ - Basis zurückgeführt, aber auch auf die relativ hohe Abnutzung der Fahrzeuge wegen der vielen schlechten Schotterstrecken.

MIETBEDINGUNGEN: Mindestalter meist 23 Jahre, für Suzuki und VW- Bus roh 25 Jahre. Als Fahrlizenz genügt der nationale Führerschein. Mindestmietdauer: 24 Std. Deposit (Vorauszahlung): 8o US $ pro Tag für die Dauer, die man den Wagen mieten möchte. Wer per Credit Card (American Express, Diners etc.) bezahlt, braucht keine Vorauszahlung zu leisten. Für die Zustellung des Wagens zum Hotel wird in manchen Fällen eine Gebühr von ca. 8 - 15 DM verlangt, je nachdem, wie weit das Hotel von der Vermietstation entfernt ist.

Möglichst umfangreiche Versicherung wird empfohlen!

WOHNMOBILE können von deutschen Firmen gemietet werden, eine aus= gesprochen schöne Urlaubsvariante. Allerdings während der Hochsaison nicht billig: ein JAMES COOK kostet im Juli, Aug., Sept. ca. 18o DM pro Tag (Vorsaison ca. 12o - 15o DM), — billiger der ausgezeichnet zu fahrende JOKER (1oo bis 14o DM). Dafür keinerlei Hotelkosten. — Bei "Interrent" oder "Botho Bendix", 8o21 Neuried bei München, Tel.: (o89)— 75 3o 86.

Unterkunft:

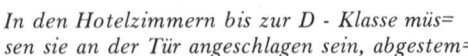

Sämtliche Übernachtungspreise sind von der griechischen Touristen - Polizei kontrolliert und werden auch jedes Jahr neu festgelegt.

In den Hotelzimmern bis zur D - Klasse müs= sen sie an der Tür angeschlagen sein, abgestem= pelt sein, und der Besitzer darf auch keine zusätzlichen Aufpreise nach= träglich verlangen, außer unten aufgeführten Extras. — In der Vor- und Nachsaison kann man Rabatte aushandeln. —

ZIMMER—VORBESTELLUNGEN bei der "Hellenic Chamber of Hotels", Buchungsstelle in Athen in der "National Bank of Greece", Karageorgi Servias Street 2 (Syntagma Square) möglich für Hotels bis zur E- Klasse.

 HOTELS: eingeteilt in Kategorien. Die Preise unterliegen der Kontrolle des griechischen Tourismus- Ministeriums. Genau diese und nur diese Prei= se gelten. Sollte es Differenzen geben, zunächst freundlich versuchen zu klären, andernfalls Tourist Police!

Kategorie:	Einzelzimmer		Doppelzimmer	
	ohne Bad	mit Bad	ohne Bad	mit Bad
Luxus	——	ab ca. 7o DM	——	ab ca. 1oo DM
Kat. A	——	ab ca. 5o DM	——	ab ca. 8o DM
Kat. B	ca. 2o DM	ca. 32 DM	ca. 32 DM	ca. 45 DM
Kat. C	ca. 17 DM	ca. 23 DM	ca. 25 DM	ca. 3o DM
Kat. D	ca. 13 DM	ca. 16 DM	ca. 17 DM	ca. 25 DM

1.) bei einem Aufenthalt von nur 1 - 2 Tagen kann der Preis um 1o % erhöht werden

2.) während der Zeit 1. Juli bis 15. September dürfen zum Zimmerpreis nochmals 2o % aufgeschlagen werden

3.) Air Condition im Zimmer darf mit ca. 5 DM/Nacht extra berechnet werden

4.) Sofern Dusche nicht im Zimmer, darf dies mit 2 DM pro Nacht extra berechnet werden.

5.) Das Zimmer muß, sofern an der Zimmertür nicht anders vermerkt, bis 12 Uhr mittags geräumt sein. Wenn nicht, kann der Hotelbesitzer 5o% des Zimmerpreises aufschlagen. Dies hat schon oft Ärger gegeben, wenn es um nur 3o Minuten Überschreitung sich gehandelt hatte und der Besitzer dafür 15 oder 2o DM wollte!

6.) Zusatzbett im Zimmer: + 2o %

7.) Doppelbettzimmer von Einzelperson benutzt, berechtigt den Besitzer zu einem Zimmerpreis von 8o % des Doppelzimmerpreises.

8.) Wer das Zimmer nur kurzzeitig braucht, z.B. von 12 bis 18 Uhr, zahlt die Hälfte des regulären Preises. Eine angenehme Regelung, — auch dann wenn man z.B. nach einem anstrengenden Flug eintrifft, sich ein paar Stunden zum Schlafen legen will, um abends mit dem PKW oder Schiff weiterzufahren!

9.) Hotels/Pensionen in Patras und Thessaloniki können während der Zeit des Carnevals und "Internat. Trade Fair" 2o % Aufpreis verlangen, so= wie 5 Tage vor und 5 Tage nach den Festivitäten.

2.) PENSIONEN & Guest Houses: " ΞΕΝΟΔΟΞΕΙΟΝ "

Sofern es sich nicht um Luxuspensionen handelt (für die Spezialpreise gelten), zahlt man für die Pensionen der Basis- Klasse ca. 1o DM fürs Doppel. Dabei ist nicht garantiert, daß die Bettwäsche frisch ist. Außerdem stinkt die Toilette meistens. Besonders in Athen die preiswerteste Möglich= keit, zu übernachten. Die meisten der Athener "Guest- Houses" liegen mitten in der Plaka, also mitten im Geschehen.   **"ROOMS TO LET"**

3.) PRIVATZIMMER: **"ΔΩMATIA"**

Besonders in ländlichen Gegenden zu empfehlen wegen dem direkten Kon= takt mit Griechen. Meist werden sie euch bei der Landung im Hafen ange= boten. Ansonsten Auskunft bei der Tourist Police oder über Kontakte im Dorf- Kafenion! Preis: ca. 5 - 1o DM. Komfort: Feldbett, meist Kanne und Wasserschüssel zum Waschen und Zähneputzen.

4.) CAMPING:

Wildzelten verboten. Grund: einige Camping- Wildsäue und mehrere Wald= brände durch Lagerfeuer. Die Polizei wacht streng und dies mit Grund: er= hebliche Umweltverschmutzungen durch die Wildcamper! — Es gibt mehrere Campingplätze des "NTOG" (staatlich, Liste vom Tourist Board Griechen= lands!), sowie viele, private Campingplätze. (Ca. 2oo in ganz Griechenland).

Die Qualität ist sehr unterschiedlich. Auch sie werden vom NTOG gecheckt in Bezug auf Hygiene der Toiletten- und Waschanlagen. Wichtiges Auswahl- Kriterium sollte auch Schatten (Bäume in ausreichender Menge!) und Bade- Möglichkeiten sein! Die Preise sind in der letzten Zeit erheblich gestiegen: für 2 Personen, 1 Zelt und 1 Auto muß man pro Nacht mit mindestens 1o DM rechnen!

Wildzelten, sofern man den Bauern fragt, auf dessen Grundstück man sich befindet: ohne Probleme. Man sollte aber gute Erziehung zeigen und den benutzten Platz tiptop verlassen und vielleicht auch den Bauern zum Abend= essen oder Wein einladen.

5.) Im Freien schlafen:

im Sommer in Griechenland an irgendeinem Strand wirklich optimal unter klarem Sternenhimmel: optimal. Doch die Polizei mag diese Form von Tourismus absolut nicht! Verständlich, da die betreffende Gemeinde da= ran keinen Pfennig verdient und auch kein Geld hat, den Müll wegzu=

schaffen, — auch wenn's nur eine Schachtel Zigaretten und zwei oder drei Flaschen Wein sind, die danach im Gebüsch übrigbleiben.

Umweltschmutz summiert sich, weswegen die Dorfbewohner an sowas ab= solut nicht interessiert sind und mit Sicherheit in Nähe von Dörfern bald Dorfpolizist kommt, um einem billige Privatunterkünfte zu zeigen. Nur wenn alles voll ist, wird mal für eine Nacht ein Auge zugedrückt.

6. JUGENDHERBERGEN:

Übernachtung kostet hier ca. 5 DM. Benötigt wird ein internationaler Jugendherbergsausweis, den es zwar auch in Griechenland gibt, — der aber hier mit knapp 2o DM teurer ist als in Deutschland. Die Übernachtung, — meist in Schlafsälen, ist sehr "basic", erspart aber in den Touristen- Zent= ren wie Olympia, Korfu, Mykene und Delfi die teuren Touristenhotels.

AXEL BERMEL und ELISABETH ROENSPIES schrieben uns dazu: "man muß in der Hauptsaison meist mit einem Dachplätzchen vorlieb nehmen. (Auf dem Dach billi= ger! Frühstück ist im Preis nicht inbegriffen). Angaben in "Touristeninformationen vom Fremdenverkehrsamt" über JH's stimmen nicht alle, angegebene JH's existieren garnicht oder sind längst geschlossen.

Verlasst euch daher nur auf das IYHH (International Youth Hostel Handbook). Duschen ist in den meisten Jugendherbergen nur zu bestimmten Tageszeiten für ein bis zwei Stunden möglich für einen Aufpreis von ca. 2 DM, eiskalt natürlich! Lange Schlangen davor sind an der Tagesordnung!"

Besitzer eines Jugendherbergsausweises können auch die Schutzhütten "Federation of the Greek Excursionist Club"benützen.
Adressen - Liste am Ende des Buches!

7. BERG – SCHUTZHÜTTEN:

In Zentral- und Nordgriechenland (unter anderem auch Olymp- Besteigung) sowie auf Kreta. Adressenliste am Ende dieses Buches! —

8. DORFHOTELS:

Eine griechische Erfindung. Sehr gemütliche Unterkünfte für Leute, die auf Stimmung und weniger auf Komfort Wert legen. Häufig in Klöstern oder in alten Dörfern.

IA AUF SANTORINI : Dorf am nördlichen Kraterrand der Vulkaninsel Santorini. Insgesamt sollen 60 Häuser renoviert werden. Eingeplant ein Webstudio! Außerdem eine kleine Taverne und ein Cafe. EinTeil der Häuser ist bereits fertig. Reservierungen über Oikismos EOT, Ia/Santorini, Griechenland. Tel.: (o286) - 7 12 34.

Übernachtung je nach Größe der Zimmer und Anzahl der Betten: ca. 36 DM für's Doppelbett - Zimmer. Etage für ca. 1oo DM (7 Betten, 3 Zimmer). —

BADEN: auf der flach abfallenden Ostküste der Insel, eine 5 km Zufahrtstraße.

MAKRYNITSA/PILION:
bei Volos, Nordgriechenland. Malerisch gelegenes Dorf an den Abhängen des Pilion oberhalb von Volos. Sagenhafter Rundblick. Hier wurden im Dorfkern alte Pilion-Häuser restauriert. Busverbindung nach Volos, ab hier Bus und Bahn nach Athen. Übernachtung Doppel in rustikalen Zimmern ca. 35 DM für's Doppel. In der Hoch= saison ca. 45 DM. Reservierung über: "Hotel Xenia", Portaria/Volos, Griechenland. Tel.: (o421) — 9 91 58 oder 2 59 22. —

VIZITSA/PILION:
an der Südseite des Pilion, 39 km von Volos. Die Häuser wurden im 18 und 19. Jhd. er baut. Soll ca. Ende 81 eröffnet werden! Mit kleiner Taverne und Restaurant.

VATHI/MANI, Südpeloponnes:
siehe unser Mani- Text: rauhe Landschaft mit felsiger Küste. In den Türmen wurde ein Dorfhotel errichtet. Die Unterkünfte in den ehemaligen Wehrtürmen (Bewohner vertei= digten sich gegen fremde Eindringlinge, aber auch böswillige Nachbarn!) sollten bereits Ende '79 fertig sein. Fertigstellung nun auf Ende '81 geplant. Bereits fertig sind die Zimmer der Herberge in

AREOPOLIS/Mani, Südpeloponnes:
6 Zimmer, 17 Betten. Doppel pro Nacht ca. 5o DM. Reservierung über Oikismos EOT, Pyrgos Kapetanakou, Areopolis, Mani, Griechenland, Tel.: (o733) − 5 12 33.

PSARA:
Insel vor Chios in der Nord- Ägeis. Mit Booten von Chios leicht zu erreichen. Unter= künfte: 5 restaurierte Mönchszellen mit insgesamt 15 Betten: Übernachtung kostet ca. 4o - 5o DM für's Doppel/Nacht. Reservierung über "Oikismos EOT, Akti Tsamakia, Mytilini, Lesbos, Griechenland, Tel.: (o272) − 612 93.

FISKARDO/Insel Kefallinia:
die westlich des Festlandes Griechenlands gelegene Insel Kefallinia, siehe unser Text, ist voll von Mysterien. Fiskardo im Norden der Insel ist ein windgeschützter Hafen mit meist glattem Wasser. Während viele Häuser der Insel durch Erdbeben beschädigt wurden, blieb dieser Ort, der in üppiger Vegetation eingebettet ist, weitgehend ver= schont. Paar Tavernen, nicht viel Abwechslung, aber klares Meer. Die Häuser stam= men meist aus dem 18 und 19. Jhd. Übernachtung im Doppelzimmer ca. 6o DM. Reservierung: Oikismos OTE, Haus Tselenti Koinotitos, Fiskardo/Kefallinia, Griechenland, Tel.: (o674) − 513 98.

METSA AUF DER INSEL CHIOS, ein mittelalterliches Burgdorf, 36 km von der Inselhauptstadt Chios entfernt. Web- und Keramik- Studio. Badestrand unterhalb des Dorfes in 4 - 5 km Entfernung. Unterkünfte ca. 5o DM/Doppel. Reservierung über Oikismos EOT, Akti Tsamakia, Mytilini/Lesbos, Griechenland, Tel.: (o251)−279 o8.

ZU DEN PREISEN kommt in der Hochsaison (1.7 − 15.9.) ein Zuschlag von 2o %. Weiterhin eine Bearbeitungsgebühr und 6 % Mehrwertsteuer. Wer nur 1 - 2 Tage übernachtet, muß 1o % Aufschlag zahlen!

Die Dorfhotels sind durch eine Initiative der GRIECHISCHEN ZENTRA= LE FÜR FREMDENVERKEHR enstanden. Konzipiert für Individualis= ten mit Geld. −

 KLÖSTER:

Die Nonnen bzw. Mönche sind seit dem Touristenboom 1976/77 dem mitteleuropäischen Reisenden leider nicht mehr sehr aufgeschlossen. Mit dem Schlafen in der weißgekalkten Zelle auf dem Feldbett "schiebt sich" kaum noch was, und das selbstgebackene Brot müßt ihr anderswo essen. Allenfalls in ganz abgelegenen Gegenden noch möglich, und bitte in die Klosterkasse eine kleine Spende. Im Kloster selber kein Bikini . Trips nach Athos siehe Nordgriechenland.

 FERIENHÄUSER:

Seit einiger Zeit gibt es, − wegen immer stärkerer Nachfrage griechischer und ausländischer Urlauber FERIEN−HÄUSER in Griechenland zu ver= mieten. Agenturen in Griechenland, − Vorausbuchung aber auch über eini=

ge deutsche Spezialvermittler. Problem dabei nur, daß man auf Fotos und Beschreibungen des Vermittlers angewiesen ist.

AUF SKIATHOS (Nördl. Soraden) gibt es zur Zeit ca. 25o Ferienvillen in Vermittlung Zur Zeit entstehen neue Villen in zum Teil mieser Lage direkt an der Straße (= billigere Grundstücke), bzw. an Tümpeln, die sich aber schön fotografieren lassen, wobei die Moskitos freundlicher Weise nur in Natura stechen, nicht aber auf dem Prospektfoto erscheinen.

Schön: Villen auf der Halbinsel CHALKIDIKI (sehr gute Badestrände!), — im land= schaftlich schönen PILION (bei Volos, Nordgriechenland), — auf SANTORINI (mit sagenhaften Vulkankrater- Ausblicken, nicht jedoch alle Villen, auch Entfernung zum Meer und Transport dorthin berücksichtigen!), — KRETA ist bei vielen Veranstaltern im Programm (Lage auch hier gut checken; einige Inselteile Kretas extrem trocken und Strände mit Grobkiesel!), — KYKLADEN (Naxos und Paros) sicherlich keine schlechte Wahl in Bezug auf Friernqualität, — weitere Villen- Gebiete sind PELOPONNES und ATTICA.

Man ist also sehr auf qualitativ gute Beratung des Vermittlers angewiesen und sollte dabei auch Kriterien der Entfernung zum Strand, eventueller Krach von Durchgangsstraße hinter der Villa (meist nicht im Foto!), Aus= stattung und Zustand des Hauses wertlegen! Hier ein

Hier eine kleine Auswahl von Vermittlern (ohne Anspruch auf Vollstän= digkeit und Qualität):

Attika: Interkontinental Reisen/München, — Holiday Housing/Athen
Tamop- Internat. Hotelreservierungszentrale/Frankfurt

Chalkidiki:	Giro- Reisen/Köln, — Lesses Reisen/München, — Magnet Appartment-Ring/Reutlingen, — Apsokardos/München, — Scharnow/Hannover, — Maku GmbH/Athen
Kreta:	Attika Reisen/München, — Interkontinental- Reisen/München, — Lesses Reisen/München, — Magnet Appartment Ring/Reutlingen, — Apsokar=dos/München, — Sirena Tours/Freiburg, — Scharnow/Hannover, — Tamop/Frankfurt, — Takis/München, — Wulfs Ferienhausdienst/Düren, Alexander Travel/Athen.
Korfu:	Attika Reisen/München, — Magnet/Reutlingen, — Apsokardos/München Takis/München, — Wulfs/Düren, — Asprochori/Korfu, — Bellos/Korfu,— Corfu Sun Club/Korfu, — Corfu Tourist Center/Korfu.
Peloponnes:	Drekis/Bern, — Peloponnes Ferienwohnungen/Bonn, — Apsokardos/München, — Tamop/Frankfurt, — Takis/München, — Maku/Athen.
Pilion:	Apsokardos/München, — Lesses/München, — Takis/München, — Maku/Athen.
Santorini:	Interkontinental Reisen/München, — Karras/München, — Takis/Mün=München, Wulfs/Düren.
Kykladen:	Interkontinental Reisen/München, — Tamop/Frankfurt, — Takis/Mün=chen, — Wulfs/Düren, — Alexander Travel/Athen
Skiathos:	Lesses/ München, — Tamop/Frankfurt, — Takis/München, Alexander Travel/Athen, — Alkyon Tours/Athen .

ADRESSEN :

ALEXANDER TRAVEL:	Studiostr. 4, Athen, Tel.: 1/ 32 311 84
ALKYON TOURS:	Akademiastr. 4, Athen, Tel.: 1/ 62 32 28
APSOKARDOS- VILLEN:	Steinstr. 75, 8ooo München 8o, Tel.: (o89) 48 27 54
ATTIKA REISEN:	Sonnenstr. 3, 8ooo München 2, Tel.: (o89) 555 114
BELLOS ADROKLIS:	Kapodistriou Str. 94, Korfu
CORFU SUN CLUB:	Arseniou 39, Korfu, Tel.: (o661) 33 855
CORFU TOURIST CENTER:	Arseniou 5, Korfu
INTERKONTIN. REISEN:	Türkenstr. 71, 8ooo München 4o, Tel.:(o89) 23 72 7o
LESSES REISEN:	Schützenstr. 8, 8ooo München 2, Tel.:(o89) 59 2o2 8
MAGNET APPARTM. RING:	Postfach 865, 741o Reutlingen, Tel.: (o7121) 43 oo1
MAKU GmbH:	Piräusstr. 37, Athen
NINA KARRAS:	Hiltenbergerstr. 42, 8ooo München 4o, Tel.: (o89) Tel.: (o89) 3o 81 2o5
PELOPONNES FERIEN= WOHNUNGEN	Coburger Str. 19, 53oo Bonn, Tel.: (o221) 23 83 oo
SCHARNOW REISEN:	Vahrenwalterstr. 8, 3ooo Hannover, Tel.: (o511) 336 1
TAKIS- FERIEN = HÄUSER	Clemenstr. 17, 8ooo München 4o, Tel.: (o89) 34 86 72
TAMOP INTERNAT. HOTELRESERVIERUNG:	Mainzer Landstr. 15, 6ooo Frankfurt/ M. Tel.: (o611) 25o o15
WULFS FERIENHAUS = DIENST.	516o Düren, Tel.: (o2421) 1921

CALAMOS BEACH HOTEL

BEACH AGH. APOSTOLI

CALAMOS BEACH das beliebte Familienhotel am Golf von Euböa,
48 km von Athen entfernt.

Die geschützte Lage garantiert Badefreuden bis in den Winter. Alle Zimmer mit Bad/WC, Balkon, Telefon und Radio. Spezialitätenrestaurant, Bars, gemütliche Aufenthaltsräume, Schwimmbad sowie vielerlei Sportmöglichkeiten lassen keine Langeweile bei kleinen und großen Gästen aufkommen. —— Wir heißen Sie herzlich willkommen !

FETOGENIALES...

WEIN - FESTE

Auf den griechischen Weinfesten könnt ihr soviel griechischen Wein trin= ken, wie ihr wollt. Das Glas bringt man sich selbst mit. Eintritt ca. 3.-DM

1. Das Weinfest von Daphni:

An der Straße Athen — Korinth, etwa 11 km nach Athen. Zum Festge= lände fahren Busse ab Athen/ Eleftherias Platz. 8. Juli bis 10. Septem= ber, täglich von 19.oo bis 1.oo Uhr nachts. Eintritt 3.5o DM. Ihr könnt zwischen den ca. 5o verschiedenen griechischen Weinsorten wählen. (Am Probiertisch erst einmal alles durchtesten! Dann vom entsprechenden Fass selbst abzapfen!) Die allgemeine Stimmung ist weingemäß lustig. Es spie=

len Pop -, aber auch griechische Volksmusikgruppen. Angeblich solls auch griechischen Bauchtanz geben.

Pro Jahr ca. 250.000 Besucher, davon ca. 75% Ausländer. Die verteilen sich in einem umfangreichen Park mit Tavernen. *Vis a vis CAMPING-PLATZ!*

2. Das Weinfest von Rhodos:

4. Juli bis 3. September, täglich von 19.oo bis 1.oo Uhr nachts. Ein= tritt ca. 3.5o DM. Es findet im Park des Dorfes Rhodini statt. Auto= busse verkehren ab Rhodos/ Stadt, Archiepiskopou Makariou- und Papa= gou Str.

3. Das Weinfest von Alexandropoulis

In Nord - Griechenland an der Straße Thessaloniki - Istanbul. 1. Juli b. 15. August, Eintritt ca. 3.- DM, geöffnet 19.oo bis 24.oo Uhr. Festge= lände im Campinggebiet der griechischen Fremdenverkehrszentrale am Meer. Busverbindung zwischen Alexandropolis und dem Festgelände. Griechische Volksmusik und eine Taverne mit Selbstbedienung.

DIE FESTDATEN ändern sich jedes Jahr geringfügig. Informationen über die Gr. Fremdenverkehrszentrale, bzw. die "N.T.O.G. - Festival Office", 2 , Spirou Miliou Arkaden, Athen.

ESSEN IN GRIECHENLAND

Wer "rustikale" Küche mag (saftiger Hammel über Holzkohlenfeuer bruzzelnd, mit vielen Gewürzen überstreut!), für den ist die Griechische Küche die Beste in Europa. Hängt auch viel mit der Athmosphäre zu= sammen: gemütliche Hafentavernen, wo man in lauen griechischen Näch= ten draußen am Wasser sitzt. Das beginnt damit, daß der Wirt euch mit in die Küche nimmt und dort die Deckel der Töpfe lupft, aus denen die verlockensten Düfte entsteigen. Hier stellt man sich das Essen zu= sammen. Ein üppiges Essen in Tavernen kostet übrigens nicht mehr als 1o DM. Vorspeisen und ein halber Liter Retsina oder Landwein incl. (In den etwas teureren Restaurants der höheren Kategorien, — weißes Tischtuch, größere Auswahl, zahlt ihr im Durchschnitt ab ca. 15 DM).

Die griechische Küche hat lange Tradition, — so sagt man z.B. daß der erste "Be= rufskoch" seine Heimat in Griechenland hatte. Die Berufsköche flüchteten vor den Piraten in die Klöster, und hier bekamen sie zum Unterschied statt schwarzer Mönchshüte weiße Mützen. Demnach wurden also auch die ersten weißen Kochmüt= zen in Griechenland getragen.

Sie setzt sich international zusammen: die Spagettis kommen von den Italienern, "Moussaka" (Auberginenbatz) aus Arabien, die Knoblauch - Begeisterung aus dem Inneren des Balkans, — und unser König Otto brachte sich nach Griechenland sein bayrisches Bier mit.

Ihr beginnt mit einem Aperitif, <u>OUZO</u> (starker Anisschnaps) oder, je nach Gegend auch "Tsikoudia" oder "Raki" (Nationalgetränk Kretas, das den Mann vom Jüngling unterscheidet!).

<u>OUZO</u> wird aus der zweiten Traubenpressung gewonnen(die erste ist für den Wein). Mit kaltem Wasser vermischt schmeckt das recht gut. Vorsicht aber, die Sache nach Seemannsart unverdünnt direkt reinzukippen. Angeblich verarbeiten Leber und Nieren den Anisschnaps langsamer, und immer wieder passiert es, daß Matrosen, die am Vor= abend gesoffen haben, am nächsten Morgen beim Genuß reinen Wassers in einen zwei= ten Vollrausch verfallen!

Dazu werden "MEZEDES" gereicht, je nach Gegend ein Stückchen Tin= tenfisch, oder "Marides" (kleine Fische, die ihr in einem Stück esst), oder gekochte "Garnelen", bzw. verschiedene Muschelarten. Im Inland gibt es: "Keftedes" (Klöße aus Lamm- oder Kalbfleisch), oder "Dolmadakia" (ge würzte Klöße aus Hackfleisch und Reis, die in Wein- oder Krautblät= ter gewickelt sind.), und viele andere Leckereien.

Dann serviert der Wirt das <u>HAUPTGERICHT</u> , je nach Gegend verschie= den.

In den <u>KÜSTENGEBIETEN UND AUF DEN INSELN</u> gibt es Fische eben gerade aus dem Meer geangelt, — in der Pfanne gebraten oder auf dem Holzkohlefeuer gegrillt.

Probiert mal "Kakawia", eine Art französischer Bouillabaisse. Recht häu= fig gibt es "Garnelen", die mit Tomatensoße und Käse überbacken, in der Pfanne gebraten, oder auf dem Holzkohlefeuer gegrillt werden. Lecker schmeckt auch <u>Fisch "a la Spetsiosa"</u>: Fische im Backrohr mit frischen Tomaten, Zwiebeln, Öl und Petersilie überbacken. Weiterer Tip für Knob= lauchfreunde: "Bakaliaros" (Stockfisch) mit Skordalia (Knoblauchcreme).

<u>Das FESTLAND</u> bietet euch vorwiegend Fleischspeisen: "Hammel am Spieß", unter Umständen am offenen Holzkohlenfeuer: lecker!!! ("tis Souwias"). — Eines meiner schönsten Griechenlanderleb= nisse war, mit den Hirten abends auf der Hochebene von Lassithi im Freien unter dem Sternenhimmel am Feuer zu sitzen, über dem ein saf= tiger Hammel schmorte! — Eine typisch griechische Spezialität, die ihr probieren solltet, sind die "Moussakas" (in der Pfanne gebratene Eier= pflanzen und Hackfleisch in Bechamelsauße), —Geschmackssache. Fast in jeder Taverne gibt es mit Reis und Hackfleisch gefüllte Tomaten oder Paprika in leckerer Sauce, im Rohr gebacken. Es ist eine der billig= sten Mahlzeiten.

Eine andere griechische Spezialität sind "Arni" (Lammfleisch) und "Moskhari" (Kalbfleisch) a la "tis stamnas", mit Maccaroni, Tomaten und Käse in Backrohr gebraten.

Zur Hauptmahlzeit bestellt man sich meistens einen "griechischen Salat", der aus Tomaten, Zwiebeln und Feta (Schafkäse) mit Olivenöl und Wein= essig gemischt ist.
Die Mahlzeit beschließt man mit Obst (Orangen, Mandarinen, Äpfeln), im Sommer Wassermelonen, Feigen, Trauben etc.

Die Rechnung wird auf einem kleinen Schälchen gebracht. Dem Jungen der das Wasser brachte, dem "mikros" sollte man ein kleines Trinkgeld geben. Dies ist sein einziger Verdienst.

Essen gibts den ganzen Tag; keine festen Zeiten üblich!

Trinken:

Zum Essen bestellt man sich WEIN. Man hat die Wahl zwischen "Retsina" (ein stark geharzter Weißwein für Kenner!), man braucht einige Zeit um sich daran zu gewöhnen, — oder guten Rotweinen.

Der in Griechenland am weitesten verbreiteteste Wein ist der RETSINA. Früher bewahrten die Griechen ihren Wein in Ziegenhäuten auf, die mit Harz abgedichtet wurden. Dabei entdeckte man, daß durch die Harzung der Wein haltbarer wird. (Heute natürlich in Glasflaschen) Retsina "reist" nicht. Transportfähig nur wenn die Flasche verschlossen ist. Die Griechen haben heraus= gefunden, daß Retsina sich in Ballonflaschen transpor= tieren lässt, wenn man ihn mit Olivenöl "versiegelt". Selbiges kann man vor dem Trin= ken mit einem Strohhalm entfernen. —
Um herauszufinden, ob es sich um einen guten Retsina handelt, kippen sich die Grie= chen eine kleine Menge ins Glas, verschließen es mit der Hand und schütteln. Behält der Wein dann seinen typischen Harzgeruch, handelt es sich um eine gute Sorte; — bei Essiggeruch besser eine andere Marke kaufen.
BIER wurde von Deutschen in Griechenland eingeführt (Fix) und ist bei den Griechen eines der beliebtesten Getränke.
METAXAS: starker Weinbrand. Kauft ihn vom Fass; viel besser als in Flaschen. — Auf Naxos: Spezialität: Bananenlikör!!!
MANRODAPHNE, sehr süßer, dicker Wein, bei den Griechen als "Frauen= wein" verpönt.

Das Kafenion

Treffpunkt der Männer (die Frauen arbeiten währenddessen auf den Fel= dern!) und Dorfkommunikationszentrum. Unter schattenspendenden Bäu= men, deren Stämme (gegen Ungezieferbefall) weiß gekalkt sind, sind die kleinen Tischchen aufgestellt. Ihr bestellt euch einen Ouzo= Aperitif mit "Mezedes". Beim Wirt gibt's meist Gesellschafts= spiele. Man bevorzugt hier Trick - Track und Schach. Das Kaffee - Trinken ist eine Zeremonie für sich. Der Inhalt der kleinen Tässchen lässt man wie ein Bonbon über eine halbe Stunde zergehen. Der Kaffee ist im Grunde eine türkische Angelegenheit: Zubereitung in kleinen Töpfchen, in denen das Wasser und das Kaffeepul= ver zusammen über'm Feuer gekocht werden. Die Türken waren lange Zeit

Beherrscher Griechenlands, aber bitte niemals nach "türkischen" Kaffee
fragen.

vari glikos	stark und süß
metrio	stark, aber mit wenig Zucker
sketos	stark, aber ohne Zucker
metrios vrastos	leicht und wenig Zucker
glikis vrastos	leicht und süß
diplo	eine dopplete Portion

"ΚΑΦΕΝΕΙΟΝ" = Cafe
"ΚΑΦΕ-ΟΥΖΕΡΙΑ" = Cafe + ouzo (Mezedes)
"ΚΑΦΕ-ΜΠΑΡ" = Cafe + Mezedes
"ΠΑΝΤΟΠΩΛΕΙΟΝ" = Kolonialwarengeschäft mit Cafe
"ΓΑΛΑΚΤΟΠΩΛΕΙΟΝ" = Milchladen mit Joghurt etc.
"ΖΑΧΑΡΟΠΟΛΑΣΤΕΙΟΝ" = Konditorei + Cafe

Dem Griechen wird zum Kaffee prinzipiell ein Glas Wasser mitgebracht,
was den Kaffeegenuß steigert, — außerdem bei der Hitze in Griechenland
sehr praktisch, weil man sich nicht immer Cola kaufen muß.

Einladung bei Griechen

Von der Sympathie abhängig. Prinzipiell sind die Griechen ein sehr gast=
freundliches Volk, — sofern es sich bei dem Gast nicht um einen Türken
handelt. ΞΕνος ("xenos", oder "xena" = weibl.) bedeutet in der
griechischen Sprache sowohl "Fremder" als auch "Gast". Erstaunlicher=
weise obwohl die griechischen Gastarbeiter hier in Deutschland nicht ge=
rade gastlich behandelt werden, genießt der Deutsche in Griechenland
doch viel Sympathie.

Hängt vermutlich damit zusammen, daß die Griechen in der BRD über=
durchschnittlich viel (für griechische Verhältnisse) verdient haben, und
genügend Zeit verstrichen ist, um die tristen Bahnhofs- Sonntagsnachmit=
tage zu vergessen. Außerdem konnte man Eisschränke, Farbfernseher,
Hi - Fi - Anlagen u.ä. ins heimatliche Dorf mitbringen, vom Mercedes
ganz abgesehen. Natürlich ein gewaltiger Prestigegewinn, der mit viel Sym=
pathie an Deutschland zurückdenken läßt.

Gerade die Gastfreundschaft ist für mich einer der schönsten Gründe,
nach Griechenland zu fahren. Der Grieche bringt einem spontane Herz=
lichkeit entgegen. Gerade in den ärmsten Dörfern geben einem die Grie=
chen alles, obwohl sie selber auf dem Boden schlafen.

Bei einer Einladung ist es üblich, zuerst den BEGRÜSSUNGSDRINK anzubieten.
Ein Gläschen Ouzo oder Raki. Dabei unterhält man sich über Tagesereignisse, — am
liebsten über Politik. Die Männer kippen den Schnaps in einem Schluck runter, wäh=
rend die Frauen auf Grund der griechischen Anstandsregeln nur dran nippen dürfen.
Je mehr Verwandte und Bekannte anwesend sind, desto mehr zeigt man euch, daß
man sich über euern Besuch freut. Häufig werden auch weitere Dorfbewohner dazuge=
holt.

Eine wichtige Regel der griechischen Sitten ist es, daß der "Fremde" in die Familien=
gemeinschaft mit einbezogen wird, praktisch deren Schutz erfährt.
Gegenüber Mitteleuropa hält in Griechenland die Familie extrem eng zusammen. Alte
Leute werden deswegen auch nicht ins Altersheim abgeschoben. Oder der Sohn, der
einen guten Job in Deutschland hat, würde diesen umgehend abbrechen, wenn seine
Mutter schwer krank ist. Alle Schwierigkeiten werden gemeinsam gemeistert. Wie
auch in Italien tritt die Frau außerhalb des Hauses weniger in Erscheinung, hat drin=
nen aber das Regiment.

Dann bietet die Hausfrau dem Gast auf einem kleinen Tellerchen Süßigkeiten an:
" to gliko tou koutaliou" (Löffelsüßes, weil es meist auf einem Löffel überreicht wird)
Meistens ist das was Eingemachtes, manchmal aber auch kandierte Veilchen oder Ro=
senblätter. Wundert euch nicht, wenn diese Süßigkeiten nur euch angeboten werden;
sie sind ein Zeichen der Gastfreundschaft.

Wenn ihr zum Essen eingeladen seid, wird der Hausherr euch zuerst anbieten und da=
bei das beste Fleischstück aussuchen. Dann erst bedienen sich die anderen Familien=
mitglieder. Viele Speisen werden, besonders auf dem Land, gemeinsam von einer ein=
zigen Platte gegessen. Zur griechischen Höflichkeit gehört auch, euch immer wieder
von neuem aufzufordern, zuzulangen, und ihr solltet, um den Gastgeber nicht zu be=
leidigen, kräftig zulangen, allerdings auch nicht unmäßig fressen!

Griechische Höflichkeit ist es, den Fremden nicht zuerst anzusprechen, sondern zu
warten, bis der sich rührt. Auch wenn ihr in einem Cafe oder einer Taverne eingela=
den werdet: Höflichkeitsregel, die Einladung anzunehmen, und beim nächsten Bier
den Griechen einzuladen. Pingeligkeiten, wie z.B. nach gemeinsamem Essen die Rech=
nung nach den einzelnen Konsumenten aufzuschlüsseln, wäre eine Beleidigung. Selbst=
verständlich müßt ihr dann beim nächsten Mal auch alles zahlen.

Für uns Mitteleuropäer ist die Offenheit und Gastfreundschaft der Grie=
chen immer wieder beschämend. Besonders wenn man das Verhalten ei=
niger Touristen dazu erlebt. Es ist natürlich klar, daß in den Touristenge=
genden Griechenlands viel verdorben wurde.

Griechische Gesten und Gruß

Griechenland hat seine eigenen Gesten und Kopfzeichen:

KOPF:
Kopf neigen, leicht diagonal : ja, verstanden, einverstanden
Kopf spicken, wegweisend . .: nein, nicht einverstanden
Kopf schütteln . . . . : nicht verstanden

HANDFLÄCHE:
nach unten (anders unanständig, beleidigend)
              zum Körper winkend . . . . : kommen, folgen
nach unten , vom Körper wegwinkend . . . : weg, aus den Augen

Diese Zeichen werden klar gebraucht und erleichtern die Verständigung
mit den Griechen beträchtlich. Weitere Zeichen sind leicht zu lernen.

Entsprechend der "nein"– Kopfbewegung heißt das griechische Wort für
Verneinen: "ananevo" (ich nicke hinauf).

➤➤ Wenn man sich begegnet, sagt man "kalimera" oder "kalimera sass" (Guten Tag Ihnen). Häufig hört ihr auch das für die griechische Mentali= tät so typische "chairete" (freut euch!). Antwortet mit dem gleichen Gruß! In den kretischen Bergen hörte ich häufig: "ora kali" (=gute Stunde, und bedeutet soviel wie: Viel Glück!)

➤➤ Ihr verabschiedet euch mit "sto kalo"(alles Gute!) oder mit "jia chara" (Gesundheit und Freude!).
Begrüßt euch ein Grieche mit "kalos orisate", meint er: seien sie willkom= men! Ihr antwortet:"kalos sass vrika" (=gut,daß ich sie getroffen habe!).

➤➤ Wenn der Grieche "nai" sagt, meint er übrigens "ja", — "nein" dagegen heißt: "ochi". (Beispiel: Zur Zeit des Papadopolos- Regimes hingen über= all seine Konterfeis; drunter stand "nai!").

Sprache:

Es ist sehr zu empfehlen, sich die nötigsten und gebräuchlichsten, griechischen Worte zu merken (siehe unsere Zusammenstellung am Ende dieses Buches!). Es ist einfach schöner. wenn man von einem Griechen begrüßt wird und der Sache nicht mit verschlossenem Munde zusehen muß!

Humanistische Bildung, schön und gut (auch ich bin in den Genuß gekommen und halte sie nicht für schlecht): trotzdem große Unterschie= de zwischen Alt- und Neugriechisch.

* Straßennamen sind meist zweisprachig angegeben (ca. 5o m hinter der griechischen Tafel kommt die "mitteleuropäische"), sofern man sich nicht in total abgelegenen Gebieten befindet!

* Speisekarten in Restaurants: meist 3 oder 4- sprachig. In jedem Fall, wenn nicht: Wirt bittet in die Küche und man kann mitv den Fingern auswählen!

* Hotels: Portier spricht meist Englisch, auch in kleineren Hotels. Englisch ist Schulsprache in Griechenland, wie auch in Mitteleuropa.

* Abgesehen davon ist in fast jedem Dorf meist jemand, der mal "Gast- arbeiter" in Deutschland, Österreich oder der Schweiz war und ein paar grobe Brocken spricht.

GRIECHISCHER WORTSCHATZ ➤➤ ➤ **Seite 399**

ALS FRAU ALLEIN IN GRIECHENLAND:

Prinzipiell keinerlei Probleme. Ihr müßt zwar nicht verhüllt gehen, solltet aber berücksichtigen, daß die griechische Frau noch relativ konservativ gekleidet ist. Die byzantinische Kirche und ihre Bartpriester überwachen. Leider haben sich die Zustände seit der Antike gewandelt, wo man sich noch an schönen Formen (siehe Venus von Milo) erfreute.

Dementsprechend freut sich der griechische Mann über die weniger beklei= deten Touristinnen. Wer keinen Urlaubsflirt will, sollte dieses deutlich zei=

gen und hat mit weniger Schwierigkeiten zu rechnen als in Italien. Hinzu kommt der griechische Sittenkodex, der das Ansprechen von Frauen ver= bietet.

Skifahren:

In der Nähe von Delphi ist Europa's südlichstes Skigebiet. Skifahren mög= lich von Dezember bis April.

Liegt um den MT. PARNASSUS (16oo - 22oo m): 10 km ab Delphi (Hotels, Jugendherberge) Richtung Athen zum Dorf Arachova. Kurz davor geht eine neuerbaute Straße zum Skigebiet rauf (26 km ab Arachova, Asphalt, im Winter von Schnee freigeräumt). Mehrmals täglich Transfer in modernen Reisebussen ab Delphi.

Zur Zeit sind bereits zwei Sessellifte und fünf Schlepplifte in Betrieb.

LIFTBETRIEB: Dezember bis April, tägl. 9.oo bis 16.oo Uhr. Kostet z.Z. pro Tag für unbegrenzte Liftbenutzung an Sonn- und Feiertagen ca. 12 DM (Schüler und Stu= denten 6 DM), — an Wochentagen ca. 8 DM (4 DM).

Ski können ausgeliehenen werden. Alle Details hierzu siehe Seite 129!

WEITERE griechische Wintersportgebiete: bei * Metsovo/Nordgrie= chenland (an der Straße Meteora — Ioannina): kleinerer Skilift, schöne und gemütliche Übernachtungsmöglichkeiten im Dorf Metsovo, von Mitteleuropa per Jet nach Korfu — Fähre und Bus nach Metsovo zu erreichen, — * Pilion, bei Volos, zu erreichen per Jet nach Athen und Bus über Autobahn nach Volos., — man sollte sich hierbei nicht "Spec= ials" wie in den Alpen erwarten. Die Sache macht trotzdem viel Spaß, da meist oberhalb des Meeres gelegen, mit schönen Ausblicken (Pilion). Weitere Gebiete (Infos über GR- Fremdenverkehrszentrale) haben nur regionale Bedeutung. —

PAUSCHAL—ARRANGEMENTS ins Skigebiet nach Mt. Parnassus mit "Ikarus-Reisen", 68oo Mannheim 1 und "Hellas Orient", 6ooo Frankfurt 1, Kaiserstraße 11 Preise liegen zwischen 8oo und 1.ooo DM pro Woche, Flug inkl.

Tauchen:

Hier liegen die interessantesten Gebiete des Mittelmeeres. Felder von Ampho= ren, die bei antiken Schiffsunglücken untergingen, Kunstwerke (z.B. der berühmte Wagenlenker von Delphi), Schiffswracks, aber auch eine interessante Meeres- Fauna und Flora.

Das Wasser der Ägeis ist, — ausgenommen von Touristengebieten und größeren Siedlungen meist sehr klar, Sichtweite bis zu 6o m!

Beste Monate für's Tauchen: April bis Mitte Oktober. Danach die No= vemberstürme der Ägeis, ebenso Frühjahrsstürme (meist März). Wegen der Vielfalt noch nicht erforschter und entdeckter Unterwasser-Wracks, Amphoren, Kunstwerke etc. gelten recht strenge Vorschriften.

In einigen Gebieten ist Tauchen mit Pressluftflaschen völlig verboten.

Zu viel ist noch unentdeckt und die Polizei verliert den Überblick. Er=
kundigt euch bitte bezüglich neuestem Stand beim Griech. Fremdenver=
kerhrsbüro! Viele Tauchschulen und Refill- Stationen. Besonders beliebte
Gebiete sind * Paleokastritza/Korfu, — Bucht von Salamis, — * seltener
besucht, aber hochinteressant: Unterwasserstadt (versunken) bei Gioura
vor der Insel Alonnisos, — * Insel Kefallonia und Zakynthos, — * Meeres
höhlen Südspitze Peloponnes und Insel Kythira, — * Turkolimano-
Hafen bei Piräus: war die Basis der Galeeren der Athener, Meer jedoch
durch den Hafen von Piräus stark verdreckt, schlechte Sichtweite! —
* Gebiet Hydra und Spetse mit vielen Riffs, bei Insel Ägina viele
Amphoren unter Wasser, — viele weitere. Vorsicht vor Haien, speziell
in verschmutzten Gewässern nähe von Küstenorten, die ihre Abwässer
direkt ins Meer lassen, sowie in der Nähe von Gebieten, wo die Griechen
mit Dynamit fischen (verboten!).

Schnorcheln:

Schöner Sport; wer noch nie geschnorchelt hat, sollte sich unbedingt
in Griechenland Basis- Ausrüstung kaufen (hier billiger, als in Deutsch=
land!). Sehr viel Spaß macht auch das Unterwasser- Fotografieren und
Filmen. Es gibt heute billige Ausrüstungen, so die Unterwasser- Minolta
(ca. 2oo DM) mit Blitz und Wasserschutz bis ca. 4 m Wassertiefe, die
für den Hobby- Fotographen ausreicht. Erinnere mich mit viel Freude
an meine ersten Unterwassererlebnisse vor der jugoslawischen und grie=
chischen Küste (Cap Sunion) mit reichster U- Fauna und Flora: Poly=
pen, die nach Essen angelten, bunte Fische wie im Fernsehen: herrlich!

HARPUNIEREN lehnen wir ab, auch wenn's diese Gummizug- Ma=
schinen in Griechenland an allen Ecken zu kaufen gibt. Lasst die
Fische leben; schießt Fotos oder Filme, = selber Spaß!

Tennis Tennisplätze besitzen einige der größeren Hotels;
ist aber nicht Standart, wie z.B. in der Karibik oder
auf den Bahamas. Schade! Bei der Griechischen
Fremdenverkehrszentrale eine Liste der Hotels, die Tennisplätze besitzen.

WANDERN Sehr gute Möglichkeiten in ganz Griechenland.
Beliebt sind bekannte Sachen, wie z.B. die Be=
steigung des OLYMP (Details siehe dort!),
aber gerade auch kleinere, unbekanntere
Strecken machen viel Spaß, so z.B. Wanderun=
gen im Bereich des Pilion (bei Volos), auf der Insel Skiathos, Skopelos,
Kreta, bei Metsovo/Nordgriechenland. Berghütten siehe Ende dieses
Bandes.

BERGSTEIGEN: Infos und Kontakte über den Griechischen Bergstei=
gerverband, Karageorgi Servias Street 7, Athen, Tel.: 323 45 55

 HELLENIC SPELEOLOGICAL SOCIETY

Es gibt in Griechenland 6500 Höhlen (!). Einige von ihnen haben lange Tradition: in der Höhle MALAKI bei Volos (viele unterirdische Seen und ein Flußlauf) lebte der Zentaur Heiron. Zeus wurde in der Höhle DIKTAION ANTRON geboren. In der Höhle ZEIS auf der Insel Naxos pflegte er sich zu verstecken. In der Höhle PAPANIKOLIS /Insel Meganis= si versteckten sich griechische Partisanen während der Besetzung durch die Deutschen.(Meereshöhle!).

Die Höhlen von MATALA/Südkreta wurden von den Deutschen im 2. Weltkrieg als Waffenlager benutzt, später in den 7o-er Jahren be= liebter Rucksack- Treff, heute mit Stacheldraht verzäunt, — andere Höhlen auf KRETA sind heute Lagerort zur Reifung excellenten Käses!

In der Höhle KOKKINES PETRES auf der Halbinsel Chalkidiki fand man Höhlenmalereinen zusammen mit Knochenresten von Löwen.

Einige der Höhlen haben riesige unterirdische Fluß - und Seesysteme: sie können nur mit dem Boot befahren werden. Eine der schönsten Seen= grotten der Welt ist die Höhle von GLYFADA im Süden des Mittelfin= gers der Peloponnes (50 km südlich Kalamata). Ihr fahrt mit Booten zwi= schen Tropfsteinsäulen und Stalagmiten hindurch und unter einer Decke von verschiedenfarbigen Stalagtiten. — Großes Erlebnis!

Besonders schön ist der Höhlen - See der Grotte von MELISSANI , Insel Kefallonia. — Alle interessanten und für den Tourismus erschlossenen Höhlen sind im Text beschrieben.

Viel "Mystery" bei der Melissani- Höhle auf Kefallonia! Wasser steigt den Berg aufwärts und ähnliches. Details siehe unser Kefallonia Text! — Auf Naxos die Höhle, wo Zeus angeblich geboren sein soll, — selben Anspruch stellt auch die Höhle auf Kreta, Lasitti- Hochebene, — auf der Insel GIOURA (bei Alonnisos) soll Odysseus den Riesen Polyphem geblendet haben per glühendem Baumstamm, als dieser besoffen war, — die Höhle Perama (bei Ioannina, Nordgriechenland) soll eine der schön= sten Tropfsteinhöhlen Griechenlands sein, — die naheliegende Höhle Pramanda besitzt unterirdische Wasserläufe. Auf Korfu und Paxi riesige Meereshöhlen!

Wer an HÖHLENABENTEUERN auf eigene Faust Freude hat, soll sich eine starke Taschenlampe ins Reisegepäck einpacken. Außerdem Schuhe mit kräftiger Gummiprofil - Sohle und ein Seil. Niemals alleine forschen; in einigen Höhlen kann man sich verirren, wegen verwirrenden Höhlenla= byrinth, andere sind nur vom Meer aus per Boot zu erreichen (z.B. die Höhle, in der die alten Griechen den "Hades" vermuteten; — liegt auf dem Südzipfel der Mani - Halbinsel/ Südpeloponnes).

BADEN Optimale Vorraussetzungen in Griechen=
land bei meist glasklarem Wasser, sofern
nicht in der Nähe größerer Städte oder
Siedlungen. Die Wassertemperaturen lie=
gen während der Monate Mai (ca. 18° C
Korfu, bzw. 19° C Kreta) und August (ca. 24° C, Korfu und ca. 25°C
Kreta) und September (23° C Korfu, 24° C Kreta) somit im Mittel
angenehmer Bereiche.

Noch Ende November kann man auf Kreta mit ca. 2o und bei Athen
mit ca. 19° C rechnen. Wer kann, kommt nicht während der Sommer-
Monate Juli und August, wo alle Leute Ferien haben, die Tage extrem
heiß sind: Herbst (wegen Wassertemperaturen) und Frühjahr (wegen
Blumen) ist die optimale Jahreszcit.

Die guten Bademöglichkeiten haben Griechenland zu einem der belieb=
testen Urlaubsgebiete der Mitteleuropäer (und Skandinavier) gemacht:
die oft überfüllten Strände (während der Monate Juli/August) quillen
leider auch von Abfällen über: daran denken, auch wenn man sich hier
nur 2 Wochen aufhält, — gerade deswegen: Müll wie Bierflaschen,
Plastiktüten in die aufgestellten Körbe. GAST sein, — nicht SCHWEIN!

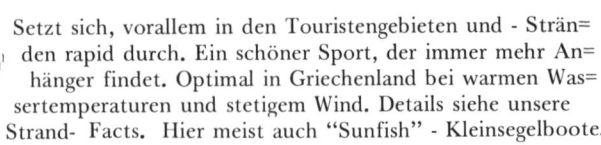

Setzt sich, vorallem in den Touristengebieten und - Strän=
den rapid durch. Ein schöner Sport, der immer mehr An=
hänger findet. Optimal in Griechenland bei warmen Was=
sertemperaturen und stetigem Wind. Details siehe unsere
Strand- Facts. Hier meist auch "Sunfish" - Kleinsegelboote. —

Wasserski: Ebenfalls siehe Strand- Facts!

"Nudisten müssen die Badehose einpacken", Headline
der SZ vom 31.3.81. Grund: griechische Bischöfe,
Strafe 35 Tage Gefängnis. Im Normalfall läuft die
Sache beim erstmaligen "erwischt werden" aber auf
FKK maximal eine Verwarnung heraus. Die Zeitschrift "Nu=
dist und Welt" meldete in ihrer Nummer 14o, daß ein belgischer Jüng=
ling nackt im Stadium von Olympia eine Runde gelaufen sei (so wie
seine antiken Vorbilder!), worauf das griechische Gericht ihn freigespro=h
chcn habe, als es erfuhr, welche Bewunderung dieser junge Mann für das
alte Griechenland hegt!

Bewunderung für Sonne hin oder her: wir meinen: ihr seid in einem
Land zu Gast und solltet die dortigen Gebräuche und Sitten respektie=
ren. Für die streng religiös erzogenen Einheimischen ist dies nun mal
nicht fein. Daher: FKK nur an den Stränden, wo dies von den Griechen
akzeptiert wird! Dies sind heute nicht wenige Strände, — auf Skiathos,

ALLGEMEINE TIPS

auf Mykonos, Naxos, Paros, Korfu, Rhodos und Kreta, um nur ein paar
Beispiele zu nennen. Details siehe Text!

Spiel der "High- Society" mit viel Relaxing,
das in immer weiteren Kreisen Begeisterung fin=
det. In Griechenland gibt's Golfplätze bei Athen
(Glyfada Golf Club, 18 Loch, 72 Par) , — auf
Korfu ("Corfu Golf and Country Club", 18 Loch, Schlagzahl 72) und
Rhodos ("Afandou Golf Club", Schlagzahl 73).

Kartenmaterial

An Griechenland- Übersichtskarten sind die 3 bekanntesten:

> "Kümmerly + Frey" (1 : 1 ooo ooo)recht genau. —
> "RV- Verlag" (1 : 800 ooo), zusammen mit Stadtplänen, aber auf
> einigen Inseln falsche Straßenführung. Da es sich hierbei aber
> fast durchweg um Schotterstraßen handelt: RV auch brauch=
> bar. —
> "Mair- Verlag Stuttgart" (1 : 1 5oo ooo), übersichtlich, da kleiner.
> Zudem sind landschaftlich schöne Strecken grün nachgezeich=
> net, — ist zwar subjektiv, stimmt aber im großen Ganzen. Be=
> sonders schöne Stellen haben ein blaues Sternchen. —

Sehr empfehlen kann ich den "Tourist Guide Greece" des Griechischen
Automobil - Clubs ELPA in Spiralbuch- Form: sehr handlich im Auto!
Mit Detailkarten zu den einzelnen Gebieten Griechenlands. Kostet in
Griechenland ca. 15 DM,allerdings nicht überall erhältlich. In Deutschland
habe ich das Heft bisher noch nicht gesehen. —

Gratis gibt's (sofern vorrätig) vom Griech. Tourist- Büro ein Heftchen
mit Landkarten Griechenlands, welches bez. Straßen- Qualität recht zu=
verlässig ist. —

*Detailierte Wanderkarten zu Griechenland sind nur schwer zu erhalten.
Vielleicht helfen die diversen Spezialbuchhandlungen, hier Auswahl:*

> * Gleumes & Co., Hohenstaufenring, 5ooo Köln
> * Buchhandlung an der Katherinenkirche, 6ooo Frankfurt/M.
> * Dr. Götze, Hermannstr. 7, 2ooo Hamburg
> * Kiepert, Hardenbergerstr. 7, 1ooo Berlin
> * Freytag und Berndt, Kohlmarkt 9, Wien
> * Kümmerly und Frey, Hallerstraße 1o, Bern
> * Barth und Co., Bahnhofstr. 94, Zürich

In ATHEN: * *Internationale Buchhandlung, Nikis Street 4, Syntagma*

Übersichtskarten: "Urlaubsländer rund um das Mittelmeer", 1981 vom
ADAC = Mitglieder- Jahresgabe

Auf jeder Insel in Souvenir- Shops grob- gefertigte Inselkarten, die jedoch alle aktuellen Straßen eingezeichnet haben.

REISE–INFORMATION — KARTEN UND BÜCHER:

Zu Griechenland gibt's jede Menge Bücher; am besten geht ihr mal in eine Buchhandlung und lest euch ein! Meist sind das jedoch Background-Bücher zum geschichtlichen Hintergrund Griechenlands.

Das vorliegende HANDBUCH ist eine kompakte Zusammenfasssung aller wichtigster Tips, praktischer Angaben und Informationen, – die Basis zum Reisen in Griechenland.

Empfehle, sich dazu ergänzend einen Kunst- oder Geschichtsführer zu kaufen. Hier einige aus der großen Auswahl:

"DIE GRIECHISCHEN INSELN", Ernle Bradford, erschienen im Prestel Verlag München, flüssig geschrieben, – Aufzeichnungen eines Griechenland- Erleb= nisses per Yacht, mit geschichtlichem Background. Liest sich gut und macht Vorfreude, wenn ihr auf Inseln wollt.

"GRIECHENLAND", Festland und Peloponnes von Brian de Jongh, erschienen im Prestel Verlag München. Die Ergänzung für's Festland. Geht sehr ins geschicht= liche Detail. Zudem liegen die meisten der archäologischen Stätten Griechenlands auf dem Festland. –

"DIE GRIECHISCHEN INSELN", herausgegeben von Evi Melas, erschienen bei DuMont, Köln. Das Standartwerk über Kunst und Archäologie in Griechen= land. Fast alle bewohnten Inseln sind beschrieben bezüglich Ausgrabungen. Verschiedene Autoren, – das Buch wegen seiner Dicke und Größe schwer im Gepäck, aber für den Kunstfreund unentbehrlich. –

"ANTIKES GRIECHENLAND" von Cook, erschienen im Verlag Kohlhammer, Stutt= gart. Detaillierter Kunst und Archäologie- Führer.

"AM ANFANG WAR DIE ÄGÄIS", von Humbert Fink, erschienen bei Molden, Wien, Zürich, München. Zum Einlesen zu Hause. Teils aber etwas zu euphorisch.

"GRIECHENLAND OHNE SÄULEN", Johannes Gaitanides, erschienen bei List, München. Soziologischer Background, – geschrieben allerdings 1955, – in der Neuauflage 1978 nur teilweise überarbeitet.

"KRETA" von Marie Luise Schmidt di Simoni, erschienen im Schroeder Verlag, Leichtingen bei Köln. Ausgezeichnet und fast noch besser, als das bisherige Standartwerk "Kreta"(Hanni Guanella). Auch der Preis "stimmt" (ca. 16 DM), allerdings stark geschichtlich/archäologisch orientiert. –

"MANI" von P.L. Fermor, erschienen im Otto Müller Verlag Salzburg.Das Standart-Werk über die Mani.

"MISTRA", von Wolfgang Freiherr von Löhneysen, erschienen im Prestel Verlag, München. Background über Geschichte der Mistra- Klöster bei Sparta/Peloponnes

"METEORA- FELSEN", von Hasse/Stutte, erschienen im Geo- Buch-Verlag, München Ausgefallen, aber sehr gut aufgemacht und von daher auch für Nicht-Kletterer interessant (19,8o DM), –

"MERIAN–HEFTE" bisher erschienen: "Kreta"(Nr. 4/78), früher: "Thessalien" (Nr. 1o/69), "Rhodos und Dodekanes" (Nr.11/67) und "Kreta"(Nr.12/63) "Lesbos/Chios/Samos", Nr. 12/198o, sowie ab Frühjahr 1982: "Kykladen".

"ADAC- Badeplätze in Griechenland", ADAC- Verlag GmbH, München: alles über die griechischen Strände (wieviel Meter breit, wieviel Meter lang, Dreck im Wasser oder nicht).Was sich natürlich bei unterschiedlicher Meeresströmung, Wind etc. ändern kann. Trotzdem recht brauchbar, da detailiert. Ca. 18 DM.

Günstigste
Reisezeit:

Am besten <u>nicht im Juli oder August</u>, um den Touristenmassen zu entgehen, die auch dieses Jahr wieder nach Griechenland strömen werden.
<u>Einsame Strände</u> zu finden wird dann <u>wesentlich schwieriger</u>, sofern ihr nicht gleich auf ganz abgelegene Inseln fahrt, oder weite Fußmärsche in Kauf nehmt. Dies gilt besonders für die Inseln MYKONOS, PAROS, NAX= OS, KRETA, KARPATHOS und IOS, — natürlich auch RHODOS, KOS und PATMOS. —

<u>Als Größenvergleich:</u> Griechenland hat eine Gesamteinwohnerzahl von ca. 7 Millionen Einwohner, aber ebensoviele Touristen kommen jährlich, — vorwiegend in den Sommermonaten in das Land!

Das sowas zu tiefgreifenden Änderungen führt, kann nicht ausbleiben; an der Nordküste Kretas sprießen allerorts Hotelbunker und - Betonkästen in die Höhe und die Zeit ist nicht mehr fern, wo man Schwierigkeiten haben wird, Kreta von der Costa Brava/Spanien zu unterscheiden. —

<u>Die touristischen Auswüchse</u> haben sich besonders auf Kreta entwickelt: <u>Paleochora,</u> — vor 3 Jahren noch ein gemütliches Dorf mit guten Tauch- und Schwimm- Möglichkeiten an der Südküste Kretas ist jetzt das ganze Jahr über voll von Touristenschwärmen , 9o% Deutsche, vorwiegend Cliquen, und in den Sommermonaten wächst das Dorf auf doppelte Einwohnerzahl! In den Tavernen fast nur noch Deutsche. Um <u>Vai</u>(Ostküs= te Kretas) macht man besser einen Bogen, sofern man nicht eine Vorliebe für "Rucksacktouristen- Rummel" hegt, — abgesehen davon häufen sich die Berichte, daß sich die Vai- Besucher ihrer Bedürfnisse unter Wasser entledigen. <u>Die Samaria - Schlucht</u> ist voll von Touristen, selbes gilt auch für Agios Gallini, — bisher Ausweichtip für Matala. Eigenartiger Weise rennt alles nach Kreta in der Hoffnung, die Insel für sich alleine zu haben.

Aus diesem Grund haben wir viele bisher wenig bekannte und besuchte Inseln mit in den Text genommen und für euch recherchiert!

WENN irgendwie möglich: fahrt in der Vor- oder Nachsaison! Auch bezüg= lich HITZE angenehmer! Wir haben noch Anfang Oktober bei Athen in der Ägäis gebadet bei Wassertemperaturen von ca. 24 ⁰ ! —

<u>KONSUMIERT</u> Griechenland <u>nicht</u>, sondern geht auf Entdeckungen! Es ist nicht die Intension meines Buches, euch zum Geheimtip- Abhaken zu veranlassen, sondern ich will euch im Wesentlichen einen Anreiz zum Selberentdecken geben. Überblick über Möglichkeiten, konkrete Tips zu Hotels, Tavernen und Stränden, Verbindungen und Preise. Viel eigene Initiative = viel Erlebnis. Oder passives Rumhängen ("mal sehen, was die uns bieten") . —
<u>Gerade wegen seiner Vielfalt</u> bleibt Griechenland immer noch das schön= ste Reiseland Europas! Viel Freude (nach Möglichkeit in der Nachsaison) wünscht euch   *Martin Velbinger*

ROUTEN:

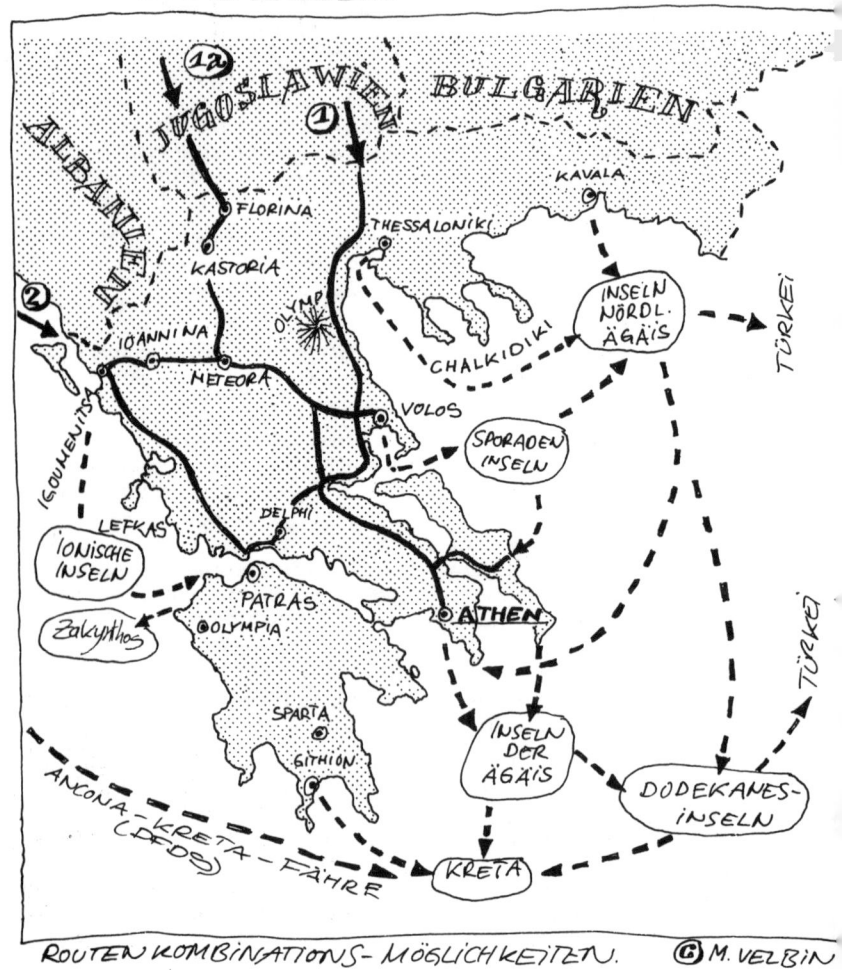

ROUTENKOMBINATIONS-MÖGLICHKEITEN.   © M. VELBIN

ROUTEN:

 **Per Auto:**

Wer nicht gleich mit dem Flugzeug nach ATHEN fliegt, — also mit eigenem Auto oder öffentlichen Verkehrsmitteln nach Griechenland kommt, der reist über (1) die Balkanautobahn, — oder (2) die Italienfähre ein. VARIANTE: (1 a) nähe albanischer Grenze/Florina).

NORD—GRIECHENLAND hat einige Top- Stellen, die man auf der Durch= reise mit einbauen sollte, wenn man nicht gleich den Schwerpunkt auf Nord Griechenland legt. Details siehe Text im Folgenden!).

Wer's eilig hat (kurzer Urlaub!), der fährt auf den schwarz eingezeichneten Hauptrouten: gut ausgebaute Schnellstraßen. Die Routen könnt ihr mit alternativen Parallel- Trips variieren! Also z.B. statt von Igoumenitsa (2) direkt nach Patras: über die Ionischen Inseln mit der Regionalfähre!

 verbinden mehrmals täglich auf den Hauptstrecken. Von daher keine Verbindungsprobleme, wenn man z.B. mit dem Italiendampfer Brindisi — Igoumenitsa ankommt, um sich mit öffentlichen Verkehrsmitteln die Route zusammenzustellen!

 Falsch das Vorurteil, die griechischen Inselverbindungen gin= gen ausschließlich sternförmig ab Piräus/Athen! Viele Quer= verbindungen, die interessante Routen- Kombinationen er= möglichen! Also z.B. mit Bus von Igoumenitsa (Ankunft von Italien) rüber über Meteora nach Volos. Hier in den Dampfer rüber auf die Sporaden, die wiederum Schiffsverbindungen mit den Inseln der Nördl. Ägeis, aber auch mit Euböa (ab hier Bus nach Athen) besitzen.

Auch mit den günstigen Flug & Pauschalarran= gements deutscher Veranstalter nach KORFU (HS. ca. 5oo- 6oo DM!) wäre ein Einstieg und **Per**  Routenkombination denkbar. Weiter mit Regional- Fähren und - Bus= sen. Z.B. über Ionische Inseln nach Patras, Olympia, Mykene nach Athen. Hier mit innergriech. Olympic Airways- Flug (recht günstig!)

GER, MÜNCHEN 1987

b.w. —→

zurück nach Korfu. Viele weitere Kombinationsmöglichkeiten! Lest euch an Hand meiner Kursiv- Texte ein und baut euch eure spezielle Route zusammen an Hand der Verbindungsmöglichkeiten!

<u>Bisher wenig bekannt:</u> von Githion/Peloponnes gibt es eine Schiffsverbin= dung rüber nach Kreta (Kastelli/Westkreta). Von Agios Nikolaos/Kreta gibts im Sommer eine Fährverbindung (über Rhodos) bis hinauf nach Kavala/ Nordgriechenland/Festland. Mitnahme eines PKW's kann, wenn man zuviele Stops unterwegs einlegt, allerdings teuer werden, da jede Teilstrecke ein= zeln bezahlt werden muß!

Gibt es zu günstigen Preisen auf den Strecken:
* Korfu — Athen   ca. 8o DM
* Ioannina — Athen   ca. 6o DM
* Skiathos — Athen   ca. 6o DM
* Zakynthos — Athen   ca. 6o DM
* Kefallonia — Athen   ca. 6o DM
* Kalamata/Südpeloponnes — Athen   ca. 45 DM
* Kythira (Insel vor dem südl. Finger der Peloponnes) — Athen.

An dieser Auswahl sieht man bereits, daß man somit auch interessante Kombinationen zwischen Bus & Flug & Schiff zusammenstellen kann, die bei geringen Mehrkosten Zeit einsparen.

KYTHIRA z.B. ist mit Schiffsverbindung ab Neapolis zu erreichen, Neapolis selbst mit Schiff oder Bus nach Gythion. Denkbar wäre damit eine Reise von PATRAS (Ankuft des Italien Schiffes), ab hier mit Bus runter in die MANI (Höhlen von Dirou etc.) und rüber mit Bus nach Gythion. Hier das Schiff nach Kythira und mit Flug nach Athen. Ab Athen mit Bus zurück nach Patras.

Allgemeine Tips:

* Wer per Charterflug gebucht hat: sich ca. 2 Tage Spielraum einbauen vor Abflug. Schiffe in der Ägäis und im Ionischen Meer haben öfters mal Verspätung, — ebenso innergriechische Flüge, die vom Wetter ab= hängig sein können, wenn mit kleinen Propellermaschinen geflogen wird.

BERGSTEIGER - ADRESSEN Seite 392

NORD-
GRIECHENLAND

*Bei der EINREISE vom Norden (Balkan- Autobahn, bzw. Igoumenitsa)
unbedingt Abstecher zu den METEORA—KLÖSTERN! Inmitten eines
Talkessels auf 3oo m hohen Felsnadeln die Klostergebäude. Die Bewoh=
ner werden in geflochtenen Körben mit Seilwinden hinaufgezogen! —*

*Sehr malerisch KASTORIA (Flugverbindung mit Athen) und der nahe=
liegende MIKRA PRESPA—SEE an der griechisch- jugosl. Grenze, —bis=
her noch touristisch wenig erschlossen. —*

*HALBINSEL CHALKIDIKI gut für Zelten; schöne Badebuchten, Kiefern.
Die Mönchsrepublik des BERG ATHOS dagegen mußte für Touristen
generell gesperrt werden, weil zu viele Leute sich bei den Mönchen bil=
lig durchgefressen hatten. Nur noch per Sondergenehmigung! —*

*Ab KAVALA häufige Schiffsverbindung rüber zur dicht bewaldeten In=
sel THASSOS und nach SAMOTHRAKI, sowie Insel LIMNOS.*

*BedeutendsteArchäologie: DELPHI in der Nähe des Golf von Korinth, —
malerischstes Hafenörtchen: PARGA an der Westküste unterhalb der
Insel Korfu. — Sehr schön: die SPORADEN (Inselgruppe mit dichter
Pinien- Vegetation vor VOLOS): Rundtrip- Möglichkeit über Skyros—
Euböa nach Athen.*

*Aber auch an der Westküste kann man einen schönen Rundtrip über die
Inseln Korfu (Anreise über Italien!) — Kephallonia — Ithaki nach Patras/
Peloponnes und weiter nach Athen mit dem Bus legen.*

*NORDGRIECHENLAND bietet Attraktionen weniger "kompakt" als im
übrigen Griechenland und ist daher auch weniger von Touristen überlau=
fen. KLIMATISCH: kühler als das übrige Griechenland. Regnet häufiger!—*

HALBINSEL CHALKIDIKI:

*OPTIMAL FÜR ZELTEN: kleine Badebuchten mit Sandstränden,
Pinien- und Olivenbäumen. Schutz vor heißer Augustsonne! —*

Landschaftlich sehr schön: die Hügel mit weiten Pinienwäldern bedeckt,

viele wilde Blumen und zahlreiche Vögel (Schnepfen, Amseln und Turtel=
tauben), — gute Tauchmöglichkeiten!

Die Landstraßen, die von der Hauptstraße Thessaloniki — Tripiti (Berg
Athos) abzweigen, führen durch alte Dörfchen mit steingepflasterten
Straßen, mit ihren rosa und weiß getünchten Häusern und kleinen Cafe=
häusern, die die Stühle und Tische auf den Gehsteig rausgestellt haben.

FRAU DR. BARBARA GAUWERKY, "Wir fanden Dein Buch prima und es hat
Spaß gemacht, danach zu reisen", — schreibt uns zu den drei Fingern bei Thessaloniki:

"Kassandra: Wildcampen praktisch nicht mehr möglich, Campingplätze trotz Vorsaison
schon überfüllt, dreckig und teuer. — SITHONIA: leider eine sehr große Entäuschung:
einsames Zelten ohne Rummel an einsam gelegenen Sandstränden nicht mehr möglich!
Jedesmal, wenn man meint, man hätte es gefunden, stehen schon ein paar Zelte und
Campingbusse da. Das schlimmste am Ganzen ist, daß Strände und Wäldchen von Ab=
fall und Kot verschmutzt sind. Außerdem stehen an allen möglichen Stellen Schilder,
daß das Campen verboten ist.

Auf den regulären Campingplätzen ist man sehr unfreundlich und zum Teil muß man
für mindestens 3 Tage bleiben! (Kalamitsi)."

Thessaloniki:

Ist Ausgangspunkt, — die zweitgrößte Stadt Griechenlands mit rund
75o.ooo Einwohnern, viel Lärm, Abgasgestank und Hektik. Eine moderne
Geschäfts-, Verwaltungs- und Industriestadt für den Norden, luxuriöse
Cafes an der Hafenpromenade, größere Märkte und Universität. 1917
brannte die Stadt weitgehend aus und ist jetzt durch moderne Beton-
Konstruktionen ersetzt.

316 vor Chr. gegründet, ist Thessaloniki eine der ältesten, heute noch bestehenden
Städte der Welt. Erbaut an der Stelle einer Tracier- Siedlung, benannt nach "Thessaloni=
ke" einer Halbschwester Alexander des Großen. Zur Zeit der römischen Herschaft war
es wegen wichtiger, strategischer Position Hauptstadt Macedoniens und wichtiger Stop
an der "VIA EGNATIA" zwischen der Adria und Byzanz. Diese Straße verband Rom
(Seefahrt zwischen Brindisi, dem Ende der "VIA APPIA", siehe unser Brindisi- Text
und dem heutigen Griechenland) mit den östlichen, römischen Gebieten.

Eine Reihe berühmter Römer, so Cicero wurden hierhin verbannt.

Lange Zeit, bis 1912 in Hand der Türkei und wichtiges Handelszentrum. Kemal Ataturk wurde hier geboren, einer der wichtigen Führer der neuen Türkei. Im Vertrag von Buka=rest kam Thessaloniki endgültig wieder zu Griechenland.

Heute Sitz einer wichtigen, griechischen Panzerdivision und des NATO-Südosteuropa- Hauptquartiers. Im Zentrum aufgebaut nach Schachbrett-Muster, deren Hauptdurchgangsstraßen parallel zum Meer verlaufen.

FLUGVERBINDUNGEN: *
sehr häufig am Tag nach Athen, geflogen wird mit Düsenjets, Flugdauer ca. 5o Min., ca. 5o DM
Nach Alexandropolis mit "Olympic Airways"- Propellermaschinen 3 mal pro Woche. Dauert ca. 1 Std. und kostet um die 3o DM.
Nach Ioannina: "Olympic" - Propeller 4 mal pro Woche, ca. 1 Std., ca. 3o DM
Nach der Insel Limnos: "Olympic"- Propeller: 3 mal pro Woche, ca. 1 Std./ 27 DM

Besonders die Flugstrecke von Thessaloniki rüber zur Insel Limnos lohnt sich bei klarem Wetter sehr, da ihr über die Mönchsrepublik Athos fliegt! —

ZUG:
mehrmals täglich nach Athen über Katerini— Larissa, ca. 24 DM in der 2. Klasse.
mehrmals täglich nach Alexandropolis über Kavala, ca. 14 DM in der 2. Klasse.

Die Fernverbindung : Mitteleuropa — Athen per Zug geht über Thessalo=niki, ebenso, wie auch die Verbindung Athen — Istanbul.

Weiterhin: Schiffsverbindung Thessal. — Insel Lesbos vor der türki=schen Küste. —

TOURIST – POLICE

Adresse: 1o, Egnatias Str., Tel.: (o31/ 52 25 87
Ebenfalls im Flughafen und im Bahnhof. Stadtpläne, Hotelinfos.

Naturgemäß sind bei der Größe Thessalonikis die Strände in Stadtnähe, also südlich, am Wochenende recht voll. (Busverbindung). Dies gilt beson=ders für PEREA und AJIAS TRIAS, ca. 25 km südl. Thessalonikis, beide mit grobkörnigem Sandstrand. Besser ist NEA MICHANIONA, ein Fischernest 3 km südlich von Perea mit einfachem Camping- Platz.

Halbinsel Kassandra:
touristisch schon recht gut erschlossen und im Sommer voll. Hotelbauten und organisierte Camping- Plätze (in Akti Sani, Kallandra, Paliouri und Kryopighi, Preise pro Zelt ca. 3 DM) —
Landschaftlich: Kornfelder und wenig Abwechslung. Die Küste mit Sand und Fels.

Halbinsel Sithonia:
Hier ist die Chalkidiki am schönsten, hügelig, weite Pinienwälder und kleine Sandbuchten. Viel Vegetation! Menschenleer ist der Sitonia- Fin=ger nicht mehr, vorallem in der Hochsaison, bietet aber nach wie vor optimale Strände. SARTI an der Südspitze von Sithonia besitzt eigenarti=ger Weise sehr steil ins Meer abfallenden Sandstrand (nach 1o m steht ihr

POST: Megalou Alexandrou 23, — OTE: Vas. Irakliou 23
* FLUGHAFENBUS : ab Büro Olympic Airways, Edee Komninon mit Vas. Konstantinov, 11 km bis Airport.

bereits bis zum Hals im Wasser! Dementsprechend hohe Wellen, ein Ver=
gnügen für sich! Auf der Halbinsel Sithonia viel Obst: Pfirsiche, Trauben,
Wassermelonen.

Sehr schöne Straße von Thessaloniki nach Ouranopolis durch das Hoch=
land von Chalkidiki, — Kastanienbäume, mit Blick auf's Meer, Brombeer=
stauden und Quellen, kleine, gemauerte Rundbogenbrücken, Schafhirten.
In den Bergen ist es recht kühl.

ARNEA: hübsches Dörfchen. Im Dorfzentrum ist die Platane sehenswert,
die direkt über einer Quelle angepflanzt wurde. (findet man häufig in
diesem Gebiet!): der Ober aus dem Kafenion läuft zur Quelle, um dort
das Wasser zum Kaffee abzuzapfen!
Viele kleine, zweistöckige Häuser, mit Galerie im Oberen Stock, von grü=
nem Weinlaub bewachsen.
Solltet ihr von JERISSOS versuchen, auf den in der Karte als "Nebenstra=
ßen" eingezeichneten Wegen zu Eurem Zeltplatz auf der Halbinsel Sitho=
nia zu fahren, braucht ihr gutes Orientierungsvermögen! Sehr bald gibt
es dort keine Wegweiser mehr. Fragt Schafhirten! Die Straße führt durch
Bäche, die ihr am besten erst mit Stöcken nach dem Untergrund sondiert,
aber es lohnt sich, da ihr in völlig unberührte Gegenden kommt!

OURANOUPOLIS: kleines gemütliches Fischerdörfchen, Hafen für die
Überfahrt nach Dafni/Berg Athos. Beim Leuchtturm am Hafen (=kastell=
artige Festung, zum Schutz aus der Seeräuberzeit): Hotel mit Kafenion,
bis abends um 12 Stimmengewirr und schon frühmorgens um 6 Uhr wie=
der die ersten Kaffeegäste, Geklapper. Im Kafenion gibt es nur Cafe und
Fruchtsaft. Das Essen bringt man sich selber mit und darf es am Tisch
verzehren! Hotels: Kat. A: 1, — D:1.
Ouranopoulos hat schöne Sandstrände und relativ viele Souvenirstände; —
im Sommer viele Touristen. —

Von CHALKIDIKI nicht das "typische" Griechenland erwarten, — trotz=
dem aber sehr schön für den, der abseits zelteln will und gute Badesträn=
de sucht. — Umfangreiche Hotelprojekte in Bau bei Porto Carras! —

MÖNCHS -
REPUBLIK
BERG ATHOS :

Touristenreisen auf Athos sind nicht mehr möglich. Als wir Einheimische
nach dem Grund fragten, wurde uns gesagt, daß zu viele Ikonen und an=

dere wertvolle Gegenstände getohlen würden. Außerdem wird Athos oft als billiges Urlaubsgebiet mißbraucht.

Der Berg Athos dürfte eines der größten Griechenland- Erlebnisse sein! Eingelassen werden nur Männer (ab 21 Jahre); Frauen ist der Zutritt strengstens verboten! Hier gibt es nichteinmal weibliche Ziegen!!!

Eindrucksvoll ist das Leben der Mönche in ihrer völligen Weltabgeschie= denheit, — interessant vielleicht zur Abrundung unseres eigenen Weltbil= des durch das Erlebnis eines unserem völlig verschiedenen Lebensstiles.

Landschaftlich eine der schönsten Stellen Griechenlands! Außer den Transport- Fahrzeugen (klappriger Bus) vom Hafen Dafni rauf in die Republiks- Hauptstadt KARIE gibt es keine Autos. Verkehrsmittel ist der Esel, bzw. der Kaiki (kleines Fischerboot), der um die Halbinsel fährt und die einzelnen Klöster verbindet.

Von Kloster zu Kloster sind es 1 - 5 Std. zu Fuß. Für die Zeit eures Aufenthaltes seid ihr Gast der Mönche, — Unterkunft und Verpflegung frei, aber man erwartet eine Spende von ca. 3 - 4 DM pro Tag.

Die Mönchsrepublik ist ein autonomer Staat. Etwa 45 km lang und an der schmalsten Stelle bei Ouranopoulos ca. 2 km breit. *

Einreise:

Das deutsche Generalkonsulat/Thessaloniki erließ, — auf Veranlassung des griechischen Innenministeriums von Nordgriechenland am 3. Aug. 76 ein Rundschreiben, in dem bekanntgemacht wurde, daß ab sofort nur noch
1.) Einzelpersonen Einreisegenehmigung für ATHOS erhielten, die eine wissenschaftliche oder theologische Beziehung zur Mönchsrepublik hätten.

Also * Professoren und Studenten der Theologie, Geschichte, Kunst, Archi= tektur und Philosophie. VORLAGE: nationaler Studentenausweis.

Gleichzeitig sollte die Besucherzahl pro Tag auf 1o Personen beschränkt
2.) werden. — Touristen, die die o.a. Voraussetzungen nicht erfüllen, haben Gelegenheit über eines der beiden Reisebüros Tages- Besichtigungsreisen zu buchen:
  — Reisebüro Ducas, Venizelou Street 8, — TEL.: 269.984
  — Reisebüro Palatzian, Kalapothaki 2o, — TEL.: 226.177

Beide in Thessaloniki. — Anscheinend haben sich die Einreisebestimmun= gen für Einzelpersonen zwischenzeitlich etwas gelockert: mehrere Leserzu= schriften von Einzelpersonen, die relativ problemlos die Einreiseerlaubnis erhielten, — Roman Lahodynski sogar, wie er uns schrieb, dadurch, daß

GESCHICHTE: ✳   *OURANOUPOLIS*
Der große Feldherr Xerxes ordnete hier im Jahre 48o v. Chr. den Bau eines Kanaldurch= stiches an, nachdem rund 11 Jahre vorher Mardonius mehr als 3oo Schiffe und 2o.ooo Soldaten bei der Umschiffung des Berges Athos verloren hatte. Somit wollte Xerxes seine Flotte sicher Richtung Süden bringen.

Der Kanal war ca. 12 - 15 m breit, Teile sind heute noch zu sehen, wenn auch weitge= hend mit Erde zugeschüttet. Damals, 48o v. Chr. war der Istmus (Kanaldurchstich) ca. 15 m tiefer gelegen! —

er einem autostoppendem Priester einen "lift" gab!

Trotzdem: wie die reguläre Einreise erfolgt, beschreibt Sieghardt Lange:

1.) mit einer Studentenbescheinigung eurer Hochschule (Internationale Studentenaus= weise werden nicht anerkannt, weil zu viele Schwarzmarktexemplare auf dem Markt sind) geht ihr zunächst zum Konsulat eures Heimatlandes in Thessaloniki oder zur Botschaft in Athen. Dort beantragt ihr ein offizielles Empfehlungsschreiben.

BRD: Generalkonsulat, Karolou Diehl Str. 4 a, Thessaloniki
Botschaft, Loukianou Street 3, Athen

2.) Mit (oder ohne) Empfehlungsschreiben und drei Passbildern geht ihr dann entweder zum Außenministerium (Abtl. Kirchen) in Athen, Zalokosta Street 2, oder (besser!) zum Ministerium für Nordgriechenland (Abtl. Politische Angelegenheiten), Aghiou Dimitriou Street, Diikitirion Platz/Thessaloniki. Dort müßt ihr eine Einreisegenehmi= gung beantragen und erhaltet, falls ihr einreisen dürft, zunächst drei verschiedene Schreiben.

3.) Eines dieser Schreiben müßt ihr bei der Ausländerbehörde bzw. Fremdenpolizei in Thessaloniki, Tsiminski Street 25 abgeben. Dort erhaltet ihr einen zusätzlichen Vermerk für die Polizei im Athos Haupthafen DAPHNI.

4.) Mit den gesamten Formularen und eurem Pass nach Ouranopoulos, wo das Schiff für Daphni/Athos abfährt. Das Betreten der Mönchsrepublik auf dem Landweg ist nicht nur sehr schwer, sondern auch für Besucher verboten.

5.) Bei der Ankunft in DAPHNI werden eure gesamten Papiere kontrolliert. Falls sie in Ordnung sind und ihr dezent gekleidet seid (keine kurzen Hosen!) und keine langen Haare habt, dürft ihr in die Mönchsrepublik einreisen.

6.) Nun müßt ihr so schnell wie möglich zur Hauptstadt KARIE kommen, um euch dort sowohl beim geistlichen, wie auch polizeilichen Oberhaupt von Athos anzu=

melden. Ihr gebt dort die Formulare ab (die guten Leute wissen, welches Papier für wen bestimmt ist). Ihr bezahlt einen kleinen Betrag und bekommt das sogenannte "DIAMONITRION". Das ist eine Urkunde mit vielen Zeichen, Marken und Stem= peln, wie auch Unterschriften. Sie berechtigt euch, für eine begrenzte Zeit die Klös= ter und Skiten zu besuchen und dort kostenlos Aufnahme und Verpflegung zu er= halten. Das Papier dürft ihr übrigens später behalten: nettes Andenken!

7.) Nun seid ihr frei und könnt gehen, wohin ihr wollt.

Anreise: Thessaloniki — Arena — Ouranopoulos: ca. 1o DM, 4 - 5 Stunden durch zum Teil wildromantische Berggegend. Trampen lohnt sich nicht gemäß Sieghardt Lange, der für 2oo km fast 2 Tage brauchte. — Ankunft des Busses und Schiff von Ouranoupolis sind einigermaßen aufeinander abgestimmt. 1 - 2 Motorkutter pro Tag rüber nach Daphni. Wer Pech hat, muß eine Nacht in Ouranoupolis bleiben, welches im Sommer sehr voll ist.

Ein klappriger Bus bringt einen hinauf nach KARIE für einpaar Mark über die einzigste Straße der Mönchsrepublik. Der Fußmarsch entlang der Straße ist schön, aber auch schweiztreibend und dauert ca. 3 - 4 Stunden. Allerdings sollte man berücksichtigen, daß man unbedingt vor Sonnenuntergang oben in Karie sein muß, um die notwendigen Formalitäten zu erledigen.

ÜBERNACHTUNG KARIE: zwei Klöster (Iviron und Stavronikita) und ein kleines Hotel, wo man bezahlen muß.

Kleidung/Gepäck: möglichst wenig Gepäck mitnehmen, nur Notwendigstes.Regen= schutz, doppelte Unterwäsche, Pullover, wenn's abends in der Höhe bis zu 2.ooo m über dem Meer kalt werden kann, besonders im Frühjahr und Herbst, — "anständiges" Hemd und Hose, also keine Jeans bzw. kurzärmelige T- Shirts. Sonnenschutzcreme.

Athos- Literatur: Interessant zur Einführung, schöne Farbabbildungen und guter Übersichtstext: * Der Berg Athos, Illustrierter Führer der Klöster, erschienen im Ekdotike Athenon S.A. Verlag, Athen, erhältlich in vielen Souvenirshops.

* Die Stundentrommel vom heiligen Berg Athos von Erich Kästner, erschienen als Insel Taschenbuch Nr. 5 6, ca. 7 DM

* Der heilige Berg Athos, erschienen bei Athesia, Bozen, Herausgeber Franz Riedl, J.P. Fallmerayer. Ca. 18 DM

* Griechischer Sommer. Wanderungen in Hellas, Limes Verlag, ca. 38 DM, Verfasser: Jaques Lacarriere.

* P. Huber, Athos, Zürich 1969
* Ph. Scherrard, "Athos, Berg des Schweigens", Lausanne und Freiburg/ CH 1959

KARTE: in mehreren Leserbriefen erhielten wir Anfragen: z.Z. nur eine Übersichts- karte (1:1oo.ooo, paar Mark in Daphni und Karie), über die Sieghardt Lange bemerkt: "Auf der Rückseite sind eine Entfernungstabelle (Wegzeiten) für die Halbinsel, zahlrei= che Hinweise für Besucher, sowie Kurzbeschreibungen aller Klöster. Allerdings schei= nen die Drucker oder Setzer bei ihrer Arbeit zu viel Ouzo getrunken zu haben: in der deutschen Ausgabe brechen sämtliche Beschreibungen mitten im Satz ab."

Athos Wanderungen: Statt Details über die einzelnen Klöster zu geben, die sowieso in den diversen Büchern verzeichnet sind, wollen wir hier in Auszügen den Leserbrief von Sieghardt Lange abdrucken:

"Auf dem Berg Athos gibt es heute 2o Großklöster, 12 Mönchsdörfer (SKITEN) und viele verschiedene Einsiedeleien. Die Klöster und Skiten werden nach ihrer Mönchs- ordnung in zwei Gruppen unterteilt, — in kinowitische und in idiorythmische. Die

BERG ATHOS, kupferstich ausdem verg. Jhd.

kiniwitischen Häuser werden streng von einem Abt geleitet, der auf Lebenszeit ge= wählt ist; ihre Mönche haben kein privates Vermögen, sie arbeiten regelmäßig und ihr gesamtes Leben wird straff in der Gemeinschaft organisiert.

In idiorythmischen Klöstern und Skiten haben die Mönche mehr persönliche Frei= räume, in der Gemeinschaft werden nur bestimmte Arbeitsbereiche und das Gebet orga= nisiert; die Häuser werden von einem Rat geleitet, dessen Mitglieder für ein Jahr ge= wählt werden. Ich würde euch vorschlagen, von jedem System mehrere Klöster zu be= suchen.

Ihr merkt die Unterschiede am System u.a. daran, daß bei den kinowitischen Klöstern alle Mönche beim Mahl schweigen, während die Anagnostis oder Diavastis (Vorleser) in einem melodischen Sing- Sang aus der Bibel vorliest. Bei den idiorythmischen Klöstern gleichen die Mahlzeiten eher lockeren Zusammenkünften. Apropos Essen: die Mahlzeiten der Mönche werden bewußt kärglich gehalten. Sie bestehen zum Teil aus Brot, Wein, Oliven, Käse, Hülsenfrüchten und anderem Gemüse. Fleisch ist relativ selten und fehlt bei den kinowitischen völlig.

Die Mönche auf dem Athos regeln ihr Leben nach der byzantinischen Uhrzeit, die bei Sonnenuntergang mit der Stunde o beginnt (und daher von Jahreszeit zu Jahreszeit verschieden ist). Dies ist für den Besucher besonders wichtig, da die Klöster mit dem Beginn der Stunde o ihre Tore schließen. Falls ihr später ankommt, werdet ihr nicht mehr aufgenommen, oder nur unter großen Schwierigkeiten. Ich würde euch allerdings vorschlagen, etwa zwei Stunden vor Sonnenuntergang einzutreffen, da um diese Zeit die gemeinsamen Mahlzeiten in den Klöstern stattfinden. und ihr dabei sehr gut die Klosteratmosphäre mitbekomme n könnt.

Nach einem eigenartigen RYTHMUS, den ich nie begriffen habe, teilen die Athos- Mönche ihren Tag in drei Phasen zu je 8 Stunden ein, die dem Gebet, der Ruhe und der Arbeit dienen. Der Hauptgottesdienst findet nachts statt, wenn die sündige Welt schläft (oder weiter sündigt). Er ist aus verschiedenen Liturgien zusammengesetzt und dauert 3 - 4 Stunden. Um Athos zu erleben, solltet ihr mindestens einen solchen Gottes dienst mitmachen (die Mönche zwingen euch nicht dazu). Es ist ein eindrucksvolles Bild, wenn die schwarz gekleideten Mönche beim Flackern des Kerzenscheines ihre byzantinischen Gesänge singen.

HAUPTSPRACHE auf Athos ist Griechisch. Es gibt aber u.a. auch russisch orthodoxe Niederlassungen, in denen russisch gesprochen wird. Ihr werdet nur wenige Mönche treffen, die englisch oder deutsch sprechen. Einen Mönch traf ich im Kloster Stravro= nikita, der aus der Schweiz kam und sich nach dem Theologie- Studium zum Mönchs- Leben entschloß. Falls ihr kein Griechisch könnt und keinen Gesprächspartner findet, werdet ihr viele Eindrücke verliehren oder garnicht wahrnehmen. Fragt deshalb in eurem Ausgangskloster, ob in eurer nächsten Station englisch/deutschsprachige Mön= che leben. Oft kennen sich die Mönche untereinander auch von einem Kloster zum anderen.

Die WANDERWEGE auf Athos sind teilweise recht gut gekennzeichnet. In entlegenen Klöstern könnt ihr gegen eine Spende Maultiere ausleihen. Nützlich ist es, auf die Wanderungen eine gefüllte Wasserflasche und etwas Notproviant mit zunehmen, da ihr natürlich unterwegs keine Taverne finden werdet. ''

Wer ATHOS bereist, sollte die religiösen Anschaungen und Gebräuche der Mönche respektieren. ATHOS ist kein Touristengebiet. Fast möchte ich sagen: nur wer sich intensiv für Mönchsleben sowie byzantinische Kunst interessiert, sollte nach Athos. Wir begrüßen die strengen Einreise- Bedingungen !

Übrigens: Strenge Gepäckkontrolle bei der Ausreise. Abgesehen davon, daß erhebliche Strafen drohen, ist auch der kleinste Kunstdiebstahl eine riesige Sauerei.

Eine Lockerung der Athos - Bestimmungen steht für demnächst nicht zu erwarten. − Privat- Boote (Segelyachten etc.), die um den Heiligen Berg fahren dürfen übrigens, wenn Frauen an Bord sind, sich nicht mehr als 5oo m dem Ufer nähern! − Filmen auf Mont Athos ist verboten, Foto= graphieren erlaubt. −

Die Strecke entlang der Nordküste der Ägäis Richtung TÜRKEI hat einige schöne Strände, sind bisher noch nicht so überlaufen, da vorwiegend von Griechen bzw. Durchgangs- Touristen (Ri. Türkei) besucht. Auch hier nicht das "typische" Griechenland. −

Kavala:

ca. 47.ooo Einwohner, eine moderne Hafenstadt, − für längeren Aufent= halt weniger geeignet. TOURIST−POLICE: 9, Erythrou Stavrou Str. − Mit großem EOT- Campingplatz am Stadtrand und Schiffsverbindung über die Insel LIMNOS runter nach Kymi/Insel Euböa (siehe "Limnos") und von Kavala nach der Insel Lesbos (siehe "Lesbos"). − Die meisten Leute fahren aber nach Kavala wegen der Insel Thassos:

Insel Thassos:

Zwar nicht mehr "Geheimtip", da schon zu bekannt, aber doch sehr schö= ne Strände und bewaldetes Inselinneres.

Verbindung:
täglich Autofähre ab Kavala ca. 1 1/2 Std., bzw. ab Keramoti ca. 1/2 Std. bis Thassos, der Inselhauptstadt.

Per Flug: täglich mit "Olympic Airways" - Propeller ab Athen direkt, ca. 1 1/2 Std. Flug über die nördliche Ägäis und an Mont Athos vorbei (wer ab Athen Ri. Athos fliegt: links ins Flugzeug setzen!). Kostet ca. 75 DM.

BUS ab Airport nach Kavala: ca. 1 DM. Office Olympic in Kavala: Apostoloupolou Bldg. , Paraliaki Ave. , − Tel.: (o51) 23 622

Der Flug geht nur bis Kavala; − von hier müßt ihr mit den Schiff überset= zen. − Die Busverbindung ab Athen bis Kavala (2 mal pro Tag) dauert ca. 11 Std. und kostet ca. 35 DM

Thassos: (= Limena)
Der Inselhauptort selber ist langeweilig. Flair: Riviera, am Abend müßt ihr euch durch die flanierenden Menschenmassen durchquetschen. Keine be= sondere Atmosphäre.

Inselstraße zum Großteil geteert, um die Insel herum, sehr malerisch auf halber Höhe und Blick auf die Buchten. Die Ostseite: mit Felsen und steiler, viele Sandbuchten, die ihr von der Straße aus erreichen könnt.

Makriamos:
Bungalows mit eigenem Strand, von High Society bevorzugt, sehr teuer! Im Ort einfache Privatunterkünfte. Makriamos ist der nächste Badestrand von Thassos/Limena. − Schöner ist POTAMIA und PANAVIA mit alten Häusern.
Sandstrände auch in SKALA und RACHONI. − Ebenso: CHRISI AKTI beim Dorf Potamia. −

Theologos:
schönstes Inseldorf, von KINIRA zu Fuß,-
alte Wege aus behauenen Steinplatten, die
Häuser in alter macedonischer Architektur
mit Schieferdächern, hohen Rauchkaminen
und hübschen Gärtchen.

Theologos liegt auf einer kahlen Hoch=
fläche mit Dornbüschen und vielen Oliven=
bäumen, Lavendel und Thymian. Viele Ziegen=
herden; — die Umgebung von Theologos ma=
lerisch mit Hirtenhütten, — Schluchten.

THASSOS dürfte eine der grünsten Inseln der
Ägäis sein. Sehr klares Wasser, saubere Strän=
de. — Pinienduft, viele Bienenkörbe! Auch
im Hochsommer nicht zu heiß. Ideal für Bade=
ferien, da verglichen mit Chalkidiki etwas mehr
erschlossen.

Meteora Klöster:

Zentral- Griechenland, auf der Strecke zwi=
schen Volos und Igoumenitsa.

Bizarre Felsnadeln, auf deren Spitze die Klöster
raufgesetzt wurden; die Mönche zogen sich noch
bis 192o in Körben gegenseitig rauf, doch jetzt
gibts Brücken und in den Fels reingehauene
Steigen.
In der Taverne unterhalb der Felsen: Hammel=
braten am Spieß, — lecker!! Die Straße führt
zwischen den Felsen hinauf auf ein schmales
Plateau vis a vis der Klöster. Idealer Abstell=
platz für's Auto und nächtliches Schlafen: alle
4 Std. Gebet, welches mit "afrikanischem
Trommelwirbel" eingeleitet wird!

Die landschaftliche Szenerie ist großartig! Ent=
standen sind die 3oo m - Spitzen vermutlich
durch vorgeschichtliche unterirdische Erdaus=
flüsse; die Ebene von Thessalien stand damals
"unter Wasser"; Muschelablagerungen an den
Felsspitzen beweisen das. Nach Meinung der
Mönche sei das Wasser durch ein riesiges Erd=
beben verschwunden; Erosion und vorbeiflie=
ßende Bäche haben im Lauf der Jahrtausende
die heute stehenden härteren Gesteinsschichten
freigewaschen. —
Die ersten Klöster wurden im 12. Jhd. ge=
baut. Zu Beginn stieg man mit anein⇒

andergebundenen Leitern rauf, später über Strickleitern.*Auch heute noch werden die Lebensmittel in Körben raufgeschafft.

DIE KLÖSTER können heute besichtigt werden, allerdings verlangen die Mönche und Nonnen etwas dafür. Gemäß der Grandiosität der Szenerie ist auch im Hoch= sommer die Szene von den Klima- Tour-Bussen aus Athen beherscht und die Massen drängeln sich durch die Klausen! Eingelassen wird an Frauen nur, wer das Knie be= deckt hat und den Busen zu. (Immerhin ein Fortschritt, denn in vergangenen Jahr= hunderten war es den Mönchen unter Androhung des Hungetodes untersagt, Nahrung von Frauen anzunehmen!).

Weiterhin müssen Männer lange Hosen tragen und Frauen keine Hosen, sondern Röcke tragen, sowie keine ärmellosen Blusen, T- Shirts etc.

Eintritt oben am Ende der Straße über eine schmale Pforte. Hier oben ein Kiosk mit Getränken. Mit der ausgezeichneten Meditationsruhe hoch in der Luft über dem Tal ist es jetzt tagsüber vorbei. Majestätische Ruhe dagegen, wenn die Sonne zwischen den Felsen untergegangen ist, die letzten Touristenbusse hinter der Kurve verschwun= den und sich die Dunkelheit übers Tal gelegt hat. —

TIP: im "Geobuch Verlag", 8000 München 45 ist ein ausgezeichneter Führer über die Meteora - Klöster erschienen: "Meteora Felsen", ein Wander und Kletterführer von Hasse/Stutte, 19,80 DM, 128 Seiten. Mit detaillierten Infos über die Diretissima an der senkrechten Wand rauf zum Kloster (von Kennern für Genießer nach UIAA- Regeln). Keine Angst: die Mönche schmeißen nicht mehr wie in früheren Zeiten mit Steinen auf die Seilmannschaften, — ganz einfach, weil von den 24 Klö= stern nur noch 2 bewohnt sind. Auch für Nicht- Kletterer sehr zu em= pfehlen, da echt ausgefallene Lektüre und zudem sehr gut bebildert und aufgemacht!

Nächste größere Stadt: KALAMBAKA, Endpunkt der Eisenbahn Volos — Trikala — Kalambaka, mit vielen Busverbindungen, Tavernen und Hotels, sowie Souvenirshops. (Tourist Police: 46, Aristotelou Street).

Im Ort Meteora (8 km bis Kalambaka) selbst: mehrere Tavernen und Cam= pingplätze, zum Teil mit Bäumen (Sonnenschutz). Mehrmals täglich Bus= verbindung mit Kalambaka. *Dorfhotel Kastraki, kurz vor Meteora, Doppel+Dusche ca. 18 DM.*

METEORA ⇒ IOANNINA: ca. 115 km

Die Straße nach Ionannina führt durch einsames Bergland. Benzin vor= tanken; sehr selten Tankstellen. Wir sind mit dem letzten Tropfen Ben= zin den Berg hinunter nach Ioannina gerollt!

Dorf Metsowo:

an der Straße nach Ioannina (ca. 50 km davor): eines der hübschesten Dörfer, die ich in Epirus gesehen habe! Es liegt im Pindus Gebirge und ist berühmt für sein Kunsthandwerk und schöne Häuser! Unbedingt mal ansehen: das Herrenhaus. Es liegt in der Nähe des Dorfplatzes. Unten Pferdeställe, oben ein Winterwohnzimmer: 2 große Betten mit Fellen be= deckt, Petroleum Lampen, die ein gemütliches Licht verbreiten, ein großer

zu stürzte!

✻ Die Seile wurden übrigens erst ausgetauscht, wenn ein Mönch

Kamin in der Mitte, schöne Teppiche und Stickereien an den Wänden.

Herrlich klare Luft; im Sommer kühl und im Winter ausgesprochen viel
Schnee für Griechenland! In der Nähe des Dorfes ein Skilift auf den
Karakoli. Oben Gästehaus, kleine Bar: schön zum Relaxen, auch im
Sommer (Wanderungen!)

HOTELS IN METSOVO: "Hotel Egnatia", an der Straße, die den Berg hinunter von
der Hauptstraße in den Ort führt, ca. 2oo m vom Hauptplatz entfern. Schönes, gemüt=
liches Hotel der C- Klasse mit Kamin im Aufenthaltsraum, der im Winter brennt, die
Zimmer einfach. Doppel ca. 3o DM. — In selber Preisklasse: "Bitounis" , das "Ga=
laxy" (Kentriki Platia), das "Kassaros" und das "Olympic". — E- Klasse sind "Acro=
polis" und "Athinae", Doppel ca. 17 DM, sowie das "Flocas" (B- Klasse Pension, ca.
3o DM).

Metsovo selber, dessen Häuser am Hügelhang hängen, wird durch einen
schluchtartigen Einschnitt Richtung Dorfplatz geteilt: "Prosilio" ist die
der Sonne meist zugewandte Seite, "Anilio" nennen die Bewohner von
Metsovo die andere. Im Ort ein lohnendes Museum mit Ausstellung von
lokalem Kunsthandwerk: Holzschnitzarbeiten, Webereien und Stickereien.

BUS: mehrmals täglich nach Ioannina und Kalamata.

Ioannina:

Sehr schön an einem See gelegen. Bisher noch relativ wenig bekannt: epi=
risches Provinzstädtchen in seiner Ursprünglichkeit. Viele gemütliche Cafes,
kleine hübsche Geschäfte, — Silberfiligranarbeiten (dafür ist Ioannina be=
kannt!), — billige Flokatiteppiche (viele Schafe in der Umgebung) und
Hirtenmäntel aus dicker Schafswolle. Ioannina hat eine türkische Moschee
und einen kleinen Souk- ähnlichen Markt mit viel Ramsch.

Berühmt ist die HÖHLE PERAMA (4 km von Ioannina, im Berg Mitsi=
keli auf der anderen, nördlichen Seite des Sees. Unbedingt ansehen; es
ist eine der schönsten Höhlen Griechenlands.

Eine der größten Höhlen Griechenlands mit vielen Stalagmiten und Stalagtiten. Be=
rühmt ist der "Kreuzförmige Stalagtit", angeblich einmalig in der Welt. Entdeckt
wurde die Höhle 194o, wie viele andere griechische Höhlen durch Zufall. Geht mehr
als 1 km horinzontal in den Berg, die Gänge sind Teile eines unterirdischen Flusses.

Entstehung der Höhle: ca. 1.5oo.ooo v. Chr. Hier wurden u.a. auch Knochen und
Zähne von Höhlenbären gefunden. Im 2. Weltkrieg: Partisanen- Unterschlupf.

Geöffnet: täglich. Zufahrt bis zum Höhleneingang.

Ebenfalls sehr interessant ist die Höhle von PRAMANTA (Anemotripa):
Flußbett eines unterirdischen Flusses mit 2 kleinen Seen, einer rot, der
andere weiß und Stalagtiten/Stalagmiten. Zufahrt: Ioannina — Pramanta.
Ab dem Dorf 5 km. Zur Zeit noch Erlaubnis von der Tourist Police Ioan=
nina nötig und recht schwer zu erhalten

See von Ioannina: maximal 2o m tief, mit Schilf bewachsen an den Rän=
dern, Zufluß: ja, Abfluß: durch Loch im Boden. In der Mitte eine Insel
mit Bäumen, Blumen und mehrere Klöster (im Kloster Panteleimon kann

man im Boden noch die Flintenkugel sehen, mit der hier am 17. Jan. 1822
Ali Pascha ermordet wurde. *)

MVE 1981

GESCHICHTE IOANNINA:

Türkischer Einfluß unverkennbar! — Die Stadt wird im Jahre 1o2o erstmalig in einem
Dokument erwähnt; man vermutet, daß der Name zu Ehren Johannes des Täufers ge=
geben wurde. — 12o5 Flüchtlingsstrom aus Konstantinopel, — Errichtung der Festungs-
Mauern am See. Ab ca. 14oo weitgehend unter türkischem Einfluß bis 1913, obwohl
im Berliner Kongress bereits 1878 an Griechenland übergeben.

Blüte unter Ali Pascha, einem Abenteurer aus Albanien, der nach erfolgreichem Kampf
gegen Österreich (1787 auf Seiten der Türken) zum Pascha von Trikala ernannt wurde
und von hier aus Ioannina einnahm , baulich, wirtschaftlich und kulturell entwickelte,
jeodch von dem türkischen Sultan 1822 belagert, gefangengenommen und im Kloster
Panteleimon getötet wurde.

Boote fahren ca. stündl. rüber zur Insel. Drüben (mit schönem Blick auf
Ioannina) gibt's zwei Restaurants mit guter Spezialitätenküche: Aale,
Froschschenkel und den aus der Nähe stammenden Spumanti "Zitsa".
Abfahrt der Boote: ab Hafenpromenade/Ioannina. Preise in den beiden
Restaurants nicht billig. Kann am Wochenende schwierig sein, Tisch zu be=
kommen!

HOTELS:
"Xenia", Vassileos Georgiou 33, Doppel ca. 4o DM (B- Klasse)
"Alexios", Pokevil 14, Doppel ca. 3o DM   (C- Klasse)
"Hermes", Sina 2, Doppel ca. 2o DM (D- Klasse)
"Bretannia", Kentriki Platia, Doppel ca. 2o DM (D- Klasse)
"Ilion", Kentriki Platia, Doppel ca. 2o DM (D- Klasse)
"Paris", Tsirighoti 6, Doppel ca. 2o DM (D- Klasse)
"Acropole", Vassileos Georgiou , Doppel ca. 3o DM (C- Klasse)

ZENTRUM von Ioannina um den KENTRIKI–PLATIA oberhalb des
massiven Festungsbaus (PHROURION) am See. Hier oben am Platia der
Busterminal für Athen, das Hauptpostamt (Odos 28 Oktovriou) und das
Museum, in dem neolitische Funde, sowie Funde aus der Bronzezeit der
näheren Umgebung ausgestellt sind.

Von der Platia Kentriki über die AVEROF runter zur Festung: vor den
Festungsmauern Gassengewirr mit kleinen und kleinsten Geschäften und
viel türkischem Flair in Mischung mit Griechenland: Gemüseauslagen,
Silberschmiede, Schafwollhändler und dunkle Orientgeschäfte mit Textil,
sei es Kunstfaser, seien es alte Stickereien.

Flüge: mit "Olympic- Airways" täglich von Athen,
Propellermaschinen ca. 1 1/2 Std. in der Luft,
ca. 6o DM.*

Busverbindung: mit Athen mehrmals täglich,
Fahrzeit fast 6 Std., ca. 25 DM.–
  mit Igoumenitsa mehrmals täglich, ca. 2
  Std., 6 DM. – Ebenso mit Patras/Pe=
  loponnes (täglich). –

Schöne WANDERUNGEN im Ge=
  biet um Ioannina! Erkundigt
  euch beim Bergsteigerclub in
  Ioannina, Moulaimidou Str.
  6, dort auch Schlüssel für
  Berghütten: *siehe auch
  karte, vorherige
  Seite!*

* Mount Pindos: 58 km nördlich von Ioannina Richtung Konit=
  sa fahren, aber Abzweigung PAPINGO. In diesem Dorf be=
  ginnt der ca. 2 1/2 stündige Aufstieg zur Schutzhütte am
  Astrakas (2.436 m).

* Mount Mitsikeli: ca. 3 Stunden zu Fuß, bzw. 2 Std. ab Dorf
  Vryssi Paliochri zur Schutzhütte in 1.4oo m

* schön die Schlucht VIKOS RAVINE, ein bis zu 9oo m tiefer
  Bergeinschnitt in der Nähe der albanischen Grenze beim Dorf
  Koukouli (ca. 3o km nördl. Ioannina)

DODONA: ist das älteste Orakel Griechenlands: auf einem Bergplateau
vor der Kulisse des Pindus, – noch älter als Delphi. "Georakelt" wurde
nach dem Rauschen von Eichenblättern, deren Ton durch Anschlagen
auf Kupferkessel übertragen wurde. Die Kulisse ist phantastisch, vom
Orakel jedoch nur noch Fundamente übrig. Imposant das Theater dane=
ben, das 196o -63 restauriert wurde, noch größer als das Theater von
Epidauros ist und 2o.ooo Zuschauer fassen kann. Aufführungen von
klassischen Dramen. Aufführungen jeden August ("Dodona Festival",
genaue Auskünfte über Tourist Board Ioannina.

*Strecke IOANNINA ≫→ ARTA: 81 km, ausgezeichnet und relativ schnell.
Mehrmals täglich Busverbindungen, weiter bis ANTIRRION, dem Fähr=
hafen rüber nach Patras über den Golf von Korinth.*

* Bus Olympic Airways ab Hotel Olympic zum Flugfeld

IOANNINA →⊷ IGOUMENITSA   100 km

Sehr kurvig, aber gut ausgebaut. Fahrzeit in eigenem Auto ca. 2 Std.
Busverbindung tagsüber ca. alle 3 - 4 Std. mit KYTEL 21.

Igoumenitsa:

Größerer Ort unterhalb der Küstenberge; wichtiger Fährschiff- Knoten
punkt. Sehr häufig am Tag Roll- On- Schiffen rüber nach Korfu.
(siehe Korfu). Fernverbindungen nach Italien (Brindisi), nach Jugoslawien
(Dubrovnik, Rijeka) und runter nach Patras/Peloponnes.

An der Hafenstraße: Buchungsbüros für die Schiffe, Hotels, O.T.E., Baden
in der Hafenbucht weniger erfreulich. Wildzelten ist zwar nicht erlaubt,
aber von den Örtlichkeiten her optimal auf der Landzunge, die nördlich
von Igoumenitsa weit ins Meer hineinreicht. Ca. 5 km ab Ortsmitte, Sand=
strand (kilometerlang!), teilweise mit Bäumen (Schatten). Außerdem gibts
Umkleidekabinen und eine kleine moderne Taverne. Bereits in der Vor=
saison steht hier schon einiges an deutschen Autos. Die meisten aber um
die Taverne.

Bus nach Athen: 3 mal am Tag (Abfahrt ab Schiffsanlegestelle). Der Trip
bis in die griechische Hauptstadt zieht sich 9 - 10 Std. hin (ca. 24 DM).
Flug gibt es keinen.

GÜNTHER UND KARIN SCHENK schrieben uns, daß die Landzunge nördlich von
Igoumenitsa im Sommer hoffnungslos voll sei und viel Dreck. Ein Zustand, der 79/8o
an vielen Stränden Griechenlands anzutreffen war, da viele Touristen mit dem sicheren
Gefühl ihren Wohlstandsmüll (Plastik- Trinkwasserflaschen, Glas- Bier, Plastikverpackun=
gen etc.) hier liegen ließen, im sicheren Bewußtsein, diesen Müll demnächst nicht mehr
sehen zu müssen, da man am nächsten Morgen "sowieso" weiterreist.
Wir haben diese Stelle Ende Sommer '8o wiedergesehen, und alles war Tiptop sauber.
Griechische Müllräumtrupps oder gebessertes Müllbewußtsein bei Touristen? Wir hoffen
letzteres! Sehr positiv unsere Erlebnisse auf der selben Reise auf Skiathos, wo Touristen
abends den Müll ihrer Kollegen wegräumten. Bitte denkt daran: ihr seid Gast in Grie=
chenland, das Image der "Deutschen Nazischweine" reicht!

KÜSTENROUTE →⊷ SÜDEN   (Igoumenitsa ——Parga: 52 km)

Durchgehender Asphalt und relativ gut ausgebaut. Etwa 40 km nach
Igoumenitsa, die Straße führt oben in den Bergen entlang, – rechts ans
Meer runter abbiegen: PARGA. Eines der hübschesten Fischernester an
der Nord- West- Küste Griechenlands.

Parga:

Schöne Lage mit 2 Buchten und einem Felsinselchen. Die Häuser sind
in weißer Steinbauweise am Hang rauf gebaut. Unten am Wasser 2 Ta=
vernen mit Bretterblattformen über dem Strand. Das Wasser allerdings
im Ort eine dreckig braune Brühe; ihr könnt euch Tretboote mieten und
rüber auf die nahe Insel fahren (Felsen, auf der meeroffenen Seite der
Insel klareres Wasser).

Es gibt an der Hafenstraße von Parga, die vielleicht 3oo m lang ist, bereits einen Haufen Souvenirshops. Die Einheimischen haben sich auf die Touristen eingestellt.

"DOLPHIN TRAVEL" hat seinen Office im Ortshafen in einem hübschen Haus am Wasser. Hier sitzt der etwas dickere Dinos, ein unternehmungslustiger Grieche mit süffisantem Lächeln, der selbst auch noch bei kreischenden English- Ladies freund= lich grinst und durchs Fenster nach Cafe ruft. Alles riecht frisch nach aufblühendem Tourismus.

"PARGA TRAVEL" ein paar Schritte weiter am Hafen. Beide mit selben Programm.

Kaiki- Fahrten (geplant täglich) ab Parga rüber zur Insel Paxi (knapp 10 DM retour)
Kaiki- Pauschalmieten: ca. 35 DM pro Tag, 10 - 15 Leute passen drauf.
Ein anderer sehr beliebter Touristentrip geht mit dem Kaiki ab Parga auf dem Meer Richtung Süden zur Mündung des Acheron- Flußes . Einkalkulieren: der Fluß hat hier bei der Mündung ins Meer eine Bank aus Sand und Kiesel aufgeschoben, über die das volle Kaiki nicht rüber kommt. Alle Touristen müssen ins Wasser.
Der Fluß Acheron war in der Antike der Fluß ins Reich der Toten. Hier arbeitete der Fährmann Charon, der die Seelen in den Hades (die Unterwelt) brachte.

Die Touristen dürfen durch die griechische Sommerglut zum nahe gelegenen Orakel von Nekromantion laufen: dem Eingang zur Unterwelt, wo die Toten befragt wurden und Persephone orakelte (Grundmauern). Die Archäologen pinseln zur Zeit den Staub der Jahrtausende von den Scherben.

BADEN: besser an der nächsten Bucht Richtung Norden. Über den Berg rüber und auf Bergkuppe die Abzweigung links ans Meer runter. Vor= sichtig fahren, da sehr enge Serpentinen. Auch an diesem Strand Hotels, Tretboot- Verleih und Tavernen. Sand in einer weiten Bucht. Viele Bäu= me. Mit "Dancing".

Parga ist als Abstecher auf der Fahrt von Igoumenitsa Richtung Süden schön, – besonders, wenn man in der Zeit zwischen 3 und 5 nachmittags kommt (Siesta, und die Leute liegen alle am Strand!). Oder in der Vor= saison. Ansonsten ist der Ort zu klein und schon zu beliebt, als daß eine "Gemütlichkeit" aufkommen könnte, wenn er im August aus allen Nähten platzt. — Außerdem für griech. Verhältnisse relativ hohe Zimmerpreise (auch bei Privat!). —

Preveza:

Flach, trist, Militär. – Das kleine Fährschiffchen rüber auf die andere Seite (AKTION) braucht ca. 3 Min. und fährt, wenn der Kahn voll ist. Pro Person ca. o,5o DM, — PKW (incl. Fahrer) ca. 4,5o DM.

Militärairport bei Aktion. Preveza — Parga: 72 km
                                    — Igoumenitsa: 111 km

INSEL LEFKAS:

Durch eine Lagune vom Festland getrennt. Touristisch erst seit 1976 entdeckt: im Inselinneren wird man noch als Ausländer bestaunt, im Hauptort Lefkas kennt man aber schon, wie man "Geld macht".

Viel Vegetation, einige schöne Badestrände; vor NYDRI, Ostküste die
Insel SKORPIOS vom Reeder Onassis (30 Min. Bootstrip).

VERBINDUNGEN:

BUS direkt im Sommer ab Athen, sonst mit Umsteigen in Varkitsa.
Die ÜBERFAHRT im Boot zur Insel ist gratis, ein ca. 20 - 30 m brei=
ter Kanal. Danach lange Brücke über die Lagune zur Stadt Lefkas.

Lefkas/Ort:

Eine ganze Reihe Tavernen, in denen es sich recht nett essen läßt. Die
Front an der Lagune weniger reizvoll.–Viele Touristen- Shops. Im
Sommer voll. Preise vielfach überhöht.

Hotel: "Santa Maura" ca. 3o DM fürs Doppel ohne Bad, ein recht gemütliches
Hotel, in dem aber einiges nicht funktioniert. Beim Öffnen der Zimmertür hatten
wir die Türklinke in der Hand. Licht im Zimmer funktioniert nicht, da Birne kaputt.
Dafür funktioniert aber die "Inter- Kommunikation" zwischen den einzelnen Zim=
mern. Vom dezenten Klicken eines Feuerzeuges bis zum Ausbruch des Vulkans.

Karten/Bücher:

"Lefkada", 1:80.000 in Souvenir- Shops zum Preise von rund 2 DM.
Zweisprachige Beschriftung, als Überblick recht brauchbar.

"Levkada" Reiseführer- Heftchen, 54 Seiten, ca. 3 DM, mehrsprachig,
u.a. auch Deutsch.

Viele Busse ab Lefkas/Ort ins Inselinnere bzw. auf der Küstenstraße
rund um die Insel. Tägliche Verbindung: Lefkas — Exanthia — Vassiliki.
Lefkas — Nydri — Poros, sowie Lefkas — Karya.

Ag. Nikitas

Gilt als der beste Strand der Insel, ist aber so gut wie garnicht erschlos=
sen. Ab Abzweigung Hauptstraße (Teer): 9 km Schotterpiste mit den
üblichen Schlaglöchern und Regenauswaschungen, — in endlosen Kurven
und Serpentinen immer runter über die Hügel und über neue Bergkuppen
ans Meer. Die Sache nimmt kein Ende, auch weil man wegen dem Schot=
ter nicht schnell fahren kann. Mit dem Auto sind es rund 20 - 30 Min.

DER ORT: weniger reizvoll, aber touristisch noch kaum entwickelt.
Hübsche Unterkunft "Rooms to let" direkt am Meer, Taverne.

STRAND: sauber, Feinkies mit Sand, ca. 200 m insgesamt, rechts und
links von "Rooms to let", — zieht sich aber noch ca. 2 - 3 km Richtung
Norden rauf, unterbrochen von den Steinanhäufungen durch Catterpil=
lars beim Straßenbau der Direktküste am Meer entlang nach Lefkas/Ort.
(Schlechte Schotterstraße, später vor Lefkas Asphalt).

Der andere gute Strand für Lefkas/Ort liegt wesentlich näher: auf der
Sandbank, die sich im weiten Bogen um den Ort zieht und die Lagune
bildet. Zu Fuß sind aber bis zur ersten interessanten Stelle immerhin

2,5 km zu laufen. − An der Ostseite zum Kanal neben Lefkas/Ort:
zuerst die Hafenanlagen, dann weitgestreckte Salz Salinen.

HARTMUT HERMANNS schrieb uns: "direkte Straße von Lefkas- Stadt nach Ag.
Nikita über Tsoukalades, bis dorthin Asphalt, dann breite Schotterstraße, im Ausbau,
aber gut zu fahren bis runter ans Meer."

Karya:

Ehemalige Inselhauptstadt in den Bergen unterhalb des 1015 m hohen
Oros Ag. Ilias, − hat einen hübschen Haupt- Plaza, der Rest des Dorfes
ist aber etwas miefig (griechische Provinz). In den Dorf- Cafes hängen
viele alte Leute rum, die Leute sind freundlich aber zurückhaltend. Nach
etwas Kontakt tauen sie meistens auf. Das gilt für die gesamte Insel- At=
mosphäre.

WESTKÜSTE/Insel Lefkas:

Steile Hangküste. Nachdem es ab Lefkas/Ort zunächst 3 km durch fla=
ches Tiefland (Olivenplantagen) geht, steigt die Straße bald in die Berge
rauf: schöner Blick zurück auf Lefkas und die Lagune.
Die Küstenhänge sind weitgehend verkarstet auf der Westseite; − in den
Tälern viel Vegetation. Kurz nach dem Dorf HORTATA (27 km ab Lef=
kas/Ort) endet die Teerstraße (Stand 1978) und setzt sich als schmaler
Schotterweg über die Berge fort. Sehr vorsichtig fahren, da Ausweichen
meist nicht möglich und bei dem Schotter lange Bremswege einzukalku=
lieren sind.

1/2 km hinter Hortara geht im Dorf Komilio eine Piste runter an die
westlichste Spitze der Insel: dem

Lefkadischen Felsen:

Der Fels stürzt hier rund 70 m senkrecht ins Meer. Während der Antike
eine Opferstelle. Verbrecher wurden in die Tiefe gestürzt, aber man band
ihnen um Arme und Beine Vogelfedern. Für den Verbrecher eine Art
Russisch- Roulett, denn unten im Meer warteten Fischerboote, die ihn
für den Fall, daß er den Aufprall aufs harte Wasser überlebte, in andere
Gebiete brachten. Angeblich soll sich auch Sapho von der Insel Lesbos
hier auf Lefkas aus Liebeskummer hinabgestürzt haben.

Die Straße ist ab Komilio bis zum Dorf Athanai mit einigermaßen ge=
ländegängigen Autos (VW- Käfer) zu befahren, ca. 7 km. Danach zu Fuß
etwa 45 Min. zum Kloster Agios Nikolaos, welches in der Nähe des ehe=
maligen Leuchtturmes an der Inselspitze liegt (= Lefkadischer Felsen).
Eine schöne Wanderung, wenn man etwas Zeit hat.

Ab HORTATA geht die Hauptstraße am Berghang (schöner Blick auf das
fruchtbare Tal) runter nach

Vassiliki: **ca. 44 km ab Lefkas**

Unserer Ansicht nach das hübscheste Inseldorf an einer weiten Meeres=
bucht. Glasklares Wasser, Platanen am Hafen und 2 oder 3 Tavernen.

Der Ort ist aber sehr klein, und es ist nicht viel los. Übernachtung in mehreren "Rooms to let" — Privatquartieren (ca. 2o DM fürs Doppel). Der Strand hat einige Sandstellen, meist aber Kiesel.

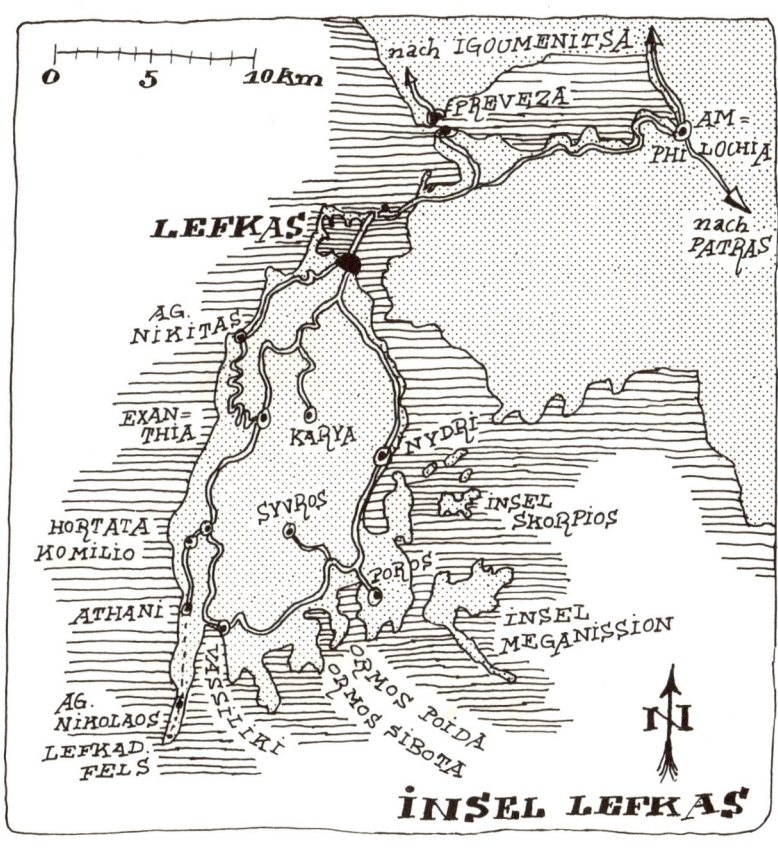

Vassiliki ➤ **Nydri (Ostküste)**   **ca. 23 km**

Landschaftlich sehr lohnende Strecke, Asphalt, viel Vegetation, Schafher= den, Ziegen. Die Küste ist hier sehr tief ausgebuchtet. Stichpisten führen von der Hauptstraße an die Bucht von Sibota (3 km) und an die Bucht von Poida (ca. 6 km ab Poros). Letztere hat einen kleinen Badestrand, aber die Bucht von Sibota ist malerischer.

Nydri:

Ist ein kleines Straßendorf mit 4 oder 5 guten Tavernen am Hafen: Von hier habt ihr einen schönen Blick auf die vorgelagerte Inselwelt: kleine

Hügelkuppen, dicht bewaldet im Wasser liegend. Baden geht im Norden des Ortes Nydri. Übernachtung in Nydri Privat (Rooms to let, ca. 14 - 24 DM Doppel, mit oder ohne Bad).

INSEL SKORPIOS:

Privatbesitz des Reeders Onassis und dessen Tochter Christina. Liegt direkt in Sichtweite zu Nydri.

In Nydri am Hafen nach dem Fischer Akaze fragen. Fährt euch raus. Dazu hat er seinen Minikutter speziell mit Lautsprechermusik für diese Trips präpariert. Er will allerdings für den 3o Min. Trip pro Boot 2oo Dra. haben, die sich aber runterhandeln lassen, wenn man zu mehreren ist. —

In der Bucht von Skorpios liegt meist die ”Christina” verankert (von Nydri aus zu sehen), ein schnittiger 30 m Dampfer mit ca. 20 - 30 Ka= binen, die Privatjacht von Onassis. Hier lernten Onassis und Jaquelin Kennedy sich kennen, Heute leicht angerostet (hinten!). Straßen im Inselinneren der Insel Skorpios. Onassis landete mit seinem Wasserflug= zeug in dieser Bucht. Gleichzeitig stand ihm eine graufarbige Miniauto= fähre zur Verfügung für die PKW- Überfahrt nach Nydri, Weiter rechts in der Bucht die beiden Privat- Inselstrände von Skorpios, jeweils ca. 40 m Sandstrand. Am 2. Richtung Nydri gelegenen Strand ist Onassis und sein Sohn Alexander beerdigt.

Nydri ⟶ Lefkas/Ort   ca. 17 km

Gut ausgebaute Küstenstraße, Asphalt. Das Land geht hier flach ins Meer rein. Eine ganze Reihe Strände, meist Kies, manchmal aber Sand. Schö= ner Blick auf die Küstenberge des Festlandes. Viel Vegetation an der Ost= küste der Insel Lefkas. Mehrmals täglich Busse auf dieser Strecke.

Die Insel Lefkas hat 1 - 2 mal pro Woche Schiffsverbindung mit der Nachbarinsel Ithaki, sowie der Insel Kephallonia. Details siehe dort!

Schiffsverbindung zur Zeit auch von dem etwas südlicher auf dem Fest= land liegenden ASTAKOS. Es geht zwar ab Lefkas/Ort über Bonitsa/Fest= land (Abzweigung im Ort!) ein Weg an der Küste runter, der aber nur die 19 km bis MYTIKAS einigermaßen befahrbar ist. Bin selber in diesem Gebiet noch nicht gewesen, könnte mir aber vorstellen, daß es dort recht einsam ist. — Die HAUPTSTRECKE runter nach Patras geht über den Ort AMPHILOCHIA am Ende des Kolpos Ampraktikos. —

Lefkas→Patras: 170 km incl. Fähre

Gut ausgebaute, schnelle Straße, die weitgehend durchs Landesinnere führt (über Amphilochia — Agrinion — Antirion), selten an der Küste.

Zuerst gehts am Amprakikos Kolpos entlang. Wir haben damals bei Bo= nitsa an einer einsamen Stelle am Meer gezeltet. Abends ritten Griechen auf Eseln vorbei und grüßten freundlich. Am nächsten Morgen erwachten

wir von einem lauten Geschmatze vor dem Zelt: ein Hirte hatte sich hier
niedergelassen und lud uns zum Frühstück ein.

AMPHILOCHIA ist ein verschlafenes Nest am Ende des Bays. Die Haupt=
straße Igoumenitsa — Patras führt durch. Gutes Hotel: das "Mistral" an
der Hauptstraße, die hier leicht den Berg rauf führt. Übernachtung Dop=
pel mit eigenem Bad ca. 3o DM (in der Hochsaison evtl. mehr). Etwa ab
3. Stock habt ihr einen schönen Bayblick, aber richtige Seite geben lassen!
Billiger und simpler ist das "Amfrakikos". — Billiges Essen beim Tavernen-
Wirt schräg gegenüber des Mistrals (Aufschrift "Restaurant" in altdeut=
scher Schrift), — ein ehemaliger deutscher Gastarbeiter.

| Amphilochia — Agrinion: 40 km. | *Wasserski im "Naval Club"*

TRICHONIS—SEE: schöne Landschaft. Liegt bei Agrinion. Ehemals Teil
des Meeres, jetzt aber Süßwasser. Es soll hier einige Meereskrebse geben,
die sich ans Süßwasser angepasst haben. Gute Bademöglichkeit an der
Nordseite des Sees. Die Strecke über die Berge nach Nafpaktos am Golf
von Korinth ist landschaftlich sehr schön, aber miserabler Schotter.

Wesentlich schneller ist natürlich die Hauptstraße: Agrinion — Antirion.
Mit eigenem Auto rund 1 1/2 Std.

Antirion ——> Rion:

Autofährschiffe, Abfahrt nach Bedarf = fast laufend. Kostet für einen
PKW und 2 Personen etwa 5 DM. Abfahrt in Antirion beim Kastell am
Meer. Hinweisschilder im Ort.

Delphi:

Eine der eindrucksvollsten antiken Stätten Griechenlands! Das Heiligtum
liegt an einem steilen, mit vielen Zypressen bewachsenem Hang in einsa=
mer, wildromantischer Landschaft. Die Gebäude, ein Tempel, ein Amphie=
theater und ein in den Berghang eingegrabenes Stadion sind weitgehend
erhalten und somit auch für nicht- Archäologie- Begeisterte sehr interes=
sant! Der Blick von den oberen Rängen des Theaters auf den Tempel
und das Tal ist einfach grandios!!

Detaillierte Beschreibung in den diversen Reiseführern!
Über der Felsspalte saß PHYTIA, die Weissagerin (es durften nur Jung=
frauen sein!) und ließ sich von den aufsteigenden Dämpfen berauschen.
In der Spalte wurde Lorbeer und etwas Gerstenmeel angezündet! Sie
murmelte Sprüche, die dann von den drum sitzenden Priestern gedeutet
wurden und bedeutende Feldherren zu Krieg und Frieden berieten. Der
König Krösus z.B. erhielt den Tip: "Wenn Du den Halys überschreitest,
wirst Du ein großes Reich zerstören!", worauf er sich erfreut zum
Kampf rüstete. Leider war das "große Reich" sein eigenes! (Er wurde
von Kyros, dem Perserkönig besiegt.) —

Bei den Ausgrabungsarbeiten Ende des vergangenen Jahrhunderts wurde
das Dorf KASTRI, welches über den Ruinen des Apollon- Heiligtums

stand, kurzerhand verlegt an die heutige Stelle des _modernen Delphi._

Hier: eine ganze Handvoll Hotels und im Sommer jede Menge Touristen die in den Klima- Bussen rangekarrt werden. Ebenfalls eine Jugendher= berge (Apollon Str. 2o). − Im MUSEUM am Ortseingang steht der be=

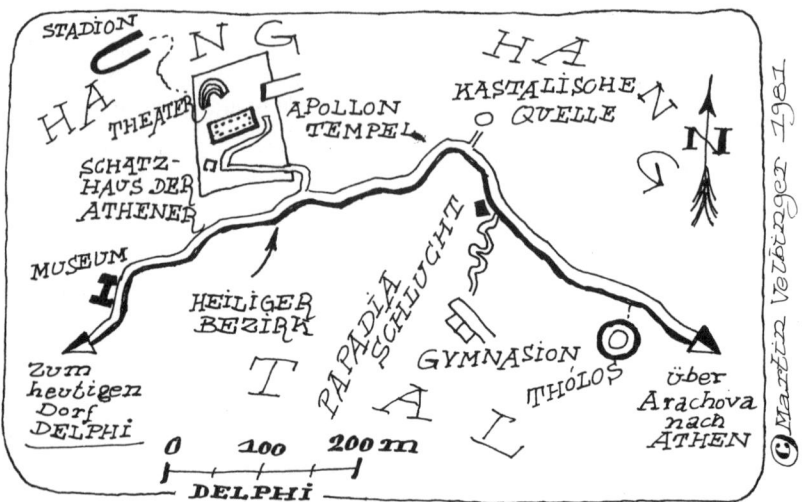

rühmte Wagenlenker von Delphi, eine lebensgroße Bronzeplastik, die in der ersten Hälfte des 5. Jahrhunderts v. Chr. vom Tyrann Polyzalos von Sizilien als Weihgeschenk gestiftet wurde. Die Sache ist so lebensecht ge= worden, daß sie zu einer der besten Plastiken der griech. Antike gehört.

Oben im STADION sind (wie auch in Olympia) noch die Startrillen der Läufer zu sehen! Gleichzeitig gibt es bei der Stadion- Rundung eine Quel= le, wo sich Läufer und Zuschauer erfrischen konnten.

PARALLEL zu den Olympischen Spielen wurden in Delphi alle 4 Jahre Wettkämpfe abgehalten, die "PYTHISCHEN SPIELE". Sie fanden jeweils ein Jahr vor den Olym= pischen statt und waren mit Gesangs- Wettbewerben verbunden. Ebenso Flöten- und Leierspiel! Nach dem griech. Schriftsteller Pindar hätten die Flöten mit ihrem schlan= genähnlichen Zischen die Wettkämpfer angespornt. Wichtigster Sportwettkampf war neben athletischen Disziplinen der Wettlauf in voller Bronzerüstung. Zur Siegerehrung pflückten Knaben Lorbeer. Der Sieger war ein in ganz Griechenland geachteter Mann, wenn auch ein "olympischer Sieg" mehr zählte. − Später schaffte man dann die Flöten- Wettbewerbe ab, weil, wie Pausanias schreibt, der schrille Klang wenig Glück den Wettkämpfern brachte.

Die Wettkämpfer bereiteten sich auf die "Competition" im Gymnasium vor, welches kurz vor dem Stadion und Heiligen Bezirk liegt. Auch hier kann man noch heute die Startblöcke der Läufer sehen mit den Rillen für die Läuferzehen. Außerdem den "HUSPLEX", eine raffinierte mechanische Konstruktion, die, ausgelöst einen Schlag tat, der Startzeichen für die Wettläufer war.

Über die Bedeutung des THOLOS sind sich die Forscher noch nicht klar.

Gebaut wurde die Anlage ca. im 4. Jhd. v. Chr. , — außen 2o dorische
Säulen, innen 1o korinthische. Marmor, der sich architektonisch schön
in die Landschaft einpasst. —

SCHATZHAUS DER ATHENER, im Heiligen Bezirk, erbaut 49o v. Chr.
nach der siegreichen Beendigung der Schlacht von Marathon gegen die
Perser. Ein Zehntel der Kriegsbeute wurde als Bau- Kapital verwendet
um Apollon zu ehren.

THEATER, liegt oberhalb des Apollon- Tempels im Heiligen Bezirk. Er=
baut im 4. Jhd. vor Chr., — fasste 5ooo Zuschauer auf 35 Stufen. Von
den oberen Rängen schöner Überblick über die gesamte Anlage und das
Tal! -

GUTE TAVERNEN in Delphi, allerdings nicht billig: "Kastalia": grie=
chische und internationale Küche, — "Xenia" am Ortsrand, mit schönem
Blick rüber auf den Bay von Itea und die weiten Olivengärten der Tief=
ebene am Meer, — internat. Küche wie Wiener Schnitzel etc. , —
"Pan" im Ort mit Holzkohlen- Grill und griechischer Küche. Etwas bil=
liger.

Tourist Police: 27, Frederikis Street, Delphi.

SKIFAHREN: am Mt. Parnassos, runde 4o km von Delphi. Zufahrt über
das Dorf Arachova. Dezember bis April Saison und recht günstige Skilift=
preise. Man kann dazu im Dorf Arachova übernachten oder in Delphi.
Wir hatten bisher noch keine Gelegenheit zu testen, aber gemäß Berichten
"sagenhaft"!

PER PAUSCHALARRANGEMENT Flug München — Athen (oder ab Frankfurt etc.),
ca. 5oo DM. dann per Bus rüber nach Arachova. Hier Hotels, z.B. das "Apollon", ein
einfaches, aber gemütliches D- Klasse- Hotel (Doppel ca. 18 DM) oder "Pan" in Delphi,
Doppel ca. 35 DM (C- Klasse), bzw. diverse A- oder B- Klasse- Hotels (ca. 45 DM) in
Delphi oder Arachova.

Unterm Strich billiger in den meisten Fällen als Luxus- Herberge in St. Moritz, Garmisch
etc.. BADEN im Golf von Korinth wohl möglich, aber kalt (= ca. 16 Grad), wohl aber
Windsurfen in Neopren!

Das Skigebiet am Mt. Parnassos, in Zusammenarbeit mit der G.F.Z. (Grie=
chischen Zentrale für Fremdenverkehr) entwickelt, liegt in ca. 1.6oo -
2.2oo m Höhe über dem Meer. Zur Zeit sind 5 Lifte in Betrieb, die rund
4.3oo Personen pro Stunde befördern können. Self Service Restaurant in
1.8oo m Höhe. Hier oben kann man auch Ski mieten.

Der Parkplatz FTEROLAKA (1.8oo m Höhe) fasst 3oo PKWs und ist nur
mit Schneeketten erreichbar. Mietwagen in Athen z.B. im Flughafen bei
der Ankunft, aber fraglich, ob es dort bei ca. 15° C Durchschnittstempera=
turen (über Null!) Schneeketten auszuleihen gibt.(Vorher in Deutschland
über Avis, Hertz, Budget etc. auschecken!). Athen —— Arachova: ca. 17o
km, bzw. 3 - 4 Std. mit PKW. Oder: PKW ab Deutschland nach Ancona,
Brindisi etc. und mit der Winter- Adria- Fähre übersetzen nach Patras.

Von Patras über Antirrion — Itea nach Delfi. Ca. 3 Std.

Delphi —➤ **Ithea:**   ca. 15 km

*sehr lohnende Strecke: in vielen Serpentinen runter in die Tiefebene am
Meer um Itea; Tausende von Olivenbäume.*

Itea:

hat leider ziemlich viel Industrie bekommen, was sich auch auf die Strän=
de auswirkte.   Daher weniger empfehlenswert.

Eine Reihe von Hotels und Tavernen, — sowie Schiffsverbindung rüber nach
<u>AIGION/Peloponnes.</u> Allerdings sehr teuer, PKW kostet um die 35 - 4o DM!
Dementsprechend seltene Abfahrten. Schneller und billiger per PKW nach
Patras: Küstenstraße Itea — Naupaktos — Antirrion — Fähre Patras (= ca.
1o DM für PKW und 2 Personen nach Rion/Peloponnes).

*DELPHI lässt sich bei der Anreise über die Balkan- Autobahn nach Athen
gut einbauen: ab griechischer Grenze die Autobahn und bei LAMIA ab=
biegen. (Wer Geld sparen will, biegt schon bei Larisa auf die Landstraße
ab und fährt über Parsala). Weiter über AMFISSA bis Delphi. Landschaft=
lich sehr lohnende Strecke durch die Kornkammern Thessaliens.*

Delphi —➤ **Athen:**   ca. 16o km

Wer sich für Kunst und Klöster interessiert, sollte unbedingt von Delphi
auf der Fahrt nach Athen einen Abstecher beim

Hosios Loukas — Kloster
machen! Eines der schönsten Klöster Griechenlands. An der Straße von
Delphi über Levadia nach Athen, aber bereits 12 km nach dem Dorf Ara=
chova rechts ab Richtung DISTOMON (3 km ab Abzweigung). Hier steht
ein Wegweiser zum Kloster, — nochmal ca. 9 km.

Die Gegend ist übrigens für besonders guten Schafs- Milch- Joghurt be=
rühmt! Im benachbarten Dorf Stiris gibts eine winzige Herberge (im Kafe=
nion fragen!); Übernachtung im Kloster nur bei Beziehungen möglich.

Hosios Loukas wurde in seiner frühesten Kapelle im 1o. Jhd erbaut und
hat viele Mosaiken und Fresken. Heute kaum noch Mönche; viele Man=
delbaum- Haine um's Kloster. — Beachtet die geschickte Technik im
Setzen der Mosaik- Steinchen: einige stehen vor und geben durch die
Schattenwirkung dem Bild viel Lebendigkeit!

Livadia:

hübsches griechisches Provinz- Städtchen etwa 12o km vor Athen mit
billigen Übernachtungs- Möglichkeiten und einigen guten Tavernen:

<u>"Boiotia"</u>, 31, Lappa, ca. 18,oo DM fürs Doppel ohne Bad. — <u>"Erkyna"</u>, 61 Lappa:
ca. 18,oo DM fürs Doppel ohne Bad., — <u>"Midia"</u>, 5 Koutsopetalou: ca. 25 DM/Do.

TAVERNEN: <u>"Diethenes"</u> , berühmt für Suppen, "Kolokithakia" und "Pastitsio". —
<u>"Giannis"</u>, etwas teurer, aber mit schönem Dachgarten. Spezialitäten: Sachen vom
Holzkohlen- Grill. — <u>"Stilias"</u> hat wohl die beste "psistaria", sehr gemütlich mit den
Tischen unter weit ausladenden Bäumen. —

Nächste gute Taverne im Ort THIVA: die "Taverna Messeon": gegrilltes Lamm probieren! Lecker. —

Die Reststrecke nach Athen (ca. 75 km) trifft bei ELEUSIS auf den Saronischen Golf ; ihr seht in der Bucht die Insel Salamis und Unmen= gen von Frachtschiffen, oft 2o bis 3o nebeneinander, — die moderne Flotte von Salamis! Dann Abkürzung quer durch's Innere des Zipfels von Piräus, am Kloster Daphni (mit die schönsten Mosaiken Griechen= lands!!) vorbei in den Blechkisten- Gestank- Kasten Athen. Die Akro= polis grüßt von weitem!! —

WER MIT EIGENEM AUTO fährt: nicht zwischen 16 und 18 Uhr in Athen ankommen!! Absolutes Chaos! —
Außerdem sind die Hotels außerhalb Athens wesentlich billiger!! —

OSTKÜSTE:

GEVGELIJA/Jugosl. Grenze — VOLOS — ATHEN: 655 km über durch= gehende Schnellstraße, gebührenpflichtig (für PKW's ca. 15 DM). Wer den Balkan- Stress hinter sich hat, der wird froh sein, recht bald in ATHEN anzukommen. Die Ostküste zwischen Thessaloniki und dem Berg Olymp hat wirklich nicht viel zu bieten (in Relation zur weiten Anreise!). Sehr interessant wird's aber im Gebiet um VOLOS/Pilion - Ge= birge. Zugleich Startpunkt für Trips in die SPORADEN, eine sehr loh= nende Inselgruppe in der nördlichen Ägäis. —

Südlich von THESSALONIKI geht die griech. Ostküste ziemlich flach ins Meer, — ein ganzer Schwung von Camping- Plätzen, allerdings ohne spe= ziell Bewegendes!

ANREISE—ALTERNATIVE: Wer ins Gebiet KASTORIA/Nordgriechenland will (bis= her von Touristen noch relativ wenig überlaufen!), fährt in Jugoslawien bereits 77 km hinter Skopije von der "Balkan- Autobahn" ab, Richtung BITOLA/Jugoslawien. Man sollte sich bereits schon die jugoslawische Seite der beiden Seen Prespansko Jez. und Ohridsko Jez. ansehen, die beide landschaftlich sehr schön sind. 3 Länder- Grenz= gebiet Jugoslawien, Albanien, Griechenland, — und bei NIKE über die jugosl./griech. Grenze. — Schöne Bergwanderungen auf dem Mt. Vitsi bei Floriana; Berghütte in 165 165o m. Schlüssel beim Club in Floriana, Dragoumi Str. 5o. — KASTORIA ist die lohnenste Stadt an der Strecke; billige Hotels: "Kalithea", 4 Artemidos (ca. 13 DM für's Doppel) und "Vaker", 45, 11th Noemvriou (ca. 13 DM/Doppel ohne Bad), — Tavernentips: "Mavrotissa" am See, Grill- Sachen oder "Omonia" (Mousaka probie= ren!). — Über Landstraßen kann man sich über die METEORA—KLÖSTER durchschlagen, braucht aber einige Zeit. —

KLARER FALL, daß die alten Griechen ihre Götter auf dem Olymp vermuteten, wenn berücksichtigt, daß der Berg sich häufig mit Wolken einhüllt. Götterboß ZEUS ver= teilte hier oben die göttliche Speise AMBROSIA und getrunken wurde NEKTAR, welches bitte nicht mit dem Zeug zu verwechseln ist, welches hier bei uns als verdün= nter Fruchtsaft angeboten wird! —

GOTTHEIT:	GELTUNGSBEREICH:	RÖMISCHER NAME:
Zeus	Boss	Jupiter
Hera	seine Frau	Juno
Athena	Weisheit, kluge Kriegsführung	Minerva
Artemis	für Natur zuständig + Mond	Diana
Aphrodite	Schönheit und Liebe	Venus
Demeter	Ackerbau	Ceres
Hestia	Hausangelegenheiten	Vesta
Apollon	Überwachung der Sitten, — Dichtkunst, Musik	Phoebus
Ares	Krieg	Mars
Hephaistos	Waffenschmied	Vulcan
Hermes	Götterbote, — Handel, Verkehr	Mercury
Poseidon	Gott des Meeres (Gehilfe:Aiolos=Windgott)	Neptun
Hades	Gott der Unterwelt(Gehilfe: Hund Cerberos)	Pluto

Olymp- Besteigung:
Ausgangspunkt ist das Dorf <u>LITOCHORON</u>, 5 km ab Autobahn. Der griechische Bergsteiger- Club ist am Kentriki Platia und hat Schlüssel und Infos zu den diversen Hütten.

<u>HOTELS</u> in Litochoron relativ teuer! B- Klasse und Preise umca. 45 DM/Doppel im "Leto" und "Olympia Zeus", — günstiger sind die C- und D- Klasse Hotels "Aphroditi" "Markissia", "Myrto" und "Park", die alle um die 25 - 32 DM liegen für's Doppel. ✳

<u>Beste Monate</u> für den Aufstieg: JUNI & JULI. — Daß man gute Schuhe braucht und warme Sachen für die kühleren Höhen, brauche ich wohl nicht extra erwähnen!

Ⓐ Hütte
Eine Forststraße führt ab Litochoron bis zur Stelle <u>PRIONIA</u>, von wo es noch ca. 2 1/2 Std. bis zur Hütte rauf sind. Die Hütte liegt in 2.1oo m Höhe, 22 km von Litochoron entfernt und hat Unterbringungsmög= lichkeit für 6o Personen. Oben gibts eine Quelle, ein Regenwasser- Reser= voir, Kochmöglichkeit und Heizung. 6o Betten mit Decken und Bezügen. Während der Sommermonate ist die Hütte bewirtschaftet.

✳ weiterhin: JUGENDHERBERGE, allerdings miese Toiletten

Der Aufstieg von PRIONIA (Erfrischungskiosk, kleiner Wasserfall) zur Hütte A geht durch einen Mischwald aus Buchen und Föhren und ist mit gutem Schuhwerk ohne Probleme zu begehen. Die Hütte gehört dem Alpinen Bergsteigerclub von Litochoron.

Von der Hütte "A" sind's noch ca. 3 Std. Anstieg zum 2917 m hohen <u>Gipfel MYTIKAS</u>, der letzte Teil nicht ungefährlich, da Steilwand!

Von der Hütte "A" aber auch in ca. 3 Std. rüber zur <u>HÜTTE "B"</u> auf der anderen Seite des Kammes. Hütte "B" liegt in 1.900 m Höhe, hat Schlafmöglichkeit für 50 Leute, sowie einen Skilift. Diese Hütte ist über eine Stichpiste ab Verbindung Katherini — Elasson erreicht, die über das Kloster M. Sparmou bis zur Hütte "B" führt. Hier oben trainiert die Ski-Mannschaft der griechischen Armee. Skilift und Schnee meist bis März, manchmal bis in den Mai hinein. Übernachtung in der Hütte angeblich nur mit Genehmigung der griech. Armee, die hier oben ihr Quartier eingerichtet hat (sicherheitshalber in Litochoron abchecken!). —

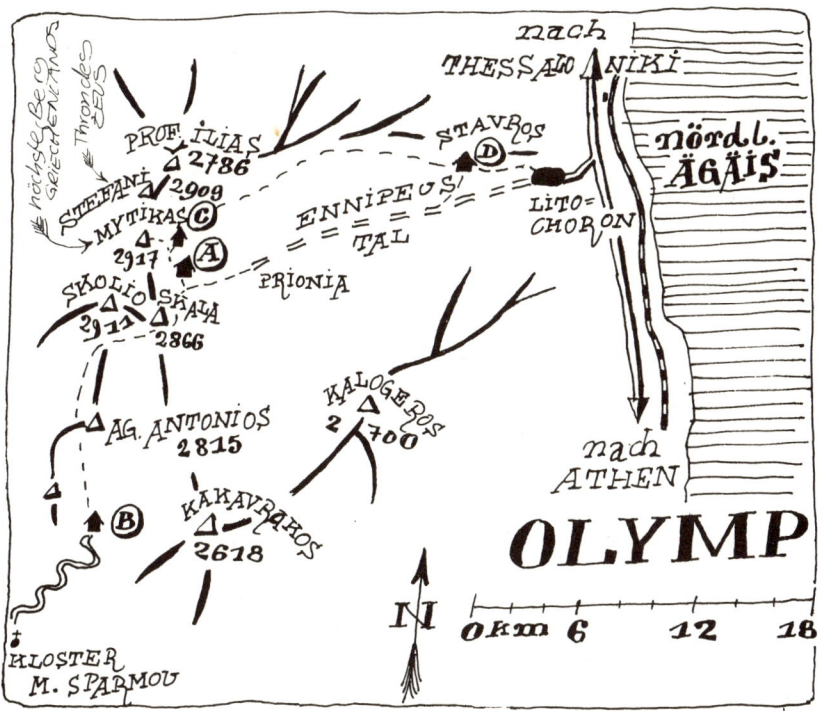

HÜTTE "D" liegt bei Stavros in 1000 m Höhe, etwa 1 1/2 Std. zu Fuß ab Litochoron. Eine Forststraße führt bis zur Hütte. Fassungsvermögen: 40 Personen; — Quelle, Elektrizität, Heizung, Feuerstelle, Kochmöglich= keit, 40 Betten mit Decken und Überzügen. Schlüssel und Info von der

Thessaloniki Fed. of Mountaineering and Skiing", 15, Karolou Dil Str.

HÜTTE "C" (King Paul) liegt in 2.760 m Höhe, direkt unterhalb des
Mytikas Gipfels. Entfernung zu Litochoron: 23 km , bzw. 1 1/2 Std.
zu Fuß von Hütte "A". Regenwasser- Reservoir, Küche, Heizung, 15 Bet=
ten mit Decken und Überzügen. Infos und Schlüssel bei der Katerini
Fed. of Mountaineering and Skiing, 8 Vassileos Konstantinou Str.

OLYMP—BESTEIGUNGEN sind Glückssache bezüglich des Wetters. Sehr
häufig hängen die fast 3.000- ender in Wolken, weil das Temperatur- und
Feuchtigkeitsgefälle der hohen Berge so nah am Meer einfach zu groß ist.
Für Olympbesteigungen früh aufstehen! Im Laufe des Tages fangen sich die
Gipfel Wolken ein*und sind nicht mehr zu sehen. Wer Glück hat: der Blick
von der Hütte "A", die auf einem Felsplateau oberhalb des Ennipeus- Tales
liegt, ist großartig! Die Hütte ist im Sommer bewirtet. Es empfiehlt sich
aber unbedingt vorher zu erkundigen, ob Platz in der Hütte ist, weil sie in
den Sommermonaten oft voll ist!! —

Das Gebiet des Ennipeus- Tales und die Olympgipfel sind Naturschutzge=
biet. Pflücken von Pflanzen verboten!

> ALTERNATIVSTRECKE zur Autobahnraserei Thessaloniki ⇒→ Athen, hinten um
> den Olymp herum. Stefan Braunwalder schreibt dazu:
>
> "Bei KATHERINI raus aus der Autobahn, durchs ganze Städchen durch in Richtung
> ELASSON. Nach ca. 20 km hört die asphaltierte Straße auf und die Schotterstraße steigt
> ziemlich steil, aber gut zu schaffen. Sogar ein Linienbus bis Agion Demetrion. Letzteres
> ein kleines Kaff, nicht viel zu sehen. Die schöne Strecke beginnt aber eigentlich erst
> da. Man hat links immer den Olymp im Blickfeld bis runter nach Elasson. Ganze Strecke
> ca. 50 km bis Elasson. Hier 2 D- Klassehotels ("Acropole" und "Olympion", je ca. 22
> DM für's Doppel)
>
> Ab Elasson entweder nach Larissa (auch Linienbus) oder wieder über nicht gerade opti=
> male Straßen über DESCARTE nach METEORA (ca. 50 km)."

MT. OSSA, ca. 30 km südlich der Olymp- Gipfel. Ebenfalls schöne Be=
steigungen. Berghütte bei KANALOS in 1.604 m Höhe, etwa 6 km ab dem
Dorf Spilia und ca. 42 km ab Larissa. Die Hütte fasst 100 Personen. Wegen
Details und Schlüssel zum Bergsteiger- Club in Larissa, Vassilissis Sophias
Street 15.

Die Autobahn biegt an dieser Stelle vom Meer ab und führt durch das
landschaftlich schöne TEMPLE—TAL, das auf der einen Seite durch den
KATO—OLYMPOS (Kleiner Olymp, oben schöner Bergsee!) und dem Mt.
Ossa begrenzt wird.

MAXIMALE Breite des Tales ca. 35 - 60 m! Entstanden durch ein riesiges Erdbeben
in Quartär, das einem See in der thessalischen Tiefebene den Ausfluß zum Meer er=
möglichte, als sich die Bergwände durch das Beben zu einer tiefen Spalte trennten.

Der altgriechische Geschichtsschreiber Herodot berichtet, daß die Thessalier dieses
Beben auf den Gott des Meeres und der Stürme (Naturgewalten, damit auch Gott der
Erdbeben) zurückführten. Auch in die griechische Sage des Kampfes der Götter und
Giganten ist dieses Naturereignis mit eingeflochten.

Während der Perserkriege (vergleiche auch unser Geschichtskapitel bei Sparta/Pelopon=

*besonders an heißen Tagen!

nes!) besetzten die Griechen mit 1o.ooo Mann zunächst das Temple- Tal, um den Zu= gang zu Thessalien zu sperren (48o v. Chr.), die Perser hatten aber, strategisch geschickt diese Schlucht umgangen und waren über die Abhänge des Olymp (Kato Olympos) beim Dorf Gonnos marschiert, — wie übrigens später auch die Deutschen im 2. Welt= krieg bei der Besetzung Griechenlands.

Strategisch war das Temple Tal ein wichtiger Zugang zwischen Thessalien und Meer; daher hatten sich u.a. auch die Kreuzfahrer Burgen in dieses Tal gebaut, um sich den Durchgang zu sichern.

An mehreren Stellen Parkplätze entlang der Autobahn. Hier kann man unten im Grün am Fluß schnell mal zwischendrin ein erfrischendes Bad nehmen!

Ambelakia:

schön gelegenes Dorf, hier Ende des 18. Jhd.s erste Produktionsgenossen= schaft Griechenlands, und zwar zwischen Spinnern und Färbern (viel Baumwoll- und Seidenindustrie in Ambelakia im 17. und 18. Jhd.).

Im Ort das "Schwartz- Haus" ansehen! Eines der wenigen Häuser, die aus der Zeit des früheren Reichtums des Ortes noch stehen. Innen Museum.

PÍLÍON:

Halbinsel bei <u>VOLOS,</u> — dicht bewaldet und sehr hübsche Bergdörfer.

Ideal zum Tauchen und Schwim= men: viele, kleine Sand/Kiesel- Buchten. Bei <u>ZAGORA</u>/Ost= küste Zentrum des Obstanbaus.

Volos:

wirtschaftliches Zentrum und Ausgangspunkt für den Pilion.

Rund 7o.ooo Einwohner, 32o km von Athen. Häufig am Tag Bus= verbindung nach Athen, ebenso zu den meisten der Pilion- Dörfer.

Von VOLOS, einem modernen und größerem Hafenort gehen die Fährverbindungen rüber zu den INSELN DER SPORADEN (sehr lohnend!). Details siehe dort. Während des Sommers mehrere Abfahrten, = aber auch auf der Strecke Volos — Trikeri/Südpilion, allerdings letztere Verbindung mit kleinerem Mini- Schiff, das nur sehr begrenzt PKW mit=

nehmen kann. *mehr über VOLOS* ≫ → Seite 141

Volos ist eine staubige, heiße Stadt mit wenig Reiz aber schöner Pilion=
kulisse am Horizont , Zementwerk im Süden, aber sehr schönen Vororten
an den Pilionhängen, z.B.

— Pilion →

ANO VOLOS (Bus), rund 600 m oberhalb von der Hafenstadt in Ruhe
und frischer Luft. Wie wir auf dem Tisch der Taverne neben der Dorfkir=
che uns ausruhten und in die Sonne blinzelten, trieb der Dorfpriester mit
schweren Glockenschlägen seine Schafe zusammen, und als die nicht wol=
lten (die Kirchengäste tröpfelten nur sehr spröde zum Gotteshaus) zog er
kräftiger an dem Glockenseil, wobei er sich den Schweiß von der Stirn
wischte. Übrigens: im Haus Kondos schöne Wandmalereien von Theophi=
los (siehe Lesbos!), heute Volks- Kunst- Museum.

*Die Hauptroute in den Pilion ab Volos läuft über PORTARIA (13 km ab
Volos):*

Touristisch, zugleich beliebte Sommerfrische für Griechen. Schöner Blick
über Volos, — noch viel besser hat uns jedoch MAKRINITZA gefallen, zu er=
reichen über eine kurze Stichpiste ab Portaria. In 750 m Höhe gelegen,
PKW auf Parkplatz vor Ortseingang abstellen. Riesige Platane auf dem
Dorfplatz, mehrere Kafenions und Tavernen und sagenhafter Rundblick
über die Bucht von Volos!

HOTELS:
Die Griech. Fremdenverkehrszentrale hat hier drei alte Pilionhäuser restauriert: sehr
gemütlich mit dicken Holzbalken an der Decke, Bohlenfußböden, schmale Stiegen und
von den meisten Zimmern sagenhafter Blick (wie aus dem Flugzeug!) auf den Golf von
Volos. Übernachtung im Doppelzimmer Hochsaison ca. 45 DM, allerdings frühzeitige
Buchung empfehlenswert, da z.Z. nur insgesamt 22 Zimmer in Makrinitza zu Verfügung
stehen! Wer weniger als 2 Tage bleibt, zahlt ca. 60 DM.
Reservierung: Hotel Xenia, Portaria/Volos, Griechenland, Tel.: (0421) 991 58
Wenn Makrinitza voll ist, eine ganze Reihe von Hotels in Portaria.

Der Berg, an den die Häuser von Makrinitza gebaut sind, ist teilweise so
steil, daß die Vorderfront der Häuser oft aus 3 Stockwerken, die Rück=
front aus nur 1 Stockwerk besteht! Der Höhenunterschied zwischen Kato-
Makrinitza und Ano- Makrinitza beträgt 300 m!

Aufstieg auf den PLIASIDI (1.549 m) von Makrinitza in
ca. 3 Stunden, bei klarem Wetter Rundblick über die Ebene
von Thessalien, bis rauf zu den Olympgipfeln, sowie auf die
Ostküste des Pilion. Der Pfad geht rüber bis Zagora.

Anfragen: Dimitriados Str. 94, Volos

HANIA (27 km ab Volos, Höhe ca. 1.200 m): Skizentrum mit 800 m
langem Lift im nahen Ort Agriolefkos mit Skihütte, die der Volos- Sektion
des Alpinen Clubs von Griechenland gehört (Übernachtungsmöglichkeit —
70 Personen). Von dem Skigebiet keine europäischen Rafinessen wie
Skizirkus etc. erwarten. — Im Sommer hier oben schöne Wanderungen.

Nach vielen Serpentinen auf der anderen Seite der Bergkette des Pilion:
ZAGORA , zwei größere Platzas mit Zypressen, Kafenion und weitem

Blick über die Ägeis. Rooms to let im Ort.

ZAGORA war im 17. und 18. Jhd. reichster Ort des Pilion. U.a. Tuchweber und reger
Schiffsverkehr ab Horefto, dem "Hafen"/Strand von Zagora. Viele Dichter, Freiheits-
kämpfer und Intellektuelle kamen aus Zagora.

Heute ist Zagora Zentrum des Obstanbaus. Die Einheimischen fahren mit
Mazdas und Toyota- Pickups durch den Ort, irgendwo haben wir auch eine
Land- Disko*entdeckt, die aber in der Natur nachts etwas deplaziert wirkte.
Taverne an der Stelle, wo es nach Horefto runtergeht: obwohl nur 19 km:
eine ewige Kurbelei, vorbei an Oliven und Obstbäumen zum Greifen nahe,
während der Erntezeit Ostkisten am Straßenrand aufgestapelt. Luftlinie
Zagora — Horefto dürften ca. 1 km sein!   *Düstere Disko zwischen
Obstkisten!

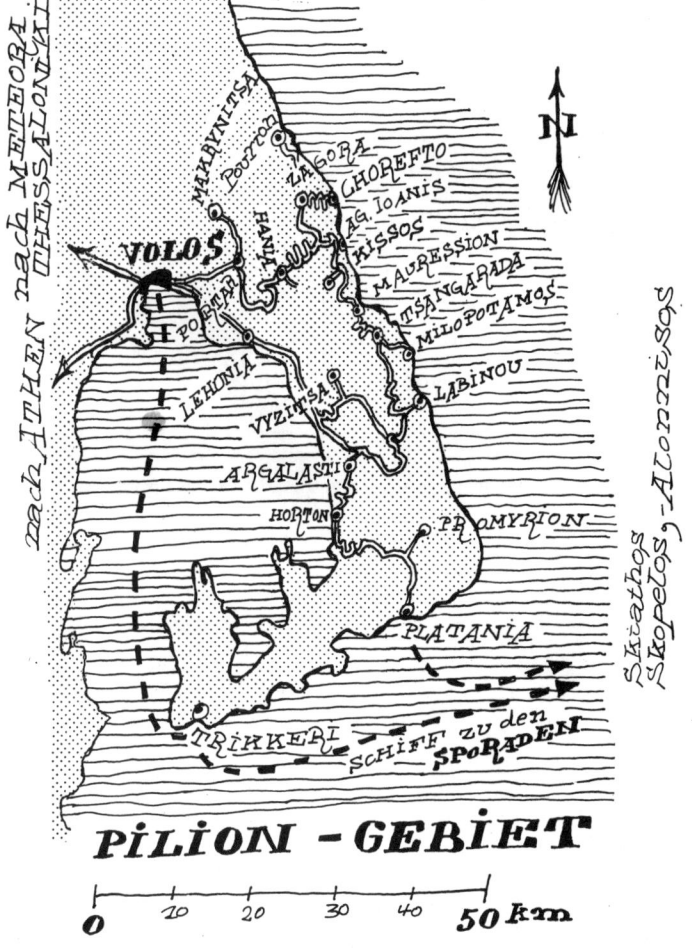

PILION - GEBIET

0   10   20   30   40   50 km

HOREFTO (auch Horefton oder Chorefto geschrieben). Der Ort besteht aus vielleicht 5o Häusern, schmaler Sandstrand. Nördlich des Ortes bis in den Ort hinein teils Sand, teils feiner Kiesel. Ziemlich steil und schnell tief, daher bei geringem Wind relativ kräftige Wellen.

ÜBERNACHTUNG:
Die beiden C- Klasse- Hotels "Katerina" oben in Zagora und "Marabu" auf halber Höhe am Hang mit schönem Meeresblick zwischen Zagora und Horefto. Doppel ca. 3o DM, relativ hoch für C- Klasse!

In Horefto: eine "ΔΩΜΑΤΙΑ " am südl. Ortsende am Strand (große Wackersteine), Doppel ca. 28 DM! Zusammen mit einem Camping- Platz, hat uns weniger überzeugt. Weiterhin eine recht angenehmes "ΞΕΝΟΔΞΕΙΩΝ " 3o - 35 DM, einfach aber ge= mütlich und sauber. Von den oberen Balkons Blick auf's Meer. Direkt am Strand und auch näher zu den Tavernen im Ort.

AGH. IOANIS: ist schon wesentlich touristischer, was Hoteleinrichtungen betrifft. Gleich unten am Ortseingang beim Strand war, − zumindest im letzten Jahr ein Schild quer über die Straße gespannt: "Welcome to Ag. Ioanis"!

Schmale Uferpromenade, an der sich das Leben abspielt: fast eine Taverne neben der anderen, teils mit Tamariken. Der Strand selber hat uns nicht sonderlich überzeugt: Sand (grob) teils mit Kies, kaum Schatten, zudem scheinen die Abwässer der Häuser hinter der Uferpromenade direkt ins Meer zu laufen.

ÜBERNACHTUNG:
"Aloe" Pseudorustikales Hotel, nach hinten versetzt (d.h. nur Teil der Zimmer mit Meeresblick, insgesamt aber passabel was Zimmerausstattung betrifft. B- Klasse, Doppel um die 55 DM, damit für Gebotenes relativ teuer. −

"Kelly", Ortseingang am Strand, unten mit Restaurant hat uns am besten gefallen, zu sammen mit dem danebenliegenden "Sofoklis" (selber Besitzer, beide C- Klasse). Moder= ner Neubau mit Meeresblick der Zimmer vornraus. Ca. 3o DM fürs Doppel.

Am südl. Ortsende ein Campingplatz. Kaum Schatten und auch vom Strand her we= nig reizvoll.

Ein ganzer Schwung c, D und E- Klasse Pensionen im Ort. Übernachtung zwischen 15 und 3o DM für's Doppel.

Im Sommer ist Ag. Ioanis sehr voll. Wenig Abwechslung außer Baden und Taverne. Verbindungsstraße (Asphalt) rauf zur Hauptstraße, die oben in ca. 3oo - 5oo m Höhe über dem Meer sich an den Hängen entlang- schlän= gelt. Dicht bewaldet, Kastanienbäume (Exportartikel!), Platanen- und Buchenwälder, Bäche, hübsche, kleine Dörfer und immer wieder Ausblicke auf das in der Sonne glitzernde Meer!

KISSOS: oben in den Bergen des Pilon, 1 km ab Hauptstraße. Hübsches Bergdorf. Domatia (Übernachtung) und mehrere Tavernen z.T. mit ge= mütlichen Weinranken. Kirche am Dorfplatz sehr lohnend! Deckengemälde Goldaltar. Vor der Kirche riesiger Baum mit Baunk drumrum. Im Baum Mulden, in die man sich reinlegen kann: sagenhafter Rundblick übers Meer und Pilionhäuser!

TSARANGADA: Sommerfrische über der Ägeis in den Bergen des Pilion. Höhe ca. 5oo m überm Meer. Angenehme Frische und Kühle hier oben, zum Strand "Milopotamos" ca. 8 km bzw. 15 Min. im Auto ans Meer runter.

ÜBERNACHTUNG:
Sehr gut hat uns die Pension "Kentavros" gefallen: im Ort Tsarangada mit gemütlichem Sitzplatz unter Weinreben, schöner Blick übers Meer. Schön zum Relaxen! Doppel ca. 43 DM .

"San Stefano " : schöner, gepflegter Garten, umzäunt und phantastischer Blick über die Pilion Hänge und Meer. Relaxing. Doppel ca. 43 DM.

"Xenia" am Ortseingang, teurer als San Stefano und Kentavros (ca. 47 DM), wobei diese uns besser gefielen.

Ein ganzer Schwung von Privatquartieren in Tsarangada und an der Strecke runter zum Milopotamosstrand. Viele mit schönem Blick vom Zimmerfenster.

MILOPOTAMOS: hellblauer Meerespool, Schnorcheln, kleine Buchten, weißer Sand und Kieselstrand. Kopfsprung von vornstehenden, 3 m- Fel= sen ins kristallklare Wasser. Einer der besten Strände des Ost- Pilion, — jedenfalls für's Auge!

Oben beim Parkplatz kleiner Imbiß- Kiosk und Mini- Taverne.
Allerdings ein Nachteil für Milopotamos: so gut wie kein Schatten..

Nach Tsangarada aufregende Serpentinenstrecke an fast senkrechten Ser= pentinenhängen, kärgere Vegetation, Erika, Buschwerk, bald wieder baum= reich.

Zwei Pisten runter an den KALAMAKI STRAND. Kalamaki ca. 3 km ab Hauptstraße. Dann wieder weitere ca. 5 - 6 km rotbrauner Schotter. Hart zu fahren!

KAIKI–BAU:
Nach alter Tradition wird zum Bau nur Hammer, Säge und Nägel verwendet. Der Boots= konstrukteur fertigt auch kei= nen Bauplan an, sondern ein kleines Modell- Schiffchen, an dem die Handwerker "Maß" nehmen. — Das Pilion- Gebiet ist für seine Schiffsbauer und Seefahrer be= rühmt! Nicht umsonst wurde die Sage der Argonautenfahrt hierhin verlegt, — nicht umsonst wurde in diesem Gebiet Achilleus ge= boren, einer der Helden der Fahrt rüber nach Troja/Kleinasien. —

Neben den genannten Hotels Übernachtungsmöglichkeiten Privat, beson= ders in den Dörfern am Strand. Es kann allerdings im Sommer schwierig werden, Zimmer zu finden, da das Pilion- Gebiet bei Griechen als Ferien= gebiet sehr beliebt ist. —

Der Pilion ist das Land der Zentauren, einer speziellen Mischung aus Mensch und Pferd. — Gleichzeitig spielt hier die Sage von der ARGONAUTENFAHRT: im fernen Land Kolchis (Schwarzmeer- Ostküste), so er= zählt die Sage, hing in einem heiligen Hain ein goldenes Vlies (Fell eines Widders). Viele Helden hatten bereits versucht, es zu erkämpfen, doch: ein wilder Drache bewachte das Stück und ließ niemanden ran. So entschloß sich JASON, ein thessalischer Königssohn, eine Expe= dition zu starten. Mit dabei: Kastor und Pollux, die Zwillingsbrüder, Herakles, der sich schon bei der Säuberung des Augias- Stalles bewährt hatte und Sohn des Gottes Zeus war, - Theseus, der Natio= nal- Held der Athener (weil er den kretischen Minotauros erschlagen hatte), sowie Orpheus, der so schön singen konnte, daß davon selbst die wildesten Tiere zahm wurden, — also genau die richtige Mannschaft, um den bösen Kolchis- Drachen zu überwältigen. — Nach vielen Abenteuern in Kolchis dann angekommen, wird ihnen vom dortigen König die Sonderauflage ge= macht, sein Feld mit 2 feuerspeienden Stieren zu pflügen. Jason verliebt sich in die Königstochter MEDEA, die über Zauberkräfte verfügt und die Stiere bändigt. Man heiratet und kehrt mit dem begehrten Fellstück in die Heimat zurück. In der Ehe wirken sich die Zauberkräfte Medeas aber nachteilig aus, sodaß er sich von ihr trennt. Sie tötet daraufhin die Kin= der und fährt auf einem Drachenwagen davon. —

Zentaur kratzt sich am Rücken

Pilion-Südspitze:

DIE SÜDSPITZE des Pilion ist per Straße zur Zeit nur bis PLATANIA zu erreichen. Ab hier fährt im Sommer ein Fischkutter bei genügend Be= darf täglich rüber zur Insel SKIATHOS an den Koukounaires Strand. Ab hier Busverbindung ca. alle 3o - 6o Min. rüber in den Hauptort Skiathos, der Schiffsverbindung mit Volos aber auch den Nachbarinseln Skopelos und Alonnisos besitzt.

Sehr schöne Strände. Relativ viel Wellensurf! Zeltplatz und Privatzimmer in Platania. Bus nach Volos 3 mal täglich.

TRIKKERI: an der Südwestspitze der Pilion- Halbinsel kann zur Zeit nur per Schiff (Volos — Trikkeri) erreicht werden; man ist aber am Bau einer Schotterstraße von Platania kommend. Vom kleinen Hafen Trikkeri (auch Ag. Kyriaki genannt) über einen steilen Schotterweg hinauf nach Trikerion (auch Trikeri genannt): noch viele ursprüngliche Pilion- Architektur. Über= nachtung in Privatquartieren. Sehr einfach aber gemütlich!

Pilion — Westküste:

Die WESTHÄNGE des Pilion fallen flacher ans Meer als die Ostküste. Viel Olivenanbau: im Wind silbrig glänzende Baumflächen an den Hängen.

Beliebteste Ferienorte: <u>AFYSSOS</u> und das im Olivenbaum- Garten liegende <u>KALA NERA.</u> Sehr gemütliche Strandpromenade mit Baumallee. Darunter Kafenions versteckt. Sehr relaxing. Der Strand durchschnittlich: Sand, braun, mit feinem Kies streckenweise durchsetzt. Sanft rein. Anlegestelle für Fischerboote.

ÜBERNACHTUNGEN:

In Kala Nera etwa 1o Hotels der C und D- Klasse, Doppel ca. 22 DM. Ein recht em= pfehlenswerter CAMPINGPLATZ ist "Camping Marina", in der Straßenbiegung der Hauptstraße nach Volos bei Km 17 (wird ab Volos gerechnet), bzw. beim Ort Gatzea. Großes Hinweisschild "Marina".

Der Campingplatz liegt in einem Olivenhain am Meer. Schöne Bademöglichkeit, wenn auch Fels, kleines Restaurant und weiter Blick auf's Meer. Pro Person ca. 3 DM, pro Wohnwagen/- Mobil etc. ca. 1, 2o DM, ebenso pro Zelt.

Transport ab Volos:

Fast alle Pilion- Dörfer werden ab Volos täglich erreicht:

① 2, Metamoforfosseos Street, beim Hafen (K.T.E.L.- Busse), ab hier zugleich die Linienbusse ins restliche Griechen= land, die * Athens- Line, — die * Larissa- Line und die * Lamia- Line.

② 24, Iassonos Street, beim Hafen und K.T.E.L.: die Busse der griechischen Eisenbahn.

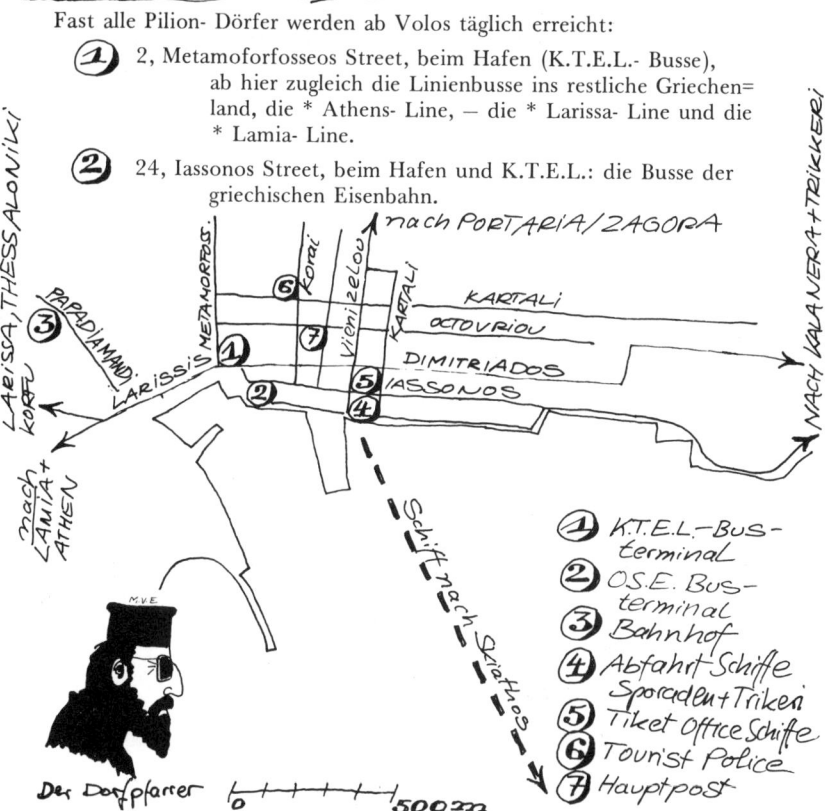

① K.T.E.L.-Bus-terminal
② O.S.E. Bus-terminal
③ Bahnhof
④ Abfahrt Schiffe Sporaden + Trikeri
⑤ Tiket Office Schiffe
⑥ Tourist Police
⑦ Hauptpost

Der Dorfpfarrer   0 |——————| 500m

Bahnhof: Verbindungen über Larissa nach Athen bzw. nach Kalambaka (bei Meteora), bzw. nach Thessaloniki.

Hafen: Abfahrt der Schiffe nach Skiathos, Skopelos, Alonnisos, mit Anschluß in Skiathos bzw. Alonnisos nach Skyros und Kymi

Wer mit eigenem Auto rüber auf die Sporaden will, sollte besonders im Hochsommer, bzw. zu den Osterhauptterminen möglichst früh in der Office seinen Platz buchen! Oft ist das Schiff voll. Weitere Daten siehe "Sporaden".

ÜBER DIE SPORADEN lässt sich ab VOLOS ein schöner Rundtrip legen: Volos — Skiathos — Skopelos — Alonissos — Kymi/Insel Euböa mit(beim Schiff) Bus- Direktanschluß runter nach Athen. (Oder noch die Insel Skyros mit einbauen!) In jedem Fall, wenn man die Zeit hat (ca. 1 - 2 Wo= chen mehr): wesentlich interessanter, als die Direktroute über die Volos—Athen- Schnellstraße! —

ÍNSEL EUBÖA :

Ob einem die Insel liegt, ist Geschmackssache. Das vielgerühmte CHAL= KIS jedenfalls und ERETREA hat mir persönlich nicht so gefallen.

Die Insel (2. größte Griechenlands, 180 km lang, 10 - 15 km breit) ist bergig mit viel Vegetation. Schönste Teile der Insel: die Bergstraßen um den Dirfys Mt., die Strecke rauf von Chalkis nach Agh. Ana, der extreme Nord- Teil, sowie der Süd- Teil. --

Der SÜDEN Euböas hat tägl. Fährverbindung mit Attica (z.B.: Marmari/ Insel Euböa nach Rafina/Festland) . Damit ließe sich die Thessaloniki — Athen- Route über Euböa variieren!

Gleichzeitig über KYMI/Ostküste der Insel Euböa: regelmäßige Fährverbin= dung rüber nach Insel Skyros, aber auch zu den Inseln Alonissos und zur Nordgriech. Insel Limnos. —

VERBINDUNGEN:

1.) GLYFA (zwischen Volos und Lamia) —➤ AGHIOS KABOS/Nord=
     Überfahrt: ca. 30 Minuten   euböa

2.) ARKITSA (Festland) —➤ LOUTRA EDIPSOU / Nordeuböa
     Überfahrt: ca. 1 Std., im Sommer täglich

3.) Bei CHALKIS: hier liegt die Insel so nahe am Festland, daß man
     per Brücke rüberfahren kann.

4.) SK. OROPOU (ca. 60 km ab Athen) —➤ ERETREA/Mitteleuböa
     Überfahrt: ca. 30 Minuten. Abfahrt etwa alle halben Stunden

5.) RAFINA (ca. 40 km ab Athen) —➤ MARMARI/Südeuböa
     Überfahrt: 1 Std. 10 Min. , ca. 18 mal pro Woche

Gleichzeitig ab Rafina/Festland: Fährverbindung rüber nach Styra und Karystos, beide Südeuböa

6.) KYMI (Insel Euböa, Ostküste) —➤ INSEL SKYROS
Überfahrt: 2 1/2 Std., im Sommer täglich

7.) KYMI (Insel Euböa, Ostküste) —➤ INSEL ALONISSOS
Überfahrt: ca. 3 Std., im Sommer ca. 3 mal pro Woche

8.) KYMI (Insel Euböa, Ostküste) —➤ INSEL LIMNOS & KAVALA/
Überfahrt bis Limnos: ca. 6 - 7 Std.,   Nordgr. Festland
bis Kavala je nach Strecke 11 - 13 Std. , 1 mal pro Woche

9.) Ab EUBÖA/Südküste rüber zu den Nachbarinseln Kea und Andros zur Zeit nur über den Umweg Rafina/Festland. Details siehe dort! —

Chalkis:

ca. 36.000 Einwohner, eine neu aufgebaute Stadt an der Meeresenge zum Festland ohne besonderen Reiz. Klein- Industrie drumrum, z.B. Zement= werke. Wichtigster Ort der Insel. Ausgangspunkt für die Busverbindungen auf der Insel. —

MIT DEM AUTO: ab Athen über die Thessaloniki- Schnellstraße/Abzweigung "Ritsona/Chalkis". Ab hier für die ca. 18 km bis Chalkis gebührenpflichtig. Oder über Landstraßen, landschaftlich lohnend: Schnellstraße nach Thessaloniki, Abzweigung Thieve/Morikion. Weiter über Landstraßen, — zuerst bis Morikion As= phalt, aber mit scharfkantigen Löchern, danach Erdpiste durch die Küstenberge runter nach Leukissia. Hier schöner Blick auf die bergige Insel Euböa; im Frühjahr hinter Chalkis die schneebedeckte Bergkuppe des Dirfis Oros. Asphalt die letzten Km bis Chalkis. —

EISENBAHN: ca. 9 mal tägl. ab Athen bis Chalkis. Kostet ca. 4,5 DM. Der Bahnhof liegt direkt an der Meeresenge bei der Brücke. Zum Busterminal Chalkis noch ca. 150 m

BUS: mehrmals täglich ab Athen. Abfahrt Athen: 260, Lission Street, zu erreichen mit dem Bus Nr. 62 ab Ecke Villara/Menandrou Street nähe Omonia Square. —

Die Stadt Chalkis ist weniger gemütlich: eine Art Mini- Athen mit vielen Hochhäusern. TOURIST—POLICE in der Hauptstraße ab Hafen (2, Kot= sou Str.), daneben Post und Telefon dicht zusammen. Viele Neubauske= lette, halb fertig, eine Marmorplatten- Fabrik. Atmosphäre wie in Indus= triestadt. Hinter der Stadt: karger, weißer Felsen mit wenig grünem Be= wuchs. Zementwerke, rostige Frachtschiffe, Tankstellen, Lager und Fa= brikhallen (z.B.: "Hellenit", Fabrik zur Herstellung von Beton- Röhren)

KANAL VON CHALKIS:
Strategisch schon bei den alten Griechen sehr wichtig. Die Umschiffung an der Ost= küste der Insel entlang war damals bei den kleinen Schiffen wegen Meeresströmungen und Winden, sowie Klippen sehr gefährlich. Die erste Brücke rüber zur Insel wurde 410 v. Chr. gebaut, — gleichzeitig verengte man den Kanal durch einen Deich, sodaß gerade ein einzelnes Schiff noch durch die freigelassene Öffnung passte. Finanziell bedeutete das Mehreinnahmen, strategisch: Überwachung der Flottenbewegungen.

Durch dieses "Loch", welches Titus Livius sehr richtig "Thermopylen des Meeres" nannte, ging dann das Gold von Thassos, thessalische Pferde und makedonisches Holz. (Sofern die Seemänner nicht die gefährliche Euböa- Umschiffung durch die offene Ägäis riskieren wollten!). Athen war sauer und der Begriff"böotisch" (Böotier= Leute aus der Gegend von Chalkis) bekam in Athen schnell einen schlechten Beige= schmack.

Einen Nachteil hatte allerdings die Chalkis—Durchfahrt: wegen der Gezeiten erreicht hier in der Meeresenge das Wasser Geschwindigkeiten bis zum 12 km/Std. Außerdem wechselt die Fließrichtung bis zu 7 mal pro Tag, — manchmal aber sogar 12 mal! Dieser Wechsel erfolgt innerhalb weniger Minuten und kann somit der Schiffahrt ge= fährlich sein. —

Gleich neben der BRÜCKE ist der Hafen mit relativ vielen Frachtschiffen. (Zement, Marmor, Holz). Direkt davor der BUSTERMINAL für die Insel= verbindungen. (ca. 2o m von der Brücke entfernt!). —

Chalkis — Athen: 88 km

— Kymi: 95 km

Chalkis ➤ Eretrea: **22 km**

Strecke wenig reizvoll. Gärten, viele Häuser im Gastarbeiter- Selbstbau-Stil, — anfangs um Chalkis Industrie, später Felder. Die Straße durchge= hend geteert und breit ausgebaut bis auf wenige Ortsdurchfahrten. —

Eretrea:

Vor dem Ortseingang zwei Hotelpaläste, die vorwiegend von Skandinaviern besucht werden. Strand hier: Kiesel, der aber vor dem Hotel mit Sand aufgefüllt ist. —

Der Ort selber hat wenig Abwechslung, die einem einen längeren Aufent= halt "versüßen" könnte: die Hauptstraße: Eisenwarengeschäft, Kolonial= warengeschäft. Außen: Olivenhaine, Felder, die relativ dicht bebaut sind, Agaven, — die STRÄNDE: vorwiegend Kiesel mit einigen Ausnahmen, aber schöner Blick auf die Berge des nahen Festlandes. —

FÄHRVERBINDUNG mit dem Festland:
Fast laufend mit "Roll on, roll off" - Fähren. Fahren ab, wenn das Schiff voll ist, d.h. im Durchschnitt alle 1/2 Std. Strecke: ERETREA — OROPOU. Überfahrt für mittleren PKW und 1 Person: ca. 12 DM. Weitere Person alleine: 3 DM. Die Überfahrt dauert ca. 3o Min.

An der Fähranlegestelle: Souvlaki- Stände, mehrere Souvenirshops mit den griech. Pullovern, Kafenions und Platanen. "Eretrea- Tours" verkauft Trips nach Delphi und Cap Sunion auf dem Festland, oder aber "Chalkis bei Nacht" (sicher sehr aufregend!!)

HALBINSEL: was aus der Olympic Airways- Maschine (Flug: Athen—Skiathos) hübsch aussieht, — ein Eretrea vorgelagertes Inselchen in tief= blauem Wasser, entpuppt sich als simpler Campingplatz. Rechts kleiner Bootshafen, links aufgeschüttet, um PKW's abzustellen; weniger schön. Auf der Halbinsel zwischen vielen Bäumen: Hütten im Bretter- Baracken= stil, — vermutlich für Leute, die "Camping" wollen, aber nicht mehr auf die Luftmatratze ins Zelt kriechen mögen. Im Sommer viel Rummel.

In der Nähe gibt's 2 Hotels, das "Delfis" (ca. 33 DM Doppel) und das
"Perigiali" (ca. 27 DM Doppel), beide moderne Hochhäuser am Meer.
Im nahen antiken Theater von Eretrea veranstalten im Sommer Studen=
ten klassische Drama- Aufführungen. —

Eretrea ⟶ Kymi: ca. 7o km

Bis LEPOURA am Meer entlang, dann quer durch die Insel an die Steil=
küste um Kymi. Landschaftlich eine der besten Stellen der Insel Euböa.

Ab Lepoura viel Weideland, Feigenbäume, Oliven und gelegentlich Pinien.
Sehr pastoral! Grieche auf Esel, hinten angebunden seine 1o Ziegen hin=
terhertrottend, mit dem Euter schwingend. Bald wird's sehr bergig und
für Griechenland fantastisch grün (zumindest im Mai, wie wir dawaren).
Irgendwie ist man mit Euböa wieder versöhnt nach den ersten etwas
langeweiligen Eindrücken an der Küste. *(mehrmals tägl. Busse ab*
Eretrea ca. ½ Std.)

Kymi

liegt sagenhaft am Hang zwischen Oliven ca. 5oo m über dem Meer. Run=
de Bergkuppen, Kegelformen und dazwischen reingehängt die Häuser.
Gleich hinter der Bergkuppe, die dann den Blick auf Kymi freigibt,
teilt sich die Straße auf. (griech. Wegweiser!) Beide Wege führen nach
Kymi, interessanter ist aber die Route links, die zuerst durch den oberen
Teil des Dorfes führt. Gleich am Ortseingang zwei Pensionen (ca. 14 DM
für's Doppel ohne Bad), die sagenhaften Blick über die Berge und das
Meer haben! Sehr zu empfehlen!

Kymi mit verschlängelten Straßen, einigen stilvollen Tavernen und Kafe=
nions, Tankstelle und Geschäfte. Am Hauptplatz: Billard- Salon und da=
neben O.T.E. - Station.

Runter an den Hafen:

durch die Olivengärten in endlosen Serpentinen. Sehr schmale Straße und
viel Vorsicht mit Gegenverkehr, da wenig Ausweichmöglichkeit. Fahrbe=
schränkung auf 3o km/Std.

der HAFEN/KYMI ohne besonderen Reiz. Ein paar Häuser am Wasser.
Bei gutem Wetter sieht man Skyros, die Nachbarinsel am Horizont.
Schiffsoffice direkt am Wasser, Haus Nr. 4o. Die Fahrpläne leider nur
in griech. Schrift, aber sehr freundliche Leute in der Office.

Auf der anderen Seite am Hafen ein Hotel mit Taverne, allerdings recht
teuer. Zum Baden ist's hier weniger geeignet. Kiesel, zwischen dem ab
und zu mal Sand leuchtet. Das Wasser allerdings recht klar. —

Busverbindung: Kymi — Hafen (Paralia Kymi): 1o Min. Fahrt. Es gibt
zum Anschluß der Schiffe auch eine Direktverbindung Kymi- Hafen ——
Athen. Ab Kymi die Routen zur Insel Skyros (tägl.), nach Alonissos
(ca. 3 mal pro Woche), nach Limnos und Kavala (1 mal pro Woche).
Daten für Sommer- Verkehr. Weitere Details bei den entsprechenden Inseln.

Sehr lohnend der Abstecher nach ANCIENT KYMI, allerdings eigenes Auto oder
Taxi nötig (retour ca. 23 km!). Fahrt am späten Nachmittag, schöner Rundblick !

PELOPONNES

Die griechische Hand mit den vier Fingern, von denen jeder etwas zu bieten hat: MANI mit dem weitverzweigten unterirdischen Wassersystem der Dirou- Höhle, wo ihr im Kahn zwischen den Tropfsteinen durchrudert, — die Turm- Dörfer der südlichen Mani, — MONEMVASSIA am Zeigefinger: ein riesiger Felsklotz im Meer mit Festung und schönen Altstadt- Gassen, — schöne Badebuchten und viel Archäologie auf dem Daumen; — der kleine Finger existiert auf der Hand leider nicht . . .

In der Handinnen- Fläche OLYMPIA, die antike Wettkampfstätte, wo noch heute das Feuer entzündet wird und das einsame BASSE mit dem wohl besterhaltenstem Tempel Griechenlands. Sportler können in den HADES runtertauchen und die diversen Touristen - Stoßtrupps lichten die Archä= ologie auf den Film. Und davon gibt's besonders auf der Peloponnes viel: KORINTH, MYKENE, EPIDAUROS, TIRYNS, SPARTA und MISTRA etc.

Wer auf sowas scharf ist, braucht nur den vollklimatisierten Touristenbussen zu folgen. —
Insgesamt ist die Peloponnes "entdeckt". Einsame Stellen zu finden, dürfte zumindest in der Hauptsaison schwierig werden. Auch in dem vielfach als "Geheimtip" propagierten Mani.

Trotz allem: ein sehr lohnendes Gebiet Griechenlands für Erlebnis-Ferien!

PATRAS:

Hier legen die Fährschiffe aus Italien an; eine im Zentrum recht hübsche griechische Provinzstadt, 112.000 Einwohner und Handelszentrum für die West- Peloponnes. Alles liegt hier am Hafen schön beieinander: direkt vis a vis der Bahnhof nach Olympia bzw. Athen, davor die Bus= abfahrt (ca. 15o m, Busterminal!), und: sehr existenziell in der Hauptsaison: die Tourist- **TOURIST - POLICE** Police. Offen bis 24 Uhr; die "Boys" in der Office zwar sehr hilfreich und mit Bergen von Prospekten ausgerüstet, aber mit leichtem Hang zur legeren Arroganz. Trotzdem: der erste Gang zu den Police- Boys, weil in der Hauptsaison die meisten Betten in Patras voll sind.

HOTELS: (Auswahl)

"Hotel Akropolis", direkt gegenüber vom Bahnhof mit kitschigen Bildern in der Lobby, modern aufgezogen mit viel Schwung, aber teuer: ca. 5o DM fürs Doppel.

"Astir" ebenfalls neben Bahnhof, ca. 6o DM für's Doppel.−

"Hotel Majestic" 67, Ag. Andreou hat eine ältere, etwas feudale Lobby mit Spiegeln und Glühbirnen - Leuchtern, ein zeimlich umfangreicher Bau vergangenen Jahrhun derten mit schmiedeisernen Vorbauten. Doppel mit Gemeinschaftsbad ca. 26 DM, mit Privatbad: ca. 5o DM.

"El Greco" in Odos Andrew's 145 , der ersten Parallelstraße zur Straße am Hafen. Ein modernes, sehr zu empfehlendes Hotel. Doppel ca. 23 DM mit Privatbad. Ohne Bad Doppel ca. 3o DM.−

"Esperia", etwas abseits vom Schuß, d.h. ca. 1o Min. ab Hafen zu Fuß, in der Jaimi No. 1o, aber sehr zu empfehlen! Sauber, ca. 3o DM ohne und ca. 35 DM mit eige= nem Bad für's Doppel.

BILLIGERE HOTELS: die meisten Patras - "D"- Klasse Hotels liegen in der Nähe des Haupt- Platzes beim Bahnhof. Daher bequem kurze Wege.
Am besten bei der Tourist - Police fragen. Die haben eine Liste. Es gibt in Patras rund 12 Hotels der D- Klasse (Doppel ca. 16 DM) und ca. 3 Hotels der E- Klasse (Doppel um 14 DM). −

Verbindungen:

BUSSE nach Athen: ca. 2o mal am Tag, Abfahrten fast stündlich. Kostet um die 18 DM und ist geringfügig teurer als der Zug, diesem aber vorzuziehen! Fahrzeit ca. 3 1/2 Stunden. Strecke: entlang des Kolpos Korinthos und über die Brücke über den Kanal von Korinth. Danach landschaftlich schön entlang der Bucht von Salamis!

BUSSE nach Rion/Fähre über den Kolpos Korinthos nach Antirion. Nr. 6. Häufige Abfahrten. Dort Anschluß an einen Bus über Itea nach Delphi. Anderer Bus ab An= tirion rauf nach Ioannina, Igoumenitsa.

BUSSE: häufig runter nach Pirgos, Kalamata.

ZUG: nach Kalamata: 3 - 4 Expresszüge pro Tag. Über Pirgos.

    nach Olympia: 1 mal pro Tag direkt, Fahrtzeit ca. 3 Stunden, − oder mit
                 Umsteigen über Pirgos: 8 mal am Tag, sowie Pirgos − Olym=
                 pia: 6 mal am Tag. Gesamte Strecke ca. 1o DM.

    nach Kalavrita: 5 mal am Tag, ca. 7 DM
    nach Athen: etwa 7 mal am Tag, davon ca. 4 Expresszüge. Die brauchen
                 regulär 4 Stunden, − zu Stoßzeiten aber bis zu 6 Std., wenn
                 zuviele Waggons angehängt wurden.

Schiffe ab Patras:

Dutzende von Buchungsbüros für die Schiffe nach ITALIEN sind wie die Pilze nach lauem Sommerregen aus dem Boden geschossen. Bereits schon weit vor der Stadt an der Einfallsstraße 3 Stück. Die meisten aber direkt am Hafen bei der Abfahrt der Schiffe. Alle Details über Fahrthäufigkeit und Routen im Einleitungskapitel dieses Buches!

SCHIFFE➤➤ IONISCHE   INSELN:
zur Zeit verkehren 3 Fährschiffe, alle täglich (im Sommer):

GENERALAGENTUREN:

* Othonos Amalias Nr. 6: "IONIS", täglich nach Sami/Insel Kefallonia und nach Vathi/Insel Ithaki. Gelegentlich auch nach Paxi und Insel Korfu (2 - 3 mal pro Woche).

* Othonos Amalias Nr. 12: "ARGOSTOLI", nach Sami/Kefallonia täglich

* Othonos Amalias Nr. 14: "KEFALLONIA", täglich nach Sami/Kefallonia

Achaia Klaus, etwa 8 km landein von Patras. Hier liegen die Weinkel lereien der gleichnamigen Firma, die ihre Flaschen über ganz Griechenland vertreibt. Kann besucht werden, wobei ein Wein- Testen eingeschlossen ist.

Bergsteigen: der "Hellenic Alpine Club" hat zwei Schutzhütten auf dem Mt. Panachaikon (bei Psarthi, 15oo m) und bei Prassoudi (18oo m). Informationen in der 29, Pandanassis Str., Patras. —

Camping: bei Agia , ca. 5 km nördlich ab Hafen am Meer entlang, das ganze Jahr über offen, — der "Camping Koralli Beach" in Rododafni, 4 km von Egion (nur im Sommer offen, 1. Juni bis 3o. September), — "Camping Rion", ca. 8 km nördlich von Patras (Hauptstraße Ri. Athen nehmen, aber bei Rion runter), offen das ganze Jahr über, — ein weiterer in Rion, aber nur vom 1.4. bis 31. 1o. offen und "Camping Engali Beach" 16 km von Egion, offen Anfang Juni bis 3o. Sept. —

PATRAS → ATHEN: 219 km

Durchgehende Autobahn, die schön am Golf von Korinth entlangführt.
Viele Olivenbäume, Zypressen und mehrere gute Bademöglichkeiten bis

Abstecher nach KALAURITA machen !
Lohnt sich ! —

Korinth,

hat eine sagenhafte Lage am Golf und schöne Haupt- Straße, durch die
sich im Hochsommer aber Schlangen von Klima- Pullman- Bussen der
diversen Tours wühlen, denn das antike Korinth mit seinen Ausgrabung=
gen liegt nahe:

PALEA KORINTHOS liegt ca. 6 km westlich. Bereits zur Steinzeit bewohnt (5ooo
v. Chr.); die Stadt, so wie man die heutigen Reste aber sieht, ist ca. looo v. Chr.
angelegt worden. Damals eine der schönsten Städte des antiken Griechenlands.
Die Lage der Stadt war damals wirtschaftlich optimal: für die Segelschiffe war die
Umfahrt ums oft stürmige Peloponnes- Cap gefährlich, zudem eine unnötige Waren=
transportverzögerung. So hat man einfach die Waren über den nur ca. 4 km breiten
Istmus von Korinth transportiert. Die Stadt kontrollierte den Vorgang.

Um 3oo v. Chr. war Korinth die wohlhabenste Stadt Griechenlands. Unter anderem
gabs damals hier auch die besten Freuden- Damen der Antike. Etwa 146 v. Chr.
wurde die Stadt von römischen Truppen fast dem Erdboden gleichgemacht, jedoch
von Julius Cäsar ca. 4o v. Chr. wiederaufgebaut. Daher seht ihr im Ruinengelände
vorwiegend römische Delikte und nicht griechische.

Die SAGE erzählt übrigens, daß SISYPHUS Korinth gegründet haben soll, der wegen
Gotteslästerung in den Hades (=Hölle) gesteckt wurde und dort große Steins- Trümmer
einen Berg raufschieben durfte, von dem sie immer wieder runterrollten.
Eine andere "Sisyphus - Aufgabe" bestand darin, einen See mit einem Löffel auszu=
löffeln, doch leider hatte der Löffel viele Löcher. —

ALT—KORINTH wurde durch ein großes Erdbeben erheblich in Mitleidenschaft ge=
zogen, sodaß man die Häuser an den Platz des heutigen Korinths verlegte. Ein weiteres
Erdbeben im Jahr 1928 legte eine Reihe Häuser in Neu- Korinth flach, sodaß man dort
relativ viele moderne Gebäude findet.

HOTELS: "Kypselos", 41 G. Theotoki, B- Klasse (ca. 35 DM Doppel),— mehrere
C- Klasse Hotels im Ortszentrum (Doppel ca. 2o - 3o DM),– BILLIG: das "Embori=
kon", 3 Dervenakion (ca. 18 DM Doppel). — "Byron" gegenüber Bahnhof (ca. 2o DM)

BUSVERBINDUNG ca. 1o mal am Tag (im Sommer) zwischen Korinth und Palea-
Korinth. — Wer mit eigenem Auto fährt: ab Korinth am Meer entlang auf der Land=
straße Richtung Patras. Nach ca. 2 km Abzweigung links nehmen; ist ausgeschildert.

Die Ruinen von ALT—KORINTH sind im Hochsommer knallvoll von
Touristen, daß man sehr häufig vor dem Eingang keinen Parkplatz mehr
findet. Wer die Ruinen besucht, sollte sich vorher in den diversen Archä=
ologie- Büchern bez. Background einlesen oder einem Touristenführer
mitlaufen, denn die Sache ist für's Auge nicht so spektakulär, wie z.B.
Delphi, die Akropolis in Athen oder Mykene/Peloponnes. —

AUTOBAHNGEBÜHREN:
        Patras — Korinth: PKW ca. 2,oo DM
        Korinth —Athen: "   " 2,5o DM

Wer von Patras kommend keinen Zwischenstop in Korinth machen will,
folgt der Autobahn und landet direkt am KANAL VON KORINTH:

direkt davor Parkplätze, Restaurants und sogar Hotels! Lohnt sich trotz= dem mal kurz zu stoppen; die Stahlgitter- Brücke schwankt, wenn schwe= re LKW's drüberfahren und es ist schön, die Schiffe im Kanal zu beobach= ten, wenn sich ihre Kielwellen an den Kanalwänden brechen!

KANALBAU: erste Versuche, den tiefen Bergeinschnitt durchzubrechen bei den Rö= mern; − Nero beteiligte sich mit einer goldenen Axt. Aber die zu bewältigenden Schwierigkeiten benötigten die Technologie des Industrie- Zeitalters. Fertigstellung 1893. Am besten erlebt man dieses damalig wirklich erstaunliche Werk vom Schiff aus (z.B. bei der Fahrt von Venedig nach Piräus mit der Neptunia!). Erhebliche Mengen weichen Steins waren mit der Hand aus dem Berg rauszukratzen! −

Nach ATHEN ab dem Kanal noch ca. 9o km auf gut ausgebauter Auto= bahn, die sich schön an den Berghängen bis kurz vor Perma schlängelt und dann die Bucht bei Piräus abkürzt. VORSICHT: jedesmal, wenn ich die Strecke fuhr, standen unter der Brücke für die Abzweigung MEGARA Polizei- Autos, die die Geschwindigkeit checkten!! −

PATRAS → SÜDPELOPONNES:

Der Hafen PATRAS ist guter Ausgangspunkt für Peloponnes- Trips! Die meisten Sachen wie z.B. OLYMPIA (was man auch ohne Archäologie- Fan zu sein gesehen haben sollte!), die Landspitze von KILLINI mit ihren lan= gen Sand- Dünen und MANI. Gute Straßen - und Busverbindungen!−

PATRAS − PIRGOS: 1o2 km
        − OLYMPIA: 17o km

Gut ausgebaut, bis Pirgos durchs Flachland und relativ schnell. Der "Haus-Strand" von Patras kommt nach ca. 4 km ab Hafen an der Straße nach Pirgos: (direkt nach dem Ortsausgangs- Schild und nachdem eine Bahn= schranke überquert wird): geht recht flach rein, und die Griechen setzen sich ins Wasser und beschmieren sich mit dem Schlick des Bodens um schwarz wie Neger am Strand rumzulaufen. Ein paar Bäume am Meer, wo man den Wagen in den Schatten stellen kann. −

KILLINI− LANDSPITZE:

Kilometerlange Sandstrände, − durchaus ebenbürtig dem, was man von Sylt oder anderen Ost- bzw. Nordfriesischen Inseln gewohnt ist. Mit die längsten und besten Sandstrände Griechenlands. Sozusagen touristisches Neuland, in dem bisher nur einige wenige, aber komfortable Hotels stehen.

Ideal für Leute, die einfach nur ausspannen wollen am Strand, - mit Kin= dern z.B. die ihre Sandburgen bauen. −

Abzweigung von der Patras − Pirgos - Straße etwa auf halber Strecke. Das Hinterland der Strände ist eher ländlich mit Dörfern, die schon be= achtlich viel deutsche Aufschriften aufweisen können!

HOTELS:

Das "KILLINI−GOLDEN BEACH": seit der ADAC dieses und das "Miramar" groß propagiert hat, "urlauben" hier vorwiegend Deutsche. Das "Killini- Beach" ist ein modernes Hotel, freundlich, − etwa das, was man sich unter einem umfangreicheren Strandhotel der besseren Klasse in der BRD vorstellt. Liegt oberhalb des Meeres in

den Dünen, hat Swimming Pool und weitläufiges, bisher unbebautes Gelände drum
herum, weiter landeinwärts steigen die Hügelberge an. (die aber wenig Interessantes
außer "Blumen- Pflücken" im Frühjahr bieten). An SPORT: Wasserski, Wind-Surfing,
Tennis und Ping Pong, sowie Mini- Golf. Taxitrips nach Olympia sind deftig teuer;
besser mietet man sich ein Auto (pro Tag ca. 6o DM + Km + event. Vollkaskovers.+
Benzin)

Das "Killini- Beach" ist das nördlichste der Hotels; weiter im Süden liegt
der Ort LOUTRA KILLINI, ein Thermalbad, welches mit u.a. Staatsgel=
dern "aufgepäppelt" wurde: breite Asphaltstraßen durch die Kiefern-
bestandene Dünenlandschaft am Meer. Der Strand (kilometerlang Sand!)
ist wirklich o.K., — über die moderne Hotelarchitektur dazwischen lässt
sich geteilter Meinung sein! Die Atmosphäre: "vorfabrizierte Ferien"!
2 Hotels der Klasse 'A' und 'D', beide etwas trist mit steriler Lobby-
Atmosphäre

CAMPING LOUTRA KILLINI: neu und modern vom Architekten mit dem Li=
neal in die Landschaft gezirkelt. Das bedeutet in der Praxis: der PKW steht auf
eigenem kleinen Asphalt- Parkplatz, die Zelte oder Caravans daneben in "wohldurch=
dachtem" verschachtelten Schema.

Eine Schotterstraße führt ca. 1 km rüber zu kleinerem Dorf am Meer,
das aber mehr Touristen- Feriencharakter, als echte griechische Atmos=
phäre bringt. Die paar Tavernen am Wasser voll von Touristen; einige
Häuser in den Dünen werden privat vermietet. Wieder schöne Sand=
bucht.

FAZIT: zum BADEN ist dieser Peloponnes- Teil Top! Zu empfehlen
für Familien, die bequem im Flug & Hotel - Arrangement verschiede=
ner Reiseveranstalter runterfliegen wollen. Bezüglich Archäologie - Trips
(Olympia z.B. oder Delphi) sollte man sich aber besser über die Re=
zeption im Hotel einen Mietwagen besorgen und kein Taxi nehmen! —

INSEL ZAKYNTHOS:
Ich war selber noch nicht drüben, hörte aber aus verschiedenen Be=
richten, daß die Insel sehr schön sein soll, mit guten Sandstränden,
viel Vegetation, — eine der schönsten Inseln der 7 Ionischen Inseln.

VERBINDUNGEN:
4 mal pro Woche mit Olympic Airways - Propeller, ca. 1 Std. ab Athen.
Täglich mit dem Fährboot ab Killini, welches Bus und Zugverbindung
zur Abfahrt der Schiffe ab Patras hat.
Killini — Insel Zakynthos kostet pro Person ca. 7 DM, pro Auto bei
mittlerer Größe ca. 3o DM. Im Sommer fahren 3 Schiffe pro Tag,
Überfahrt ca. 1 Std.

Der ADAC und der Berliner Flugring fliegen den Airport von ANDRA=
VIDA direkt an. Liegt ca. 3o km nördlich des Killini Beach. — Das
3. Hotel in diesem Bereich ist das "Miramar Beach", weiter südlich
an der Straße Patras — Pirgos mit ca. 1o km Stichstraßenabzweigung
ans Meer.

Zusammen mit dem Killini - Beach bestes Hotel im Bereich; vorwiegend Deutsche,
modern und gute Sandstrände. Im Gelände verstreut: Bungalows mit Zufahrtswe=
gen, — sowie Hauptgebäude mit Eßräumen und weiteren Hotelzimmern. Die nahen

Dörfer allerdings vom Tourismus schon recht "aufgesogen"; wer typisch griechische Atmosphäre sucht, sollte sich einen PKW mieten und weiter landein fahren! —

Pirgos,
kleiner als Patras, Knotenpunkt für diesen Teil der Peloponnes. Nach Olympia: 21 km, — nach Tripolis: 152 km. —

OLYMPIA:
Die antike Wettkampfstätte: eine der schönsten antiken Stellen der Peloponnes! Schön unter Kiefern gelegen! Noch relativ viel zu sehen: das Stadium, viele Säulen- Trümmer, das Palästra (wiederaufgerichtet, einstige Übungsstätte der Wettkämpfer) und anderes.

Die OLYMPISCHEN WETTKÄMPFE wurden erstmalig im Jahre 776 v. Chr. abge= halten und über 12oo Jahre durchgeführt. An den Wettkämpfen der Antike durften nur Männer teilnehmen; Frauen war sogar unter Todesstrafe verboten, nur zuzusehen!

Mythologisch soll HERAKLES der Gründer gewesen sein und die 12 Olymp- Götter die ersten Wettkämpfer. Die Forschung hat herausgefunden, daß bereits 15oo v. Chr. die ersten Kämpfe abgehalten worden waren, die aber nur von lokaler Bedeutung waren.

Die Spiele von 776 v. Chr. waren dann die ersten mit "panhellenistischem" Charakter. Wurden auch damals alle 4 Jahre abgehalten und entwickelten sich bald zu dem wich= tigsten Ereignis in Griechenland. Wer bei den Spielen den Lorbeer- Kranz bekam, war ein "gemachter Mann" vom Finanziellen her, — vergleichbar mit den heutigen Spielen!

In eigener Sache :

Es liegt in der Natur der Dinge, daß bei einer solchen Fülle an Informatio= nen, wie sie dieses Buch enthält (über den Daumen gepeilt runde 1o ooo!!) sich im Lauf eines Jahres einiges ändern kann.

Deshalb bitte ich euch, mir diese Abweichungen mitzuteilen. Wer mir an= sonsten irgendwelche ausgefallenen Tips, wie neue Routen, schöne Hotels mit viel Atmosphäre oder ähnliches schickt, wird bei der Neuauflage die= ses Buches im Text namentlich zitiert.

Bitte schreibt mir, ich freue mich über jeden brauchbaren Tip, weil ich wichtig finde, daß man nicht irgendein blödes Laberbuch, wie leider so viele Reiseführer mit sich schleppt, sondern etwas, was wirklich nützlich und hilfreich ist! —

Martin Velbinger
Feichthofstr. 49
D — 8000 München 6o

Abgehalten wurden die Spiele zwischen Ende Juli und Anfang September. Herolde verkündeten Einladungen zu den Spielen in ganz Griechenland und seinen Kolonien und erklärten gleichzeitig den Landfrieden (EKECHEIRIA), der für die Zeit der Spie= le über ganz Griechenland liegen sollte. Die Wettkämpfer trafen ca. einen Monat vor Beginn der Spiele in Olympia ein, um vorzutrainieren. —

Die Spiele waren bald so beliebt, daß Tausende von Menschen nach Olympia ström= ten, um den Spielen beizuwohnen. Neben den Zuschauern kamen auch die Händler, die Taschendiebe, die Künstler und die Politiker. Die wichtigsten Wettkämpfe waren damals der Stadions - Lauf, der Dauerlauf ("delikos") und der Fünfkampf. Weiter= hin ein Wagenrennen und der Wettlauf in voller Rüstung. Während es anfangs nur wichtig war, "teilgenommen zu haben", wurde es recht bald wichtig, wer der Sieger war, denn diesem winkten neben dem Siegerkranz viele Vergünstigungen. —

Etwa 4oo v. Chr. löste das Berufs- Sportlertum die Amateure ab, — 67 v. Chr. betei= ligte sich der römische, selbstgefällige Kaiser Nero an den Wettkämpfen mit der Ab= sicht, gleich 7 Disziplinen zu seinem Ruhm zu entscheiden, — und 393 n. Chr. wur= den die Kämpfe wegen heidnischen Charakters abgeschafft.

AUSGEGRABEN von Baron Pierre de Coubertin in der Neuzeit und erstmalig wieder= veranstaltet im Jahre 1896 in Athen. Knappe 1oo Jahre seit "Wiederbelebung" scheint die olympische Idee wieder einzuschlafen; — Daume putzt die Klinken.

In Olympia jede Menge Hotels von A- Klasse angefangen, und selbst die D- und E- Klasse - Hotels noch relativ teuer. Besser fährt man weiter und sucht sich wo anders ein billigeres Hotel: wer rüber will in den Ostteil der Peloponnes (Mykene, Epidauros etc.) hat noch ca. 13o km Bergstraße (ca. 2 1/2 bis 3 Std.) rüber nach TRIPOLIS in Arkadien, eine recht langweilige Stadt, die aber preiswertere Hotels hat.

Olympia selber hat einen Camping- Platz, der aber naturgemäß im Hoch= sommer oft überlaufen ist und eine Jugendherberge. —

Über die Wettkampfstätten selber Beschreibungen in den diversen Kunst‾ und Archäologie- Reiseführern. Ebenso gibt's eine Zusammenfassung im Prospekt der gr. Fremdenverkehrs- Werbung. Hier noch einige ergänzende interessante Details: gleich beim Eingang steht ein kleiner, moderner Altar, an dem das olympische Feuer für die Spiele der Neuzeit entzündet wird und per Stafettenläufer in die jeweilige Austragungs- Stadt gebracht wird. Das Olympia der Antike war zugleich ein Heiligtum; vor Beginn der da= maligen Spiele wurde Zeus ein Opfer gebracht, — und außerdem die von den einzelnen Städten mitge= brachten Geschenke in einem speziellen Schatz=

haus gestapelt. – Im Stadion könnt ihr noch die Startblöcke der Läufer sehen. Es fasste in der heute zu sehenen Form (Zustand der Zeit vom 4. Jhd. v. Chr) ca. 45.000 Zuschauer, eine für damalige Zeiten beacht= liche Masse! Die südliche Böschung wurde in der Neuzeit restauriert, d.h. mit modernen Bulldozern aufgeschüttet. Die meisten der Tempelanlagen und sonstigen Gebäude war durch Erdbeben und angeschwemmte Erd= massen eingestürzt, – die gesamte Anlage von einer 3 – 6 m hohen Ge= steins- und Schlammschicht bedeckt. Der Forscher Richard Chandler ent= deckte Olympia 1766: die Wand des Tempels ragte aus den Schwemm- Massen des Flusses heraus. Ausgrabungen durch die Deutschen in der Zeit von 1875 – 1881, gleichzeitig wurde die Anlage mit Pinien bepflanzt. Zweite Ausgrabungsperiode seit 1936.–

καλός καί αγαθος (schön und weise) lautete die Philosophie der alten Griechen: eine Harmonie von Körper und Geist, eine Lebensmaxime, für die die Olympischen Spiele der Antike (zumindest in ihrer Anfangszeit) ein wichtiger Bestandteil waren. –

WEITER IN DEN SÜDEN:

Die meisten der Tours- Busse *machen den Rundtrip: Olympia – rüber nach Nafplion mit Mycene und Tiryns – Theater von Epidauros – Korinth, fahren also von OLYMPIA die bereits beschriebene Strecke rüber über Tripolis. (+S. 176 f.f.)*

Wer sich aber für mehr als Archäologie interessiert, sollte tiefer in den Süden fahren. Eigenes Auto sehr zu empfehlen, aber auch gute Busverb. –

RUNDTRIP–MÖGLICHKEITEN:

⊗ *Olympia – Mani- Halbinsel – Githion – Monemvassia – Mycene – Korinth Man sollte mindestens 1 1/2 Wochen Zeit haben, besser aber 2 Wochen.*

Oder:

⊗ *Olympia – Kalamata – Sparta/Mistra – Mycene – Korinth, die kürzere Route für die man ca. 1 Woche braucht.*

⊗ *Ab GITHION: Fährverbindung rüber nach KRETA! Eine bisher noch recht unbekannte Sache. Praktisch möglich: Anreise über Italien nach Patras und durch die Peloponnes über Olympia und Mani runter nach Kreta. –*

(S. 166!)

Ist der Wagen nicht o.K., fragen Sie ADAC.

KILOMETERLANGE SANDSTRÄNDE südlich von Pirgos bis runter
nach Kirparissa! Die Straße ist gut ausgebaut und führt meist in 1 - 2 km
Entfernung am Meer entlang. Stichstraßen an's Wasser. Wer von Olympia
kommt, kann übrigens abkürzen über Krestena.

Schöner Thermal- See bei LOUTRA KAIFA, kiefernumstanden direkt
links neben der Straße, wenn man in den Süden fährt. Im See zwei pink=
farbige Gebäude; eine Brücke führt rüber. Hier am Eingang, sowie an
späteren Stellen schöne Plätze zum VW-Bus- Abstellen! —

Wer Zeit hat, dem empfehle ich unbedingt den Abstecher zum
TEMPEL VON BASSÄ (ab Pirgos ca. 5o km), in wilder Berglandschaft
einsam gelegen, über dem häufig Adler kreisen. Er ist einer der besterhal=
tensten Tempel Griechenlands! Die ziemlich miese Schotter- Serpentinen=
Bergpiste in die Berge des Oros Minthi hält einen gewissen Prozentsatz
an Touristen von diesem Trip ab. Zu empfehlen: Süßigkeiten mitnehmen,
denn die Kinder hier oben machen sich einen Sport, Touristen-Autos mit
Steinen zu bewerfen, wenn keine Drachmen oder Bonbons abspringen.
Die Leute hier oben sehr arm! —

BASSÄ erreicht ihr über die Straße ab Krestena, die später dann bei Me=
galopolis auf die Straße "Kalamata—Tripolis—Korinth" trifft. Außerdem
wird das sehr malerische Bergnest KARYTAINA berührt.

TIP: wenn ihr ab Olympia wieder zurück nach Korinth oder Athen
wollt: fahrt nicht über die Direktstraße/Tripolis, sondern die Strecke über
Bassä—Karytaina — Tripolis. Landschaftlich wohl eine der schönsten
Stellen der Peloponnes!! —

Karytaina:
Ein ungemein hübsches Bergdorf, das von weitem in seiner Silouette an
die Dörfer der Provence/Südfrankreich erinnert. Rauf über eine enge
Zick-zackstraße, im Dorf selber mit seinen engen Gassen und Cafes viel=
leicht noch 1ooo Einwohner. Es gibt ein kleines Hotel am Ortseingang
dessen Balkons in die offene Luft des Tales hinausragen; innen viel
Holz und Malereien an der Wand von dem Großvater des Königs Kon=
stantin gepinselt! — Über dem Dorf auf der Bergspitze ein fränkisches
Kastell (Aufstieg ca. 1o Min.) mit schönem Rundblick über das Tal.

Die STRECKE RÜBER NACH MEGALOPOLIS ist landschaftlich
sehr reizvoll; weite Hügel mit Pinienwäldern, grüne Täler und Zypressen=
haine. Viele schöne Dörfer! Arkadien, wie man es eingerahmt als
Landschaftsgemälde aufhängen könnte! —

Megalopolis,
eine moderne Kleinstadt ohne größeren Reiz, ca. 34 km südlich von
Tripolis. Täglich Busverbindung; Hotels in Megalopolis.
Lohnend aber die antiken Ruinen: ab Hauptplatz dem Wegweiser fol=
gen "Ancient Theatre", ca. 1,7 km.
Das AMPHITHEATER, das in einen Hügel eingegraben ist fasste 2o.ooo
Zuschauer und war das größte Theater der Antike. Fantastische Akus =
tik!! Nur das erste halbe Dutzend an Zuschauer- Sitzreihen ist ausge =

Seeschlacht von Navarino. Aus=
schnitt aus Kupferstich 17. Jhd.

graben; über dem Rest wuchert Gras und hohe Pinien. Ein schöner
Platz zum Relaxen! —

SÜDTEIL DER PELOPONNES:

*Wer in die MANI will, kann gleich eine Seite weiterblättern!
Landschaftlich und historisch interessant und— bisher noch nicht so
überlaufen ist der westlichste Finger der Peloponnes, das PILOS—GE=
BIET! PATRAS— PYLOS auf gut ausgebauter Straße: 231 km.*

Pylos:

Im Ort selber ist recht wenig los. Liegt in der Bucht von Navarino,
die von der langestreckten, vorgelagerten Insel SPHAKTERIA gegen
das offene Meer abgeschirmt wird und einen riesigen natürlichen Hafen
bildet. In dieser Bucht fand im Jahre 1827 eine der wichtigsten und ent=
scheidensten Schlachten im griechischen Befreiungs- Kampf gegen die
Türken statt. 4 große Flotten hatten sich in diesem Wasserbecken versam=
melt und donnerten mit ihren Kanonen aufeinander los.

Die Russen waren für die Unabhängigkeit der Griechen, während sich
England, Österreich und Preußen aber versuchte, rauszuhalten, wenn
auch gewisse Sympathien vorhanden waren. Ägypten stand auf der Seite
der Türkei und hatte eine Flotte versammelt, die zusammen mit den
Türken 89 Schiffe (2438 Kanonen!) betrug. — Auf der englischen Seite
war Admiral Codrington mit seinem Flaggschiff 'Asia' aufgekreuzt und
hatte 27 Schiffe (mit 1276 Kanonen) mitgebracht. — Außerdem waren
die Franzosen und die Russen mit Schiffen aufgefahren (bzw. in die
Bucht von Navarino eingefahren). Der erste Schuß "brannte" aus einem
türkischen Schiff (vermutlich aus Panik, denn die Schiffe lagen in der
engen Bucht dicht auf dicht!).

Gegen Abend brannte die Bucht von den Hunderten, angeschlagenen

Schiffen, — gegen Morgen des nächsten Tages schwammen nur noch 29 Schiffe der türkisch- ägyptischen Allianz. Griechenland hatte seine Unab= hängigkeit zumindest zu See gewonnen. Der Rest dauerte dann noch runde 4o Jahre. —

Heute könnt ihr am Landungssteg von Pylos Motorboote mieten, die euch zum Rundtrip über die Bucht fahren; bei ruhigem Wetter kann man noch Teile der Fregatten unter Wasser sehen. Am besten am frühen Morgen starten; — gegen 1o Uhr früh kommt meist Wind auf und kräuselt das Wasser. —

BADEN in der Bucht weniger zu empfehlen. Übernachtung in einfachen Hotels. Sehr schön: "Villa Zoe", siehe auch Seite 179! *Weiterhin B-Klasse: "Nestor" und "The Castle"*

11 km südlich von Pylos liegt METHONI; schöne Sandbucht und eine der wichtigsten venezianischen Festungen auf der Peloponnes! Im frühen Mittelalter wichtiger Schlupfwinkel der PIRATEN—FLOTTEN.

Von PYLOS führt eine 55 km Landstraße rüber über den West- Finger nach KALAMATA, bzw. ab Methoni eine ca. 86 km Straße an der Küste des Fingers. —

WER von Pirgos kommt: 18o km, wird gerade ausgebaut; ca. 2 - 3 Std. im eigenen Auto. Häufige Busverbindung. KALAMATA ist wichtigste Stadt in diesem Teil der Peloponnes (mit Flugverbindung nach Athen!)—

Kalamata:
Bei Sonnenschein einrecht freundliches Provinzstädtchen, allerdings ohne jegliche Besonerheiten. — Wichtiger Stützpunkt, bzw. Ausgangspunkt für die Trips in den Süden der Peloponnes, Mani etc.! — *EISENBAHN: Athen – Kalamata, ca 9*
BUSTERMINAL am Fluß im Zentrum. Mehrmals täglich in die Mani *Std.* (Areopolis und Gerolimin), *(und Patras/Athen)* nach Pylos, nach Tripolis/Korinth. *mehrm. täglich*
FLUGHAFEN: täglich Verbindung mit Athen. Ein ca. 4o Min.- Flug für ca. 5o DM. Office: 1o, Sidiromikou Str., — Bus zum Airport: ca. 1 DM.—
TOURIST—POLICE: 46, Aristotelous Street. — Die empfehlenswerteren Hotels liegen am Stadt- Strand (Straße in Richtung Süden nach Areopolis!). Hier ein ganzer Schwung Hotels, auch der billigeren Klasse. Busse fahren raus! — Der Strand hat Fein- bis Grobkies, das Wasser meist klar. Hier gibt's einige Tavernen und 2 oder 3 Camping- Plätze mit Olivenbäumen, die ich aber nur zum Campieren auf der Durchfahrt empfehle! —

KALAMATA → KARDAMILLIA: *Kalamata → Sparta. Landschaftlich Schldnende Strecke. Busse.* 35 km
Straße geht in die Berge rauf, — Serpentinen, teils schmal. Vorsicht vor Gegenverkehr! —

Kadamilia
ist ein hübsches Örtchen zum Ferienmachen. In Olivengärten unterhalb des grauen Taiygetos. Im Sommer ist das Dorf allerdings recht voll, — vorwiegend Touristen aus der BRD. Hotels sowie Privatunterkünfte.

Übernachtungs - Tip: südlich des Ortes liegt ein kleines Kastell auf einer

winzigen Landausbuchtung. Mit schiefen Lettern steht "HOTEL" drauf=
gepinselt. Die ganze Angelegenheit ist eher E- Klasse, verschachtelt mit
Treppen und Dachterassen. Besonders stark: man kann auf einer der
Terassen abends bei Sonnenuntergang duschen mit Meeresblick. Hier
viele junge Leute, besonders Münchner. Eine handvoll Zimmer, sehr ge=
mütlich, aber einfach. Die Toiletten stinken. Kleines Oliven-Plateau da=
vor. Gegenüber des Hotels liegt ein kleines Inselchen (ca. 1oo x 1oom)
mit verfallenem Kastell und Grasfläche (Camping?). —

Südlich weiter Richtung AREOPOLIS: viele Bays mit kleinen Kiesel=
stränden und optimalen Tauchmöglichkeiten. Teils auch Grotten.
Das Gebiet ist aber schon sehr bekannt; bereits im Frühjahr stehen am
Straßenrand viele deutsche PKW's.
Das Küstengebiet: vereinzelt Olivenbäume, Zypressen, Gras, was aber im
Sommer gelb verdorrt sein dürfte. Es wird immer karger. Oben an den
Ausläufern des Taijetos viele Höhlen. Lange Linien von Steinmauern,
um die Schafe im Griff zu halten. In diesem Gebiet viele Privatzimmer.

Die Mani
Südpeloponnes

*Wilde, unberührte Landschaften. Kahl kommt der Taiyetos ans Meer
runter. An den Hängen Dörfer, die fast nur aus Steintürmen bestehen.*

Zur Zeit der Türkenherrschaft standen viele Familien im Dorf sich feind=
schaftlich gegenüber; im Vorteil war natürlich der, der den höheren Turm
besaß, weil er dann bequem dem Nachbarn die Felsbrocken auf's Dach
donnern konnte! So wurden häufig im Schutz der Nacht heimlich die
Turm- Mauern höher raufgezogen. Andererseits bieteten diese Turmfestun=
gen auch Schutz gegen Eindringlinge von außen, gegen Türken z.B. oder
die Venezianer. — Wenn ihr abseits der Haupt- Touristenroute (Kalamata—
Gerolimin) wandert, habt ihr das Gefühl, daß hier die Zeit stehengeblieben
ist. Mittelalterliche Opfergaben (in Form einer Flasche Limonade, einer
Flasche Bier und einer mit Retsina!). Bis vor kurzem gab's hier noch die
BLUTRACHE!! — Schöne WANDERUNGEN im Gebiet Areopolis —

Der Dorfpfarrer

Gerolimin — Vathi — Githion!

Areopolis — Gebiet:

Kurz vor Areopolis: karge, steinübersäte Bergkuppen, allenfalls mit knöchelhohem Gestrüpp bewachsen. Die Taijetos- Ausläufer an der Oberkante der Hänge mit einem Felsband aus Höhlen. Die Berge laufen sanft ins Meer aus. Kleinere Olivenbäume und das abweisende grau- blau des Taijetos. Die Landschaft wird sicht= lich kärger, je weiter man in den Süden fährt!

Die Straße führt über lange Strecke auf halber Hang= höhe durch Olivengärten, seitlich durch Steinmauern begrenzt. Zwar Asphalt, aber gerade so breit, daß ein Bus rechts und links mit seiner Flanke am Gras durchstreift. Fahrzeuge kommen einem nur sehr selten entgegen, aber kalkuliert diesen Fall bezüglich eurem Fahrt= tempo ein! Wir selber sind in eine kitzelige Situation gekommen, wobei sich beide Fahrzeuge nach nervenaufreibendem Bremsen- Quietschen 1 m gegenüberstanden. Über die Schulter des käsigen Busfahrers grinste eine Schulklasse (die vermutlich die Situation kannte und jedes Mal auf "Ab= wechslung" bei der eintönigen Mani- Fahrt hofft!) —

Kurz vor Areopolis wird die Straße dann breiter und die ersten Turm= dörfer tauchen am Meer auf. Schon eine recht bizarre Angelegenheit, eine Gruppe von 6 bis 8 Türmen am Meer stehen zu sehen, sonst nur öde Berglandschaft drumrum!

Neoithlion:
Bay, grob geschätzt ca. 5 - 6 km ins Land rein, ca. 2 - 3 km breit. Sehr

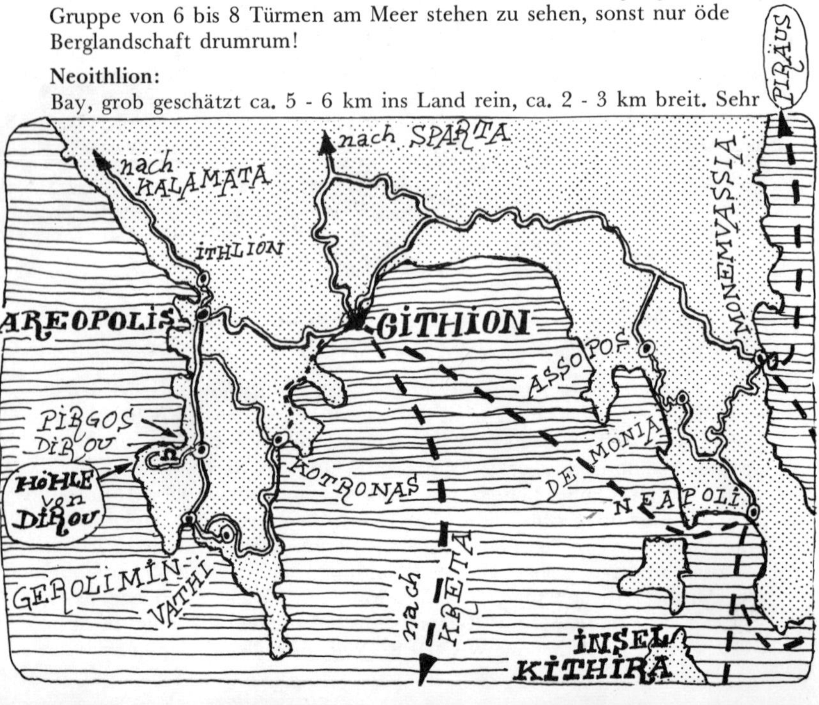

karge Berghänge, Strauchwerk, im Frühjahr grün, im Sommer alles öde
verdorrt. —

Areopolis: *in der Kirche "TAXiARCHEN" am Hauptplatz Schöne folkloristische Reliefs!*

Kleiner Ort mit Häusern aus groben Steinbrocken, die unten weiß ange=
pinselt sind. Zwischendrin stehen viele Opuntien ("Blatt" - Kaktusse, die
stacheligen, roten Knollen kann man übrigens essen. Schmeckt wie eine
Melone mit Geschmack, jedoch vielen Kernen im Fruchtfleisch) Es gibt
im Ort mehrere Souvenirshops, Tavernen und Privatunterkünfte, die bei
1o bis 22 DM liegen. Kurz hinter dem Ortsausgang geht die Abzweigung
über den Taijetos rüber nach GITHION, die den Ringfinger abtrennt.

Buchtip: wer in die MANI fährt, sollte unbedingt vorher mal Fermor
"Mani / Reise ins unentdeckte Griechenland" lesen! Ist zwar nicht mehr
so unentdeckt, die Mani, aber das Buch ist trotzdem gut als Einführungs=
lektüre. Erschienen im Otto Müller Verlag Salzburg. —

Pirgos Dirou,
etwa 7 km südlicher als Areopolis, — ist Ausgangspunkt für die DIROU–
HÖHLE, einem unterirdischen Flußlauf zwischen Stalagmitten und Stalag=
titten hindurch, meiner Ansicht nach eine der besten Höhlen der Welt!!!
Die Sache lohnt sich so, daß man selbst, wenn man wenig Zeit in Grie=
chenland hat, von Athen aus nach Kalamata fliegen sollte, und von dort
dann runter mit dem Bus nach Pirgos Dirou(dauert alles zusammen mit
Anschlußwarterei ab Athen ca. 1/2 Tag)

Pirgos Dirou hat Privatunterkünfte (ca. 15 DM Doppel); da, wo die Stra=
ße zur Höhle im Ort Pirgos Dirou abzweigt, sitzt die Tourist Police, die
bei Zimmersuche behilflich ist. Im Sommer ist der Ort allerdings knall=
voll, weil die Höhle wirklich Spitze ist! —

Dirou– Höhle: **"Glyphada"**
Ab Areopolis ca. 2 Std. zu Fuß, wenn euch nicht unterwegs ein Auto
mitnimmt. — Ab Pirgos Dirou sind's nur noch 3 km, eine Asphaltstraße,
die sich in weitem Bogen an den Bay runterwindet. Abkürzen zu Fuß
direkt dürfte schwierig werden, weil das Gestrüpp am Hang sehr dicht
steht und sehr stachlig ist.

EINTRITT: generell: ca. o,8o DM (große Schranke am Haupteingang)
wasserführender Teil: ca. 3,oo DM
trockener Höhlenteil: ca. 3,oo DM

Von der Schranke geht's noch ca. 2oo m runter an den Meeresbay, wo
auch der Eingang liegt. Im Sommer ist die Höhle von Touristen so voll,
daß ihr Nummern ausgehändigt be kommt und warten müßt, bis ihr
aufgerufen werdet! —
Am Eingang, wo die Eintrittskarten verkauft werden, gibt's ein kleines
Büchlein über die Höhle ("The Diros Caves of Mani", englisch, mit vielen
Fotos, ca. 3,5o DM), welches von der Frau des Entdeckers und Erforsch=
ers der Höhle, von Frau Anna J. Petrochilos geschrieben wurde und viel
Background zum Höhlenbesuch bringt. Dieses Büchlein ist meiner An=
sicht nach besser als die Hefte, die unten am Eingang in den Souvenir=
shops angeboten werden! —

Glyphada — Höhle:
Vom Eingang geht's ein paar Meter runter an einen unterirdischen See, wo ein ganzer Haufen Ponton- Boote bereitliegen.

WICHTIGER TIP: zumeist werden die Boote so rausgefahren, wie sie an der Anlegestelle liegen. Daher nach Möglichkeit einen der beiden vor= deren Plätze schnappen. —

Griechische Jungs ziehen euch an den herabhängenden Zapfen durch das unterirdische Wasserstraßengewirr. Meist geht es durch schmaleGänge, durch die euer Kahn gerade mal durchpasst. Kopf einziehen!! Die Höhlen= gänge sind so eng, daß die Stalagiten- Tropfstein- Zapfen oft ins Boot reinhängen! Dann geht's wieder über riesige unterirdische Seen mit Tau= senden von Tropfsteinen und bizarren Gebilden im Wasser. Besonders schöne Stelle: der GREAT DISC, eine ca. 1 m runde Steinplatte, unter der Tausende von Macaroni- Stalagitien hängen! In der nächsten Halle: der Kristall- Regen: hauchdünne Stalagtiten, und danach kommt der GREAT OZEAN, eine der größten unterirdischen Hallen der Höhle mit einer Länge von runden 16o m und einer maximalen Tiefe von 15 m (seitlich hängen zwischen den Tropsteinen rote Rettungs- Ringe für den Fall, daß mal ein Tourist über Bord geht.

Die Höhle besteht aus zwei Flußläufen (siehe Karte: A und B), die sich im CROSSROAD (wenige Meter nach der Abfahrt) treffen: ein Gewirr von riesigen Gesteins- Durchfahrten und im Wasser stehenden Tropfstei= nen. Etwa beim MEER DER SCHIFFS—WRACKS (siehe Karte!) wurde ein künstlicher Durchbruch von 2o m geschaffen, der eine Ver= bindung zwischen beiden Flußläufen herstellt und einen Rundtrip im Boot ermöglicht.

Der meistens gefahrene Rundtrip läuft so: ab Eingang über Crossroad durch den Great- Ozean und den künstlichen Durchbruch rüber in die weißen Appartements , weiter durch die rosa Appartements und bei den Crossroads links abgebogen Richtung "Palast des Posseidon ". Etwa da, wo der Wasserausfluß des Höhlensystems ins Meer unterirdisch abgeht (siehe Karte!) beginnt der trockene Teil der Höhle. Der Führer zündet sich eine Zigarette an (obwohl das nicht erlaubt ist!) und steigt mit euch über eine Eisenleiter rauf.

Insgesamt dauert der Höhlen- Rundtrip eine knappe Stunde. In der Vor= saison wird die Höhle leider nur in Griechisch erklärt, was einem ganz schön stinkt. Empfehle, dazu das Büchlein von Anna Petrochilos zu kau= fen und vor Besuch der Höhle sich kurz einzuarbeiten! — In der Hoch= saison kann man sogar mit deutsch- sprachiger Führung rechnen, aber dann paddeln rund 16o Touristen im Inneren, — dementsprechend rauschen Blitze und Witze durch die Gänge.

ENTDECKT wurde die Höhle angeblich von dem Seemann Petros Arapakis um 19oo. Systematisch erforscht seit 1949 durch Anna und John Petrochilos, letzterer starb leider bei den wissenschaftlichen Arbeiten 196o.

Der NATÜRLICHE HÖHLENEINGANG befindet sich ca. 1oo m südlich des heuti= gen Touristeneingangs. Der natürliche ist gerade so groß, daß man mit dem Körper

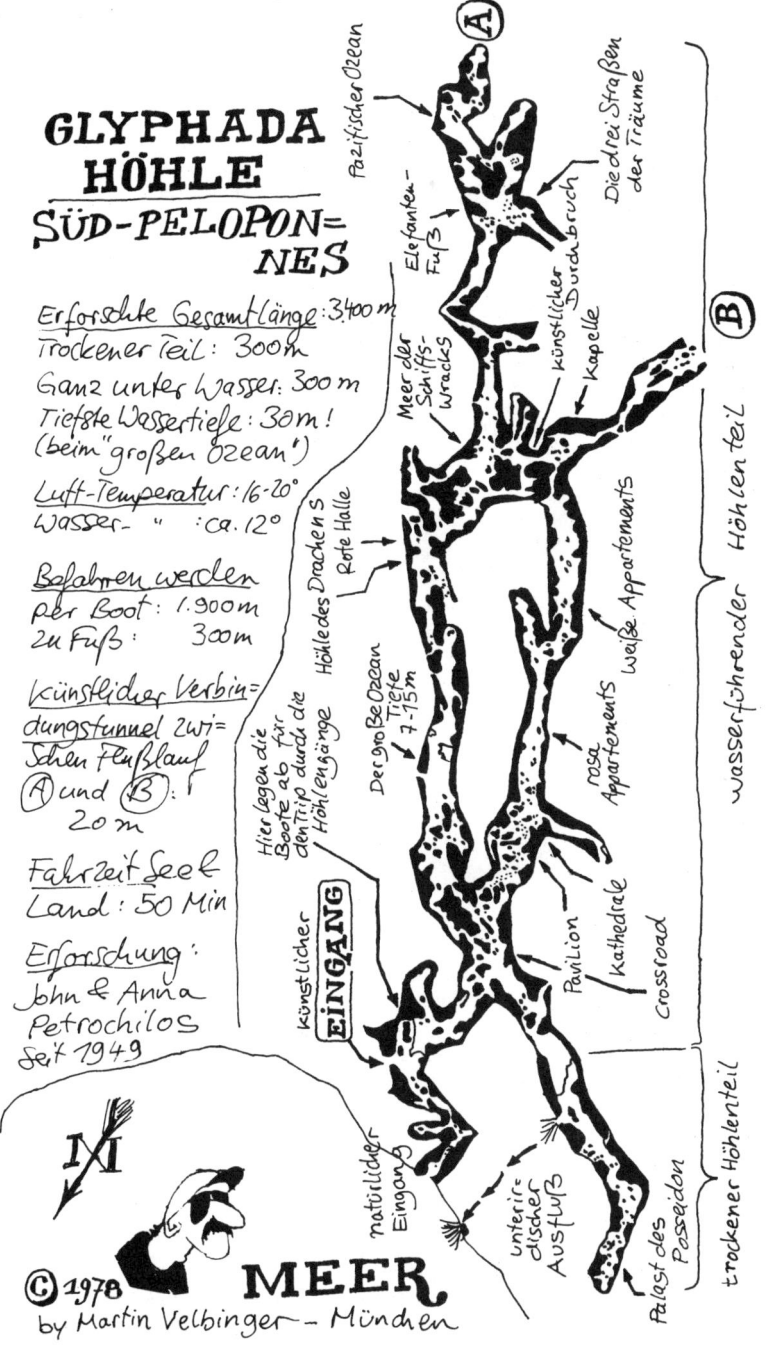

GLYPHADA HÖHLE
SÜD-PELOPON= NES

Erforschte Gesamtlänge: 3400 m
Trockener Teil: 300 m
Ganz unter Wasser: 300 m
Tiefste Wassertiefe: 30 m!
(beim "großen Ozean")
Luft-Temperatur: 16-20°
Wasser- " : ca. 12°

Befahren werden
Per Boot: 1.900 m
Zu Fuß: 300 m

Künstlicher Verbin= dungstunnel zwi= schen Flußlauf (A) und (B): 20 m

Fahrzeit See/ Land: 50 Min

Erforschung: John & Anna Petrochilos seit 1949

© 1978
by Martin Velbinger - München

MEER

Labels on map:

(A)
Pazifischer Ozean
Die drei Straßen der Träume
(B)
Elefanten-Fuß
künstlicher Durchbruch
Kapelle
Meer der Schiffs-wracks
Wasserführender Höhlenteil
Höhle des Drachens
Rote Halle
Weiße Appartements
Der große Ozean Tiefe 7-15 m
rosa Appartements
Hier liegen die Boote ab für den Trip durch die Höhlengänge
Kathedrale
Pavillon
Crossroad
Künstlicher EINGANG
natürlicher Eingang
unterirdischer Ausfluß
Palast des Poseidon
trockener Höhlenteil

sich reinschieben kann. Anschließend muß man durch einen engen 85 m (!) Gang kriechen, bis man beim See herauskommt, wo heute die Ponton- Boote liegen. Muß ein herrliches Gefühl gewesen sein für die Höhlenforscher, wie sie nach der be= schwerlichen Krabbelei mit den Taschenlampen die Tropsteine am See ableuchteten und anschließend sich auf Schlauchbooten ins Innere der Höhle wagten!!! —

DIE LUFT—TEMPERATUR in der Höhle liegt bei durchschnittlich 16 - 2o Grad. Daher warme Pullover mitbringen. Wasser ca. 12 Grad.

DIE GESAMTLÄNGE der zur Zeit befahrenen Strecke beträgt 1.9oo m (Durchbruch beim Meer der Schiffs- Wracks). Man plant aber einen weiteren Durchbruch tiefer im Inneren der Höhle (etwa beim "Pazifischen Ozean")der den Trip um runde 1,5oo m erweitern wird. —

Der natürliche Eingang der Höhle liegt übrigens nur 5o cm über dem Meeresspiegel. Teile des Wasserspiegels der Höhle liegen nur 1o cm über dem Meeresspiegel. Bei stürmischem Meer konnte daher die Höhle über den natürlichen Eingang nicht er= reicht werden.

Alepotrypa — Höhle:

die andere der beiden Diros - Höhlen, nur ca. 2oo m von der Glyphada entfernt. Eingang genau da, wo die Straße die Kurve rauf zum Karten= schalter hat. Ist aber momentan geschlossen. Hier hat man eine ganze Reihe vorgeschichtlicher Knochen gefunden,und momentan sind die Wissenschaftler noch bei der Auswertung. Register Nr. 293 der "Greek Spelaeological Society (G.S.S.)" Die Story der Entdeckung ist recht interessant: Apostolis Lambrinakos, der Besitzer des Hotels, wo Anna und John Petrochilos während ihrer "Glyphada" — Erforschung wohnten, hatte ihnen erzählt, wie eines Tages sein Hund auf der Jagd hinter einem Fuchs in einem Loch verschwand und für einen kompletten Tag nicht wieder zurück kam. Auch am nächsten Tag nicht. Einige Tage später erschien ihm dann eine völlig zerzauste Gestalt, die nur noch wenig Ähnlichkeit mit seinem Hund hatte, die Haare voll von Resten aus der Höhle. Frau Anna Petrochilos stieg als erste runter in die Höhle; der 1o cm hohe und 6o cm breite Eingang mußte erste noch mit einem Pickel verbreitert werden. Anschließend 16 m Kriechen, bis sich die Höhle zu einer riesigen Halle erweitert. *mit Quelle und vielen Stalagmiten + -titen.*

Hier liegt ein 25 mal 4o m großer See (Tiefe 5 - 9 m). Der Höhlenboden mit dichtem grauen Staub bedeckt. Anna fand Unmengen von mensch= lichen Knochen und Schädeln (dieser Höhlenteil wurde vermutlich als Friedhof verwendet), — Stein- , Knochen- und Eisenwerk= zeugen, Schmuck aus Muscheln und Silber, Überreste von Tongefäßen und eine Töpferwerkstatt. Weiterhin: Höhlen= malereien.

Wegen Forschungsarbeiten ist die Höhle vermutlich noch bis 198o geschlossen. —

Itlion (bei Areopolis):

Früher Einfuhrhafen für Sklaven. Ein kleines, mittel= alterliches Dörfchen an braunem, hohem Berghang geklebt, Turmhäuser, ein paar vereinzelte Bäume.

aus Periode vermutlich durch Erdbeben verschmälert des Neandethalers

Neolithic Periode

weibliches Sexsymbol; an der Wand der Alepotry-Höhle gefunden

Ist mit das Abweisenste, was ich je erlebt habe! Die Dörfer in diesem Gebiet sind fast nur noch von alten Leuten bewohnt! —

VERBINDUNGEN:

Die Halbinsel Mani ist jetzt leichter zu erreichen, selbst für Tramper ist die Lage nicht mehr aussichtslos, wenn auch relativ selten PKW- Verkehr.
(ab Githion)
Busse verkehren 3 mal täglich von Githion nach Gerolimin über Areopolis. Fahrzeit bis Gerolimin eine gute Stunde. Eine weitere Möglichkeit ist, mit dem Bus von Githion nach Areopolis zu fahren und dort dann in den aus Kalamata kommenden Bus Richtung Gerolimin umzusteigen (1 - 3 mal am Tag).

MANI ist bei weitem nicht mehr so "einsam" wie vielleicht vor 5 Jahren. Besonders im Hochsommer ein ganzer Haufen "Alternativer". Zum Glück können die "Normal- Touristen", die sonst in den besseren Peloponnes- Hotels rumhängen, mit der kargen Mani nichts anfangen. Bezüglich Ab= wechslung ist hier wenig los, und die Einheimischen stehen dem, was ihnen da "hereinschneit" aus Mitteleuropa auch nicht gerade erfreut ge= genüber. Aber irgendwie sind mir die Leute in der Mani sehr sympatisch!

RUNTER bis Gerolimin noch weitere 17 km ab Pirgos Dirou.
Gerolimin (oft auch "Yerolimin" geschrieben). 2 Hotels der E- Klasse: das "Akroyali" und das "Akrotaenaritis", — das eine am Ortseingang, wo die Straße ans Meer kommt, das andere 1oo m weiter, wo die Busse umwenden. Übernachtung ca. 15 - 2o DM für's Doppel, je nachdem, ob mit oder ohne Bad.
Der Ort ist sehr klein, — rechts draußen an der Bucht ein 1oo m Fels- Steil= abfall, das Wasser in der Bucht sehr klar, allerdings im Hafen von Geroli= min mit vielen Seeigeln! Kiesel, später Pflanzen, über die man aber drüber wegschwimmen kann. Herrliches Wasser, Farben, Kreuselung!! Direkt bei der Buswendestelle kommt eine Süßwasserquelle im Meer zwischen den Steinen raus.

Nach VATHI gibt's jetzt eine Straße, die kurz vor dem Dorf in einen Holper- Eselspfad endet, — anfangs Asphalt. Zu Fuß ca. 1 1/2 Std., sehr lohnend! In Vathi, einem typischen Mani- Turmdorf oben am Hang baut das griechische Fremdenverk. Amt einige Türme zu "Dorfhotels" aus. Allerdings auch 1981 noch nicht fertig. —

Um die Halbinsel Mani:
Die Schotterstraße oben an den Hängen ist jetzt fertig. Die Abzweigung geht links rauf in die Berge im ersten Dorf nach Gerolimin (auf der Straße nach Vathi, heißt Alika). Wegweiser "O.T.E.". Schlängelt sich knapp unter den Hügeln entlang. Zum Teil bereits fertig ausgebaut.
Nach etwa 4oo m Bergaufstieg ab Abzweigung dann nicht die spitz zu= rück abzweigende Piste zum OTE, sondern weiter geradeaus. Unter euch: Vathi.

Insgesamt ist die Schotterstraße nicht schlecht, auf einigen Streckenteilen muß man aber sehr wegen Bodenfreiheit des PKW's aufpassen!

Der schönere Teil der Mani ist die Ostküste. Geht steiler ins Meer rein, viele Turmdörfer. Am besten gegen 5 Uhr nachmittags in Gerolimin los= fahren wegen Panorama und Sonnenbeleuchtung der Küste!

SCHÖNE WANDERUNGEN in diesem Gebiet! Viele der Burgen sind unbewohnt. Tip: in manchen könnt ihr schlafen. Allerdings Vorsicht! Es gibt in dieser Gegend viele Schlangen. Ich habe innerhalb von 3 Tagen 4 Vipern gesehen! — Vipern haben allerdings vor euch mehr Angst, als ihr vor ihnen. (Passt auf, wo ihr euren Schlafsack hinlegt!) Besser: irgendwo privat schlafen! —

KOTRONA: schöne Strände am letzten Bay, bevor die Straße wieder über den Taijetos rüber nach Areopolis führt. Glasklares Wasser, tiefblau, Kiesel. Rüber nach Githion führt ein Eselspfad (ca. 5 - 6 Std.). — Die Straße nach Areopolis ist asphaltiert aber schmal. Überraschung: oben auf der Paßhöhe: viel Gras und hübsche Ziegen! —

Githion:

Schöne Hafenstadt, der bedeutenste Ort des Südteiles der Peloponnes. Erstaunlich viele Tavernen am Hafen und auch recht viele Touristen. War früher der Hafen Spartas; im Golf sind noch unter euch die Mauer= reste des alten Hafens sichtbar!

Githion— Areopolis: 26 km	Githion — Sparta: 46 km	✳
— Höhle Dirou: 36 km	— Tripolis: 1o6 km	
— Gerolimin: 5o km	— Athen: 3o1 km	

Eine ganze Reihe HOTELS im Ort. Die meisten liegen am Hafen. "Lakonis", A - Klasse, — "Belle Helene", B- Klasse, — "Laryssion", C- Klasse, — "Pantheon", C- Klasse, — "Aktaeon", D- Klasse. Billig ist das "Hotel Kranai" (ΚΡΑΝΑΗ) direkt am Hafen (ca. 2o DM Doppel). Weitere E- Klasse Hotels im Ort. —

Das "Lakonis" liegt ca. 2 - 3 km außerhalb des Ortes an einem Sandstrand auf Küstenfelsen. Wer das Geld hat (und mit dem Auto da ist!), dem kann ich das Hotel sehr empfehlen. Gemütlich. Kostet Doppel ca. 55 DM. —

Schiffsverbindungen ab Githion:

Heißer Tip!! Von Githion gibt's einen Dampfer rüber nach KRETA*. Die Verbindung ist etwas billiger, als direkt ab Athen/Piräus. Vorallem aber Zeitersparnis, und man kann auf der Fahrt nach Kreta die Peloponnes noch mit einbauen! —*

Weiterhin geht ab Githion ein Dampfer runter zur Insel KYTHERA*, die aber auch von dem näher gelegenen Peloponnes- Hafen "Neapolis" zu erreichen ist.(Liegt südlich von Monemvassia). Ab Neapolis ist der Trip zwar billiger, aber die Straße runter ist teilweise so mies, daß man ein= schließlich des verbrauchten Benzines besser ab Githion nach Kythera fährt. —*

Weiterhin ab Githion ein Dampfer nach Monemvassia und weiter Piräus.

SCHIFFS—OFFICE in Githion am Hafen
Theodore Rozakis, Tel.: 0733/ 222o7 oder 22229

✳ km - Angaben nach den griech. Wegweiser-Schilden!

① STRECKE: Githion ≫→ Kreta, Hafen Kastelli an der Nordküste Kretas, im westlichsten Zipfel der Insel. Der Dampfer, der für die Überfahrt runde 5 Stunden braucht, fährt im Winter einmal pro Woche, — im Sommer 2 mal.

Kostenpunkt: Person ca. 5o DM in der 1. Klasse und ca. 24 DM in der 2. Klasse. Ein PKW kostet zwischen 8o und 13o DM pro Richtung, je nach Größe.

② KÜSTENDAMPFER nach Piräus: Strecke Githion — Neapolis — Monem= vassia — Piräus. Ca. 2 mal pro Woche. Fahrzeit zwi= schen Githion und Piräus: ca. 12 Stunden. Person 2. Klasse- Passage ca. 35 DM, 1. Klasse ca. 55 DM.

Oft wird unterwegs noch die Insel KYTHIRA ange= laufen, die der Peloponnes vorgelagert ist.

PKW- Mitnahmemöglichkeit nach Piräus, wesentlich schneller geht's aber über Land, auf der Strecke Gi= thion — Sparta — Argos — Korinth — Piräus in ca. 5 Std., auch der Bus ist schneller (ca. 7 Std.).

Githion ≫→ Argos/Nauplia:

geht am schnellsten (hier auch die Busverbindung) über Sparta. Breite, asphaltierte und relativ schnelle Verbindung, die hinter Sparta, vorallem aber ab Tripolis vielen Kurven aufweist.

PETER KITTEL hat uns eine interessante Alternativ- Route geschrieben: "eine der reizvollsten Straßen des Peloponnes!", wie er berichtet. Er ist in Gegenrichtung ge= fahren, ab Nauplia: "An der Küstenstraße von Nauplia nach LEONIDION haben wir die schönsten Buchten des griechischen Festlandes gesehen, herrlich gelegen und glas= klares Wasser!

Leonidon — Kosmas: nach ca. 16 km hinter Leonidion klebt das malerische Kloster Moni Elonis wie ein Adlerhorst hoch in den Felsen. Man kann mit dem Auto hoch= fahren (Schotterweg). Notwendig zur Besichtigung: lange Hose.

Kosmas: ein idyllisches, kleines Bergdorf, wo ein Großteil der Häuser noch mit Schiefer bedeckt ist. Am Hauptplatz ein paar kleine Kneipen. Die weitere Strecke nach SPARTA ein schwer zu befahrender Schotterweg, dafür prächtige, unberührte Peloponnes!"

WER Zeit hat, lohnend jedoch der Umweg über MONEMVASSIA. Die Straße ab Githion ist gut ausgebaut und durchgehend asphaltiert. 68 km ab Githion. Ihr fahrt ca 1 1/2 Std. im eigenen Auto. Busverbindung tägl.

Ab GITHION am Meer entlang Richtung Norden. Nach 18 km trefft ihr auf die breite Asphaltstraße von Sparta nach Monemvassia. —

Monemvassia:

1oo km ab Sparta auf dem Zeigerfinger der Peloponnes. Ein gewaltiger Felsbrocken im Meer, der von einem riesigen Erdbeben vom Festland ab= geteilt wurde: venezianische Festungsanlage! Insgesamt hat der Brocken, der da im Meer liegt eine Länge von 1,8 km (!) und steigt fast senkrecht

3oo m auf! Klar, daß sich sowas optimal verteidigen ließ, und so war
Monemvassia über lange Jahrhunderte eine der wichtigsten Städte Süd=
griechenlands. So war die Super- Festung Monemvassia nicht eine den
Machtblöcken untertänige Stadt, sondern hatte mit Konstantinopel bzw.
Venedig einen Vertrag einer gegenseitigen Schutzgemeinschaft. —

Hier oben auf dem Festungssattel lebten in der Blütezeit (ca. 7oo n. Chr.)
rund 4o.ooo Menschen, eine für damalige Städte gewaltige Einwohnerzahl.
Der Golf konnte ausgezeichnet überwacht werden, und alle Schiffe, die
um die Peloponnes wollten, mußten hier vor=
bei. Angriffe der arabischen Piraten konnten
erfolgreich abgeschlagen werden, ebenso die
Heere der sizilianischen Normannen, — und der
Wohlstand der Stadt wuchs.

Nachteil allerdings: die Nahrung für die große
Einwohnerzahl mußte kompliziert per Maultieren
auf den Berg raufgeschafft werden, denn oben war
zu wenig Platz für den Anbau. Aus Gründen der
Bequemlichkeit (Transport der Lebensmittel!) ent=
stand unterhalb des Festungszugangs eine weitere
Stadt am Meer, die durch Mauern befestigt wurde.
Die in der Festung der Oberstadt installierten Kano=
nen bestrichen die Küste und das Meer, sollten even=
tuelle Angreifer versuchen, die Stadt auszuhun=
gern.

Relief an einem
Kapitel der Aghia Sophia

Solang das Bündnis klappte, war für beide Sei=
ten die Sache o.K. : Monemvassia bekam im
Fall eines gegnerischen Angriffes "Deckung" und Feuerschutz für den Nah=
rungsnachschub, — durch seinen Bündnispartner und dessen Kriegsschiffe
von See aus. Diese wiederrum hatten in der gewaltigen Natur- Festung
Monemvassia einen wichtigen strategischen Stützpunkt für eigene Trans=
aktionen.

Doch im Lauf der Jahre wurden immer stärkere Kanonen entwickelt,
die bald von den nahen Küstenbergen die Festung bestreichen konnten;
gleichzeitig waren die Angreifer clever genug geworden, zwei oder drei
Monate vor der Stadt zu "warten", bis oben die Nahrungsmittel ausgingen.

Beim Frieden von Preveza (1537) trat der Monemvassia - Bündnispartner
Venedig alle Besitztümer an den Sultan Suleiman aus der Türkei ab, und
viele Bewohner Monemvassias wanderten aus. 1858 betrug die Bevölkerung
der ehemaligen Stadtfestung nur noch 646 Einwohner, — und 1911 verlie=
ßen die letzten Griechen die Hochfläche. —

Bei einer Zählung im Jahre 1971 lebten in der Unterstadt nur noch 32
Griechen, und der Großteil der reich verzierten Häuser stand leer. Doch
die Szene hat sich inzwischen grundlegend verändert! Die Hausruinen
wurden zu Schleuderpreisen verkauft an griechische und deutsche Unter=
nehmer, die z.Teil die Häuser mit viel Liebe restaurierten.

Kupferstich aus Drappers "Morea" von 1688

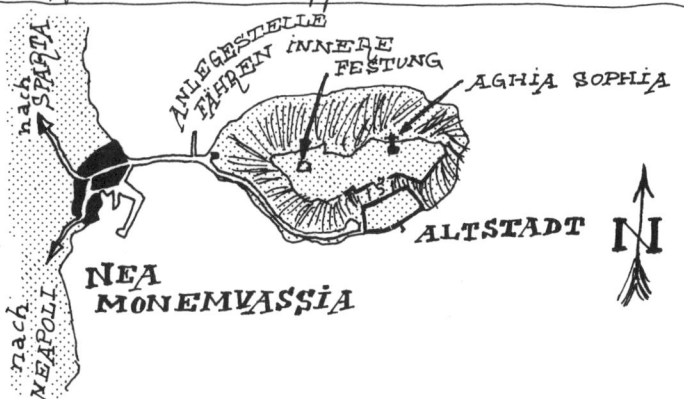

Monemvassia, so wie es heute aussieht
Die "Altstadt" besteht aus der leutebewohnten
UNTERSTADT und der verlassenen OBERSTADT.

<u>MONEMVASSIA</u> hat heute im Sommer täglich und im Winter 4 mal pro Woche Verbindung mit den schnellen <u>"Flying Dolphins"</u> (Gleitkufenboote nach Piräus, sowie 2 mal per Küstendampfer. Zugleich gut ausgebaute Straßenverbindung mit SPARTA. In der Hochsaison ist Monemvassia da=

her völlig überfüllt. Besser im Frühling oder Herbst kommen!

VERBINDUNGEN:

> Bus rüber nach Sparta. Hier mit Umsteigen weiter nach Athen.
>
> Schiff: Neapolis — Insel Kythira — Insel Kreta — Githion — Neapolis — Monemvassia—
> Piräus. Kostet auf der Strecke Monemvassia — Piräus ca. 20 DM
>
> Flying Dolphins: Gleitkufenboote: ab Monemvassia über Pt. Heli, Spetse, Hydra nach
> Piräus. Kostet auf der Strecke Monemvassia — Piräus ca. 30 DM
>
> OFFICE: bei der Mobil- Tankstelle hinter der Brücke beim Festungsfelsen. —

Jefira, (=Nea Monemvassia)
wie auch oft der Teil des neuen Monemvassia genannt wird, liegt auf
dem Festland, genau dem Festungsfelsen gegenüber. Hier gibt's ein paar
Tavernen, die im Sommer von Touristen überquellen, zwei oder drei
Souvenirshops mit relativ hohen Preisen und einfache Hotels:

HOTELS

> "Minoa", 14, Spartis, C- Klasse, ca. 30 DM Doppel, —"Akroyali", 17 Spartis, E- Klas-
> se, ca. 20 DM Doppel, —"Likinion", 4 Spartis, E- Klasse ca. 20 DM Doppel. Die
> B- Klasse Pension "Monemvassia" kostet ca. 35 DM Doppel ohne Bad und ca. 45 DM
> mit eigenem Bad. — *Billige Zimmer auch bei Takis Houtris in Jefria bei O.T.E.*
>
> Insgesamt stehen aber für Monemvassia nicht viele Betten zu Verfügung und die Zim=
> mersuche kann im Hochsommer schwierig werden. —
>
> TIP: romantische Übernachtung in der Altstadt von Monemvassia. Hier gibt's zwei,
> allerdings nicht billige Pensionen und mehrere Privatquartiere. In den Tavernen fragen!
> Frau Parascevas lebt leider nicht mehr! Nachfolger sauteuer und daher abzuraten!—

Ein schmaler Damm verbindet das Festland (bei Jefira) mit dem Berg.
In früheren Jahrhunderten gab es hier eine ca. 165 m lange Brücke,
"monem ambasis" bedeutet "einziger Zugang", woraus sich im Lauf der
Zeit durch Lautumwandlung der heutige Name ergab. —

In der Hauptgasse der Altstadt 3 Tavernen. Rechts eine mit vielen Bil=
dern an der Wand; sehr gemütlich! Freundliche, alte Frau* kocht. — Links
ist die "Μαριανδη" in der Dimitri kocht und dabei viele Grimassen schnei
det. Wenn er gute Laune hat, ein sehr lieber Kerl mit sizilianischem
Maffia- Face. Hier gibt's Steaks und gut angemachten griechischen Salat!

Vom Hauptplatz geht's über eine schmale Gasse runter an die Stadtmauer
mit Durchgang und kleinem Betontreppchen ins Meer. BADESTELLE. —

TIP: Besorgt euch das Buch "Monemvassia, Geschichte und Stadtgeschich=
te" von Rainer W. Klaus und Ulrich Steinmüller. Lohnt sich sehr, trotz
des relativ hohem Preises von 10 DM! Ist mit sehr viel Liebe und Sach=
wissen geschrieben und bringt eine gute Einführung in Architektur und
Geschichte der Stadt. Erhältlich in den Souvenirshops von Jefira. —

Der einzige ZUGANG zur OBERSTADT auf dem Felsen-Hochplateau
geht ab der Boutique in der Hauptgasse (neben Dimitri!) rauf. Zick-Zack-
Pfad mit schönem Blick auf die Häuser der Unterstadt. Die Felsen steigen
fast senkrecht rauf. Klapprige Festungspforte mit verrosteten Eisenbän=
dern und Einschußlöchern von Pistolenkugeln! Durch einen Tunnel gehts
ins Innere; nach ein paar Metern oben Öffnung, durch die die eventuellen

* Kira Matoula Ritsou, Nichte des ber. Freiheitsdichters Joannis Ritsou

Eindringlinge mit flüßigem Pech übergossen werden konnten! —

Über die heute verlassene Hochebene mit seinen Mauerresten und wuchern
dem Gestrüpp lastet die Hitze, und man kann gut verstehen, warum heute
nur noch die Häuser der Unterstadt restauriert werden. Von strategischen
Bedingungen her aber großartig!! Das Regenwasser wurde übrigens in zwei
großen <u>Zisternen</u> aufgefangen und durch kommunizierende Röhren von
einer Filterkammer in die Lagerkammer transportiert. Gleichzeitig soll
es auf dem Festungssattel in früheren Jahrhunderten kleinere Quellen ge=
geben haben. Geschichtlich ist erwiesen, daß niemals Trinkwassermangel
zur Aufgabe der Festung geführt hat. —

Seitlich bei den Zisternen das <u>Haus des Kommandanten,</u> des "Phrourachen".
Über eine Außentreppe kommt ihr zum "Hochsitz". Hier kann man ohne
einen einzigen Schritt die gesammte Anlage der Unterstadt und der Zufahrts=
wege überblicken (ein strategisch höchst wichtiger und wirksamer Punkt!),—
und zugleich heute schöne Übersichtsfotos schießen! —

Wir haben das dichte Gestrüpp des Festungsfelsens für anderweitige Kommu=
nikation genutzt, was ich aber nur in der Vorsaison empfehlen kann . . . —

SÜDLICH von Nea Monemvassia schöner <u>Sandstrand</u>, allerdings ca. 3 km
entfernt. Hier auch Zelten möglich.   *Vorsicht!*

MONEMVASSIA → NEAPOLIS / INSEL KYTHIRA: *Skorpies und Steinvipern*

*Einen Trip, den man besser gleich im Fährschiff macht, denn die Straßen
sind teilweise saumiserabel!*

In jedem Fall viel Schotter ab Monemvassia und landschaftlich nicht unbe=
dingt "nötig". Ab Nea Monemvassia gehts am Meer entlang Richtung
Süden. Die Piste zweigt nach ca. 3 km leicht landein und schlängelt sich
endlos über die Berge. Hat viele Schlaglöcher und ausgespülte Rinnen in
der Fahrbahnmitte.

Neapolis:
Garnisons- Stadt mit dem Flair "weit abseits von Europa" liegt in einer
Bucht an der Südspitze des Monemvassia- Fingers der Peloponnes. Hier=
hin verirren sich Touristen nur selten, — umsomehr wimmelt es abends
am langestreckten Kai von griechischen Grünjacken. Die Boys wühlen in
dem Komix der Schreibwarengeschäfte oder hängen in den diversen Cafes
und Tavernen rum.

<u>TÄGLICH ein Schiff</u> rüber zur Insel KYTHIRA: die "F/B Elaphonisos"
"ΕΛΑΦΟΝΗΣΟΣ". Überfahrt ca. 2 Std. Kostet pro Person ca. 8 DM und
für ein Auto mittlerer Größe um die 35 DM. Office zum Buchen rechts
der Hafenmole in einem Gemischtwarengeschäft.

Wir glauben, daß es trotz geringfügiger Mehrkosten empfehlenswerter ist,
den Trip zur Insel Kythira ab GITHION zu starten.-Bin selber noch nicht
auf der Insel gewesen, könnte mir die Sache aber recht interessant vor=
stellen! —

NEAPOLIS → SPARTA:
Der erste Teil breit asphaltiert und prima in Schuß. Danach ab dem Dorf

DEMONIA aber links abbiegen und längeres Schotter- Stück. Erst in AS=
SOPOS wieder Asphalt. Wegen der starken Militär- Konzentration in
Neapolis wird vermutlich dieses fehlende Schotterstück auch bald asphal=
tiert werden ! —
Die griechische Polizei hat unser Mini- Tonbandgerät in die Finger bekom=
men und rumgespielt; daher sind uns die Aufzeichnungen mit "äähh" und
"hhmmmm" der Polizei-Boys entstellt worden. —
Über den Daumen sind's aber runde 13o km von Neapolis bis SPARTA.

INTERESSANTE ALTERNATIVE:
Wer in diesen Teil der Peloponnes will: es gibt mit der "Olympic Air=
ways" 3 mal in der Woche einen Propellerflug ab Athen nach KYTHI=
RA. Dauert ca. 1 Std. (ca. 37 DM). Hier übernachten (z.B. im "Cytheria"
für ca. 23 DM Doppel, oder Privat) und mit dem nächsten billigen
Dampfer zum nächsten Ziel, z.B. Mani, Monemvassia oder Kreta. —

Fantanassa-
kirche / MYSTRA

Die
MYSTRA -
KLÖSTER

Während SPARTA außer sehr hübschen Frauen und einem archäologischen
Museum wenig interessantes bringt, lohnt sich der Abstecher zur Ruinen=
stadt MYSTRA sehr.

<u>Mystra</u>: ca. 5 km von Sparta entfernt auf der Taygetos- Seite des Tales
von Sparta. Mehrmals am Tag Busverbindung; Trampen müßte auch recht
gut gehen, da relativ viele Autos unterwegs sind. —
Mystra am Vormittag besuchen, da besseres Licht auf Klöster!

Unterhalb eines knapp 6oo m hohen Festungshügels liegen rund 1o by=
zantinische Kirchen, die noch weitgehend erhalten sind und ausnehmend
schöne Fresken und Ikonen haben! MYSTRA, — im 13. Jhd. gegründet,
war im 15 Jhd. die wichtigste byzantinische Stadt auf der Peloponnes,
ist heute aber verlassen bis auf ein paar Nonnen und Bartpriester.
Im Frühjahr ist der Hang voll von Blumen, die grauen Mauerreste der
Bürgerhäuser sind mit Pflanzen überwuchert, zwischen denen die Bienen
summen, — dahinter steht der Taygetos mit seiner Schneekuppe. Von der
landschaftlichen Atmosphäre ungemein reizvoll! Aber auch von der Archi=
tektur der Kirchen her sehr lohnend!! Wer sich für Kunst interessiert, der
sollte für Mystra einen kompletten Tag einplanen! —

2 EINGÄNGE! Ab Mystra/Ort im Zentrum beim Hotel Bizantion rechts
abbiegen und die Straße noch ca. 8oo m leicht am Hügel hoch. — Der
zweite Eingang liegt oben in der Nähe der Festung. Eintritt: ca. 3 DM,
Studenten erhalten Ermäßigung gegen Vorlage des Stud. - Ausweises.

TIP: kauft euch in Sparta oder Mystra einen Führer; recht brauchbar hat
sich das Buch von Nikos Georgiades "Mistra" erwiesen mit Plänen und
vielen Fotos. (Einfach "durchlaufen" macht Spaß wegen der Atmosphäre,
aber man hat mehr davon, wenn man den Background kennt.)— ✳

Die interessanteren byzantinischen Kirchen liegen unten beim 1. Eingang
nahe Mystra/Ort. Wer also wenig Zeit hat, beginnt unten und beschränkt
sich. Wir sind aber zuerst raufgefahren zum Eingang 2 und auf die Fes=
tung raufgelaufen und haben dort das Buch studiert. — Sagenhafter Rund=
blick auf das Tal von Sparta!! —

HIER ein paar Notizen, die ich mir in Mystra gemacht habe:
ST. SOPHIA: nahe des zweiten, oberen Eingangs. Nur noch wenig Wandgemälde
übrig. Schönes Gemälde: "The Nativity of the Virgin"

ST. NICHOLAS am Pfad runter in den unteren Teil von Mystra: seitlich im Inneren
schöne Wandbilder, sowie eine Türöffnung mit sagenhaftem Blick über das Sparta-Tal.

PANTANASSA: siehe unsere Zeichnung auf der Nebenseite! Schöne Architektur der
Kirche mit den vielen Seitenschiffen. Wurde im Frühjahr 1978 gerade innen restau=
riert und hat schöne Ikonen mit viel Silberbeschlag, wie Händen etc. Im Kirchenbe=
reich zugleich Klosterzellen, in denen heute noch Nonnen wohnen. —

Ab dem MONEMVASSIA—GATE geht's steil in die Tiefe über einen Serpentinenpfad.
EVANGHELISTRIA: eine kleinere Kirche; nicht mehr viel an Wandgemälden übrig.—

METROPOLIS: eine der wichtigsten Kirchen, die man unbedingt besuchen sollte. In
der Kirche eine Reihe schöner Malereien an der Rund- Decke in den beiden Seiten=
schiffen, sowie unten eine Ikone, deren Figur an der ausgestreckten Hand viel Wachs
von den Gläubigen verpasst bekommen hat und viele, viele Blechbildchen. Darunter
die "Häscher" mit Speeren auf Christus. —
Besonders schön aber die angegliederten beiden Museen. Unten eines mit Stein- Meiße=
leien, u.a. zwei kleine Stücke mit schöner Adler- Darstellung (Federn!!) und gleich
daneben einem hübschen Löwen in Stein. — Oben im ersten Stock eine kleine Iko=
nensammlung mit ausgefallen schönen Stücken, so eine Ikone über Christus und seine
12 Apostel, die in den Ästen eines Baumes sitzen (gold- und dunkelfarbige Töne)
Leider nagt der Holzwurm hinter der Oberfläche!

✳ Detaillierter, aber auch teurer (ca. 35 DM) das in
deutsch geschriebene "MiSTRA von W. Frh. v. Löhneysen"
erschienen im Prestel Verlag—München. —

Sparta:

Provinzstadt mit 1o.ooo Einwohnern im südlichen Teil der Peloponnes, über der im Sommer die Hitze drückend lastet; – viele der Tavernen im Zentrum liegen daher im Keller! –
Sparta hat tägliche Busverbindung mit Athen (252 km, ca. 4 - 5 Std.). Der nächste Flughafen liegt in Kalamata, jenseits des Taygetos, Straße 59 km. –

Ausgefallen hübsch sind viele der Frauen Spartas! Möchte aber an dieser Stelle nochmal darauf hinweisen, daß es als ausgesprchen unfein gilt, eine Griechin auf der Straße anzusprechen (die griech. Män= ner dürfen jedoch gemäß des gr. Sitten-Kodexes ohne weiteres Touristin= nen auf der Straße ansprechen; eine Art Sport, ob es klappt!). –

IM ALTERTUM hatte Sparta zweitweilg die Führungsrolle in Griechenland. Wurde ca. 1ooo v. Chr. durch eingewanderte Dorier gegründet. Die Staatsverfassung gab Lykurg (82o v. Chr.), die über Jahrhunderte den Spartanischen Staat bestimmte. Eine "ADELSHERRSCHAFT": nur die Spartaner, die sich selber für die "Edelsten" im Staat hielten, herrschten. Die unterworfenen Ureinwohner durften auf den Äckern arbeiten und hatten keinerlei Mitbestimmungsrechte. –

KRIEGSTÜCHTIGKEIT war wichtigstes Erziehungs- Ziel der Kinder. Bei der zahlen= mäßigen Unterlegenheit der Spartaner war zur Beherschung der Ureinwohner eine gute militärische Ausbildung nötig. Schwächlichliche Spartaner- Kinder wurden kur= zerhand in den Schluchten des Taygetos ausgesetzt; – die gesunden Kinder kamen mit 7 Jahren von der Mutter weg in Militär- Lager (staaliche Ringschulen). Beim ge= meinsamen Lagerleben war Homosexualität durchaus erwünscht, da man auf dem Standpunkt stand, daß z.wischenmännliche Beziehungen den Zusammenhalt des Heeres stärkten. –

Die spartanischen Frauen waren damals schon sehr hübsch und wegen ihrer sexuel= len Freizügigkeit in ganz Griechenland "verschrieen" als "Schenkelzeiger" (wegen ihrer hoch aufgeschlitzten Chiton- Röcke). Verheiratete Männer näherten sich ihren Frauen nur während der Nacht und dies nur für ein paar Stunden; Männer, die die Fähigkeit Kinder zu erzeugen nicht besaßen, durften in eisiger Winterkälte nackt auf dem Marktplatz Spießruten laufen. Erst nach ihrem 3o. Lebensjahr durften die Männer mit ihren Familien zusammenleben.
Zweck dieser Regeln: die Nachkommenschaft zu sichern. Nach dem Schriftsteller Plutarch war es den Spartanern verboten, das Land zu verlassen, um nicht andere Sitten und Lebensformen kennenzulernen und zu übernehmen.

Für geistige Ausbildung wurde wenig getan. Lesen, Schreiben und Kitharaspielen genügte. Nur die Ausbildung des Körpers, – die u.a. auch durch das "spartanische Leben" erreicht wurde. Schlafen auf harten Betten, im Winter in kalten Flüssen baden. Auch die Frauen wurden "abgehärtet" und durften gemäß Lykurg- Verord= nung nackt hinter Prozessionen herschreiten. Gleichzeitig nahmen sie an Box- und Ringkämpfen der Männer teil. "Ehrenwerte" Beschäftigungen waren nur Krieg, Jagd und Sport. Handel zu treiben war verboten. –

Das Sparta dieser Jahre glich eher einem Kriegslager. Ihre Macht hatte sich bald weit über das Eurotastal ausgedehnt, und im "PELOPONNESISCHEN BUND" (55o v. Chr). schlossen sich die übrigen Staaten der Peloponnes zu einem starken Bund unter der Herrschaft der Spartaner zu sammen. Die anderen Staaten mußten Truppen stellen und die nötigen Finanzen aufbringen.

Die große Bewährungsprobe für die Spartaner kam bei den PERSERKRIEGEN (5oo - 449 v. Chr.) . Den ersten Angriff der übermächtigen Perser- Heere hatte Athen mit

seinen Bündnern bereits bei Marathon siegreich abgeschlagen (49o v. Chr.; — der be=
rühmte "Marathon- Lauf" des Boten, der die Siegesnachricht nach Athen brachte!). —
Der weise Staatsmann Themistokles / Athen sah einen zweiten Wiederangriff der Perser
voraus und plädierte für den umgehenden Bau einer starken Flotte. In kürzester Zeit
standen 18o Trieren (Dreiruderer) bereit, damit eine der stärksten Flotten Griechenlands.

48o v. Chr. "knisterte" die Sache dann: XERXES der große Perserherrscher rückte mit
einem gewaltigen Landheer durch den Staub Kleinasiens Richtung Westen (=Griechen=
land); alles war zum Kampf bereit! Nordgriechenland warf gleich das Handtuch und er=
gab sich, während das übrige Griechenland, SPARTA und ATHEN an der Spitze sich
dem Kampf stellen wollte. Das Landheer wurde von LEONIDAS befehligt, einem
Spartanerkönig. Er marschierte mit seinen Heeres- Scharen rauf zu den THERMOPYLEN
einer Schlucht im Norden Griechenlands , die sich auch mit kleinem Heer leicht schlie=
ßen ließ. — Aber auch die Flotte wurde von den Spartanern befehligt, obwohl die mei=
sten Schiffe auf Athener Werften gebaut worden waren.

SCHLACHT BEI DEN THERMOPYLEN: (48o)
Nach 2 Tagen vergeblichen Sturmes auf die Schlucht- Barriere fand Xerxes einen Verräter
aus den Scharen der Griechen, der einen geheimen Umgehungspfad um die Schlucht
zeigte und das persische Heer führte. Leonidas erkannte, daß die Lage hoffnungslos war
und entließ die meisten der Bundesgenossen. Übrig blieben 3oo Spartaner und etwa
7oo Thespier, die den sicheren Tod vor Augen bis zum Umfallen kämpften und damit
das persische Heer aufhielten, bis auf der griechischen Seite der letzte Mann gefallen war.
Dadurch konnte sich das Griechenheer zurückziehen und für neue strategisch günstigere
Punkte zum Kampf vorbereiten. Die Spartaner errichteten später in den Thermopylen
ein Denkmal mit der Inschrift: "Wanderer, kommst du nach Sparta, verkünde dorten,
du habest uns hier liegen sehen, wie das Gesetz es befahl!" —

XERXES marschierte daraufhin durch Mittelgriechenland, und die Städte, die nicht
freiwillig die Tore öffneten, wurden auf Grund der Übermacht kurzerhand niederge=
brannt. Das listige Athen ließ seine Stadt ohne Schutz, um für den Seekampf vorzube=
reiten. Die Häuser von Athen wurden komplett flachgelegt. —

Die Situation war verteufelt! Das Heer versammelte sich bei der Landenge von Korinth,
dem nächsten gut zu verteidigenden Fluchtpunkt; Themistokles, der listenreiche Athe=
ner versammelte seine Flotte in der Meeresenge von SALAMIS westlich von Athen. Das
Meer ist hier so schmal, daß die zahlenmäßig überlegene Flotte der Perser sich hier ge=
genseitig "auf die Füße" trat. Außerdem waren die Schiffe der Athener speziell für diesen
Fall wen diger gebaut. Xerxes, der sich an Land extra einen Sessel zum Beobachten der
Szene gebaut hatte, verließ nach der Niederlage fluchtartig Griechenland. —
Die Zusammenarbeit Athens mit Sparta hatte sich bewährt, doch Rivalitäten zwischen
den beiden mächtigsten Staaten Griechenlnads führten zu innergriechischen Streiterei=
en, — dem PELOPONNESISCHEN KRIEG (431 - 4o4 vor Chr.), bei der Sparta den
Gegner Athen mit seinen Bündnispartnern besiegte. Die strategisch- geographisch gün=
stige Lage Spartas (rundum von hohen Bergmassiven abgeschirmt) begünstigten lange
Zeit die Machtstellung Spartas. Es gab damals übrigens auch eine perfekt organisierte
Geheimpolizei, die "Krypteia", die das öffentliche Leben total durchsetzte und kontrol=
liert. Geschichtsschreiber berichten, daß die Spartaner nach ihren Erfolgen recht arro=
gant mit den unterworfenen anderen griechischen Stämmen verfuhren. Alles zusammen
wurde Sparta immer unbeliebter.

ATHEN baute seine Macht in den folgenden Jahren aus und etwa gegen 37o v. Chr. war
das Ende Spartas besiegelt, welches immer neue Niederlagen einstecken mußte. —

Erneuter Aufschwung erst ca. 1249 nach Chr., als Guillaume de Villehardouin die
Festung von Mystra baute, — siehe unsere Mystra- Beschreibungen! —

SPARTA selber lohnt sich wenig für einen Besuch; eine typische griechi=
sche Provinzstadt, in der es übrigens auffallend viele Jeans- Shops gibt.
Sehr sehenswert das Museum. Die Stadt schlüsselt sich praktisch im

Zentrum auf: STRASSENKREUZUNG: rechts zum Museum, — links nach Mystra, — geradeaus nach Athen und retour von Githion(Südpelo= ponnes, dem ehemaligen Hafen von Sparta).

HOTELS: ein gutes Hotel der C- Klasse mit schönem Blick (vom Balkon der oberen Stockwerke) ist das "Hotel Maniatis", direkt an der besagten Straßenkreuzung. Ca. 3o DM für's Doppel. — Eine ganze Reihe weiterer C- Klasse Hotels mit selben Preisen im Zentrum, z.B. das "Lakonia" (61 C. Paleologou), das "Mystras" (81 Evangelistrias) das "Dioscouri" (94 Lykourgou & Atreidon) und weitere. — E- Klasse ist das "Sparti" (46 Aghissilaou) und das "Kypros"(72 Leonidou), beide um die 2o DM für's Doppel. —
A- Klasse ist das "Xenia"(Lofos Dioskouron)

Sparta —→— Tripolis: 6o km

Nach Kurvenbegradigungen, Verbreiterungen und besserer Asphaltober= fläche trotz Bergland, durch das die Strecke führt: relativ schnell.

Tripolis:
Verkehrsknotenpunkt der Verbindungen nach Sparta und Kalamata im Süden, — Olympia im Westen und Nafplion/Korinth & Athen im Osten.

Im Ort selber ist absolut nichts los, es gibt aber billige Hotels und eine Reihe guter Tavernen, z.B. die " Kalamia" (6o, Kalavriton Street), die "Klimataria" (in der Kalavriton Street) und "Sosoli's Garden" (John Kennety Street 4o).

Tripolis —→ Argos: 59 km

Bereits weitgehend gut ausgebaut; hat aber ein paar enge Stellen und viele Serpentinen über die Berge. Mit Abstand beste Stelle: wenn es nach ACHLADOCAMPOS über eine Bergkuppe runter in vielen Serpentinen an den Golf von Argolikos geht! —

Kurz vor Argos kilometerlange Orangen- und Zitronen- Haine, die aber fast durchweg abgezäunt sind. Zu viele Touristen sind hier mit den Autos schon durchgefahren! —
ARGOS selber ist nur Knotenpunkt, eine wuhrlige griechische Klein= stadt. Besser ist das am Meer liegende NAFPLION, welches aber schon bereits im Frühjahr an Touristen überquillt! Entfernung Argos — Nafpli= on ca. 12 km; häufige Busverbindung. NAFPLION[*]selber mit schöner Altstadt, vielen Andenkenshops, die viel Ramsch rumhängen haben. Der Kai mit rausgestellten Stühlen; ein Kafenion reiht sich an die nächste Taverne und die germanischen Dialekte mischen sich. Nafplion ist der Startpunkt für den Bus nach EPIDAUROS mit seinem antiken Theater. (Wird 2 Seiten weiter beschrieben!) — Gleichzeitig in nächster Nähe von Nafplion (8 km Ri. Argos!) liegt die Festung TIRYNS: gewaltige Zyklo= penmauern mit Brocken bis zu 11 m Länge und 3 m Dicke! Stammt aus der mykenischen Zeit; — besonders sehenswert sind die beiden Galerien, die ca. 3o m lang und knappe 2 m breit (Höhe ca. 4 m) in Friedenszei= ten als Vorratskammern und im Krieg als Fluchtpunkt dienten.

[*] über 1000 Betten. TOURIST- POLICE : 2a Argous

MYKENE :

*Gehört zu den 4 interessantesten Archäologie–
Stätten Griechenlands! Sollte man unbedingt in
jeden Peloponnes- Besuch mit einbauen.*

Ebenfalls wie Tiryns und Troja von dem deutschen
Archäologen Schliemann ausgegraben. Riesige,
mykenische Festungsanlagen in den Randbergen
der Ebene von Argos mit schönem Rundblick.
Die gewaltigen Zyklopenmauern, 3ooo Jahre vor
Chr. erbaut (!) besitzen einen Durchmesser von 6 m!
In den Königsgräbern (gleich rechts neben dem Ein=
gang) fand man goldene Becher und schöne Goldmasken,
die ihr jetzt im Nationalmuseum von Athen sehen könnt. Die Ausgrabun=
gen Schliemanns begannen 1874, als er nach dem legendären Palast des
Agamemnon gemäß Homer- Angaben zu suchen begann. –

*mykenische
Goldmaske*

IM ORT MYCENE (ca. 7oo m von den Ruienen entfernt) gibt's 4 Hotels der C und
E - Klasse, sowie einige Tavernen. Ob Übernachtung hier zu empfehlen ist, sei dahin=
gestellt, da sich vom frühen Morgen bis in die Nacht die riesigen Pullman- Vollklima
Busse der Tours durchquälen und die Touristen in den Tavernen nach Ruinenbe=
such durchgespeist werden.

Die RUINEN kosten ca. 3 DM Eintritt (Studenten mit Ausweis ca. o,3o DM).

Die archäologischen Stätten bestehen aus zwei Hauptgruppen: 1.) SCHATZHAUS DES
ATREUS. Liegt ein paar Me ter vor dem Eingang zu der Festung auf der linken Seite.
Wie Schliemann kam, waren die Grabräuber bereits am Werk gewesen und hatten die
Kammern komplett geleert! Ein gewaltiges, unterirdisches Kuppelgrab, welches in
Architektur an einige der Pharaonen- Gräber in Ägypten erinnert. Insgesamt fand man
in Mykene 9 Kuppelgräber, wovon das "Schatzhaus des Atreus" (oft auch "Grab des
Agamemnos genannt) am besten erhalten ist. – Die Hauptfunde des Goldschatzes
von Mykene aber in 2.) FESTUNG VON MYKENE: am Ende der Zufahrtsstraße
gegenüber des Parkplatzes. Die gewaltigen Steinblöcke der Umfassungsmauer wiegen
bis zu 6 Tonnen!! Die Sage berichtet, daß sie von "Zyklopen" herbeigeschafft wor=
den seien. Der Haupteingang mit dem berühmten LÖWENTOR, der wohl schönsten
Stelle Mykenes. Eine Konstruktion aus hartem Kalkstein, deren Türsturz allein runde
2o Tonnen wiegt. Faszinierend, wie das über 1ooo Jahre vor Christus aufgebaut wer=
den konnte mit den damals primitiven Werkzeugen. In der Tür eingelassene Löcher
für die Scharniere der Holz- Drehtüren im Eingang, sowie in der Bodenplatte ausge=
grabene Wagen- Radspuren, die zeigen, daß sehr häufig damals Wagen in die Festung
gefahren sein mußten. –

Gleich rechts neben dem Eingang die KÖNIGSGRÄBER, die von Schliemann ausge=
graben wurden. Waren oben mit Steinplatten bedeckt und drinnen die 19 Leichen
mit Erde bedeckt. Über einen großen Zeitraum der Mykenischen Epoche wurden die
Toten sitzend begraben; Hautreste an den Knochen lassen auf eine Einbalsamierung
schließen.

Der Rest von Mykene ist heute weitgehend ein Trümmerhaufen aus Stei=
nen, denn die mächtige Festung wurde zur Zeit des Niederganges des
mykenischen Reiches von den Eroberern geschleift (ca.11oo v. Chr.).
Am besten schließt ihr euch einem der diversen Fremdenführer an; in
deutscher Sprache findet sich bestimmt einer! Der erklärt euch die
Details! – Noch ein TIP: sehenswert ist die Zisterne hinter dem Palast
auf der Hügelkuppe, – und zwar 4o m außerhalb der Stadtmauern. Ein

unterirdischer Gang führt unter den Mauern zur Zisterneneinfassung. Die Zisterne, die selber nur 5 m tief war, konnte in Notzeiten die Stadt mit dem köstlichen Nass versorgen; Tonleitungen lieferten das Wasser in die Festung. *Taschenlampe mitbringen!*

MYKENE lohnt sich wegen der sagenhaften Lage und seiner gewaltigen Festungsmauern, die relativ fugenlos aufeinandergefügt worden sind, — eine für die damalige Zeit großartige Leistung. Wer sich für Archäologie interessiert, sollte sich zuvor in der diversen Geschichtsliteratur einlesen; sonst hat man wenig von den wüst rumliegenden Steinen! —

WEITER NACH KORINTH:

Die Straße ist recht gut ausgebaut, allerdings teilweise kurvenreich. Wir haben für die ca. 57 km eine gute Stunde gebraucht. Häufige Busverbin= dung, aber auch Eisenbahn, die eine Station ganz in der Nähe der Ruinen hat. —

RECHTER FINGER DER PELOPONNES:

Ihr könnt einen schönen Rundtrip legen: Korinth — Palea Epidauros — Epidauros/Theater — Mykene — Korinth. Dauert an reiner Fahrzeit etwa einen halben Tag. —

Interessant aber auch der Abstecher bis GALATAS und per Motorboot über den Kanal zur Insel Poros. Schöne Lage, viele Tavernen. — Retour per Schiff nach Piräus. —

Ab dem KANAL VON KORINTH, gleich hinter der Brücke abbiegen: Wegweiser "Istmia", — die Straße in den Süden ist entlang der Küste fer= tig bis PALEA EPIDAUROS. Sehr lohnende Strecke, stark bergig, viele Pinien, dazwischen Olivengärten. Felsenküste. Die Straße gut ausgebaut, asphaltiert, aber kurvig.

KORFOS: Fischerdorf, schön in riesiger Bucht zwischen hohen Bergen gelegen. Viel Vegetation, bisher noch kaum Tourismus

KORFOS: Fischerdorf, schön in riesiger Bucht zwischen hohen Bergen ge= legen. Viel Vegetation, bisher noch kaum Tourismus. —

PALEA EPIDAUROS, sehr gemütlicher Hafen. Am Hafen mehrere em= pfehlenswerte Tavernen und Blick auf die Insel Ägina. Besonders schön, hier am Abend am Hafen zu sitzen bei Polyp und Retsina.

"Hotel Poseidon", am Hafen, ca. 3o DM Doppel mit eigenem Bad und schönem
    Blick vom Balkon. Besitzer Kiriakos Pitsas spricht etwas Deutsch, da er eine
    deutsche Freundin hatte. Jetzt aber mit Griechin verheiratet. —
"Hotel Plaza", gemütliche Lobby, Doppel mit Bad ca. 3o DM, ohne Bad ca. 25 DM
"Hotel Maronika", Doppel mit Bad ca. 3o DM, am Wasser mit Balkon- Blick aufs Meer
"Hotel Aktis", Doppel mit Bad ca. 3o DM, - im Ort Privatzimmer.

CAMPING ganz in der Nähe des Ortes, ca. 5 - 1o Min zu Fuß. Liegt in Orangenhain, am Meer mit Taverne in der Nähe, aber sehr klein. Es hat hier einen groben Sand= strand, der aber nur ca. 1 m breit ist. —

Palea Epidauros mit ca. 5oo Einwohnern, 2 Tankstellen sowie Lebensmit = telgeschäft. Täglich Busverbindung bis zum Theater Epidauros, aber auch rüber nach Napflion, über Ligurion. (Ab diesem Ort ca. 4 km bis zum Theater, Trampen oder Taxis). —
Busse nach Athen: 2 mal pro Tag. Fahrzeit 2 1/4 Std., ca. 1o DM

LIGURION: keine kleine Stadt, nichts besonderes, außer daß sich ein Sight- Seeing Bus nach dem anderen durch den Ort schiebt. Durchgang für die Epidauros- Theater- Besichtigung. Erstaunlich viele Tavernen, wo die Touristen abgespeist werden. — Gleichzeitig mehrere Hotels.

THEATER VON EPIDAUROS: von den oberen Rängen schöner Blick und sagenhafte Akustik! Die 15.ooo Zuschauer, die in dieses antike The= ater passen, können sogar geflüsterte Worte und Papierrascheln unten auf der Bühne hören. Im Sommer Aufführungen klassischer Dramen. Direkt- Bustransport ab Athen. Fragt bezüglich Theater- Programm bei der Griech. Fremdenverkehrszentrale, Syntagma- Platz, Nat. Bank of Greece. —

STRASSE NACH GALATAS/POROS:
Über das Theater hinaus weiter in Richtung Süden (=Porto Helio), aber nach ca. 2o km die Abzweigung "Galatas" nehmen. Soviel ich mich erin= nere, kein Wegweiser (?): die Straße zweigt in spitzem Winkel links ab, ebenfalls Teer, aber etwas schmaler. — Viele Kurven, schöne Strecke, über Fanari und weiter an der Küste entlang. Etwa 7o km; wegen der vieler Kurven braucht ihr im eigenen Auto dafür ca. 2 Std. —

GALATAS:
liegt gegenüber der Insel Poros. Schöne Lage, die den Abstecher lohnt. Poros ist bisher vorwiegend bei Griechen als Ausflug ab Athen besucht und hat eine ganze Reihe Tavernen am Hafen, wo man abends schön fei= ern kann. Strände in unmittelbarer Nähe des Ortes weniger gut; es fahren aber kleinere Motorboote. Alle weiteren Details unter "Poros"! —

Tägl. Busverbindung mit Ligurion; schneller zurück aber per Boot (Auto= fähre oder Schnellboot "Flying Dolphin") nach Athen, bzw. runter zu den Inseln Hydra und Spetse. —
Die Straße um die Halbinsel rum nach Porto Helio kurz nach Galatas: Erd= weg, der aber einigermaßen im Schuß ist. Direkt an der Spitze einige Sand= strände und Blick rüber auf die gebirgige Insel Hydra. Vom Hafen ERMO = NI (weniger reizvoll, sehr touristisch, ein paar Tavernen, viel Souvenir und kleine Hotels) gibt's Schiffsverbindungen nach Hydra und Spetse.
Ab Ermoni auch weiter per Teer; Hügellandschaft mit Wiesen.

VILLA ZOE in
YIALOVA PILOS

In einem kleinen Dörfchen 6 km außerhalb von Pilos am Meer gelegen. Blick auf die Pilos- Bucht. Schöner Sandstrand, kleiner Garten am Meer mit Olivenbäumen. Gemütliche Atmosphäre.

Besitzer (Grieche) mit Deutscher verheiratet. Kinder willkommen. Die Zimmer mit Dusche. Sehr günstige Preise. — Möglichkeit, Boote zu mieten.

SÜDWEST—PELOPONNES

PORTO HELIO hat uns überhaupt nicht gefallen: riesige Schotterfläche am Hafen, die alles andere als Gemütlichkeit aufkommen läßt. Vom nahen Flugfeld per Olympic- Airways - Propellermaschine zurück nach Athen oder mit den täglich verkehrenden Hydrofoilern ("Flying Dolphins"). Schön ist der Abstecher zur nahen Insel Spetse. Details siehe dort!
Gut ausgebaute Teerstraße rauf nach Napflion. Besser den Umweg über Ligurion (Asphalt); ein Schotterweg führt an der Küste entlang. —

Abfahrt der "Flying Dolphins" ab Marina Zea/Piräus. Es gibt eine eigene Busverbindung am Haupthafen Piräus (neben der Metro- Endstation) und Zea Marina im Anschluß an die Boote. Die Busse starten direkt vor dem Haus mit den Buchungs- Büros im Haupthafen Piräus. —

Abfahrt der Normalboote: Haupthafen Piräus. ("Argosaronikos Line")

Krieger, der bei der Salamis - Schlacht → ins Wasser gefallen ist.

Salamis- Poros- Ägina -
SARONISCHE
Hydra- Spetse INSELN

*Die Inseln vor der Haustüre Athens. Besonders SALAMIS und ÄGINA
tendiert dazu, am Wochenende sehr voll zu sein, weil es sich so bequem
erreichen läßt. Der Hauptort der Insel HYDRA gehört in seiner Anlage
und Hausarchitektur zu den schönsten Griechenlands, — SPETSE ist bei
Engländern sehr beliebt, dicht bewaldet und Fahrrad mieten möglich.
Die Insel POROS liegt nur ca. 600 m vom Festland entfernt und läßt
sich schön in einen Peloponnes- Rundtrip (siehe unser Peloponnes-Text!)
einbauen.*

*Alles zusammen: schnell von Piräus mit häufigen Schiffsverbindungen zu
erreichen. Seit etwa 6 Jahren gibt's auch die Gleitkufenboote ("FLYING
DOLPHINS"), die die Strecken auf halbe Stunden zusammenschrumpfen
lassen (Athen ≫→Ägina z.B. in 35 Min.)*

Insel Salamis:

*Bis auf eine "Top—Stelle" landschaftlich nichts Besonderes. Weil die Insel
zu nahe zu Athen liegt (ca. 1 Std. im Auto oder Bus): beliebtes Wochen=
endziel der Athener.*
*Trotzdem interessant, an einem "Leerlauf - Nachmittag" einzuschieben:
Vorbei an der Bucht von Salamis, wo damals die berühmte Seeschlacht* ✱
der Athener gegen die persische Übermacht stattfand, in der die Athener
durch Cleverness siegten und Europa das griechische Kulturgut bewahrten.
Heute: Werften und die ganze Bucht voll von modernen Frachtern. Schö=
nes Fotomotiv: ein Frachter neben dem anderen, oft 2o bis 3o Schiffe! —*

VERBINDUNG: ↗ab koumoundourou Square
Häufig am Tag Bus ab Piräus oder Athen bis <u>PERAMA (ΠΕΡΑΜΑ),</u>
ca. 1o km am Meer entlang ab Piräus. Recht interessante Fahrt wegen
der Frachterflotte in der Meeresstraße, die Küste aber extrem dreckig,
die Ortschaften sehr unerfreulich und öde.

<u>Ab PERAMA:</u> alle halbe Stunde (an Wochenenden bis zu alle 1o Min.!)
Fährschiffe rüber nach <u>PALUOKIA/Insel Salamis</u> (1o Min. Überfahrt,
kostet ca. o,7o DM/Person, bzw. für PKW ca. 5 DM, der Fahrer inklusiv).

✱ Schlacht - Details siehe mein SPARTA _Text !

Rechts in der Bucht einige Kriegsschiffe, Paloukia selber recht häßlich, einige Hafentavernen. 4 km Asphaltstraße über einen schmalen Landarm rüber zum Ort SALAMIS an einem tief in die Insel reinragenden Meeres= bay. Der Ort ist ebenfalls ziemlich mies, das Gewässer riecht übel, und am Ortsausgang könnt ihr im Wasser ein wie abgenagtes Fischgrätenge= rippe eines Schiffwrackes im Wasser dahinrosten sehen. Im Zentrum des Ortes*am Hafen einige Tavernen und Cafes, in denen man zwar schön sitzt, aber ziemlich viel bezahlt.

Rund um den Bay an den Hängen viele Wochenendhäuser der Athener, landschaftlich auch hier nicht besonders.

Schön ist aber folgender Trip (eigenes Auto erforderlich!):
Vom Ort Salamis am Bay entlang nach EANTION (ΑΙΑΝΤΙΟΝ   ) und weiter Ri. AG. NIKOLAOS (ΑΓ. ΝΙΚΟΛΑΟΣ). Die Abzweigung dafür kommt linker Hand am Berghang bei einer weißen Kapelle unter Bäumen. Hier die Abzweigung von der Teerhauptstraße – per Erdstraße mit griech. Wegweiser (ΠΡΟΣ ΑΓ. ΝΙΚΟΛΑΟΣ) Ag. Nikolaos. Landschaftlich schöne Strecke den Berg in Serpentinen hinauf durch Kiefernwäldchen mit Aus= blicken auf die Bucht, sowie attische Küste. Etwa auf Berg-höchster Stelle in Kiefernwald: eine Minikapelle (ca. 1 m hoch), griechisch himmelblau angestrichen in links-Kurve. Hier führt ein anderer Erdweg links in steilem Winkel den Berg hoch: rauffahren, — an Bienenstöcken vorbei (nach ca. 3oo m) und nach weiteren 6oo - 7oo m: SUPER—PANORAMA—RUND= BLICK, Ägäis mit vielen kleinen Inselchen und Inseln, wie ich ihn selten so schön in Griechenland gesehen habe! Man sollte am besten kurz vor Sonnenuntergang rauffahren, weil dann die Sonne den Dunst über'm Meer färbt . Hier oben schöne Wanderungen, aber auch guter Picknick- Platz (Abfälle bitte wieder mitnehmen!!), bzw. Camp- Platz für VW- Busfahrer.

Der Küstenteil um Ag. Nikolaos ist noch relativ unberührt und lohnt sich für Ausflüge. Fischerdörfchen. Aber eigenes Auto nötig, weil der Insel= bus zu selten fährt!

Insel Ägina :

Ideale Insel für Leute, die ausspannen wollen, in der Sonne liegen und faulenzen, baden und abends Unterhaltung und Abwechslung suchen. Hier gibt's viele Touristen, also viel Kontakte.

VERBINDUNGEN:

PERSONEN/PKW- DAMPFER: bis zu 11 mal ab Piräus/Haupthafen über Ägina und weiter nach Poros. Pro Person ca. 6 DM/Decksklasse, bzw. PKW inkl. Fahrer ca. 2o DM Fahrzeit ca. 1 Std.

"FLYING DOLFINS": pro Person ca. 9 DM, Fahrzeit 25 Min. Abfahrt Piräus/Zea-Hafen. Im Sommer 15 Abfahrten pro Tag! Wie auf allen Dolfins: kein PKW-Transport.

Beide Schiffe, die "Flying Dolfins" und die Personen/PKW- Fähre legen auf Ägina im Hauptort Ägina an. —

✳ im Sommer : Direkt-Schiffsverbindung ab Piräus nur Personen.

KARTEN/BÜCHER:
"Aegina" von Anne Yannoulis, erschienen bei Lycabettus Press, ca. 4,50 DM. Enthält zugleich eine brauchbare Übersichtskarte der Insel. —

Ägina:
Schöner, alter Hafenort mit vielen weißen oder bunten Häusern. Klassizistische Bürgerhäuser der ehemals wohlhabenden Schwammfischer. Ägina hat viel Atmosphäre, sowie eine blendend weiße Kapelle an der Hafeneinfahrt, die die Fischer beschützt.—

Am rechten Ende der Uferpromenade die Kathedrale, und am anderen Ende der Badestrand mit den zwischen Bäumen versteckten Resten des dorischen Apollo- Tempels. —

<u>TOURIST—OFFICE:</u> direkt am Hafen: von der Schiffsanlegestelle ca. 100 m in Richtung Kathedrale, kurz vor dem Restaurant "Express" links in die kleine Gasse rein.
Erstes Haus am Eck, rechts die Türe rein. Helfen euch bei Zimmerproblemen! —

Am Hafen ist viel los, eine ganze Reihe von Tavernen und Cafes. Dort mal den milden "Sage- Tee" probieren. Kulinarische Spezialitäten der

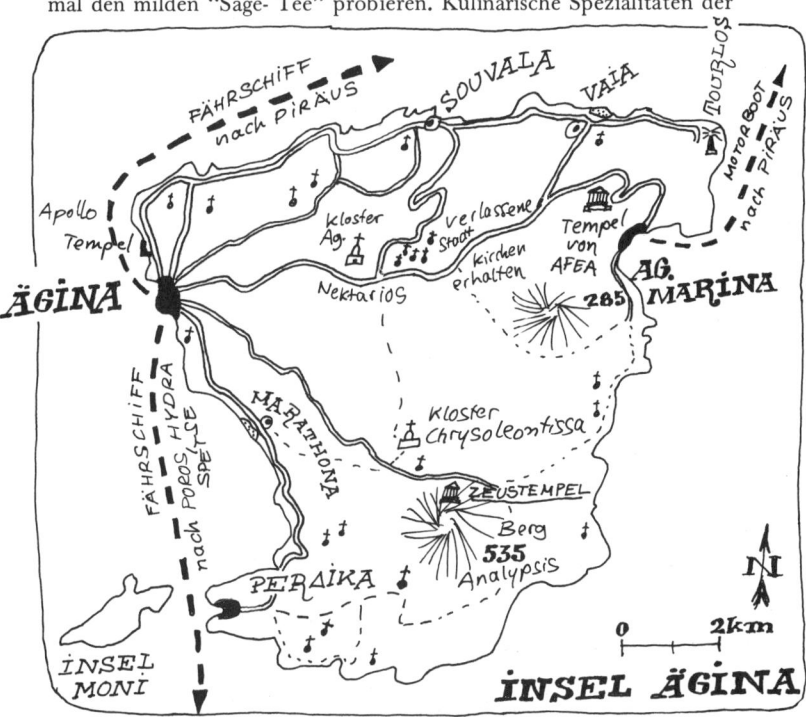

"Bibis Taverna" in Ägina/Ort probieren!

Insel: Seezungen und Pistazien. — Läßt sich schön relaxen hier am Hafen, der viel Leben und Atmosphäre hat! Am Kai übrigens eine ganze Flotte kleiner Fischkutter, die Gemüse von der Peloponnes rüberbringen! —

DIE INSEL ÄGINA lohnt sich als Halb- oder Ganztagesausflug ab Athen, besonders, wenn man noch ein paar Tage bis zum Rückflug nach Mittel= europa hat und einem Athen zu rummelig und laut ist. Zugleich aber auch gute Ferieninsel für Leute, die am Strand braun werden wollen bei komfor= tabelen Hotels und genügend Abwechslung. —

ÄGINA - ORT hat 5 Diskotheken und 3 Freilichtkinos. STRAND des Ortes unterhalb des dorischen Apollon- Tempels (6. Jahrh. vor Chr.). Hier könnt ihr Tretboote für ca. 4 DM /Std. und Boot mieten. Bäume und Rummel. Der Eintritt in den nahen Tempel kostet runde 3,5o DM; erwartet euch nicht so viel, denn außer einer gut erhaltenen Säule ist nicht mehr viel zu sehen. Man verwendete Anfang des 19. Jahrhunderts die kunstvoll bemei= ßelten Steinblöcke der Tempelanlage, um den Hafen auszubessern! —

Mit Pferdedroschken kann man halbstündige Ortsrundtrips fahren (ca. 8 DM) in den diversen Boutiquen am Hafen gibt's Sommerkleider und die üblichen, vorfabrizierten Andenken aus der Götter- Nachguß-Fabrik in Athen. Töpfersachen kauft ihr in größerer Auswahl und meist zu billigeren Preisen direkt beim Künstler, der im Dorf Mesagros sitzt! —

HOTELS in ÄGINA/ORT:
"Marmarinos", Cat. D, ca. 2oo m von der Anlegestelle entfernt in den Ort hinein. Ruhige Lage, günstig, wenn auch keine Sicht. Doppel kostet hier um die 2o DM
"Hotel Artemis", Cat. D, 2o Kanari Str. neben Hotel Marmarinos
"Hotel Areti", Cat. C, am Strand 15o m von der Anlegebrücke. Doppel ca. 3o DM
"Pension Alexiou", Cat. A, D. Petritistr. 31.
Etwa 15o m von der Anlegebrücke sehr schön gelegen. Von einigen Zimmern Blick auf die Tempelruinen und den Strand (1oo m). Sehr netter Besitzer. Ganzjährig ge= öffnet. Doppel mit Bad ca. 25 DM, Frühstück um die 3 DM. —
"Pension Ganulis", Petritistr. 11 nähe Pension Alexiou. Ordentlich und sauber. Doppel ca. 2o DM, Dreifach ca. 23 DM, Dusche extra. —
"Guest House E. Pavlou", Cat. C, bei der Kathedrale, Doppel ca. 2o DM ohne Bad und ca. 25 DM mit eigenem Bad.
"Hostel Costas Bitros", geräumiges, altes Haus am Hafen, 25 Betten, im Erdgeschoß ein Souvenirladen. Am Hafen Nr. 33. Kostet Doppel ca. 15 DM. Dusche extra. —

FAHRRÄDER — MIETEN in diversen Shops in Ägina/Ort. Kostet pro Stunde ca. 6,5o DM; beim Mieten pro Tag oder Woche lassen sich Rabatte vereinbaren. Das Fahrrad ist der geeignete Ferientransport, denn die Insel ist nur leicht bergig. Alle interessanten Punkte auf der Insel in "Fahrrad-Reichweite"! —

TAXIS nach Ag. Marina, dem anderen Hauptort der Insel (Touristen- Zen= trum!) kostet nach fixierten Preisen im Moment ca. 13 DM (zum Aphaia-Tempel ca. 1o DM Geht natürlich mit dem Inselbus, der mehrmals täglich die Strecke fährt, wesentlich billiger. —

BOOTSVERBINDUNGEN: *gute Tauchmöglichkeiten!*
  ab Hafen Ägina →Insel Angistrion: im Sommer stüdl., ca. 1,5o DM
            →Insel Moni: zur Zeit eingestellt, da der dortige
                         Campingplatz mutwillig zerstört wurde

"SARONTOUR" veranstaltet im Sommer 2 mal pro Woche eine Bootsfahrt rund um die Insel. Kostet pro Person ca. 1o DM Gelegentlich auch Ausflugs-Trips zum Kap Sunion und zu den Festspielen von Epidauros. —

RESTAURANTS: Griechen empfehlen "Martaki", zwischen Tourist- Police und Kathedrale am Hafen. Die Terasse geschmückt mit alten, bewachsenen Amphoren. Preise durchschnittlich. —

"Rest. Express" am Hafen unterhalb der Polizei. Mäßige Preise, das Beef für ca. 6 DM.— "The house of the fisherman" am Hafen, Preise o.K., aber der Service mäßig. —

MUSEUM in Ägina/Ort: bei der Kathedrale. Recht klein, Ausgrabungsstücke vom Aphaia- Tempel, Skulpturen und Bronzestücke. —

> *ÄGINA/ORT hat für meinen Geschmack mehr "Flair", während das andere Haupt- Touristendorf der Insel, AG. MARINA die komfortableren Touri = stenhotels und mehr Abwechslung bringt.*
>
> *Zwischen beiden Orten mehrmals täglich ein Inselbus, der genau über den APHAIA—TEMPEL fährt, einer der besterhaltensten Griechenlands!! So ließ sich z.B. ab Athen ein schöner Rundtrip legen!*

Ägina/Ort —→ Ag. Marina (16 km)   – über Aphaia- Tempel:

Es geht quer über die Insel, ein ca. 35 Min. Trip. An den Ausläufern der Inselberge hinauf durch Kulturland: Feigenanbau , weiter oben haupt= sächlich Weideland. Bald windet sich die Straße am KLOSTER NECTARIUS (6 km ab Ägina) vorbei. Der modernste Heilige und Wundertä= tige Griechenlands. Sehenswert die mit Weih= rauchgefäßen behängte Kirche: Spenden von Gläubigen!   (gestorben 1920!)

In der Nähe: die Ruinen von PALEOCHORA, der ehemaligen Inselhaupt= stadt. (bis 1926) Einige der massiv gebauten Kapellen stehen noch. Innen schöne Fresken. Schaut euch auch mal die Zisternen an mit modernen Schöpfwerken (Endlosketten)!–Nach den griechischen Befreiungskämpfen war Ägina von 1827 - 29 die erste Hauptstadt Griechenlands. Mehr oder we= niger ein Verlegenheitszug, denn Athen war bei den Kämpfen fast völlig zerstört, Ägina lag zentral in Griechenland und hatte zudem noch ein gutes Image vom Altertum her.

ÄGINA war bereits ca. 1ooo J. v. Chr. bei Einwanderung der Dorer auf Grund der hervorragenden Lage (strategische Kontrolle des Saronischen Golfes) wichtige Seemacht,— zeitweilig die wichtigste Griechenlands. Im 7. Jahrh. v. Chr. kontrollierte die Insel den Silberhandel mit Spanien . Zugleich wurden hier erstmalig in Europa Geldmünzen ge= prägt! Diverse Rangeleien mit dem Seemacht- Konkurrenten Athen endeten ca. 45o v. Chr. zu Gunsten Athens, welches die Insel besetzen ließ. —

Mesagros:
Kleines Dorf an den Bergausläufern unterhalb des Aphaia - Tempels. Hier sitzen die Ägina - Töpfer und versorgen die Aphaia- Touristen mit teils

recht schöner Keramik, teils dem üblichen Kitsch. Besonders Kosta ist dick im Geschäft. Besser sind aber die beiden Töpfer am Ortsausgang Richtung Souvala: Keramikarbeiten häufig in weißem Ton, Vasen, Krüge und kleinere Amphoren. — Das System der Wasserkühlung in diesen Krügen ist simpel aber wirksam: bei Hitze schwitzt das Wasser im Krug durch die Poren der unlackierten Keramik und bildet außen eine kühlende Isolierschicht! —

Aphaia - Tempel:
sagenhafte Lage auf einem Bergrücken über der Ägäis. Rundum Pinienwälder und Olivenbäumen mit großen Löchern, in die man sich schön reinsetzen kann! Bei klarem Wetter habt ihr den Blick bis zum Parthenon/Akropolis!!

Gebaut wurde der Tempel, so wie er in heutiger Form zu sehen ist, ca. 5oo Jahre vor Chr. Einige der Marmorstatuen des Giebels kaufte Kunstfreund Konög Ludwig der I. von Bayern auf und ließ sie nach München schaffen (in der Glyptothek zu sehen am Königsplatz!). —

DIE LEGENDE berichtet, daß der Tempel der Göttin Artemis Aphaia geweiht war, einer Tochter des Zeus. Der König Minos von Kreta war damals ziemlich in sie ver= knallt und versuchte, ihre Jungfräulichkeit zu brechen. Artemis griff sich nun schleu= nigst ein Fischerboot, welches sie nach Ägina brachte. Doch mußte die junge Dame viel Attraktion ausgestrahlt haben, denn auch die Fischer ergriff die Leidenschaft und sie mußte sich in dem besagten Pinienhain oberhalb Ag. Marinas unsichtbar machen. Dies war der Anlass zum Tempelbau. —

Ag. Marina:
schöner Fußweg vom Tempel runter (4 km) zum Hafen- und Badeort Ag. Marina: eine Mischung aus Hotels, Restaurants, Boutiquen und Dis= kotheken. Viel Trubel und Abwechslung im Ort.

Liegt in einer ca. 8oo m Bucht, teils Fels, teils Sand. Tretboote mieten möglich. Diverse Tavernen am Strand und viele Deutsche Urlauber. Man vermisst griechische Atmosphäre, — da hilft auch kein Bouzouki.

HOTELS/ AG. MARINA:

Tip von Dieter Lenz: Hotel Posidon modern, Doppel 30, Sehr netter Besitzer!

"Nürnberg" (bezeichnend!!), C- Klasse 1oo m vom Strand entfernt.
"Hotel Agli", Cat. C. ebenfalls in 1oo m Distanz vom Strand.
"Apollo", B- Klasse direkt am Strand (Privat)
"Blue Horizon", C- Klasse und etwa 17 weitere Hotels der Klasse C, zusammen rund 9oo Betten. Man kann aber auch in diversen Pensionen (Privat) schlafen.

Im HOCHSOMMER kann es schwierig werden, Zimmer zu bekommen! Ag. Marina kann man im Flug & Hotel- Arrangement bei diversen deutschen Veranstaltern bu= chen .

Ob einem Ag. Marina gefällt, ist Geschmacksache. In jedem Fall ist im Sommer hier viel los. Die Hotel- Architektur hällt sich bezüglich Bunker= stil erfreulicherweise in Schranken. — Die Preise in Ag. Marina etwas hö= her, als in Ägina/Ort, da nur Saisonbetrieb. —

Ägina → Perdika: ca. 7 km

Am Ortsausgang von Ägina/Ort hinter der kleinen Landspitze eines der drei Freilichtkinos. Nach 2 km, ein schöner Abendspaziergang ab Ägina: FAROS, ein kleines Dorf etwas landein gelegen. An der Uferstraße die klei= ne Fischerbucht mit einer Pizzeria und Strand- Taverne. Auch ein Hotel.

MARATHON (5 km ab Ägina) hat kleinen Sandstrand . Wer gern Wandert, kann von hier auf den 535 m Oros - Berg raufkraxeln. Von oben schöner Blick! Der Aufstiegt dauert ca. 2 Std., vorbei an der Kapellenruine Ag. Assomatoi. Auf der Bergspitze soll es Spuren eines uralten (12 Jhd. B.C.) Heiligtums geben. — Von dort könnt ihr über einen anderen Weg Rich= tung Kloster Nectarius laufen, vorbei am schönen Chryssoleontissa - Klo= ster. Zusammen ab Bergspitze über Chryssoleontissa bis Nectarius ca. 2 Std. Letzteres liegt an der Straße Ägina — Ag. Marina und hat Busver= bindung zurück ans Meer. —

Weiter an der Küstenstraße ab Marathon Richtung Perdika. Kurz vorher eine hübsche Bucht mit duftenden Eukalyptus- Bäumen und Schilf. Eine Taverne dazwischen mit schattigen Plätzchen. Von dort ncoh ca. 2 km bis Perdika, dem nettesten Dorf der Insel . Wirkt verglichen mit Ägina eher verschlafen. Unterkunft in Pensionen oder privat bei Fischern.

Bisher gab's ab Perdika Bootsverbindung im Sommer rüber zur Insel MONI, wo der Touring - Club Griechenlands eine kleine Campingkolonie mit Taverne installiert hatte. Wegen Vandalismus seit 1977 geschlossen. Kriminelle Elemente hatten im Winter die Einrichtungen zerstört. —

ANGISTRION — INSEL:

Kleines Inselchen zwischen Ägina und dem Festland. Ausgezeichnete Tauch= möglichkeiten um die bergige Insel. Hotels gibt's auf der Insel nur wenige und die basic.

Verbindung:
Im Sommer täglich ab Pier/Ägina ein kleiner Holzdampfer, der die Strecke in ca. 35 Min. macht. Kostet um die 1,5o DM. Zuerst wird Skala/Angristion angelaufen, danach Megalochrion. Gelegentlich auch Direktverbindung mit Athen/Piräus. —

Skala:
hat schönen Sandstrand und ca. 5 kleine Hotels. Ihr könnt Fahrräder für Inseltrips mieten und es gibt Hafentavernen. Viele Athener haben hier Zweithäuser, nachdem die Grundstücke noch vor 2 oder 3 Jahren zu Schleu= derpreisen hergegeben wurden. Das Dorf Skala, leicht oben am Hang hat zum Glück noch die griech. Atmosphäre bewahrt. (bisher!) —

Wegen der nur wenigen Km- Straße auf der Insel gibt's kaum Autos. Erfreu= lich! Mit einem Fahrrad ist man ausreichend mobilisiert.

Megalochrion:
Endstation des Ägina- Bootes und ca. 2 km südlich von Skala. 3 kleine Ho= tels der Basic- Klasse. Im Frühjahr könnt ihr den Pfarrer mit bekleckster Kutte seine Kapelle anpinseln sehen!
Schöner Ausflug an der bewaldeten Küste entlang, 5 km zu dem abgelege= nen Weiler IMENARI. —
Empfehlenswertes Hotel in MEGALOCHRION: das "Mylos" oberhalb des Hafens mit schöner Aussicht und freundlichem Inhaber. Kostet um die 23 DM für's Doppel mit Bad und ca. 18 DM ohne.

Insel Poros — Galatas/Festland

Das reizvolle ist die Lage beidseitig eines etwa 6oo m breiten Meeresarm
zwischen Peloponnes- Festland und Insel Poros. Die Häuser beider Orte
an den Hang raufgebaut; im Hafen von Poros viele gemütliche Tavernen
und Cafes. Wegen Piräus- Nähe viele Ausflugs-Griechen! —

Bis 24 Uhr laufender Pendelverkehr in kleinen Fischerbooten über die
Meerenge. ABFAHRT/GALATAS: vor Hotel Galatas
          ABFAHRT/POROS: vor Cafeteria New Astoria
Die Überfahrt kostet ca. o,5o DM.

Gleich nebenan landet das Mini- Carferry- Schiffchen " ΦΑΝΕΔΩΜΕΝΗ",
das halb- bis ganzstündig verkehrt, je nach Bedarf. Im Sommer häufiger.
Fahrzeit rüber nach Poros ca. 3 Min. Kostet ca. 4,5o DM. für mittelgroßen
PKW und 2 Personen.

Verbindungen Piräus:
mehrmals täglich mit dem normalen Auto/Personen- Dampfer über Ägina
nach Piräus. Dauert ca. 3 Std. und kostet ca. 7 DM pro Person in der
Decksklasse.

Geringfügig teurer sind die beiden Schnelldampfer "Mani- Express" und
"Delphini", die die Strecke bis Piräus in knapp 2 Std. machen und um
die 8 DM pro Person kosten.

"Flying Dolphins": schnellste Verbindung; sind Gleitkufenboote. Bis
Piräus (täglich) ca. 5o Min. und 26 DM pro Person. Mit diesen kommt
ihr auch nach Hydra, Spetse und Porto Heli sowie Ermonia auf dem Pe=
loponnes - Festland.

Ebenso mit den normalen Personen/PKW - Fähren rauf nach Hydra und
Porto Heli , sowie Spetse. —

Poros:
Im Sommer liegen hier viele Yachten am Hafenkai. Der Ort hat schmale
Gassen, Gärten und schöne Ausblicke auf die Bucht. Oben auf der Berg=
kuppe ein Kirchturm, wie ein italien. Campanille, nachts erleuchtetes
Zifferblatt. Zwar nicht die Hausarchitektur, doch aber viel vom Flair
des Ortes und dem Boots- Schiffverkehr auf dem Kanal und den Hafen=
kneipen erinnert an Italien. Das schöne an Poros ist seine Lage und die
gemütlichen Hafentavernen.

ÜBERNACHTEN:

Ich wüßte nicht, was mehr zu empfehlen ist: Hotel auf der Galatas- Seite oder drüben
in Poros. Beide Seiten haben schönen Blick. Ich habe im Hotel 'Galatas" geschlafen,
vielleicht schöner, weil die meisten Zimmer den Blick auf die Meeresenge haben.
Kostet im Doppel mit Bad ca. 24 DM. Allerdings sind die interessanteren Cafes drü=
ben auf der Insel.

Hotels/Pensionen auf Poros: Tourist Police: 37, Dimosthenous Str.

"Latsi", Cat. B, am Wasser kurz vor der Navy. Ordentlich, die Badezimmer mit Mar=
mor. Kostet Doppel ca. 5o DM mit Bad.

"Akteon", Cat. C, bei den Cafes am Anlegesteg, nüchtern und kahl.

"Villa Maria" an der Hafenpromenade neben Telefongesellschaft, empfehlenswert, aber keine Frühstücksmöglichkeit. Kostet Doppel mit Bad ca. 25 DM, ohne ca. 21 DM

"Villa Viloy", neben der Polizei, Doppel ca. 21 DM, kein Privatbad, modernes Haus.

"Pension Mellou", bei der Kirche Georgios (ca. oberhalb des Telefon), Doppel um die 17 DM, für den Preis sehr zu empfehlen. Einige Zimmer haben auch Blick auf Ägäis. Kalte Dusche 5o Pf. extra.

"Pension Nicos Douros", nähe Kirche Konstantinos. Doppel kostet hier ca. 18 DM, im 4 - Bettzimmer jedoch pro Bett nur ca. 7 DM. Freundliche Besitzer.

"Pension Demitris", die Hafenpromenade ca. 8oo m raufgehen (wenn man auf's Ufer schaut: rechts) kurz nach den 3 Tavernen links die Gasse rauf, grüne Gartentüre, sehr basic, handeln. Wenn die Pension voll ist, bringt er euch zum Nachbarn. —

"Hotel Manessi" in Poros direkt bei der Schiffsanlege. Viele der Zimmer mit Blick auf den Meeresarm, Doppel kostet ca. 3o DM.

Etwas abseits hinter dem Ort, vorbei am Kriegsschiff liegt das "Hotel Poros", ein Xenia-Hotel der Griech. Fremdenverkehrs= zentrale. Doppel ca. 40 DM ohne Frühstück und Mittagessen. Zimmer mit Dusche und WC. Ein moderner Kastenbau, der mit Eisenstangen außen verziert wurde. —

Auf dem Festland das "Stella Maris", ein umfangreicher moder= nerNeubau ein ganzes Stück von Galatas entfernt. Hier eine Tauchschule, — schön zwischen den Bäumen am Meer gele= gen. —

Das Hauptleben spielt sich auf der Hafenstraße ab. Hinten rum eine kurze Asphaltstraße Richtung Russian Bay, sowie in die Gegenrichtung zum Monastiri - Kloster, welches aber auch per Bus oder Schiff erreicht wer= den kann. Die andere Straße auf den Inselberg rauf (Posseidon Tempel) ist momentan in Schotterzustand und bringt landschaftlich nicht unbe= dingt überwältigende Sachen. —

Kloster Monastiri: *Fußweg ab Kloster um Posseidon-Heiligtum ca. 1 Std.*

Im Hochsommer großer Touristenrummel, weil man sonst auf der Insel nicht viel unternehmen kann. Liegt sehr schön oberhalb einer Bucht; seitlich und unten am Wasser (Anlegesteg) mehrere Tavernen, wo man schön sitzt und Kontakte knüpfen kann. Allerdings haben wir festgestellt, daß vorwiegend Liebespaare auf die Insel fahren, die lieber unter sich sind. *(ca. 3½ km ab Poros)*

Transport zum Kloster: per Fahrrad (mehrere Mietbüros in Poros am Ha= fen, kostet ca. 4 DM pro Std. und Einsitzer, bzw. Ca. 5,3o DM für "Cycle Cab" Doppelsitzer, — Pro Tag sind 6 - 7 DM zu zahlen.

per Bus ab Poros Hafen oder per kleinem Fischerboot. ("benzina") *(ca. 2o Min)*

Im Kloster keine Badeanzüge. Die Ikonen sind schön, obwohl ich anders= wo schönere gesehen habe. Trotzdem: wegen der Lage lohnt sich der Trip. Erwartet euch aber nicht zu viel. —

Ausflüge:

von Galatas zum Theater Epidauros (siehe unser Peloponnes- Text!). Es fahren Linienbusse ab Galatas täglich nach Ligourion in der Nähe der archäologischen Stätten, — oder ihr bucht einen Pauschaltrip! —

von Galatas zum O.T.E. - Tower im Süden. Sagenhafter Blick. Ihr braucht aber ein eigenes Auto oder Taxi mieten. Zu Fuß zu weit! —

✱ "Zoodochos Pigi"

Zum Zitronen- Wald auf der Peloponnes (Plaka): im Sommer fahren Boote von Poros/Hafen nach Plaka am Eingang des "Waldes": rund 3o.ooo Zitronenbäume! Hier könnt ihr einen Esel mieten oder zu Fuß (ca. 1/2 Std.) durch den Wald zur Taverna Kartissi mit schönem Blick über den Riesen- Hain. Essen ca. 8 DM; der Besitzer macht sich sein Brot selber. Außerhalb der Saison: Taxi ab Galata nach Plaka (ca. 3 km, 3 DM)—

zum alten Troezen (Ruinen) auf der Peloponnes. Bus ab Galatas (11 km, 3 mal täglich). —

Für Freunde der "Schule der Nation" gibt's den betagten Zerstörer "Averoff" in der Bucht von Poros zu besichtigen. Gebaut 191o in Ita= lien, war das Schiff bis ca. 1945 im Einsatz und fuhr bis Bombay/Indien.

BADEN:

in der Bucht vor dem Hotel Latsi. Besser aber mit dem Boot (im Som= mer) zu den Sandstränden der Peloponnes. Im Sommer auch häufig klei= ne Boote zum Aliki Beach. — *Wasserski im Neorion Bay Zw. Mitte Mai bis Ende Oktober*

Auto mitbringen

ist für Poros selber nicht nötig; für Peloponnes - Trips interessant, wenn es hier auch gute Busverbindungen gibt, bzw. organisierte Ausflüge. —

BUSSE AB GALATAS:

Nauplia:	4 mal tägl., ca. 8 DM, — Fahrzeit ca. 2 1/2 Std.
Epidauros:	4 mal tägl., ca. 4,5o DM, — 1 1/2 Std.
Ermiono:	2 mal tägl., ca. 6 DM, — 2 Std.
Granitio:	2 mal tägl., ca. 4,5o DM
Trizina:	3 mal tägl., ca. o,8o DM, 11 km

RESTAURANTS:
"Rest. Pissias" : wenn ihr mit dem Schiff ankommt, so liegt rechts gleich nach weni= gen Metern ein kleiner Platz mit mehreren Cafes. Hier auch "Pissias". Preise relativ günstig. —
"Rest. Sotiris", ca. 8oo m von der Anlege rechts die Hafenstraße (rechts, wenn ihr vom Wasser auf den Ort seht!) : das erste von 3 Tavernen. Es wird ausgezeichnet ge= kocht, Aginares probieren: gemischtes gedünstetes Gemüse mit schönem Geschmack für ca. 1,5o DM, gefüllte Tomaten ca. 2,5o. Zumindest, wenn die Oma kocht: aus= gezeichnetes Essen!! —

Insel Hydra

Viele junge Leute. Künstlergesellschaft, sogenannte und richtige.
Tip für Individualisten, denen aber Menschenmengen nichts ausmachen.

Leonhard Cohen besitzt hier ein Haus, und mein Freund Michael, der auf dieser Insel mit mir zusammen recherchiert hat, sollte ihm sein Motorboot reparieren. Vorwiegend haben sich auf der Insel Dichter und Maler nieder= gelassen, — zumeist im Nachbardorf KAMINI.

Hydra/Ort:

malerisches, weißes Örtchen, das sich in einer Bucht den Hang raufzieht, enge Gassen, Treppen etc.

Auf der Insel keine Autos! Verkehrsmittel ist der Esel! — Landschaftlich
ist die Insel recht kahl, aber vielleicht macht gerade dieser Kontrast den
Reiz der Insel! —

Wenn ihr mit dem Boot aus Athen in die Bucht von Hydra einbiegt:
Überraschung! Pinguin- Kolonie auf dem Felsen. Stellt sich aber bei nä=
herem Betrachten als Touristen in Badehose und Bikini heraus. Viele
Sandstrände gibt's auf der Insel nicht. —

Zu Beginn des 19. Jhd.'s wirtschaftliche Blüte Hydras. Die "Kapitanios"
brachten zentnerweise Goldmünzen von ihren Fahrten im Mittelmeer mit
nach Hause (Schiffsreste unter Wasser): reiche Herrenhäuser! Eines der
schönsten: Haus des Admirals Koundouriotis. Kann besichtigt werden,
wenn Besitzer zu Hause. — Auch in einigen der billigeren Privatpensionen
findet ihr noch schöne Antiquitäten als Möbel! —

HYDRA hat viel Atmosphäre, wenn diese auch im Sommer etwas gestört
wird. Im Sommer ist der kleine Hafen voll von Luxus- Jachten. Man hockt
in den Hafentavernen, die meistens nicht allzu billig sind oder flaniert im
weiten Sommerkleid. Atmosphäre besser als Mykonos.
Wenn dann am Nachmittag die Kreuzfahrtschiffe anlegen (3oo.ooo Be=
sucher jährlich!!), geht man zum Kloster rauf. (KLOSTER ELIAS)
Oberhalb des Ortes, ca. 1 1/2 Std. zu Fuß. Der Esel macht's für runde
11 DM, aber auch nicht viel schneller. Esel stehen unten am Hafen.
Die Strecke geht über die 1 1/2 Std. immer im Zick- Zack den Berg rauf.

WEGBESCHREIBUNG:
Über die Straße Maoulis entlang, die am Hafen abbiegt. Am Ortsausgang von Hydra
auf die schmale Betonpiste, — in Spitzkehren den Berg hinauf bis kurz vor das neu=
erbaute Kapellchen. 15o m vorher biegt ein schmaler, unscheinbarer Eselspfad den
Hang hinauf ab. Auf diesem Pfad immer entlang bis zum Kloster Elias. Das letzte
Stück entlang einer Steilmauer auf geradliniger langer Treppe. Endet bei der Kloster=
pforte. Nur ein ganz kleiner Teil des 1 1/2 Std. Weges gehen durch einen Pinien=
wald (Schatten).
Im Kloster hausen nur noch 3 Mönche, und es kann passieren, daß die auch bei
langem Klopfen an die Pforte nicht aufmachen.

Etwa 1o Min entfernt liegt das Nonnenkloster AG. EUPRAXIA (westlich des Elias).
Geht wieder etwas den Berg runter, — eine Treppe, die nachts beleuchtet ist. Die Non=
nen sind meist recht freundlich, — auch weil sie selbergewebte Wandteppiche, Decken
(ca. 4o DM) und feingehäkelte Tischdecken (Spitzenerzeugnisse, bis zu ca. 3oo DM)
verkaufen wollen. Von der Kloster- Terasse sagenhafter Blick runter auf den Ort Hy=
dra. Es gibt auch ein Glas kühles Wasser. In den Klostergemeinschaftsräumen: voll von
Kommoden mit Elfenbein- Intarsien- Arbeiten, — an der Wand vergilbte Fotos und
einige Ikonen.

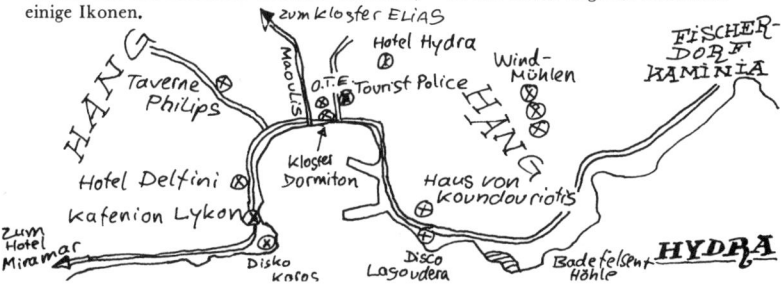

ÜBERNACHTEN:

"Hotel Miramar", etwas außerhalb des Ortes Hydra, ca. 3 km östlich. Alle Zimmer ebenerdig; Flachbau, modern, gut gemacht. Jedes Zimmer mit eigenem Garten. B - Klasse. Kostet ca. 5o DM für's Doppel mit eigenem Bad. – Vor dem Hotel leigt der größte Badestrand der Insel, grober Sandstrand, im Sommer öfters am Tag Motorboot- Verbindung mit Hydra- Ort.

'Hotel Delfini", Kat. B, am Hafen. Stilvolles, kleines, gemütliches Haus am Hafen mit schönem Frühstückszimmer (alte Möbel). Nur 12 Zimmer. Private Atmosphäre. Übernachtung ca. 35 DM Doppel mit eigenem Bad und Frühstück.

"Miranda" im Ort Hydra an der Straße zum Kloster Elias , ca. 5 Min. vom Hafen. Gemütliche Kellerbar unter dickem Gewölbe. Balkons. Garten. – Die Reception mit uraltem Möbelstück, auch das Telefon ist alt. Übernachtung kostet ca. 44 DM mit eigenem Bad.

"Amaralis" , gleich hinter dem Hafen. Kat. C., Mit eigenem Bad und Frühstück für's Doppel ca. 33 DM. In der Hochsaison gibt's auch Betten auf dem Dach. Kosten ca. 8 DM pro Liege ohne Frühstück. –

"Hotel Leto", Cat. C, im Ort, Doppel ohne eigenem Bad ca. 3o DM, mit Bad ca. 35

"Hotel Hydra", im Ort Hydra am Hang mit schönem Blick, aber nicht alle Zimmer. Im Sommer meist ausgebucht, und wie Michael checkte, waren die Leute in der Re= ception ziemlich muffig! Übernachtung ca. 25 DM ohne Bad. –

Etwa 7o Familien auf Hydra vermieten im Sommer Zimmer oder auch Betten. Die Tourist- Police vermittelt. Office unten am Hafen, siehe un= sere Karte! Preise sind polizeilich bestimmt, die Boys von der Polizei freundlich, aber nur im Sommer ist jemand da, der englisch spricht. Deutsch: Glückssache. — Die PREISE: im Mehrbettzimmer (ca. 4 Leute): ca. 7 - 9 DM pro Person, — Doppelzimmer ca. 17 DM. — Mit Privatbad ab 2o DM.

Im SOMMER kann es sehr schwierig werden, auf Hydra Zimmer zu be= kommen. Viele Leute müssen wieder auf Poros zurück, weil Hydra voll ist.

PRIVATPENSIONEN:

"Kehagioglou Savas", nähe Polizei, freundliche Familie, sauber, mit Terasse und vie= len alten Möbeln.

"Gravos Zoi", ein paar Häuser unterhalb von Savas.

"Tsia Airidis", am Hafen, etwas enge Ställe.

"Damianou Konstantina", nähe Hafen, nette Lage am Hang, blumiger Innenhof, Te= rassen, Schildkröte, nette Leute.

Etwas abseits des Trubels liegen die Pensionen in KAMINI, dem benachbarten Fischer Dorf. z.B.:
"Blaco Dimitri", kein Blick aber ruhig.
"Nicola Kopolos", hat zwar nur 2 Zimmer, ist aber recht nett. Kleines Haus.
"Dima Nizza", Terasse mit Sicht auf Kamini- Bootshafen. In diesem Sinne top, aber nicht kinderfreundlich. –
"Garifobolo Michale", gleich beim Kamini- Hafen. Besitzer ist Fischer, die Frau leitet.
"Dimita Lego" : am Hang von Kamini, Franzose. Im Sommer ist viel los (Musik). –

Telefon (O.T.E.):
gegenüber der Polizei. Mo. - Sa.: 8 - 12 und 16 - 18 Uhr. (1 Min. nach Athen kostet ca. 0,5o DM). Am Sonntag zu, eventuell im Sommer offen.

Banken/Geldwechseln:
Nationalbank of Greece und Commerz- Bank am Hafen. Mo.- Fr.: 8- 13

ESSEN GEHEN:

"Brandles", ein De Luxe- Restaurant, teuer, am Hafen
"Rest. Bahia", 2 Min. vom Hafen am Hang. Franz. und schweizerische Küche. Menü
ab ca. 8 DM. Die Küche ist recht gut, — serviert wird entweder auf der Dachterasse
oder im blumengeschmückten Zimmer. Kleine Bar im Hinterzimmer mit guter Musik
(Salza und Cumbia steht auch im Plattenschrank). Abends wird oft getanzt. Besitzer
Marion.

"Nicolas", gute Steaks, etwa 3o m hinter dem Hafen.

"Jimmy's" in der Moulis Street: billigeres Essen. Aus der Musik- Box Wagner oder
Wilson Picket. Zu empfehlen: Lamm Rippchen mit Reis für ca. 7 DM

"Philipos": eines der billigeren Restaurants im Ort, aber gutes Essen. Terasse im
Schatten von Pinien. —

FRÜHSTÜCKEN im "Lykon" am Hafen neben Marine Schule. Alten griech. Kafenion.
Sandwich (Butter, Schinken, Käse, Tomaten) ca. 2 DM auch günstig Kuchen und Ka=
fee. *Tip: mal Mandelkuchen "Amygdalotá" probieren. Spezialität von Hydra.*

DISCOS:

Klar, daß das touristische Hydra auch hier was zu bieten hat. Im Frühjahr aber zu.
Hat Platz meist für einige Hundert Gäste; — im Sommer also einiges los!! —

"Kavos" am Hang der Hafeneinfahrt (groß in lat. Schrift ans Haus gepinselt!): groß=
artige Aussicht auf den Hafen. Breite Terassen. Pop- Musik aufgelockert mit Bouzou=
ki. Drinks ab 6 DM !! —

"Lagoudera" auf der anderen Seite des Hafens im ehemaligen Jachtclub. Direkt am
Wasser. Man kann im beleuchteten Meer schwimmen. Zum Abkühlen: Dusche oberhalb
der Tanzfläche. Bier ca. 5 DM . Angeblich für Studenten Ermäßigung. —

"Cannon": open- air- Bouzouki von Platte. Liegt oberhalb der Badefelsen.
"Shirocco" auf halbem Weg nach Kamini. Bouzouki- Band. —

BADEN AUF HYDRA:

*In der unmittelbaren Ortsnähe nur kleinere Badebuchten, die im Sommer
aber sehr überlaufen sind. Weiter entferntere Badebuchten nur per Boot. —*

1.) PINGUIN—FELS an der Hafeneinfahrt. Nur Felsen. Zum Teil mit Be=
   ton begeh- und beliegbar gemacht. Der nahe Kiosk versorgt die
   Pinguin- Kolonie mit Erfrischungen. Rucksacktouristen schlafen
   hier oberhalb der Felsen, wenn es im Ort keine Zimmer mehr
   gibt. —

2.) KAMINIA: direkt in der Bucht des Fischerdorfes (ca. 2 km ab Hydra,
   Kaiki- Verbindung im So. regelmäßig ab Hydra- Hafen).

3.) KASTELLO—STRAND: eine kleine Badebucht zwischen Felsen und
   den Mauerresten der alten Burg, die direkt am Sandstrand steht.
   (ca. 5 Min. zu Fuß ab Kaminia). —

4.) VLICO: nicht so überlaufen wie Kastello. Taverne. Im Sommer Kaiki-
   Verbindung ab Hydra- Ort. —

5.) PALAMETAS—BUCHT: kleiner, fruchtbarer Landeinschnitt. Verein=

zelt Häuser und Bauern. *der "Mandraki-Strand"*

6.) STRAND VOR MIRAMAR–HOTEL: per Straße oder Kaiki zu er=
reichen. Ca. 3 km ab Hydra/Ort. Grober Sand, seitlich alte
Festungsruine. Im Hotel Restaurant (Terasse mit Blick zum Meer)
Kaiki ab Hydra. – *– Bester Strand der Insel. –*

*INSEL–RUNDFAHRT: kostet ca. 6o DM pro Boot, in das ca. 1o Per=
sonen reinpassen. Tagesausflug. Der Kapitän legt unterwegs an verschiede=
nen Stränden an. Die ANLEGESTELLE der Boote ist beim ehemaligen
Kloster Dormiton und heutigen Bürgermeisteramt. –*

Verbindungen:

mehrmals täglich mit den normalen Fährschiffen nach Athen über Poros
und Ägina (3 Std. bis Piräus) bzw. mit dem Gleitkufenboot (tägl. ca. 1
1/2 Std.). –
mehrmals täglich nach Spetse, der Nachbarinsel mit normalem oder Gleit=
kufenboot. Ebenso rüber nach Ermoni auf dem Festland und Porto Helio.

Normales Boot: ca. 6.5o DM bis Piräus, – ca. 3 DM bis Poros ebenso bis
Ermoni und Spetse.
Flying Dolphin- Schnellboot bis Piräus: ca. 14 DM

Insel Spetse:

*Dicht von Pinien bewachsen (ca. 75 % der Insel!) und bei weitem nicht
so bergig wie Hydra. – Viele Villen mit Blumengärten. Internationales
Publikum, vorwiegend Engländer. Sommersitze der High Society (Roth=
schild besitzt hier ausgedehnte Grundstücke).*

*Moped und Fahrrad- Mieten möglich, Autos verboten. – Die Preise für
Hotel und Essen überdurchschnittlich. Schöne Badebuchten, allerdings
häufig Kiesel.*

VERBINDUNGEN:

1.) Per Schiff:
mit der normalen Fähre (Autotransport): 4 - 5 Std. ab Piräus. Ca. 9 DM
mit "Flying Dolphins" (Flugboote): 6 mal tägl. im Sommer! Ca. 2 Std.
Kostet auf dem Dolphin ca. 18 DM. Beide fahren über Ägina, Poros
und Hydra, – einige legen am Festland bei Methana, Ermioni und
Porto Helio an.

DAMIT ließ sich mit eigenem Auto oder Bussen die Anreise über den östlichen
Zipfel der Peloponnes übers Festland legen; ihr könnt das Theater von Epidauros
Mykene und Korinth mit einbauen und ab ERMIONI oder PORTO HELIO mit
dem Schiff rüber auf die Insel Spetse. –

2.) per Flug:
Kein Direktflug auf die Insel, aber zum nahen PORTO HELIO auf
dem Festland, welches häufig am Tag Schiffsverbindungen und Motor=
boot - Taxis nach der Insel Spetse hat. Die normale Fähre kostet ca.

o,5o DM, das Gleitkufenboot (Flying Dolphin) ca. 3 DM, ein Motor= boot- Taxi ca. 9 DM (pro Boot). *Letztere ab Kosta*

"Olympic Airways" fliegt im Sommer täglich Athen →- Porto Helio aber rechtzeitig vorbuchen, da winzig kleine Sportmaschinen. Kostet einfach ca. 22 DM Ein knapper 4o Min. Flug. *3x / Woche*

Im SOMMER fährt der "Flying Dolphin" ab Spetse weiter nach MONEM= VASSIA/Südpeloponnes(in unserem Peloponnes- Text beschrieben ; lohnt sich sehr, wenn auch im Hochsommer etwas voll): ca. 8 DM. Ab Monem= vassia habt ihr Busverbindung übers Festland zurück nach Athen oder rüber nach Patras, – bzw. mit dem Boot nach Kreta!!

ebenso nach { NAPFLION 2x/Woche / LEONIDON 4x/Woche

KARTEN/INFO:

"Spetsai" von Andrew Thomas, erschienen bei Lycabettus Press, ca. 5 DM,– recht brauchbar und viel historischer Background. Allerdings nur in Englisch.

"Tourist Map of Spetses" (1 : 12.ooo), kostet ca. 3 DM und ist nicht sehr genau, bringt aber Überblick. –

Spetse/Ort:

Dapia ist der moderne Hafen, wo auch die Fährschiffe ankommen. Hafen= promenade mit Bürgerhäusern aus der Jahrhundertwende, – zwischendrin einige moderne Hotels. Direkt am Hafen: Kanonen und einige Tavernen.

Hier warten Pferdekutschen für Ortsrundtrips (ca. 5 DM pro Kutsche); es gibt kaum Taxis. Der gesamte Ort hat ca. 3.4oo Einwohner und rund 5ooo Gästebetten. Viele Villen in Gärten. Am Schiffshafen gibt's 2 groß aufgezo= gene Tourist- Büros, die aber nichts mit den offiziellen Büros der griech. Re= gierung zu tun haben. Besitzer "Takis", der den Großteil der Zimmervermitt= lung des Ortes managt.

TOURIST–POLICE ist ca. 5 Min. zu Fuß ab Anlegestelle senkrecht in den Ort rein. Allerdings sprach in der Vorsaison niemand englisch oder deutsch.

HOTELS:
"Poseidon", Klasse A, ein schönes älteres Gebäude direkt am Anlegehafen. Doppel mit Bad ca.55 DM, aber Seeblick geben lassen! –
"Kastelli" am OrtsausgangRichtung Westen, modern, am Hang, aber ohne eigenen Strand. Kostet Doppel 7o DM, A - Klasse.
"Spetse", gleiche Richtung wie das Kastelli, aber näher am Anlegehafen. Mit eigenem Sandstrand, Doppel mit Bad ca. 58 DM. A - Klasse.
"Anna Maria", Cat. C, eng, aber preisgünstig. Liegt zentral, selbes Gebäude wie die Post. Doppel ca, 2o DM
"Faros", Cat. C, liegt zentral gleich hinter dem Platz an der Anlegestelle. Recht ordent= lich und gerade neu renoviert. Inhaber, der ehemaliger Kapitän spricht Deutsch, Doppel ca. 3o DM – es gibt auchFamilienappartements (2 Zimmer mit 4 - 5 Betten)
"Soleil", Cat. C, nennt sich auch "Ilios": zentrale Lage an der Uferpromenade. Hat eine Snack- Bar auf dem Dach, Doppel ca. 23 DM.
"Pension Vaikiot", eine sehr schöne Villa mit weiten Terassen. Besitzer gibt sich viel Mühe Fassade mit Kletterrosen berankt. Lage: nähe Museum, Doppel ca. 23 DM
"Pension Partakos House": gegenüber der Pension Vaikiot, Doppel ca. 17 DM
"Takis Rooms" neben der Schiffsanlegestelle an der Promenade, Seeblick, unpersöhnlich kühl, ca. 18 DM für's Doppel.

Für die SOMMERSAISON viele Familienpensionen, pro Bett ca. 9 DM je nach Standart. Die Preise werden von der Polizei festgesetzt. Zum Teil mit Dusche (kalt ca. 50 Pfennige extra). Die Tourist Police hat komplette Listen und vermittelt. Oder am Hafen bei Takis- Office, dort aber handeln! — VILLEN-MIETEN: über Hellas villas, 4 Stadiou Athen.

Die Athener legen gern ihre Flitterwochen auf die Insel; Spetse ist weniger touristisch als Hydra. Sehenswert im Ort: das MUSEUM: festungsähnliches ehemaliges Gouverneurs- Haus . Innen: Schiffsmodelle, Münzen, Uniformen Trachten und Relikte von den Befreiungskämpfen gegen die Türken. Nicht allzu ergiebig, — Eintritt frei. Das Haus gehörte früher dem Schiffs- Besitzer Hadziyannis Mexis. —

Weiterhin: ANARGYRIOS, alte, angesehene Internatsschule, immer noch in Betrieb mit englischen Lehrern. Liegt am Ortsausgang in weitläufigem Park. Oberhalb der Schule ein Freilichttheater: im Sommer Laienspiel der Schüler, angeblich auch in Englisch.

KUNSTHANDWERK:
es wird auf der Insel viel gestrickt und gehäkelt. Lohnt sich, anzusehen. Handgenähte Sommerkleider (ca. 3o DM), bessere Qualität aber meist in Athen. —

ZEITUNGEN:
Am Dapia - Kiosk am Hafen gibt's überraschender weise auch außerhalb der Saison taufrische BILD- Blättchen, aber auch "Welt", "Zeit" und "SZ"!

RESTAURANTS/TAVERNEN:
Am Dapia viele Restaurants und Tavernen, sowie Straßencafes. Wer gern Leute beobachtet hockt sich zu "Yannis" (Griech. Salat: 4 DM!!)
Am Wasser entlang zum Kollege (Anargyrios) kurz vorm Spetse- Hotel liegt das "Patralis": empfehlenswert für Fischspezialitäten. In der Saison gibt's hier, wie auch in den anderen Tavernen die Spetse- Inselspezialität: "Psari a la Spetsiota" (Fisch in Tomatensauße mit Knoblauch). Preis bei "Patralis" ca. 7 DM
"Restaurant Charlambos" am alten Hafen, mittlere Preise, — gemütlich in altem Gewölbe= bau oder auf der Terasse. Gebratener Fisch auf Holzkohle ca. 4 DM der Tomatensalat für ca. 2 DM
Die beste Küche der Insel im "Trechantiri" (nur im Sommer offen): im selben Haus wie die Zo Zo - Bar, ca. 15o m vom bereits erwähnten Charlambos entfernt. Insel- Franzosen nennen es wegen seiner Preise "Maxime". Excellente Küche!!! —
"Restaurant Three orange doors" in der Ag. Mamas nähe Dapia- Hafen. Küche o.K.
Billig, aber schwierig zu finden: "Taverna Klimataria": etwa 15 Min. zu Fuß die Haupt= straße in Richtung Aghia Marina, beim kleinen Ziehbrunnen rechts. (gr. Salat ca. 2 DM, Schweine- Kotlett kostet um die 7,5o DM, Besitzer ist nett), außerdem Musikbox und Terasse unter Bäumen. — Und die "Taverna Lazaros": von der Anlegebrücke hochgehen am Hotel Faros vorbei (ca. 5 Min. nach Faros- Hotel). — Im Hotel Faros übrigens ein Selbstbedienungsrestaurant, auch relativ billig. —

CAFES:
Im Cafe neben der Nationalbank of Greece am Dapia gibt's süßen Kuchen (ca. 1 DM) und notfalls für den Nescafe- Freund eine große Tasse davon. Recht gut ist auch das Kafenion "Amygdalota" am Eck des Dapia neben Hotel Poseidon. Keinen Kuchen aber viel Atmos= phäre im dicken Kellergewölbe; alles in altem Stil, gedrechselte Tische mit Marmor.
  FRÜHSTÜCKEN im alten Kafenion am Ag. Mamas 3 DM - das billigste, was wir ge= funden haben. —

SPORT:
Flaschentauchen angeblich verboten, Schnorcheln erlaubt. Wasserski beim Kastelli - Hotel und am Ag. Marina Strand, aber relativ teuer. —

ALTER HAFEN:
voll von Kaikis und Segeljachten, — ca. 2 km von der Anlegestelle Dapia
entfernt. Schöner Spaziergang am späten Nachmittag , vorbei an alten
Häusern aus dem 19. Jhd. Natürliche Bucht, die von der Halbinsel gebil=
det wird. Einige gute Tavernen, siehe unsere Essens- Tips!
Sportsfreund Peter Bauer, immer noch Junggeselle aus Bayern stammend,
bärtig,vermietet hier Jachten. Kostenpunkt pro Woche und Schiff runde
1ooo DM.

DISKOTHEKEN:
Kein Mangel auf der Insel. Allerdings die Preise verhältnismäßig hoch. Drinks ab 5 DM.
Im alten Hafen das "Karnayo", aber nicht große Plattenauswahl. — Gleich daneben:
"Apollon" (Gäste werden per Kaiki gratis ab Dapia rangeschafft, Abfahrt ca. 22 Uhr)
Mit viel Pop- Musik, Soul.

Am Ortsausgang kurz vor dem Badestrand Ag. Marina: zwei Diskotheken gleich neben=
einander, aber unterschiedl. Musik: das "Twin", Openair, Pop — und danach eine
Bouzouki- Kneipe. (Life- Band im Garten).

Im Ortszentrum am Ag. Mamas: "Delphinia" (Pop- Musik)

KINO:
Im Moment arbeiten 2 Kinos im Ort Spetse, Programm meist in englischem Orgi=
nalton. Das Dach läßt sich öffnen, sodaß der Mief und Zigarettenrauch entweichen
kann. Schaukästen bei der Schiffsanlege in Dapia bez. Programm. —

TRANSPORT:

Auto darf auf die Insel nur mit Sondergenehmigung eingeführt werden.
Eigentlich eine vernünftige Regelung, da die einzige Inselstraße einmal
rum nur 25 km ausmacht. — Leider sind Mopeds aber genehmigt, die
die schöne Ruhe vollstinken.

1.) FAHRRÄDER- ODER MOTORRAD- MIETEN:
In der Parallelstraße zur Hafenpromenade zwischen Daphi und Ag. Ma=
mas 3 Shops: ein etwas ramschiges Fahrrad kostet pro Tag ca. 8 DM
ein Mokick (Honda, 2 Sitzer)   "   " " " 3o DM
"   "   "   1 Sitzer   "   " " " ·22 DM

2.) Inselbus (aber nur in der Sommer- Saison): verkehrt zum Aghia
Anargyri- Strand über Ag. Marina. Abfahrt Spetse/Ort, ab Platz Ag.
Mamas ca. 1o Uhr morgens, Fahrzeit 3o Min., ca. 1,5o DM

3.) per Kaiki zu allen größeren Stränden, aber nur im Sommer.
Abfahrt ab Dapia - Hafen. Das sind Linienboote, die je nach Bedarf
und Badewetter verkehren. Preisbeispiel: Spetse/Ort bis Zogeria -
Strand retour ca. 3 DM

4.) per Motorboot- Taxis (gelb angestrichen, im Dapia- Hafen). Preisbei=
spiel: Spetse/Ort nach Kosta/Festland (bei Porto Helio) ca. 12 DM.

BADEN: Aghia Marina:

bester Strand in Ortsnähe, zu erreichen per Pferdekutsche (ca. 5 DM)
mit dem Fahrrad oder dem Kaiki. Liegt etwa 3 km ab Dapia- Anlege=

stelle.
Mit Strandtaverne und Windmühlen am Hang. Dieser Strand ist im Som=
mer relativ voll, da nah am Ort. TIP: beim Schnorcheln könnt ihr Unter=
wasser - Mauerreste sehen: archäologisches Gebiet.

Insel Spetsopoula: (im Südosten ca. 8oo m Spetse vorgelagert)
Privatinsel (24o acres) des Reeders Niarchos, des großen Rivalen des an=
deren Reeder- Giganten Onassis (der sich seine Insel an der griech. West=
küste vor der Insel Lefkas kaufte). — Das Niarchos- Eiland: ein grün gepfleg=
ter Wildpark mit Fasanen, einem 15 Zimmer Luxus- Haus des Reeders und
ca. einem Dutzend Bungalows für die Gäste, eigener Hafenanlage und
Sendeturm. Kann nicht besucht werden. —

Badebucht Xokeriza/Insel Spetse:
relativ ruhig, keine Taverne. Am Wasser eine kleine Ruine. Die Straße
führt oberhalb der Bucht am Hang entlang. —

Kurz danach blaues Schild und Abzweigung zu einen Fußballfeld.
In der Spetse- Karte sind die Villen der High Society eingezeichnet mit
Namen des Besitzers. (z.B. "Petermiller", ein deutscher Architekt)

Anargyri- Strand:
etwa 12 km ab Spetse/Ort an der Südküste: ein paar Villen und Bauern=
häuser; am Strand eine Taverne mit schattiger Terasse. Im Sommer ver=
kehrt ab Spetse/Ort ein Bus (siehe Inseltransport!), oder per Kaiki, bzw.
geliehenem Fahrrad. — STRAND: Sand mit Kiesel.

Tropfsteinhöhle "Bekiris Cave":
Schlupfwinkel für Partisanen , sowie gegen Piraten. Früher konnte man
nur vom Meer aus in die Höhle; jetzt wurden Treppen von der Landsei=
te aus angelegt. Innen: Tropfsteine . Nicht eine der Top- Höhlen Grie=
chenlands, aber doch recht lohnend. — Die Bekiris Cave ist nur ein
paar Meter vom Anargyri - Strand entfernt. —

Aghia Paraskevi:
Viele schattenspendenden Pinien bis zum Wasser, alte Kapelle und Zister=
ne. Unserer Ansicht nach eine der schönsten Badebuchten der Insel, —
allerdings ohne Tavernen. Aghia Paraskevi ist ab Anagyri- Strand zu
Fuß zu erreichen, manchmal aber auch Kaikis ab Spetse/Ort.

Lazaretta:
an der Nordwestküste der Insel. Im Sommer regelmäßig Kaiki- Verbin=
dung ab Spetse/Ort. Sanfter Hang ans Wasser runter mit Pinien und Aga=
ven; ca. 1oo m oberhalb eine Taverne und Wellblechkonstruktion als
Umkleidekabine. —

Zogheria - Strand:
ein paar Hundert Meter vom Lazaretta- Strand entfernt: verrostete Kano=
nen an felsiger Bucht. Es gibt Villen und eine Taverne.

Auf dem Weg zurück nach Spetse/Ort eine Reihe kleiner Badebuchten
unterhalb der Straße.

Wassergrotte "Zoodohos Pighi":
kleine Grotte im Wald nähe Blueberry Hills (Apartement - Siedlung),
am Ortsende von Spetse (Wegabzweigung Straße bei Brücke, dann ca.
5o m im Wald). Die Leute von Spetse sagen, daß Liebeswünsche in Er=
füllung gehen, wenn man davon trinkt. Angeblich auch das beste Wasser
der Insel; das meiste Wasser kommt aber per Frachtschiffe vom Festland
rüber.

Inselüberquerung:
Ab Spetse/Ort führt ein Eselspfad quer über die Insel zum Anagyri -
Strand, – ca. 3 Std. zu Fuß, vorwiegend durch Pinienwälder. Vom
Bergkamm in der Inselmitte schöner Rundblick. Hier auch die höchste
Erhebung: 25o m. –

INSEL
SPETSE

0   1   2   3   4 km   ⚓ = GUTES TAUCHEN

ATHEN

_Jeder schaut, daß er so schnell wie möglich die "Kurve kratzt" und aus
Athen wieder rauskommt: — stinkender Millionen- Kessel zwischen Säulen
und Akropolis. Sprungbrett für Trips zu den Inseln._

_Trotz allem hat Athen aber ein gewisses Flair: "Plaka vor dem Kollaps", wie
die SZ am 16.6.78 schreibt, — der Touristenzoo Akropolis, — Blechsalat im
Stoßverkehr zwischen Syntagma und Omonia- Square, mitten dazwischen
kleine byzantinische Kirchlein (Monasteraki Sq.), wo die Autos drumrum
stinken, während drinnen die Griechenfrauen Silberikonen küssen, einge=
schwängert von Weihrauch, — Top-Shops (billig schöne Schuhe!) und
Trödlerramsch, — Lykabethos- Hügel (schöner Athen- Blick!) und National=
museum (neu: Ausgrabungssachen von Santorini!!)._

_Athen ist wichtig als INFORMATIONS—BÖRSE (Gr. Fremdenverk. Zen=
trale in der Nationalbank am Syntagma Square) mit umfangreichem Ma=
terial über Hotels und neuste Schiffsverbindungs- Daten._

TRANSPORT IN ATHEN:

Im Zentrum am besten zu Fuß. Das geht meist schneller. Ansonsten per
TAXI: im Verhältnis zu mitteleurop. Preisen recht billig. Zu beachten:
Fahrer sollte vor Fahrtantritt das Taxameter anstellen. (Grundpreis ca. 5o
Pfennige), der Rest nach Fahrtstrecke + Wartezeit.
Allerdings recht schwierig, ein Taxi zu bekommen. Sind meist voll. Wenn
es regnet, ist es fast ganz unmöglich! — Was uns auch oft passiert ist: der
Taxifahrer, der seine Kiste gerade leer hat, hält, lehnt dann aber den Trip
ab, weil es ihm nicht in den Plan passt.

EINE BEFÖRDERUNGSPFLICHT, wie bei uns gibt es in Griechenland, speziell
in Athen nicht. Weiterhin: Manche Taxis, die bereits Passagiere "an Bord" haben,
nehmen oft vom Straßenrand noch weitere Leute mit rein: man quetscht sich zu=
sammen und denkt: o.K. , dann wird der Trip billiger, weil sich die Sache durch
mehr Leute teilt.

Dem ist nicht so! Jeder zahlt! Harald Pryzerembel schrieb uns hierzu: "fast sind
sie so wie die Dolmus in Istanbul oder die Collectivos in Südamerika. (sogenannte
Sammeltaxis). Dann gilt es, sich den Preis- Stand beim Einsteigen auf dem Taxa=
meter zu merken. Ab diesem Betrag (+ ca. 0,5o DM) ist hernach abzurechnen.
Wer nun gedacht hätte, die Kosten, — auch bei gleichem Fahrtziel werden durch
die Mitfahrer geteilt, der hat sich geirrt. Es empfiehlt sich jedoch, den Uhren=
stand irgendwo vor den Augen des Taxifahrers auf einem Zettel zu notieren,
denn sonst erfolgt Beschiß"!

ATHEN

*mehr als 2.500 Jahre alt!
Geschichte bricht an allen
Ecken und Enden, - vor
allem bei Neubauten aus dem
Asphalt...*

Butt

Anderer Trick: am Airport winkt der Taxibesitzer
freundlich und verspricht einen Spezialpreis ins
Zentrum: "das Taxameter bleibt still, - o.K.?
3oo Dra. pro Person? !? " Wir haben versucht, zu
handeln und sind auf ac. 15o Dra. pro Person ge=
kommen. Würde das Taxameter aber laufen, wär's
wesentlich billiger!

* AUFPREISE: für Gepäck, Nacht- und Sonntagsfahrten. Taxameter gilt
selbstverständlich pro Taxi und nicht pro Person.

> Vorsicht vor Schleppern. Wie uns Klaus Engelke hinwies, scheinen die Airport- Taxis
> eng mit den "flughafengeschädigten Hotels zusammenzuarbeiten, das sind die Hotels,
> bei denen die Düsenjets durch die Zimmer starten und landen. Abkommen auf Ge=
> genseitigkeit: Taxifahrer schleppen die Touristen ran, - bevor die sich über die Si=
> tuation im Klaren sind, ist das Taxi weg, der Hotel hat sein Zimmer zumindest für
> eine Nacht losgeschlagen und wenn man dann fluchtartig die lauten Hallen wieder
> verlässt, ist wieder ein Taxi fällig."

✦ STADTBUSSE: Fahrpreise geschenkt, aber man braucht etwas Sprach-
oder Schriftkentnisse, um nicht in völlig unbekannten Stadtteilen anzu=
kommen.   *BUSSTOP:* "ΣΤΑΣΙΣ"

Stadtbusse in die näheren Vororte und Badeorte von Glifada bis Cap
Sunion, nach Marathon, nach Rafina (=Fähren nach Euböa und Andros),
sowie in die weitere Umgebung und die Provinzen Griechenlands siehe
unsere Liste Seite 222!

✦ METRO ATHEN: flotte Verbindung zwischen Athen und Piräus. Ein=
stieg in Athen: * Monasteraki Square/Plaka,—*Omonia, siehe S. 225.

✦ AIRPORT / ATHEN:

Liegt runde 1o km außerhalb ab Syntagma am Meer Richtung Cap Sunion.
Raffinierter Weise gibt's gleich zwei:

> *EAST —TERMINAL: für internationale Flüge der Liniengesellschaften wie
> "Lufthansa", "Swiss- Air", "Austrian Airways", aber auch für alle
> Charterflüge.*
>
> *OLYMPIC—TERMINAL: nur für Flüge der Olympic Airways, — innergrie=
> chisch und international.*

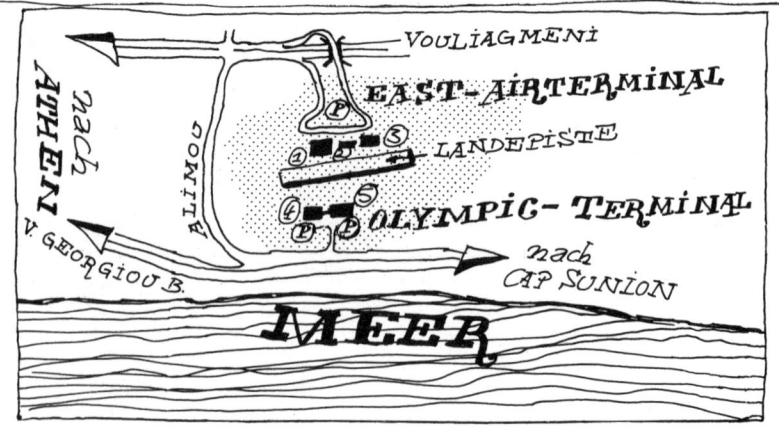

Die Vouliagmeni gerade durchgefahren landet ihr direkt auf dem Syntagma Square. —

Die Georgiou B. führt nach Piräus.

① ABFLUG
② CHARTER
③ ANKUNFT
④ OLYMPIC - NAT.
⑤ ,, - INTERNAT.

PARKEN vor dem Eastern Terminal möglich, allerdings gebührenpflichtig. Pro Tag ca. 6 DM

Geschickter weise sind beide Air- Terminals genügend weit auseinander, und die innergriech. Anschlußflüge gehen ab Olympic- Terminal: bezügl. kürzerer Wege werden dadurch Leute, die Linie fliegen und von z.B. der BRD kommen, günstiger mit "Olympic" fliegen, wenn sie dann gleich weiter mit einem innergriech. Flug wollen.

BUSVERBINDUNG zwischen dem Air-Terminal der Olympic und dem anderen inter= nationalen Terminal: mit Bussen der "Olympic Airways" alle ganzen Stunden. Wer's eilig hat, nimmt sich ein Taxi und dürfte für die Strecke (wenn der Taxifahrer direkt fährt!!) ca. 4 - 5 DM zahlen.   Fahrzeit je nach Verkehr ca. 5 - 1o Min.

BUSVERBINDUNG NACH ATHEN:

1.) ab OLYMPIC—AIRTERMINAL: mit Bussen der Olympic Airways alle 1/2 Std. nach Athen zur dortigen Olympic Airways Office. Diese ist aber leider ca. 1 km vom Syntagma- Platz entfernt und es u.U. schwierig, von der dortigen Olympic- Office ein Anschlußtaxi zu bekommen, da mit jedem Olympic- Bus immer ein Schwung von 2o oder 3o Leuten ankommt, von denen die meisten ein Taxi weiter brauchen.

Rechnet man die Wartezeiten vor dem Airport (auf Abfahrt des Busses) mit ein und die zusätzlichen Taxikosten ab Office nach Syntagma oder Hotel, so fährt man unter Umständen besser gleich ab Flughafen mit dem Taxi zum Hotel in Athen.

Fahrzeit des Olympic- Busses Airport zu Stadtoffice: ca. 45 Min. — 9o Min., je nach Verkehr.

2.) ab EAST—AIRTERMINAL: fährt ein Direktbus ca. alle 2o Min. in die Stadt. Fahrpreis ca. 2 DM. Er bringt einen bis an die Ecke Syntagma Platz mit Ama= lia Street . Hier auch Abfahrt zum East Airterminal.

Aufpassen: es gibt ab East Airterminal noch einen anderen Bus, der einen weit ab vom Schuß in Athen absetzt! — Fahrzeit/Bus, Taxi von Syntagma bis East

Air- Terminal ca. 45 - 9o Min., je nach Verkehr.

Geldwechselstelle in beiden Airports, 24 Std. offen.

Autovermietung: East- Air Terminal

Duty Free Shop:TIP: im East Air- Terminal- Duty Free Shop gabs im Frühjahr 1981 ein Sonderangebot: 2oo Zigaretten (Kent z.B. oder Kamel, Marlboro etc.) + eine Flasche relativ guten Rotwein zu= sammen für ca. 13 DM !

Tourist Police: im West- Airport (Olympic- Airport) :Zimmervermittlung. Nachdem die Einflugschneise genau über den Athen- Vororten Glyfada und Vouliagmeni liegt, sind diese entsprechend mit Düsensound berieselt. — *Tourist Office in beiden Airports*

✱ ATHEN MIT EIGENEM AUTO:

Autofahren in Athen kann sehr nervenaufreibend sein, — auch für den geübten Fahrer, beim ewigen Gehupe, den engen Gassen und dem süd= ländischen Fahrtemperament. Es wird gedrückt, geschoben, gedrängelt und geschnitten. Während des Stoßverkehres bricht alles total zusammen, gleichzeitig aber relativ wenig Unfälle in Athen.

Wer von PATRAS kommt, landet im Gebiet des OMONIA—SQUARES, wer von Thessaloniki kommt: SYNTAGMA—SQUARE (ebenso von der Richtung Cap Sunion + Airport). Leute von PIRÄUS landen beim OMO= NIA—SQUARE.

Wer noch wenig Übung in der griechischen Artistik hat (alle Spiegel gleichzeitig beobachten und lässig mit dem Gaspedal spielen!), der stellt sein Auto am besten beim erstbesten Hotel ab und erkundet die Stadt zu Fuß. Geklaut wird in Athen relativ wenig, sofern keine Wertsachen wie silbrige Kameragehäuse oder braune dicke Brieftaschen rausleuchten. Gefahr eher, daß der Wagen leichte nächtliche Kratzspuren verpasst bekommt, oder die Polizei ein hübsches Souvenir wegen Falschparken dranhängt. —

Parkplatz finden:
In Athen übliche Probleme wie in deutschen Großstädten. Allerdings sind leider in den letzten beiden Jahren recht ruppige Sitten eingezogen, bei denen Beißzange und saftige Strafen mitspielen. Lydia Buchner schrieb uns aus Athen folgendes: "Wir hatten nach langem Suchen endlich in Athen einen Parkplatz gefunden. Nach unserer Rückkehr klebte zwischen den Wischblättern ein Zettel in griechischer- deutscher- englischer und französischer Sprache, mit der Bitte, wir mögen unsere Nummernschilder gegen eine Gebühr von DM 7o,— bei der nächsten Polizeistation abholen (Stadtplan mit eingezeichneter Polizeistation war auf der Rückseite des Briefleins).

Als wir auf die Polizeistation gingen, begegneten uns mehrere Polizisten mit Beglei= tern, die Berge von Nummernschilder unter dem Arm trugen. In der Polizeistation selber war ein herrliches Getümmel von Autofahrern, die verzweifelt nach ihren Schildern und den dazupassenden Schrauben suchten. Auch alte Autos sind für die griech. Polizei kein Problem. Wir haben einen Polizisten und seinen Helfer beobachtet: mit einer Zange und roher Gewalt geht alles. Was stört es den Polizisten wenn man die Nummernschilder nicht mehr anbringen kann."

Besonders streng ist die Polizei, wenn man vor Schildern mit gelbem Rhombus und schwarzem Rand parkt (=Vorfahrtszeichen), d.h. vor Straßeneinmündungen. Trotzdem parkt hier jeder, ebenso auf Gehwegen, knallhart vor Metroeingängen etc. : "take the risk" oder stell Deine Benzinkutsche in ein Parkhaus, auf den Parkplatz des Hotels (Sofern vorhanden) und lauf in Athen zu Fuß, längere Zwischenstücke per TAXI.

✻ BAHNHOF:
für alle Richtungen, also auch den internationalen "Hellas - Express" aus Deutschland   liegt in Athen relativ zentral, ca 1 km vom OMONIA—SQUARE entfernt. Busverbindung ins Zentrum.

✻ ANKUNFT MIT DEM BUS:
ein ganzer Schwung verschiedener Busterminals über die Stadt verstreut. Details siehe "Busse ab Athen"! —

✻ **Autovermieter/Athen:**
(Auswahl)

ATHENSCARS	10, Philellion Str.
AUTORENT	118, Sygrou Ave.
AVIS	48, Queen Amalia Ave.
	46, Queen Sofia Ave.
	2, Vas. Alexandrou Ave., Caravel Hotel
	East Airport Terminal, Incoming Passengers Building
	West Airport Terminal, Incoming Passengers Building
BAMACO- HELLAS LTD	1, Vass. Alexandrou Ave.
	43, Sygrou Ave.
BYRON	71, Vass. Sophias Ave.
BUDGET	33, Sygrou Str.
CAPITOL	2, Nikodimou Str.
	60, I. Drossopoulou Str.
C.I.T.T.A.M. LTD	7, Hermou Str.
CROISAIR VOYAGES	3, Metropoleos Str.
DRIVER	12, Sygrou Ave.
HELIOS	140, Solonos Str.
HELLASCARS	7, Stadium Str.
	148, Syngrou Ave.
HERTZ	3, Philellinon Str.
	East Airport (International)
	West Airport (Domestic u.
	12, Syngrou Ave. Olympic Airlines)
KARENTA	24, Diakou Str.
MIKE Rent a Car	108, Syngrou Ave.
PAN EUROPA	19, Philellion Str.
PAPPAS	44, Amalis Ave.
PARALOS	108, Sygrou Ave.- Athens
RECTA	20, Kalisperi Str.
RIO	22, Sygrou Ave.
SM RENT A CAR S.A.	90, Sygrou Ave.
THRIFTY	24, Sygrou Ave.
VARVIAS TOURIST ENTER S.A.	4, Nikis Str.
WHEELS	67, Ithakis

Metro - Stationen im Zentrum:

ATTIKIS (ca. 25o m
    vom Bahnhof)
OMONIA- SQUARE
MONASTERAKI
THISSION
PIRÄUS
    (direkt an der
    Fähranlegestelle)

Preise:

Kleinere Autos wie z.B. Fiat 127 kosten bei Budget ca. 6o DM/Tag bei freien Km,
Sprit geht jedoch extra. Das selbe Auto pro Woche mit ca. 1/7 Ermäßigung. Größere
Wagen um die 7o DM/Tag.

Spezialpreise in der Vor- und Nachsaison bei einigen Vermietern. Preise sind Ver=
handlungssache, vorallem in der Vorsaison. Die PKW- Mietpreise liegen in Griechenland ungewöhnlich hoch, was die griechischen Vermieter auf den Umrechnungskurs
Dra. zu US $ zurückführen, mit dem die PKW's eingeführt werden müssen. Außerdem
sehr teure Ersatzteile und hoher Verschleiß auf schlechten Schotterstraßen . —

Struktur- Plan Athen:

Das Zentrum von Athen gliedert sich um die 3 Plätze OMONIA —
SYNTAGMA — MONASTERAKI im Dreieck.
Die PLAKA unterhalb des Akropolis - Hügels; Zentrum des kommerziel=
len Unterhaltungs- Betriebes. — Omonia ist Zentrum der Geschäfte und
Kaufhäuser, — Syntagma ist Zentrum der teureren Geschäfte und Bouti=
quen, zugleich Regierungspalast und Spitzenhotel "Britannia", weiterhin
Tourist- Office, Banken, Flug- Büros und eine Reihe Studentenreisebüros.
Monasteraki ist der Eingang zur Plaka, drumherum Souvenirshops und
der sehr touristische Flohmarkt. —

Entfernung zwischen den 3 Plätzen jeweils ein knapper Kilometer. Auch

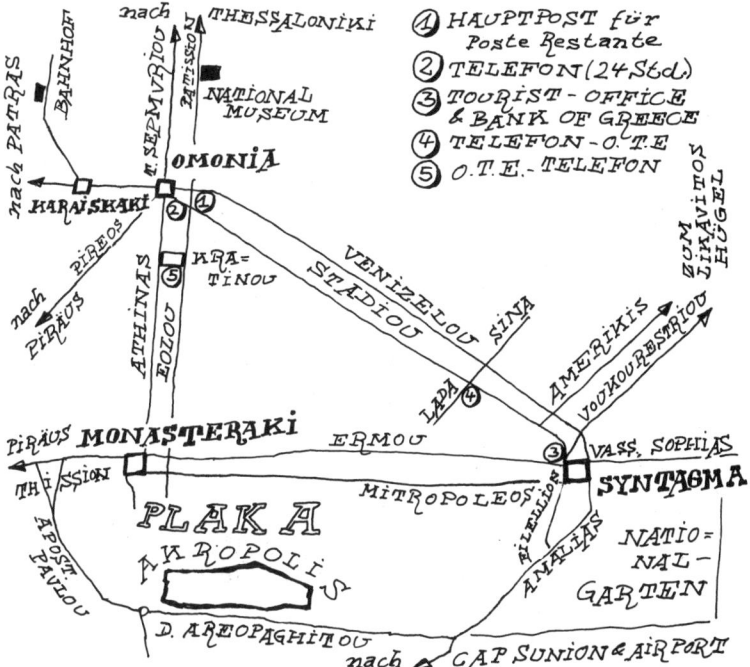

außerhalb der Stoß- Verkehrszeiten dichter Verkehr, sodaß man besser zu Fuß oder notfalls mit dem Taxi fährt. Sehr schwer, einen Parkplatz zu finden, solang man sich nicht gleich ins Halteverbot stellt. —

Bei der TOURIST—OFFICE/Syntagma- Platz gibts gratis einen recht brauchbaren Athen- Plan (nur Zentrum, sowie Struktur- Übersicht der Randgebiete); — detaillierter ist der "Falkplan Athen", auch in griech. Schrift, in Kiosken und Buchgeschäften erhältlich, ca. 1o DM (!!). Nachteil in Athen: fast alle Straßen sind ausschließlich nur in griechischer Schrift angebracht! (ΟΔΟΣ = Straße). Man braucht also zumindest Kentnis der griech. Buchstaben (siehe unsere Tabelle am Buchende!), oder muß die Leute fragen. —

HAUPTPOST:
✉ beim Omonia - Square in der ersten Seitenstraße: Eolou 100, Ecke Stadiou. Hier gibts die postlagernden Athen- Briefe abzuholen. Nennt sich "Poste Restante."

```
OFFEN:   7.3o - 22.oo Uhr für Poste Restante und Geldsendungen
         7.3o - 24.oo Uhr für Briefmarken
         So. 9.oo - 12.oo Uhr für Poste Restante
         9.oo - 2o.oo Uhr für Briefmarken
ZWEIGSTELLE  SYNTAGMA- PLATZ:
OFFEN:   7.3o - 22 Uhr für Briefmarken
         So. 9.oo - 2o.oo Uhr für Briefmarken
```

Postagernde Briefe ohne besonderen Wunsch kommen automatisch zur Hauptpost.

O.T.E.- Telefon (24 Std.- Service):
☏ Direkt am Omonia - Square. — Es gibt über das Stadtgebiet eine ganze Reihe weiterer O.T.E. - Büros verteilt, die alle aber nur zu den normalen Zeiten geöffnet sind. *1 Min. → BRD: ca. 2 DM.*

TOURIST—OFFICE:
INFO Direkt am Syntagma- Square in der Nationalbank von Griechen= land. Die liegt an der Ecke Karageorgi Servias Street mit Syntagma.

Hier gibts neben den üblichen Touristenprospekten der einzelnen Gebiete Griechenlands: handabgezogene Zettel mit den neusten Daten zu den inner= griechischen Fährverbindungen (erscheint wöchentlich neu!), — Busfahrpläne für innergriech. Verkehr, — Hotelreservierung, — Poster (gratis), — sonstige Detailinfos über Griechenland wie Bergsteigen, Sport, etc. —

In der BANK, selber Eingang: Geldwechseln und Benzingutscheine (letztere z.Z. aber nur vormittags.):
Die NATIONALBANK VON GRIECHENLAND/Syntagma- Platz ist Mo. - Sa. von 8.oo - 2o.oo Uhr geöffnet. —

DEUTSCHE ZEITUNGEN UND ZEITSCHRIFTEN:
gibts in den Kiosken am Syntagma- Square, so z.B. Stern und Spiegel. —

TOURIST - POLICE :
Hilft bei Zimmer- Engpässen und sonstigen Problemen.
Die Boys sprechen Deutsch: TEL.:171 — oder: 9214.392 —
ADRESSE: 7, Syngrou Ave. , Athen   9239.224

Plaka — Mnissikleous Street

Die Altstadt von Athen unterhalb der Akropolis auf den Mauern der an=
tiken Hellas - Metropols. — Zum Teil noch sehr malerische Gassen mit
Treppchen und hübschen, alten Häusern, — Tavernen mit weinbelaubten
Dachterassen, wo es sich bei lauen Sommernächten schön sitzen läßt, —
dazwischen viel Antikes wie Säulen und Mauerreste, — hübsche kleine Plätze
mit Kafenions. — Das Zentrum der Plaka (um die Adrianou) ist aber bereits
total kommerzialisiert .

Angeblich sollen während des Papadopolos- Regiems die Puffmammies Hausverbot in
Piräus bekommen haben und sind nun nach Plaka umgezogen, wo auch das Geschäft
besser läuft!

Abends sind die engen Gassen vollgequetscht von Touristenpulks, die sich
den Hang raufwälzen, dazwischen stinkende Autoschlangen und dröhnender
Bouzouki- Klang, der die Stimmung anheizt. Jede Taverne versucht lauter
zu sein, als der Nachbar, —

Die Gassen (ursprünglich für Esel-Verkehr konzipiert!) sind so eng, und
die Fußwege gerade mal 5o cm, sodaß man echt auf die Füße aufpassen
muß, wenn die Autos durchfahren. Erschwehrend kommt hinzu, daß im
schmalen Gehsteig oft steile Treppen- Eingänge in Kellershops eingelassen
sind. Wer sich also umdreht nach Autos ist wupps-dich weg in der Tiefe!

ZENTRUM der Plaka ist der <u>MONASTERAKI—SQUARE.</u> Hier gute
und billige Taverne (direkt bei der kleinen Kirche in Platzmitte); Kontak=
te zu anderen Griechenland - Fahrern. Schräg ums Eck: "Souflaki- Bill"
(Ermou Street 1o1): Tramper- und Globetrotter- Treffpunkt.

Links vom U- Bahneingang /Monasteraki, nämlich in den Straßen Ifestou
und Seitenstraßen: der <u>Athener Flohmarkt.</u> Findet offiziell nur am Sonn=
tag früh statt, aber immer was los. Griechen verkaufen von 3 rädrigen
Autos Ramsch. Hier etwas zu finden ist große Glückssache und zumeist
mit überhöhten Preisen verbunden. Hier gibt's "second hand" Ami- Män=
tel, alte Stiefel, Ledergürtel, Ketten und Grillspieße und vieles mehr.
Handeln ist üblich! —

Direkt ab Monasteraki- Platz in der <u>PANDROUSSOU—STREET</u> könnt ihr
schöne <u>griechische Schnürsandalen</u> kaufen (ca. 12 DM). Am berühmtesten
ist das Geschäft von Stavros Melissinos, dem dichtenden Schuhmacher.
Grinst immer freundlich und hat seine Zeitungskritiken am Fenster ausge=
hängt. Zur Zeit einer der teuersten "Schuhmacher" der Plaka. Viele wei=
tere, die "nichtpoetische" - Sandalen billiger abgeben. Wer Sandalen
kauft: auf Festigkeit der Riemen an den Schuhsohlen prüfen! Einige
Schuhmacher kleben nur, und das geht nach 3 - 4 Wochen von selber
auf. Fabrikations- Gag: Sandalen mit Sohle aus Autoreifen (ca. 16 DM):
abriebfester, aber im Zimmer auf dem Linoleum- Boden gibt's "Brems=
spuren" (unser ganzer Verlag ist voll davon!). —

Die Pandroussou- Street ist eines der <u>Plaka- Souvenir- Zentren.</u> Hier gibts
den üblichen Ramsch wie Zeus aus Marmor, Poseidon- Flaschenöffner
Umhängetaschen, Marmor- Schachspiele etc. Kommen meist aus der Sou=
venir- Fabrik. —
In anderen Geschäften dieser Gegend: <u>die griechischen Pullover</u> (Besonders
im Gebiet der <u>Kladou Street und Nachbargassen</u>). Vorsicht allerdings mit
den Preisen! Sie versuchen ersteinmal, den optimal möglichen Preis von
Euch zu fordern. Angemessen wäre je nach Strick- Qualität ein Preis zwi=
schen ca. <u>3o und 4o DM</u>. Die Qualität ist von der Strickdichte, von der
Spinn- Qualität der Wolle und deren Weichheit (sauber, ohne Pflanzenreste
weich!) abhängig. Strickdichte prüft man, indem man den Pullover mit
den Fingern etwas auseinanderzieht und gegens Licht hält . — Solltet ihr
aber nach Kreta, Santorini, Naxos oder andere Inseln weiterfahren, so
kauft ihr dort billiger! —

Entlang der Metro (d.h. vom Monasteraki Platz Richtung Westen auf der
Ifestou Street. Sie beginnt am Monasteraki) gibt es <u>Flokati- Teppiche.</u> Die
Preise allerdings denen in den deutschen Großmärkten fast gleich. Lohnen=
der ist da der Kauf eines griechischen Hirtenmantels (ca. 35 DM) aus
dicker, grober Schafswolle. In diesem Gebiet könnt ihr auch <u>Kupferge=
fäße</u> etc. kaufen. —

<u>VORSICHT</u> bei den sogenannt "echten Ikonenbildern" im Halbdunkel
des Geschäftes. Sie entpuppen sich im Freien als plumpe Fälschung. Die
Technik: ein Farbdruck eines Heiligenbildes wird auf braunem gebeiztem
Holzbrettchen aufgezogen und mit Lack überzogen. Dieser wird anschlie=

ßend über die Flamme einer Kerze gehalten: dabei springt der Lack zu Rissen, zum anderen färbt sich die Oberfläche des Bildes stellenweise schwarz, und die "echte Ikone" ist fertig! Arbeitsaufwand ca. 5 Min. und Unkosten ca. 5o Pfennige.

Der Verkauf sowie die Ausfuhr orginal alter Ikonen ist gesetzlich verboten und wird bestraft. Von daher kann man davon ausgehen, daß so ziemlich alle Sachen, die in Shops öffentlich ausgestellt werden und als "echt alt" bezeichnet werden, nicht echt sind. Erinnere mich an einen Besuch bei einem Händler, der hoch und heilig versicherte "echt, echt" und beim Anfassen des wertvollen Stückes klebten meine Finger am frischen Lack!

Neuerdings werden einige Ikonen nicht im Druckverfahren hergestellt, son= dern per Hand- Malerei (=Kopieren) auf alte Holzbretter. Dazu sucht sich der Künstler speziell Holzwurmbretter vom Speicher.
Altes Holz ist nicht echte Ikone, auch wenn der Preis bei 1o.ooo und mehr Drachmen liegt!
1.) Farbe frisch?
2.) Farbe riecht?
3.) Wie ist das Motiv gemalt? Dazu aber Fachwissen nötig, am besten in Museen.
Aber auch eine gut kopierte Ikone kann eine schöne Sache sein. Allerdings muß der Preis dafür stimmen (=Arbeitszeit und künstlerisches Know How). Runde 4oo DM für ein Holzbrettchen der Größe 3o x 4o cm sind ty= pische Touristenpreise, die man in der Plaka oder in Souvenirshops des Hilton etc. zahlt.

Keramik:

Überschwemmt von Kitsch bei deftigen Preisen. Recht gut ist aber der Shop von Ergotimos des Töpfers Tony Gaitanis und des Malers I. Palles. 7 Kladou Street im Plaka - Zentrum. Offen 8 - 18 Uhr. —

Die beiden Griechen arbeiten nach Orginalfotos, die sie auf die Keramik umpausen. Mit Wasserfarben in möglichst orginalen Farbtönen nachge= zeichnet. Relativ teuer, aber ein orginelles Mitbringsel, z.B. Wandmalerei= en von Santorini! —

Essen gehen/Tavernen: **(Plaka)**
Preise auch in den einfacheren Tavernen zwar deutlich über dem üblichen

Niveau, aber hier in der Plaka ist noch am meisten los; gut für Kontakte.
Allerdings: Plaka knallvoll von Touristen, – besonders im Sommer.

Gute Kontakte in den Tavernen bei der Kreuzung Eolou/Lissiou, wo
abends viele junge Leute rumhängen beim Retsina und Holzkohlen– Ham=
mel. z.B. "Takalamia - Taverne", daneben "Taverne Poulakis".

Der Teil der Plaka, der sich den Hang der Akropolis hinaufzieht, ist leider
auch der Teil, der auch am meisten vom Kommerz betroffen ist: Restau=
rants mit Dachterassen, – meist relativ teuer (Essen ab ca. 15 DM)
Mit Touristen- Bouzouki- Musik.

Die LISSIOU–STREET , die parallel zur Akropolis verläuft, ist das Zent=
rum der Bars und Nepp- Lokale. Die Touristen werden durch die schmale
Minissikleous - Straße raufgeschleust und verteilen sich in den Bars und
Tavernen seitlich oberhalb der Lissiou. Viele Tavernen mit Dachterassen.

Im Gebiet um die Kydathineon Street, Kreuzung Adrianou viele billige
(für Plaka- Verhältnisse!) Kellertavernen, die im Sommer allerdings auch
mit Ventilator etwas stickig sind. –

Ganz in der Nähe ein japanisches Restaurant "Michiko" (27 Kydathineon
Street). Allerdings recht teuer. In einem alten Bürgerhaus mit Garten,
autentisch japanisch eingerichtet und die Ober orginal eingekleidet.
(Offen 12.3o - 15.oo und 2o.oo - 24.3o).

"Platanos" hat recht schöne Atmosphäre, liegt in der Dioghenous 4,
nähe Minissikleous, – mit schönem Innenraum und groben Tischen. Mitt=
leres Preisniveau, excellenter gr. Salat (ca. 3 DM), aber unsere Souvlakis
waren zäh wie alte Socken.

"Barbastravos", ca. 15o m entfernt in der selben Straße: breite Essens=
auswahl und bei den Einheimischen des Distriktes recht beliebt, allerdings
teuer: eine Portion Auberginen für 4 DM!-

"Mc Miltons" (91 Adrianou Street) im Plaka - Zentrum, auf Schottisch
getrimmt und relativ teuer. Spaghetti Napoletana für 3.5o und Spagh.
Bolognesa 6 DM

"Taverna Blaxou Vlachou", knapp unterhalb der Akropolis in Plaka.
Ein 3 stöckiger Glas- Eisenbau aus der Jahrhundertwende mit einer Wen=
deltreppe innen und gutem Blick auf Athen. Nicht billig, aber abends
Bouzouki - Musik. –

"Theofilos" (1 a Bacchou Street) , Plaka , alte Taverne aus dem vergan=
genen Jahrhundert. Frau kocht gut, Wirt verleiht Gitarre an Gäste. –

"Klimataria" (5, Klepsydras), Plaka, angenehme Atmosphäre. Wirt singt
gelegentlich. –

"Zafiris" (4 Thespidos Street), Plaka, nur abends offen. Kleine Taverne,
nicht billig, aber gutes Essen, z.B. Wildenten, Tauben und Wallnusspaste=
ten. An Sonntagen geschlossen. –

"Delphi", in der Nikis Street 13, gute Küche, Lamm ist Hausspezialität,
das Restaurant ziemlich klein. Preise: Mittelklasse. – *siehe auch S. 219!*

Billige Hotels in Athen:

"Joy- Hostel", in der Nähe des Bahnhofes, aber ein ganz schönes Stück vom Zentrum wie Plaka etc. entfernt. Zum Omonia ca. 2o Min. zu Fuß (Metro ab Omonia. Doppelzimmer ca. 8,5o DM.

"Guest House Georges", 32 Nikis Steet und 25 Nikis Street, nähe Syntagma Square Für diese Hotelklasse extrem sauber. Besitzer: Deutsch-Griechin, ca. 5 Betten pro Raum, international, nette Gemeinschaftsräume mit Musik. Übernachtung kostet 8,5o DM pro Person, Frühstück 3,oo DM

"Hostel Apollo Haus", Plaka, Apollonos Street 2oo. Kostet im Schlafsaal 8,oo DM Einzel 15 DM

"Akropolis House" 6 - 8 Voulis Street, Ecke Kodrou Street, Plaka. Alte Muster an den Wänden, Leitung spricht deutsch und englisch. Übernachtung : 18 DM für's Ein= zel und ca. 25 DM Doppel.

"Mary's Guest House", 2o Filellinon Street (nähe Syntagma Square), Plaka. Hübsches Haus mit altem französischem Aufzug. 2 Mini- Aufenthaltsräume, kleine Bar. Haustelefon darf nicht benutz werden. –
Übernachtung ca. 7,oo DM in Eigenbau- Holzbetten, pro Zimmer ca. 6 - 8 Betten

"Kouros Guest House", 11 Kodrou Street, Plaka, kein Gemeinschaftsraum, etwas kahl. Einzel 15 DM, Doppel ca. 2o DM, 3-Fach Zimmer 25 DM, 4-fach ca. 28 DM

"Pericles Student Hostel" 39, Kapnikareas Street, Plaka, 2 Ecken vom U- Bahnhof ent= fernt. Schöner Blick von einigen Zimmern. In 3 - 8 Bettzimmern: 3,5o DM pro Person. Doppelzimmer 15 DM. Im Sommer könnt ihr für 5,oo DM auf dem Dach schlafen. –

"The funny Trumpet", 3o Mitropoleus Street, nähe Syntagma - Street (Plaka): etwas "freaky". Gemeinschaftsraum mit Aquarium und moderner Pop- Musik. Notfalls könnt ihr kochen (2 Kochplatten). Im Schlafsaal: 5 - 12 Personen: ca. 8 DM

"Pension Margarita Kokkinou", 12 Minissikleous Street, Plaka: Dusche über der Toilet= te (funktioniert aber nicht immer), – aber orginell! Schönes altes Haus, das sehr zentral in der Plaka liegt und zudem nah am Monasteraki - Platz. 3 - 4 Leute im Zimmer: 1o DM pro Person,-Doppelzimmer 12,oo DM pro Person (mit ei= genem Bad). Von den oberen Zimmern schöner Akropolis- Blick, Dachterasse, – lasst euch mal ihre Bildersammlung von Trampern aus aller Welt zeigen. Im Wohnzimmer kann man unterm Klavier die Sachen für ein paar Wochen ab= stellen. –

"Jimmy's Student House", 46, Voulis Street, Plaka. 4 - 1o Personen im Schlafsaal, 8 DM pro Person. Etwas eng. Betten nicht allzu sauber!

"YMCA" (Haus der jungen Männer) 28 Homer Ecke Academy Street
"YWCA" (Haus der jungen Frauen) Amerikis Street, beide nähe Syntagma Platz streng nach Männern und Frauen getrennt. Beide sind wesentlich sauberer und geräumiger, als sonst durchschnittlich in selber Preisklasse üblich. Einzel kostet 2o DM, im 4 Bettzimmer: 8 DM pro Person, im Schlafsaal (5 - 8 Betten): 8,5o Preise incl. Frühstück. Im "YWCA" gibts ein Selbstbedienungsrestaurant, recht günstig. Männer werden aber hier des öfteren weggeschickt.

"Diana The Hountress", beliebt bei Rucksackreisenden, da sauber und viel los. geführt von Studenten, die an den Bahnhof kommen und die neuen Rucksack= ler mit ins Hotel nehmen. Adresse: Patision 7o bei Kotsika Straße zwischen Nationalmuseum und Bahnhof. Übernachtung ca. 1o DM pro Person, auf dem Dach ca. 5,oo DM und im Schlafsaal ca. 8 DM.–

"Josephs House", etwas ab vom Schuß, ca. 1o - 15 Min. ab Syntagma Square in der 13, Markou Moussouri Street (auf der anderen Seite des National- Gartens) Freundliche Leute und etwas außerhalb des Trubels der Plaka. Mit Gemeinschaftsraum und Küchenbenutzung. Einzelzimmer ca. 1o,oo DM, Doppel ca. 16 DM, Auf dem Dach kostet es ca. 5,oo DM. Frühstück inkl.

JUGENDHERBERGEN:
Es gibt zwei offizielle, nur mit Mitgliedsausweis. Kostet im Schlafsaal 3,5o DM Tagsüber geschlossen, Schlafsäle nach männlich und weiblich getrennt. Nach 1 Uhr nachts kein Einlass mehr. Beide mit bescheidenem, aber billigem Restaurant. NR. 1 (ganzjährig geöffnet) : 57 Kypselis Street (Ecke Meletiou) zu erreichen ab Syntagma Square mit gelbem Bus Nr. 2
NR. 2 (geöffnet nur Mai bis Herbst): Kallipoleos 2o (im Stadtteil Vyron)

Plaka- Pensionen:
Im Sommer oft knallvoll. Daher empfehlenswert, bei Ankunft gleich das erstbeste zu nehmen, um sicher zu sein, ein Bett zu haben. Später könnt ihr euch ja für die nächste Nacht nach etwas Besserem umsehen.

Im Notfall hilft die TOURIST—POLICE:
Tel.: 171   (24 Std. - Service), Leophoros Syngrou 7
Zweigstellen im Hauptbahnhof, Flughafen und Piräus (Akti Mia= olis Street). —

Mittlere Hotels:

"Thission Hotel", Apostolou Pavlou Ecke Ahias Marinas 2 (die Apost. Pavlou ist die Straße, die an der Agora zur Akropolis raufführt). Sauber, mit eigenem Bad und von einigen Zimmern (mit Balkon!) schöner Akropolis- Blick. Allerdings etwas laut. Doppel ca. 3o DM.— Beim "Thission" ist der Blick noch frei, während das danebenliegende Hotel Bäume vor der Nase hat. — Nahe Plaka.

"Hotel Niki" 27, Nikis Street, Plaka- Randgebiet am Syntagma Square. Doppel mit Bad 35 DM, kleine Fenster, Aufzug. Im Restaurant gab's gute südamerikani= sche, wie klassische Musik vom Hifi- Tape. (nach Slawischen Tänzen fragen).

"Hotel Roosvelt", Favierou 5, 5 Min. vom Omonia Square. Doppelzimmer ca. 2o DM Für warme Dusche 1 DM extra. Nicht mit Bad. Ein altes, aber recht ordent= liches Hotel. —

"Omonia Hotel", Omonia Square, Doppel ca. 3o DM,manche Zimmer mit Blick auf den geschäftigen Platz, — dementsprechend auch laut.

"Hotel Apollon", 14 Deligeorgi Str. , Doppelzimmer 29 DM (mit Frühstück), Innen= hof mit Blumen, aber nur ein Lift für 7o Zimmer. Klavier in der Lobby. Restau= rant im Hotel. —

"Janson Hotel", 3 Nikiforou Street, Doppel ca. 3o DM mit Frühstuck. Omonia- Be= zirk. Ein modernes Hotel, allerdings wird nebenan zur Zeit gebaut. —

"Hotel Euripides", Euripidou, Ecke Miaouli Street, zwischen Plaka und Omonia Platz. Doppel ca. 35 DM mit Bad und Frühstück. Im 5. und 6. Stock Blick auf die Akropolis, außerdem dort Balkons vorhanden! —

"Hotel Cleo", Patroou 3, Plaka, Doppel ca. 2o DM, Schöne Dachzimmer!

"Hotel Phoebus", 12 Petta Street in der Plaka, Doppelzimmer mit Bad ca. 24 DM, viele Zimmer haben Blick auf die Akropolis!

Hotels der oberen Preisklasse:

"Grand Bretagne", Syntagma Square, eines der Top - Hotels von Athen. Doppelzim= mer ab ca. 15o DM

"St. George Lycabettus Hotel" oben am Rande des Lycabettus - Berges (Kleomenous

Nr. 2). Wer Zimmer nach vorn raus hat: großartiger Blick auf die Stadt und Akropolis.Doppel ab 1oo DM, vorne und in der Hochsaison aber teurer. Oben Swimming Pool, sowie überdachtes Dachgartenrestaurant.

"Athens Hilton", 46 Vassilissis Street, Swimming Pool und übliche "Hilton- Atmosphä= re", Doppel ab ca. 22o DM Suites um die 6oo DM. —

"King George Hotel", Syntagma - Square, mit einer umfangreichen Gemäldesam= mlung von Malern des 19. Jhd's. Doppel ca. 14o DM

Hotels der gehobenen Mittelklasse:

"Alexander", 8 Vassou Street, Mavili Platz, Doppel mit eigenem Bad ca. 45 DM

"Alfa- Hotel", 17 Halkodondyli Street, Doppel mit Bad ca. 45 DM

"Athenaian Inn", 22 Haritos , im Stadtteil Kolonaki, recht zentral beim Syntagma-Square gelegen. Doppel kostet ca. 45 DM mit eigenem Bad. Eine kleine Pen= sion mit 3 Suiten (ca. 6o DM für's Doppel). —

"Delphi", 37 - 39 Phalirou Makriyanni, Doppel mit eigenem Bad ca. 45 DM

"Lycabette", 6 Valaoritou, am Lycabethos- Hügel, Doppel mit eigenem Bad ca. 45 DM

"Marathon", 23 Carolou Street, Doppel mit Bad ca. 45 DM

AKROPOLIS:

Hier mengt sich das muntere Klacken der Fotoapparate mit den schrillen Pfiffen der Aufseher, die allzu bildungshungrige Touristen einschränken wollen! Ein weiterer akustischer Leckerbissen ist das Hup- Konzert, das aus den engen Häuserschluchten der Altstadt heraufdringt. Der Grieche hupt nämlich bei jeder kleinsten Gelegenheit, und dann gleich mehrfach!

Von der Architektur der Proportionen her gehört die AKROPOLIS zu den beeindruckensten Gebäuden, die je gebaut wurden. Mit vielen archi= tektonischen Tricks! So kann man z.B. auf den Tempelstufen des Parthe= non links eine Handtasche oder Kamera abstellen, und versuchen, selbige von der anderen Tempelseite zu sehen. Geht aber nicht! Die Stufen sind, um dem Tempel Lebendigkeit zu geben, nach oben gewölbt. (Wenn ihr zurück kommt und die Tasche wirklich weg ist, so ist das keine optische Täuschung).

Es gibt im Parthenon keine gerade Linien. Dadurch erhält die Architektur ungeheure Lebendigkeit. Weiterer Trick: Die 2. Ecksäule ist dicker; — als Ecksäule erhält sie automatisch mehr Licht, welches dünner macht.

Beobachtet mal, wie die Säulen durch ihre Riffelung und die dadurch ent= stehenden Schatten Leben bekommen. Im Erechteion- Tempel tragen Frauen das Dach! Sehenswert! Eine der Frauen ist übrigens ausgetauscht worden; weil das Orginal bereits im Brit. Museum steht, mußte ein Gips-Abdruck angefertigt werden, um eine Kopie zu erhalten.

Proportionsregeln beim Anfertigen von Säulen: eine dorische Säule mußte genau Höhe von genau dem 5 1/2 fachen des Grund- Durchmessers haben, (die Ionische: 1o 1/2 fachen). Ähnliche Proportionierungsregeln galten auch bei der Dimensionierung von Länge zu Breite des Tempels. Dadurch erhält das relativ lange und hohe Gebäude eine ungeheure Leichtigkeit! —

TIP: Sonnenuntergang über der Ägäis! Die Wärter werden versuchen, Euch von diesem Erlebnis abzubringen, da für sie nämlich der Dienst bei Sonnen= untergang endet! Seid standhaft, — reagiert nicht auf Pfiffe! Es lohnt sich! Nachdem die Sonne hinter dem Horizont versunken ist, unter euch das Lichtermeer der 2 Millionen- Stadt.

"AKROPOLIS" bedeutet "höchster Punkt." 3oo m oberhalb der Ebene Atticas war die Stelle optimal strategisch für die Verteidigung. Nach Legenden soll im späten Steinzeitalter hier bereits eine Siedlung gewesen sein. Es gab Quellen, von denen uns heute ca. 2o bekannt sind. Der antiken griechischen Sage nach soll dem Götterboß Zeus bei heftigen Kopfschmerzen die Athene, Göttin der Weisheit aus dem Kopf ge= kommen sein. Zusammen mit Posseidon, dem Gott des Meeres wollte sie die Stadt beschützen, aber man stritt sich, wer das besser könnte. Die Bewohner der damaligen Stadt entschieden den Fall so: wer von den beiden Göttern ihnen das bessere Ge= schenk machte, der sollte als Herscher verehrt werden. Dies war Athene; ihr ist das Parthenon geweiht. —
Berühmtester Akropolis- Baumeister: PERIKLES, der nach der Akropolis- Zerstö= rung durch die Perser auf den Ruinen des alten mykenischen Tempels das Parthenon in seiner heutigen Gestalt aufbaute (447 - 438 v. Chr.). Die Marmorblöcke kamen übrigens vom Berg PETELIKON (2o km von der Akropolis entfernt; kann man hin= ter dem Lycabethos - Hügel sehen!) —

NATIONALMUSEUM:

Sollte man sich unbedingt ansehen ; berühmt: die Goldmasken von My= kene. Neu angefügt jetzt der Teil mit den Ausgrabungen der Insel San= torini. —

MONTAG : Zu !

Öffnungszeiten: 7.3o - 19.3o Uhr (Sommer, Wochentags)
1o.oo - 18.oo Uhr (Sommer, Feiertage + Sonntag)
1o.oo - 16.3o Uhr (Winter, Wochentags)
1o.oo - 14.oo Uhr (Winter, Sonn- und Feiertage)

Adresse: Patission (die Hauptstraße, die ab Omonia - Square abgeht),
Ecke Tossitsa. —

Wer sich für Kunst und Archäologie interessiert, sollte sich für's National= museum mindestens einen Tag Zeit nehmen. Lohnt sich sehr. Fast alle Ausgrabungsstücke sind nicht an Ort und Stelle geblieben, sondern ins Nationalmuseum nach Athen getragen. Daher auch gute Vergleichsmög= lichkeiten zwischen den einzelnen Perioden! —

BYZANTINISCHES– MUSEUM:

Reiche Ikonensammlung, aber auch Sta= tuen, Särge etc. —

Vassilissis Sophias Avenue 22, nähe Syntagma Square. Montags geschlossen.

BENAKI– MUSEUM:

Frühhistorische griechische Kunst bis hinein in die Moderne.

Vassilissis Sophias Avenue, Ecke Koum= bari Street. Offen: 8.3o - 14.oo Uhr

FOLKLORE MUSEUM:

Volkskunst, Schmuck, Priesterroben, handgeschnitze Kreuze, Bibel- Covers

Kidathinaion Street 17, Offen (Winter); 1o - 14 Uhr, (Sommer):9 - 13.oo
(U.a.Theophil!)   — Montags zu. —

PIRÄUS MARITIME MUSEUM:

Schiffsmodelle, Uniformen, Schiffs- Gemälde.

Akti Themistokleous im Freattis Quartier Piräus.
Offen Winter und Sommer wochentags von 9 - 12.3o, Sonntags 1o- 13.oo

PRIVAT–GALERIEN:

"Polyplano" — 2o Dimokritou: Galerie mit Verkauf

"Contemporary Graphics"– 8 Haritos

"Iolas Zoumboulakis" — 2o Kolonaki Square

"Tassos Zoumboulakis" — 7 Kriezotou

"Diogenes" — Diogenous 12, Plaka: Galerie mit Verkauf

"Kallitchniki" — 53 Dinokratous und Marasli STreet

"Diastasis Gallery" 27 Haritos St., Kolonaki

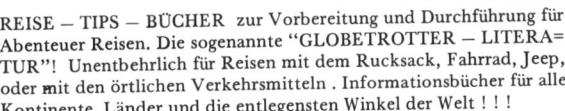

Einkaufen:
Im Viertel KOLONAKI zwischen Syntagma und Lycabethos- Hügel viele Boutiquen. Nach dem Shopping trifft man sich in den Cafes am Kolona= ki- Square.
Speziell Schuhe kauft man in Athen wesentlich billiger als in Deutsch= land. Für Frauen habe ich schöne Stiefel gesehen, für Männer Mokassins in federleichter Ausführung (gut für's Reisegepäck), letztere ca. 4o DM bei einer Leder- und Verarbeitungsqualität, für die man hier in Deutsch= land ca. 8o - 9o DM zahlen würde.
Gut für den Schuhkauf auch das Gebiet um den OMONIA—SQUARE bei billigeren Preisen, aber man muß länger laufen, um geschmackvolle Sachen zu finden.

BUCHHANDLUNGEN:
(internat. Literatur, auch Detail- Reiseführer und Bildbände zu Griechen= land. In vorwiegend englischer Sprache, teils aber auch aus Deutschland und der Schweiz importiert). —

Die beiden bekanntesten in Athen, zugleich mit die größte Auswahl:

"Amerikanikon Bibliopoleion": in der 23, Amerikis Street und die "Internat. Buchhandlung" in der Nikis Street 4, — beide Nähe Syntagma.

TAUCH—SACHEN sind in Athen wesentlich billiger, als in Deutschland, also Flossen, Tauchmaske, Schnorchel etc. (sofern man in Deutschland nicht in irgend einem billigen Großmarkt kauft.). Es gibt in Athen eine ganze Reihe Shops, eines z.B. in der Efpolidos Street, Ecke Athinas nähe Omonia - Square, aber auch entlang der Attica- Küste von Piräus bis Cap Sunion. — (Ich weise darauf hin, daß in der Zeit von Nov. 77 bis März 78 das Tauchen in ganz Griechenland verboten war. Über die Neuregelung fragt man bei der Griech. Fremdenverkehrszentrale!) —

BOUZOUKI—GITARREN habe ich in einem kleinen Shop am Omonia- Square gesehen: "M. Kevorkian, 1o5 Eolou Street.

DISKOSHOPS: "Rod Strofes, M&K. Rodiadis, 1 Arktinou Street, Athen 5o1" breite Auswahl, auch griechische Theater- Tragödien auf Schall= platte. — Weitere Diskoshops im Bereich der Stadiou- Street und um den Omonia - Platz.

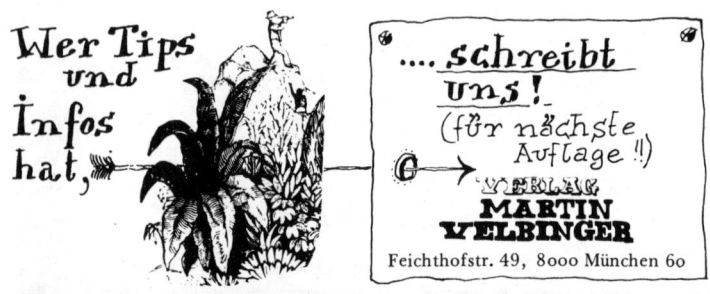

Restaurants (außerhalb Plaka):

Die meisten Athener gehen nicht mehr in die Plaka, weil ihnen der Rummel und Kommerz stinkt. Hier eine Auswahl guter Restaurants außerhalb der Plaka. Die Anzahl der Sterne bezeichnet die Preisklasse. *** = sehr teuer, ca. 2o DM pro Gericht und mehr, — ** = Mittelklasse, ca. 15 DM, — * = ca. 7 bis 15 DM, — jeweils durchschnittliche Gerichte zu Grunde ge = legt. Selbstverständlich sprengt eine Portion Hummer diesen Rahmen. —

"Al Convento" — *** 4 - 6 Anapiron Polemou Street, unterhalb des Lycabettus- Hü= gels: italienische Küche, Pizzas, Pastas etc. Gemütliche Holzschnitzereien an den Wänden. Relativ teuer.

"Bagatelle" — *** 9, K. Ventiri Street, Französische Küche. Sehr teuer.

"Bouilabaisse" — *** — 28, Zissimopoulou Street, teuer, vorwiegend Fisch. Ab 20°o ffen.

"Corfu" — ** 6, Kriezoutou Street, vorwiegend griechische Küche

"Fatisio" — ** 5, Efroniou Street, Pangrati, — mit bemalten Wänden, Blumen, gute Küche, die Preise im gehobenen Niveau.

"Dionissos" *** auf dem Lykabettus- Hügel: besonders abends sagenhafter Blick über die Stadt. Direkt gegenüber die erleuchtete Akropolis.

"Gerofinkas", — *** 1o, Pindarou Street, mit einer Palme in der Mitte des Restaurants. Spezialitäten: Lamm mit Artischocken. Ausgezeichnete Küche. —

"Golden Ox" — *** 29, Iofontos Ecke Antinoros Street : Spezialität: Steaks. Recht teuer. —

"Riva Grill Room", — *** 114, Michalakopoulou Street, gemütliche Atmosphäre mit Pianospieler. Spezialitäten: Froschschenkel, Krabben. Eines der Top- Restau= rants von Athen!

"L' Abreuvoir" — *** , 51, Xenokratous Street , ausgezeichnete Französische Küche, im Sommer wird im Garten gegessen. Vorbestellen von Plätzen zu empfehlen!

"Les Gourmets" — *** , 3 Meandrou Street : gemütliche exclusive Atmosphäre, ausge= zeichnete Französische Küche! —

"Scorpios", — ** 1, Evrou Street, Französische und Cypriotische Küche. Mit kleiner Bar.

"Stagecoach", — ***, 6, Loukianou Street, auf Wildwest dekoriert, Atmosphäre. Das Essen entsprechend: Steaks, Sandwiches und Hamburger, nicht billig. —

"Ritterburg", — ** 11, Formionos, deutsche Küche, Rippchen mit Sauerkraut etc. Für den Griechenland- Reisenden, der auf's echt deutsche nicht verzichten kann.

(Hinzu kommen dann noch Gedeck, Getränke, Vorspeisen, Salat etc.)

Tavernen (außerhalb Plaka):

Meist einfachere Atmosphäre, aber gerade hier gibt's eine ganze Reihe gemütlicher Tavernen in Athen. Hier eine Auswahl:

"Ashimopapo" — ** , 61, Ionon Street, ausgezeichnete Küche. Die Taverne liegt hinter der Akropolis. —

"Leonidas" — ** , 3 Yperionos Street Ano Petralona: mit Gitarrenmusik, Grillspezial. Preise relativ billig. —

"Markos Botsaris" in Amfithea, 28 Zissimopoulou Street

"Markos Botsaris", — ** 21, Zissimopoulou Street im Stadtteil Amphitea, Fischrestau= rant mit Grill. Preise mittel. —

"Apotsos" — * 1o El. Venizelou Street im Zentrum: eine einfache Taverne mit Atmos=
phäre.

"Folia Tis Operas", — * 21, Kedrinou Street , Loukareos. Relativ billig. Offen nur abends

"Rodia" — * 44, Aristipou Street, — In einem alten Haus mit Atmosphäre. Preise o.K.

"Rouga" — * 7, Kapsali Street: ebenfalls in einem alten Haus, gemütlich, kleine Räume.

"To Pithari" — * 2 Palingenessias Street, an der Straße zum Lykabettus- Hügel;
Spezialität: Steaks.

"Anna" — * 5, Aghiou Louca Street, Platia Koliatsou. Die Räume sind wie eine Tropf =
steinhöhle dekoriert. Mit Musik. Küche: Griechisch. —

"Belle Maison" — * 6 Fokeas Street, Platia Victorias. Mit Musik. Griech. Küche.

"Frutalia" — ** 5 Kelsou Street, Spezialitäten von der Insel Andros. Mit Musik. Rela=
tiv teuer (Mittelklasse)

Tip für Folklore- Liebhaber:

Griechische Volkstänze, Ensemble Dora Stratou. Sehr
sehenswert! Volkstänze aus allen Regionen Griechen=
lands in farbenprächtigen Kostümen. —

Anfang Mai bis Ende September, täglich 22^{15} Uhr. Auskunft:
Tel.: 3224.861 (vormittags) und 9214.65o (nachmittags)
Mittwoch und Sonntag auch 2o.oo Uhr Zusatzaufführung.

Theater am Philopappos Hügel (gegenüber der Akropolis).

Weinfest von Daphni:

Gegen einen Eintritt von ca. 4 DM darf man sich hier so=
viel vom Faß abzapfen, wie man will. Ab Koumoundourou Platz. Fahrzeit
bis Daphni ca. 1/2 Std., ca. 1.2o DM

Lykabettos- Hügel:

Besonders abends vom Gipfel ein sehr schöner Blick auf das Lichtermeer
der Stadt Athen und die erleuchtete Akropolis. Es gibt 2 Restaurants oben:
ein billiges und ein exclusives (mit Akropolis- Blick!) Essen kostet hier pro
Person ca. 35 DM mit Wein, aber es lohnt sich sehr! Auf den Lykabettos-
Berg führt eine Zahnradbahn (im Sommer täglich von 8.3o bis 2.oo Uhr
nachts). Sportler benutzen den Fußweg. Anstieg vom Syntagma- Platz
schräg eine der Straßen rauflaufen. Talstation der Zahnradbahn ist am Ende
der Ploutarkhou Street. —

Imitos Berg:

Von hier der andere schöne Athen- Blick, — tagsüber bis auf die Ägäis. Aller=
dings eigenes Auto nötig, um raufzufahren: die Vas. Konstantinou rauf=
fahren durch den Stadtteil Kessariani. Am besten nicht am Wochenende,
denn dann sind viele Liebespaare auf Motorrädern unterwegs, die Straße
ist recht eng. — Ganz oben Sperre wegen militärischer Einrichtungen, aber
bis zu der Stelle, wo dann gesperrt ist, hat man bereits einen guten Blick!
Unten ein kleines Kloster, — und bevor die Häuser aufhören: am Fuß des
Berges zwei oder drei Fisch- Tavernen mit Holzkohlen- Polypen und leckerer
Skampis! Im Frühjahr gibt's unter den Tischen kleine Feuerchen, damit die
Füße warm bleiben!! —

BENZIN: 24 Std. offen sind folgende Tankstellen:

BP, 1o Arminta St., Pangrati
BP, 78 Aharnon St.
BP, 35 a Nikodimou Street Plaka
BP, 4 Xenofontos St., Vathis Square

REIFEN WECHSELN, 24 Std. - Service:

Nikos Koukouloumatis,60 Tritisemvriou Str.

PKW-Werkstätten in Athen: Seite 72
Automobilclub: Seite 69/70

BILLIGE STUDENTEN–REISEBÜROS:

*Ab Athen gibt's eine ganze Reihe günstiger Angebote für Flug, Schiff, Bus
und Zug, und es lohnt sich, mal in den Büros vorbeizuschauen!
Die meisten liegen im Bereich des Syntagma- Square:*

Host – Hellas Ltd., 28 Nikis Street
ISYTS – Internat. Studenten und Youth- Travel - Service, Nikis Street 11
Adrianos Travel – 31 Padrosou Street, nähe Monasteraki Platz
H.Y.S.T. – Fillelion Street 3, nähe Syntagma Square
Tours 33 – 4 Marni Street nähe National- Museum
Viking's – 3, Fillelion Street, nähe Syntagma Platz
Lotus – 7, Fillelion Street

Diese Liste erhebt keinen Anspruch auf Vollständigkeit, – die Reihenfolge stellt keine
Wertung dar! –

Athen dürfte einer der größten Studenten- Reisemärkte des Mittelmeeres
sein und die angebotenen Preise sind zum Teil wirklich erstaunlich!
Cairo/Ägypten gibt's z.B. im Studentenflug für runde 12o DM einfach, Tel
Aviv/Israel für runde 15o DM einfach, – Preise bei denen man sich überlegt,
ob man nicht für 1 oder 2 Wochen mal schnell einen Abstecher macht!
Andere Möglichkeiten: Nairobi/ Kenia ist für runde 65o DM einfach möglich,
Voraussetzung: Student. – Nach Mitteleuropa gibt's ebenfalls Studenten-
Tickets, sowie Charterflüge. Über die einzelnen Bestimmungen zur Teilnahme
an diesen Flügen bzw. Bus- oder Schiffsverbindungen informieren euch die
Büros. –

Goethe- Institut:

Phidiou 14 - 16 – Tel.: 36o 8111
Häufig Filmvorführungen in deutscher Sprache mit griech. Unter=
titel, aber auch Diskussionen. Gute Kulturanlaufstelle; hier gute
Kontakte zu griechischen Künstlern. –

Deutscher Bildungshase

Fischrestaurante in Piräus:

Nochmal Restaurante. – Per Metro rausfahren. Die meisten liegen am Jacht=
hafen <u>MIKROLIMANON</u> (Tourkolimano): schon bei "Nea Faliron" aus=
steigen.

"Mouravio", 64 Koukoundrourou, –
"Ta Prasina Trehandria", Mikrolimano –
"Kanaris", 5o Akti Koumoundourou –

"Zorba Nr. 2", Mikrolimano
"Kuyu", Mikrolimano
"Miaoulis" Mikrolimano

Busse ab ATHEN:

Es gibt 2 Busterminals, die beide mit Stadtbussen Ver=
bindungen ins Athener Zentrum haben:

① 100, Kifissou-Street:

Agrinion - Andritsena - Arta - Corfu - Corinth - Drama - Edessa - Florina -
Grevena - Gytheion - Igoumenitsa - Ithaca - Kalamata - Karytaina -
Kastoria - Kavala - Kefalina - Kiato - Kilkis - Kozani - Leonidion - Lefkas -
Loutraki - Megalopolis - Mesolongi - Mycenae - Nafpaktos - Nafplion - Nemea
Olympia - Parga - Patras - Preveza - Pylos - Pyrgos - Serrai - Sparti - Thessa=
loniki - Tripolis - Verria - XanthiXilokastro - Yannina - Zakynthos

BUS ZUM TERMINAL: Nr. 62,Ecke Villara und Menandrou Str. Nähe Omonia

② 260, Liossion-Street:

Aghios - Konstantinos - Amfissa - Delfi - Edipsos - Eratini - Farsala - Galaxidi
Halkis - Itea - Kammena Voula - Karditsa - Karpenissi - Katerini - Kymi -
Lamia - Larissa - Lidoriki - Livadia - Ossios - Loukas - Trikala - Volos - Ypati

BUS ZUM TERMINAL: Nr. 63/34, Amalias Ave. (National Garden beim Syntagma)

③ Larissa - Railway - Station:

(Bahnbusse): nach Nordgriechenland:
Alexandroupolis - Drama - Edessa - Katerini - Komotini - Larissa - Serrai -
Thessaloniki - Veria - Xanthi - Naoussa

④ Peloponnes Railway-St.:

(Bahnbusse): nach Peloponnes:
Corinthos - Eghion - Kalavryta - Patra - Zakynthos - Loutraki

BEIDE TERMINALS für die Bahnbusse liegen dicht beisammen: jeweils vor den
entsprechenden Bahnhöfen.
Trolly—Bus Nr. 1 alle paar Minuten zwischen diesen Terminals und demParlament—
Haus beim Syntagma Platz.

Man sagt, daß die Bahnbusse besser seien, verkehren aber seltener.
Busfahren in Griechenland ist ziemlich billig, so kostet z.B. die Strecke
Athen — Thessaloniki (ca. 5oo km) ca. 3o DM. — Praktisch auf allen
Strecken mindestens 1 Bus pro Tag, — auf vielen Strecken (z.B. nach
Korinth, nach Mykene, nach Patras etc.) 15 - 2o Busse pro Tag!
Achtung: Daten können sich auch hier verändern!

⑤ Mavromateon Street :

(Regionalbusse / Attica) :   Liegt beim Nationalmuseum.
Marathon, Cap Sounion (via Küste), Cap Sounion (viaMarcopoulon–
Lavrion), Rafina (Fähre nach Süd- Euböa, Andros,Tinos).

Kap Sounion

*7o km ab Athen bis zum Cap Sounion mit seinem schönen Tempel. Die
Landschaft wechselt: vorwiegend karge, braune Berge, Felsküste mit
schönen Sandstränden, — teils aber auch Pinienwälder (bei Lavrion). Die
Südküste ATTICAS ist bekannt dafür, auch im Spätsommer (Ende
September die mit wärmsten Wassertemperaturen
Griechenlands zu besitzen. —*

BUSSE:

Ab Athen, Mavromateon Street
(nähe Nationalmuseum) auf dem
Platz, wo sich die Leof.
Alexandras mit der 28
Oktovriou trifft. —

Abfahrt fast südl., — kos=
tet bis ANAVISSOS ca. 3 DM,
Fahrzeit 1 1/2 Std.

Die Südküste ist eine der
Haupt- Ausflugsgebiete der
Athener; in Glyfada liegen
die Yachten vor Anker, ebenso
im modernen Badeort Vouliagmeni.
Viele Fischtavernen. Ab Lagonissi
wird's ruhiger.
Geheimtip: sehr schönes, abseits ge=
legenes Hotel "Calypso", ca. 2 km vor

Anavissos in einer eigenen Bucht mit Blick auf Inseln und optimalen Schnorchel- und Tauchmöglichkeiten. Übernachtung ca. 45 DM für's Dop= pel mit eigenem Bad, aber ohne Frühstück und Mittagessen. Das Hotel hieß früher "Al Cabane Bambu", was, soviel ich mich erinnere, noch dran= steht. Bus stoppt oben an der Straße, — Taxi ab Anavissos ca. 4 DM. Im Hotel: Motorboote klein ca. 2o DM pro Std., es gibt auch eine große Segeljacht. Das HOtel: ideal zum Relaxen und Schnorcheln, — das schön= ste, die weitläufige Aufenthaltshalle, gemütlich mit schönem Buchtblick.

Im Ort Anavissos mehrere Tavernen mit gutem Fischessen. Kalamares ca. 6 DM, Polyp ca. 7,oo DM und Riesenskampis je nach Saison pro Kilo 4o - 5o DM, man wird aber schon mit 3oo - 45o gr. satt! "O Marinos" (῾Ο ΜΑΡΙΝΟΣ") und "To Akrogiali" (Το ΑΚΡΟΤΙΑΛΙ) sind die besten Tavernen. Guten Kuchen bei "Philipidis". —

Cap Sounion: (Posseidon- Tempel):

Am Spätnachmittag stauen sich hier an der engen Auffahrt zum Tempel die Pullmann- Busse aus Athen. Oben mehr Touristen als Säulen, aber schöner Blick auf's Meer. Der Tempel weitgehend bezüglich Säulen gut erhalten, — Eintritt ca. 2 DM, aber viele Touristen laufen links am Zaun entlang Richtung Meer, wo kurz vor dem Steilabfall ins Meer ein Durch= schlupf offen war (Ende März 78), — nicht ungefährlich. Außerdem schiebt oben ein bemützter Wächter Wache.

Sounion ist am schönsten kurz vor Sonnenuntergang (abgesehen von den Touristen). Wer nicht per Tour raus will: Küstenbus nach Lavrion (eben= falls ab Mavromateon Street) und beim Cap raussetzen lassen. Retour kann man über die Ebene von Marathon fahren (Strecke über Markopoulou). —

TIP: das Linienschiff nach Myconos, bzw. Paros, Naxos, Santorini fährt entlang der Küste. Wählt eine Abfahrt oder Ankunft, die euch beim Sonnenuntergang am Kap entlangführt! Großartiges Erlebnis!! —

Ab Rafina (ebenso wie ab Lavrion):
häufige Schiffsverbindung zu den Inseln Südeuböa, Kea, Andros, — gele= gentlich auch nach Tinos (mit tägl. Anschluß an Mykonos und Syros). Hierüber lassen sich schöne Inselrundtrips legen. Abgesehen davon sind die Inseln Kea und Andros, aber auch Tinos in den Sommermonaten bis= her noch nicht so überlaufen wie Mykonos und Paros. —
Sehr häufige Busverbindung zwischen Athen (Mavromateon Street) nach Rafina! —

Vergleiche auch EUBÖA-TEXT !

iNSELN DER ÄGÄïS

Etwas, das ihr nicht versäumen dürft !! Urlaub nur auf der Peloponnes und in Athen ist halbes Griechenland. –

① Schiffsverbindungen:

zu den meisten Inseln ab <u>PIRÄUS</u> (zu erreichen ab Athen mit der U-Bahn Tag und Nacht, ca. 0,60 DM). Abfahrt der U-Bahn in Athen z.B. ab Monasterakti Square/Plaka oder Omonia Square. Normalerweise genügen 30 Min. bis zur Abfahrt des Schiffes, man sollte aber um sicher zu gehen schon früher da sein!

Direkt von der Endstation in Piräus seht ihr schon die Schiffe. Direkt am Hafen: <u>Gebäudekomplex</u> mit sämtlichen Schiffsbüros. Sagt man euch in einem Büro, heute gäbe es keine Überfahrt mehr, so fragt in den anderen, es gibt bestimmt doch irgendwo eine.

<u>TIP</u>: das Tourist-Büro am Syntagma-Square/Athen (in der Nationalbank) gibt jede Woche handabgezogene Waschzettel ab, die die neusten Fährab= fahrten enthalten. Verzeichnet ist der Name des Schiffes und die Route.

<u>DIE ÜBERFAHRTEN</u> sind fast geschenkt! So kosten z.B. die 10 Std. nach Kreta nur ca. 26 DM in der Decksklasse. Nehmt das billigste: die Decksklasse: hier fahren die Griechen, und es ist ein Erlebnis, das Ge= wühl mit den vielen Gepäckstücken und schreienden Kindern zu sehen. Sie sitzen auf dem Boden auf ausgebreiteten Decken und essen. Erste Kontakte, oder ihr rollt euren Schlafsack auf dem Deck des Schiffes aus und habt über euch den Sternenhimmel der Ägäis!!!

<u>KLAR, das der Komfort in der 3. Klasse</u> basic ist und die Toiletten zum Stinken tendieren. Außerdem kann es bei Ägäis-Trips in der Vor- und Nachsaison nachts empfindlich kalt werden, bzw. drinnen ist's dann ziemlich stickig und laut. Die 3. Klasse ist meist mit Gittern streng abgeriegelt von den besseren Leuten des Schiffes. Wer den Komfort braucht, bucht 1. oder 2. Klasse und hat dann auch ein Bett, was sich bei Sturm bezahlt macht. Liegend übersteht man den Seegang besser. Wenn sich eine stürmische Überfahrt abzeichnet, sind daher die Betten schnell aus= gebucht.

<u>VORBUCHEN</u>* kann man die innergriechischen Fährverbindungen meines Wissens nach nicht. (u.a. auch, weil die Überfahrten zu billig sind und den Reisebüros bei hohen Telexausgaben zu wenig Provision übrig bleibt) Als reiner Passagier findet man eigentlich immer Platz; schwierig wird's, wenn man mit dem Auto unterwegs ist. sollte man gleich nach der An= kunft in Griechenland umgehend buchen!

* in der BRD, Österreich, Schweiz

VERSPÄTUNGEN von 4 - 5 Std. sind im innergriechischen Verkehr durchaus Gang und Gebe! Zudem wird der Fahrplan laufend geändert, was die Vorplanung bei Fahrten zu kleineren Inseln schwierig macht. Die Hauptinseln wie RHODOS und KRETA werden dagegen täglich an= gelaufen. –

SEID FLEXIBEL; einfach mal nach Piräus raus und sehen, was gerade läuft. Jede Insel hat ihren speziellen Reiz und etwas besonderes zu bie= ten! Geht auf Entdeckungen!

Allerdings: Inseln wie MYKONOS und KRETA, auch RHODOS sind zu= mindest in der Hauptsaison recht überlaufen. Das bedeutet auf der einen Seite: Schwierigkeiten bei der Zimmersuche (bei Kreta nur in den Haupt-Touristengebieten!), – auf der anderen Seite gute touristische Infrastruk= tur in Form von Diskotheken, Kneipen etc. –

Prinzipiell gilt die FAUSTREGEL: schwierig zu erreichende Inseln mit langen Schiffsanfahrtszeiten: noch relativ wenig überlaufen. Speziell Kre= ta (bequemer Übernacht-Trip) quillt dagegen im Hochsommer über. –

TROTZ ALLEM gehört aber die Ägäis für mich noch immer zu dem schönsten Gebiet des Mittelmeers wegen ihrer Vielfalt, des herrlich klaren Lichtes (und Wassers!!) und den guten Ferienmöglichkeiten (gemütliche Tavernen, Tauchen etc.) . Hier gibt's immer noch für jeden das, was ihm persönlich am meisten liegt: Einsamkeit zum Relaxen oder die Kontakte auf den typischen Touristeninseln. –

VERSPÄTUNG WEGEN STURM ist durchaus drin. Da hilft nichts; der Dampfer bleibt aus Sicherheitsgründen im Hafen. Dementsprechend die Rückkehr mit dem Dampfer nach Piräus nicht zu knapp mit einem Charter- Rückflugtermin kalkulieren! Allerdings sind die großen Ägäis-Dampfer weniger sturmanfällig, als die kleineren Nußschalen- Fähr= schiffchen. Prinzipiell brauchts für einen Kreta- Dampfer schon Wind= stärken von ca. 8, damit der Dampfer wartet. Und die sind nicht zu häufig. –

GEPÄCK habe ich immer ohne schlechte Erfahrungen an Bord alleine gelassen. Die Ehrlichkeit der Griechen macht das Reisen unproblema= tisch. Wenn mal was geklaut wird, so sind das die Touristen, bzw. ihr habt eine teure Kameratasche alleine gelassen.

Bei ÜBERVOLLEN SCHIFFEN wird nach der Fahrkartenkontrolle meistens erlaubt, daß man als 3. Klasse- Passagier rüber in die 2. Kl. darf. – ESSEN ist zumindest in der 3. Klasse an Bord nur unwe= sentlich teurer, als in Tavernen an Land. Allerdings gibt's auf man= chen Schiffen nur lasche, labbrige Toasts mit schwierig zu identifi= zierenden Einlage (a 1 DM!) und eine Minitüte Chips, die zudem Durst macht. – SCHLAFEN im Auto ist nur auf einigen wenigen Dampfern möglich, die unterwegs nicht den Frachtraum zusperren, – oder, wenn das Auto wegen Überfülle per Kran auf's Deck kommt.

AUTO MITNEHMEN ODER NICHT?

Hängt von der Größe der Insel ab. Auf Kreta unbedingt zu empfehlen,–

bzw. dort einen Wagen mieten. Die Insel ist so groß, daß sich hier ein Auto lohnt, wenn es auch gute Busverbindungen in alle Inseldörfer gibt. Prinzipiell bringt das Auto die Bequemlichkeit der Beweglichkeit (zu ab= gelegeneren Stränden) und die Unabhängigkeit vom Busfahrplan.

Andererseits haben die Transportpreise für PKW's aber derart angezogen, daß man bei mittelgroßen Inseln sich die Sache überlegen sollte. Details in den jeweiligen Inselbeschreibungen! — *Auf vielen Inseln günstig Moped-mieten !*

KOSTENLOSES PKW—DAUERPARKEN in Piräus vor den Schiffsbüros. Tip: den Wagen aber unbedingt völlig leerräumen, — Klappe des Handschuhfaches öffnen, da= mit der Dieb sieht, daß die Brieftasche oder sonstige Wertsachen hier nicht mehr liegen. Trotz häufiger Polizeistreifen wird hier aber relativ viel geklaut, und wer sicher gehen will, steckt den Wagen in eine der Parkgaragen. Teuer. —

INSEL—QUERVERBINDUNGEN:
Die Inseln der Ägäis werden fast durchweg sternförmig ab Piräus ange= laufen. Wenn ihr also einmal zur Nachbarinsel wollt, kann es euch passie= ren, daß ihr den Umweg über Piräus nehmen müßt. Die wenigen existie= renden Querverbindungen verkehren zudem recht selten (7 oder 14- Tage-Rhytmus), kleine Nußschalen, die es auf dem Wasser ziemlich hin und her wirft. Abfahrt an Ort und Stelle erfragen. Manchmal sind das klei= nere Eisendampfer, meist aber die KAIKIS, kleine Segel/Motorboote, die ca. 1o - 15 Leute fassen, kräftig im Seegang schaukeln, aber von ihrer bauchigen Bauweise her speziell für die Winde der Ägäis konstruiert sind. Wer auf diese Weise Inseln entdecken will, sollte sich keinen festen Stre= ckenplan vornehmen, da die Dinger erst fahren, wenn für den Besitzer genügend Drachmen abspringen; gleichzeitig kommt ihr aber auf Mini= inseln, die bisher noch kaum Berührung mit dem großen Tourismus hatten.

② Flugverbindungen:

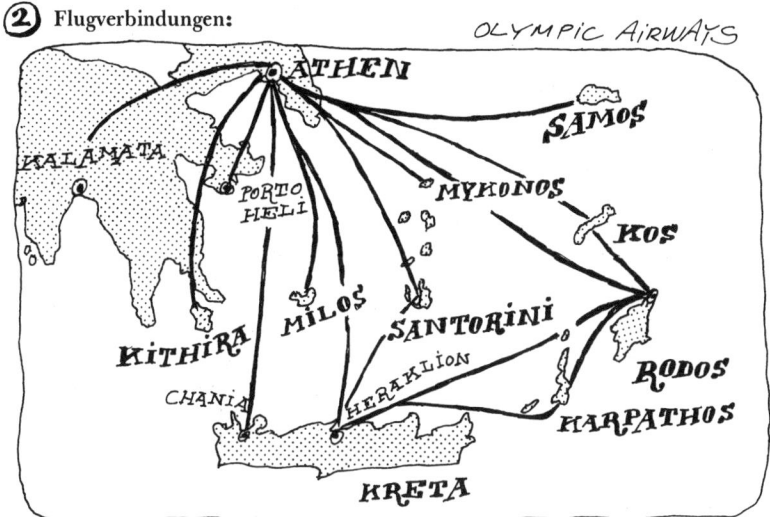

OLYMPIC AIRWAYS

Flugverbindungen in der südlichen Ägäis

FLIEGEN ist die interessante Alternative zum langewierigen Schiff. Macht zudem viel Spaß am Fenster, wenn die vielen Inseln und Inselchen an euch vorbeiziehen. Die meisten werden mit 2 motorigen Propellerma= schinen der Olympic Airways Typ YS - 11 A angeflogen, rund 80 Plätze. Die Dinger sind durchaus sicher, aber laut. Beachten bei der Wahl des Fensterplatzes, daß bei diesem Flugzeugtyp die Tragflächen bei fast al= len Sitzen die Sicht nehmen. Vorne buchen!!

Die PREISE für's innergriechische Fliegen sind relativ billig. Nur noch wenig Unterschied zum Schiff in der 2. Klasse/Schlafkabine. Daher sind die Flüge von vielen Griechen als Transportmittel zur Heimatinsel be= vorzugt und oft voll. Bucht rechtzeitig, was übrigens auch von der BRD aus möglich ist über die hiesigen Olympic Airways Büros (z.B. Frankfurt). Ticket- Kaufen allerdings zur Zeit in Griechenland günstiger wegen besserem Umrechnungskurs DM zu Dra. in Griechenland.

BEACHTEN: die Propellermaschinen können bei ungünstigen Wetter= verhältnissen nicht fliegen. (Bei tiefliegenden Wolken, Regen- Gewittern und Sturm). Daher sicherheitshalber immer 1 - 2 Tage Reserve und nicht zu knappe Anschlüsse an Charter zurück nach Deutschland! Not= falls von der Insel mit dem Schiff zurück!

Die größeren Inseln wie z.B. KOS, KRETA, RHODOS, LIMNOS, KOR= FU werden mit den großen Boeing Düsenjets angeflogen, zum Teil mehr- fach täglich. Buchung einfacher bezüglich Plätzen, wie auch sehr gerin= ges Risiko von Flugstornierungen wegen Wetter (höchstens Streik!). —

ANMERKUNGEN: die in unserer Karte verzeichneten Verbindungen Kos- Rhodos und Rhodos — Heraklion , sowie Karpathos — Heraklion und Santorini —Heraklion können während des Winters erheblich reduziert (Flughäufigkeit) bzw. sogar ganz eingestellt werden, da zu geringes Passagier- Aufkommen. —

Schönste Flüge sind die Strecke von Athen nach Santorini/Kykladen (Flug über dem Vul= kan- Krater!), — von Thessaloniki über die Athos- Klöster nach Limnos, — von Athen nach der Insel Milos, — der Flug zwischen Rhodos und Karpathos und der Flug von Athen über Euböa nach der In= sel Skiathos. Jedesmal natürlich ruhiges Flugwetter und gute Sicht vorausge= setzt! Alle Flüge (siehe oben): Propeller. —

* RECONFIRMATION: wie bei allen Airlines gilt auch bei Olympic Airways: wer einen Flug fest gebucht hat, muß 3 Tage vorher erscheinen und bestätigen, daß er auch zu diesem Datum fliegen wird.

Geschieht dies nicht, kann ihm gemäß den Bestimmungen passieren, daß er sei= nen Flug verliert, d.h. von der Passagierliste gestrichen wird.

* NON—SHOW—GEBÜHR: kann verlangt werden, wenn man zu einem Flug nicht antritt, der fest reserviert war, ihn weder vorher rückbestätigt noch umgebucht hatte.

DAMIT will man erreichen, daß die sowieso kleinen Propellermaschinen in der Hochsaison ausgelastet sind und durch ein o.K. nicht unnötig blockiert.

DIE SPORADEN

SKIATHOS, SKOPELOS, ALONISSOS und SKYROS, Inselgruppe im nördlichen Teil der Ägäis mit viel Vegetation, schönen Badebuch= ten und guten Ferienmöglichkeiten. Skiathos ist im Sommer 3 mal täglich per "Olympic - Airways" - Propellerflug ab Athen zu errei= chen, die anderen Inseln per Fährverbindung. Auto mitnehmen auf allen Inseln möglich; kostet im Schnitt runde 60 DM pro Richtung ab Volos/Festland bis Skiathos, Skopelos oder Alonissos, sowie ab Kymi/Insel Euböa für die Insel Skyros.

SAISON: schön in der Zeit Anfang April bis Anfang Oktober, — die Insel Skiathos ist aber besonders in den Monaten Juli und August sehr überlaufen. Wenn möglich: Mai/Juni (Blüten!) oder im Herbst (Feigen und Granatäpfel reif) allerdings das Land gelb und verdorrt nach der Hitzeperiode der Sommermonate, was aber auch sehr reizvoll sein kann!) —

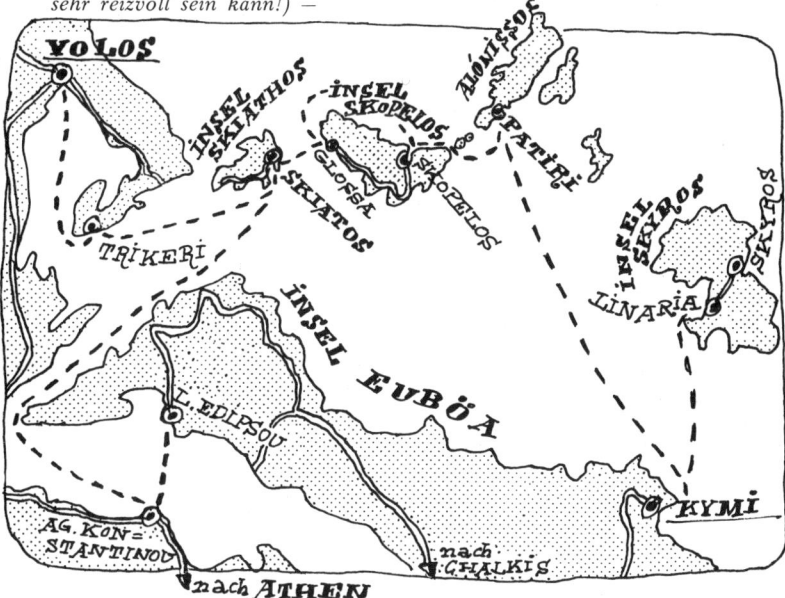

INSEL SKIATHOS:

Ideale Insel für Leute, die Kontakt suchen, gern Feste feiern, faulen= zen, schwimmen und in Tavernen hocken. Wer viel Unterhaltung sucht, der fährt am besten im Juli oder August: lange, warme Tavernen- und Diskotheken-Nächte; die Insel ziemlich voll. Zum Relaxen besser die

Monate Mai, Anfang Juni, sowie September und Oktober.

Für Griechenland eine relativ teure Insel. Üppiges Tavernen- Essen von ca. 15 DM aufwärts (pro Person inkl. Getränke). Wenn Hummer oder Skampi dabei ist ab ca. 4o oder 5o DM. Dementsprechend das Publikum.

Eine der grünsten Inseln Griechenlands: dicht bewaldet, herrlich duften= de Pinienwälder, viele Kiefern, Blütenduft und im Wind bewegte silb= rig grün glänzende Oliv enhaine. 7o Strände, - zumeist feinsandig. Die Bucht von Koukounaires einer der schönsten Strände Griechen= lands! Ideale Tauchmöglichkeiten! —

VERBINDUNGEN:

Flug:

Bequemste Verbindung. Die zweimotorige Propellermaschine der Olympic Airways braucht im Direktflug ab Athen 5o Min. Schöne Strecke über die Akropolis und das bergige Euböa. Für den Blick auf die Akropolis setzt man sich am besten auf die linke Seite des Flugzeuges (beim Flug Richtung Skiathos), — für die Berge Euböas ist die rechte Seite besser.
Kostenpunkt: einfach ca. 6o DM. — Im Sommer 3 mal pro Tag, aber fast immer voll. Rechtzeitig buchen!! Im Winter 1 - 2 Flüge pro Tag, wovon aber häufig der Abendflug wegen zu wenig Passagieren gestri= chen wird.

BEACHTEN: Es kann bei schlechtem Wetter vorkommen, daß Flüge gestrichen werden müssen. Propellermaschinen sind wetteranfälliger, als Düsenjets. Mit schlechtem Wetter ist vorallem im Frühjahr zu rechnen. Wir sind Anfang April 2 Tage in Skiathos festgesessen. — Wer einen Anschlußflug in Athen gebucht hat, der sollte unbedingt auf "o.K." im Flugticket achten ("Reconfirmation"!) und sich besser einen Reserve-Tag in Athen einbauen.

AIRPORT SKIATHOS:
Kleine Baracke als Empfangsgebäude; die Landepiste (Asphalt zieht sich quer über die Insel, dürfte ca. 3 km lang sein und kann von DC 9 Düsen= jets angeflogen werden, — also für den Olympic Airways- Propellervogel ohne Probleme. Athen ⟫⟶ Skiathos: ca. 25o km Luftentfernung.

Der Olympic Airways Bus holt die Gäste am Flugfeld ab und fährt ins Orts-Zentrum vor die Office der Olympic Airways. Ca. 1,2o DM/Person. Gäste des Koukounaires Hotels werden im eigenen Bus abgeholt.

OLYMPIC AIRWAYS OFFICE: Skiathos/Ort, Papadiamanti Street. — Luftentfernung

Schiff:

 Ab ATHEN schnellste Verbindung über den Hafen AG. KONSTANTI= NOS, gegenüber der Insel Euböa. Von hier bis zur Insel Skiathos fährt der Dampfer die ca. 5o km in knapp 3 Stunden. Abfahrten im Sommer (15.6. bis 15.9.) täglich, sonst 2 - 4 mal pro Woche.

Man kann das Ticket direkt ab Athen kaufen: "Alkyon Ltd.", 98 Akade=

mias Street. Hier auch Abfahrt der Busse nach Ag. Konstantinos. Der Bus/
Schiff- Trip bis Skiathos dauert ca. 6 Stunden. Der Bus hat Anschluß an
das Schiff. Allerdings am Hafen keine Gepäckträger. Die Sachen werden
vom Busdach heruntergeworfen und müssen ans Deck des Dampfers getra=
gen werden.

Rechtzeitig vorbuchen, besonders am Wochenende viele Athener! Dies gilt
besonders, wenn man eigenen PKW mitnehmen möchte!

②Die Hauptverbindung zu den Sporaden aber ab VOLOS/Pilion (siehe unsere
Pilion- Infos!).   Sowohl Sommer, wie Winter tägliche Fährverbindung
zwischen Volos und Skiathos. Fast stündlich Busse von Athen rauf nach
Volos (= Strecke nach Thessaloniki), ca. 5 1/2 Std. bis Volos. Von hier
braucht der Dampfer nochmals ca. 3 Std. bis Skiathos.

Wer mit eigenem PKW bzw. der Eisenbahn von Jugoslawien kommt, fährt
am günstigsten über VOLOS, ebenso bei der bequemeren Anreise über Ita=
lien/Igoumenitsa und durch Nordgriechenland (siehe unsere Festlandstexte).
Nonstop haben wir mit eigenem PKW auf dieser Route 2 Tage gebracht:
ab Skiathos mit dem Nachmittagsschiff nach Volos, dort nach einem kur=
zen Abendessen und Auftanken nachts quer über die Gebirgskette des Pin=
dos nach Igoumenitsa. Hier in unserem Wohnmobil kurz gepennt bis zur
Abfahrt der Morgenfähre nach Ancona/Italien, die dort am darauffolgenden
Morgen eintraf. Auftanken und Nonstop über die Autobahn bis München,
Ankunft Nachmittag.

NEBEN "ALKYON" verkehrt im Sommer fast täglich die "M/S SPORADES" des
Mr. Alekos Papadimos/Skiathos, ein Dampfer, der 22o Personen und ca. 5 - 6 klei=
nere PKW's fasst. Kostet etwa dasselbe pro Person und PKW wie "Alkyon".

OFFICE der "Alkyon" - Leute und von der "M/S- Sporades" am Hafen/Volos.
Entfernung zum Busterminal (Athen — Volos — Thessaloniki) in Volos ca. 3oo m,
siehe unsere Volos- Skizze im Volos- Teil dieses Buches.

Nach unseren Erfahrungen sind die Kapitäne auf den Alkyon- Schiffen extrem freund=
lich, — das Bedienungspersonal in den Hafenbüros von Skiathos, Skopelos, Alonnisos
und Volos! aber extrem unhilfsbereit. Nicht viel zu erwarten in Bezug auf Touristik-
Tips. Fahrkartenkaufen geht ohne Probleme.

OFFICE beider Schiffslinien in Skiathos am Hafen.

_Mitnahme auf beiden Autofähren (Volos–Skiathos und
Ag. Konstantinos–Skiathos) möglich, jedoch Frage, ob sich das lohnt:
1.) extrem teuer geworden. Normaler PKW um die 6o - 7o DM pro Rich=
tung und 2.) kaum Straßen auf Skiathos. Die 15 km Skiathos/Ort bis
Koukounaires fährt ein Ölsardineninselbus, außerdem gibts Auto- und
Mopedvermietung auf Skiathos._

PKW

Die Direktverbindung Skiathos — Santorini ist bis auf weiteres gestrichen.
Wer aber etwas Zeit hat, kann folgende, schöne Alternativ- Route fahren:
Schiff von Skiathos nach Skopelos — Alonnisos — Skyros — Kymi/Insel
Euböa. Ab hier tägliche Busverbindung zur Südspitze Euböas nach Mar=

maris: Dampfer rüber zum Festland nach Rafina/Attika (bei Athen) , die Überfahrt täglich, dauert ca. 1 Stunde. Oder: ab Karystos täglich Auto= fähre rüber zur Insel Tinos und Syros, sowie Andros.Von Tinos und Syros häufige Fährverbindungen mit PIRÄUS/Athen. So schließt sich der Kreis.

Etwas Zeit braucht man, aber schöne Routenkombinationen im mittleren Ägeis- Bereich, der auf ausnehmend schöne Inseln führt. Wer mit Koffer, Rucksack etc. reist: Fährpreise halten sich in Grenzen; wer eigenen PKW mitnimmt, zahlt für jedes Teilstück seperat.

			Fahrzeit *	Person
ab	VOLOS ≫→	Skiathos	3 Std.	13 DM
	≫→	Glossa/Skopelos	4 Std.	15 DM
	≫→	Skopelos/Ort	5 1/2 Std.	18 DM
	≫→	Alonnisos	6 Std.	2o DM
ab	ATHEN ≫→	Ag. Konstantinos (Bus) ≫→ Skiathos(Schiff):		
			6 1/2 Std.	3o DM
ab	KYMI/Euböa≫→	Alonnisos	3 Std.	2o DM
ab	SKIATHOS ≫→	Glossa/Skopelos	3/4 Std.	6 DM
	≫→	Skopelos/Ort	2 Std.	7 DM
	≫→	Alonnisos	2 1/2 Std.	8 DM

*Die "ALKYON" - Leute gelten als relativ zuverlässig bezüglich Vorbuchungen und Einhaltung der Abfahrtszeiten. − Zu den oben angegebenen "reinen" Fahrzeiten kommt dann noch der jeweilige Aufenthalt im angelaufenen Hafen. Dauert im Sommer, wenn viele Autos ein- und ausgeladen werden länger als im Winter.−

③ Fischerboot: Platania/Südpilion — Koukounaires Strand/Skiathos: nur im Sommer. Angeblich täglich, jedoch nur bei Bedarf. Bus bis Platania ab Volos: 3 mal täglich. Bus ab Koukounaires/Strand nach Skiathos/Ort: ca. alle 3o - 6o Min.

④ Autofähre, − siehe oben, zwischen Skiathos bzw. Alonnisos nach Kymi/ Insel Euböa. Ab hier Busanschluß nach Athen. Details siehe Insel Euböa. Eine andere, interessante Anreise- Variante auf die Sporaden! −

Kartenmaterial/Zeitschriften/Bücher:

im Schreibwarengeschäft von Nick Vogiatzis am Hafen jede Menge deutsch- sprachiger Zeitschriften, Rororo- Romane, sowie die recht brauchbare "Skiathos- Tourist Map" 1: 25.ooo. Bei Vogiatzis gibts auch diesen vor= liegenden Griechenland- Reiseführer von M. Velbinger zu kaufen.

Skiathos:

ca. 3ooo Einwohner, schön an 2 Bays gelegen, die weißen Häuser am Hang raufgebaut. Kleine, winkelige Gassen. Treppchen. Besonders schön: am späten Nachmittag rauf zur Hauptkirche mit Blick über Hafen. (Licht!) Der rechte Hafen ist für die Fährboote nach Volos und Skopelos. der linke für die Fischerboote und Verbindungen zu den Stränden. Hier lie=

gen die wichtigsten Tavernen und Cafes, hier trifft man sich wieder.

ESSEN — GEHEN

"O Stamatsis", beste Taverne für Meeresfrüchte. Wenn man vor dem Hafen steht: links, wo die Häuser den Hang raufgehen. Skampi auf Holzkohlengrill pro Kilo zwischen ca. 4o und 5o DM, je nach Saison. Sehr lecker. Zitrone verlangen.

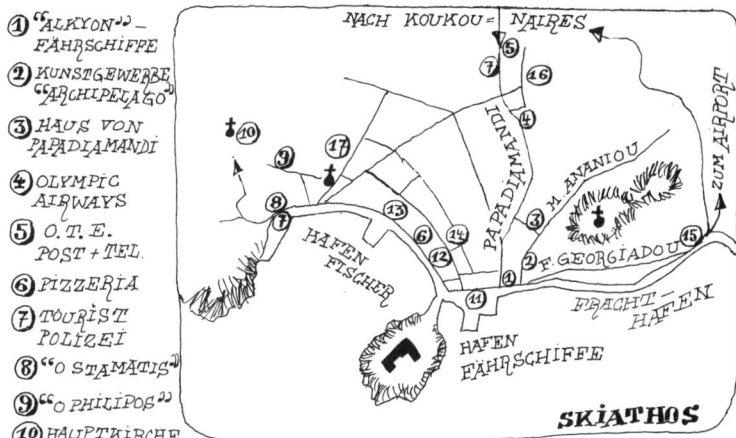

① "ALKYON" – FÄHRSCHIFFE
② KUNSTGEWERBE "ARCHIPELAGO"
③ HAUS VON PAPADIAMANDI
④ OLYMPIC AIRWAYS
⑤ O.T.E. POST + TEL.
⑥ PIZZERIA
⑦ TOURIST POLIZEI
⑧ "O STAMATIS"
⑨ "O PHILIPOS"
⑩ HAUPTKIRCHE
⑪ ABFAHRT DER BUSSE NACH KOUKOUNAIRES + TAXISTAND
⑫ SCHREIBWAREN VOGIATZIS
⑬ TAVERNEN + KAFENEIONS
⑭ FAHRAD-VERMIETUNG
⑮ HOTEL SAN REMO
⑯ TAVERNA "XANEMO"
⑰ TAVERNA "VRACHOS"

"O Philipos", ab Hafen rauf zur Kirche und ca. 2o m in Seitenstraße. Jeder kennt den Besitzer, daher nicht schwer zu finden. Essen nicht billig, aber gut. Im Sommer wird draußen gegessen: ein Miniplaza an Straßenkreuzung. Sehr gemütlich. Bouzuki vom Band : schön für laue griechische Nächte. Unterm Strich sind für zwei Per= sonen ca. 3o - 4o DM zu zahlen. Schattig, unter Bäumen und Weinranken.

Beste Taverne im Ort: "Vrachos" (oberhalb der Kirche bei der Post). Spezialitäten: gemischte Vorspeisen: Käsebällchen, Tarama (Fischcreme), Joghurtsauce mit gebak= kenem Zuccini und Auberginen, Auberginensalat (Patsche; sehr gut!), Soulvaki, Kalamaris, gebackene Kartoffeln, Krabben, Langusten, Auberginen mit Knoblauch= sauce. Checken: Besitzer soll gewechselt haben! Preise liegen für Kalamares bei ca. 6 - 7 DM, Langusten ca. 4o - 5o DM.

"Ilias", bei National Bank/Hauptstraße, links rein, ca. 2o - 3o m. Konkurrenz zu "O Stamatsis" am Hafen. Etwas billiger. Seiher ist O Stamatsis mit seinen Preisen heruntergegangen. Stamatsis verdient in Skiathos ein Arsch= geld! Bis zu 2oo Leute an den Tischen am Hafen während der Touristensaison!!

"Carnayo", von Eghialeas, einem sympatischen Griechen, der perfekt Englisch spricht (= mehrjähriger USA - Aufenthalt) und einen VW - Rolls Royce fährt. Die Kneipe liegt Richtung Airport Nähe "San Remo" - Hotel, schattig unter Bäumen am Meer. Gute Küche, mittlere Preisklasse. Mit Musik vom Tape, nur griechische.

"Alabama Pub" gegenüber Post Office. US- Normal- Popmusik. An Holzbalken Gläser, weiß-rotes Licht. Kann man auch in Deutschland haben. Maumau.

"Green Park": open air mit Musik. Griechische Küche, Mousaka etc. Gegenüber der Olympic Airways Office, Papadiamandi Street.

"Disco Bonaparte", direkt neben Olympic Office. Eine Disco mit open Air- Taverne davor, wo sich Disco-people ein Souflaki reinwerfen.

"Taverna Xanemo": Top- Taverne, innen sehr geütlich mit einem alten Kahn an der Decke festgenagelt und gutem Essen. Gebackene Äpfel probieren! Essen nicht gerade billig, — sowie kein Garten. Abseits der anderen Tavernen. Ab Post landeinwärts in Seitengasse. Ca. 1oo m. Durchfragen! —

"Happy Sailer": Pizza im ersten Stock bei Abfahrt der Fähre.

Cafes: ein ganzer Schwung unten am Fischerhafen und um's Eck: Anlegestelle Fähr= hafen. Hier beginnt der Tag (mit leckerem Kuchen und Loukoumatzes), hier endet der Tag mit einem Drink. Im Sommer so voll, daß die bis ans Hafenbecken reichenden Tische überquillen. Zeitung von Vogiatzis holen, in die Sonne blinzeln, Kontakte mit dem Nachbartisch und überlegen, was man am Tag macht. . .

Weitere Tavernen siehe "STRÄNDE"!

Gute Möglichkeiten in Diskotheken, da viele junge Leute nach Skiathos fahren. — Im "Bourtzi" auf der Pinien- bewaldeten Halbinsel zwischen den beiden Hafenbuchten. — Im "Scouna- Club" an der Straße zum Flughafen. — "Disco Bonaparte" im Zentrum des Ortes, Papadiamandi Street. — "Ta= verne Megali Ammos" im Sommer teils mit griechischer Volksmusik. — "Scorpio" in der Hauptstraße Papadiamandi. — "BBC" am neuen Yacht= hafen.

Reine BOUZUKI—MUSIK wohl vom Tape in diversen Tavernen, — life mit Tanzen und griech. Tellerwerfen jedoch nur noch selten, allenfalls in der Vorsaison, wenn die Einheimischen unter sich sind.

SKIATHOS ist eine der griechischen Inseln, die die 3 Touristenstadien bereits durchgemacht hat: 1. Stadium: kaum Touristen im Ort = jeder Tourist ist etwas Besonderes und wird als "weitgereister Fremder" be= sonders bewirtet und behandelt. — 2. Stadium: Haufen von Touristen = der Grieche riecht das Geld und setzt die Preise kräftig herauf, — 3. Stadium: alles hat sich eingependelt. Der erholungsbedürftige Tourist, zahlungskräftig, aber preisbewußt, und der Grieche, der weiß, daß in guter Zusammenarbeit für beide "etwas herausspringt".

KONTAKTE:
Viel los auf Skiathos! Erster Blickkontakt in den Tavernen und Cafes am Hafen. Die Insel ist bei den Griechen beliebt als Ferieninsel, sowie viele junge Engländer, — sehr feierfreudig! Habt ihr einen Kontakt und seid auf einem Fest eingeladen am Abend in eine der Villen, so werdet ihr von Fest zu Fest rumgereicht.

KONTAKTE ist das Plus der Insel; man sollte sich aber auch bewußt sein, daß Skiathos im Hochsommer (Juli, August) so rappelvoll ist, daß man kaum Platz in den Tavernen findet, in den Bussen nach Koukounaires

(Strand) nach Luft japst und sich durch die engen Gassen schiebt.

Noch eine Spezialität der Insel: die braungebrannten, schwarzhaarigen Insel - Burschen, die für weibliche Touristen einen Extra - Liebesdienst durchführen. Stehen zu Dutzenden am Hafen, wenn die Fähre anlegt und checken das "Material". Inzwischen hat sich die Sache intern schon soweit herumgesprochen, daß bereits komplette Pfadfinderinnen - Gruppen aus den USA angereist kommen! —

UNTERKUNFT/HOTELS:

Kann während der Haupt-Touristenmonate Juli/August schwierig werden. Im Ort selber gibts zur Zeit ca. 6 Hotels der Touristenklasse:

"SAN REMO" ab Schiffsanlegestelle ca. 1oo m rechts, direkt an der Bay. Zimmer mit Bad und kleinem Balkon. Zum Teil schöner Blick über die Bucht, zum Teil verbaut. Nicht wundern, wenn man vom Einkaufen kommt und das Zimmer ausgeräumt wurde und die Unterhosen, Röcke, Hosen etc. in der Eingangshalle lose verstreut rumliegen. Weniger empfehlenswert. Doppel ca. 5o DM.

"Xanemo", direkt daneben. Ebenfalls mit Balkonen, meist aber Blick wegen davorliegenden Häusern verbaut. Doppel ca. 45 DM.

"Vogiatzis" am Hafen im Schreibwarengeschäft fragen. Hat ein neues Hotel, schräg gegenüber von San Remo. Blick auf Olivengärten und Ostteil der Insel. Doppel ca. 4o DM. Ins Zentrum des Ortes ca. 5 Min. zu Fuß. O.K.

"Akti", 26, F. Georgiadou Street, Skiathos- Ort. Doppel ca. 4o DM. C- Klasse.

Weiterhin gibt es im Ort ca. 2.ooo - 2.5oo Privatzimmer. Preise für's Doppel um die 15 - 18 DM. Häufig sind die kleinen, weißen Häuser in den Gassen von unten bis oben mit Zimmern für Fremde eingerichtet. Was wir gesehen haben, war fast durchweg sauber und oft sehr geräumig.

Die Einheimischen kommen an den Hafen zur Fähre oder zur Ankunft des Olympic- Vogels zum Airport und bieten Zimmer an. Handeln möglich, sofern nicht in der Hochsaison. Man sollte aber die Zimmer vergleichen, denn einige haben miesen Hinterhofblick.

Bei Zimmerproblemen hilft die TOURIST POLICE, Papadiamandi Street, etwa Höhe Post/Telefon- Office.

ÜBERNACHTUNG IM ORT hat den Vorteil, daß man direkt beim "Geschehen" ist. Skiathos ist die einzigste Ortschaft der Insel. Hier spielt sich sämtliche Unterhaltung ab.

Die "TOP–HOTELS" und wesentlich schöneren Villen liegen aber alle außerhalb, — entlang der Südküste der Insel. Eine kleine Asphaltstraße verbindet mit dem Ort und hat halbstündige Busverbindung.

"Xenia" am Koukounaires Strand, links oberhalb auf Hügel. Von den meisten Zimmern sagenhafter Blick. Optimale Lage zum Koukounaires Strand, 5 Min. durch einen Pinienwald zum Krassa Beach, bzw. ca. 1o Min. zum Ag. Eleni Beach. Das Hotel hat nur 32 Zimmer, die zur Hochsaison meist ausgebucht sind. Doppel ca. 6o DM. Geöffnet vom April bis Oktober.

*bei ca. 60.000 Gästen pro Jahr!

"Hotel Skiathos Palace", auf Hügel oberhalb des Koukounaires, jedoch andere Buchtseite. Luxusklasse. Dementsprechend das Publikum. Großer Swimmingpool. Abends sagenhafte Sonnenuntergänge von der Hotelterrasse! Anzug, Schlips und Abendkleid sollten mit im Gepäck sein! Doppel ca. 7o DM. Geöffnet April bis Oktober.

"Esperides" an der Achladies Bucht mit feinsandigem Strand. Zum Ort ca. 3 km. Ein moderner Hotelkasten. Die Zimmer* mit Meeresblick auf die vorgelagerten Inselchen. Mit Bad, Klimaanlage, Telefon, eigenem Tennisplatz, kleinem, nierenförmigem Swimmingpool, der bei nahem Sandstrand etwas deplaziert wirkt und der Möglichkeit, Segel- oder Tretboote zu mieten. Wasserski. Doppel ca. 6o DM. *nicht alle!

"Nostos" auf der Halbinsel Kalamaki. Bungalows im Kykladenstil, den Hang raufgebaut. Rustikale Architektue, die Zimmer mit Tel., Bad und Dusche. Schöner Panoramablick vom Haupthaus. Meerwasser- Swimmingpool, Tennisplatz. Pinien. Mit der hoteleigenen Jacht Ausflugsfahrten zu den Badebuchten. Der Strand unterhalb des Nostos feinsandig. Wer ein Hotel auf Skiathos will: sehr zu empfehlen! Doppel ca. 6o DM.

✳ Villen auf Skiathos:

Skiathos, welches zunächst "Insider"- Tip der Engländer war, bevor es entdeckt wurde, ist bekannt für die hohe Anzahl an Villen entlang seiner Südküste, — insbesondere auf der KALAMAKI–HALBINSEL.

Viele dieser Villen können gemietet werden, — sicherlich keine schlechte Idee, wenn man in Gruppe oder Familie reist! Nicht zu teuer und sehr gemütlich, sowie individuell!

VILLEN:
Es gibt auf der Insel zur Zeit ca. 25o Ferienvillen zu vermieten, — meist in Pinien- und Olivenhainen versteckt. Teils an einsamen Badebuchten, fast immer aber mit weitem Blick übers Meer von der Terrasse!

Alle haben Wohnzimmer (manchmal mit Kaminfeuer!), diverse Schlafzimmer, sowie komplett eingerichtete Küche und Bad mit Dusche.
Stromanschluß für Kasettenrecorder, Radio und TV etc.: 22o Volt.

Einige der Häuser auf der Terrasse mit offenem Holzkohlengrill, — Entfernung von der Kalamaki- Halbinsel bis zum Ort: ca. 5 km. Andere Villen am Troulos Beach, am Ormos Platanias und am Megali Amos.

PREISE: während der Hochsaison (Juli + August) lange Vorausbuchung notwendig und teurer. Ca. 5oo - 6oo DM pro Woche für ein 4 - Personen Haus. Vorsaison ca. 4oo - 5oo DM. Es gibt Häuser für 2 - 9 Personen, am häufigsten sind aber Villen mit Schlafstellen für 2 - 4 und für 4 - 6 Personen.

Auf SKIATHOS–VILLEN–VERMITTLUNG haben sich hier in Deutschland folgende Fimrmen (Auswahl) spezialisiert:

LESSES REISEN:
Schützenstraße 8
8000 München 2
Tel.: (o89) — 59 2o2 8

TAMOP
Mainzer Landstraße 15
6000 Frankfurt/M.
Tel.: (o611) — 25o o15

TAKIS FERIENHÄUSER
Clemensstr. 17
8000 München 4o
Tel.: (o89) — 34 86 72

IN GRIECHENLAND:
ALEXANDER TRAVEL
Studiostr. 4
Athen
Tel.: (1) — 32 311 84

ALKYON TRAVEL
Akademia Str. 4
Athen
Tel.: (1) — 62 32 28

Transport. auf SKIATHOS:

| Nur ca. 15 km: Skiathos/Ort nach Koukounaires Strand. |

BUSSE: ①

Ab Hafen/Schiffsanlegestelle im Sommer alle ca. 3o Min. ein Bus rüber nach Koukounaires . Die Kiste braucht für die Strecke ca. 2o Min. und ist im Hochsommer so vollgequetscht, daß sie kaum noch die Berge raufkommt. (Wie Garry Grant im Film "Der unsichtbare Dritte"[*] als er sich im Schlafwagen versteckt und von seiner Freundin gefragt wird, wie's war, – antwortet: "wie in der Ölsardinendose. Nur das Öl fehlte!").

TAXIS warten am Hafen bei der Fähranlegestelle. Die grauen **TAXIS** ②
Kisten entwickeln erstaunlich hohe Geschwindigkeiten: Fenster runterkurbeln und festhalten! Für Rückfahrt vorher reservieren! Macht die Hotelrezeption.

AUTOVERMIETUNG: diverse Agenturen beim Fähranlegedock. (z. B." Budget "), sowie in den Nebengassen. Pro Tag muß man mit ca. 6o DM rechnen, ein stolzer Preis. Vermietet werden Mini- **car rent** ③
Mokes und Suzuki- Jeeps, letztere mit Allradantrieb. Sehr begehrt da es einige neue Pisten auf der Insel gibt, die sich besser mit hochliegenden Fahrzeugen befahren lassen, wenn auch nicht unbedingt notwenig. Wenn schon PKW: offen ist in jedem Fall schöner!

MOPED– UND GELÄNDEMASCHINEN: mehrere Rentals an der Hafenstraße, Frachthafen. Kosten pro Tag ca. 35 DM. Nur begrenztes Angebot. Ebenfalls sehr beliebt sind Mofas, für die es eine **Rent** ④
ganze Reihe Vermieter auf der Insel gibt. (Ca. 16 DM für ein einsitziges Mofa, bzw. ca. 23 DM für ein zweisitziges). Km- frei, Spirt geht extra. Ebenso Fahrräder, jedoch auf Skiathos wegen vielen Bergen etwas anstrengend. Die meisten Leute bevorzugen Mofa oder Motorrad- Geländemaschine.

| UMGEHUNGSSTRASSE um Skiathos Ort: ab Skiathos zunächst Richtung Airport, aber links halten, um den Ort herum durch Olivenhaine. Trifft später auf die Skiathos– Koukounaires Straße. Etwa hier einzigste TANKSTELLE der Insel: geöffnet tägl. mit langer Mittagssiesta und bereits ca. 8.oo Uhr wieder zu. |

UNSERE MEINUNG: Auto auf Skiathos, egal ob eigenes oder gemietetes ist unnötig! Erstens, da nur 15 km Straße, – zweitens, da alle 3o Min. Bus. Wer Lebensmittelnachschub für die gemietete Villa braucht, tut sich zu mehreren zusammen und mietet billiger ein Taxi für den Shopping- Trip!

SHOPPING:

Transport per Boot: siehe Strände!

Viele Supermärkte im Ort. Preise allerdings recht hoch für Konserven. Man bringt sich Plastik- Kanister mit und lässt sich lose einfüllen, – Landwein, Olivenöl (auf der Oliveninsel Skiathos übrigens außgezei= netes, unvermischtes Öl!) Tip: loser Cognak, loser Uzo, loser Retsina bei "Anis", in der ersten Parallelstraße ab Hafen. Der Besitzer, ein netter

[*] *von Alfred Hitchcode*

Grieche hat auch Lebensmittel. Oder man kauft bei "Janis", gerade gegenüber vom Olympic Büro, Papadiamandis Street.

Es gibt in dieser Hauptstraße, wie auch Seitengassen noch eine Reihe weiterer Lebensmittelgeschäfte, die sich "Supermarkt" nennen, aber die Größe eines kleineren Kolonialwarenshops haben. Einige bringen die Sachen, auch Bierkästen zur Villa gegen Aufpreis.

In der Papadiamantis Street auch ein Bäcker, ein Fleischer und ein Gemüsehändler.

Die Preise liegen (außer für Früchte) ähnlich denen deutscher Geschäfte,— teils sogar leicht darüber. Z.B. englische Nüsse in nicht allzu großer Frischhaltedose: 6 DM!!

FISCH ist gut erhältlich in den Zeiten April, Mai und ab September, — kann aber während der Hochsaison (auch in den TAVERNEN!) knapp bzw. teuer sein, da zu dieser Zeit die Skiathos- Fischer ihre Boote für den Transport von Touristen an Inselstrände umbauen: reicherer Fischfang. Die echten Fische müssen während dieser Zeit aus Israel, Zypern oder der Türkei teuer importiert werden.

Souvenirs/Kunstgewerbe:

Im Ort sind in den letzten 2 Jahren mehr als 1oo Boutiquen, Galerien und Souvenirshops wie Pilze nach warmem Landregen aus dem Boden geschossen.

αρχιπελαγος
σκιαθος
τηλ. 0424 - 42163

GRIECHISCHE
VOLKSKUNST

μαρκος μποτσαρης

Markos
Botsaris

SHOPS IN: ———→
ARCHIPELAGO

Fast alle haben ähnliche Sachen: luftige Kleider, Schmuck, Keramik und den Touristenkitsch aus der Fabrik in Athen. So z.B. die Weisheitseulen, oder Sokrates in Gips, Akropolis als Aschenbecher, Umhängetaschen in grellen Acrylfarben und anderes Unmögliche-Mögliche. Die Preise auf Skiathos vergleichbar denen im Touristennest Plaka/Athen.

Leute kaufen, — den Eindruck hat man oft, — aus Frust. Besitzer der diversen Shops: vorwiegend nicht- Skiathos- Bewohner.

Hier eine Auswahl, — auch dies muß man sagen: ausgesprochen geschmackvoller Shops, in denen rumzuschauen Freude macht! Für die Größe der Insel erstaunlich die Menge wirklich hochwertiger Kunstgewerbeshops!

WER ANSPRÜCHE STELLT, und guten Geschmack besitzt, sollte mal beim "ARCHIPELAGO" von Markos Botsaris vorbeischauen, der seinen Shop mit viel Liebe eingerichtet hat. Verkauft nur "echte" griechische Volkskunst aus allen Re= gionen des Landes, — teils alt, teils von modernen griechischen Künstlern. Handarbeit! Representiert das griechische Volk! Schöne Holzdrucke vom in Griechenland berühm= ten CONST. GHRAMMATOPOULOS, alte Trachten, Ölgemälde, Umhängebeutel, Silberringe, Ikonen von guten neueren Künstlern, Schnitzereinen und alte Volks= möbel. Allein wegen dem schönen Skiathos - Haus lohnt sich der Abstecher zu Marko. Spricht übrigens fließend Spanisch, Portugiesisch, Deutsch, Englisch, Franzö= sich und seine Muttersprache Griechisch! —

" Castello Gallery" schräg gegenüber der Olympic Airways Office in schönem, rustika- lem Haus, einer ehemaligen Ölmühle: Schmuck, Kleider etc.

"Morpho" in einem kleinen Haus am neuen Frachthafen.Sehr guter Geschmack aber nur begrenzte Auswahl.

"Nafsika" am alten Hafen, seitlich wo's die Treppen raufgeht. Kleinere Eck- Boutique mit Schmuck, Töpfen, Taschen etc. Wir haben hier sehr gute Silberarbeiten für Ohr- ringe erstanden. Bei den hier genannten Kunstgewerbegeschäften, die ihre Waren nicht von der Fabrik beziehen, sondern im Winter bei Reisen in Griechenland auf dem Land aufkaufen, ist natürlich immer die Frage, wie der "Fischfang" im letzten Winter ge- wesen war, — ebenso, wann man nach Skiathos kommt: in der Vorsaison beste Auswahl!

"Galerie Varsakis", oben beim Kirchplatz, nähe Stamatzis in schönem, alten Haus. Viele alte Kupfertöpfe im Keller, oben Teppiche. Allerdings: hier ist kunstgewerblich hoch- wertiges mit absolutem Kitsch vermischt und es bleibt abzuwarten, wie sich dieser Shop weiterentwickelt!

"Old Key", oberhalb von Marko Botsaris, dazwischen liegt eine Bumpsbar mit knall- hartem Rock: Kommerz zum Kotzen. Old Key ebenfalls in schönem alten Haus mit gutem Geschmack eingerichtet und präsentiert.

BADEN *auf* **SKIATHOS**

Ideale Voraussetzungen. Es gibt über 7o Strände, rund um die Insel ver= teilt, fast durchweg mit feinem Sand, teils Kiesel und Felsküste (= gute Tauch- und Schnorchelmöglichkeit). Viel Vegetation, — häufig von schattigen Pinien- oder Olivenhainen eingerahmt, sind auf Skiathos ide= ale Bademöglichkeiten gegeben. Allerdings sind nicht alle Strände ein= sam, da die Insel Jahr für Jahr von mehr Touristen aufgesucht wird.

Megali Ammos: der Stadtbadestrand von Skiathos/Ort. Ca. 1 km außerhalb des Ortes Richtung Koukounaires beginnend, ca. 600 m lang und im Schnitt 15 m breit. Grauer Sand, Kiesel, Steine, kaum Schatten: insgesamt wenig optimal.

Achladias: feinsandig, knapp 500 m lang, seitlich des Hotel Esperides kann man ans Meer. Strandtaverne, Vermietung von Segelbooten, Windsurf-Schule, Wasserski und Tretbootverleih vor dem Hotel Esperides. Im Hochsommer ist der Strand recht voll. Das Wasser sauber und sehr seicht rein.

Kanapitsa, 5 km vom Hauptort, klares Wasser, wird nach ca. 10 m tief. Hier liegt eine der besten Tavernen der Insel:

"TAVERNA KANAPITSA", heißer Tip: hier mal "Krabbencoctail" probieren, mit Paprika zubereitet. Weiterhin: Mousaka (Hackfleisch + Kartoffeln), gefüllte Tomaten, Blätterteig mit Käse überbacken ("Tiropita"), sehr gut und lecker zubereitete Fische, allerdings nicht gerade billig, Fischrogen ("Taramasalat"), Joghurt mit Knoblauch und Gurken ("Tsatziki"), dazu gebackene Zuchini und Auberginen. Tip Getränke: "Petraki", ein griechischer Kognac mit frischem Zitronensirup und Zitronenlimonade.

"Haken" dieser Taverne: neben den nicht gerade billigen Preisen ist sie in den Monaten Juli/August sehr voll und der Service geht "hopp - hopp". Besser nur in den Vor- und Nachmonaten besuchen! —

Hier am Kanapitsa - Beach treffen sich die Villen - "Besitzer". Zu erreichen ab Skiathos/Ort mit dem halbstündig verkehrenden Inselbus (ab Hafen!), oder im Sommer per Fischkutter (sehr häufig am Tag, ab Hafen, ca. 1,50 DM pro Richtung). Straße kürzt Kalamaki- Halbinsel über einen Hügelrücken ab (Supermarkt für Villen- "Besitzer")

Troulos Beach: Südküste, nach Halbinsel Kalamaik und vor Koukounaires. Sehr schöne Bucht, Sandstrand. Ein Feldweg führt die paar Meter von der Hauptstraße runter an den Bay. (Bus ab Skiathos/Ort). Gute Taverne am Beach! —

Koukounaires, 16 km ab Ort, selber Inselbus. Auch Trampen möglich, aber die Taxifahrer können seit letztem Jahr sehr sauer werden. Trotzdem zu empfehlen, da viele neue Kontakte! Koukounaires dürfte wohl einer der schönsten Strände der Insel sein, - zusammen mit dem "Lalaria - Beach" im Norden der Insel. Hat sehr feinsandigen 600 m Strand, umstanden von Pinien. Wasser: seicht, klar, gelegentlich Quallen. Im Sommer während der Hauptmonate sehr voll. Hinter dem Pinienwald, ca. 30 - 40 m landein eine Lagune mit Mücken. 2 Tavernen. Der Bus raus nach Koukounaires kostet ca. 1,20 DM.

Am Strand Segelboot, Tretboot- Vermietung, Wasserski. In den Sommer-Monaten bei Bedarf Kaiki rüber ans Festland, Pilion nach PLATANIA. (Busverbindung 3 mal tägl. nach Volos, Details siehe "Pilion"!).

Gleich nebenan ist der Strand von:

Ag. Elenis: asphaltierte, schmale Straße, Abzweigung etwa Mitte der Koukounaires- Bucht. Zu Fuß ab Bushaltestelle ca. 10 Min. Sandstrand mit flachen Sandhügeln, von Pinien umrahmte Bucht. Hier, wie auch am Koukounaires Strand: häufig und üblich: "oben- ohne", am Ag. Elenis teils auch FKK. Von den Griechen stillschweigend geduldet.

Wasserski- Station am nördlichen Ende der Bucht. Kleine Taverne.

Krassa Beach: Ab Bushaltestelle Koukounaires über Fußweg durch Pini= enwälder , Hotel Xenia links liegen lassen in Richtung Südwesten, ca. 15 Min. Einer der schönsten Strände der Insel!

NACKTBADEN ist wie überall in Griechenland nicht erlaubt, wird aber an einigen Stellen, siehe "Krassa"/Skiathos oder Mykonos durchgeführt. —

Mandraki Beach: an der Nordküste. . Bushaltestelle "Mandraki" raus, und 3o Min. Wanderung durch Pinienwälder quer über die Insel. Am Strand einmalige Dünenlandschaft. Bei Nordwind hohe Wellen (Klein-Sylt).

Megas Asejnos: Nordküste, über eine Schotter/Erdpiste ab Hauptstraße zu erreichen. Diese Piste, die vor ca. 2 Jahren von Catterpillars durch das Land gewühlt wurde , soll Anfang einer Erschließung der landschaftlich schönen Nordküste sein (Villen- Anbau? ?), zur Zeit am Meg. Asejnos (auch "Megalo Aselinos" geschrieben!) wird jedoch Gemüse angebaut.

Der Strand: ein Schotter- Huppel vor klarem Wasser. Hinter dem Huppel wird gerne nackt gebadet, man muß sein Handtuch aber permanent wei-terrücken, wenn man nachmittags zum Sonnen kommt, weil die ein= hm rahmenden Felsberge rechts und links der Bucht die Schatten wandern lassen. Unter Wasser: Gewächse und kleinere Fische. Zelten auch hier verboten, — siehe unsere Camping- Infos! Nachbarstrand ist der

Mikro Asejnos: eingerahmt von hohen Felsen. Schotter. Zu erreichen über die Schotterpiste am Kirchlein Panagia Kounistra vorbei und Pfad runter. Zur Zeit noch sehr schlechte Piste! —

Lalaria, ähnlich berühmt wie "Koukounaires", in allen Touristikprospek= ten in Fotos zu finden. Liegt an der Nord - Ostküste der Insel. Zu erreichen per Ausflugsboote ab Hafen. Im Sommer mehrere Boote ab morgens ca. 9 oder 1o Uhr, - eine Stunde Fahrzeit, ca. 6 DM retour. Ab Lalaria gehts retour im Boot am späten Nachmittag. Ausgezeichnete Tauch- und Schnorchelmöglichkeiten. Unterwasserfischen. Um die Bucht Felsenlandschaft mit Wassertoren. Der Strand: teils Sand, teils Kies. — Nebenan die "Blaue-"und die "Dunkle Grotte"! —

Die KANAPITSA — TAVERNE veranstaltet im Sommer für Villen-Mieter eine Boots - Direktverbindung nach Lalaria. Kostet pro Person retour ca. 1o DM, Ver= pflegung eingeschlossen. —

Halbinsel Burzi: direkt am Ort Skiathos, — der Vollständigkeit halber noch erwähnt. Felsen, die teils zubetoniert wurden. Etwa 5o m von den Hafentavernen des Ortes entfernt und daher recht beliebt, bei der Som=

merhitze zwischen dem Tavernen- und Cafe-Rumhängen mal schnell ein erfrischendes Bad zu nehmen. Nachdem im Hafen von Skiathos sel= ten größere Frachter ankern, ist das Wasser relativ sauber. —

Ay. Flores auf der Nachbarinsel Tsougrias im Süden von Skiathos. Schöner Sandstrand mit seltenen Muscheln. Wegen der guten Bademög= lichkeiten fährt im Sommer jeden Morgen ein Fischkutter mit Touristen rüber. Drüben Bootvermietung, Drinks, Windsurfen etc. Bootstrip kostet retour ca. 6 DM. Im Inselinneren Ziegen und schöne Pfade.

Bootstrip rund um die Insel:
Ab 9 Uhr morgens im Hafen Skiathos. Kostet ca. 15 DM pro Person. Reine Fahrzeit 3 Std, aber es wird bei den verschiedenen Stränden an= gelegt zum Baden, bzw. Essen. Retour Skiathos gegen 4 Uhr.

IM SOMMER fahren ab Fischerhafen/Skiathos- Ort jeden Morgen Boote zu den wichtigsten Stränden, so * Koukounaries, — * Lalaria, — * Ag. Flores, — * Kanapitsa. Festpreise. Für Spezialtrips Nick Vogiatzis im Schreibwarengeschäft kontaktieren. Vermittelt Boote zu abseits gelegenen Stränden und Inseln.

Ein anderer schöner Ausflug führt rüber zur Nachbarinsel SKOPELOS. Per Fähre der "Alkyon"- Leute dauert das 2 Std., tägl. Pro Richtung ca. 7 DM. Eventuell Übernachtung in Scopelos/Ort nötig, was zur Hochsaison schwie- rig sein kann, in Vor- oder Nachsaison jedoch ohne Probleme! Ab Skope- los/Ort nimmt man den Inlandsbus nach GLOSSA/Skopelos, wo man den Dampfer zurück nach Skiathos erwischt. Details siehe unser Skopelos- Text. — Ausflug auch per Reisebüro/Skiathos möglich, dann aber erheb- lich teurer!

SPORT auf SKIATHOS:

WASSERSKI: vor Hotel Esperides, — am Troulos Beach, — am Koukou- naries und am Ag. Elenis und am Kanapitsa- Beach. Kostet um die 15 DM für das 1o Min. - Vergnügen. Auch Unterricht.

WINDSURFEN: Am Kanapitsa, am Strand des Esperides, am Koukounaries und am Troulos Beach.

TENNIS: Esperides (mit Flutlicht), Nostos- Hotel, Skiathos Palace.
1Std. ca. 12DM

SEGELN: Bootsvermieter am Koukounaries und am Achladias Beach. Meist kleinere Boote bis zu 8 qm- Segelfläche in Fiberglasbauweise, Typ "Sunfish" u.ä. Achtung: nicht zu weit rausfahren. Draußen zum Teil er- hebliche Strömungen, wenn Wind aufkommt! Dies gilt auch für:

TRETBOOTE: werden am Koukounaries, am Tzareria und am Achladias- Beach, sowie am Strand der Insel Tsougria (nur Hochsaison) vermietet. Schöne Möglichkeit, in viel Relaxing sich auf den Wellen schaukeln zu lassen und braun zu werden!

GOLF: beim Koukounaries wurde ein kleineres Feld planiert. Kein inter- nationaler Standart, so doch "Fun"! *b.w. ⇒*

Wanderungen:

*Wer gern wandert: gute Möglichkeiten auf Eselspfaden quer über die
Insel! Landschaftlich sehr reizvoll, — zumeist durch Pinienwälder;
viele Quellen! Wegen der Sommerhitze in den Monaten Juli, August
und dem im Wald fehlenden kühlenden Wind die größeren Trips besser
in Vor- oder Nachsaison.*

Ⓐ Kurztrip rüber zum Kirchlein <u>AG. GEORGIOS</u> auf der anderen Sei=
te der Hafenbucht. Dauert 45 Min. pro Richtung und am besten am
frühem Morgen wegen Licht! — Straße zum Flughafen, aber rechts am
Wasser entlang. Links liegt der kleine Limni - See, hinter dem die Lande=
piste beginnt, rechts das Meer. Ab Ag. Georgios schöner Blick auf den
Ort Skiathos! —

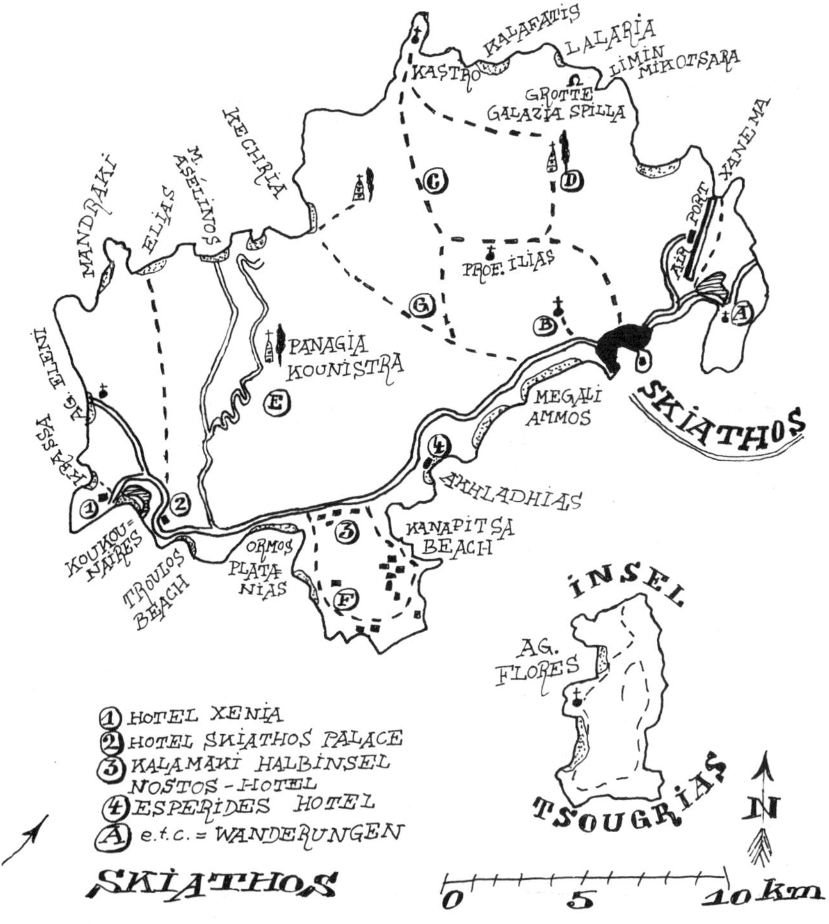

Ⓐ HOTEL XENIA
Ⓑ HOTEL SKIATHOS PALACE
Ⓒ KALAMAKI HALBINSEL
   NOSTOS - HOTEL
Ⓓ ESPERIDES HOTEL
Ⓐ e.t.c. = WANDERUNGEN

SKIATHOS

0   5   10 km

Eine Erdstraße ist fertig ab Ag. Georgis rüber zur Bucht von Limni
Krateritsas an der Ostküste; — ein Eselspfad führt am Flugfeld entlang
zur Bucht von Xanema mit grauem Sandstrand.

(B) Kurztrip rauf zum Kirchlein AG. FANOURIOS, 25 Min.   Am besten
zu Sonnenuntergang rauflaufen: Straße ab Ort Richtung Koukounaires
Beach . Kurz nach Ortsausgang auf der Höhe eines Hügels macht die
Kouk.-Straße eine scharfe Linksbiegung. Ihr geht aber zwischen Häusern
rechts über einem Pfad weiter auf den Haupthügel rauf, —siehe unsere
Karte! Oben bei der Kirche ein großartiger Panorama - Blick!

(C) 3 Stunden - Trip (pro Richtung!) rüber zur nicht mehr bewohnten
Stadt KASTRO an der Nordküste von Skiathos. Man sollte sich dazu die
detaillierte "Skiathos- Tourist Map" (1 : 25.ooo) bei Nick Vogiatzis
besorgen. Vom Ort Skiathos gehts über die Evangelistrias Street raus
zick-zack auf Eselspfad den Berg rauf Richtung Kirche von Profitis
Ilias. (Leute fragen; geht am einfachsten!). Nach ca. 1 - 1 1/2 Std. Wan=
dern kommt eine Weggabelung: rechts zum Kloster M. Evangelista,
links zur Kirche Prof. Ilias. An dieser Weggabelung steht eine Mini-
Kirche. — Weiter an Ilias vorbei ca. 1 1/2 Std. ab Gabelung bis KASTRO.
Es geht zuerst auf den Bergrücken rauf, - dichter hoher Pinienwald,
Bäche, einige Quellen. Dann ins Tal runter und rüber (weitgehend immer
Ri. Norden halten) über gut sichtbaren Eselspfad nach Kastro.

KASTRO war von ca. 13oo bis 183o bewohnt. Wilde Felsszenerie, eine Halbinsel
mit rundum steil ins Meer abfallenden Felsen zur Festung ausgebaut: Festungsmauer
und Holzbrücke rüber zum Land. Hauptstadt der Insel bis 183o, und während der
griechischen Freiheitskämpfe gegen die Türken 1821 verbarikadierte man sich in die=
ser Festung. Damals gabs hier rund 3o Kirchen und ca. 3oo Häuser. Heute nicht mehr
viel zu sehen, Steinhaufen , Mauerreste, sowie einige Kirchen. Festungsmauern, Quellen
und in der Hauptkirche Ikonenmalereien aus dem 17 Jhd. — Hafen der griech. Heroen
gegen die Türken war in dieser Zeit übrigens der Bay von Limin Mikotsara, rechts
neben dem Lalaria - Badestrand. — Das heutige Skiathos wurde 1829 gegründet. —
Schöner Überblick vom äußersten "Kap"-Punkt der Halbinsel; lohnt sich, raufzukra =
xeln!! — Wer sportlich ist, schlägt sich rüber zum Laria Beach, um dort das Nachmit=
tagsboot zurück nach Skiathos zu erwischen. —

(D) EVANGELISTA KLOSTER: eine 1 1/2 Std. - Wanderung. Selber An=
fang wie die Wanderung nach Kastro, aber bei der obenbeschriebenen Weg=
gabelung rechts Richtung Nord. Schöne Lage des Klosters. Ab Weggabelung
dauert der Trip 1 1/2 Std., ab Skiathos/Ort ca. 3 Std. pro Richtung. Oben
beim Kloster gibts Quellen; schöner Picknick-Platz! — *am 15. August hier*
großes Fest! —

(E) Das Kloster KOUNISTRA im Inselinneren kann heute bereits per Erd=
piste ab Troulos Beach per PKW erreicht werden. Trotzdem aber eine
schöne Wanderung ab Hauptstraße (Busstop) ca. 1 Std. . Beim Kloster
schöner Inselrundblick; selbiges liegt malerisch unter Maulbeerbäumen.
Nach alter Überlieferung wurde das Kloster im 17. Jhd. vom Mönch
Symeon gebaut, nachdem er eine Ikone der heiligen Maria in einem Baum
fand.

Diese Piste wird zur Zeit an die Nordküste ausgedehnt, die bereits in Serpentinen und Kurven erreicht ist. Schöne Ausblicke auf tiefliegende Buchten, bisher jedoch in der Gegend Kechira Beach zu Ende.

(F) Rund um die KALAMAKI - HALBINSEL: dauert ca. 1 Std., ohne Schwierigkeit zu finden. Viele schöne Meeresausblicke und besonders bei Mondschein wegen Romantik zu empfehlen!! —

(G) KECHRIA BEACH: ein rund 2 Std. - Trip. An der Nordwestküste der Insel. Per Bus bis zum Stop "Megali Ammos". Zu Fuß rauf in die Hügel, — vorbei an der Kapelle Ag. Andonios und weiter in selber prinzipieller Richtung; nach Überschreiten des Hügelkammes runter ins Tal. Nicht zu schwierig zu finden.

Im Bay gute Schwimm-Möglichkeiten, sowie Tauchen. Ein etwas anstren= gender Pfad führt rauf in die Berge zum nahen Kirchlein Kekhira, in welchem ihr gut erhaltene Fresken sehen könnt. Retour über den Kastro - Pfad nach Skiathos. —

Das Kloster von KEKHRIA ist das älteste der Insel, gebaut im 15 Jhd., sowie 1738 von einem Mönch restauriert. Die besterhaltenen Fresken stammen aus dem Jahre 1745, die Architektur scheint von Athos beeinflusst. — Heute lebt hier in den Mönchszellen niemand mehr; in der Nähe eine Quelle. —

"THE GREAT SKIATHOS ROCK WALK"

INSEL—SPORT von Skiathos. Beginnt am Nordende des AG. ELENI - Beaches an der felsigen Westküste der Insel. Den Inselbus am Skiathos/ Hafen rausnehmen zum Koukounaires - Strand und zu Fuß rüber.

HIER die Spielregeln: der "Skiathos- Rock- Walker" hat sich immer so nah als irgend möglich am Wasser zu halten, wobei er von Stein zu Stein springt. Die Route: rauf zur Felsenspitze, die dann den Blick auf den Mandraki - Beach freigibt. Jedes Abgleiten ins Meer ist einem Minuspunkt gleichzusetzen, ebenso die Wahl der leichteren Strecke über die näher am Land gelegenen Steine.

PRÄSIDENT der "SKIATHOS—GREAT—ROCK—WALKER—SOCIETY" ist Mr. Richard Buchanan Dunlop, der, soweit wir informiert sind Certifikate folgender Klassen verleiht:

CERTIFICAT	CLASS	A: Route durchs Meer ohne nasse Füße.
CERTIFICAT	CLASS	B: nasse Füße oder landnähere Route.
CERTIFICAT	CLASS	C: wenn beides gleichzeitig eintritt.
CERTIFICAT	CLASS	Z: sozusagen bei Versagen oder nicht-Beendi= gung der Wettbewerbstrecke.

Die Steine: glitschig, rauh. Festhalten!!(Handschuhe!). Fördert die Kondition, — auch für Bergsteiger! Unnötig zu erwähnen, daß die Anwendung von Steigeisen oder Eisenkrampen an den Schuhen nicht zulässig ist. — Der Sondervermerk "PURPLE HEART" wird verliehen, wenn beim vergeblichen Halten an Felsen Blut auftritt. Selbstverständ= lich ist MR. Richard Buchanan Dunlop Besitzer des Certificates A mit diversen "Purple Heart" - Vermerken.

Für HUNDE gelten spezielle Regeln, die beim Präsidenten zu erfragen sind, da — verständlicher Weise für die verschiedenen Rassen (Schäfer= hund, bzw. Pinscher) aus Fairheitsgründen unterschiedliche Regeln anzu= wenden sind! —

Jeder hüpft seinen "Rock- Walk" auf eigene Verantwortung. —

CAMPING

WILD—ZELTEN auf Skiathos strengstens verboten!! Wer erwischt wird, kommt ins Gefängnis, — ebenso wer beim Feuermachen beobachtet wird! Eine ver= nünftige, wie auch sinnvolle Regelung, denn ein Wald- brand hätte für die Insel verherende Folgen.

Um Wildzelten einzuschränken, hat man an Platanios- Beach einen Cam- ping Platz eingerichtet, über den die Bewohner von Skiathos aber über= haupt nicht glücklich sind, da man Rucksacktouristen auf der Insel nicht mag. Und die Camper den Zeltplatz auch nicht, da er kaum Schatten hat und sehr öd wirkt! —

Yachting: Die Insel SKIATHOS ist sehr beliebt bei griechischen und ausländischen Yachten wegen ihrer geschützten und schönen Lage, sodaß man im Sommer (Juli/August) kaum noch Platz im Hafen (Fischerhafen) fand. Das Be- und Entladen der Frachtschiffe wurde daher in den östlichen Teil (neben Schiffsanlegestelle) verlegt. Beliebter Anker- platz für Yachten auch Koukounaries und Tsougria.

Esel- mieten:

ist so eine Sache . . . Leute, die lange auf Skiathos leben, betonen, daß viele Touristen schon schöne Stunden auf dem Rücken von Maultieren gehabt haben, — auf dem Weg nach KASTRO, der alten Inselfestung. Wobei die Hänge nach Sal= bei duften und die Ausblicke auf das Meer "unvergeßlich" seien. Nunja, das mag schon sein, wenn die Tiere laufen. Der Esel nimmt das Leben genauso locker, wie der Grieche selber: er läuft, wenn er mag, wobei die Betonung auf er liegt. Und wenn schon per Esel nach Kastro, so bitte wie der Priester vorne auf dem Innencover unseres Buches auf dem Mo= ped sitzt! Im Damensitz! Diverse Eselvermittler im Ort Skiathos. Die Tourist- Police vermittelt!

Moped mieten schon besser auf dem "Rücken" einer heißen Geländemaschine!

Alle Details siehe unser Kapitel "Inseltransport/Skiathos"!

Höhlen auf Skiathos

Nichts überwältigendes im Sinne von der Höhle "Dirou" auf der Peloponnes etc., — so doch interessant, wenn man gerade auf der Insel ist:

"Die Blaue Grotte" (Galicia Spilia). Liegt neben dem Lalaria- Strand. Schönes Er= lebnis, besonders, wenn man drin schwimmt!

"Die Dunkle Grotte": (Skotini Spilia). Beste Tageszeit zum Besuch ist der frühe Morgen. Bleibt erst 15 - 2o Min. drin, damit sich eure Augen ge= wöhnen. —

"Kupfer Grotte": Ähnlich, wie die Blaue Grotte. Man kann mit Booten hineinfahren.

BOOTSTRIPS zu diesen Grotten mit den Fischern am Hafen in Skia= thos ausmachen! Oder über Nick Vogiatzis vermitteln lassen! —

Post

ist während der Touristensaison Juni/Juli und August offen zwischen 7.3o und 13.00 Uhr, sowie von 16.oo und 21.oo Uhr. Außerhalb der Saison zwischen 8.oo und 12.oo, sowie 15.oo und 18.oo Uhr.

PAPADIAMANDIS-STREET. Nach Olympic Airways, noch ein Stück Ort- auswärts. Öffnungszeiten sollen sich in letzter Zeit öfters geän= dert haben!

TELEFONIEREN nach Deutschland, Schweiz, Österreich: ebenfalls ab selber Office. Es gibt hinten an der Längswand mehrere Telefonkabinen, in denen man fast verschwitzt, oder aber wegen schlechter Verbindung und offener Tür fast das ganze Postamt mit den eigenen "News" ver= sorgt. Der Man hinter dem Schalter rechnet nach Zähluhr ab.

POSTLAGERND: hier abholen. Pass mitbringen!

Geld:

Mehrere Banken am Hafen, sowie der ersten Parallelstraße, wie auch Papadiamandis. DM in Drachmen ohne Probleme, ebenso Euroschecks eintauschen.

Essen: Neben den TAVERNEN—TIPS (siehe vorhergehender Text!) : Griechen= land, das sowieso berühmt ist für seine Süßigkeiten, — hat auch auf Skiathos einiges zu bieten: "SKIATHOS SWEETS": extrem süß, aber sehr lecker! Mal in den Kafeneions am Hafen probieren! — "SESAM": Körner in Fett mit Honig. Sehr süß, warm essen! — "LOUKOUMATSES": Kringel aus Teig wie Berliner, — sowie viele weitere Kuchen und Gebäck- Leckereien in den diversen Kafeneions. Wird nach Kg. - Preisen verkauft und lohnt sich, mal durchzupro= bieren!!! —

Papadiamanti,
berühmter Inselsohn und einer der bedeutensten Schriftsteller Griechen=
lands. 1851 auf Skiathos geboren. Seine Novellen haben eine reiche
Sprache und vermitteln viel von der Mentalität der Sporaden.
Ich mag Papadiamanti sehr gern und kann nur empfehlen, sich eine
Übersetzung zu besorgen. Allerdings gibt's die zumeist nur in Englisch.

Das HAUS Papadiamantis kann besichtigt werden. Liegt sehr malerisch im Gassen=
gewirr an kleinem Plaza nähe des Hafens. Im Sommer offen von 8 - 12 und von
16 - 2o Uhr. —

INSEL SKOPELOS

CHURCH OF EVANGELISMOS

*Früher Piratenstützpunkt der nördlichen Ägäis — dicht mit hohen
Pinien bewaldet, bergiger als das nahe Skiathos. Steilküste mit 4 sehr
schönen Bade - Bays, — insgesammt aber wesentlich weniger Strände
als Skiathos, aber auch weniger in der Hauptsaison überlaufen.
Ausnahme bildet hier das sehr lohnende malerische Gassenlabyrinth
der Inselhauptstadt Skopelos mit über 2oo Kirchlein in typischer
weißer Kykladenarchitektur.*

*Ideale Insel zum Wandern, Schnorcheln und Tauchen. Wildzelten er=
laubt. Wer hier längeren Urlaub verbringt, sollte eigenen PKW dabei=
haben, um leichter die weit außerhalb des Hauptortes gelegenen Bays
zu erreichen.*

*Glossa an der Nordwestküste mit großartigem Ägäis-Panoramablick von
den Kafeneions!! Busverbindung mehrmals täglich mit dem Inselhaupt=
ort! —*

VERBINDUNGEN:

"ALKYON": Autofähren im Sommer täglich mit Skiathos, ebenso
das Boot von Papadimos (M/S Sporades). Außerhalb der Saison
annähernd täglich. —
Die Verbindung mit dem Festland läuft über Volos. Siehe Infos am
Anfang dieses "Sporaden"- Textes ! — Alternative über die Insel
Euböa, sofern ihr ab Athen nach Skopelos wollt. Per Auto oder Bus
über Chalkis nach Kymi, und von hier mit der Fähre rüber nach
der Insel Alonissos, die tägliche Verbindung (Sommermonate!) mit
der Insel Skopelos hat. —

Die meisten Fähren ab Skiathos legen zunächst im Hafen <u>LOUTRAKI</u>
unterhalb Glossas an. Ein Minihafen mit ca. 3o Häusern, kleiner
Hafenmole; oben am Hang sichtbar die Häuser von Glossa. Die Straße
schlängelt sich in Serpentinen den Hang rauf. Meistens wartet unten
an der Mole der Inselbus, der in ca. 1 Std. über die Küstenasphalt=
straße rüber in den Hauptort Skopelos fährt (= selbe Zeit, die der
Dampfer rund um die Insel bis Skopelos braucht). —
Loutraki hat ein Hotel, das recht angenehme "Avra"✷, ein kleiner,
moderner, 4-stöckiger Bau direkt am Meer. Links davon die Taverne
"Flisos". Außer schönem Blick auf Skiathos nicht viel los in Loutra=
ki. — Dann wirft der Dampfer die Leinen vom Hafenkai wieder los,
und es geht dicht an der felsigen Nordküste der Insel entlang Rich=
tung SKOPELOS/ORT. In den Frühjahresmonaten eine stürmige Über=
fahrt! —   ✷ 1oo m weiter: Privatzimmer, billiger! Oder: ca. 4o m
              nach Avra Treppchen hoch zu kleinem Hotel (ca. 5
Skopelos/Ort: Zimmer), herrlich weiter Blick, Taverne mit großer Terrasse
einer der "Top - Inselhäfen" der Ägäis! Hunderte von weißen Giebel=
dach - Häusern am Hang wie eine Zirkusarena raufgebaut. Gemütlicher
Hafen!!
<u>HOTELS:</u> mehrere am Hafen. Das <u>"AMERIKIS"</u> mit dem schönsten Blick,
kostet ca. 16 - 24 DM für's Doppel, das manchmal kein eigenes Bad hat. —
<u>WEITERE:</u> direkt neben der "Alkyon" - Office, selber Preis, soeben neu ge=
pinselt, meist mit Bad, — Im rechten Teil des Hafens, hinter der rechten
Häuserecke versteckt ein modernes Hotel, das keinen Namen trägt und ca.
15 - 2o DM für's Doppel kostet, je nach Saison, das Bad als vollausgekacheltem
kleinen Raum, in den man sich irgendwo unter die Wasseröffnung stellt, — alle
Zi. mit Meeresblick, aber nicht Hafenblick. . . —

<u>Der Großteil der Bewohner von Skopelos/Ort vermietet privat</u>, und wenn das
Schiff ankommt, werdet ihr angesprochen. Unter Umständen kann gerade
dieses Privatzimmer wesentlich schöner sein, als ein Hotel direkt am Wasser,
denn die Häuser liegen irgendwo oben in den "höheren Rängen" des Ortes!
Ihr müsst mit Preisen von 15 - 2o DM für's Doppel rechnen. Fast durchweg
Gemeinschaftsbad. —

Im HAFEN die farbigen, breitbauchigen Segelfrachtboote, typisch für die nördliche Ägeis. – Sehr schöner Plaza am Hafen mit Bäumen und vielen Kafeneions. Im Ortsin= neren: Gassenlabyrinth den Hang rauf mit vielen Treppchen, Torbögen, versteckten kleinen Shops und unzählige Kirchen. Die Stadt wimmelt von hübschen Kirchlein. Weit über 1oo ! Die meisten im Kreuzstil gebaut, leuchtend weiß angestrichen, andere byzantinisch. – Unmengen von schwarzen Katzen, die bei Regen an den Hauswänden entlangstreichen.

SKOPELOS, Sonntag - Morgen: um die Ecke kommt ein Grie= che, in schwarzem Anzug sauber herausgeputzt, während die Kirchenglocken läuten. Das Taschentuch schaut heraus. Bekreuzigt sich, während er seinen Esel aus dem Garten herausholt, um zur Morgen= messe zu reiten.

Geht auf Entdeckungen! Am besten früh am Morgen aus dem Bett raus; dann ist das Licht am schönsten! Rechts am Hafen entlang um den Häuservorsprung rum, und schon steht auf einem Schiefer-Felsen das erste leuchtend weiße Kirchlein. Etwa 3o m über dem Hafen , – mit schwarzen Schiefer- Stücken gedeckt, weiße, grobe Mauer dazwi= schen. Durch die nicht vorfabrizierten Dachziegel erhalten die Kirchen= dächer der Insel eine ungeheure Lebendigkeit. Innen: schöne Ikonen. Die Kirche liegt direkt an einem steil ins offene Meer abfallenden Felsrand, an dem entlang sich die Stadt in die Höhe zieht.

Kristallklares Wasser, tiefblau bis grün. So klar, daß man selbst bei Wasserkräuselung oder - Dünung jedes Detail im Grund sieht. Direkt beim Kirchlein, sowie am Hang: viel Müll ins Meer gekippt. Plastiktüten, Blechdosen, Kartons, verrostete Spraydosen etc. Sowie ein Bettgestell hing im Fels. Sauerei!!

Gewirr von verschachtelten Hausdächern. Viele noch mit Schiefer abgedeckt, einige in rotem Ziegel. Wenn man am Hang direkt entlang noch weiter aufsteigt, kommen in 2o m Abstand noch weitere 4 oder 5 kleine Kapellen, immer im Kreuzbau mit kleinem weißen Kreuz drauf, – überall aus den Hausdächern spitzen weitere Kreuze raus; viele der Häuser mit Balkons; fast jeder hat aus irgendeinem seiner Fenster einen sagenhaften Panorama - Blick. –

Viele der Häuser von Skopelos wurden bei einem Erdbeben zerstört und sind modern wieder aufgebaut. Teils versuchte man, den alten Stil zu kopieren, teils mißglückte das aber gewaltig in Form häßlicher Alufenster oder pompöser Marmor-Wandverkleidungen. Trotzdem noch viel Leben und Atmosphäre in der Stadt. –

BADEN in Ortsnähe möglich, aber nicht sehr attraktiv. Der eine auf der flach ausfallenden linken Seite der Hafenbucht. Das Wasser

hier zwar nicht direkt dreckig, aber auch nicht zum "Bade" einla=
dend. – Der andere "Ag. Konstantinos" ca. 3 km außerhalb in
nördlicher Richtung, – vorbei an den schon besagten stinkenden
Müllkippen am Hang.

<u>WEGBESCHREIBUNG:</u> ab Hafen rauflaufen entlang der Steilküste, rechte Seite
des Ortes. Vorbei an den weißen Kirchen. Von der obersten Höhe ist der Bay

bereits zu sehen, und man kann sich überlegen, ob man noch rüberläuft.
Eine aus Ortsmitte heraufführende Straße endet kurz nach Skopelos/Ortsaus=
gang als mehr oder weniger mieser Erdweg und verwandelt sich hinter einer
Bergnase als Eselspfad. Hunde warten schon kläffend, kneifen den Schwanz aber
schnell ein, wenn man keine Angst zeigt. Nun geht es durch Hütten hindurch
langsam in die Tiefe. Trotz der vereinzelten Müllkippen ist das Wasser tiefgrün.
Der Strand: ca. 2o m, strahlend weiß, – einige Häuser stehen dran. –

Die besseren INSELSTRÄNDE liegen alle weit außerhalb. Zu erreichen
mit dem Inselbus rauf nach Glossa/Loutraki, aber wer hier länger
Ferien macht, kommt besser mit eigenem Auto, um unabhängiger
zu sein.

Ⓐ AGNONTAS BAY: eine umfangreiche Bucht mit schön klarem
Wasser zum Baden, einer Taverne am Strand und einer weniger schö=
nen riesigen Betonmole an dem rechten Buchtende (=Ersatz bzw.
Nothafen der Insel). Nahebei eine kleinere Meereshöhle, die "Tripiti
Grotte". Am Agnontas Bay ein kleineres Hotel der Mittelklasse.

Mit dem Boot oder zu Fuß rüber zum ebenfalls lohnenden
LIMNANERI BAY. Sandstrand.

(B) STAFYLOS BAY: sehr hübsch; eine Schotterstraße führt ab
Hauptstraße runter an den Bay. Glasklares Wasser. Ideal zum Schwim=
men und Tauchen. Zimmer-Mieten hier ebenfalls möglich. — *im Sommer etwas überlaufen!*

(C) PANORMOS BAY: halbrund geschlossener 3oo m Bay, rundum
viele Pinien. Gut für Schwimmen und Tauchen. In Sichtweite noch
2 oder 3 weitere kleinere Strände an der Nordseite der Bucht. Die
Skopelos — Glossa - Straße führt um die Bucht rum. *(Privatzimmer!)*

(D) zwischen PANORMOS und LOUTRAKI eine ganze Reihe wei=
tere Strände. Viel Pinienwald; die Straße führt jedoch meist recht
weit oberhalb des Hanges von den Stränden entfernt und man muß
sich durchs Gebüsch durchschlagen. Griechen von Glossa, Loutraki
und von Klima vermieten Häuser am Strand.

Die NORDKÜSTE von Skopelos fällt zumeist steil und felsig direkt
ins Meer und hat sogut wie keine Strände aufzuweisen. —

Ein TRAUMBAY an der Nordküste, den man vom Schiff aus sehen kann, wenn
man rüber zur Nachbarinsel Alonissos fährt: liegt ganz kurz vor dem letzten Fels=
kap, bevor das Schiff ins offene Meer rausfährt.
Ein kreisrunder Bay mit tiefgrünem Wasser, rundum von ca. 15 m hohen Felsen
eingeschlossen wie Privatswimming Pool. Öffnung zum Meer nur ca. 2 - 3 m
groß, — innen ca. 3o m Durchmesser.
Dieser Naturpool ist weder zu Fuß über Land (außer extremer Kraxelei) noch
durch Bootsverbindung zu erreichen. Also nur was für Leute, die eigenes Schlauch=
boot mit Außenborder dabeihaben. Bei durchschnittlichem Motor in ca. 15 - 2o
Min. ab Skopelos/Ort.

Die KÜSTEN VON SKOPELOS sind voll von Leckerbissen dieser Art. Ebenso,
vielleicht fast noch vermehrt auf der Nachbarinsel Alonissos, dem Paradies für
Taucher. Und das Wasser um Skopelos und Alonissos ist extrem klar!
Seid vorsichtig. An der Nordküste bei plötzlich auftretendem schlechten Wetter
hoher Wellengang und kräftige Brandung!! —

Landesinnere von Skopelos:

Neben dichten Pinien=
wäldern: Olivenanbau,
Mandel- und Zwetsch=
genbäume. Die Bewoh=
ner von Skopelos sind
vorwiegend Fischer,
Seefahrer und Bauern.
Höchste. Berge von
Skopelos: 662 m im
Ormos Delphi in der
Inselmitte und 566 m
an der Ostspitze der
Insel (Palouki). —

Es lassen sich schöne Wanderungen machen: viele Eselspfade quer über die Insel! Viele kleine Kapellen und Klöster, — man sagt, auf der gesamten Insel rund 360 ! —

WANDERUNGEN:

Schöne Vormittagswanderung rauf zum Kloster EVANGELISMOS. Hier leben heute 10 Nonnen,sowie ein Priester. Die Nonnen machen schöne Handwebarbeiten; vom Kloster großartiger Blick auf das Amphietheater Scopelos zu euren Füßen! Lasst euch im Kloster die Fresken und Holzschnitzereinen zeigen! —
Zu erreichen über Erdstraße ab Skopelos/Ort: zu Fuß ca. 30 Min.
Ab Kloster ein Eselspfad um den Palouki rum, — rüber zum Kloster Moni TAXIARKHI an der Ostküste der Insel, etwa 1 1/2 Std. ab Evangelismos. Das Kloster, manchmal auch "Taxiarches the Vatos" geschrieben ist heute nicht mehr bewohnt; viele Quellen in der Um= gebung. — Zurück entweder über selben Pfad, oder aber südlich um den Palouki rum zurück auf die Hauptstraße nach Skopelos. —

Ab Skopelos/Ort Richtung West in ca. 2 Std.: Kloster von ST. GE= ORGE und ST' EUSTATHIUS, schöne Wanderung an den Rand des bergigen Ormos Delphi. Wer "stramm" durchwandert, schafft ab Skopelos/Ort den Eselstreiber - Weg quer durchs Inselinnere bis zum nördlich gelegenen GLOSSA in einem Tag. Der Pfad läuft über obiges "St. Georges - Kloster" und ist landschaftlich sehr reizvoll!

KARTENMATERIAL: in den Souvenirshops bzw. Schreibwarengeschäften von Skopelos/Ort gibt's die 1 : 36.000 - Übersichtskarte "SKOPELOS", die aber leider einige Ungenauigkeiten aufweist. Kostet ca. 3 DM und hat als Anhang einen kleinen Touristen-Führer in Englisch. — Ergänzend: "Scopelos/Glossa" von Diamanti Sampson in der Herausgabe von "Edition of the Newspaper Northern Sporades", ebenfalls in Schreibwaren und Souvenirshops erhältlich. Knappe geschichtliche Zusammenfassung, sowie Infos über Skopelos-Klöster.—

"KALYVIA": fast jede reiche Familie von Skopelos/Ort besitzt auf dem Land ein eigenes Haus im Oliven- oder Zwetschgenhain. Typischer Baustil wie auf der Nebenseite abgebildet! In Architek= tur ähnlich der Häuser im Pilon - Gebiet auf dem Festland. Die schönsten "Kalyvia" - Häuser stehen in KALOGEROS.

Insel—Rundtrip im Inselbus:

Mehrmals täglich ab Skopelos/Hafen fährt eine klapprige Mercedes— Kiste auf der Serpentinen- Küstenstraße rüber zum nördlich gelegenen GLOSSA.

Wer von Skiathos kommt für Skopelos- Ausflug, der kann Schiff mit Bus kombinieren: Skiathos — Skopelos im Dampfer. Sich die Stadt an= sehen und übernachten. Früh am nächsten Morgen mit Bus rüber nach Glossa (Blick! Grandios!!) und runterlaufen nach Loutraki, dem Hafen. Von hier retour mit dem Dampfer. = schöner Inselüberblick! —

Skopelos/Ort — Glossa/Lautraki dauert im Bus (35 km) runde 60 Min.

Ab Skopelos unbedingt links sitzen wegen Blick! Sichert euch recht=
zeitig einen Platz. *Ca. 3.00 DM pro Richtung. —*

Sehr schöne Strecke entlang der Küste. Viele tiefblaue Bays, Felsen,
Pinien. Viel Vegetation, —dazwischen Felder, Olivenhaine, Ziegen.
Die Buchten: optimal zum Schnorcheln und Tauchen, doch mit diesem
Bus etwas umständlich zu erreichen. Kaum Dörfer.
Die Straße ist durchgehend bis Loutraki geteert. Sehr, sehr viele Kurven.
Wer in eigenem Auto fährt: Vorsicht, und vor jeder Kurve hupen, da
wenig Verkehr, und diese PKW.s/LKW's mit hohem Tempo durch die
Kurven rauschen! —

TIP: schon in Glossa aus dem Bus raus! Gleich bei der ersten Kurve
nach Ortseingang = Busstop. Hier gibt's eine Taverne, die zu einer der
schönsten der Ägeis zu zählen ist: überwältigend schöner Blick aus dem
Fenster über die Ägeis, Skiathos und die Nachbarinseln. Wie ein Adler=
nest; sehr freundliche Besitzerin mit einem Blick um viele Ecken. . .
Auf selber Höhe rüberlaufen in den Ort GLOSSA. Ca. 3 Min. ins
Zentrum.   Hinter dem Bergkamm besserer Blick; die Leute freundlich,
aber reserviert. Es gibt eine Taverne, keine Hotels, aber eventuell
Privatquartier. (Sonst unten im "Avra" schlafen, Loutraki. Aber nur
im Sommer offen.) —
Der Bus fährt die Serpentinen zwischen den Oliven- und Apfelbäumen
noch runter bis an den Hafen, wo auf die Ankunft des Fährdampfers
von/nach Skiathos gewartet wird. Verlasst euch bitte darauf nicht, da
sich das oft ändert. Diesen Rundtrip in jedem Fall ab Skopelos Rich=
tung Glossa im Bus, weil man zuvor bei den "Alkyon"-Leuten im
Hafen von Skopelos die Abfahrt des Bootes ab Loutraki nach Skiathos
abchecken kann und weiß, ob die Busverbindung das Boot auch er=
reicht. —

Zwischen GLOSSA und LOUTRAKI: relativ viele Autos= Trampen,—
oder zu Fuß ca. 3o Min.
LOUTRAKI hat außer der Hafentaverne "Flisos" nicht viel Abwechs=
lung zu bieten. —

ALLGEMEINE   TIPS/SKOPELOS:

Saison: Ist zwar nicht so überlaufen, wie das benachbarte SKIATHOS; trotzdem
kommen aber per Ausflugsboot während der Hauptsaison Juli/August extrem
viele Leute in den Hauptort Skopelos rüber; daher besser zu meiden. —
Klimatisch angenehm ist die Insel von Mai bis Ende September.

Tourist–Agenturen: 'SKOPELOS — TOURS' am Hafen Nähe der Fähranlege=
stelle. Machen Exkursionen zu Badebays mit kleineren Fischkuttern, — rüber zum
STENI   VALA - BAY/Insel Alonissos. Nach SAINT JOHN CASTRI. Weitere
Trips lassen sich hier organisieren, aber vielfach fährt man billiger, wenn man
sich die Gruppe selber zusammenorganisiert und direkt mit den Fischern im Hafen
abspricht.

Tourist — Polizei: am Hafen. Hilft bei Zimmerengpässen, sowie bei der Ver=
mittlung von Privatquartieren im Inselinneren. —

Markos Botsan's/"Archipelago" hat jetzt auch auf Skopelos einen Shop:
Holzschnitte + Schäferkunst. Geschmackvoll, aber nicht gerade billig. —

İNSEL ALÓNISSOS

+verlassene Inseln im Norden

*Viel, viel griechische Natur. Schafhirten im bergigen Inselinneren, —
optimale Tauch- und Bademöglichkeiten an der Küste: das Wasser
gehört zu dem klarsten und fischreichsten der Ägäis!*

*ABENTEUERTRIPS in kleinen Fischkuttern zu außen gelegenen,
unbewohnten Inseln mit der Höhle, wo zur Zeit der griechischen
Sage der einäugige Riese POLYPHEM hauste und den Seefahrer
Odysseus gefangen hielt und zu einer Unterwasserstadt vor der Insel
PSATHOURA im äußersten Norden der Inselgruppe.*

*Touristisch ist die Insel ALONISSOS noch nicht sehr erschlossen.
Besiedelt ist praktisch nur das Gebiet um den Inselhafen PATIRI.
Die Schönheit von Alonissos hat sich inzwischen rumgesprochen,
und so sammeln sich in den Haupt- Sommermonaten hier im Hafen
ein ganz schöner Haufen Touristen. Und zum Baden, — sofern man
nicht in der steinigen Hafenbay will, muß man pro Tag mindestens
3 - 4 DM Transportkosten für den Fischer zahlen (retour), der einen
raus zu den Stränden fährt. Über den Daumen gezählt, gibts rund
15 Top - Strände rund um die Insel.*

*Wegen großartiger Natur und guten Bademöglichkeiten: eine sehr
lohnende Insel! —*

VERBINDUNGEN:

① Kleinere Autofährschiffe von "ALKYON" von Volos über Skiathos
und Skopelos nach ALONISSOS. Im Sommer täglich, sonst fast täg=
lich. Preise, sowie Fahrzeiten siehe Einleitungskapitel des Sporaden-
Textes.
Das Fischerboot " ΦPOYΛA 505" des Fischers Agalo fährt im Sommer
mehrmals die Woche rüber nach Skopelos und kommt am selben Tag
wieder retour. Kostet retour etwa das selbe wie die "Alkyon"-Fähre.

② Mit Autofähren der "Alkyon" im Sommer mehrmals die Woche eine
Verbindung von Kymi/Insel Euböa nach Alonissos, sowie von Alonis=
sos rüber zur Nachbarinsel SKYROS.

③ Prinzipiell ließe sich für den, der Ferien auf Alonissos machen will,
eine Rundtour legen, — beispielsweise Anreise über das landschaft=
lich schöne Euböa und per Schiff rüber nach Alonissos. Retour über
die Inseln Skopelos, Skiathos nach Volos/Festland mit Zwischenstops.
Erfragt dazu zur zeitlichen Vorplanung die neusten Schiffspläne bei
Alkyon, Athen, Akademias Street 98. (Ändern sich laufend!).
Zu prüfen wäre auch, ob bei Mitnahme eines eigenen Autos der Trip
mit Stops teurer wird.

Nachdem die Schiffspläne in der Office von ALKYON im Hafen
von Patiri/Insel Alonissos meist in griechisch ausgedruckt sind: hier
die "Übersetzung":

ΚΥΜΗΝ........ KYMI/Euböa   ΣΚΥΡΟΝ.. SKYROS
ΣΚΟΠΕΛΟΝ.... SKOPELOS   ΣΚΙΑΘΝ... SKIATHOS
ΓΛΩΣΣΑΝ.... GLOSSA/Skopelos   ΒΟΛΟΝ... VOLOS

PATIRI:
Inselhafen von Alonissos. Das fälschlicherweise in vielen Griechen=
landkarten als Inselhafen im Norden verzeichnete "Alonissos" existiert
nicht und hat auch nie existiert für Fährschiffe. —

PATIRI, von Stadtkulisse bei weitem nicht so malerisch, wie die
Zirkusarena Skopelos, aber trotzdem recht nett in kleinem, rundem
Felsbay gelegen. Wesentlich kleiner: vielleicht 4o Häuser am Hafen,—
tiefgrünes Wasser im Hafenbecken, dürfte eines der klarsten Hafen=
wasser von ganz Griechenland sein! Auf den Felsen: Pinien, links
das Hotel Galaxy verschachtelt den Berg raufgebaut, rechts unter
Pinien 3 Hotels mit Balkons.

Die weißen Häuser am Hafen mit Kafeneions, Tavernen und dem
Schiffsbüro von Alkyon. —

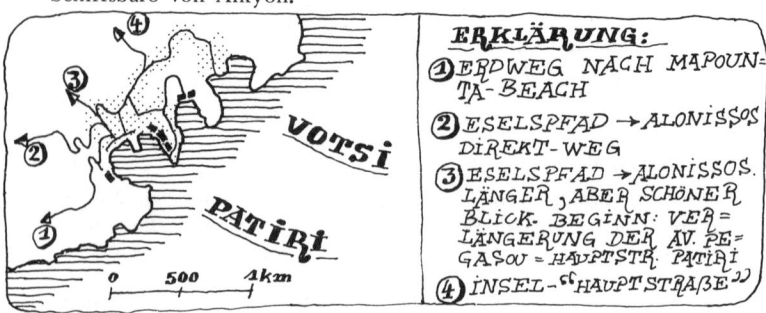

KARTE VON PATIRI/ VOTSI, Insel Alonissos. — PUNKTE sind bebaute
Flächen, LINIEN sind die wichtigsten Straßen im Ort. — Schwarzer Punkt
links vom Bay von Patiri: Hotel Galaxy, — 3 Punkte rechts: Hotels.

Das Ortsinnere von Patiri nicht sonderlich schön. Seit 2 - 3 Jahren
reger Zuzug vom Inselinneren an die Küste, und beide Orte, Patiri
und Votsi sind bereits zusammengewachsen mit mehr oder weniger
häßlichen Neubauten. Immer noch rege Bautätigkeit.

Schöne Hafenfront in Patiri. Beste Taverne angeblich die "ΤΟ ΑΚΡΟΤΙΑΛΙ"
gut besonders für Meeresfrüchte und relativ billig. Aber mit dem Wirt
die Preise aushandeln, denn ersetzt sie gern für Touristen etwas in die
Höhe. Man kann schön draußen sitzen unter Bäumen mit Blick auf
die Hafenbucht. — Etwa 4 weitere Tavernen am Hafen.
2 Tavernen in der Mittelbucht, sowie 3-4 in Votsi. —

MARKOS BOTSARIS hat einen kleinen Touristenshop im Ort, wo es griechi=
sche Pullover, Kleider und Schmuck zu kaufen gibt. Recht geschmackvoll, aber
mehr auf Touristen eingerichtet. Vom kunstgewerblichen Standpunkt aus ist sein
bester Shop der von Skopelos/Ort. —

Hotels:

"HOTEL GALAXY" im Fels oberhalb des Hafens. Ca. 2 Min. ab Hafen zu Fuß.
Es gibt aber auch einen Schotterweg von hinten an das Hotel (Straße wie nach Ma=
pounta Hotel, aber kurz hinter Ort Abzweigung zum Galaxy).—
Schöne Architektur.   "ΕΝΟΙΚΙΑΖΟΝΤΑΙ ΔΑΜΑΤΙΑ"
Auf der anderen Seite 3 Häuser am Hang oberhalb des Hafens rechts. Schön in
Pinienwäldchen gelegen, nach vorn raus schöner Hafenblick (aber achten, daß das
Fenster nicht von Bäumen verdeckt ist!), hinten raus Müll und Baustellen. Weniger
erfreulich!

FAST JEDES HAUS in Patiri hat 2 oder 3 Privatzimmer. Kostet ca. 2o DM
für's Doppel. Leute sprechen euch im Hafen an oder bei Häusern einfach fragen!

"HOTEL ALONISSOS" an der Hauptstraße (=Av. Pelasgou) vom Hafen weg ca.
6o m. Unten irgendwas wie Drogerie, soweit ich mich erinnere, oben hat der
Besitzer ca. 5 Doppelzimmer. Was ich noch nie gesehen habe: eigenen Toilett=
raum, und jedes Zimmer hat Schlüssel für eigene Scheiß- Dusch- Kabine.
Relativ sauber. — ca. 2o DM fürs Doppel.

Großer Geheimtip ist aber das "MAPOUNTA HOTEL" in einem Kiefernwald am
Meer, ca. 5 km südlich ab Patiri. Gehe darauf noch extra ein. — ca. 3o DM

Alonissos hat sogar einen Nachtklub/Diskothek, die "On the Rocks"-
Bar auf halber Strecke zum Mapounta - Hotel. Besitzer: ein Holländer.
Ansonsten wenig "Unterhaltung" bzw. Nachtleben auf Alonissos.

LEUTE VON ALONISSOS: zumeist sehr freundlich und hilfsbereit.
Wie wir jetzt im April da waren, malte jeder sein Haus frisch an und
richtete die Möbel her, um recht schön zu sein für die kommende
Saison.

Transport:

Patiri und Votsi sind durch eine breite Betonstraße miteinander ver=
bunden. Zu Fuß sind das ca. 3o Min. . Oder Trampen, aber so gut
wie kein Verkehr. Kaum Autos auf der Insel, da es an wichtigen
Siedlungen praktisch nur Patiri und Votsi gibt, die nahe genug zu=
sammen liegen.
Ebenfalls gibts momentan keine BUSSE. Einmal weil zu teuer in An=
schaffung, zum anderen, weil kein Bedarf vorhanden ist. Ebenso
keine TAXIS.

Zwischen Patiri und Votsi kann man nicht direkt am Strand entlang=
laufen, außer man kraxelt über Zäune.

3 kleinere BAYS: Bay von Patiri ⎫ Wenn das Schiff reinfährt:
                  Bay Rsoum   ⎬ schön nebeneinander zu
                  Bay von Votsi ⎭ sehen!

Letzterer nicht besonders, mittlerer: ca. 1oo m breit, grobe Kiesel,
2 Tavernen. Am schönsten ist der Bay von Patiri mit den Hafenta=
vernen. —

STRASSEN FERTIG :
Bis auf die Verbindung Patiri — Votsi: nur Erdstraßen mit Schlag=
löchern. —

ALONISSOS ——→ GERAKA im Norden der Insel.
PATIRI ——→ ALONISSOS/Ort
PATIRI ——→ ORMOS TSOUKALIA, Westküste
PATIRI ——→ VOTSI

*Trotz Existenz dieser Verbindungen so gut wie kein PKW - Verkehr.
Man reitet nach wie vor auf dem Esel. Die "Trans—Island—Road"
von Alonissos nach Geraka geht landschaftlich sehr schön durch Kork=
eichen und Pinienwäldern, vorbei an Schaf-Weiden etc.. Sie berührt
aber nicht die Inselstrände. — EIGENES AUTO MITNEHMEN
ist daher eine Kostenfrage. Zum Baden nicht nötig. —*

BADEN:

*TOP- STRÄNDE, teils Sand, teils aber auch mit feinem bis grobem
Kiesel. Und viele Felsen. Das Wasser ist sehr klar, optimale Tauch=
möglichkeiten. Viele sehr malerische Badebuchten. Besser als das
Auto: ein größeres Schlauchboot mit starkem Außenborder.*

WER in Patiri wohnt hat als Strand in der Nähe praktisch nur die
Hafenbucht:
Das Wasser hier ist völlig klar und sauber. Wegen der Wirtschaftsstruktur der
Insel (Bewohner vorwiegend Fischer und Schäfer) ankert hier so gut wie nie
ein größerer Cargo - Dampfer. Außerdem ist der Ort zu klein, daß durch Ab=
wässer eine stärkere Verschmutzung eintreten könnte.
Allerdings: grober Kieselstrand! —

Im Sommer, wenn genügend Touristen in Patiri sind, gibts eine
Fischerbootverbindung zu den außerhalb liegenden Badesträndern.
Davon hat die Insel übergenügend.

Khrisi Milia
einer der schönsten Inselstrände. Per Boot 2o Min. (pro Richtung). Retour ca.
3 DM pro Person, wenn genügend Leute versammelt sind. Ins Boot passen meist
4 - 6 Leute. "Khrisi Milia" heißt "goldener Apfel". Sandstrand. Keine Siedlung
rundum, nur per Boot zu erreichen.

Ormos Peristeri:
auf der Nachbarinsel PERISTERA, direkt gegenüber des Hafens Patiri. Im Boot
ca. 1 Std. Überfahrt, 4 DM retour pro Person, wenn das Boot voll wird.
Top - Strand, einer der besten von Alonissos und den Nachbarinseln! Ganz in
der Nähe ist ein Minifischerdorf " Mnimata", ca. 1 km ab Strand. Keine Unter
kunftsmöglichkeit, außer ein Fischer lässt einen privat in seiner Hütte schlafen.

Steni Vala:
Insel Alonissos, Südostküste, per Boot ca. 5o Min pro Richtung. Kostet pro Per=
son retour 4 DM, wenn das Boot voll wird. Übernachtungsmöglichkeit bisher
bei N. Theodorou, bei K. Mavirki oder bei D. Mavirki möglich gewesen.
Kieselstrand, schöne Lage, Vorteil: recht einsam, außer es kommt am Tag ein
Schwung Touristen im Fischerboot an. —

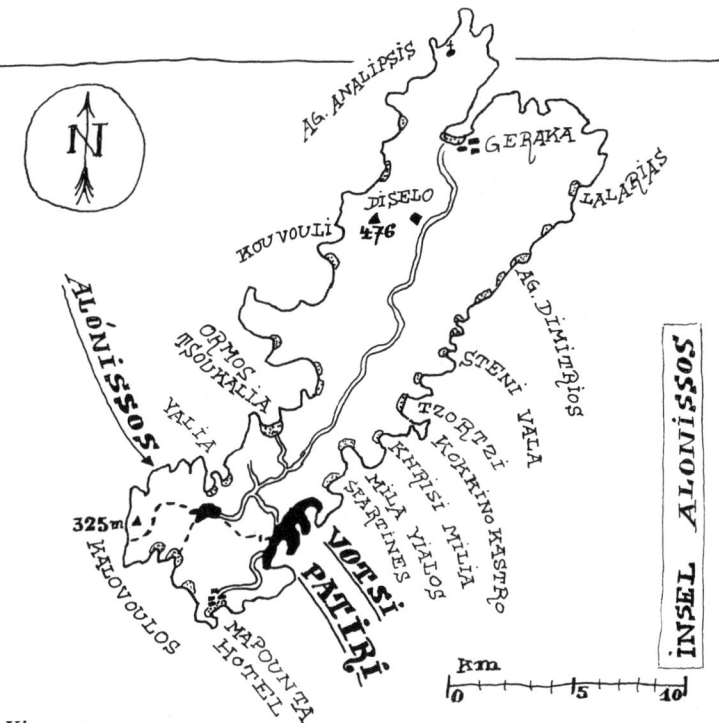

Kinocastro:

In Alonissos - Karten auch "Kokkinocastro" geschrieben (=das rote Schloß),
Kiesel, recht schön. Per Boot 2o Min. pro Richtung.
Hier gibts Mauerreste einer Festung aus dem 5. Jhd. zu sehen. Ein Teil der da=
maligen Stadt ist ins Meer abgesunken und bei ruhiger Wasseroberfläche kann
man Mauerstücke und Reste von Vasen sehen. Ist aber kein Vergleich mit dem,
was unter Wasser vor der Insel Psathoura zu sehen ist! –

Weitere rund 3o einsame Strände, – einsam, da der Rest der Insel
so gut wie unbewohnt ist bis auf ein paar Fischer und Schafszüchter.
Die meisten Strände liegen an der Südostküste. Der Norden der Insel
fällt steil ins Meer und die Küste ist rauh.

Tip meines griechischen Freundes von Alonnisos "ORMOS TSOU=
KALIA" - Strand, einer der wenigen Nordstrände, – seiner Ansicht
nach der beste der Insel: viel Sand. Zu erreichen per Erd/Staubstraße
ab Patiri. Rauf den Bergkamm wie nach Alonnisos/Ort, aber rechts ab=
zweigen. Nur möglich, wenn man einen eigenen Wagen dabeihat, oder
bei Freunden mitfährt.

FRAU MARGARETE AMMAN schrieb uns hierzu: "3/4 der Fischer sind jetzt
am Hafen "organisiert", sogar mit Verkaufstisch, – ziemlich feste Preise, 4 - 5 feste
Ziele. Andere Fischer für weitere Buchten sehr wählerisch. Von 8 akzeptierte keiner
"Tsoukalia", da es zu weit um die Insel ist, um noch andere Fahrten machen zu
können. Zu Fuß o.K. – Unbedingt Sonnenschirm oder 2 Stecken und grosses Hand=
tuch mitnehmen, da die Sonne den ganzen Tag hinbrennt. Weder Baum, noch Strauch
schatten. "

Preise für den Transport im Fischkutter zum Strand:
Muß man mit den Fischern am Hafen selber aushandeln. Was ich an=
gegeben habe, sind die Durchschnittspreise. Gilt für einen Tag, d.h.
der Fischer fährt einen morgens raus, fährt retour nach Patiri und
holt einen am späten Nachmittag wieder ab. Ist natürlich ein gewisses
Risiko, da weit und breit keine Siedlung, meist auch keine Quelle in
der Nähe . Die Sache klappte aber bisher immer, weil die Fischer,
die an den Touristen-Transporten recht gut verdienen, sich das Ge=
schäft nicht durch ein schlechtes Image verderben lassen wollen.

Im Geschäft sind: Nicolas Theodorou (Νικ. Γ. Θεοδώρου)
Apostolos D. Athanasiou (Απόστολος Δ. Αθανασίου)
beide mit kleineren Booten, die nur die Strände von Alonissos, sowie
der nahen Nachbarinseln anlaufen können. In ihre Boote passen 4 - 6
Personen, — sowie der sehr freundliche:

Agalo (Αγαλο)
mit einem relativ großem Boot, der "ΦΡΟΥΛΑ" , die bis rauf nach
Psathoura (Unterwasserstadt) auslaufen kann. Für Trips zu den Nach=
barinseln übers offene Meer ist die "Phroula" in jedem Fall sicherer,
als die kleinen Boote der Fischer, auch wenn diese sich euch anbieten.
Außerdem scheint mir Agalo billiger zu sein, als die anderen. In je=
dem Fall kann er aber mehr Leute mitnehmen, und dadurch wird der
Trip auf langen Strecken wesentlich billiger.

Es sind noch weitere Fischer im Geschäft. Ihr findet sie am Hafen.
Patiri ist klein, und jeder kennt Agalo, bzw. weiß, wer sonst gerade
"frei" ist. Die Überfahrtspreise hängen von eurem Verhandlungsge=
schick ab und von der Notwendigkeit des Fischers, sich Geld zu ver=
dienen. Große Nachfrage = großer Preis, — aber auch viele Leute pro
Boot = Preis teilt sich auf.

Andere Touristen für den Badetrip finden sich während der Haupt=
monate Juli, August relativ leicht, weil es nur 4 Tavernen gibt, man
schnell Bekanntschaften schließt und sich laufend wiedertrifft.

Außerhalb der Saison, bzw. wenn sich nicht genügend Leute für einen
Trip finden, nehmen die Fischer einen Pauschalpreis, der für's Boot
gilt, — egal wieviel mitfahren, — und der meist gepfeffert ist.
Zum Ag. Dimitrios Beach sind z.B. ca. 5o DM pro Tag üblich für's
Boot retour. Nach Kokkinokastro: 16 DM, was auch deftig ist!

Darin liegt der große Haken an Badeferien auf Alonissos! Man sollte
also, — entgegen der sonstigen Griechenland-Empfehlung: gerade in
der Touristenhochsaison kommen und muß hoffen, daß sich dann
auch genügend Leute für den Badetrip finden.
Abgesehen davon sollte man von Haus aus für Badeferien auf Alonnisos
ca. 5o DM zusätzlich für die täglichen Bootstrips einschieben. Wer spar=
sam reisen muß (oder möchte), — und gerne badet, fährt besser gleich
auf eine andere Insel.

Länger als 3 Tage in Patiri rumzuhängen kann ich wirklich niemandem
empfehlen, — außer ihr habt dort griechische Freunde. —

Ausnahme für Badeferien auf Alonissos ist das

Mapounta - Beach - Hotel,

eines der schönsten "Ferien - Hotels" von Griechenland, weil es ei=
gentlich so alles bietet, was man sich vom "Griechenland - Relaxen"
erwartet:

ABSEITS vom Ort gelegen (ca. 5 km) sehr schön in Kiefernwäldchen direkt an
der Küste an einem kleinen Felskap. Zwei Badebuchten: die eine rundum von
Fels umstanden, ein abgeschlossener Bay mit feinem Kiesel, — die andere Bucht
etwa 1oo m entfernt mit "Sand- Eingang" ca. 2o m, das Wasser sehr klar,

OPTIMALE BADE- UND TAUCHMÖGLICHKEITEN! Das Hotel ist sehr rusti=
kal gestaltet und gemütlich. Haupthaus mit schönem Blick über's Meer, offenem
Kamin und geräumiger Bar, — die Hotelzimmer in kleinen Kykladenstil - Bunga=
lows zwischen den Kiefern. — Viele SPORTMÖGLICHKEITEN: Tennis, Tisch=
tennis, Segeln, Wasserski, Tretboot-Fahren etc. — Dazu die schöne Natur von
Alonissos (Wanderungen, sowie Ausflüge zu den Nachbarinseln). Etwa 1o Min.
zu Fuß vom Hotel die "On the Rocks" - DISKOTHEK: Kontakte.

Ich habe das Hotel bisher leider nicht während der Hauptsaison erlebt, kann
also nichts über "Service" und "Leute" sagen. So wie es aber aussieht, kommen
viele junge Leute. — Vom Hotel 3 mal täglich Busverbindung in den Ort (1 DM)
Bez. Sportmöglichkeiten nicht zu teuer, Segelboot(klein) z.B. pro Std. runde
4 DM, Tennis gratis, aber 1 Std. Limit pro Tag.

Das Hotel wurde, soweit ich informiert bin mit "C"-Klasse eingestuft, was mich
etwas erstaunt hat. O.K., hat keine Marmor- Lobby, keine Lifte und ähnliche Scherze,
die man aber für Relax- Urlaub nicht unbedingt braucht. Und als C- Klasse - Hotel hal=
ten sich die Zimmerpreise auch in Grenzen, sofern ihr ohne Halbpension, also nur Zim=
mer buchen könnt: Doppel ca. 24 DM. Mit Halb- Pension dagegen 4o - 5o DM.

in der Hauptsaison Verm. nur mit!

Wanderungen auf Alonissos:

Ideale Insel, da viel Vegetation und noch relativ unerschlossen!

1. Zur ehemaligen Inselhauptstadt ALONISSOS.

Ein Halbtagestrip. Es gibt jetzt eine Erd- Straße rauf, die man aber
besser vergisst, da die beiden raufführenden Eselspfade kürzer und
schöner zum Wandern sind.
Hinwärts: am besten über die Hauptstraße von Patiri (Av. Pelasgou)
Richtung Inselinneres geradeaus durch. Nach ca. 3oo m hört die
Straße als Beton-Konstruktion vor einem Hügel auf und man nimmt
den Eselspfad rechter Hand im Zickzack den Hügel rauf. Immer
selbe Richtung im Prinzip beibehalten, bis man auf die Erdstraße
triff, die man links entlang wandert. Schöner Blick auf die Meeres=
buchten der Nordostküste! Unter euch die Mini-Felsbucht von
"Yialia" (feiner Kiselstrand, keine Bäume, ideal zum Schnorcheln,
sowie die ca. 5o m um's Kap Schwimmen zur Nachbarbay "Vrissitos")
Das Felsrundbecken dieser beiden Bays so klar wie ein Aquarium!
Der ORT ALONISSOS erscheint hinter einer Bergkuppe wie ein
Adlernest auf einem 25o m hohen Hügel über der Ägeis. Bei klarem
Wetter Rundblick bis rüber zur Mönchsrepublik Athos, zum Pilon-

3 neue Tavernen + 1 "Supermarkt", Hoppla!

Gebirge bei Volos, nach Skopelos und im Süden: die Insel Euböa
und Skyros.

Die ehemalige "Hauptstadt" hat wirklich eine fantastische Lage, —
wirkt aber im Inneren ziemlich trist durch die verlassenen Häuser
und Erdbebenrisse. Scherben liegen auf dem Boden, Treppen hängen
in der Luft und halboffene Türen wackeln im Wind. Nach dem
deftigen Erdbeben im Jahre 1965 leben hier oben nur noch 3 - 4
griechische Familien, — der Rest ist runter nach Patiri gezogen.
Die Stadt mit der byzantinischen Festung muß bei Vollmond eine
großartige Szenerie abgeben. Viele der Häuser wurden an deutsche
und englische Familien verkauft.

AUF SELBER HÖHE wie der Ort geht ein Eselspfad rüber zum
Kalovoulos (325 m) an der Südostspitze der Insel. Vorbei an einem
Minifriedhof, unheimlich schön gelegen, weiße Gräber, mit Blumen
behangen unter ausladenden Kieferästen mit weitem Blick über die
Ägeis. —
Vom KALOVOULOS hat man einen sagenhaften Blick rüber nach
Skopelos. Der Trip zu Fuß dauert retour ca. 1 Std.. Am Friedhof
sieht man bereits schon den Eselspfad sich links am Hang entlang=
ziehen durch kniehohes Makkia-Gestrüpp. Immer auf selber Höhe wie
der Friedhof bleiben oder höher. Niemals den abzweigenden Ziegen=
trampelpfaden nach unten Richtung Bucht folgen.
Nach ca. 3oo - 4oo m seht ihr vor euch einen Olivenhain (deutlich
sichtbar, da einzigster!), hier den Eselspfad verlassen und rein in den
Hain! Über die Anpflanzungsterassen durch weitere 4 - 5 andere Haine.
Dann sieht man bereits das Ende der Bergkuppe rechts über sich; —
noch ca. 3o m senkrecht rechts rauf durch Makkiagestrüpp über Ziegen=
pfade.
Alles zusammen ab Alonissos/Ort ca. 3o Min. (normales Wandern).
Belohnt von sagenhafter Kulisse: vor einem die Bergkette von Sko=
pelos mit den beiden kleinen Felseilanden im Meeresarm zwischen
Skopelos und Alonissos. Im Sonnenlicht glitzernde Ägeis, rechts im
Dunst Euböa, links Skiathos und Pilon- Gebirge. Einfach großartig!!
Das Meer treibt zwischen den Inseln durch, bildet riesige Kreisel, wie
wenn man einen Riesenstein ins Wasser geworfen hätte. Über einem
von Zeit zu Zeit : leise (in 1o.ooo m Höhe) Düsenjets, denn die
Haupt-Luftstraße Südafrika - Kenia - Kairo - Athen - Europa führt
gerade über Skopelos, — unter einem das anbrandende Meer.

Am schönsten ist dieser Trip am späten Nachmittag: ab Patiri ca. 3^{oo}
sodaß man am Berg gegen 5 Uhr ankommt. Etwas zu Essen und
Trinken mitbringen, denn im Ort Alonissos bekommt man nur unter
Schwirigkeiten Verpflegung. Während der Touristensaison geht aber
ein Grieche vom Hafen rauf und hat eine kleine Taverne.

Der RÜCKWEG: Alonissos in der Abendsonne: roter Fels, darüber die

Häuser! Es gibt neben der Fahrstraße noch den Direkt-Eselspfad runter
nach Patiri: etwa ab Ortsausgang Abzweigung in spitzem Winkel rechts.
Er führt anfangs noch parallel an der Straße entlang. Etwa 2oo m
später gibts eine Abzweigung scharf nach rechts, die zu sichtbaren
Häusern führt. Diese nicht nehmen, sondern weiter geradeaus.Ziem=
lich bald sieht man unter sich den Hafen Patiri. Alles zusammen ab
Alonissos bergab in ca. 2o - 3o Min. —

ZELTEN: eine Nacht oben auf dem Kalovoulos möglich: windgeschützt
durch Makkia-Gestrüpp mit kleinen, freien Stellen: Schafspferche.
Kein Wasser; Essen aus Patiri mitbringen. Leichtes Marschgepäck! —

2. INSELINNERES:
Die Straße ist fertig bis rauf nach GERAKA am Ormos Yeraka.
Viel Vegetation, grün, wild. Korkeichen, Olivenbäume, Bergwiesen
mit Schafen, verlassene Hütten, Gestrüpp. Bei etwas Glück kann man
Wildschweine sehen! — Höchste Erhebung: der Kouvouli (476 m),
kurz vor Geraka. Zu Fuß bis Geraka ca. 5 Std., der Ort selber aus
3 - 4 Häusern, recht schmutziger Strand wegen Nordwinden, aber
die Fahrt bzw. Wanderung rauf lohnt sich.

KARTENMATERIAL:
"Alonissos" im Maßstab 1 : 37.ooo. Bezüglich Straßen viele Fehler,
aber guter Überblick bezüglich Lage der Badebuchten. Ca. 3 DM
in Souvenir - und Lebensmittelshops am Hafen. Hier gibt's auch
das Buch "Halonnesos/Deserted Islands" von Diamanti Sampson.

Leider enthält dieses Buch nicht allzuviel Informationen (das Wichtigste findet
ihr bereits in unserem Alonissos - Text!), — zudem sind die Fotoabbildungen
qualtitativ unter aller Sau und bewirken eher, daß man nicht nach Alonissos
fährt!
Schade, denn die beiden anderen Bücher von Sampson (Skiathos und Skopelos)
sind recht brauchbar bezüglich geschichtlicher Background - Information. —

VERLASSENE INSELN

*Inselgruppe im Norden von Alonissos, die heute
weitgehend unbewohnt sind. Abenteuertrips, sehr
lohnend, aber man muß genügend Leute zusam=
menholen, um den Fahrpreis akzeptabel zu machen.
Die Boote sind bis zu 2, 3 Tagen unterwegs, und
inklusiv Sprit für den Schiffsmotor kostet das einiges.—*

Zuerst mal bei AGALO fragen im Hafen. Ein sympatisches Schlitzohr
aus Patiri, spricht zwar kaum Englisch, versteht aber die Handsprache.
Auf sein Boot, die "ΦΡΟΥΛΑ 5o9" passen 1o - 15 Leute, mit über=
dachtem Aufenthaltsraum. Eine Art Kaiki. Agalo, der oft mit Touris=
ten fährt, kennt sich in diesen Gewässern am besten aus! —

KYRA PANAGHIA

Reine Fahrzeit pro Richtung: 2 1/2 Std., − relativ flach, Vegetation,
ein verlassenes Kloster bis auf einen Mönch, sowie ca. 5o Schafhirten.

Die Nordwestküste der Insel mit steilen Felsen. Im Norden, sowie im Süden je=
weils ein sehr schöner Naturbay. Bei Ag. Petrou viele Oliven. Das Inselinnere
ist sehr fruchtbar, Quellen. Auf dieser Insel sollen die ältesten Siedlungen der
Ägeis gelegen haben (aus der Zeit 6ooo - 5ooo v. Chr.). Im Kloster, das bei
der Bucht Ag. Petrou liegt, wohnen heute die Schäfer. Hier auch der frucht=
barste Teil der Insel. An dieser Stelle der Küste fand man vor ein paar Jahren
unter Wasser das Wrack eines Schiffes aus dem 11. Jhd. , − fragt die Schäfer!

GHIOURA:

steil aus dem Meer aufragendes Eiland, die Nachbarinsel. Berge bis
57o m, zerklüftet. Hier liegt die Höhle vom Riesen Polyphem. Ein
sehr lohnender Trip, 3 Std. reine Fahrzeit ab Patiri. Vom Ankerplatz
ca. 1o Min zu Fuß rauf in 2oo m Höhe zum Höhleneingang. Der
Fischer, der euch rüberfährt, hat eine Petroleum - Lampe mit dabei.
Der Eingang nur ca. 1 m hoch: reinkriechen. Weitet sich aber sehr
bald und führt ziemlich steil in die Tiefe runter. Auf dem Höhlen=
boden viel Ziegenscheiße, daher Vorsicht vor Runterschlittern! Nachts
ziehen sich hierrein die "Kri-Kri's " zurück, eine Spezies, die es nur
auf dieser Insel gibt.

IN DIESER HÖHLE lebte der Riese POLYPHEM, ein menschenfressender
Schafhirt in Übergröße, − nur mit einem Auge ausgestattet. Selbiges Auge nannte
sich "Kyklop".
ODYSSEUS, der große griechische Seefahrer, den viele sicher noch aus der Homer=
lektüre aus der Schule kennen, wurde eines Tages durch ungünstige Winde in der
Ägäis auf die Insel Ghioura verschlagen. Der Riese steckte ihn umgehend in die
Höhle und machte sich an den Leckerbraten.
Doch der listenreiche Odysseus gab dem Riesen viel Alkohol zu trinken, worauf
selbiger in einen Vollrausch fiel und im Suff fluchend feststellte, daß man ihm
mit einem brennendem Baumstamm sein Kyklopenauge ausbrannte.

Als der Bösewicht Polyphem, — Sohn des Meeresgottes Poseidon, am nächsten Morgen seine Schafe aus der Höhle trieb, klammerte sich Odysseus an der dichten Bauchwolle der Schafe von unten her fest, und der Riese, der mit seiner Pratze die Schafrücken auf "Schaf" prüfte, merkte nicht, was da seine Tierchen am Bauch raustrugen . . .
Nun wurde aber Poseidon sauer und ließ Odysseus runde 1o Jahre auf dem Meer herumirren, bis er wieder zu seiner Frau zurückdurfte.

Die Höhle gilt als eine der besten*, — ganz sicher aber als eine der am schwierigsten zu erreichenden von Griechenland. Innen: Stalagtiten und Stalagmiten. Viel Wind, kühl, warme Sachen mitbringen!
Archäologen haben im Höhleninneren Spuren aus der römischen Zeit

entdeckt. Es ist bekannt, daß die alten Römer hierhin Verurteilte verbannten, die vermutlich die Höhle als Wohnung benutzten.
Auf Ghioura lebt ein Ziegenhirte, der sich bezüglich der Höhle aus= kennt, aber nur griechisch spricht. —

PIPERI

4 1/2 Std. ab Patiri ist ein steil aus dem Meer aufsteigendes Fels= plateau, ca. 4oo m, — die Ränder völlig karg, oben aber erstaunlicher Weise dichte Vegetation. Sogar Wasser. Heute unbewohnt.

Oben liegt ein Kloster , — gebaut etwa im 17. Jhd. War damals recht berühmt und viele Mönche lebten hier. Vegetation: Pinien und Olivenbäume. — Wegen der stra= tegisch günstigen Lage ist es durchaus denkbar, daß diese Insel früher eine größere Siedlung hatte. — Die Insel Piperi (=Pfeffer) kann bei schlechtem Wetter wegen der steilen Klippen und fehlender schützender Naturbucht nicht angelaufen werden.

Die GEWÄSSER zwischen Piperi, Kyra Panaghia und Ghioura gehören zu den fischreichsten der Ägeis. Die Fischer von Patiri/Alonissos sind

---

* mir persönlich gefällt die Höhle von Dirou auf der Peloponnes oder die Höhle der Insel Kefalonia wesentlich besser! Bitte von dem Trip nach Ghioura nicht zuviel erwarten, — trotzdem aber eine schöne Überfahrt und abenteuerlich, in die dunkle tiefe Höhle reinzukriechen und im Schein der Petroleum-Lampe dann die Stalagmiten zu entdecken! —

hier kräftig im Geschäft und versorgen mit dem Fang den Großraum
Athen. Wer gern fischt, kann sich hierhin ein Boot mieten, gegebenen=
falls aber auch mit den Fischern rausfahren. —

PSATHOURA

ganz im Norden, 4 Std. reine Fahrzeit pro Richtung ab Patiri.
Völlig flach, etwa 1o m aus dem Meer. Auf der Insel steht ein Leucht=
turm. Wenn man ankommt, so scheint wegen der Erdkrümmung der
Leuchtturm einsam im Wasser zu stehen, — kein Land.
Zwischen Psathoura und dem vorgelagerten kleinen Inselchen Antipsa=
thoura liegt in 2 - 2o m Wassertiefe eine Stadt unter Wasser. Die Ägeis
ist hier so klar, daß man vom Boot aus alles sehen kann, Straßen,
Mauerreste, gelegentlich Amphoren, sowie Tumbes (Särge aus Stein),
von denen das Meer die Deckel weggeschwemmt hat. Die Kultur
stammt vermutlich aus der Zeit zwischen 13oo und 9oo v. Chr., —
archäologisch so gut wie unerforscht. Extrem klares Wasser, eine der
klarsten Stellen der Ägäis.

PSATHOURA Die Insel besteht aus
vulkanischem Gestein,
welches vermutlich aus dem in
der Nähe liegenden Unterwas=
servulkan kommt.

TEILE der Insel Psathoura stehen
bei kräftigen Winden in der Ägeis
häufig unter Wasser; — besonders in
den Sommermonaten, wenn der "Meltimi"
bläst, ist oft eine Landung auf der Insel unmöglich.

VEGETATION: auf der Insel wächst die "Konion" -
Pflanze, ein übermannshoher Strauch mit gelben Blät=
tern, aus deren Saft das Gift gewonnen wurde, das
Sokrates trank. — Ansonsten Rinderzucht und Schafe
auf der Insel. Einige Schäfer leben hier. —

DER TRIP nach Psathoura wurde bisher kaum von Leu=
ten gemacht, auch nur wenige Einheimische von Alonis=
sos waren draußen.
Sehr schwierige Überfahrt, besonders in den Monaten Juli,
Juli, wenn der Meltimi (=Nordwind) bläst. Hoher Seegang
auf dem offenem Meer. AGALO erzählte mir, daß er fürs
Boot ca. 15o - 2oo DM nimmt, egal, wieviel Leute.
1 - Tagestrip, aus dem aber leicht ein 2 - 3 Tages-
Trip wird, wenn die See zu rauh ist und man
unterwegs vor einer der anderen Inseln ankern
muß. Vermutlich sind im Endeffekt 3ooo - 4ooo
Dra. zu zahlen. Schlafen an Deck, Schlafsäcke
oder andere warme Sachen mitbringen, Wein

ALLE Überfahrtszeiten nur bei
absolut ruhiger See! Bei schlechtem
Wetter können sich die Zeiten erheb=
lich verlängern, bzw das Auslaufen
des Bootes unmöglich machen! —

und Essen. Eine abenteuerliche und schöne Fahrt, Schnorchelausrüstung nicht ver=
gessen! —
THEORETISCH ist es möglich (wurde auch schon praktiziert), den Trip nach Psa=
thoura in einem Mini-Schnellboot mit starkem Außenborder in ca. 1 - 2 Std. zu
machen. Die Dinger rasen mit rund 7o km/Std. übers Wasser, aber auch bei ruhigem
Wetter gibts auf der offenen See immer Wellen: daher nicht gerade ungefährlich!
FAHRPREISE bei Fischern abhängig von Unternehmungslust selbiger, bzw. Not=
wendigkeit, sich Geld zu verdienen. Daher immer am Hafen auszuhandeln! —

Insel SKYROS

Eine ausgefallen schöne Insel, — sehr hübscher Hauptort (CHORIO)
mit weißen Würfelhäusern und schmalen Gassen unterhalb eines
Festungsberges am Meer, langen Sandstränden, Bays, Meereshöhlen
und vielen Blumen im Frühjahr.
Das Inselinnere: sehr reizvoll, grün im Nordteil, — wilde Felsküsten
im Süden. Touristisch bisher noch wenig bezügl. Hotels erschlossen.
Aber bereits während der Hauptsaison (Juli/August) ziemlich über=
laufen, besonders in CHORIO.
Engpässe in Unterkunft, da es außer einem "B"- Klasse - Hotel
(dem "Xenia" unterhalb der Choria am Meer) praktisch nur eine
handvoll Pensionen, sowie Privatzimmer gibt. Der Hammel kostet in
Choria - Restaurants bereits 7 bis 9 DM. (= Plaka - Preise!);
Catterpillars brechen Schotterstraßen durch die Insel für Touristen
und Militär. Bleibt zu erwarten, wie sich das hübsche Kind entwickelt!

KERAMIK und STICKEREIEN

wie von Tourist- Informations- Broschüren und kommerziellen Reise=
führern als SKYROS - SPEZIALITÄT empfohlen, sollten nicht der
Hauptgrund für Skyros- Besuch sein, — sofern man nur kaufen will:

1. sauteuer: für 3o x 4o cm Stickerei wird in Skyros/Choria
   3ooo - 6ooo Dra. verlangt und leider auch von einigen "crazy"-
   Touristen bezahlt, —

2. Keramik: schön, aber an kunstgewerblich niveauvolle Sachen
   kommt man heute auf der Insel nur noch schwer. Bereits seit
   einigen Jahren haben die Einheimischen den Wert erkannt und
   sammeln selber (ähnlich den Bauernmöbeln im bayr. Voralpen-
   Land), — oder verkaufen zu teuren Preisen an Kunsthandlungen in
   Athen.
   Was einem auf Skyros in Shops oder von Privat angeboten wird,
   sind neuere Imitationen, die bezüglich Strahlkraft der Farben
   und und Motivgestaltung recht schlampig und oberflächig kommen.

3. Möbelschnitzereien (Stühle, Regale): interessant, byzantinisch be=
   einflußt, aber ebenfalls um Wesentliches überhöhte Preise. Mini-
   Regal (7o cm breit, 3o - 4o cm hoch) kostet z.B. knappe 1oo
   DM!!

IMMERHIN: zwischen vielen Durchschnitt- Sachen für die Touristen gibt's
ab und zu mal schöne Sachen, für die aber einige Drachmen - Scheine hin=

gelegt werden müssen.
DURCH'S FENSTER BESICHTIGEN ist aber bequem und kostenlos möglich,
weil selbige ebenerdig liegen und die Stuben voll von schönen Sachen gestopft sind.

*WER NACH SKYROS FÄHRT, sollte dies aber auch wegen schöner
Landschaften, guter Bademöglichkeiten (Sandstrände, klares Wasser)
und der sehr reizvollen Chorio! —*

VERBINDUNGEN:

Ⓐ Bisher noch keine FLUG—VERBINDUNG, aber im Norden der Insel
wird gerade ein Airport gebaut. Fertig in ca. 2 - 3 Jahren, also ca.
198o. Das Gebiet ist militärisch abgesperrt, und die Landepiste wird
wegen der exponierten Lage der Insel wohl vorwiegend militärisch
genutzt werden, aber die Einheimischen erzählen, daß hier auch
mal Olympic - Airways landen soll . . .

Ⓑ SCHIFF:
täglich mit der Autofähre Skiathos ("ΣΚΙΑΘΟΣ") ab KYMI/Insel Euböa,
oder mit dem Dampfer der Konkurrenzfirma. Die "Skiathos kann über
die "Alkyon" - Leute in Athen/Akademias Street 98 (Tel.: 362.2o93)
gebucht werden und ist auch bereits schon in der Vorsaison (April/
Mai) für PKW - Transport oft ausgebucht! Für Passagiere dagegen
meist keine Vorbuchung notwendig.

KYMI/EUBÖA → INSEL SKYROS:
Fahrzeit: 2 Std.
Person: ca. 15 DM
PKW: ca. 35 DM (mittlere PKW - Größe)

Bei der Konkurrenz etwa selbe Preise. — "Alkyon" hat ab Athen
einen Anschlußbus an die Fähre: ATHEN — SKYROS: ca. 25 DM

Mit eigenem Auto: ab Athen über die Schnellstraße (Ri. Thessaloniki)
bis Abzweigung Chalkis. Über die Brücke rüber auf die Insel Euböa.
Gratis. Oder bereits bei Skala Oropou mit dem Fährschiff rüber nach
Eritrea/Insel Euböa. Ist zwar kilometermäßig kürzer, aber die Überfahrt
auf der Euböa - Fähre dauert 3o Min. Zusammen mit den Fährkosten
kommt das auf das selbe heraus, wie der "Umweg-Trip" über Chalkis.
Beschrieben im "Euböa - Teil" dieses Buches! — *Athen – Kymi : 120 km =
kürzeste Anreise für die Inseln
der SPORADEN) mit eigenem PKW*

ALONISSOS → INSEL SKYROS:

2 - 3 mal pro Woche (Sommer bzw. Winter) mit der "Skiathos"
("ΣΚΙΑΘΟΣ") , Buchung über Alkyon, siehe oben!
Fahrzeit: ca. 3 Std., sofern direkt, aber meist über Kymi (=5 Std.)
Person: ca. 15 DM — 25 DM (direkt, bzw. über Kymi)
PKW: ca. 4o DM (bei Direktschiff), —
 ca. 7o DM (bei Verbindung über Kymi)

DIE INSEL ALONISSOS hat tägliche Verbindung mit VOLOS/Festland. Wer
ohne eigenes Auto fährt, der kann hier sich eine Rundtour zusammenstellen mit
Stops auf den einzelnen Inseln. Da man aber kein durchgehendes Ticket
Volos - Skyros kaufen kann (mit STop- overs), sondern jeweils die teureren
Teilstücke zahlen muß, wird das bei Mitnahme eines PKW's recht teuer! —

WIR weisen darauf hin, daß sich die Abfahrtszeiten und Fährschiff- Routen oft ändern und empfehlen, sich vorher bei der Alkyon - Office nochmal zu infor= mieren! —

| INSEL SKYROS — INSEL LIMNOS — INSEL LESBOS: |

eine weitere Rundrouten - Kombinationsmöglichkeit in der nörd= lichen Ägäis. Läuft über den Hafen Kymi/Euböa. Infos siehe dort!

KARTEN/BÜCHER:

"Tourist Map of Skyros" (1 : 6o.ooo), 2,5o DM in den Souvenirshops beim Hauptplatz/Chorio bzw. Linari.
Die Karte ist leider sehr schlampig gemacht (extrem viele Fehler in Straßen, Wegen etc.) und kann nur als grobe Orientierung dienen. Leider momentan einziges auf Skyros käufliches Kartenmaterial.
Wir haben alle Inselwege mit dem Auto abgefahren und in unserer Karte den aktuellen Stand verzeichnet.

Skyros - Buch: "Manos Faltaits, SKYROS", herausgegeben von "Edition of the Northern Sporades". Ebenfalls in Souvenir- Shops. 4,5o DM.
Qualitativ wesentlich besser, als die anderen Insel - Bücher (siehe Skiathos, Skopelos, Alonissos) der North. Sporades Newspaper! Zu empfehlen, besonders als geschichtliche und kunstgewerbliche Skyros - Einführung. Allerdings: nur in Englisch erhältlich und kaum reine Tourist- Infos.—

"The mysterious horses of Skyros" von Joy Coulentianou, ca. 6 DM. Erhältlich in einigen Souvenirshops, so z.B. im Fotoshop an der Hauptgasse des Ortes Chorio. — Dann gibt's noch einen Semi- Bildband über den Geißentanz (Karnevalsverkleidung). Ca. 13 DM. —

Linari

gemütlicher Inselhafen an der Südwestküste. Hier ankern die Fährschiffe Ca. 4o Häuser, eine Taverne, ein paar Kafenions am Wasser, — die Schiffsoffice, eine Tankstelle und 2 oder 3 kleine Souvenirshops. Bislang noch recht unberührt, aber im Lebensmittelgeschäft am Kai kennt man schon "Dankeschön". —

Zur Ankunft der Schiffe stehen am Kai BUSSE bereit, rüber in den Hauptort Chorio. Aber auch Taxis. Über den Daumen sind das runde 16 km schmale Asphaltstraße, bei der man vor den Kurven immer hupen sollte. — Der Bus braucht bis Chorio ca. 15 - 2o Min. (1,oo DM).

Die 5 TAXIFAHRER von Skyros sind eine festgefügte Clique. Bisher gibt es noch keinen Direktbus von der Schiffsanlegestelle Linari nach MAGAJIA / MOLOS, dem besten Badestrand der Insel, wo auch die meisten Übernachtungsmöglichkeiten liegen. — Wenn ein Taxi in Sicht kommt: rechts ran und langsam fahren! —

ÜBERNACHTUNG privat in Linari möglich, aber zum Baden weniger günstig. Besser: mit dem Bus oder Auto rüber nach Chorio!

Die STRASSE schlängelt sich zuerst aus dem Bay raus, am Elektrizitäts= werk vorbei, dann durch Felder rüber auf die andere Inselseite. In Kurven

am Meer entlang, und plötzlich liegt hinter einer Landkuppe der riesige
Bergkegel von Chorio vor euch.

Chorio:

im Sommer knüppelvoll von Touristen. Vorwiegend Deutsche (75 %),
aber auch Italiener und Franzosen, gelegentlich Engländer.
Von der Lage her unheimlich hübsch. Liegt an der windgeschützten
landinneren Hangseite des Akropolis - Felsens, dem markantestem
Berg der Insel. Architektur wie Kykladen: leuchtend weiß gestrichene
Kubenhäuser, schmale, verwinkelte Gassen mit Torbogendurchgängen.
Flachdächer, die teils mit Sand als Hitzeschutz bedeckt sind.

PARKEN: kaum Parkplätze fürs eigene Auto am Ortseingang. Echtes
Problem. Im Ort selber nur für Fußgänger, da Gassen so schmal.

BUS/TAXI stoppt am Hauptplaza, Ortseingang. Der ortseigene Polizist
wacht mit viel Arroganz, daß niemand anderer hier das Park-Verbot
verletzt. Kinder spielen auf dem Plaza Fußball. 2 Tavernen, allerdings
ab 23 Uhr voll von besoffenen Einheimischen. Gleich gegenüber vom
Busstop der Souvenirshop von George Gavialis. Seine Freundin, eine
Amerikanerin, ist sehr hilfsbereit bei Hotel- und Transport-Problemen.

SHOP VON GEORGE GAVIALIS:
Hier kann man für den "Strandbus" buchen, der im Sommer die wichtigsten Strände
abfährt. George hat auch eine eigene Jacht (das Buissenes mit den Souvenirs läuft gut!)
die vor seinem Landhaus in der Ormos Pefkos - Bucht liegt. Eventuell lassen sich mit
ihm Trips zu den Meereshöhlen im Süden der Insel vereinbaren.
Im Shop: Keramik zu passablen Preisen, englische Lektüre und Schmuck. —

INFORMATIONSBÖRSE der Insel ist der Kiosk schräg gegenüber beim Beginn der
Haupt-Gasse in den Ort. Vermittelt Privatzimmer im Ort, Kunstgewerbekäufe etc.
Besitzer des Tabak- Kioskes o.K. Fragt ihn; er gibt euch einen Jungen mit, der gegen
Trinkgeld die Privatpensionen etc. zeigt.

SCHLAFEN privat im Ort Chorio u.U. während der Hauptsaison nötig, weil die
wenigen Übernachtungsmöglichkeiten am Strand (Magajia/Melos) schnell ausgebucht
sind. Von Chorio seid ihr in ca. 15 Min. zu Fuß am Strand. Bez. in 5 Min. mit dem
Bus (2o Pfennig), der aber nur gelegentlich verkehrt. —
Übernachtungspreise doppel im Ort Chorio um 2oo - 4oo Dra. Teils sagenhafter Blick
über Küste und Meer, bzw. Hügelkette des Landesinneren.

KAΦAΛOYKOΣ IOANΡ
Wenige Meter vom Hauptplaza liegt die Holzkohlen- Grillstation, auf deren
Terasse sich die "Fix" - Bierkisten stapelt. (linke Seite der Gasse, wenn man
raufläuft). Hier bis in die späte Nacht Souvlaki - Spieße (Stück o,5o DM).
Weiter drinnen im Ort eine Pizzeria (13 cm - Fladen für 1 DM, teuer, aber
relativ viel Käse). —
Macht Spaß, durch die verwinkelten Gassen auf Entdeckung zu gehen,
denn fast alle Stuben sind mit schönen Keramik - Tellern und den für
die Insel typischen "Aloni's" (Keramik- Holzfeueröfen)*dekoriert.
Allgemeine Atmosphäre: den Touristen eher verschlossen; die Alten
hocken auf ihren Stühlen an strategisch günstigen Punkten der Winkel-
Gassen und beobachten die "Szene". —

Mal gegen Einbruch der Abenddämmerung rauflaufen auf die Akropolis.

* Siehe Zeichnung am Ende des Skyros - Textes!

Vorbei an weihrauchschwangeren Kapellen mit Ikonen und schönen Ausblicken über die Stadt. Oben sagenhafter Blick ; wie an so vielen Stellen der Ägäis könnten sich die mitteleuropäischen "Schlafstadt-Planer" eine Scheibe abschneiden bezüglich Lebendigkeit und Harmonie der Stadtplanung von Chorio! Auf der anderen Seite: weiter Blick über's Meer und das Flachküstenland mit seinen Stränden; bergiges Landesinneres. Bezüglich Blick für mich eine der schönsten Stellen Griechenlands!

Oben am "Gipfel" die Ruinen eines venezianischen Kastells, sowie mehrere Kapellen und Wohnhäuser für die byzantinischen Bart - Priester. Traurig, daß auch die gebildete Geistlichkeit hemmungslos ihren Müll in die Tiefe kippt: Plastiktüten- und Schüsseln hängen im Hang. —

SKYROS-STICKEREI, –
nach Motiv aus Benaki-Museum / Athen

MUSEUM:

Klein, aber interessant. Folklore der Insel, Trachten, Keramik und umfangreiche Bibliothek. Leider nur wenig von den Skyros-Stickereien. Nach "Faltaitz - Museum" fragen: vom Hauptplaza die Hauptgasse rauf, etwa bis zur Pizzeria. Hier dem Schild "Rupert Brooke" folgen.

RUPERT BROOK: englischer Schriftsteller, der in jungen Jahren auf einem Lazarett- schiff in der Tris Boukes - Bucht im Süden der Insel verstarb (1915) und als bedeutenster Lyriker der Insel gilt. Am Nordende der Stadt auf einem kleinen Platz wurde ihm ein Denkmal errichtet. Die anscheinend prüde byzantinische Kirche hat sich über den nackten jungen Mann aufgeregt. Angeblich sollen die Bart - Priester immer die Augen schließen, wenn sie dran vorbei müssen. —

Gleich unterhalb des besagten Denkmales liegt das Faltaitz - Museum, sowie ein kleineres archäologisches Museum.
Eintritt im Faltaiz frei, Öffnungszeiten gemäß Schild 15.3o - 18.oo Uhr, aber so genau läuft das nicht. Einfach mal vorbeischauen! — Ab Museum geht ein Fußweg runter an den Strand bei Magajios.

Magajios/Molos:

ein vorgelagertes Küstentiefland, Wiesen, Gärten, Felder und weiße Häuser am Meer zwischen den Bäumen. Ca. 4 km Sandstrand, der sich vom "Petroula"/Rooms im Süden bis noch rum ums Cap bei den Windmühlen erstreckt. Fischerboote, mehrere Tavernen und Privat= häuser.
Sehr klares Wasser, aber wegen der offenen Lage zur Ägäis viele Wellen und bei Wind Strandgut. Bester Badestrand der Insel.

ZUFAHRT: Straße von Linari kommend immer am Meer bleiben. Asphalt bis zum Ortseingang, dann Schotter/Sandpisten. Wer auf's teure Taxi verzichten will, nimmt ab Linari/Hafen den Chorio - Bus, lässt sich aber schon bei der Abzweigung raussetzen. Dann noch ca. 2 km zu Fuß. Bequemer, als ab Busendstation / Chorio und durch die engen Zick-Zack-Holpergassen.

HOTELS/ PENSIONEN:
Am Ortseingang: "Rooms for rent" ("Petroula" ΠΕΤΡΟΥΛΑ) bezüglich Blick über's Meer und Inselcap das beste Hotel von Skyros. Zudem billiger, als das "Xenia". Zwei Top- Zimmer mit Minibalkon zum Meer, aber fast so gut die seit= lichen restlichen Zimmer. Wie wir Ende April dawaren: stürmige Ägäis, die die Jalousien donnern ließ, und nachts haute der Wind die Zimmertür auf. Der Wirt: Barbajannis, ein rüstiger Vollgrieche mit viel Charme, der sich die von der Meeres= gischt verquollenen Türen mit Faustschlag geradebiegt und die Langusten (45 cm - Apparate, ohne die Fühler!) für knappe 4o DM das Kilo verkauft. Das Doppelzimmer kostet runde 17 DM, ohne Wasser im Zimmer, aber Gemeinschaftstoilette mit Duschmöglichkeit. Unten hat er eine Taverne mit sagenhaftem Blick. Allerdings: im Sommer viel Rummel und vermutlich ausgebucht. Viele Grüße an Anna,(seine Frau)und nochmals vielen Dank für die Ostereier! —

"Xenia", weiter innerhalb des Ortes. Nehmen in der Hauptsaison (Juni, Juli, Aug.) ca. 37 DM (Doppel mit eigenem Bad), 25 DM (Gemeinschaftsbad). Offen April bis Oktober. Für die Vorsaison wird bis zu 2o % Ermäßigung gewährt, außer Ostern. Alle Zimmer mit Meeresblick, aber ohne Küstenkulisse so schön wie bei"Petroula." Das Xenia dafür mit besserem Aufenthaltsraum, die Zimmer weniger gemütlich, aber teils mit eigenem Bad. Gebaut 1976. Sehr freundliche Leitung; die Madam spricht fließend Deutsch.

Sowie eineReihe Privatunterkünfte , zB. bei Bil Paneris. Verlangt 19 DM für's Doppel mit Privatbadezimmer. War bei unserer Inspektion sehr sauber. 1 Min. bis zum Sandstrand, — wie bei fast allen Privatunterkünften in Magajios/Molos. —

Allzuviele Unterkunftsmöglichkeiten gibt's aber hier unten am Meer nicht = erhebliche Engpässe im Sommer! —

ESSEN—GEHEN:
Die Insel ist in Griechenland berühmt für billige Langusten. Kenner kommen speziell dafür aus Athen! Top - Taverne ist "O Stephanis" ("O' ΣΤΕΦΑΝΗΣ') in einem Rundturm am Strand. Ana kocht und ist sehr lieb. Langusten hier ca. 4o DM das Kilo, aber die Preise sind saison=

abhängig. Abends sehr gemütlich innen sitzen. — Rund um den weißen Turm eine überdachte Terasse mit Tischen draußen. Schöner Blick auf Chorio und die Fischerboote an der Minimole. Im Sommer aber voll und viel los. — Eine handvoll weiterer Tavernen, ebenfalls in Magajia.

INSEL—STRASSEN:

Bis auf das kurze Stück Linari —→— Chorio bzw. Magajia sind alle rest= lichen Pisten in Schotter/Erde; teils südamerikanische Verhältnisse mit tiefen Schlaglöchern und scharfkantigen Steinen (Südteil).

Wer einen tiefliegenden Wagen besitzt, lässt den lieber auf dem Fest= land zurück, oder fährt die Kiste wie ein rohes Ei. Ideal- Auto für Skyros ist der VW - Käfer. Und natürlich auch geländegängige Typen wie Landrover etc. —

Damit entscheidet sich auch die Frage, ob man mit oder ohne Auto besser nach Skyros kommt. Nicht unbedingt notwendig, wenn man vorwiegend nur Baden will: der beste Strand direkt vor der Haustüre.—

BADEN + INSELTRIPS:

Alle hier beschriebenen Stellen sind nur mit eigenem Auto oder teurem Taxi zu erreichen. Mit Trampen spielt sich so gut wie garnichts ab, da kaum Verkehr.

Neueste Nachricht aus Skyros: einige geschäftstüchtige Griechen wollen sich einen Bus kaufen, der im Sommer täglich ab Hauptplaza/Chorio 9 Uhr zu einem Strände - Rundtrip starten. Soll runde 3 DM kosten. Bus kommt gegen 17 Uhr zurück. Buchen kann man, wenn der Plan klappt, bei George Gavrilis's Souvenirshop/Chorio.
Allerdings werden bei diesem Projekt die Taxifahrer noch ein Wort mitsprechen; d.h., eventuell fällt die Sache ins Wasser . . .

①) NORDEN DER INSEL:

Der grünere und fruchtbarere Teil der Insel. Eine Piste (schöner Blick zurück auf Akropolis und Chorio!) führt rauf zum neuen Airport, vorwiegend Sand/Erde, viele Kurven, aber gut "im Schuß".
Etwa beim Dorf Krini Straßensperre: der komplette nördlichste Teil um den Flughafen darf von Touristen nicht mehr betreten werden. Schade, denn hier liegt ein der schönsten Badebuchten: "Akr. Petrisa"

Links ab, dem Wegweiser "Atsitsa" (ΑΤΣΙΤΖΑ) folgen, Hügelland, rüber an den:

Ormos Kalogrias:

Zwar Kieselstrand, aber schönes Pinienwäldchen am Bay, der ca. 2 km breit ist. Im nördlichen Teil nur Strauchwerk, sowie zwei hohe Beton-Silos, die häßlich rot in der Landschaft stehen. In dieser Bucht legen gelegentlich Frachtschiffe an und pumpen flüssigen Beton in die Silos zum Bau des Flughafens.

Hier endet auch der gute Pistenteil. Weiter über schmalen Schotterweg und hinter einer Landkuppe die paar Häuser von Atsitsa mit Kiesel= strand. Ein stillgelegtes Viadukt führt von einer nahen Mine ans Meer. Im Sommer in Atsitsa eine Taverne offen. Die schöneren Strände des Ortes liegen kurz vorher, sowie ca. 2oo m südlicher, wo die Piste dann für ca. 2 km durchs Landesinnere führt. Beim ORMOS FOKAS endet vorerst die Piste am Meer, soll aber demnächst von Caterpillars bis Linari durchgebrochen werden.

Ormos Pefkos:
schöner Feinkieselstrand, fast Sand. Pier in Bearbeitung, große Pläne für die Zukunft. Mit Mini- Taverne. Zu erreichen über eine neue Schotter= piste in mittelmäßigem Zustand ab der Asphaltstraße Linaria — Choria, ca. 2 km hinter Linaria. Oder zu Fuß über einen kürzeren Eselspfad ab Linaria in ca. 2o Min.
Verbindung Ormos Pefkos nach Ormos Foka zum Teil schon fertig.

Ormos Mealos und Ormos Achilli:
Beide Strände mit Feinkiesel an der Straße Linari — Chorio.

Vom ORMOS ACHILLI soll Homer zufolge der junge Krieger Achilles nach Troja gestartet sein. Die altgriechische Mythologie berichtet folgendes:
Odysseus (siehe unser "Alonissos - Text!) soll sich auf der Suche nach Achilles befunden haben, da man diesen Helden unbedingt zur Eroberung der Festung benötigte. Nun hatte aber die Mutter Achilles vom Orakel erfahren, daß dies zum Tod, aber auch unsterblichem Ruhm ihres Sohnes führen würde.
Und so wurde aus dem Boy kurzerhand ein Girl mit allem drum und dran.
Der clevere Odysseus, der von der Sache Wind bekommen hatte, aber nicht wußte, welche der Frauen unecht war, brachte einen ganzen Stapel Geschenke für die Hof= damen mit, u.a. auch ein Schwert. Dann stieß er einen erschreckten Warnruf aus, so, als ob die Stadt angegriffen würde. Umgehend griff "Madam" Achilles zur Waffe, worauf der Fall geklärt war. —

Vom Ormos Mealos zweigt ein Feldweg ab Richtung Süden der Insel.

2. SÜDTEIL SKYROS:
trocken und südlich vom Kalamitsa Bay kaum noch Bäume. Eine Stein= wüste mit dünnem Bodenstrauchwerk. Die Einheimischen nennen das Gebiet "to Vouno" (=Gebirge) wegen der Kargheit.

HÖCHSTER BERG der Insel Skyros ist der KOCHYLAS (79o m). Hier oben le= ben die halbwilden "SKYROS—PONIES", eine spezielle Rasse, die sonst nur noch auf Irland existiert. Sie ernähren sich von Thymian, Sträuchern und Kräutern. Hier oben beim Berg gibt es Hochplateaus mit kleinen Seen, aus denen sie schlabbern; im Winter wird mit dem Huf ein Loch ins Eis gekratzt.

Wenn dann im späten Frühjahr das Wasser oben austrocknet, traben sie ans Meer runter zur Nymphi - Quelle. Früher, als es noch keine automatischen Mähdrescher gab, fingen sich die Einheimischen die Ponnies mit einem "noose", einem Spezial= lasso ein, um mit ihnen Getreide zu dreschen. Jeder Bauer hatte um die 2o Tiere. Gegen Ende August, wenn die Arbeit fertig war, wurden die Tiere wieder in die Freiheit entlassen. Dann gab's die "Pony - Rennen''. Ziel des Rodeo - ähnlichen Sportes ist, sich so lange als möglich auf dem Pony - Rücken zu halten und gleichzeitig möglichst schnell eine 2 km Distanz zurückzulegen.

Vor den griechischen Befreiungskämpfen 1821 soll es auf der Insel über 8000

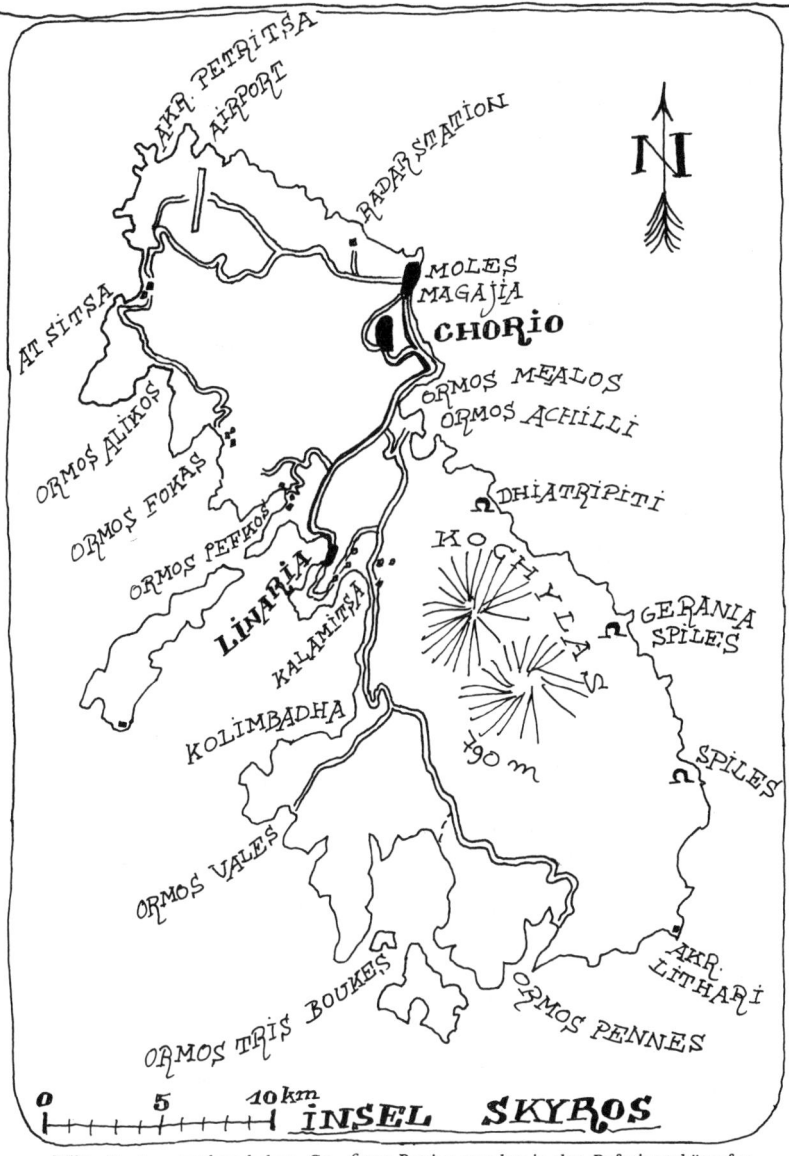

Wild - Ponies gegeben haben. Ca. 6ooo Ponies wurden in den Befreiungskämpfen gegen die Türken eingesetzt und die restlichen 2ooo Tiere sind inzwischen auf rund 13o Tiere zusammengeschrumpft.

In den letzten Jahren kümmert sich der Veterinary Service des griechischen Staates

um die vom Aussterben bedrohte Art. Man kann die Ponis auf der jährlich ver=
anstalteten Show sehen. —

Der Süden Skyros ist extrem unwegsam. In den Bergen leben ein paar
Schafhirten mit ihren Tieren. Wanderungen, so z.b. zum AKR. LITHA=
RI (Fels-Steilabsturz ins Meer über mehr als 2oo m!) sind wegen den
spitzen Felsbrocken und viel Dornengestrüpp am Boden sehr anstren=
gend und in einigen Gebieten auch gefährlich. Mehrere Leute sind nicht
mehr nach Chorio zurückgekommen, — vermutlich Orientierungsproble=
me. Wenn, dann nur mit Schafhirten, die das Gebiet kennen. —

Einzige STRASSE ab Ormos Mealos zuerst durch ein fruchtbares Tal
an den **Bay von Kalamitsa.** Man kann Wanderungen zu Kirchen am
Buchthang machen. Badestrand in der Bucht: Kiesel, Wasserpflanzen.
Bisher noch keine Tavernen. Zu Fuß : ab Linari über den Hügel in
ca. 15 Min. bis Kalamitsa. Danach wird die Piste zu einer üblen
scharfen Schotterpiste mit vielen Schlaglöchern. Ab Mealos- Abzweigung
bis zum Ende der Piste am Ormos Pennes sind es ca. 16 km, für die
man aber rund 1 1/2 Std. braucht.

Ormos Tris Boukes auf der Strecke unter einem: am weißen Stein-
Abhang knöchel- bis kniehohes Dornengestrüpp, im Bay tiefblaues
Wasser und vorgelagerte weiße Steineilande. Erinnert sehr an die jugos=
lawische Küste; ein recht eindrucksvolles Fotomotiv. Schön am Hori=
zont im Dunst: die Bergkette der Insel Euböa.

TRIS BOUKES war vom Mittelalter bis zu den Befreiungskämpfen 1821 der
wichtigste Piraten - Stützpunkt der Ägäis. Im 1. und 2. Weltkrieg: wegen ge=
schützter Lage Kriegshafen.

Ormos Pennes: ein größerer Bay mit 3 Teilbuchten. Kieseleingang,
herrliche grüne Wasserfarbe. So gut wie keine Bäume (=kein Schatten).
Im Wasser einige Pflanzen und ausgezeichnete Stellen zum Schnorcheln.
Die Straße führt direkt bis runter ans Meer. —

Meeresgrotten an der Südostseite der Insel:
Die 3 besten sind: DHIATRIPTI

    2 Meereshöhlen dicht nebeneinander. Man kann mit dem Boot
    in eine der beiden reinfahren und durch einen schmalen
    Felsgang im Berginneren bei der anderen wieder rausfahren.

    GERANIA SPILIA

    Die wohl schönste Meereshöhle von Skyros. Mit Stalagmiten.
    Herrlich blaue Farben.

    SPILIES

    Die südlichste der drei besten Höhlen.

BOOTE MIETEN kann man in Linaria bzw. in Moles bei den Fischern
versuchen. — Geht nur bei völlig ruhigem Meer, denn bei Wellengang
wegen offener Ägäis zu gefährlich.
Kann sein, daß man eine Woche warten muß. Kann aber auch sein,
daß der Trip schon am nächsten Morgen klappt.

Für 2 Personen allein zu teuer. Wenn aber 8 - 1o Leute fahren, lässt

sich der 1 Tagestrip für runde 12 DM. pro Person machen. —
George Gavrilis/Skyros hat ein eigenes Boot im Pefkas Bay liegen. Sofern
er nicht selber fährt, vermittelt er per Telefon. —

Der "Aloni"

Das Wohnzimmer der Leute von Skyros.

zwei oder drei Abflageriotten

ofene Feuer-stelle

Der "askatzia"

Der "Skatzidi"

Der "fougou"

B.v.H & M.V.

"Der "fougou"" ist Zentrum des Wohnzimmers.
Auf den Brettern werden die "Schätze" des
Hauses, Teller, Flaschen, Gläser
ausgestellt. "fougou of decoration".
Reiche Leute haben 2 fougous, —
zusätzlich den "apokrevato", einen fougou
für simplere Haushaltsgeräte.
Sachen zum Backen werden an
die Wand gehängt, ebenso die
schwereren Kunstgegenstände
wie Kupferteller und ein venez. Spiegel.

NOTIZEN

INSELN
im Osten vom
ÄGÄISCHEN MEER

INSEL—GRUPPE nahe der türkischen Küste; an manchen Stellen, im Kanal von Chios z.B. beträgt der Abstand nur 4 - 5 km! Dement= sprechend viel Militär, besonders auf der Insel Limnos, das in strate= gisch optimaler Lage, den Eingang zum Schwarzen Meer beobachtet. In der Praxis heißt das: Grün- Boys in den Kafenions und gesperrte Strände. Seit man in diesem nördlichen Teil der Ägäis Erdöl vermutet, und sowieso seit dem Zypern - Konflikt ist die Lage zwischen Grie= chenland und der Türkei "leicht" gespannt. —

Gute FÄHRVERBINDUNGEN ab Piräus über Chios nach Lesbos mit großen Dampfern, — weiterhin ab Insel Euböa, Kavala, Thessaloniki und Alexandropoulos(kleinere Schiffe). — und zwischen Chios rüber an die türkische Küste. Letzteres aber sauteuer und manchmal mit Einreise - Schikanen verbunden.

LANDSCHAFTLICH sind die Inseln sehr unterschiedlich und reizvoll; meist (bis auf Limnos) dichte Vegetation; die Insel Chios ist für süßen Kuchen berühmt, Lesbos und Chios für Mastica (ein Harz) und OUZO!

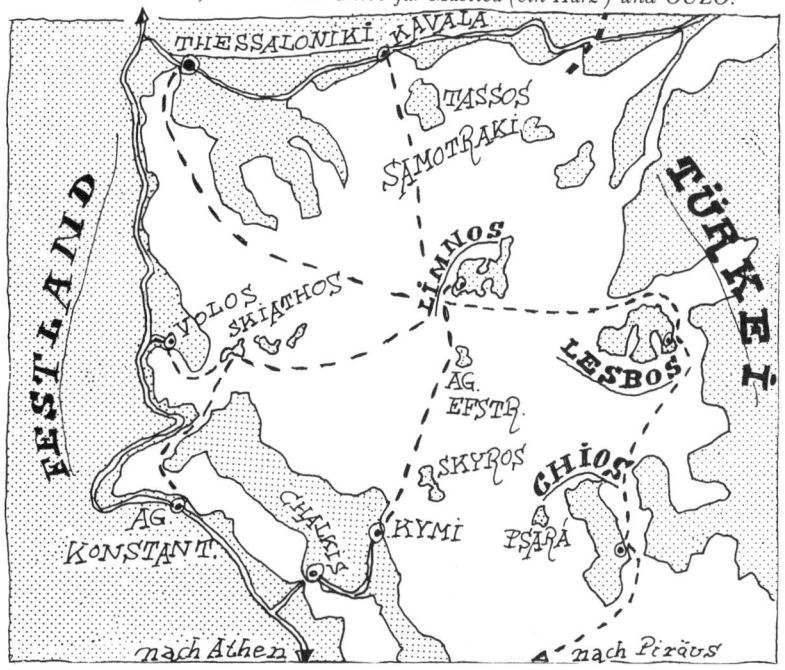

ÌNSEL LÍMNOS

WER das Militär nicht scheut, für den ist das eine schöne Badeinsel. Flach - hügelig, Vegetation: Baumwollfelder, Gras, im Hochsommer gelb verdorrt, — höchste Erhebung 4oo m, im Schnitt aber um die 1oo m.

Mit einer handvoll Top- Badebuchten (bezügl. landschaftl. Schönheit) und vielen, vielen Sandstränden, von denen aber viele vermint sind. Oder aber militärisches Sperrgebiet mit hübschem Stacheldraht und Kaserne nebenan.

Touristisch noch wenig erschlossen: auf der einen Seite von Vorteil, noch nicht der "kretische" Griechenland - Rummel, — auf der anderen Seite aber fast nur simple Hotels . Wenig Tavernen, wenig Abwechs= lung und nichts von den typischen Griechenland - Attraktionen wie weiße Kykladenarchitektur.

Gesamter Eindruck: ländlich mit Militär. —

VERBINDUNGEN:

①Flug:
Täglich mit Jets der Olympic Airways von <u>Athen</u> in 45 Min. (ca. 55 DM) Zusätzlich fliegen noch kleinere Propellermaschinen auf der Strecke <u>Thessaloniki — Limnos</u> (sehr schöner Flug am Berg Athos vorbei!!). Momentan 3 mal pro Woche, ein einstündiger Flug. Vor dem Abflug die Stewardess fragen, auf welcher Seite des Berges Athos man vorbeifliegt, um den richtigen Sitzplatz zu erwischen! —

<u>OFFICE OLYMPIC AIRWAYS in Limnos:</u> in Myrina in der N. Garofalidi Street im Zentrum. Es gibt eine Busverbindung vom Flughafen in die Stadt: 1,2o DM

② Schiff:
Die "Ägäis" () eine Personen/Autofähre läuft momentan
einmal in der Woche (1978: Sonntag) ab Kymi/Insel Euböa rauf nach
Limnos , und weiter nach Kavala — Samotraki — Kavala — Limnos —
Lesbos — Limnos — Kavala — Limnos — Skiathos — Ag. Konstantinos —
Limnos — und selbe Route retour.

Zusammen mit einigen anderen Schiffslinien, die LIMNOS anlaufen,
ergibt sich folgendes Bild:

Limnos — Kavala/Festland: 5 x , — 2o DM, — 5 Std.
      — Thessaloniki/Festland: 1 x, — 25 DM, — 12 Std.
      — Lesbos — Chios — Samos — Rhodos : 4 mal bis Chios (12 St.)
                              2 mal bis Rhodos*
      — Samotraki: 1 mal direkt mit der "Saos" (3 Std., 14 DM)
      — Samotraki: 3 mal mit Umweg über Alexandropolis
      — Alexandropolis: 2 mal, — 15 DM (sofern direkt), — 5 - 7 Std.
      — Skiathos: 1 mal, — 2o DM — 5 Std.
      — Kymi/Insel Euböa: 1 mal, — 2o DM — 6 1/2 Std.

jeweils pro Woche

DIE PREISE gelten pro Person in der Touristenklasse.
Bitte beachten, daß wie überall in der Ägäis die Schiffspläne laufend geändert werden,—
manchmal 2 mal im Monat. Ebenfalls die Routen. Daher kann diese Liste nur als grobe
Übersicht über die Verbindungsmöglichkeiten angesehen werden. In etwa stimmt
aber die Sache, wenn sich auch die Wochentage der Abfahrten ändern. —

PREISBEISPIELE für PKW - Mitnahme:
      Limnos — Kymi: 58 DM (mittlere Größe)
      Limnos — Lesbos: 5o - 7o DM

*BEACHTEN: die Fahrt-
häufigkeiten ändern
sich laufend - wenn Routen
umgestellt werden! —*

Besonders für die Fährverbindung KYMI — LIMNOS empfiehlt es sich, in der Haupt=
saison, aber auch zu Festtagen wie Ostern, Pfingsten etc. vorzubuchen. Wird von der
"Ägäis" befahren und das Schiff ist relativ klein.

BUCHUNG in Limnos: im Hafen Myrina. Nebeneinander Büros für die "Ägäis" für die
"Achilefs" und die "Saos" direkt am Hafen. / *Buchung :Athen: Akademias 98/   "Alkyon"*
Boss für das Büro der "Ägäis" ist Mr. Pantelias, ein Ex- Käptn, sehr freundlich;
fühlt sich als Michel Piccoli vom französischen Film, und im Sommer stauen sich die
Frauen vor dem Eingang seines Office, weil sie warten, daß er rauskommt und seinen
Charm spielen lässt. Spricht neben Griechisch Brocken in Deutsch und Englisch.

Myrina:
Der Hafen, wo die Fährschiffe landen, — zugleich hübschester Ort der
Insel und als Standquartier zu empfehlen.Hier ist noch am meisten los.
Für die Fischerboote gibt's einen Minihafen, der wie eine Garage aussieht,
so klein ist der Eingang. Vom Hafen, wo einige Kafenions liegen führt
eine schmale Gasse ins Ortsinnere; über der ganzen Angelegenheit
"trohnt" ein venezianisches Kastell. Die Händler müssen zwar nicht ihre

---

* nur Passagiere, geht mit dem "Achilefs", "klein, aber fein", wie Mr. Pantelias
meint. Ein hübscher Dampfer, den sich 3o Gastarbeiter von der Insel Samotraki
in Deutschland verdient haben. Das Schiff stoppt auf dem Weg runter nach Rhodos
in vielen kleineren weiteren Inseln, so z.B. Patmos, Kos, Kalymnos.—

Fische einholen, wenn der Inselbus durch die Straße kommt, aber eng ist die Angelegenheit doch. Erstaunlicherweise gibt's im Ort kaum Tavernen. (Wir haben nach langem Suchen nur 3 Stück gefunden, — siehe unsere Karte!) Und so landet man unweigerlich immer wieder bei Costas in seiner "Sea Food Taverna" am Hafen, ein moderner Bau mit gemüt= licher Terasse und recht hohen Preisen für's Essen.

SEA—FOOD—TAVERNA: ca. 1oo m ab Hafenzentrum.
Costa hat nur wenige Meter von seiner Taverne entfernt am Hafen eine Hütte, in der er Teiche für die lebenden Hummer mit frischem Hafenwasser vollpumpt, und Feinschmecker können sich ihr Lieblingstier mit dem Finger herausholen.
Preis hin wie her: Costa kocht gut und nimmt auch die Tiere gut aus. — Auch der Hammel (allerdings frisch für's Osterfest geschlachtet) war bei unserem Test butter= weich , sodaß wir die Angelegenheit ohne Messer verspeisen konnten. —
Für den Hammel will er 6,5o DM, ein angemessener Preis. —

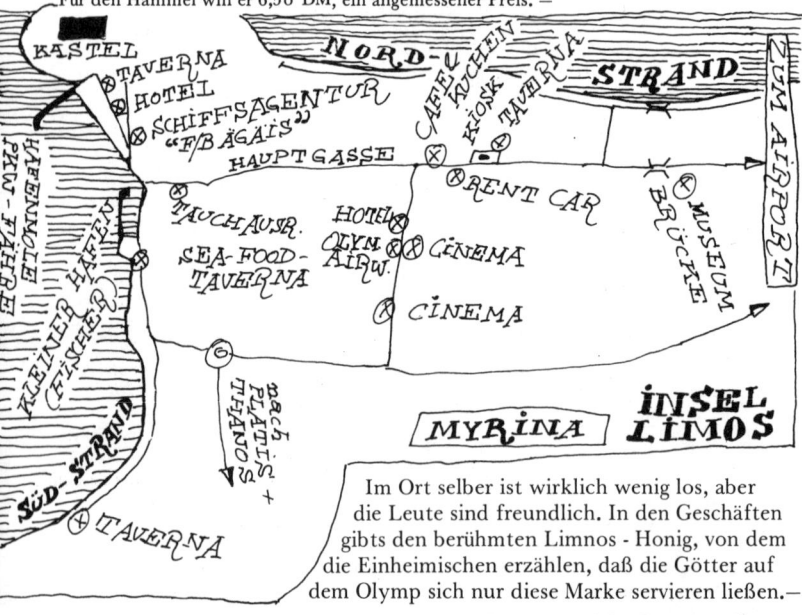

Im Ort selber ist wirklich wenig los, aber die Leute sind freundlich. In den Geschäften gibts den berühmten Limnos - Honig, von dem die Einheimischen erzählen, daß die Götter auf dem Olymp sich nur diese Marke servieren ließen.—

INFORMATION: "Tourist Map of Limnos" von Leonidas Gerontoudis. Ziemlich ungenau. Leider gibt's in Limnos nichts besseres zu kaufen (3 DM), keine Bücher in Deutsch oder Englisch. — Shop für Zeitschriften am Hafen.

TIP: Bezüglich der Karte steht eine recht brauchbare auf ein Blech gepinselt am Hafen. Einziger Haken: Beschriftung nur in Griechisch. — Wir haben die wichtigsten Informa= tionen in unserer Übersichtskarte zusammengetragen. —

SYMPTOMATISCH , daß viele Kinder die Plastikpistole strecken; — immer wieder passiert ein Jeep voll von Grünjacken die Szene, und die Kafenions sind voll davon . . .

HOTELS:
ΞΕΝΟΔΟΧΕΙΟΝ ΛΙΜΝΟΣ(Hotel Limnos), ein 4 Stock - Neubau, direkt am Hafen
mit dicker obiger Aufschrift. 3o DM ohne Bad. Seeblick verlangen! Wie wir da=
waren: freundliche griechische Girls an der Reception, die mit Englisch mühsam
hantierten. Zimmer: relativ sauber, aber die Badtür klemmt, ebenso die Toiletten,
die stinken, und nachts um 12 ging das Licht kurzzeitig weg.

Billiger: "Akteon" (ΞΕΝΟΔ. ΑΚΤΑΙΟΝ), direkt neben der Schiffsoffice von
Ägäis am Hafen. 25 DM Doppel ohne Bad. Ebenfalls Seeblich verlangen!

"Hotel Sevdali" (ΞΕΝΟΔ. ΣΕΒΔΑΛΗ)direkt neben der Olympic Airways Office.
Garofalidou Nr. 6. Ca. 3o DM ohne Bad im Zimmer. Leider kein schöner Blick;
die ersten beiden sind vorzuziehen.

"Pantelias Apartements", direkt am Hafen über der Sea Food Taverna. Moderner
Neubau, 65 DM für ein komplettes Apartement mit Wohnzimmer, Schlafzimmer,
Bad, komplett eingerichteter Küche (Eisschrank, Herd, Schränke für Geschirr
und Spüle). Außerdem gibts einen kleinen Balkon; die meisten Zimmer mit sehr
schönem Hafen- und Festungsblick. Eine gute Sache für Familien mit Kindern:
direkt vor der Haustüre am Nachmittag die Fischer, die billig den Fang anbieten; —
schöne Strände in der Nähe. —

Das "AKTI MYRINA—HOTEL" am Ortsrand im Norden gehört gemäß Klassifi=
kation der griechischen Tourismus - Behörde zu den besten Hotels des Landes
(Luxusklasse). Zwischen Blumen und Bäumen Bungalows in groben, schwarzen
Steinbrocken, meist 4 Stück in Reihenbauweise zusammen. Die Zimmer haben zwar
sehr geschmackvoll bemalte Vorhänge, aber einen derart kleinen Erdgarten, daß
der Nachbar bequem rüberschauen kann, sollte man in der Sonne nacktbaden.

Das "gewollt rustikale" der groben Steinbauweise geht mir persönlich etwas auf den
Wecker, und wenn ich das Geld hätte, das hier für die Übernachtung zu zahlen
ist, würde ich andere Luxushotels Griechenlands dem Akti vorziehen.

Top sind aber die Ferienmöglichkeiten im Hotel: breite Palette von Tischtennis über
Wasserski, Segeln, Tennis, Windsurfen, Chris Crafts, Kaikifahrten und vieles mehr
wird angeboten. Das Hotel hat einen eigenen Sandstrand, der mit Stacheldraht
und Eisentor vom gewöhnlichen Limnos - Volk abgetrennt ist.

Zu zahlen sind hier für's : Einzel: ca. 85 — 2oo DM (je nach Saison und Zimmeraus=
stattung: nur Dusche oder inkl. Eisschrank, Bad und V.I.P.—Feeling) und für's
Doppel: zwischen ca. 13o und 215 DM. — pro Tag, Frühstück + eine große Mahlz. inkl.)

Übernachtungin den anderen Inselorten nur bei Privat. Die Kosten liegen hier
für's Doppel bei ca. 1o - 15 DM.

Excursions/Trips
(Ab Myrina/Limnos)

Die "Shipping Agency/Lemnos Island" des Mr. Pantelias hat zwei grö=
ßere Kaikis. Der Boss Piccoli vermietet sie für den handlichen Preis von
runden 28o DM pro Tag, aber auf das Boot passen dann auch an die
1o Leute drauf (= 28 DM pro Tag), Sprit und alles inklusiv.
Fahrten nach Skiathos, Skopelos, um die Insel Limnos rum, sowie (der
wohl attraktivste Trip!) rüber an den Berg Athos inkl. Mönchen ohne
Sondergenehmigung. Darin liegt der große Clou, denn für die Einreise
über den normalen Übergang in die Republik bei Ouranopolis/Festland
sind erhebliche Einreisebestimmungen zu überwinden. Allerdings nur für
männliche Wesen möglich. —

Problem der Pantelias - Agentur: es gibt nicht genügend Touristen auf der Insel, sodaß es für euch schwierig werden wird, — auch im Hoch= sommer genügend Leute zusammenzufinden und dann der Trip im Kaiki sauteuer wird. —

Auto - Mieten:
"Lemnos - Car"/Myrina, Hauptstraße, siehe unsere Karte!
Ein VW 13oo kostet ca. 65 DM pro Tag, ein Lancia oder Toyota ca. 7o DM. — Billiger, wenn man pro Woche mietet. —
Die Vermieter verlangen ein Mindestalter von 21 Jahren sowie volle Deckung durch den Mieter bei Unfällen, die sich während des Autobetrie= bes ereignen. — Kaution: 5o US $. — Für Juli/Aug. besser vorbestellen! —
Tel.: (Griechenl.)—0276 — 22.o39

BADEN:
Direkt vor der Haustüre rechts und links am Ort Myrina drei ca. 2oo — 5oo m lange Sandstrände. Der Festungsfelsen steht dazwischen.

① Nordbucht/Myrina:
An ihrem Nordende das "Akti Myrina" : der hoteleigene Strand mit ca. 3o - 4o m, sauber, von Felsen + Gittertor vom übrigen Strand abgeteilt.
Gleich dahinter der Strand für's Volk: Sand, Spielmöglichkeit für Kinder (Schaukeln, Wippen), sowie zwei Mini - Umkleidekabinen.
Bis auf eine zerbrochene Bierflasche, einer Plastiktüte und mehreren leeren Zigarettenschachteln, die hoffentlich bis zur Touristensaison verschwinden, — sauber. Im Meer allerdings Pflanzen.—
Auch im Wasser Sand. Geht relativ flach rein. Windgeschützt durch die beiden Buchtausläufer.
Dann kommt ein größerer Felsvorsprung und gleich danach der zweite der beiden nördlichen Strände. Leider hocken die Militärs genau auf diesem Felsvorsprung: Kaserne, Grünjacken und viele Jeeps.
Dieser Strand ist ca. 6oo m lang, hat Umkleidekabinen und Sand.
Jenseits der Strandstraße beginnt der Ort. Kafenion. Am südlichen Ende: der Festungsfelsen.

② Südbucht/Myrina:
liegt südlich des Festungsfelsen. Gleich nach den Hafenanlagen und der Sea Food Taverna beginnt der Sandstrand. Auch trotz Hafennähe ist das Wasser relativ sauber. Es gibt wackelige Wippen und flachen Meeres= eingang, aber die beiden nördlichen Stadtstrände (siehe oben) sind vor= zuziehen. —

③ Golf von Kaspaka:
Der Trip rauf gestaltet sich zu einer bitteren Enttäuschung!
Über die Straße Richtung "Akti Myrina- Hotel" am Meer entlang. Landschaftlich sehr schöne Bays, — aber mit dem typischen Limnos - Haken:
Gleich hinter dem Hotel wechselt die Landschaft und erinnert in ihrer Kargheit an schottische oder irische Küsten. Felsabfälle ins Meer, ca.

2o - 5o m, kleinere Felsrocks im Wasser und immer wieder Sandbays
dazwischen. Voller Freude planscht man schon in Gedanken im Wasser
und sucht nach einer Parkstelle für den PKW. Man sieht aber einen
dünnen Draht und es könnte sein, daß dazwischen Dynamit versteckt
liegt . . .
Der Strand nennt sich "Avlona Beach" und trägt gefährlich
nicht am Anfang sondern erst in der Mitte ein kleines rotes Schildchen:

ΕΠΙΚΙΝΔΥΝΟΣ ΠΕΡΙΟΧΗ
ΑΠΑΤΟΡΕΥΕΤΑΙ Η ΔΙΕΛΕΥΕΙΣ ΠΡΟΣ ΑΚΤΗΝ ΑΥΛΩΝΟΣ

(Gefährliche Sektion. Der Durchgang zum Avlona Strand ist verboten)

UND so stellt sich für den Besucher folgendes Bild dar: er kommt an einen Top
Strand mit feinem Sand und Gras bzw. Moospolstern dazwischen, — besonders
schön im Frühjahr, wenn die Blumen dazwischen blühen, die Sonne über dem Berg
von Athos untergeht, und er weiß, daß hier Minen verstreut liegen.
Die Straße geht über ein hübsches Steinbrückchen auf der anderen Seite der Bucht
über die Hügelkuppe rüber. Wenn man den Strand dann von der Serpentine noch=
mal sieht, in seiner ganzen Schönheit, dann können einem die Tränen kommen . . .

WARNUNG für Limnos - Baden:
Wer an einsamen Stellen baden will, sollte zuvor die Einheimischen
fragen, ob hier keine Minen liegen, denn oft stehen die roten Warn=
schilder versteckt und nicht auf den ersten Blick sichtbar! —

Kurz nach dem "Avlona" wieder eine neue Traumbucht, natürlich
wieder vermint. — Der Strand von Kaspaka ist degegen nicht vermint,
aber qualitativ schlechter als Avlona.
TIP: den Wagen schon am Ortseingang stehen lassen: ein Kafenion
auf Bergkuppe, bevor die Häuser beginnen. Die Straße durch den Ort
ist extrem schmal, und der Erdweg ab Ortsausgang runter an den Strand
ist mehr für Maultiere als Autos konzipiert. Zu Fuß runter ca. 6o Min.
Unten etwa 18 Häuser. Den Trip runter nur, wenn man viel Zeit
auf Limnos hat. LIMNOS: eine Insel mit Haken, bzw. Minen . . .

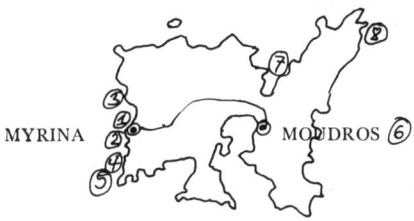

MYRINA   MOUDROS

Insel Limnos

Im Süden von Myrina liegen die besten Strände der Insel, der Strand
von Platis und der von Thanos.

④ **Platis:**
etwa 6 km vom Ort Myrina entfernt und über eine passable Schotter=
straße zu erreichen. Es gibt Busverbindung, aber nicht allzu häufig am
Tag. Eventuell Trampen möglich. — Der Ort PLATIS liegt oberhalb

in den Hügeln, — ein verschachteltes Bergdorf mit teils extrem engen Gassen . Lasst das Auto besser am Ortseingang stehen, oder viel rangieren nötig. Runter an den Strand: zu Fuß ca. 15 Min. über eine schmale Erdstraße, Schafsgeblöcke, Hühnergegacker, Esel stehen rum, — sehr ländlich, wie überhaupt der Gesamteindruck der Insel.

Im Ort: am Hauptplaza Kafenions und eine Bar/Taverna. Die Kinder spielen abends vor der Kirche Fußball. Privatwohnen im Ort möglich. Der Strand von Platis ist etwa 13oo m lang in weitgeschwungenem Bay, sagenhafter Blick von Platis/Ort aus! Unten Sand, aber kaum Bäume. —

⑤ Thanos:
Ab Platis weiter über die Schotterstraße in Serpentinen den Hang rauf (sagenhafter Blick am späten Nachmittag über die vielen Bays und Myrin a! Eine der schönsten Stellen der Insel!!)—
Hinter der Kuppe dann unter euch Thanos. Der Ort wieder mit engen Gassen, hübschem Haupt- Platz und Kafenion, wo man Tischfußball spielen kann. Oberhalb des Bade-Bays gelegen. Zu Fuß über Erdpiste runter an den Strand, ca. 15 Min. Aber auch per Auto möglich, sofern eure Kiste schmal und geländegängig ist. Unten: Sandstrand, Gras; hinter dem linken Felsvorsprung die Kulisse der Nachbarinsel Ag. Efstratios. —

Die Straße setzt sich als holprige, schmalere Erd/Schotterpiste fort, — über Kontia — Nea Koutali auf die Asphalt- Verbindung zum Air= port. Gleich hinter Thanos: der GOLF VON S. PAUL, ideal zum Tauchen und Fischen! —

TRIP RÜBER NACH MOUDROS:
Ab Myrina durchgehende Asphaltstraße, gut ausgebaut bis zum Flug= hafen. Drum herum viel Militär , bepinselte Hangars, Jeeps und Polizei. Der Teil bis Moudros wird momentan für die verbreiterte Asphaltie= rung vorbereitet.

⑥ Moudros:
Der Ort voll von Militär: Jeeps, LKW's, Kaserne an der Bucht. Die Grün-Boys räkeln sich am zubetonierten Strand.
Großer Bay, gut für Kriegsflotte, da relativ windgeschützt durch den schmalen Eingang; kann vom nahen Airport bewacht werden.

Es gibt eine kleine Mole für die Fischer, aber alle großen Fährboote legen in Myrina an. — Der Ort Moudros hat für Touristen wenig zu bieten; ein verschlafenes Bauerndorf, durch das gelegentlich die Jeeps holpern und die Hühner verschrecken. Auch die Jungens vom Militär scheinen wenig Geld zu haben, denn es gibt kaum Tavernen.*

Rechts neben der Kaserne am Hafen Sandstrand, der uns aber wegen vielen Wasserpflanzen wenig reizvoll erschien zum Baden. Es gibt sogar eine Umkleidekabine.

MOUDROS ist letzter Stützpunkt, bevor man ins völlige Ländliche kommt.

*Trip: es gibt eine Taverne, direkt am Hafen mit ausgezeichneter Fischsuppe!

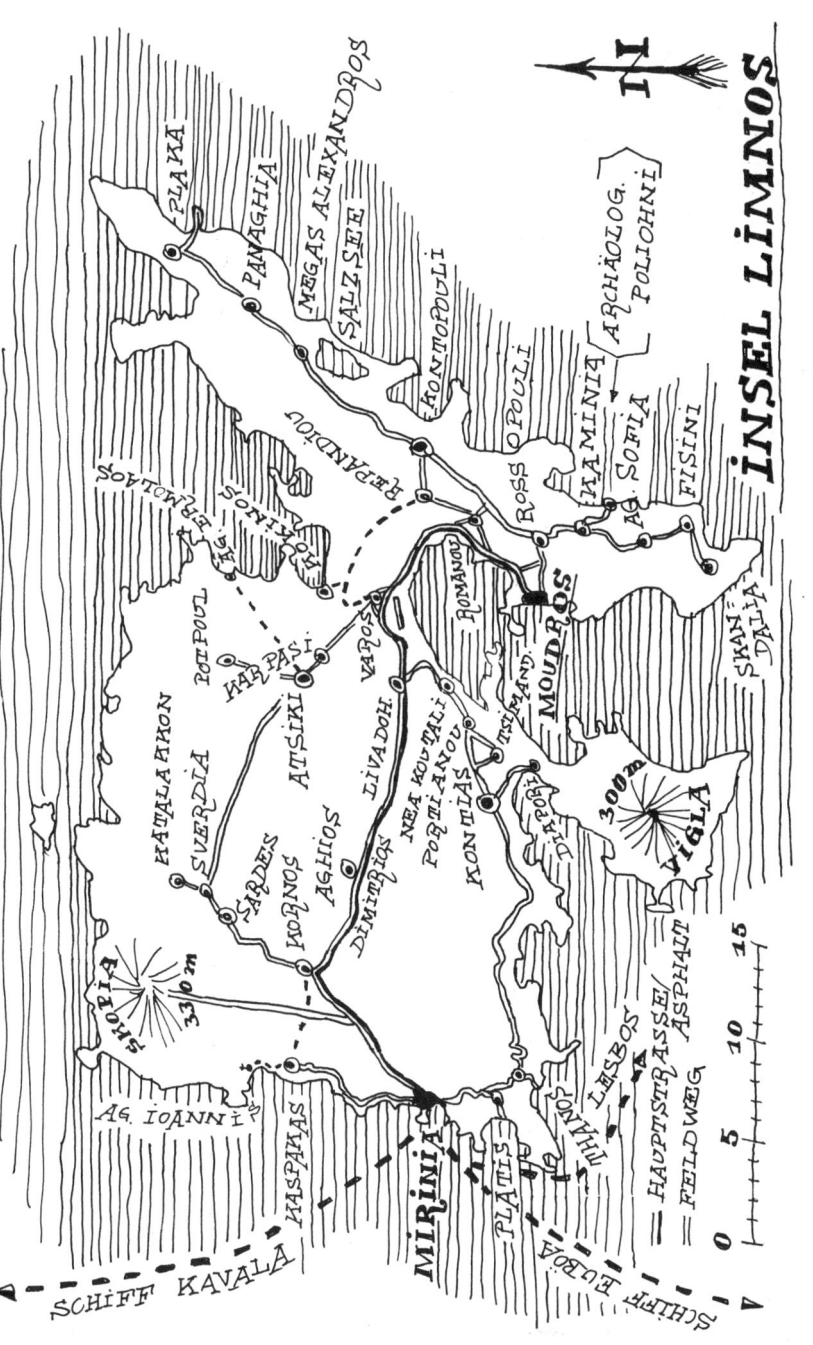

INSEL LÍMNOS

N

SCHIFF KAVALA

SCHIFF EUBÖA
LESBOS

PLAKA
PANAGHÍA
MEGAS ALEXANDROS
SALZ SEE
KONTOPOÚLI
ROSSOPOÚLI
KAMINIA   ARCHÄOLOG.   POLIÓHNI
AG. SOFÍA
FISÍNI
SKANDÁLI

REPÁNDOU
AG. ERMOLAOS
ROXINOS
KATALÁKON
POÍPOULI
SVERDIÁ
KARPÁSI
ANTSÍKI
SARDES
AGHIOS
KORNOS
DIMITRIOS
LIVADOH.
VÁPOS
ROMANOÚ
NÉA KOUTALI
PORTIANOÚ
TSIMÁND.
KONTIÁS
DÁPORI
MOÚDROS
VIGLA   300m

SHOPIÁ   330m
AG. IOÁNNI
MÍRINIA
KASPAKAS
PLATIS
THÁNOS

= HAUPTSTRASSE/ ASPHALT
= FELDWEG

0   5   10   15

<u>LIMNOS</u> ist die Insel der griechischen **Mythologie.** Es gibt viele schöne Stories:
Hephaistos soll z.B. Ärger mit Zeus, dem Götterboss gehabt haben, weil er diesen
wegen der Behandlung seiner Gattin Hera heftig kritisierte. Zeus war sauer und warf
den Schmiedegott Hephaistos kurzerhand aus dem Götterhimmel, und der Arme
flog in hohem Bogen direkt auf die Insel Limnos, wobei er sich ein Bein brach und
fortan hinkte.

Limnos ist eine vulkanische Insel und hatte, wie die Wissenschaftler herausfanden,
relativ früh die Eisenbearbeitung gekannt. So dürfte sich der Zusammenhang mit
der griechischen Hephaistos - Mythologie herstellen lassen. —

<u>Hephaistos,</u> der Schmiedemeister war wiederrum mit APHRODITE verheiratet, die
aber permanent mit anderen Männern ins Bett stieg.*Dies empörte die Frauen von
Limnos, die sich weigerten, Aphrodite zu huldigen. Aphrodite, sauer, verpasste
daraufhin den Frauen von Limnos einen übelen Achselgeruch, sodaß deren Ehemänner
in Ermangelung von "BAC" denen untreu wurden. Hickhack, Thrakien nahe und die
Limnos Männer dort engagiert, worauf die Limnos-Frauen kurzerhand ihre Männer
ermordeten. So berichtet jedenfalls die Mythologie. Was nicht ausbleiben konnte:
den Limnos - Frauen fehlte nun die Freude im Bett, aber glücklicherweise kamen
gerade die "ARGONAUTEN" mit ihren Schiffen an der Insel vorbei, — nach vielen
Monaten allein auf See: dürstend nach weiblichem Fleisch. Freude auf beiden Seiten
und viel Nachwuchs, weil man damals die Pille noch nicht kannte.

Eine andere Story erzählt von <u>PHILOKET</u>, dem Bogenheld im trojanischen Krieg:
Wurde von einer Schlange gebissen und hatte nun eine stinkende Wunde. Die anderen
Krieger auf dem Schiff, die die Nase voll hatten vom Gestank der Wunde, besprachen
sich mit Odysseus, der den Philoktet auf Limnos zur "Kur" aussetzte.

Außerhalb von mythologischen Stories ist nun bekannt, daß auf der Insel Limnos
schon im Altertum Erde beim Dorf Kotchinos ausgegraben wurde, — die "terre
sigillata", die Heilung bei Schlangenbissen versprach. Gemäß Ernle Bradford/"Die
Griechischen Inseln" soll man diese Erde heute noch mit dem Stempel der Artemis
versehen in Apotheken der Orte Myrina und Moudros in Würfelform kaufen können.—

Die Geschichte von Philoktet endet folgendermaßen, beschrieben von Sophokles:
Odysseus und seine Mannen stellten fest, daß man zur
Eroberung Trojas auf den Bogenkünstler Philoktet nicht
verzichten konnte, und so wurde dieser wieder in die
Schar aufgenommen. Kurz darauf holte Philoktet mit
einem Meisterschuß die Paris von der Stadtmauer Trojas
runter. Mit eini=
gen anderen
Trix, so z.B. dem
Trojanischen

*heraus kam, - der Sage gemäß: Äneas, der Rom gründete.

Gaul wurde die Stadt dann erfolgreich bezwungen. –

Das antike TROJA liegt nur wenige Kilometer von der Insel Limnos entfernt; von
daher liegt es nahe, daß die Odysseus - Story hier stattfand. Die ARGONAUTEN
könnten den Etruskern aus dem heutigen Italien gleichzusetzen sein, ein Seefahrer=
volk , das gemäß den Funden, die man bei Hephaista/Limnos machte, damals die
Insel besucht haben müssen.

Viele weitere Stories aus Geschichte und Mythologie, die wir hier nur anreißen können.
Der nicht allzu hübsche Hephaistos, der gemäß Sage verträumte, intellegente Augen
gehabt haben muß, schmiedete beim damals vulkanisch tätigen MOSCHYLOS , aus
dem unaufhörlich Rauch, Flammen und brennende Steine flogen. Verständlich, daß
die mit den Naturwissenschaften noch nicht so vertrauten alten Griechen diese für
sie gewaltigen Erlebnisse "mythologisch verarbeiteten". – Meisterwerke des Hephai=
stos waren der eiserne Schild des Kriegers Achilles (siehe "SKYROS"), der Brust=
panzer des Herakles, der goldene Wagen des Helios und, – natürlich: ein Tron für
Zeus und ein Palast für die Götter auf dem Olymp. –

Limnos , die hügelige, weitgehend baumlose Insel (früher einmal dicht
bewaldet!) hat einen schwermütigen Charakter, besonders wenn die
Wolken über dem Land hängen. Nichts besonderes bezügl. Attraktionen,
wie sie die Kykladen (Santorini z.B.) oder auch die Insel Skyros mit
ihrem Akropolis - Blick zu bieten haben, – aber es macht Spaß, in einem
der kleinen Dörfer einen ruhigen Nachmittag beim Schachspielen zu ver=
bringen. Allerdings ist dafür ein eigenes Fahrzeug nötig, denn die Bus=
verbindungen sind schlecht. –

⑦ Zum Nordbay:
Abzweigung beim Airport. Etwa 5oo m nach VAROS (Kafenions) und
weiter auf einer äußerst miserablen Erdpiste, die durch die Militärs
nur noch mehr versaut wird, rauf nach KOKINOS. Befahrbar für
hochliegende PKW's nur unter Problemen. Am besten mit VW - Käfer.
Etwa 2 km ab Varos durch eine Hügellandschaft. Man sieht den Bay schon
von weitem. – So sieht die Lage jetzt Anfang Mai aus, und ob bis zum
Sommer nochmals ein Catterpillar raufgeschickt wird, ist äußerst frag=
lich. In jedem Fall aber eine schöne Wanderung (Bus bis Straßenkreuzung
beim Airport und weiter zu Fuß, ein 1/2 - 1 Tagestrip mit Baden im Bay)

Kokinos: besteht aus einer handvoll Häuser incl. Cafe/Minitaverne, die
aber nur bei Bedarf operiert. Besser das eigene Essen mitbringen, da die
Sache halbprivat aussieht und nicht gesichert ist, ob der Besitzer auch
anwesend ist.
Zum Baden ist der Nordbay weniger geeignet: viele Steine und Pflanzen.
Vielleicht aber kann man sich seitlich durch die Felder schlagen und
eine einsame Sandbucht finden. Landschaftlich ist der Ausflug aber
sehr lohnend. Der Bay von Minihügeln umrandet. Und direkt an der
Bayöffnung der Felsklotz von der Nachbarinsel Samothraki.
Auf dem Dorfhügel von Kokinos steht ein etwas verfallenes Madonnen—
denkmal auf schiffsähnlichem Podest. Vermutlich die Argonauten-
Story.

⑧ Plaka/Nordostküste:
mehr oder weniger intakte Erdpiste, die kurz vor Moudros in den Norden

der Insel abzweigt. Einige der unterwegs passierten Dörfer sind geteert, eine Wohltat nach der ewigen Schotter- Rumpelei und Schlagloch- Auf= passen. Viel provinzieller Mief , um positiv zu formulieren: "ländliches Ambiente" . . . – PLAKA hat einen schönen Beach zum Baden.

Südostroute:
geht vorbei an POLIOHNI mit den bedeutendsten Ausgrabungen der Insel: aus Moudros raus Richtung Flughafen und Abzweigung nach ROSSOPOULI nehmen. Ein verschlafenes Dorf mit Cafes, durch das man rechts durchfährt (ab Hauptplatz!). Über die Hügel Richtung KAMINIA.

Eine Erdpiste zweigt beim Dorf zu den Ausgrabungsstätten, von denen man sich aber nicht zuviel erwarten darf, solang man nicht gerade ein Archäologie- Fan ist. Mauerreste. Die besten Funde sind im Museum in Myrina. Archäologen leiten aus dem Fund einer archaischen Grabinschrift wegen Schriftverwandtschaft etruskische Ureinwohnerschaft der Insel her, wenn das auch noch umstritten ist. –

TAUCHEN AUF LIMNOS:
Beste Plätze gemäß Auskunft von Einheimischen:

    Ormos Plateos, der Bay unterhalb der Ortschaft Platis
    Cap Petasos, bei den Akti Myrina - Bungalows, nördlich
    Östlich des Cap Rigani, wenn man über Thanos Ri. Kontias fährt
    Gulf of S. Paul, zwischen Thanos und Kontias
    Golf von Kondias, bei Diapori

Im Ort Myrina gibts in der Hauptgasse ab Hafen ein Ausrüstungsshop für Taucher (siehe unsere Skizze!), wo man Tauchmasken, Schnorchel, Flossen und UW– Flinte bekommt. Die Preise für die Geräte liegen hier etwas billiger, als in Deutschland. Wir weisen darauf hin, daß das Unterwasserfischen in Griechenland verboten ist. –

INSEL LESBOS

Ausländischer Tourismus hier noch relativ unbekannt,– einmal weil die Insel abseits derHaupt - Touristen - Ge= biete Griechenlands liegt, – zum anderen, weil die Öl= baumhaine in erheblicher Überzahl zu schönen Bade= stränden sind.
Viel Vegetation: neben den Oliven: Kiefern, gewaltige uralte Platanen, in die man komplette Autos reinrangieren könnte und daneben noch sein Zelt aufschlagen, – die Leute auf dem Land sehr freundlich und herzlich. Es gibt eine Schlucht mit einem Wildwasser - Bach, zwei "Fjorde", die tief ins Land reinreichen, – das süße Theophil- Museum im Mytilene - Vorort VAROS.
Schönste Stellen der Insel aber an der Nordwest - Küste mit dem Festungs= dorf METHYMNA und der Strand von PETRA.

Ideale Insel für Leute, die Relaxen wollen abseits des Rummels von Mykonos und Hydra. — Obwohl es gute Busverbindungen ab Inselhaupt= ort MYTILENE in alle Inselteile gibt, ist eigenes Auto zu empfehlen.—

VERBINDUNGEN:

Flug:
Täglich 2 mal mit Düsenjets der "Olympic Airways". Zusätzliche Maschinen in den Sommermonaten. Dauert ab Athen: 45 Min. ca. 6o DM

Der FLUGHAFEN/LESBOS liegt etwa 7 km südlich von Mytilene. Zubringerbus der "Olympic Airways" (ca. 1,5o DM)
Office in Mytilene: 13, Smyrnis Street, Tel.: (o277) — 22.82o/ 22.495

Schiff:
in den Sommermonaten täglich ab Piräus, sonst ca. 4 - 5 mal pro Woche. Die Überfahrt dauert dauert runde 16 Std. mit kurzem Zwischenstop auf der Insel Chios. Pro Person kostet die Überfahrt in

Decksklasse: ca. 25 DM
2. Klasse: " 4o DM
1, Klasse: " 5o DM
PKW: " 75 DM (mittlere Größe)

Es fährt die "SAPFO" , ein zeimlich großer und moderner Dampfer, der in Hull/England gekauft wurde. Seit ca. 6 Jahren in Griechenland in Betrieb und in der Decksklasse (Flugzeugsitze; wenig gemütlich!) geht's rund: Berge von Zeitungsknäulen, in denen die Butterbrote eingewickelt waren, Orangenschalen, verschnürte Pappkartons, Grie= chen auf dem Boden schnarchend, Soldaten vor dem TV. Die Toiletten quellen über.

2. und 1. Klasse o.K., aber die schick gekleideten Schiffsoffiziere schwärmen während der Überfahrt mindestens 2 mal aus, um die Sache nach "blinden"-1. Klasse - Tram= pern zu durchforsten. Auch vor der Toilette steht einer Wache! Außerdem ist die 1. und 2. Klasse durch hohe Gitter von der Decksklasse "abgeschirmt". Es gibt nur einen geheimen Verbindungsgang durch den Bauch des Schiffes, der aber auch oft bewacht ist. —

Wer's Geld hat, fährt 2. oder 1. Klasse mit Schlafkojen, besonders bei Seegang bei der Überfahrt über die offene Ägäis zwischen Andros und Chios zu empfehlen. Wer Decksklasse kauft, sollte sich Schlafsack mitnehmen und wegen der frischen Luft oben an Deck pennen! —

Thessaloniki/Fetsland(Nordgriechenland) — Insel Lesbos: 1 mal pro Woche.

Die "Achilefs", ein Passagierdampfer, den sich Gastarbeiter aus Samothraki kauften (siehe "Insel Limnos"!) verkehrt auf der Strecke Ri. Süd:
Lesbos — Chios — Patmos — Leros — Kalymnos — Kos — Rhodos.
Braucht ab Insel Limnos bis Insel Rhodos ca. 2 Tage. Keine "Roll on-Roll - off" - Möglichkeit für PKW - Transport, aber villeicht kann man seinen Wagen mit dem Kran an Deck hieven lassen.
Durch die "Achilefs" wird das bisher bestehende Loch einer fehlenden Querverbindung zwischen den Inseln vor der türkischen Küste geschlossen.

Lesbos — Limnos — Festland/Nordgriechenland(Kavala) — Insel Euböa
mit dem kleineren Dampfer (PKW/Passagiere) "Ägäis". Infos hierzu
siehe "Insel Limnos"! —

"S/B Katarina" auf der Strecke Lesbos — Limnos — Kavala, angeblich
jeden Freitag. Die Office ist in Mytilene/Insel Lesbos am Hafen. —

LESBOS – KARTE:
Ausgezeichnet ist die Touristen - Karte über die Insel, die es in Souvenier=
shops, Buchläden und Kiosken der Inselhauptstadt Mytilene zu kaufen
gibt. Sehr zu empfehlen!
Kostet ca. 1,2o DM und bezüglich Straßenverbindungen, eingezeichneten
Tankstellen und Entfernungen sehr zuverlässig. Außerdem sind die Berg=
höhen farblich sehr gut herausgearbeitet. Maßstab 1: 14o.oo
"Byron Soudzidellis Verlag"

Mytilene:
Größter Ort der Insel, Anlegestelle der Fähren und kommerzielles Zentrum.
Schöne Hafenfront mit vielen Straßen - Cafes. Wir haben hier eine herrliche
Schiffsmesse mit byzant. Bart- Priestern erlebt, bei der kräftig Weihrauch
geschwenkt wurde, daß die Leute in den Cafes zu husten begannen,—
aber normalerweise liegen hohe Frachter vor dem Kai, die den Blick
nehmen. In den Süßigkeiten - Shops in der ersten Parallel- Gasse zum
Hafen: die berühmt, berüchtigten "Loukoumatzos Levos", ein übeler
Plombenzieher, — geleeartige Gummimasse, die per 1oo Gramm über
die Ladentheke gehandelt wird. —

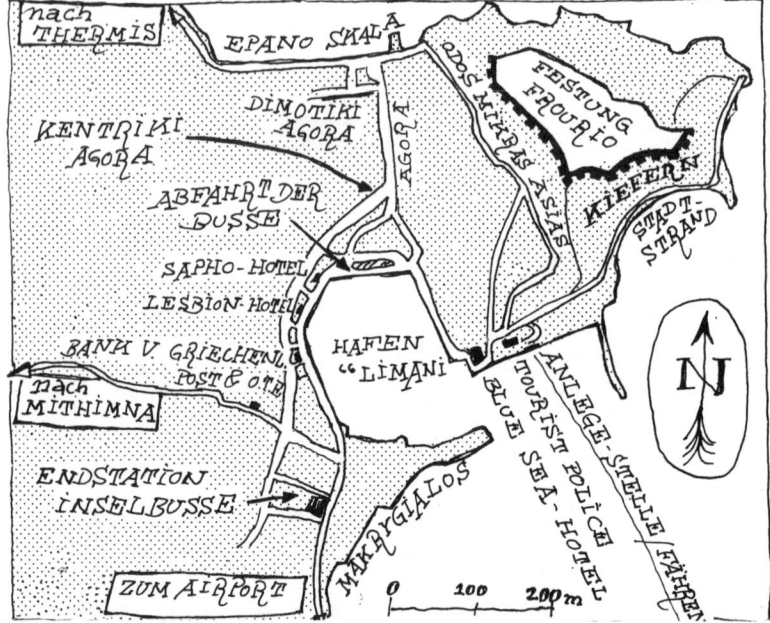

MYTILENE selber ist nicht sonderlich interessant und sollte als Start=
punkt für Inseltrips gesehen werden. Der Dampfer aus Athen kommt
meist am späten Vormittag (nach langer Nacht- Überfahrt) im Hafen
an, und entweder sieht man sich kurz noch im Ort um oder steigt
gleich ins Hotelbett.

HOTELS:

"Sappho" am Hafen , ca. 23 DM für's Doppel mit Privatbad und Hafenblick, der
vorzuziehen ist dem langeweiligeren Stadtblick über Hausdächer.

"Lesvion", ebenfalls am Hafen, ein paar Meter weiter von "Sappho", bessere Klasse,
"B", ca. 35 DM für's Doppel mit Meeresblick und eigenem Bad. Hinten raus ohne
eigenes Bad kostet das 4o DM/ Doppel.

"Blue Sea", am Hafeneck, wo die Fähren anlegen: ca. 45 DM/Doppel.

Billiger im Ort: "Lycabettus" (1 Limnou), das "Kentron" und das "Megali Vretannia"
(1 Alcaeou}, alle für's Doppel um die 18 DM

STRÄNDE im Stadtbereich wenig attraktiv. Unterhalb der Festung
ein aufwendiger Gitterzaun und per LKW herangekarrter Sand= Stadt-
Strandbad. Nicht direkt zu empfehlen. Wer von Mytilene aus zum
Baden will, der nimmt den Vorortbus raus nach VARIA.

FESTUNG liegt schön oberhalb des Fährhafens in einem Pinienwald.
Herrlicher Blick von den Mauern über den Dunst des Meeres auf die
türkische Küste. Adler kreisen unter euch, und die Fischer bereiten
zum Fang.

LESBOS ist eine sehr fruchtbare Insel: pinienbewaldete Berge, in den
Tälern grüne Olivenhaine, deren Blätter silbrig glänzen, wenn der Wind
sie bewegt! Gelb verdorrtes Gras, Ziegenhirten, lange, einsame Sand=
strände, die mit Felsenküsten wechseln. AUTO—MITNEHMEN
lohnt sich sehr: ihr habt aber auch ausgezeichnete Busverbindungen
ab Hafen Mytilene!

THEOPHIL, ein Maler der Insel lebte vor ca. 5o Jahren und verdiente
sich seinen Lebensunterhalt, indem er Tavernen und Kafenions ausmalte.
Unter naiver Malerei mit das Schönste, was ich kenne; Atmosphäre
und Echtheit mit einfachsten Mitteln. Im Vorort Varia gibt's ein
kleines "THEOPHIL—MUSEUM", das man unbedingt gesehen haben
sollte. (Bus ab Hafen raus nach Varia!)—

In der DORFTAVERNEN der Insel ist "Theophil" kaum noch zu finden, da inzwi=
schen der Wert der Bilder erkannt worden ist und sie auf dunklen Wegen aus den
Tavernen auf die internationalen Kunstmärkte in Athen und Paris gelangten und
dort zu hohen Preisen gehandelt werden.

Mytilene:

KARTE zur groben ersten Übersicht über die wichtigsten Punkte um den Hafen.
Der Übersichtshalber sind nur die wichtigsten Straßen eingezeichnet.

AGORA = Markt   KENTRIKI AGORA = Zentralmarkt
DIMOTIKI AGORA = Städtischer Markt

Die SCHIFFSBÜROS für die einzelnen Fähren liegen nicht im Hafen,
sondern direkt beim "Blue Sea - Hotel", siehe unsere Karte! —

Eine Ansichtskarte, die es in Mytilene zu kaufen gibt, zeigt ein Kafenion mit Theophil ausgemalt, das im Dorf Ag. Paraskevi existieren soll. Trotz langem Suchen ist es uns nicht gelungen, das Cafe-Haus zu finden. — Im Dorf MITHIMNA an der Nordwest= küste gibt es zwar Theophil - Nachzeichnungen (mehr oder minder laienhaft), über "echten" - Theophil wußte auch dort keiner der Einwohner.
Wer irgendwo Theophil in Tavernen oder Kafenions in kleinen Landorten entdeckt, möchte uns bitte kurz schreiben! —

SÜDROUTE:

Runter nach Kratigos und um's Kap rum an den Bay von Kolpos Geras.

Der Bus ab Mytilene geht 3 - 5 mal am Tag bis Kratigos. In diesem Bereich liegen auch die besten Strände im Stadtbereich: vorwiegend flacher Eingang, meist mit Feinkiesel, manchmal Sandflecken, flaches Wasser. Straße führt direkt am Wasser entlang; schöner Blick auf die nahe türkische Küste. In diesem Bereich auch viele meist recht gemüt= liche Tavernen und einige Cafes.

ÜBERNACHTUNG: EΞOXIKO KENTPO, ROOMS TO LET { °AKL Bάδα
                ONOIKIAZOMENA   ΔΩMATIA }
Eine Taverna auf halber Strecke nach Kratigos mit Privatzimmern. Kostet Doppel incl. Dusche ca. 14 DM. Das Haus liegt etwa 3o m vom Wasser entfernt, Eingang: feine bis grobe Kiesel mit Sandflecken im Wasser. — Der Hammel in der Taverne pro Kilo (reicht lässig für 2 Leute, sofern nicht zuviele Rippen!) für runde 16 DM Der Hummer um die 45 DM (Kilo)

AIRPORT/INSEL LESBOS:
Kurz vor Kratigos. Direkt neben dem Meer, — die "Empfangshalle" ein kleiner Bungalow - Neubau. Verbindungsbus mit Olympic Airways in die Stadt Mytilene.

BUNGALOWS "AKTH KATIA" im Süden an der Halbinselspitze: auf einem Hügel oberhalb des Meeres. Freundlicher Besitzer. Kostet nach seiner Auskunft für's Doppel zwischen 4o und 5o DM (je nach Saison), steht aber in einer Liste der griechischen Chamber de Commerce Hoteliere de Grece mit 22 DM verzeichnet. (ca.-Preise).—
Die Bungalows, die schön zwischen Blumen und Sträuchern stehen, sind simpel. Ein , sofern nicht gerade die Jets landen (ca. 2 - 3 mal am Tag), ruhiger Platz zum Relaxen, der allerdings etwas außerhalb liegt und schlechte Busverbindung in den Ort hat. Mit eigener Taverne: gutes, aber nicht billiges Essen. —

KURZ hinter den Bungalows Richtung Süden endet die Asphaltstraße: weiter als Schotter, aber o.K., führt oberhalb des Meeres am Hang ent= lang mit schönem Blick rüber in die Türkei und auf die Nachbarinsel Chios. Seitlich militärisches Sperrgebiet.

Die Schotterstraße führt um die Kapspitze rum an den Kolpos Geras. Unten an der Kapspitze: ein Kafenion mit schönem Chios- Blick, aber der Strand mit groben Wackersteinen. Rund um den Kolpos Geras: Tausende von Olivenbäumen, wie ein Wald! Hügelige Landschaft und sehr malerische Szene. Wer ein eigenes Auto hat, sollte mal runter= fahren ans Wasser; Abzweigung bei LOUTRA nach KOUNTOURIA.
Kountouria besteht praktisch nur aus einer Taverne am Wasser und daneben einem Kafenion, zwischendrin eine kleine Mole für Fisch= kutter. Schöner Platz zum Relaxen mit Blick rüber auf Perama; gele= gentlich fährt ein kleiner Kutter (ca. 1o Personen) rüber auf die andere Seite. Immer, wenn Bedarf ist. Das dürfte ca. 3 - 4 mal am Tag sein.

Nach einem "Theophil"- Gemälde (Ausschnitt)   Bott

Die Überfahrt dauert etwa 1o Min. und kostet um die 7o Pfennige.

OHNE eigenes Auto besteht die Möglichkeit, per Bus ab Mytilene nach LOUTRA und zu Fuß runter an den Bay. Dann per Schiffchen rüber auf die andere Seite nach PERMA und mit dem Bus zurück nach Mytilene. Aber zuvor in Mytilene abchecken, wann die Busse Perma — Mytilene verkehren (nicht allzu häufig!)

LOUTRA — MYTILENE direkt per Asphaltstraße und schönen Bay-Blicken. Ca. 1o km . Kurz bevor man runterkommt nach Mytilene, direkt auf dem Bergrücken: sagenhafter Blick auf die Stadt und Festung und hinter dem Meeresarm flach am Horizont die türkische Küsten - Hügelkette. Zum Fotographieren besonders schön am späten Nachmittag.

Mytilene —➤ Plomarion: (42 km pro Richtung)

Das kleine Örtchen Plomarion im Süden an den Hängen des lesbischen Olymp (968 m) stellt den besten Ouzo der Insel her und hat den schön= sten Sandstrand. Es gibt ab Mytilene mehrmals täglich Busverbindungen bis Plomarion (knapp 2 Std., ca. 4 DM), und auch mit eigenem Auto dauert die Strecke immer noch über 1 Std. — Aus Mytilene heraus an der Post vorbei, rauf in die Berge und rüber zum Kolpos Geras. Hier die Abzweigung "Plomarion" (in lat. Schrift) nehmen. Unterwegs:

PALEOKIPOS: mit schönem Kafenion, wo die Tische im Garten stehen. Kurz danach: PAPPADOS, eine ziemlich verfallene, wilde Stadt. Mit schloßähnlicher Villa unter hohen Kiefern, viel Duft um den Ort rum. Es gibt auch eine Tankstelle, sowie Basic-Hotel. Auch auf dieser Hang-seite des Kolpos-Geras : dicht mit Olivenbäumen bewachsen.

Danach extrem viele Kurven durchs Landes-Innere, vorwiegend Oliven, ab und zu Kiefern. Straße sehr eng, daher Vorsicht in Kurven !! PLOMARION: mit Sandstrand im "Vorort" AG. ISIDOROS. Etwa 8 oder 9 Umkleidekabinen, 2, 3 Duschen. Wasser klar, sehr, sehr feiner Kiesel, fast schon Sand. Geht recht schnell rein ins Wasser. Breite: ca. 3O m mit etwas angeschwemmten Seegestrüpp. Schöner Blick rüber auf Chios. Strand beginnt am Ortseingang, direkt wenn man auf der Straße ans Meer kommt. Bei byz. moderner Kapelle.
Am Strand: kleine Taverne. Ort Plomarion ca. 2 km entfernt in Sicht-

weite. Kurz hinter Taverne Richtung Plomarion: kleinere schräg ins Meer verlaufende Felsplatten. Beste Badestelle aber unterhalb der Taverne.

Danach die verfallenen Ruinen einer Fabrik und hinter einer Landkuppe:

Plomarion:

Mole für größere Schiffe, sehr reizvoller Hafen mit Palmen, und rundum mehrere Kafenions und Tavernen. Abends promeniert man, Souvlakis,

HOTELS:
"Hotel Okeanis", direkt am Hafen und Palmen-Plaza, ein neueres Hotel der "C"-Klasse, kostet für's Doppel ca 3o DM. Sollte es während der Hauptsaison voll sein:
Im Ort mehrere PRIVAT- ZIMMER (Rooms to let) —
Kosten um die 18 DM (Doppel); der Preis ist aber Verhandlungssache.

Plomarion teils enge Gassen, kopfsteingepflastert. Sauber, aber verfallen. Bach mit Brücken, — die Häuser ab Hafen den Hang raufgebaut.
Eine Schotterstraße führt an den Hängen des Olymp rüber nach Agiassos, wird zwar später zu Asphalt, — aber besser über die Hauptabzweigung am Nordende des Kolpos Geras nach AGIASSOS fahren:

Agiassos: (27 km ab Mytilene)

Mehrmals täglich Busverbindungen mit Mytilene, Teerstraße bis in den Ort. Der Bus braucht ca. 1 Std. Hauptstraße ab Mytilene Richtung Mithimna, aber am Kolpos Geras die Abzweigung links nach Agiassos. Ab hier viele Kurven; es geht weitgehend durch Oliven- Anpflanzungen.

Der Ort, der vielfach in Reiseführern als Zentrum der Lesbos- Keramik-Herstellung angepriesen wird, hat einen Hauch von Provinziellem. Die Keramik tendiert in Richtung Kitsch, aber zwischendrin kann man bei einigem Suchen schon noch schöne Stücke finden. Becher um die 5 DM (groß), Weinkrüge um die 14 DM.

Agiassos sollte man aber weniger wegen Keramik besuchen (nicht enttäuscht sein!): viele gemütliche Kafenions und die Straßen unter Fliedergängen. Recht hübsch. Wer Zeit hat, für den lohnt sich der 1- Tagesausflug ab Mytilene im Bus. — Kirche berühmt wegen der vielen Öl-Lampen, die an Drahtseil quergespannt sind und wegen Heiligenbild. *(wunder tätig!)* *am 15. Aug*
Postoffice, Telefon. Ein Kino, surprise! Basic- Hotels.—Unterhalb des Lesbos- Olymps gelegen, ein Steinklotz mit Post-Tower, der sich nackt über Olivenhainen erhebt. —

NORDEN UND WESTEN DER INSEL:

Mithimna (62 km) und Petra (55 km)
Der schönste Trip auf der Insel Lesbos. Wir haben einen Kanadier ge= troffen, dem es in Mithimna so gut gefiel, daß er gleich 3 Monate blieb. Das Dörfchen mit seinen schmalen Gassen unterhalb des Festungsberges und dem pittoresken Hafen: für mich eine der schönsten Stellen in der nordwestlichen Ägäis. Im Hochsommer, allerdings immer mehr Touristen, die einem die Sache verleiden können. —

MYTILENE — PETRA/MITHIMNA

Sehr gute ausgebaute, breite Asphaltstraße. Geht nach dem Kopos Geras über Hügelkette durch Kiefernwälder. Danach am Kolpos Kallonis, dem zweiten der großen Lesbos- Bays vorbei. Langer Sandstrand, aber viel Seetang. Das Örtchen KALLONI mit viel Militär (Kaserne nahebei) und Stichpiste an den Bay nach Skala Kallonis.

AG. PARASKEVI: ein Provinznest in den lesbischen Hügeln. Es gibt hier erstaun= lich viele Kafenions, voll von alten Opas. Der Ort ist berühmt für sein Taurus - Fest am letzten Sonntag im Mai: große Sauferei, bunt geschmückte Pferde, ein Pferde= rennen und Festschmaus. — (Stichpiste ab Hauptstraße kurz vor Kalloni) —

Ab Kalloni führt die Hauptstraße über eine Hügelkette rüber zum Ort:

Petra:

8 km südlich des berühmteren Mithimna und zum Baden besser: weite Meeresbucht, Oliven, sowie hoher Felsen mitten im Ort mit einer Kir= chen obendrauf; setzt euch gegen Abenddämmerung auf die Steinbank vor der Kirche: schöner Blick über Ort und Meer. Türkische Küste. Langer Sandstrand, leider zum Teil vermint. Wasser: sauber, sofern nicht von hohem Seegang Dreck angetrieben wurde. —
Direkt am Meer: kleiner Plaza, gemütlich zum Abends - Draußensitzen mit Taverne, Alexander's Souvlaki-Stand, Kafenions und dem "Edel= weiß", wo es ausgezeichnetes selbergemachtes Eis gibt! Spezialität des Hauses, außerdem guter Kuchen, Eis- Nescafe oder Greek-Coffee.—

BUSSE: 2 mal täglich rüber nach Mytilene.
HOTELS: " Hotel Petra", direkt am Strand. Kostet ca 35 DM Doppel, mit eige= nem Bad und kleinem Balkon. Zimmer mit Meeresblick verlangen.

"Alexander" ein symphatischer älterer Grieche vom Souvlaki- Kiosk hat viele billige= re Privatzimmer an der Hand, die im Schnitt um die 12 DM fürs Doppel kosten. Alexander hat viele hübsche Farbfotos von seinen Töchtern, Enkeln und Urenkeln zwischen den Souvlaki - Spießchen aufgebaut. — In der Wohnung des Malers Elevthe= riades übrigens große Theophil - Sammlung. Dieser über Besuch aber nicht erfreut! —

Die Asphaltstraße (relativ wenig Verkehr, da her Trampen schwierig) rüber nach Mithimna führt am Meer entlang.

Mithimna:

Die berühmte Hirtenstory "Daphne und Cloe" spielt in diesem Winkel der Insel; einsame Berg- landschaften und das hübsche Mithimna, das an den steilen Festungsberg raufgebaut ist. Den Wagen am besten vor dem Ortseingang stehen lassen, denn innen ist Fahren so gut wie unmöglich.
Wie wir dawaren: ein stürmischer Spät- April= morgen. Das Meer mit einer silbrigen Haut von Wellenbergen. Der Wind treibt die Gischt in riesigen Wolken weite Strecken über's Meer, manchmal bis zu 3o m hoch! Scheiben scheppern, Wind pfeift um die Hausecken.

B.H
nach einem "Theophil" ~

Schatten und Sonnenflecken.

Der kleine Hafen vorgebaut an der Kap- Kuppe. Riesige Wellenberge treiben zum schmalen Eingang herein. Wellen werden mit solcher Wucht auf die Steinplatten geschlagen, und der Wind greift das auf= spritzende Wasser und trägt es in hohen Gischtwolken bis über die Hausdächer rüber.

Wie wir in den Hafen reinfahren, die schmalen Gassen runter, torkeln uns Benzinfässer wie besoffen entgegen, vom Wind getrieben, laut ge= gen die Hauswände rumpelnd.

Oben bei der Festung soviel Wind, daß man fast liegend gehen muß. Schöne Ägäis, wilde Ägäis.

Der Ort hat fantastische Lage, allerdings der Strand (mit 2 Tavernen) mit Kieseln. Bester Teil: südlich, unterhalb des Hotels "Delfina".

Die besten TAVERNEN liegen im Hafen (Sea - Food). Preise bisher hier anständig, obwohl der Ort touristisch bereits bekannt ist und sich im Sommer viele Gäste durch die Gassen wälzen.

HOTELS:

"Delfina", kurz vor dem Ortseingang auf einem Hügel oberhalb des Meeres, Hotel der "B"- Klasse, Doppel ohne eigenes Bad ca. 35 DM, mit Bad 45 DM. Die Besitzer sehen es aber lieber, wenn man Halbpension bucht (Doppel mit Bad ca. 65 DM), deftige Preise, und wer auf den B- Klasse Komfort (Hotel hat auch Swimming- Pool) verzichten kann, der wohnt im Ort wesentlich billiger privat. Außerdem kommt das Essen in Tavernen des Ortsinneren billiger. PRIVAT: Fürs Doppel (meist ohne eige- nes Bad) sind im Schnitt zwischen 1O und 15 DM üblich, aber natürlich wenn Mithimna in den nächsten Jahren touristisch bekannter wird, werden die Preise parallel steigen.

PRIVAT-ZIMMER-VERMITTLUNG; bei der Bus- Endhaltestelle ist ein kleiner Kiosk eingerichtet, der aber nur während der Hochsaison in Betrieb ist. Außerhalb muß man die Leute direkt fragen, in Tavernen oder Kafenions.

Den Reiz von Mithimna kann man nicht in Archäologie oder andere äußere meßbare Sachen fassen. Es ist die Atmosphäre, die man erlebt haben muß, — bei Sturm (wie wir , als wir das erste Mal in die Stadt kamen), oder bei klarem, glatten Meer. —

Die andere Straße ab Ortseingang führt rauf in den Ort. Einige maleri= sche Gassen, von Flieder überspannt. Die Häuser stehen eng beisammen, den Hang raufgebaut; — von einigen Kafenions, die noch im alten Stil eingerichtet und sehr gemütlich sind, hat man einen sagenhaften Blick über's Meer und den kleinen Hafen!

Zentrum ist die "AGORA", wie die Einheimischen sagen. Zwei Gassen, die sich in spitzem Winkel am Hang treffen: Eingang durch einen Tor= bogen (mit kleinem Kino), daneben die Mini - Post mit Telefonmög= lichkeit, mehrere Fleisch und Kolonialwarengeschäfte und Souvenirs sowie eine kleine Galerie, in der mehr oder weniger gut Theophil kopiert wird, sowie schöne Batiksachen.

Eines der besten Kunstgewerbegeschäfte, eine Mischung aus Kitsch- Sou= venirs und guter Pullover - Handarbeit (ca. 35 DM für das Stück) ist das von Trifon Efes, in der 21 April Nr. 67 (eine der beiden Agora -

Gassen). Hatte, wie wir dawaren, neben viel durchschnittlicher Keramik einige ausnehmend schöne griechische Kaffee - Service. Insgesamt ist die Mithimna - Keramik aber wesentlich ansprechender und in Farben reicher, als die Stücke vom Keramik - Dorf Agiassos.

In der obigen "21 April" auch die schönsten Kafenions des Ortes be= züglich Blick auf's Meer. —
MITHIMNA ist ausnehmend hübsch, aber keine unbekannte Schönheit mehr.

Der BUS fährt 2 - 3 mal am Tag rüber in den Hauptort der Insel Lesbos: MYTILENE Fahrzeit ca. 2 Std., ca. 4,5o DM. Das TAXI wesentlich teurer und kostet für die Strecke runde 46 DM pro Auto (= 4 Fahrgäste).—

Rüber nach Sigri:
Vorerst, und vermutlich auch in den nächsten Jahren noch: ein rauher Feldweg. Zweigt im Ort PETRA direkt am Hauptplaza ab: ihr fahrt einfach geradeaus weiter am Meer Richtung Westen. Kurz später biegt der Weg dann ins Land ab, den Hügel rauf durch Gärten. Schöner Blick zurück auf die Bucht mit Petra und Mithimna.
Rechnet im eigenen Auto bis SIGRI ca. 2 Std. (ca. 62 km ab Petra)

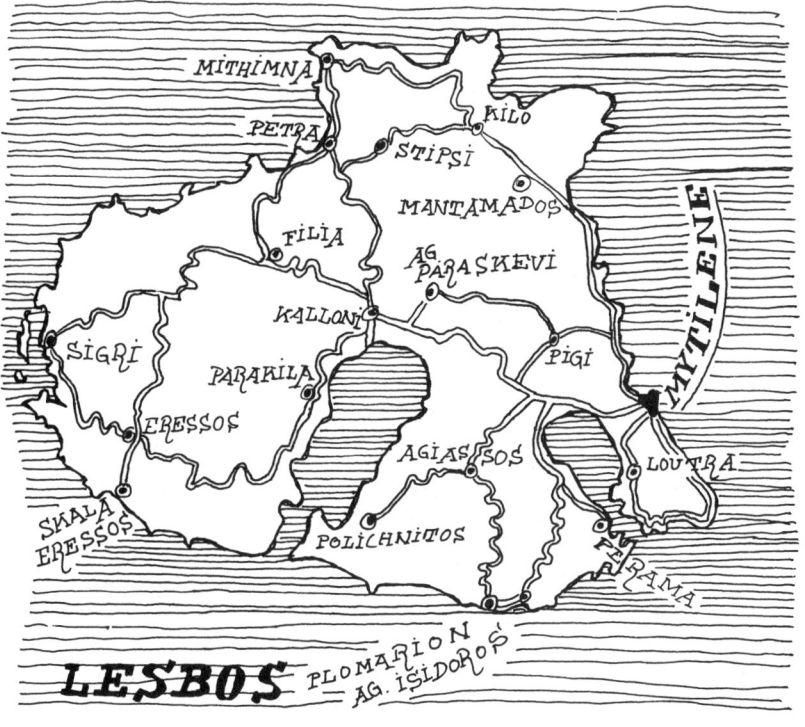

Dieser Teil der Insel ist vom Tourismus bisher noch am wenigsten berührt, und die Leute in den kleinen Dörfern (Schafe, Schweine,Esel) schauten recht interessiert.

Im letzten Teil vor Sigri: Landschaft wird karg, Sigri selber ist ein kleines Fischernest mit 2 oder 3 Pensionen und einer Taverne. Der kleine Strand (ca. 400m lang, Sand mit Kiesel gemischt) hat ein paar Bäume als Schatten. In der Nähe gibt's den VERSTEINERTEN WALD, der aber nur aus wenigen "Stämmen" (=Steinen) besteht.

ENTSTANDEN vor ca. 800.000 Jahren. Die Bäume, die damals hier gestanden haben, wurden durch einen Vulkanausbruch von Lavamassen überdeckt und durch verschiedenste chemische Einwirkungen versteinert (die Wissenschaftler vermuten vorwiegend durch dioxydhaltiges Wasser). Durch Erosion wurden die Lavamassen dann im Laufe der Jahrtausende "abgetragen", sodaß die versteinerten Baumstüm= pfe heute zu sehen sind. Einige der Stämme bis 7 m hoch, aber erwartet euch bitte nicht zu Spektakuläres!

Der Direkt-Weg von SIGRI nach ERESSOS ist oft in sehr schlechtem Zustand, führt aber durch die schöne Tsichliotas - Schlucht. Ab dem Dorf Eressos eine Stichpiste ans Meer nach Skala Eressos. Hier ein schöner Sandstrand, über einen km lang. Unterkunft in Privatquartieren.[*] Eressos ist auf der Direktroute entlang des Bays Kallonis 88 km von Mytilene entfernt und dürfte Busverbindung haben, ebenso wie Sigri.—

WIESO KOMMT LESBOS zu seinem Namen? Etwa im 6. Jahrhundert v. Chr. lebte auf der Insel die Dichterin SAPPHO, die einem reichen Adelsgeschlecht ent= stammte und spezielle Neigungen zum weiblichen Geschlecht hatte. Sie leitete damals eine Schule für junge Frauen bezüglich Anstand, Tanzen, Ganghaltung u.a. und war so berühmt auf der Insel, daß zu ihr die schönsten Mädchen zum Unter= richt kamen. Was sich damals an "Liebe" auf der Insel getan hat, wurde später zum Begriff "LESBISCHE LIEBE" zusammengefasst.

OSTKÜSTE/ INSEL LESBOS:

Der erste Teil ist asphaltiert und führt recht wenig reizvoll an der Küste entlang.Schöner ist der Thermalbadeort "LOUTROPOLIS THERMIS", der kurz "thermi" genannt wird. Hier ein sehr zu empfehlendes Hotel zum Relaxen für den, der etwas Geld hat: das "Motel Votsala". Große Zimmer und ausgezeichnetes Essen mit Inselkräutern zubereitet. Meistens kocht der Chef, Mr. Troubounis persönlich (ca. 10 DM). Die Übernachtung kostet allerdings ca. 35 DM für's Doppel mit Bad. Kieselstrand mit Tamarisken nahebei. Busver= bindung häufig in die "Hauptstadt" (Mytilene), ca. 12 km. —

30 km nördlicher der recht passable Badestrand von AG. STEPHA= NOS mit Taverne. Straßenverhältnisse rauf nach Mithimna nicht so gut, wie die Direktverbindung, aber landschaftlich lohnend. —

In der Kirche nahe dem Töpferdorf MANTAMADOS, wenn ihr durchkommt: unbedingt mal die lebensgroße, plastische Ikone des Erzengels Michael ansehen! —

[*] oder:"Sappho the Eressia", 12 Theofrastov Skala: Doppel ca. 17.50DM

ALTE GEBÄUDE AUF LESBOS:

1.) Vournazos - Haus nähe Kioski. Wird heute vom archäologischen Service betreut.

2.) Mandras - Haus, an der Ecke Ario= nos und Alkaiou Straße/Mytilene.

3.) Fotiadis - Schloß bei Mytilene.

4.) Vareltzidenas, ein restauriertes Haus in Petra mit schöner Innen= dekoration. —

Innendekoration im "Vareltzide= nas Haus" im Ort Petra.

5.) Aggeletos, Hadoulis, Magnissalis, Ganas, Goutoglou - Schlösser bei Thermi.

6.) Komninakis, Krallis und Giannakos - Häuser in Mithimna.

ÍNSEL CHÍOS

Wie auch Lesbos ist die Nachbarinsel CHIOS nur was für Kenner und Liebhaber. Für den Kunstfreund gibt's oberhalb des Haupt- und Hafen= ortes ein Kloster mit schönen Mosaiken. Mit Baden steht's schlecht, außerdem sind wieder an einigen Stellen wegen der Nähe zur Türkei Minen gelegt.

Der Hauptort Chios ist aber berühmt wegen seiner vielen Kuchenge= schäfte. Es sind mehr die Griechen, die auf die Insel kommen, um ihre Familien zu besuchen. —

VERBINDUNGEN:

1.) **Schiff:**
   wie "Lesbos", siehe dort. Die Überfahrt Chios — Lesbos dauert ca. 4 - 5 Std.Kostet in Decksklasse ca. 12 DM.—

2.) **Flug:**
   täglich mit "Olympic Airways" ab Athen, ein Flug, der ca. 1 Std. dauert und um die 5o DM kostet. Geflogen wird zur Zeit noch mit YS 11 - Propellermaschinen.

   OFFICE/Olympic Airways: Prokymaia Hiou, Hauptort Chios.
   Busverbindung vom Airport in den Ort, kostet ca. 1,5o DM

Chios/Hauptort:

gegenüber der türkischen Küste gelegen, Entfernung ca. 7 km. Wenn der Dampfer Sapho im Hafen liegt, ragt er über alle Häuser raus, es gibt eine türkische Moschee,* und viele der kleinen Kolonialwarenge= schäfte haben einen kleinen Vogel im Käfig zwischen dem Obst zwit= schern. Die Einwohner müssen Süßigkeiten- Fanatiker sein, denn es gibt Unmengen von Konditoreien. *Hier heute Museum!*

HOTELS:

"Chandris Chios", ein "Super" - Kasten am Ortsrand, von dem gewisse Kreise über=
zeugt sind, daß er hübsch sei. Übernachtung: Doppel ca. 37 DM, aber außerhalb
gibt's Reduktion bis zu 4o %! In jedem Fall wohl das komfortabelste Hotel der Insel.

"Xenia", Bella Vista, "B" - Klasse, Übernachtung Doppel : ca. 3o - 4o DM (mit oder
ohne eigenes Bad). —

Das "Filoxenia" in der Straße ab Hafen ca. 2o m rauf, hat mir von den billigen Hotels
am besten gefallen. In den oberen Stockwerken gibt's schöne Zimmer mit Blick
über die wackeligen Ziegeldächer in den Hafen & türkische Küste. Besonders schön,
wenn man morgens früh aufsteht und die Sonne über der Türkei raufkommt!
Ohne eigenes Bad, ca. 2o DM für's Doppel. Adresse: Voupalou - Roidou.

Weitere billige Hotels selber Preisklasse: (ca. 15–20 DM für's Doppel)

| "Palladion" | El Venizelou & 1 Roidou | "Apollon" | 1, Zachariou Frourion |
| "Pelineon" | 9, Homirou Prokymaea | "Redon" | 17, Zachariou Frourion |

Gleich schräg gegenüber vom "Filoxenia" mehrere Tavernen, in denen
es sich billig essen lässt. Der Ort ist auch bekannt für seine Milchbars,
wo es Reis aus der Plastikschüssel zu löffeln gibt. —
Der Ort Chios ist weitgehend eine Mischung aus modernen Skelettbauten
und schmalen Straßen mit leicht türkischem Einschlag, aber eher verfal=
len, als spezieller Stil erkennbar.   — Im Süden der Stadt ein Villen=
viertel mit vielen Blumengärten: recht schön, hier einen Spaziergang
zu machen. —

Kloster Nea Moni:

Bus nach KARYÄ (6 km) und von hier ca. 1 Std. zu Fuß den Berg
rauf. Besonders schöne Mosaiken in vielen und intensiven Farben.
Das Kloster wurde von dem 1881-er Chios- Erdbeben kräftig gerüt=
telt, lohnt sich aber immer noch. Byzantinischer Stil, im 11. Jhd. ge=
baut. Alle kunstgeschichtlichen Details recht ausführlich im DuMont
"Griechische Inseln"/Eva Melas (Ed.).— Von Kloster: schöner Türkei-
Blick!

CHIOS ist die Insel des MASTIX.
Diese harzige Masse wurde über
Jahrhunderte von den Haaremsda=
men des Sultans durch die Zähne
geschoben, um Mundgeruch zu ver=
bessern und für den "Boss" attrak=
tiver zu wirken.
1345 ging die Insel in Privatbesitz
der Familie Giustani/Genua über,
die über mehrere Jahrhunderte das
Mastix - Monopol innehatte, bis im
Jahre 1566 die Türken den lukrati=
ven Handel übernahmen.
Erts die Amis mit ihrem syntheti=
schen "Zeug" (Chicletts etc.)
schränkten das florierende Geschäft
ein. MASTIX wird heute fast nur
noch industriell verwendet, z.B. für
hitzebeständige Lacke.
Trotzdem nimmt die Insel nach
ADAC* immer noch pro Jahr runde

* "Strände Europas", GRIECHENLAND

8o Millionen Mark~ein.~ Mastix wird aus einem Strauch von bis zu 2 m Höhe angezapft durch Anritzen des Stammes. Heraus tropft eine zähe, klebrige Masse, die mit Töpfen aufgefangen wird. –
Wer die "Haarems - Kaugummis" mal probieren will, kann sich das Zeug im Ort kaufen. Wir waren von den synthetischen USA - Kaugummis mehr begeistert.–
Zentrum der MASTIX - ZAPFER sind die Dörfer im Süden der Insel. Besonders das Dorf PYRGION, das aber auch wegen seiner Trachten von vielen Touristen besucht wird. – *Häuser mit schönen Ornamenten in Sgraffito-Technik (Kratzputz).*

Neben den Masticha - Kaugummis gibts MASTICHA, ein alkoholisches Getränk, das aber nur in kleineren Quantitäten getrunken werden sollte, – und: die soge= nannten "U–BOOTE" (Ernle Bradford), eine Mastix- Kontitüre auf Löffel, der in einem Wasserglas ruht. Wer das süße Zeug mag, o.K. Ich persönlich ziehe dem recht speziellen Masticha - Geschmack einen guten OUZO–DRINK vor! Auf der Insel Chios stehen ausgezeichnete Destillerien.

Baden:
Beste Strände der Insel sind: Vrontades (ca. 6 km nördl. Chios/Ort) *Kies*
                                 Karfas   (ca. 6 km südl.   "   ") *Sand*
                                 Cardamyla (ca. 3o km, Nordküste) *Kies*
Westküste: Sandstrände Bucht von Lithion, sowie Limia, Lymnos *bei Volissou*

CARDAMYLA lohnt sich für einen Bus- Abstecher und hat neben Privatzimmern ein "B"- Klasse - Hotel ("Hotel Cardamyla", Leitung: Fotini Zogas, Übern. Doppel: ca. 35 DM). – Der kleine Kiesstrand des Ortes ist schön gelegen.–

Inselchen OENOUSSAE   (zwischen Chios und Türkei)
Gelegentlich fährt ab Chios/Hafen ein kleines Kaiki rüber, – ebenso auf die auf der anderen Seite Chios liegende Insel PSARA.
Gegenüber der Insel Psara gibts auf Oenoussae ein kleines "D"- Klasse Hotel (2o Betten), Übernachtung im Doppel ca. 14 DM. –

FÄHREN → TÜRKEI

EIGENTLICH keine schlechte Idee, mal rüber zur Kleinasiatischen Küste! Das Festland ist nahe und die Küste in diesem Bereich bis runter vor Rhodos ungemein schön, noch nicht so überlaufen, wie viele Tou= ristengebiete Griechenlands, – außerdem gibt's viele interessante Sachen zu sehen, z.B. Ephesus, oder das mondähnliche Tal von Avcilar.

Mit der Fähre ab BODRUM oder Marmaris dann wieder rüber nach der griechischen Insel RHODOS und mit dem billigen innergrie= chischen Dampfer zurück nach Piräus. Ein interessanter GR/Türkei - Rundtrip! –

ODER: wenn man eigenes Auto und mehr Zeit hat: nicht übert

den jugoslawischen "Autoput" zurück, sondern via Bulgarien und Rumä=
nien, — eine Route, die kilometermäßig nicht allzuviel länger ist, aber
auch bei nur kurzem Durchfahren viele neue Eindrücke bringt.

Ohne Schwierigkeit auch ohne eigenen PKW zu fahren per Schiff, guten
Busverbindungen entlang der Kleinasiatischen Küste und relativ guten
und vom Flair ausgefallenen Eisenbahn- Verbindungen quer durch
Rumänien/Bulgarien.

Für LEUTE, die abseits der ausgetretenen o8/15- Griechenland- Anreise
Routen Neues entdecken wollen. Vorab oder in Athen VISA- FRAGEN
klären! (Freuen uns über Leserbriefe mit Details zu dieser Route!)

①. Fähren:
Inseln vor der Türk. Küste ➤ ➤ TÜRKEI

Seit "Bereinigung" diverser Streitigkeiten zwischen Griechenland und
der Türkei (wegen vermuteter Erdölvorkommen im Meer vor der türki=
schen Küste!) sind die Fährverbindungen zwischen CIOS,—SAMOS, —
RHODOS an die Kleinasiatische Küste wiederaufgenommen.

1.) CHIOS — CESME:

Im Sommer 3 mal pro Woche bis täglich. Die nur ca. 2o km weite Überfahrt,
Cesme liegt in Sichtweite bei klarem Wetter! kostet um die 4o DM/Person,
bzw. ca. 1oo DM pro PKW. Überfahrt knapp 5o Minuten mit kleineren Schiffen.

BUCHUNG: in Chios und Cesme im Hafen.

2.) SAMOS (Vathy) — KUSASADASI:

täglich (April bis Oktober 2 mal tägl., morgens und nachmittags). Überfahrt ca.
6o DM einfach pro Person bzw. ca. 72 DM bei Buchung Hin&Rück. PKW kostet
je nach Gewicht zwischen 12o und 15o DM. Überfahrtszeit ca. 1 Stunde, grö=
ßere Fähren.

BUCHUNG: in Samos, Vathy und in Kusadasi in den Hafenbüros der Schiffs-
agenten. —

3.) RHODOS — MARMARIS:

5 mal pro Woche während 1.6. und 3.1o.81 mit der Türkisch Maritime. Ein
kleineres Schiff, PKW werden mit dem Kran verladen. Im Vergleich zu den
anderen Griechenland—Türkei—Fähren relativ billig, zudem südlicher "Einstieg"
in die Türkei.

Pro Person: ca. 4o DM inkl. der Hafentaxen, der PKW kostet ca. 9o DM inkl.
der Hafentaxen (1 - 7 Personen fassend). Höchstgewicht, was der Kran laden
kann: 1.5oo kg!

BUCHUNG: entweder in der Hafenagentur der Türkisch Maritime Lines in
Rhodos oder über die Generalagentur der Türkisch Maritime in Deutschland:
MTA, Eisenmannstraße 4, 8000 München 2, Tel.: (o89) — 26 4o 51

Erreicht werden die Ausgangspunkte CHIOS, — SAMOS, — RHODOS
einmal durch tägliche Passagier-PKW- Fähren (fahren über Nacht, An=
kunft nächster Morgen bzw. im Laufe des Vormittags) und per Olym=
pic Airways Flug (täglich, zum Teil mehrmals täglich, Rhodos bis zu
6 mal täglich im Jet).

Bei den relativ hohen Fährpreisen zwischen Griechenland und der
Türkei "zum Ausgleich" dafür extrem günstige Bus- und Schiffspreise.
Es gibt (ebenfalls "Türkisch Maritime", Buchung MTA/München!) Ver=

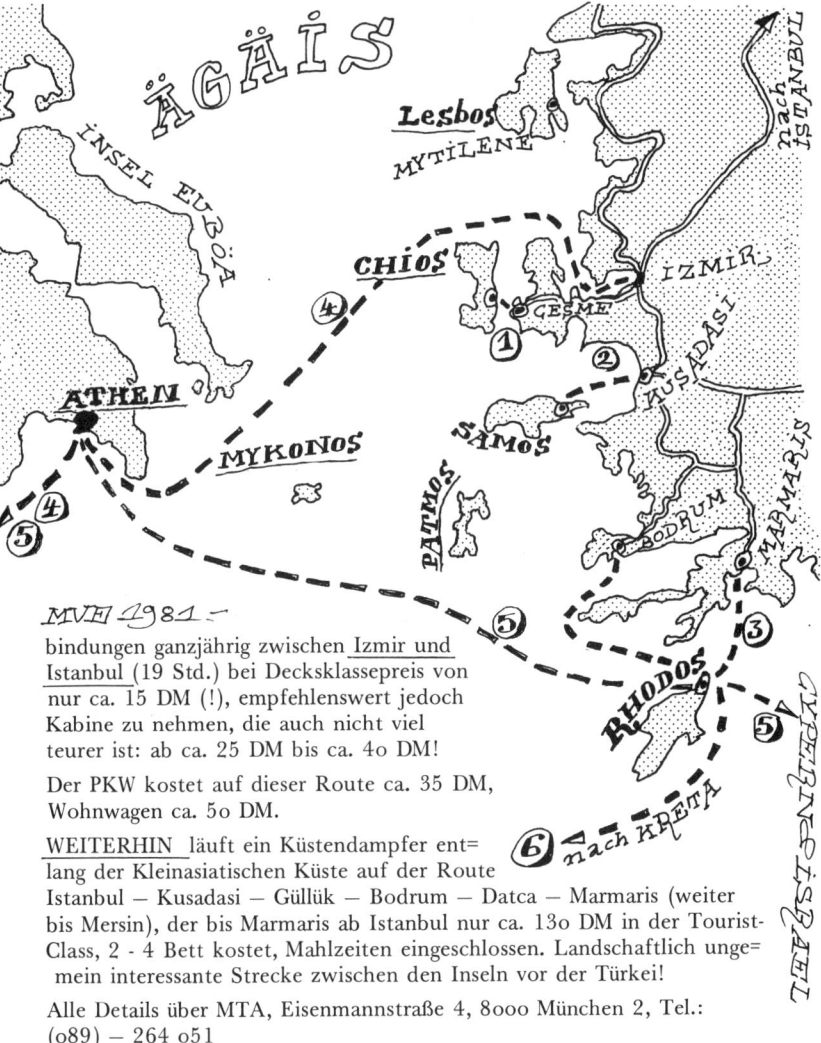

MVH 1981 -

bindungen ganzjährig zwischen Izmir und
Istanbul (19 Std.) bei Decksklassepreis von
nur ca. 15 DM (!), empfehlenswert jedoch
Kabine zu nehmen, die auch nicht viel
teurer ist: ab ca. 25 DM bis ca. 4o DM!

Der PKW kostet auf dieser Route ca. 35 DM,
Wohnwagen ca. 5o DM.

WEITERHIN läuft ein Küstendampfer ent=
lang der Kleinasiatischen Küste auf der Route
Istanbul — Kusadasi — Güllük — Bodrum — Datca — Marmaris (weiter
bis Mersin), der bis Marmaris ab Istanbul nur ca. 13o DM in der Tourist-
Class, 2 - 4 Bett kostet, Mahlzeiten eingeschlossen. Landschaftlich unge=
mein interessante Strecke zwischen den Inseln vor der Türkei!

Alle Details über MTA, Eisenmannstraße 4, 8000 München 2, Tel.:
(o89) — 264 o51

INTERESSANT AUCH RUNDTRIP in der Ägeis mit diesen Schiffs- Möglichkeiten
zu legen! So z.B. mit griechischem Ägeis- Dampfer über diverse Inseln der Südlichen
Ägeis (z.B. Piräus — Santorini — Kreta, hier Bus nach Sitia — Schiff nach Karpathos
— Rhodos).

Ab Rhodos in die Türkei und weiter mit Überlandbussen bzw. Küstendampfer der "Türkisch Maritime" nach Istanbul.

Ab hier entweder mit günstigem Flug (Spezialbüros in Istanbul) retour nach Athen, oder Zug. Auch hier lässt sich variieren: z.B. nur bis Kavala/Nordgriechenland und dort per Schiff ("Alkyon") über die Inseln Limnos — Alonnisos — Skopelos — Skiathos nach Volos. Dort per Bus nach Athen, bzw. ab Skiathos tägl. Flug nach Athen.

Dieser RUNDTRIP ab/bis Athen über die Türkei lässt sich bei derzeitigen Preisen für ca. 180 DM realisieren (Schiff: Piräus — Rhodos + Rhodos — Marmaris. Hier Bus bis Istanbul. Zug Istanbul — Kavala und Schiff nach Skiathos. Hier Flug mit Olympic- Airways nach Athen). Reine Fahrtzeit ca. 6 Tage.

ODER billiger: Athen — Chios (Schiff) — Cesme (Schiff) — Izmir (Bus) — Istan= bul (Schiff, Türkisch Maritime) — Athen (Zug) = ca. 130 DM.

Viele Kombinations- Möglichkeiten und schöne Erlebnisse im Bereich der östlichen Ägäis, Kleinasiatischen Küste, — Istanbul, sowie nördlichen Ägäis.

Ab Istanbul günstige Flüge retour nach Mitteleuropa. Spezialreisebüros im Zentrum checken!

2) Fähren:
Italien ⟫ ➤ Griechenland ⟫ ➤ Türkei:

Preislich noch interessanter! Bei der Möglichkeit eines Zwischenstops.

4.) TÜRKISCH MARITIME LINES:

Zur Zeit auf der Strecke VENEDIG— IZMIR, ab 1982 mit Zwischenstop in Piräus. Pullmann- Sitz ab ca. 320 DM, 3 bzw. 4 - Bett- Kabine ab ca. 370 DM. PKW auf der Strecke Venedig — Izmir ca. 360 DM. Zwischenstop in Piräus kostet lediglich die Hafentaxen extra. (= ca. 30 DM).

BUCHUNG: MTA, Eisenmannstraße 4, 8000 München 2, Tel.: (089) — 265031

5.) LIBRA MARITIME:

Auf der Strecke Ancona — Rhodos. Person Pullmann ca. 250 DM, bzw. in der Vierbett- Kabine ca. 370 - 420 DM. Der PKW bis Rhodos kostet ca. 200- 280 DM, je nach Länge. Fahrzeit: ca. 2 1/2 Tage.

BUCHUNG: Libra Maritime, Tal 75, 8000 München 2, Tel.: (089)— 22 77 17

Hinzu kommt noch die Fähre zwischen Rhodos und Marmaris (Türkish Maritime), also insgesamt Ancona — Marmaris pro Person ca. 300 (Pullmann) bis 400 DM, der PKW ca. 300 - 400 DM.

Vergleicht man mit der Zuganreise (Deutschland — Griechenland) bzw. den sonstigen Fährpreisen zwischen Italien und Griechenland: keine schlechte Idee, für nur wenig Mehrkosten noch die Türkei einzubauen!

NEU: ab 1. Juni 3x pro Woche Lesbos ➤ Ayvalik, Überfahrt ca. 1 Stunde, Passagier ca. 50 DM(!) einfach, - Und: o KOS ➤ BODRUM: kein PKW. 3x pro Woche Juni bis September. Überfahrt ca. 1 Std. ca. 50 DM einfach.

IONISCHE INSELN

nach Italien ←--

INSELGRUPPE *vor der griechischen Westküste in der Adria. —*

Der italienische, aber auch jugoslawische Einfluß ist unverkennbar in Architektur, aber auch in zumeist üppiger Vegetation. Das macht den Reiz der Inselgruppe, aber auch die Nähe zu Mitteleuropa durch die über KORFU und IGOUMENITSA laufenden Fährverbindungen ab Italien. —

TOURISTISCH erschlossen ist bis= her nur die INSEL KORFU, und diese kräftig, sodaß man oft das Gefühl hat, durch die Plaka in Athen zu wandern: auch außerhalb der Orte ein Souvenirstand neben dem anderen!

Auf allen Inseln ausgezeichnete STRÄN= DE! Quantitativ die meisten auf Korfu, was indirekt auch mit den dort konzen= trierten Touristenmassen zusammenhängt.

INSEL LEFKAS wurde erst 1976 für den Tourismus entdeckt, bietet aber von ihrer Struktur her wenig Möglichkeiten für den Massentourismus (a la Korfu) = zu wenig Strände! — KEFALONIA und ITHAKI bringt große landschaftliche Schönheit bei erheblichen Engpässen in Übernach= tung, — worüber wir aber sehr froh sind, denn diese beiden Inseln ver= kraften nur ein gewisses Maß an Touristen! Umfangreiche Hotel= projekte auf Kefalonia werden die Insel bald zerstören! Hier ist u. a. eine Vergrößerung des Airportes für Jets geplant; danach weiß ich nicht, ob ich die Insel noch in selbem Maß empfehlen kann . . .

KERKYRA

KORFU

IGOUMENITSA

nach ISANINA

PARGA

PAXI

PREVESA

LEFKAS

ASTAKOS

ITHAKI

KEFALONIA

nach PATRAS

ZAKINTOS

Die INSEL   ZAKINTHOS galt bisher als "Geheimtip", ist aber auch schon für den Tourismus erschlossen.

Wer viel Baden will und komfortabele Hotels wünscht, der ist eigent= lich mit KORFU nicht schlecht bedient. Touristisch eine der Glanz= seiten Griechenlands mit allen Tugenden und Lastern! —

Es gibt gute Verbindungen per Schiff zwischen den einzelnen Inseln, — so kann es u.U. interessant sein, den Liniendampfer aus Italien auf der Insel Korfu zu verlassen und nach einem Aufenthalt dort mit dem kleineren Querverbindungsdampfer von Insel zu Insel zu "sprin= gen": ein schöner Trip runter nach PATRAS/Peloponnes, dem eigent= lichen Ausgangspunkt der Direktdampfer ITALIEN — GRIECHENLAND.

WER eine typisch griechische Insel mit weißer Kykladenarchitektur etc. will, fährt besser gleich rüber nach Piräus und schifft sich Richtung Süden ein! —

İNSEL KORFU

Ziemlich rummelig; die ideale Insel für Leute, die sich amüsieren wol= len, — baden in kristallklarem Wasser oder tauchen, und ein Spielka= sino gibt's hier auch!
Die Hotels meist mit ausgezeichnetem Komfort, eigener Bar, Swim= ming - Pool, teils auch Möglichkeit für Wasserskibetrieb und abends Tanz in der Diskothek! — Landschaftlich ist Korfu großartig: dichte duftende Pinienwälder, mannshohe Agaven am Straßenrand, Ginster und wilde Erdbeeren, Apfelsinenbäume und bewaldete Berge. —

TIP: mietet euch für 2 oder 3 Tage ein Auto oder Moped und fahrt mal rum! Ebenso gute Busverbindung auf der gesamten Insel! —
Auch in kleinsten Fischernestern nur noch selten Abgeschiedenheit, sondern Supermärkte; die ursprüngliche griechische Mentalität ist leider nur noch kaum zu erleben, — vielleicht am Abend in einer kleinen Taverne, wo Griechen tanzen und die anderen vor Begeisterung ihre Salat- und Fischteller auf die Tanzfläche werfen! —

Strahlenste Sonne bis Mitte Oktober und Wassertemperaturen um 22⁰! Weite Sandstrände, klares Meer und sehr hübscher Hauptort KERKYRA mit viel italienischem Gassen - Flair! —

VERBINDUNGEN:

1.) Flug:
   Im Düsenjet verschiedener Pauschal- Reiseveranstalter ab München, Frankfurt, Düsseldorf, Zürich, Wien etc. München — Korfu z.B. dauert im Direktflug ca. 2 Stunden. Eine Aufstellung der Griechenland - Reiseveranstalter im Heftchen der Griech. Fremden= verkehrszentrale! —

LINIENFLUG: Frankfurt/M. — Korfu: 2 mal pro Woche (im So.)
Zürich — Korfu: 2 mal pro Woche (im Sommer)
jeweils mit Jets der Olympic Airways. —

TIP: wer z.B. von München nach Korfu per Linienjet will, der fliegt billiger,
wenn er München — Frankfurt — Korfu bucht (statt: München — Athen —
Korfu)! —

ATHEN —➤ KORFU: mit "Olympic Airways" - Jets täglich bis
zu 3 mal, — der Flug dauert runde 55 Min. und kostet ca. 8o DM

Keine "Querverbindungen" (= direkt ab Korfu) rüber zu den
Nachbarinseln Kefalonia und Zakinthos. Diese haben zwar Flug=
verbindung, aber nur ab Athen- Airport! —

2.) Schiff:

Per AUTOFÄHRE ab Italien, — im Sommer etwa täglich 2 oder
3 mal (siehe unsere Aufstellung "Anreise per Schiff" im Einlei=
tungskapitel!) — Ab Jugoslawien (z.B. Dubrovnik, Rijeka, siehe
Einleitungskapitel "Anreise über Jugoslawien" mit der Jadrolina).

KORFU —➤ IGOUMENITSA: sozusagen die Hausstrecke rüber
zum Festland: täglich ca. 1o mal zwischen 6.oo und 21.3o Uhr.
Die Überfahrt dauert ca. 1Std. und kostet pro Person ca. 8 DM.
PKW mittlerer Größe inkl. Fahrer:" 3o DM

ABFAHRT: ab Hauptplatz bei Arseniou Street. Seitlich sind auch einige
Büros, wo man die Tickets kaufen kann, — gut vom Platz aus zu sehen! —

ABFAHRT der ITALIEN — FÄHREN etwa 2oo m nördlicheram Hafen
entlang gehen : an der Xen. Stratigou - Street! —

KORFU —➤ INSEL PAXI: täglich mit dem Schiffchen "Kamelia"
Passen nicht allzuviele Leute rein und kaum PKW, daher genü=
gend vorbuchen!! Überfahrt: ca. 1 1/2 Std., Preis p. Person:ca.
8 DM, — pro PKW: ca. 5o DM. — 2 mal pro Woche fährt die
"IONIS", ein größerer Passagierdampfer mit PKW - Transport,
der aber nicht immer am Hafen anlegt, sondern öfters die Passa=
giere per Boot an Land setzt. —

KORFU —➤ PATRAS: mit den Liniendam=
pfern, die ab Italien über
Korfu kommen. In
den Sommermona=
ten allerdings oft
schon voll,
wenn sie

Kloster
Vlachernes

ME
78

in Korfu ankommen. Außerdem öfters mal Verspätung (= sinnlo=
ses Warten am Hafen von Korfu). — Die "IONIS", ein moder=
nes Personen - PKW - Schiff fährt in der Vorsaison 2 mal pro
Woche, — in der Hauptsaison 3 mal auf der Strecke:

KORFU → INSEL ITHAKI →INSEL KEFALONIA → PATRAS

Fahrzeit: ca. 11 Std. (mit der "Ionis" und den Stop-Aufentalts auf
den einzelnen, angelaufenen Inseln)
Fahrtkosten: ca. 60 DM für PKW mittlerer Größe bis Patras
ca. 15 DM für eine Person in Decksklasse

Zeitlich ist man schneller in Patras über die Festlandsroute("Lokalfähre" rüber
nach Igoumenitsa, Landstraße bis Antirrion und hier mit kleinerer Fähre über
den Bay von Korinth nach Rion nahe Patras), sofern man mit eigenem Auto
fährt. — (3 mal täglich auch Direktbus ab Korfu über PATRAS nach Athen).*—

Preislich kann mal die eine, mal die andere Alternative billiger sein, — je nachdem,
wieviele Leute im Auto sich in Sprit und Fähr - Fracht teilen, — bzw. ihr ohne
eigenes Auto fahrt.

Hinweis: bisher fährt die "Ionis" die Route nach Süden zwischen Korfu und
Insel Ithaki in der Nacht. Bei Seegang kommt man am nächsten Morgen dann
ziemlich gestresst an, und es wäre zu überlegen, ob man sich für runde 1o DM
mehr einen Kabinenplatz zulegt. —

Bezüglich "STOP—OVERS" auf den zwischendrin angelaufenen Inseln besteht
die Regelung, daß man die Teilstrecken Stück für Stück kaufen muß, was dann
speziell für den Autotransport wesentlich teurer wird. Aber vielleicht läßt sich
mit den "Ionis" - Leuten eine Sonderregelung vereinbaren. —

Die Strecke INSEL — ITHAKI bis runter nach PATRAS wird täglich befahren,
neben der "Ionis" von 2 weiteren Gesellschaften. Details siehe dort! —

Die von ITALIEN kommenden Dampfer laufen die Inseln Ithaki
und Kefalonia nicht an.

Es wäre noch daraufhinzuweisen, daß es Italien - Korfu - Dampfer
gibt, die ab Korfu über Patras— Piräus rüber zur Kykladeninsel
Mykonos und weiter an die türkische Küste fahren (die "Med. Sun
Line", 1978 in der Zeit vom 17. Juni bis einschl. 23. Sept.). —

*DIE GÜNSTIGE LAGE nahe Mitteleuropa und die landschaftliche
Schönheit haben Korfu zu einer der meistbesuchtesten Inseln Griechen=
lands gemacht! —*

KARTEN/BÜCHER:

Über Korfu gibt's eine ganze Reihe verschiedene Karten. Diesmal mei=
ner Ansicht nach die beste zugleich die teuerste Karte:
"CORFU", A Fairey leisure Map von Fairey Surveys Ltd., in Souvenir-
und Buchgeschäften für 3 - 4 DM. Sehr brauchbar!

Bücher: recht informativ : "Corfu, Venus of the Isles" von John Forte
herausgegeben. Kostet um die 7 DM. —

*Siehe "Busverbindungen ab KERKYRA/ORT"!

Kerkyra:

Obwohl sich Trauben von Touristen im Sommer durch die engen venezia= nischen Gassen schieben: ungemein reizvolle Archi= tektur der ALTSTADT! Erinnert sehr an alte Tei= le italienischer Städte, z.B. Genua oder das si= zilianische Palermo in seinem Hafenviertel:

mit typisch schmalen, hochgebauten Häusern, Holz-Jalousiefenstern, kleinen Gitterbalkons, viel Gewimmel unten in den Gassen, wo häufig, wenn der Müllwagen kommt, alle Leute in die Häuser verschwinden

In den Gassen von Kerkyra

müssen, damit der durchfahren kann. − Und die Wäsche, − wie in Ita= lien üblich, hängt auf der Leine quer über den Köpfen der Leute. −

Viele "open- air" - TAVERNEN in den schmalen Steinplattengassen der Altstadt, öfters mit wildem Wein "überdacht" und sehr gemütlich. Viele der Gassen enden mit Treppchen oder bei kleinen Plätzen. Und wie nicht anders zu erwarten: Unmengen von SOUVENIR−SHOPS, aus denen der Kitsch rausquillt. Wühlt mal in den Herrlichkeiten vom Marmor- Zeus zu Korfu - Umhängetaschen und "echten" Ikonen aus den Inselkirchen im Vierfarb- Druck. Die Preise für die weißen griech. Pullover und die bronzefarbenen Posseidon- face - Flaschenöffner lie= gen etwas über dem "Plaka- Level" in Athen. Man spricht fließend Deutsch; von daher keinerlei Probleme beim Kaufen . . .

FIAKKER−TREFF ist am neuen Burgplatz bzw. am Rokosplatz. Besonders die aus England eingeflogenen älteren English- Ladies freu= en sich besonders über den Ritt in den victorianischen Droschken.

CAFE−TREFF ist unter den Arkaden der ESPLANADE, dem größten und schönsten Platz der Stadt. Viele gemütliche Cafes, und der Ober bringt euch die kleinen griechischen Cafe - Tässchen mit dem starken Mokka und ein Glas Wasser zum Verdünnen. Oder einen Ouzo (Anis= schnaps), und ihr könnt die ungriechische Eile und Geschäftigkeit beobachten, sowie Frau Müller aus Bonn in ihrem neusten, geblüm= ten Strandkleid. Vom oberen Teil der Stadt schöner Blick über die Haus= dächer der Altstadt und den Hafen mit seinem regen Fährbetrieb. −

ESSEN: Korfu ist ideal für Feinschmecker! Spezialitäten: "Pasticciada", Kalbsfleisch stark gewürzt mit Maccaroni und Sauce. Oder "Sofrito", Fleisch doppelt in der Röhre und der Pfanne hintereinander gebraten und mit einer weißen, leckeren Sauce serviert. Lecker ist auch der Ziegenkäse in Olivenöl. Das korfotische Olivenöl soll das beste der Welt sein, weil die Oliven hier nach einem besonderen Verfahren gepresst werden. —

TAVERNEN jede Menge in den Gassen der Altstadt. Geheimtip ist "Ragnatella" in der Gerasi mon Aspioti Street, sehr gemütlich im venezia= nischen Stil und gute Küche! — Auch mal das "Rex" probieren, Kapo= distriou Street in der Altstadt. —

Bei Zimmer- Engpässen, besonders in den Hauptmonaten Juli/Aug.:

TOURIST – POLICE 2o, Arseniou Street, rechts vom Fährhafen der Schiffe nach Igoumenitsa. Ca. 15o m. Hier gibt's Zimmer - Nachweis, sowie die Fahrpläne der Busse ab KERKYRA/Ort zu den einzelnen Dörfern der Insel. —

BILLIGE HOTELS in Hafen - Nähe, die man empfehlen kann: "NEW YORK" am "Igoumenitsa" - Fährhafen, 21, Yapapantis , ca. 2o DM Doppel,— in der Nähe das "Metropolis", in Seitenstraße ca. 2o m ab obigem Hafen, fast noch schöner: ein alter Bau bei Kirche, hübsches, weißes Haus: ca. 2o DM Doppel und das Hotel direkt in der Mitte des Hafenplazas: ein größeres Haus mit zwei Torbogen (= Theotoki Street), kein Hotel- Schild außer griech. Beschriftung: , Übernachtung Doppel mit Waschbecken und sehr schönem Hafenblick aus den Zimmern der oberen Stockwerke: ca. 2o DM, saubere Betten. In der Theotoki Street noch ein Schwung weiterer billiger Hotels selber "C" - "D" - Klasse.

Direkt bei der Ankunftsstelle der Italien - Fähren zwei Hotels "Ionion" ca. 3o DM Doppel mit Bad, macht besseren Eindruck als das nebenan gelegene "Atlantis": Doppel ca. 3o DM ohne Frühstück.Beide für Leute, die mehr Komfort als den der oben aufgeführten Basis - Hotels suchen.

JUGENDHERBERGE: ca. 8 km außerhalb: "Aghios Ioannis Youth Hostel", Über= nachtung ca. 3 DM pro Person, 6o Betten stehen zu Verfügung. Sehr basic! — *(Bus Nr.8 ab Plateia Theotoki)*

HOTELS jede Menge in KERKYRA/Stadt, — aller Klassen. Es ist aber die Frage, ob man in der Stadt wohnen will, wo zwar viel zu sehen ist, es aber keine Top - Strände gibt. Die meisten Leute mieten sich außerhalb ein, mit dem guten Badestrand und fahren mit dem gemieteten Mofa oder mit dem Inselbus in die Stadt. —

DIE INSEL ist sehr beliebt beim englischen, deutschen und holländi= schen Publikum, — vorwiegend Leute reiferen Jahrganges, weil sie allen Komfort (= gute Hotels, gute Straßen, tour. erschlossen, Direkt- Flugver= bindungen etc.) mit schönen Landschaften und mediterranem Klima verbindet. In gewissen Bereichen aber auch von jüngeren Leuten: oft Pärchen, die preisgünstige Charterflug & Hotel - Arrangements ausnutzen. Beliebt bei

dieser Gruppe das Gebiet um Paleokastritza (wegen Tauchen), das Mes=
songhi - Hotel im Süden (Baden, in der Sonne liegen, um Braun zu wer=
den, Scooters und Kontakte in der Diskothek). —

Wer Paleokastritza etc. im Hochsommer will: unbedingt für die großen
Hotels vorbuchen, bei manchen am besten schon im Dezember!—
Es wird auf der Insel wie wild gebaut (und was dabei rauskommt
ist im warsten Sinne des Wortes oft "wild"), aber der Ansturm auf
Korfu reißt nicht ab . . .

Museen: Archäologisches Museum, Vrailastr. 5: römische
Reliefs, Münzen und Statuen. - Sinojapanisches
Museum im Palast des englischen Gouverneurs
(unterer Platz), geöffnet 8.3o - 13 Uhr und
16 - 18 Uhr außer Samstag nachmittags und Sonntag
Platyterkloster bei Manduki mit nachbyzantinischen
Kunst, Ikonen etc. - Sehenswert: Rathaus: prächti=
ge venezianische Kunst. - Spianadaplatz mit
venezianischen Herrenhäusern und schönen Bogengängen

Kanoni: Korfu - Sight - Seeing Nr. 1 ! — Der Stadtbus Nr. 2 fährt raus,
ab Cricket Ground bzw. ab Esplanade. Üppige Mittelmeerlandschaft mit
hohen Zypressen, blühendem Oleander, vielen Souvenir- Shops, Hinz und
Kunz aus Germania, und unter euch in der tiefblauen Adria das weiß an=
gepinselte pittoreske Kloster VLACHERNES, über das sich besonders
die Film - Entwicklungsdamen in der AGFA- Dunkelkammer freuen, weil
es immer wieder abgelichtet erscheint!
Von den dive rsen Restaurant - Terassen schweift der Blick vom Kloster
unvermittelt rechts zur Asphalt- Landepiste der Düsenjets (Korfu- Air=
port), — und welche Freude: hier kann man sich in Hotels einmieten,
von deren Zimmer- Terasse man den Jets beim Landen zuschauen kann.

KANONI ist am Ende einer Sackgasse (4 km ab Korfu/Zentrum). Direkt vorn wenig
Parkraum, und der ist bereits in der Vorsaison voll, außerdem rangiert der Bus noch
dazwischen zum Wenden.Zum Laufen zu weit, so würde ich empfehlen, den Bus zu
nehmen. Fährt zwischen 7 und 22.3o Uhr alle halbe Stunde. (An Sonntagen 5 Busse
weniger). Letzter Bus zurück ab Kanoni: ca. 22.45, aber bitte überprüfen, weil sich
Busabfahrtsdaten immer ändern!! —

Von KANONI kann man über eine Steinbrücke rüberlaufen auf die andere
Seite der "Flughafen - Bucht". Zu Fuß weitere ca. 4 km rauf zum
SPIELKASINO ACHILLEION, einer palastähnlichen Villa in einem
Park oberhalb der Küste. Zur Zeit der österreichischen Monarchie von
Kaiserin Elisabeth gebaut, — in einem ausgedehnten Park mit Palmen,
Blumenrabatten und antiken Skulpturen. Irgendwie spürt man hier noch
den Flair von Griechenlandreisen zur Jahrhundertwende, wenn auch das
Innere des Kasinos von kaltem Prunk ist.
Besonders schön der Besuch am späten Nachmittag: herrlicher Blick über
die Hügelkuppen, Oliven etc. Casino - Besichtigung: schließt um 18 Uhr!
BUS ab Kerkyra/Zentrum, ab Plateia Theotoki, Bus Nr. 1o fast stündlich zwischen

7.oo Uhr und 21.2o. Retour zwischen 7.3o und 22.oo Uhr, am Sonntag der erste
Bus erst um 9 Uhr morgens. Dauert ca. 2o Min bis zum Casino. Über die Direkt=
straße ca. 9 km ab Zentrum Kerkyra. —

BUSSE:

Korfu →Athen: täglich 3 mal direkt ab Busterminal Kerkyra
    "   →Thessaloniki: 3 mal pro Woche ab "   "

Der Busterminal liegt in der Nähe des "Igoumenitsa" - Hafens in der Alt=
stadt versteckt. Am besten durchfragen. Ab hier verkehren auch die mei=
sten Inselbusse zu den einzelnen Dörfern.

Die andere Hauptabfahrtsstelle ist der Plateia Theotoki. Sehr häufige
Busverbindung nach: — Ag. Ioannis
  — Vrioni - Kouramades   — Pelekas   — Dassia
  — Kontokali - Tzavrou   — Benitses   —Achilleon

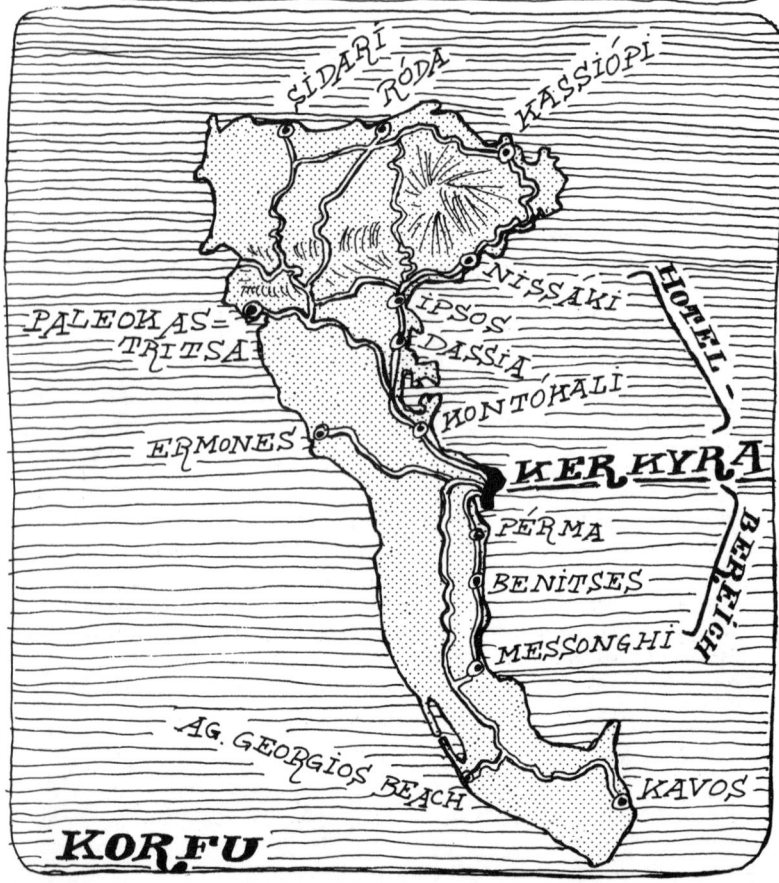

TOURISTEN-ZENTREN

Die meisten HOTELS konzentrieren sich auf bestimmte Gebiete der Insel. Praktisch voll ist der Küstenstrich vom nördlich gelegenen IPSOS runter über KERKYRA/Stadt und weiter bis zum südlichen MESSONGHI. Schönstes Touristengebiet ist der Bereich um PALEOKASTRITSA bezügl. schöner Küste mit vielen Tauchbays. — Neue Touristengebiete entwickeln sich um SIDARI und RODA im Norden, während die Südspitze der Insel um KAVOS erstaunlicher Weise von Hotels noch nicht voll gebaut ist, — aber das ist in Zukunft sicher zu erwarten, weil dieses Gebiet kilometerlan= ge Sandstrände zu bieten hat, die bisher nur von den Zeltern besucht wer= den. —

PALEOKASTRITSA:

Ungefähr Anfang Mai beginnt hier die Touristensaison, und dann ist das Gebiet knüppelvoll von Touristen. Landschaftlich zugleich aber eine der schönsten Gegenden der Insel: ein Felsbay nach dem anderen mit herr= lich klarem Wasser und optimal für's Tauchen! In der Nähe viele Meeres= höhlen. Allerdings 15o % Tourismus. Quillt über.

Die STRÄNDE: manchmal schöner Sandstrand, oft feiner bis grober Kiesel. — Rundum an den Berghängen viele Olivenbäume mit verknorrten und löchrigen Stämmen, zwischen denen die Hotelpaläste versteckt sind.

HOTELS: A- Klasse: das "Akrotiri Beach", — B- Klasse das "Oceanis": Doppel ca. 45 DM,—das "Paleokastritsa": Doppel ca. 45 DM,— das "Pavillon Xenia":Doppel ca 3o DM , — "Zephiros", D- Klasse: Doppel ca. 17 DM, deutsche Leitung, die mei= sten Zimmer mit Terasse und Meeresblick, gleich am Strand am Ortsrand gelegen. — Beim deutschen Unternehmen "Baracuda" kann man Flug & Hotel & Tauchschule auf Paleokastritsa buchen. —

Paleokastritsa wird vorwiegend von Deutschen besucht, die bestens ver= sorgt sind: es gibt den frischen "Stern", "Spiegel", "Quick" etc., Disko= theken, Scooters, Skampis und Hummer (das Kilo für ca. 48 DM). In den diversen Kiosken am Straßenrand neben Tauchmasken auch Le= derhüte gegen die Sonne mit Akropolis - Prägung. Alles zu touristisch eingependelten Preisen. (Den breiten Ledergürtel z.B. für runde 15 DM).

CAMPING am Eingang des Ortes, bevor die großen Hotels kommen. Auf den Straßen im Ort pilgern die Touristen, — ohne Zweifel viel los und gute Kontaktmöglichkeiten. Eher jüngere Leute bzw. mittleren Alters. Ein ganzer Schwung Tavernen im Ortszentrum (Kieselsand- Bucht eng zwischen Felsen) ; die Preise : um die 5 - 6 DM für eine Portion Fleisch.

SCOOTERS (Mopeds/Motorräder) kosten im Ort um die 16 DM pro Tag. Uns wurde aber der Notizzettel aus der Hand gerissen, als wir er= zählten, daß dieser Preis in einem Buch veröffentlicht wird. Handeln also angebracht! Außerdem ermäßigt sich die Sache, wenn man eine kleinere Maschine nimmt (z.B. ein Mofa) oder pro Woche bucht. —

TIP: mit dem Mofa mal rauffahren zur BELLA VISTA: abseits des Touristengewühles und einigartiger Blick über die hügelige Landschaft mit den vielen Buchten und das Meer. Ganz oben ist eine kleine Kneipe, wo ihr draußen sitzen könnt: in der Taverne gibt's billig Metaxa Cognac (3 Sterne). —

KLOSTER PANAGHIA THEOTOKOS: Eintritt nur mit "anständiger" Kleidung (= keine Bikinis). Zu Fuß oder mit dem Moped ein oder zwei Kilometer über Asphalt- Serpentinenstraße; liegt oberhalb des Ortes in den Oliven. In der Kirche alte Ikonen mit Knochenresten von einem Dinosaurier! Reges Touristen- Promenieren, aber leider hängt die wirk= lich sehr sehenswerte Ikonensammlung so hoch an der Wand, daß man sich selbst auf Zehenspitzen schwer tut, Details zu erkennen!

Gleich hinter dem Kloster, nördlich von Paleokastritsa beginnt eine län= gerer Sandstrand mit mehreren Hotels, Tretbootverleih etc.
Aus eigener Erfahrung kann ich nur warnen: extrem vorsichtig die schmale Serpentinenstraße an den Strand runterfahren. In den diversen Kurven lauert der "Unfall", weil viele der Touristen mit ihren breiten Ford und Opel - Kisten die schmalen Straßen noch nicht gewohnt sind.—

PALEOKASTRITSA ist für mich die bessere Korfu - Alternative im Ver= gleich zur weitgehend öden Ostküste zwischen Ipsos und Messonghi. Zwar Rummel, aber doch angenehme Umgebung und gute Bademög= lichkeiten. TYPISCH für Korfu auch hier: der Kiosk mit der deutschen Zeitung liegt gleich neben dem Hotel "griffbereit".

Ag. Georgiou Bay,
nördlich von Paleokastritsa, bisher bei weitem nicht so überlaufen. Langer Strand. Fahrt mal mit dem Moped raus und seht euch die Sache an! —

NORDKÜSTE:
Wer glaubt, hier Einsamkeit zu finden, fernab des rummeligen Paleokas= tritsa, der täuscht sich.

Aus Paleokastritsa raus, "ewig" durch Oliven - Wälder und die Abzwei= gung rauf in den Norden nehmen. Durchgehend Teer bis Sidari, doch zuvor über die Bergkette in Serpentinen. Korfu von seiner landschaft= lich schönsten Seite, — erinnert an die besten Stellen in Italien! —
Haltet unterwegs mal in einem der Dörfchen und schlürft Mokka unter

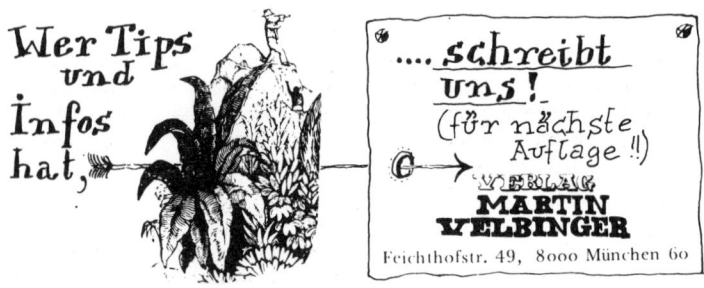

Wer Tips und Infos hat, ... schreibt uns! (für nächste Auflage !!)
VERLAG MARTIN VELBINGER
Feichthofstr. 49, 8000 München 60

Weinranken! — (Bei Kastellani zweigt die Straße an den Bay von Ag. Georgiou ab!). — Geradeaus weiter in das Flachland von Nord- Korfu.

Sidari:

langer und schöner Sandstrand, allerdings wegen der Nordlage oft mit Pflanzen zugeschwemmt. Im Wasser stehen Sandsteinfelsen, auf dem die Scooterfahrer Geschicklichkeits - Wettbewerbe durchführen! In einem der Steine: der "Canal de Amour", eine Durchfahrt für Motor= boote. — SIDARI entwickelt jüngst rege Aktivitäten, um am Touristenkuchen teilzuhaben. Neue Hotels werden erstellt, Tavernen sprießen aus dem Boden. Übernachtung vorerst in "D"- Klasse - Hotels um die 13 - 15 DM für's Doppel, sowie Privatzimmer im Ort. — Sehr wichtig: in den Taver= nen immer das "Apodixi" (= Rechnung) verlangen, denn gern werden hier die Preise aus dem Ärmel für den deutschen Touristen aufgerundet.

Der weiteren Entwicklung des Ortes sind Grenzen gesetzt, weil der Strand zwar gute Bademöglichkeiten bietet, aber nichts prinzipiell attraktives wie z.B. in Paleokastritsa vorhanden ist. —

Die STRASSE rüber nach RODA/Nordküste: zur Zeit noch ein mieser Erd/Schotter - Weg mit vielen Schlaglöchern. Wird aber gerade verbrei= tert.

Roda:

13 km Sandstrand! Teils mit Pflanzenablagerungen. Der Ort relativ hübsch, aber überquillend mit Andenken aus der Souvenir - Farbrik in Athen. Tavernen, Hotels und Privatzimmer. Im Sommer sehr rummelig. Wasser: nicht allzu sauber, obwohl es nach ca. 15 m ziemlich klar wird. Im Anfang angespülte Schlicksachen, da offen zur Nordseite! —

Es gibt im Ort Scooter - Vermietung, mit dem man sicher eine einsame Stelle findet. — Diskothek. —

An der NORD—OSTKÜSTE Korfus zwischen Kassiopi und Ipsos eini= ge sehr schöne Stellen, steile Küste mit vielen Buchten und Vegetation, touristisch schon erschlossen, aber noch nicht zugebaut.

OSTKÜSTE:

Ipsos bis Kerkyra: das Tourismus - Zentrum der Insel. Die "Straße des Urlaubs": Hotel an Hotel, Supermärkte zur Versorgung der Camping= plätze, Tavernen mit Sirtakitanz für die Touristen, Diskotheken und Souvenirstände. Gewisse Erinnerungen an die Costa Brava werden wach. Die Hotels sitzen allerdings meist dezenter in der Landschaft. —

CASTELLO MIMBELLI: in herrlichem, subtropischen Park inkl. Vogelgezwitscher, oberhalb der Straße zwischen Ipsos und Dassia. Top - Hotel bezüglich Ambiente: ein Kastell mit innendrin viel Schloßpomp, weitläufigen Treppenaufgängen, alten Möbeln etc. — Schöner Blick von der Schloßterasse auf hohe Zypressen und über's Meer rüber auf die nahe albanische Küste. Der Übernachtungs- Spaß kostet um die 13o DM für's Doppel. — Publikum vor= wiegend ältere Leute aus England. — *(Früher von King George II von Griechen= land als Sommer- Residenz benutzt. 1 km landeinw. von DASSIA)*

Das Mimbelli ist noch das sympatischste Hotel der Ostküste, wenn die Preise auch weniger sympatisch sind. (Außerdem müssen die Gäste des Mimbelli ca. 1o Min an den Strand laufen: zuerst durch den aus= giebigen Schloßpark und dann noch ein Stück an der Straße entlang . . .)

Zwischen IPSOS und MESSONGHI reihen sich rund 1o Super- Hotel= kästen auf der A- und B- Klasse, die wir besichtigt haben, auf die wir aber nicht näher eingehen wollen. Zwischendrin auch noch eine Reihe Privatpensionen und billigere Hotels, aber die STRÄNDE sind in diesem Gebiet wirklich nicht besonders.

IPSOS z.B. hat einen etwa 2 km langen Strand, der nicht allzu sauber ist, Pflanzenreste, Kiesel, teilweise Sand, — die Straße führt direkt daran vorbei, und dahinter stehen die Hotels aufgereiht. Das Wasser sehr flach; vielleicht wird's besser, wenn man weiter in's Wasser raus= läuft.

Camping, Supermarkt, Hotel, Souvenir- Kiosk, Diskothek, ein bald ge= wohntes Bild auf der Fahrt ab Ipsos Richtung Süden. An der Straße pilgern bereits im Frühjahr Hunderte von Touristen; Vorsicht vor alten Leuten, die unkontrolliert die Fahrbahn überqueren.
Man trägt Bermuda Shorts oder neugekaufte griechische Pullover.
Dionysios - Taverne, Sophokles - Shop, BP- Tankstelle zum Auftanken der Scooters.

SÜD—ROUTE:

Hotels bis runter zum kleinen Dorf MESSONGHI (mit gleichnamigem Hotel), — danach unverbautes Gelände bis runter an's Südcap mit kilometerlangen Stränden und vielen Oliven- "Wäldern" ; hügeli= ges Gelände. —

Benitses: der noch interessanteste Ort der verkommerzialisierten Ostküste Korfus. Touristendorf an der Straße, die hier dicht am Meer entlangführt. Strand: Kiesel; war sauber, wie wir checkten. Viele Touristenkneipen. Übernachtungstip ist das D- Klasse-Hotel "Avra" (ca. 18 DM Doppel). Beachten: über Benitses geht die Einflugschneise des Korfu - Airports!—

MESSONGHI—HOTEL: vorerst letztes in Richtung Süden an schma= lem, aber gutem Sandstrand. Wasser geht recht flach rein und ist bei ruhigem Wet= ter fast spiegelglatt wegen Buchtlage zum Festland. — Von den großen Korfu - Ferienkästen noch eines der besten; das Hauptgebäude mit vielen Blumen im Bal= kon (im Frühjahr: viel Vogelgezwitscher). Viele Urlaubsmöglichkeiten wie Tennis, Tischtennis, Bootsverleih, Scooters, Swimming Pool. Wird von jüngeren Urlaubern be= vorzugt, sowie von Familien. — Keine schlechte Stelle zum Relaxen; zwischenrein kann man die Insel per Scooter erkunden oder zum "Shopping" nach Kerkyra/Ort reinfahren (Busverbindung mehrmals täglich). — Das Hotel im Arrangement zusam= men mit Korfu - Flug im Angebot vieler deutscher Reiseveranstalter. —

Die Straße weiter Richtung Süden biegt bei Messonghi ins Inselinnere
ab: landschaftlich sehr schön: dichte Olivenbaum - Haine, fast schon
Wälder, durch die sich die schmale Asphaltstraße durchschlängelt.
Hügelig. Bald verlieren sich die Scooter - Fahrer vom Messonghi, weil
die Distanz zu weit wird für einen Nachmittagsausflug: relative Einsam=
keit. — Nach etwa 1o km ab Messonghi: eine Taverne zwischen den
Olivenbäumen mit Privatübernachtung. Sieht recht gemütlich aus. Kurz
danach zweigt rechts eine Stichstraße ans Meer: ca. 12 km Sandstrand!!
Das kleine Örtchen am Meer heißt AG. GEORGIOS BEACH mit guten
Campingmöglichkeiten; — im "Ort" (paar Häuser) 2 oder 3 Tavernen
am Meer, Privatunterkunft in Häusern am Strand, aber nicht zu viele
Übernachtungsmöglichkeiten. —

Auf der Hauptstraße weiter Richtung Süden: die Dörfer hier haben
wieder etwas von der griechischen Atmosphäre. Auch wenn ab und zu
Scooter - Fahrer durchkommen: man hat irgendwie das Gefühl, auf
einer anderen Insel zu sein. Sehr hübsch, wenn auch nicht viel "los" im
Sinne der Nordost- Küste Korfus (Ipsos etc.). —
Je weiter südlicher, desto "griechischer." PERIVOLI und LEFKIMI: sehr
hübsche Orte, — Tavernen, Cafes, — letzterer Ort mit Kanal und Booten.

Der Bus fährt mehrmals täglich runter; — aber hier endet der "Aktions=
radius" auch der Scooterfahrer. Viele Leute sind zu bequem, bis hier
runter zu fahren. Die Einheimischen hier wesentlich freundlicher. Es
ist schön hier unten!!

Die Straße geht noch runter bis KAVOS, allerdings zwischen Lefkimmi
und Kavos mit vielen Asphaltaufbrüchen. Landschaftlich sehr schön,
und ein weiterer 5 km - Sandstrand. In Kavos mehrere Tavernen, die
in der Vorsaison Mai noch recht ruhig liegen, im Sommer aber bezügl.
Tische - Quantität voll sein dürften. Recht gemütlich und gute Bade=
möglichkeiten, sowie sehr gute Stellen für's Zelten.
Wer will, kann in ca. 1 Std. rüberlaufen zum Strand hinterm CAP AS=
PROKAVOS mit viel Sand.

| SCOOTER—MIETEN: |

Praktisch in allen Touristen - Orten der Insel möglich. Wir haben
Vermietungen in Paleokastritsa, Sidari, Roda, in Messonghi, an der
Küste zwischen Ipsos und Kerkyra (praktisch alle paar Kilometer!)
und zwischen Kerkyra und Messonghi gesehen. Außerdem in
Nissaki an der Nordostküste sowie bei allen größeren Hotels.
Kostet im Schnitt um die 2o bis 25 pro Tag und Maschine.

Prüft die Dinger aber vorm Anmieten! Bei manchen geht das Rücklicht nicht, was
bei Nachtfahrten und den kurvenreichen Straßen sehr gefährlich ist! Wir hätten mit
unserem Auto hinter einer Kurve beinahe einen unbeleuchteten Mofa- Touristen ein
Stück auf dem Kühler mitgenommen.

Wer mit eigenem Auto auf der Insel unterwegs ist, sollte immer mit einkalkulieren,
daß hinter Kurven Mofa- Gruppen im 2o km - Tempo die komplette Straße blockierer

AUTOMIETEN:
Ebenfalls jede Menge auf der Insel in Touristenorten. Preisbeispiel: "Holidaycars" im
Ort NISSAKI vermieteten 1978 den Fiat 5oo/6oo pro Tag für ca. 45 DM (1oo km
eingeschlossen, — weiterer Km für ca. 23 Pfennig) oder pro Woche mit freien Km
für ca. 35o DM. Deposit bei dieser Firma: ca. 55 DM Minimum pro Tag.
Vollversicherung pro Tag ca. 7,5o DM extra, bzw. ca. 45 DM pro Woche. —

HÄUSER–MIETEN auf Korfu:
Eigentlich keine schlechte Sache, wenn man unter sich sein will und gute Lage des
Hauses erwischt. — Rita Harkort, die bisher Häuser für die Insel Skiathos vermittelte
und dort auch eigentlich recht zuverlässig gilt. hat in ihr neues Programm Korfu
aufgenommen. Pro Woche zwischen 4oo DM (Preis 1981, für Vorsaison, 2 Personen-
Haus und 1.ooo DM   (HS., 4 - 8 Personen). — Umgerechnet auf die Person und Tag
ergibt das ein Übernachten ab ca. 15 DM pro Person und Tag. —
Buchung: Attika Reisen, Sonnenstraße 3, 8ooo München 2 und weiterer (siehe S. 87)

Insel Paxi:

Schöne Natur, wie Korfu mit schönen Bays zum Schwimmen und viel
Vegetation auf der nur ca. 1o km langen Insel. Gesamte Einwohnerzahl:
um die 3ooo, Haupthafenort GAIOS , welches Busverbindung zu der
etwa 8 km nördlich gelegenen Siedlung Lakka hat.

Gaios: hat tägliche Schiffsverbindung mit Kerkyra/Ort , Überfahrt ca. 1
1/2 Std. und 2 - 3 mal mit der Nachbarinsel im Süden ITHAKI.
Kleine Geschäfte und Tavernen am Hafenkai.

HOTELS: "Agios Georgios" in Gaios, E - Klasse, ca. 18 DM für's basic - Doppel, oder
die Bungalows des "Paxos Beach" (B - Klasse) ca. 4o DM.

Gelegentlich gibt's eine Kaiki - Verbindung für Touristen an's griechische
Festland nach PARGA (Überfahrt ca. 2 - 3 Std., ca. 15 DM einfach).Die
Boote fahren aber nur nach Bedarf. Daher mit dieser interessanten Rund=
trip - Möglichkeit nicht rechnen, sondern warten, ob sich die Chance even=
tuell ergibt. (Ab Parga/Festland tägliche Busverbindung runter nach Patras)

PAXI ist relativ flach und leicht hügelig. Höchste Erhebung ca. 25o m.
Viele Olivenbäume. An der zumeist felsigen Küste mehrere Meereshöhlen,
deren größte die Ypapandi ist mit einer Seelöwen - Kolonie. Man kann
mit dem Boot ein paar Meter reinfahren, und angeblich soll sie sich unter=
irdisch in einem Gang bis auf die andere Seite der Insel fortstrecken.

ABSEITS der großen Touristenströme Korfus die beiden Inselchen:

Insel Othonoi & Erikoussa:

*Beide im Norden Korfus gelegen, allerdings ohne jegliche Hotels und
anderweitige Aufnahmemöglichkeit für Fremde. Die Leute aber sehr freund=
lich, und auf OTHONOI schöne Strände.*

Insel Othonoi:

Ca. 6o km von Kerkyra/Ort und ca. 18 km von Sidari an der Nordküste Korfus entfernt, – ca. 5 mal pro Woche Verbindung mit dem KAIKI rüber.

Auf der rund 15 qkm großen Insel leben an die 9oo Leute. Haupterwerb: Langustenfang zur Versorgung der Touristenhotels Korfus. Zwei größere Dörfer mit 2 Tavernen. – Die Südküste hat schöne Sandbays. Keinerlei Straßen. Entfernung nach Italien nur ca. 75 km! Daher ankern hier öfters Jachten auf dem Weg nach Griechenland. –

Insel Erikoussa:

Nördlichster Punkt Griechenlands. War während des 2. Weltkrieges Stütz= punkt für Widerstandskämpfer gegen das Hitler - Regime, sowie Schlupf= winkel für verfolgte Griechen und Juden.
Die Insel ist ca. 11 km von Othonoi entfernt und ca. 1o km von Sidari. Haupterwerb ebenfalls Langustenfang für Korfu. Keine Hotels oder an= derweitige Unterkunftsmöglichkeiten. –

ÍNSEL ÍTHAKÍ

*Heimat des griechischen Seefahrers ODYSSEUS
(Zumindest sprechen viele Anzeichen dafür).*

Großartige Insel, viel Vegetation, buchtenreich, hohe Berge und eine handvoll schöner Badebays. Die Insel ist allerdings touristisch kaum erschlossen, d.h. auf der gesamten Insel nur 3 Hotels (kaum Betten!!), keinerlei Abwechslung im Stil von Diskotheken, kaum Tavernen, – und der ein= zigste Inselbus verkehrt pro Richtung nur einmal am Tag.

Bei aller Schönheit: eine Insel nur für Individualisten mit viel eigener Initiative und wenig Komfortansprüchen. –

VERBINDUNGEN:

Mit dem Fährschiff "IONIS" täglich von Patras/Peloponnes über die Insel Kefalonia. Die Strecke ab Patras bis VATHY/Ithaki dauert ca. 5 - 6 Std. PKW mittlerer Größe kostet um die 45 DM, Personen ca. 12 DM.

2 mal pro Woche (im Sommer 3 mal) ab KORFU, selbe Preise und Fahr= zeiten. Es fährt die "IONIS".

Vathy:

Die Fähre pflügt sich durch die Adria in eine fjordähnliche Einfahrt zwi= schen hohen Bergen. Verschmälert sich immer mehr und geht wie ins Schneckenhaus: am Ende liegt VATHY. Für mich einer der am schönsten gelegene Inselhäfen Griechenlands bezüglich Bergkulisse. Der linke Teil der Bucht flacher, viel Vegetation, — rechts die Berghänge rauf Wälder von Olivenbäumen, aus denen Zypressen wie Bleistifte rausspitzen. Zwischendrin auf Hangterrassen die Häuser versteckt.

Am Hauptplatz/Hafen: Kafenions, 2 oder 3 Souvenirshops und etwa ebensoviele Tavernen. Die O.T.E. (Telefon) ist am Platzeck, gleich da= hinter ein Büro der Nationalbank von Griechenland zum Geldwechseln.

Lohnt sich, mal um den Hafen rumzulaufen Richtung Nord - Westen. Immer neue kleine Buchten. Das Ende der Hafenbucht begrenzt ein hoher Bergklotz, an dem man oben eine Panoramastraße sich entlang= schlängeln sieht. — Am Ende der Hafenstraße: kleiner Parkplatz zum Umwenden, Strand ca. 3o m lang, 5 Umkleidekabinen, der Eingang zum Wasser feinkieselig. Unterwegs Tavernen. —

Odysseus hätte sich keinen schöneren Hafen aussuchen können für sein Inselreich! —

HOTELS: in Vathy gibt's nur 2 Hotels, sowie Privatunterkünfte, aber von denen auch nicht viel. — In den anderen Inselorten keine Hotels. Nur in sehr begrenztem Umfang Privatzimmer. —

"Hotel Mentor"/Vathy am Hafen. B - Klasse, Übernachtung Doppel ca. 38 DM
"Hotel Odysseus" ist mir persönlich sympatischer und zugleich billiger. Zimmer mit Balkon und Hafenblick nehmen. Doppel ca. 3o DM, allerdings ohne eigenes Bad. —
"Pension Aktaeon", 24 G. Gratsou Petalata. Doppel ohne Bad ca. 18 DM.—
Privat vermietet Mr. Kouvaras in der Nostou Street, etwa an der Stelle, wo die "Ionis" festmacht Doppel um die 15 DM.Das sind auch die Preise in etwa, die die wenigen anderen Privat- Zimmer kosten.

WER in den Monaten Juni, Juli, August kommt, muß damit rechnen, daß er kein Zimmer mehr finden wird. Denn die Insel ist touristisch durchaus schon bekannt, und in diesen Monaten gibt's viele Fremde.

Karten:
Recht brauchbar ist die „Ithaki" - Karte (herausgegeben von "Ekdosis Aggelos Katopodis/Ithaki), die es für ca. 2 DM in den Souvenir- Shops am Hafen zu kaufen gibt. Vorne eine Übersichtskarte der Insel,–auf der Rückseite ein bebilderter "Stadtplan" von Vathy .

BADEN & BAYS:
Keine "Traumstrände" mit kilometerlangen Sanddünen und Bäumen wie an einigen anderen Stellen Griechenlands. — Das reizvolle an den Bade= buchten der Insel Ithaki: zumeist kleine Bays, abgeschlossen mit Felsen;-- der Wassereingang: zumeist feiner Kiesel. Oft auch weitläufige, landschaft= lich sehr schöne 3 km-Buchten.

ITHAKI ist eine typische Insel für Individualisten, denn das Erreichen der Strände ist oft mit Laufen verbunden. Hotels, Tavernen oder sonsti= ge Einrichtungen an den Stränden gibt es nicht.

Der INSEL—BUS: 1 mal am Tag, Abfahrt etwa gegen Mittag in Vathi *am Hafen. Fährt rüber auf die Nordstraße, über Lefki, Stayros, und weiter am Frikis- Bay die paar Kilometer runter bis Kioni. (ca. 1 Std. Fahrt, ca. 1,5O DM). Selbe Route wieder zurück, Abfahrt Kioni ca. 15 Uhr. Vielleicht gibt es in der Hochsaison einen Bus mehr.*

(1) Sarakinikou−Strand:
Zu Fuß ca. 1 Std., im Auto ca. 1O Min. − sehr schmale Straße, die etwa beim Mentor-Hotel aus dem Ort Vathi herausführt, und sich gleich in ganz engen Serpentinen zwischen den Häusern den Berg rauf schlängelt. Weitgehend Schotter. Über die Bergkuppe rüber, Richtung Nordost: unter euch seht ihr bereits den "Strand".

2 Beaches: der erste genau wo die Straße endet: Kiesel, ca. 100 m lang. Wird schnell tief, das Wasser sehr klar, aber zwischen den Kieselsteinen am Ufer etwas Plastikmüll. Olivenbäume. Rechts kann man über zwischen liegende Klippen (flache Felsplatten) rüber steigen und kommt nach ca. 20 m zum zweiten Strand ebenfalls Kiesel ca. 80 m.
Das Wasser hat eine herrlich grüne Farbe, und es macht besonders Spaß, in dieser schmalen Bucht zu schwimmen. Am zweiten Strand zwischen den Kieseln grober Sand.   *Am Sarakinov dt. Alternativgruppe.*

(2) Filiatro−Strand:
Rüberlaufen, querfeldein ab Sarakinikou- Strand: äußerst dichtes Dornen-Stachelgestrüpp, − nach ca. 70 m "Anstieg" oben auf der Hügelkuppe mehrere alte Olivenbäume unter denen es sich ausgezeichnet schlafen läßt. − Nur der zweite Filiatro- Strand hat Sand, ist allerdings sagenhaft gelegen.
Es gibt auch einen Eselspfad rüber, der von der Vathi − Sarakinikou-Schotterstraße abzweigt, in der Kurve, etwa 50 m, bevor diese den Sarakinikou- Strand erreicht. Dieser Zipfel der Insel Ithaki hat hohe Felsen.

(3) Schinou−Strand:
Nur mit eigenem Auto oder zu Fuß ab Vathi zu erreichen rechts am Hafen entlang. Zu Fuß etwa 1 1/2 bis 2 Std. − zu Fuß noch etwa 15 Min. rüber zum nächsten Strand STENO GIDAKI der sehr schön gelegen ist.

ODYSSEUS − CAVE:
Man sagt, daß hier der berühmte Seefahrer der griechischen Mythologie seine mitgebrachten Schätze versteckt haben soll.

Schotterstraße, die sich in die Berge raufzieht; Abzweigung von der Teer-straße Richtung Nord- Ithaki, kurz hinterm Orstausgang Vathi. Ab hier 2 km bis zur Höhle, im Auto ca. 5 Min. − alles zusammen zu Fuß ab Vathi Hafen ca. 1 Std.

Durch duftendes Gestrüpp noch ein paar Meter weiter den Hang rauf bis zum Höhleneingang. Ca. 30 cm x 1,20 m groß. Sehr schöner Blick vom Höhleneingang auf den zerklüfteten Bay von Vathi. Dann über eine steile Eisentreppe runter ins Höhleninnere. Die Höhle selber ist ca. 30 m breit und ca. 25 m hoch an höchster Stelle mit winzigem Loch in der Decke, durch die das Tageslicht reinfällt. An den Wänden, besonders in einer Ecke Stalag. Wegen kleinem, leicht verschließbarem Eingang: ideal, hier Schätze zu verstecken. Nicht zuviel zu sehen in der Höhle, aber wegen schöner Lage lohnend.

Wer zu Fuß geht: die Serpentinen abkürzen quer durch die Olivengärten.

④ Pisso Aetou — Strand:

Durchgehende Asphaltstraße, die ca. 6 km nach Vathi rechts abzweigt und nochmal weitere 4 km über eine Bergkuppe runter ans Meer gegenüber der Insel Kefalonia.

Besonders wenn Wolken über den Bergen hängen und es gerade geregnet hat, bekommt die Landschaft mit wilden Buchten und weiten Meeresflächen dazwischen viel Ähnlichkeit mit Norwegen, obwohl die Vegetation natürlich mediterrané ist.

Pisso Aetou hat 150 m Feinkieselstrand und sehr klares Wasser. Zum Baden muß man sich noch vor den letzten Serpentinen querfeldein durch die Olivengärten schlagen, runter ans Meer.

Die Serpentinen- Straße endet unvermittelt an einem unheimlich süßen kleinen Hafen mit Minimole für vielleicht 10 kleine Fischer- Ruderboote in Privatgebrauch. Am Ende der Straße kann man wieder sein Auto abstellen (weil gerade mal Platz zum Umwenden desselbigen ist), noch ist der rechtsliegende Strand von hier aus leicht zu erreichen.

⑤ Aetos — Strand:

An der Hauptverbindung von Vathi rauf in den Nordteil der Insel, die Straße führt direkt daran vorbei. Mittags wenn die Sonne ins Wasser fällt, tiefgrün, — so wie man das von Karibik- Bildern her kennt, — allerdings mittelgroßer Kiesel und Pflanzenflecken im Wasser.

DIE ASPHALTSTRASSE in den Norden führt links an den Kathara- Bergen vorbei (während sich ein wüster Feld- Wiesen- Schotterweg rechts in die Berge raufschlängelt, rechtsrum um den Kathara, — die "Ithaki- Panorama- Straße"). Die Busse fahren aber aus gutem Grund linksrum.

⑥ Aspros Gialos — Strand:

Unterhalb der Hauptasphaltsverbindung. Ein ruppiger Feldweg geht in die Tiefe runter ans Meer, — an einen der besten Strände der Insel: lange Sandbuchten und Karibik- grünes Wasser. Seitlich viele Felsen. Nahe am Meer liegt das kleine Dörfchen Aghios Ioannis. —

Die Teerstraße in den Inselnorden schlängelt sich in ca. 120 bis 200 m Höhe am Hang entlang zum, auf einer Hochebene gelegenen:

⑦ STAYROS:

Zweitwichtigster Ort der Insel an einem Straßenkreuzungspunkt. Sehr kleiner Ort mit hübschem Plaza, an dem die Taxifahrer warten und die Opas in den Kafenions rumhängen. Unterkunft allenfalls bei Privat, — aber sehr schwierig, weil es nicht allzuviele Häuser gibt. Allerdings lassen diverse englische Aufschriften auf viele Touristen im Sommer schließen.

Der DORFSTRAND ("Polis") liegt ungefähr 1 km unterhalb, — zu errei-

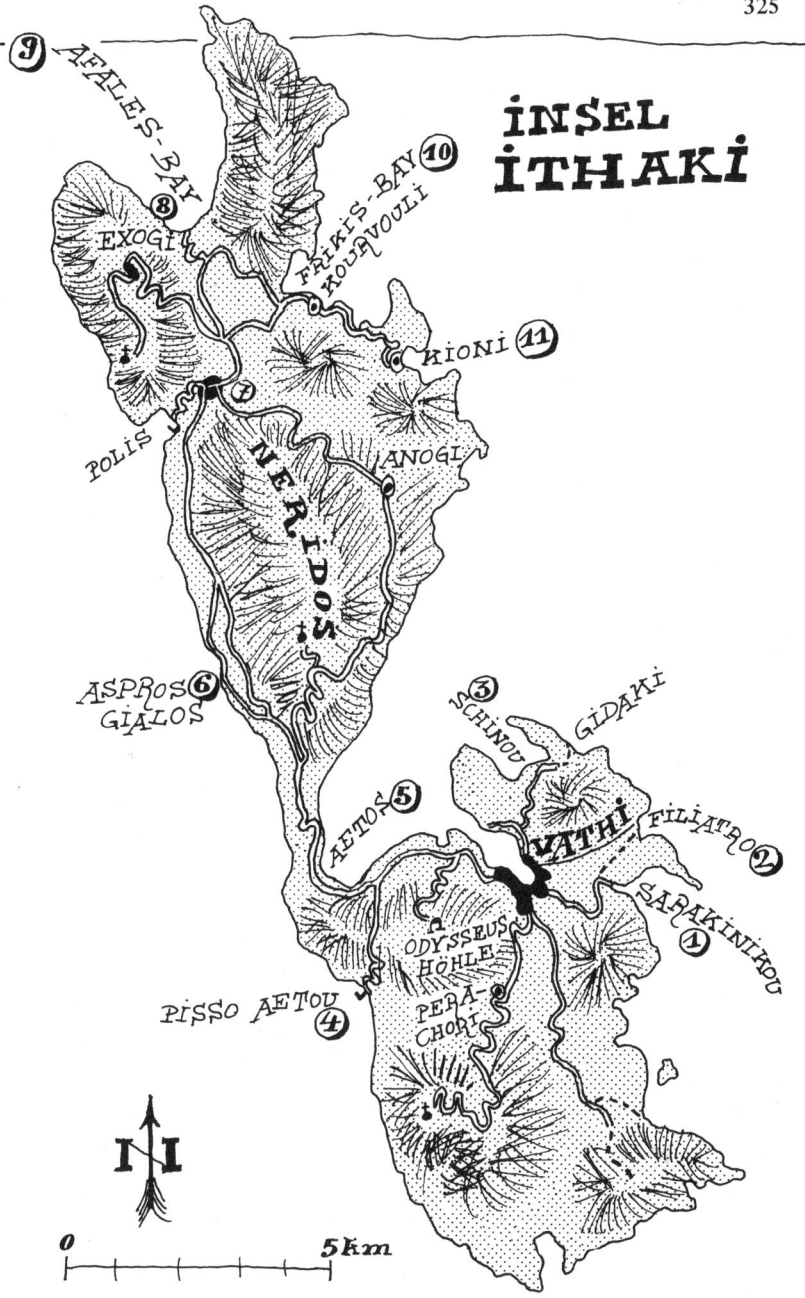

INSEL
İTHAKİ

chen: ab Stavros/Kirche linksab in die Tiefe über schmale, aber asphaltierte, sehr enge Serpentinen- Kurven. Im Auto 3 Min., sofern Schafe nicht die Piste blockieren und zu Fuß etwa 10 Min.

Am Ende der Straße kaum Parkmöglichkeit für Autos, aber großer, ausladender Baum am Wasser mit 3 Tischen drunter. Die Sache hat Atmosphäre!

Der STRAND: ca. 300 m lang mit feinem Kiesel, teils ockerfarbigem Sand. Es geht ziemlich schnell rein. Auf der linken Seite eine Mole, hinter der die Fischerboote liegen. Sehr malerisch!

⑧ Das Dorf Exogi:

Liegt ca. 6 km (linke Abzweigung nach Stavros!) in den Bergen des linken Nordzipfels der Insel. Wer mit eigenem Auto fährt, muß versuchen, seine "Kiste" im Dorf Exogi "loszuwerden", was aber sehr schwer wird, weil der Ort extrem eng ist. Zu Fuß den Schotterweg rauf bis zur Kapelle, — ca. 15 Min. zu Fuß, herrlicher Rundblick.

Oben bei der Kapelle hat man einen der schönsten Rundblicke der Insel. Prinzipiell wäre es natürlich möglich, mit der eigenen Kiste den Schotterweg bis zur Kapelle raufzufahren, aber man müßte das Auto wegen fehlender Wendemöglichkeit 4 km wieder nach Exogi zurückrangieren. Wendemöglichkeit allenfalls im Garten der Kapelle, aber weil die Mönche keine Autos mögen, haben sie den Garten mit einem dicken Vorhängeschloß verriegelt.

Oben fantastischer Rundblick über den Kanal zwischen Ithaki und Kefallonia, rüber auf die Berge des Festlandes, nach der Insel Lefkas und bei klarem Wetter bis Patras und Zakynthos. —

Der Wind spielt mit den Wellen der Bucht von Afales und läßt die Wasseroberfläche wie eine Haut verziehen, tiefe Fels- Bays an der Westküste von der Marmakas- Halbinsel mit strahlendweißen Sandbuchten und unter euch das Dörfchen Exogi.

⑨ Afales — Strand:

Ab Abzweigung Straße ein Feldweg durch Olivengärten, ca. 1,2 km lang und lateinisch ausgeschildert, aber in sehr miserablen Zustand. Sieht nicht so aus, als ob er oft befahren würde. Hohe Grasbüschel und tiefe Reifenausgrabungen; die letzten 400 m zum Strand in jedem Fall nicht zu befahren und unten am Strand keinerlei Autoabstellmöglichkeit.

Der Strand ist ca. 80 m lang mit Sand, — seitlich feiner Kiesel, sowie hübsche Bällchen aus angeschwemmten Erdöl (erinnern an Kamelscheiße). Fischer haben sich häßliche Betonbauten zum Anbinden bzw. Unterstellen ihrer Kähne hingesetzt; das Ufer geht sofort sehr steil rauf.

Die schönen Strände an der Westküste der <u>MARMAKAS—HALBINSEL</u> sind, — sowie das von oben her aussieht, nur vom Meer aus zu erreichen, aber absolute Topstrände. Die einzelnen Sandbuchten von bis zu 200 m hohen Felsen eingeschloßen; es führt aber ein Eselspfad in dieser Richtung.

Rundum auf den Hügelkuppen: Stein- Rundtürme aus früherem Jahrhundert; die strategisch günstige Lage im Zentrum der Ionischen Inseln rechtfertigt durchaus die Theorie der Wissenschaftler, daß das Reich des Odysseus (siehe Story von Homer!) sein Zentrum auf der Insel Ithaki haben mußte. Viele landschaftliche Detailbeschreibungen Homers treffen auf die Küsten von Ithaki zu.

(10) Frikis — Bay:
Die Asphaltverbindung ab Stayros nach Kioni führt dran vorbei, ebenso der Inselbus.
KOURVOULI: Minifischer- Dörfchen mit Taverne am Hafen; enge Ortsdurchfahrt. Die muntere kleine Tavernen- Tochter (ca. 16) hat viele Locken und ein schelmisches Lächeln und kocht zudem sehr gut;— kann auch schon einige Brocken Englisch. Hier gibts Tintenfisch, Polyp und ähnliches Seegetier; übernachten eventuell möglich im ersten Stock (vielleicht 120 Drachmen pro Person, vielleicht auch nur 80. Selbiges muß man mit dem Besitzer bei einem Ouzo aushandeln). Baden in diesem Bay weniger schön.
Ein Eselspfad geht über die Berge zum Afles- Bay. Gelegentlich kommen Kaikis von Nidrion/Insel Lefkas.

(11) Kioni:
Endpunkt des Busses von Vathi. Die Ortseinfahrt verdammt eng; größere Autos kriegt man nur mit Rangieren rein. Wir bewundern die LKW- und Busfahrer. Die ganze Sache macht den Eindruck, als ob Kioni seit Ur=zeiten Verbindung mit der Außenwelt nur per Schiff gehabt hätte.
Die Ortsarchitektur ist nicht für Verkehr konzipiert. Wenn man zwischen den Häusern durchkommt, so nur in eigener Fahrtrichtung. Kommt einer entgegen, so muß man retour um die Ecken rangieren (oder der andere). Kaum Parkmöglichkeit.

Der Kioni- Bay erinnert in seiner Form an Hafenörtchen an der Küste Cornwalls/Südengland. Oder bretonische Küste. Sehr malerisch. Ideal für Yachten zum Ankern. Am Hafen Fischtavernen, Cafes, aber soweit wir gesehen haben, keinerlei Hotels oder Pensionen. Wer sich rumfrägt, der findet bestimmt Privatunterkünfte. In der Hauptsaison allerdings schwierig. Das Wasser des Hafenbays sehr sauber; man kann praktisch vom Hafenkai per Kopfsprung direkt rein. Keine Sandstrände innerhalb des Ortes.

PANORAMA — STRASSE: STAYROS — VATHI:
Saumiserabler Zustand (mit Reifen- Killern!), aber großartiges Insel- Panorama. Die Taxifahrer werden sich für diesen Trip weigern, und auch der Busfahrer fährt außenrum, — aber wer eigenes Auto hat, der sollte diese Strecke zumindest einmal fahren. Die Inselbewohner planen den Ausbau. —

Ab STAYROS/Plaza abbiegen Richtung Anogi. Man kann wirklich nur

fluchen, wenn man in die Berge rauf fährt, denn neben den gewohnten Schlaglöchern "kitzeln" scharfkantige Schotterspitzen den Reifen. Extrem vorsichtig und langsam fahren. Im Hochplateau von Stayros noch relativ viel Vegetation, doch je weiter man rauf fährt: die Bergspitzen mit kar= gem Bewuchs wie an der Jugoslawischen Küste mit verkarstetem, weißem Stein.
Die Straße mit vielen Reifenkillern, — unter aller Sau! Eher das Gefühl, einen Steinacker zu befahren. Tief unter euch der von vielen Meeresbays eingebuchtete Teil von Vathi. Am Horizont die Fährschiffchen Italien—Patras, und ins Meer wie reingetropft die Bergkuppen der Nachbarinseln. Hier oben fühlt man sich wie in einem Flugzeug. Der Berg geht fast senkrecht ins Meer runter; ihr fahrt zwischen vielen, riesigen Gesteinsbrocken hindurch. Vegetation: kniehohes Gestrüpp.

FAHRTRICHTUNG: Wir empfehlen, diesen Trip unbedingt in Richtung Stayros— Vathi und nicht umgekehrt zu machen, da man dann beim Fahren immer schön runter schauen kann auf die Bucht von Vathi.

Über eine Bergkuppe gehts dann rüber auf den westlichen Teil der Insel und in zickzack- Serpentinen runter zur Asphaltstraße. Der letzte Teil ist geteert, aber man plant, das gesamte Stück zu teeren. Hinter der Hügelkuppe wieder ein fantastischer Rundblick auf die Nachbarinsel Kefallonia und ihre Bergkuppe, — sowie ihren Hauptort Sami am Horizont. Wohl eine der schönsten Inselkulissen Griechenlands mit den vielen Kuppen und Bergen, die aus dem Meer rauskommen!

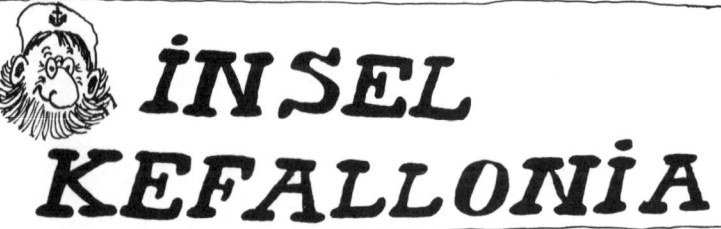

INSEL KEFALLONIA

Insel, deren Schönheit im Verborgenen liegt, — z.B. unter der Erde: 2 der interessantesten Höhlen Griechenlands! Kefallonia ist bisher noch nicht so bekannt und überlaufen, — daher vorwiegend griechische Touristen. Seit 1 oder 2 Jahren fahren aber immer mehr deutsche Urlauber nach Kefallonia. — Eigenes Auto auf Kefallonia sehr zu empfehlen.

Bergige Insel, Vegetation vorwiegend in den Tälern: Oliven. Vorwiegend Felsküste, aber auch einige Sandstrände. — Als Standquartier nicht SAMI (den Hafen der Fährverbindungen), sondern ARGOSTOLION. Häufig am Tag Busverbindungen.

VERBINDUNGEN:

1.) per Schiff:
    mehrmals täglich ab Patras/Peloponnes mit den Fährschiffen der

"Ionis", der Agostolion", und der "Kefallonia". Alle 3 PKW &
Personen- Fährschiffe starten in Patras gegen Mittag. Office am Hafen.

ca. 5o DM für PKW mittlerer Größe
ca. 2o DM pro Person
Fahrzeit Patras bis Kefallonia ca. 3 - 4 Std.

Mit "IONIS" tägl.: Kefallonia — Insel Ithaki, — sowie 2 - 3 mal pro
Woche (je nach Saison) : Kefallonia — Ithaki — Paxi — Korfu:
Fahrzeiten: Kefallonia bis Paxi 4 1/2 Std. ⎫ selbe Preise in etwa
          "   " Korfu 5 1/2 Std. ⎭ Kefallonia—Patras

Die "AGOSTOLI" fährt einmal in der Woche von Kefallonia über
Ithaki zur Insel Lefkas und weiter nach Astaki/Festland Nordgriechen-
land. Im Jahr 1978 war die Abfahrt ab Sami/Insel Kefallonia am
Mittwoch Abend. Retour selbe Route ab Insel Lefkas Freitag Morgen.

ca. 35 DM für PKW mittlere Größe: Sami—Lefkas
ca. 1o DM pro Person: Sami—Lefkas
ca. 3o DM PKW mittlerer Größe: Sami—Astaki
ca. 1o DM pro Person: Sami—Astaki

Der Hafen von AGOSTOLION wird nach den uns vorliegenden Angaben zur Zeit
nicht mehr angelaufen, weil die Busverbindung Agostolion—Sami schneller geht,
als der Fährdampfer rund um die Inselspitze braucht.

ERMÄSSIGUNGEN: einige der Fährgesellschaften geben Ermäßigungen bei
gleichzeitiger Buchung von Hin- und Rückfahrt. Bewegt sich um 10 %.
Man kann versuchen, — wenn man die Insel Kefallonia und Ithaki besuchen will,
mit der Fährgesellschaft eine "Stop- Over" - Regelung zu vereinbaren. Normalerweise müßte man Patras—Kefallonia buchen und ein weiteres Ticket Insel
Kefallonia—Insel Ithaki kaufen, was wesentlich teuerer kommt, als wenn man
Patras—Insel Ithaki mit Stop-Over auf Kefallonia kauft.

2.) Flüge:
"Olympic-Airways" fliegt täglich ab Athen nach Kefallonia mit
Propellermaschinen. Der Airport liegt in der Nähe von Agostolion.
Kostet ca. 6o DM pro Richtung. Verbindungsbus der Olympic-
Airways vom Airport nach Agostolion
OFFICE/OLYMPIC AIRWAYS:
R. Vergoti Street/Argostolion

Sami:
Der Ort liegt zwar schön in der Bucht mit den vielen hügeligen Inseln
und Inselchen drumrum, ist aber selber weniger interessant. Das Erd=
beben von 1953 hat die meisten Häuser flachgelegt: heute moderne
Betonskelett - Konstruktionen, zweistöckig ohne jegliche Fasaden- Varia=
tion.
HOTELS:
"Ionion", 5 Chorofylakis, bestes Hotel im Ort, C - Klasse. Kostet für's Doppel um
die 3o DM. Außerhalb der Saison gibt's bis zu 2o% Rabatt.
"Kyma", Platia Kyprou, Doppel um die 2o DM,— Blumen auf dem Balkon.—
"Krinos", 8, Megalou Alexandrou, kostet für's Doppel um die 18 DM, ebenso das
"Sami", 2, Possidonos

KARTEN/BÜCHER:

Es gibt diverse Touristen- Landkarten über die Insel. Als beste erscheint uns die von "Stournaras" in Athen herausgegebene "Kephallonia—Ithaki"-Karte (kein spezieller Name; vorwiegend gelber Druck mit rechts einer Reihe von Farb- Bildern). Diese Karte gibt's in Sami in den Kiosken am Hafen bzw. in Argostolion in Buchgeschäften. Ca. 3 DM.—

ANMERKUNG: Touristen informierten uns, daß es eine sehr ähnliche aber wesent= lich bessere Kefallonia - Karte von einem deutschen Verlag herausgegeben in der BRD zu kaufen gäbe. Wir führen diese Information hier speziell an, weil die Ähnlichkeiten beider Karten frapierend sein sollen! —
Prinzipiell aber in diesem "Karten- Teil" nur Übersichten über an Ort und Stelle zu kaufendes Kartenmaterial.

An Büchern über Kefallonia gab es zu Beginn des Jahres in Sami nur eine rein Griechische Ausgabe , dagegen verkaufte der Wärter vor dem Eingang der nahen Drongarati - Höhle, sowie der Wärter vor der Melissani - Grotte ein dünnes Heftchen (ca. 4 DM) in 3 Sprachen. Relativ teuer für die dün= ne Information. —

SAMI ist Ausgangspunkt für die Besichtigung der beiden Insel - Höhlen. Wer für sowas etwas "übrig- hat", — ich würde fast sagen, für den lohnt sich allein wegen der Höhlen der 2 - Tagesabstecher mit dem Schiff ab Patras! Machen übrigens viele Leute, und daher sind beide Höhlen im Hochsommer knall- voll von Touristen.

Das Auto nach Kefallonia mitzunehmen, wenn man nur die Höhlen sehen will, braucht es nicht; sie liegen beide relativ nahe zu Sami.

DRONGARATI – HÖHLE: ♌

Zuerst besuchen, — vor der Melissani! Der Höhleneingang liegt ca. 3 km ab Sami am Rande des Tales, kurz bevor die Berge beginnen. Straße aus Sami raus, Richtung Argostolion; nach ca. 1 - 2 km rechts die (beschilder= te) Abzweigung. Es fahren relativ viele Busse rüber nach Argostolion, und man lässt sich an der Abzweigung raussetzen.

Eintritt ca. 1,2o DM. Offen bis Einbruch der Dunkelheit.
Der Eingang: ein offener Schlund unter Sträuchern. Steintreppen führen im Zick-Zack ziemlich senkrecht runter. Eine Halle von ca. 2oo m Durch= messer, richtig gemütlich mit vielen Zapfen von der Decke.* Mikis Theo= dorakis gab hier am 14.8.77 ein Konzert; gute Akustik.

Angeblich 985 gefunden; soll 15o.ooo.ooo Jahre alt sein. Temperatur in der Höhle um die 18 Grad.
Tropfsteinfarben: rostrot, ocker, weiß.
Der Führer zeigt euch (leider in griechisch): Pferdefüße, Eule, Maria mit Baby, Mohr= rüben für Hasen, Flagge und Schneefelder.
Wachstum der Steine: 1cm/1oo Jahre!

5oo Leute passen ins Zentrum der Höhle. Große Teile noch unerforscht. Direkt nebenan wurde erst kürzlich eine weitere Tropfsteinhöhle entdeckt. Vorerst fehlt noch das Geld zur Erschließung . —

* in Höhlenstruktur (wenn auch viel, viel kleiner) ähnlich der berühmten AVEN AR=

MELISSANI – HÖHLE: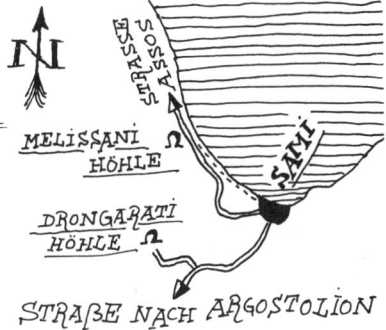

Eines der "Kefallonia–Mysterien". Ein großartiges Erlebnis, eingestürzte Höhlen- Doline mit 200 m Durchmesser und einem großen unterirdischen See. Von SAMI zu Fuß in ca. 3o - 4o Min. direkt am Strand entlang Richtung Nord. Die Straße führt in weitem Umweg drumrum, ist aber ausgeschildert mit lat. Wegweiser. Sicherheitshalber die Leute fragen! –

Eintritt: ca. 1,20 DM, – beste Tageszeit für den Besuch: mittags wenn die Sonne senkrecht einstrahlt und das Licht vom Wasser reflektiert an der Höhlenwand spielt.

Der oberste Teil der Höhlenkuppel ist offen. Das Wasser an einigen Stellen absolut tief- ultramarin, an anderen Stellen Färbung wie die Sonnenbrillen mit Vollrückspiegelung in blau- silbrigen Tönen. Sagenhafte Farben!!

Viel Vogelgezwitscher in der Höhle. Das Wasser extrem klar, Tiefe beim Eingang 20 m und an der Ecke im linken Höhlenrand bis zu 30 m , – so klar, daß man die 30 m völlig bis zum Boden durchsehen kann, der vielleicht 3 - 4 m unter einem zu sein scheint.

Man wird in Holzkähnen über den See gerudert; Wassertemperatur im Sommer ca. 17°. Wer baden will: ist erlaubt.

EIN DEUTSCHER TAUCHER hat erst kürzlich, im Winter 1977 bei der Erforschung dieses Sees eine weitere Höhle entdeckt. Eingang etwa 10 m unter der Wasseroberfläche im linken hinteren Teil der Höhle. Hier muß ein Stollen von ca. 7 m Länge (ohne Garantie!) durchtaucht werden und danach kommt eine weitere, völlig überdachte Höhle in selben Ausmaßen.

Im Wasser der Höhle schwimmen kleine Wasseraale (max. 5o cm), die ungefährlich sein sollen. – Zum rechten HÖHLENTEIL eine schmale Durchfahrt für das Touristenkanu. Dieser Teil ist noch überdacht; Ab= stufungen in der kuppelähnlichen Felsdecke. Ebenso einige Mini- Tropf= steine. Hier fließt das Wasser des Sees über einen 5oo m - Stollen hinaus ins Meer.

Mysterium der Höhle von Melissani:

Wissenschaftliche Untersuchungen haben ergeben, daß das Wasser der Melissani - Höhle durch einen unter= irdischen Stollen von der anderen Seite der Insel kommt.

Etwa in der Nähe des Ortes ARGOSTOLION gibt es eine Stelle, wo das Meer mit erheblicher Ge= schwindigkeit im Berg verschwindet. Die Geschwindigkeit ist so hoch, daß man hier in früheren Jahren Meeres-

MAND in den französischen Cevennen, für mich die schönste Höhle der Welt! Die Drongarati ist dagegen ein Taschenformat, aber auch irgendwie hübsch! –

Mühlen betrieben hat. — Ein Forscherteam, das zum Großteil aus Deutschen bestand, hat sich vor ca. 2o Jahren mit dem Phänomen beschäftigt und durch Farb- Beigabe eindeutig erwiesen, daß das Meerwasser, welches bei Argostolion in den Berg einfließt, identisch ist mit dem Wasser der Melissa= ni - Grotte. Als Flußgeschwindigkeit wurden 48 Std. für die Inseldurch= querung errechnet. Man vermutet, daß dieser unterirdische Gang durch ein Erdbeben vor Millionen von Jahren entstanden ist.
Soweit ist der Fall ganz klar.

Das Mysteriöse an der Angelegenheit ist aber, daß der Wasserspiegel der Melissani- Grotte 50 cm über dem Meeresspiegel liegt. Das bedeutet, daß das Wasser den Berg rauf fließt, — was aber bekanntlich nicht möglich ist.

Zweites Mysterium: steckt mal den Finger in's Wasser des Melissani - Sees! Erstaunt stellt ihr fest, daß es sich um Süßwasser handelt, — obwohl durch den Farbtest ja eindeutig erwiesen ist, daß es sich um Meerwasser handelt!!

Die Wissenschaftler- Gruppe ist bei ihren Untersuchungen damals zu kei- nem eindeutigem Ergebnis gekommen, hat aber zwei Theorien aufgestellt.

1.) Unterwegs im Verbindungsstollen wird im Berg Salz abgelagert. Da= durch wird das Wasser leichter und kann raufsteigen.
   Mysteriös ist allerdings, wie sich das Salz bei der relativ kurzen Unter= berg- Fahrt von 48 Std. weitgehend komplett ablagern kann.

2.) Die andere Theorie: unterwegs im Berg treffen auf den Meerwasser- Stollen weitere Stollen von Süßwasserquellen, die in höheren Lagen entspringen und nach dem System der Wasserleitungen unserer Städ= te das Meerwasser den Berg raufpressen können.
   Bei dieser Theorie ist zwar geklärt, wieso Wasser den Berg rauffließt, nicht aber, wie in so kurzer Zeit aus dem salzhaltigen Meerwasser Süßwasser werden kann.

Bisher ist das Problem noch nicht geklärt; beide Theorien einleuchtend, zugleich aber mit einem Haken. Die relativ schnelle Flußgeschwindigkeit für die ca. 10 km Luftlinie zwischen Argostolion und Melissani (und der Kanal geht garantiert nicht schnurgerade durch den Berg; daher bei einer längeren Flußstrecke: höhere Fließgeschwindigkeit!) läßt mir eine Ab- lagerung des Salzes unmöglich erscheinen. Denn: je schneller das Meer- wasser fließt, desto mehr werden die einzelnen Salzpartikelchen des Meerwassers durcheinander gewirbelt.

Die zweite Theorie ist einleuchtender, — erklärt zwar das Raufsteigen des Wassers, nicht aber seine Umwandlung in Süßwasser.
Mysterien sind eine schöne Sache, und kurbeln vorallem auch den Touris= mus an. Überlegt mal, ob ihr eine Lösung findet!

WACKELFELSEN BEI KOUNOPETRA:

Eine weiteres Naturphänomen Kefallonias, — an der Südspitze des west= lichsten Zipfels der Insel. Zwei Felsen im Meer, beide etwa von der Größe einer mittleren Ville, die ca. 5 m voneinander entfernt liegen.

Bis zum großen Erdbeben von 1953 bewegten sich die beiden Rocks in regelmäßigen Abständen aufeinander zu und wieder voneinander weg. Mit dem Auge nicht sichtbar, aber zu erleben, wenn man einen Stock zwischen die beiden Brocken klemmte. Kann durch Meeresbewegung nicht hervorgerufen sein, da sich die Felsen nicht parallel bewegten, sondern im Rhytmus aufeinander zu.

Ein größeres Expeditionsschiff aus England machte um 194o folgenden Versuch: Loch in einen Felsen und Pfahl rein, sowie mit Seil und Schiffskraft einen Felsen weggezogen. Als man die Seile aber löste, be= wegten sich die Felsen wieder im alten System aufeinander zu!

Dieser Spuk wurde durch das Erdbeben von 1953 beendet. —

Seit dem Erdbeben von 1953 finden alljährlich regelmäßig zur gleichen Jahreszeit in den Monaten Juli/August auf der Insel kleinere Beben statt. Keine Angst, wie mir die Inselbewohner versicherten: die neugebauten Häuser sind mit viel Geld von Architekten erdbebenfest mit viel Eisen= armierung konstruiert worden. "Da müsste schon ein erheblicher Teil der Insel unter Wasser gehen, bis diese Häuser einstürzen!"

DER SEE auf dem Berg Avissos
liegt direkt oben auf der Bergspitze. Man kann mit dem Auto bis fast oben rauffahren, oder die paar hundert Meter zu Fuß gehen. (Straße Sami — Poros). Ein See ohne Boden!! Taucher haben versucht, den Boden zu finden, auch das Blei - Senklot am Faden und ein elektro= nisches Schall - Echolot wie von Schiffen verwendet, brachte kein Ergeb= nis! —

SOWEIT zu den Insel - Mysterien. Ansonsten ist Kefallonia eine schöne Ferien - Insel, die zur Zeit noch erfreulich wenig von den häßlichen Touristen - Beton - Bunkern hat, allerdings auch nicht allzuviel schöne Sand- Badestrände. Die Landschaft: sehr panoramic!!—

Wie im ADAC mal zu lesen stand: "langsam schält sich der dunkle Ke= gel aus dem Dunst, bekommt Form und Farbe: Kefallonia ist ein großer grüner Berg, der über 16oo m hoch aus dem blauen Meer ragt."

Soweit o.K., und die diversen griechischen Reeder, die im Süd= teil der Insel ihre Häuser haben, wußten über lange Jahre sich den Tourismus vom Hals zu halten, doch der geplan= te Ausbau des Flughafens für Jets wird die Situation schlagartig verändern. Das "Medi= terrane" - Hotel freut sich schon auf fette Direkt- Touristenladungen aus England! —

BUSVERBINDUNG: Sami ⟶ Argostolion: 4 mal oder öfters (wenn Bedarf) pro Tag. Ca. 4o Min./1,5o DM Asphaltstraße, kürzlich verbreitert, landschaftlich schön über die Berge und in vielen Serpentinen runter an die

Troja-Krieger versehentlich auf Kefallonia gestrandet

Bucht von Argostolion:

wenn ihr die Berge runterkommt: schöne Lage des wichtigsten Inselortes Argostolion auf einer Landzunge, die dicht mit Kiefern bewachsen ist und weit in den Bay Kolpos Argostoliou reinreicht. Über eine 1,5 km Brücke geht's durch's seichte Wasser in den Ort.

ARGOSTOLION ist langeweilig. Das Erdbeben von 1953 hat alle alten Häuser flachgelegt. Heute findet man Einheitsarchitektur und mehr oder weniger häßliches Schachbrett - Straßensystem. — Am Hafen, einem lang= gestrecktem Beton - Kai spielt sich wenig ab. Einige Kafenions; Tavernen gibt's hier nicht. Extrem nüchtern und nicht gerade das, was man sich unter einem hübschen griechischen Hafen vorstellt.

Das Hauptleben spielt sich am Plaza ab, — eine öde 15o mal 15o m Ange= legenheit, auf der junge Griechinnen ihre Kinderwagen über den Schotter schieben und die Dorf- Jugend ihre Mopeds abgestellt hat. George Wallia= tos hat hier eine gutgehende Grillstation mit wilden Wild-West-Gemälden (Postkutschen und Rothäute auf Gäulen). Das Fleisch kostet ca. 3,5o DM für üppige und relativ zarte Portionen, der griech. Salat allerdings deftige 2,8o DM!! Immerhin: der Laden läuft, George grinst und raspelt vom Schwein die Scheiben, während sich draußen die Kinder stauen. Seine weiß-blaue Bayernschürtze stammt übrigens von seiner Schwiegermutter aus München! —   Die weiteren 3 bis 4 Tavernen kann man vergessen, weil sie kaum Atmosphäre bringen. Vorsicht beim Bestellen von Tomaten= salat; dieses Gemüse wird anscheinend auf der Insel nicht angebaut und ist sauteuer! —

HOTELS:

"Aenos" am Hauptplaza, ein freundlicher neuerer Bau mit Stil, hübschen Balkons und überdachtem Cafe. Alle Räume mit Dusche, Telefon und Musik. Ca. 4o DM mit Frühstück.

"Tourist", ca. 5oo m von der Brücken- Einfahrt entfernt am Hafen. Ein wenig attrak= tiver und eher häßlicher Neubau, 3 stöckig, ca. 3o DM für's Doppel. Wenn schon hier schlafen, dann nur im Zimmer mit Hafenblick.

"Xenia" am Ortsausgang Richtung Halbinselspitze. Schön unter Kiefern gelegen und ralativ ruhig, aber keine Bademöglichkeiten vor dem Hotel. Es fragt sich, ob man nicht besser ein Stadthotel mietet und das eingesparte Geld anderweitig anlegt. Doppel kostet ca. 4o DM mit Bad und ca. 3o DM ohne.

Viele weitere D- und C- Klasse Hotels im Ort, die um die 13 DM für's Doppel kosten.

BEACHTEN: viele der Hotels im Ort geben außerhalb der Saison bis zu 4o % Rabatt!

Bei der Brückeneinfahrt in den Ort haben wir einen Schreiner gesehen, der außen schöne holzgeschnitzte Portale aus Kirchen etc. rumstehen hat, aber die holzgeschnitzten Pfosten absolut nicht an Touristen verkauft.

Abends läßt's sich auf der Brücke gut angeln und viele Leute stehen mit der Rute rum. — Mit ein paar Palmen bemüht man sich, der Stadt Leben und Frische zu geben, aber die sind noch sehr jung,und es wird noch ei= nige Zeit dauern, bis sich Argostolion mit eigener Atmosphäre gefüllt hat.

TROTZ ALLEM ist der Ort noch der beste Stützpunkt für Inseltrips. Ab Argostolion sternförmig die meisten Busverbindungen, — in Argosto=

lion kann man sich in einer kleinen Office einen PKW mieten, — in der Nähe liegen auch die besten Inselstrände, nämlich auf der anderen Seite der Halbinsel. —

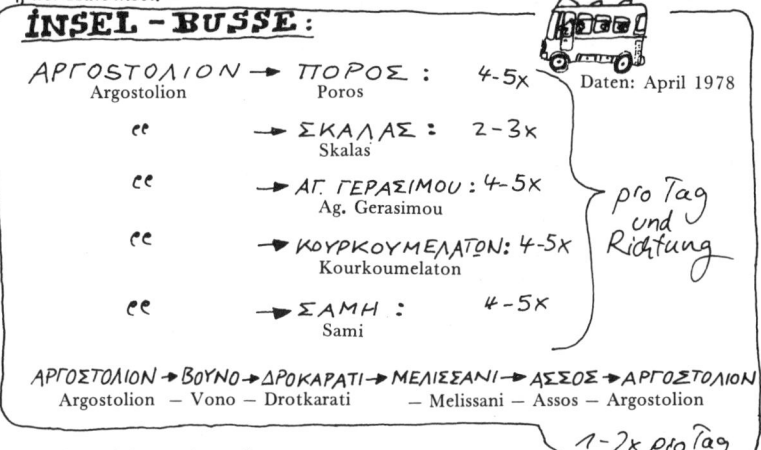

İNSEL – BUSSE:

ΑΡΓΟΣΤΟΛΙΟΝ → *ΠΟΡΟΣ :*   4-5x   Daten: April 1978
Argostolion   Poros

"   → *ΣΚΑΛΑΣ :*   2-3x
                                    Skalas

"   → *ΑΓ. ΓΕΡΑΣΙΜΟΥ :* 4-5x
                                    Ag. Gerasimou

"   → *ΚΟΥΡΚΟΥΜΕΛΑΤΟΝ:* 4-5x
                                    Kourkoumelaton   } pro Tag und Richtung

"   → *ΣΑΜΗ :*   4-5x
                                    Sami

ΑΡΓΟΣΤΟΛΙΟΝ → *ΒΟΥΝΟ* → *ΔΡΟΚΑΡΑΤΙ* → *ΜΕΛΙΣΣΑΝΙ* → *ΑΣΣΟΣ* → *ΑΡΓΟΣΤΟΛΙΟΝ*
Argostolion — Vono — Drotkarati — Melissani — Assos — Argostolion

1-2x pro Tag

Platis Gialos — Strand:

Bester Badestrand der Insel, ca. 4 km südlich von Argostolion und kurz vor dem Flughafen. Die Abzweigung ist beschildert. Im näheren Umkreis bzw. direkt am Platis Gialos die drei besten Hotels der Insel, das "Medi= terranee", das "White Rocks" und das "Irinna". —

PLATIS—GIALOS: der Strand ziemlich nahe der Straße zum Flughafen, es geht durch ein Tor und ziemlich nahe ein Häuschen, vermutlich zum Eintritt zahlen. — Der Strand hier ist ca. 13o m lang mit feinem Sand. Umkleidekabinen, relativ viele Bäume, aber alles eng zusammen.
Seitlich rechts auf den Felsen ein Sprungbrett, — seitlich links geht eine Landzunge ca. 5o m ins Meer raus mit schönem Sandstrand und Begren= zung Richtung Meer mit hohen Felsen.

Hinter der Bucht Richtung Süden schließen sich weitere Sandstrände an: von der Hauptstraße bequem über Schotterwege zu erreichen, Sand und teils auch Kiefern am Ufer.

HOTELS:
Das "Mediterranee" liegt noch kurz vor dem Platis Gialos Strand, — kurz nachdem man den Hügel der Landzunge von Argostolion überquert hat und ans Meer wieder runterkommt. Die Zimmer: mit viel Luxus, Teppich und das Zimmertelefon sowohl neben dem Bett, alsauch im Bad. Die Zimmer aber außer Luxus nichts spezielles bez. Atmosphäre und, wie der ADAC getestet hat (Motorwelt 3/78) "sehr hellhörig". Das Hotel hat eine gemütliche rustikale Holzbar. Der Hotelstrand zwar mit Sand, aber sehr klein.

Das "White Rocks" (liegt direkt am Platis Gialos!) hat uns am besten gefallen.Aber hier unbedingt Zimmer Richtung Meer nehmen, denn das Hotel liegt direkt an der Straße, ca. 1o m tiefer, — d.h. die Zimmer hintenraus mit weniger erfreulichem Blick. Geschmackvolle Einrichtung und der bessere Hotelstrand.

Diese beiden Hotels gehören zur A - Klasse und kosten für's Doppel inkl. Frühstück und einem Dinner jeweils für zwei Personen um die 9o - 1oo DM pro Tag.
Das "Irinna" - Hotel, welches südlich des Flughafens liegt (B- Klasse) ist etwas billiger hat uns aber weniger gefallen und hat zudem einen nicht gerade Top- Strand vor der Tür. Die Entfernung zur Stadt Argostolion ist zwar 1o km, in diesem Fall aber nicht gravierend, weil Argostolion langeweilig ist. Aber die Umgebung vom "Irinna" ist auch nicht gerade Top! —

TIP: wer nicht unbedingt 1oo DM pro Tag zum Fenster rausdonnern will und wem Argostolion "stinkt": heißer Tip:
Aus Argostolion raus, über die Hügel Richt. Flughafen. Etwa da, wo die Straße wieder auf's Meer trifft gibt's linkerhand eine Taverne mit Übernachtungsmöglichkeit. Wie wir auf Kefallonia waren, haben wir hier geschlafen; — gehört Eirini Tzakis, der fließend Englisch spricht (längere Zeit in Australien gearbeitet) und seine Restaurant/ Pension eigenhändig gebaut hat. Die bereits fertigen Zimmer haben eigenes Bad und kostet zur Zeit 13 DM. Strand in der Nähe. Tel.: Restaurant Roma, Tel.: 28.43o

Schräg gegenüber andere Privatzimmer. Dieser Destrikt von Kefallonia nennt sich Lassi und ist Argostolion unbedingt vorzuziehen. —

NORD—ROUTE:

Die Strecke hat großartiges Panorama, daß man oft an jeder Kurve anhal= ten möchte, so schön! Badesachen mitnehmen; es geht am MIRTO—BAY vorbei, dem schönsten Strand der Insel! —

Der Inselbus Argostolion —→ Phiskardion geht am frühen Morgen. Ein 4 Std. Trip (ca. 4 DM), der sich sehr lohnt!
Zuerst am Osthang des KOLPOS ARGOSTOLIOU entlang. Ein paar Dörfer, die Straße schlängelt sich in ca. 1oo - 15o m Höhe am Berg entlang. In die= sem Bereich mit Baden schlecht. Bis auf eine miese Schotterstraße runter an's Meer (viele Felsen) keine weiteren Abzweigungen. Oben, zumindest im Frühjahr viel Vegetation. Landschaftlich schöne Ausblicke auf den Luxurion - Zipfel der Insel. —

       Argostolion —→ Luxurion 32 km
           "   —→ Assos   36 km
           "   —→ Phiskardion 49 km

Zwischen AGON und ASSOS sagenhafte Panorama- Blicke. Die Asphalt= straße in den Norden Kefallonias schlängelt sich hier in ca. 2oo m Höhe am Hang entlang. Das Meer fast senkrecht unter euch, tiefblau mit sma= ragdgrünen Bays und steilen Felsen. Gegenüber die Steilküste des Luxu= rion- Zipfels.

Mirto—Bay:
Die Abzweigung ist in lat. Schrift angegeben, — etwa an der Stelle, wo es auch links nach Sami rübergeht. Schräg gegenüber eine ΨΤΑΡΙΑ mit freundlichem Besitzer. (Grillsachen zumeist nur am Abend, sonst Cola und Cafe!) —
Die Piste runter an den Bay wird zur Zeit von Catterpillars verbreitert. Danach dann besser befahrbar. Zu Fuß sind das ca. 1 Std. bis an den Strand in der Tiefe; es gibt eine Abkürzung senkrecht runter über die steil abfallenden Felsen: etwa vorn am Ende des Tales, kurz bevor die

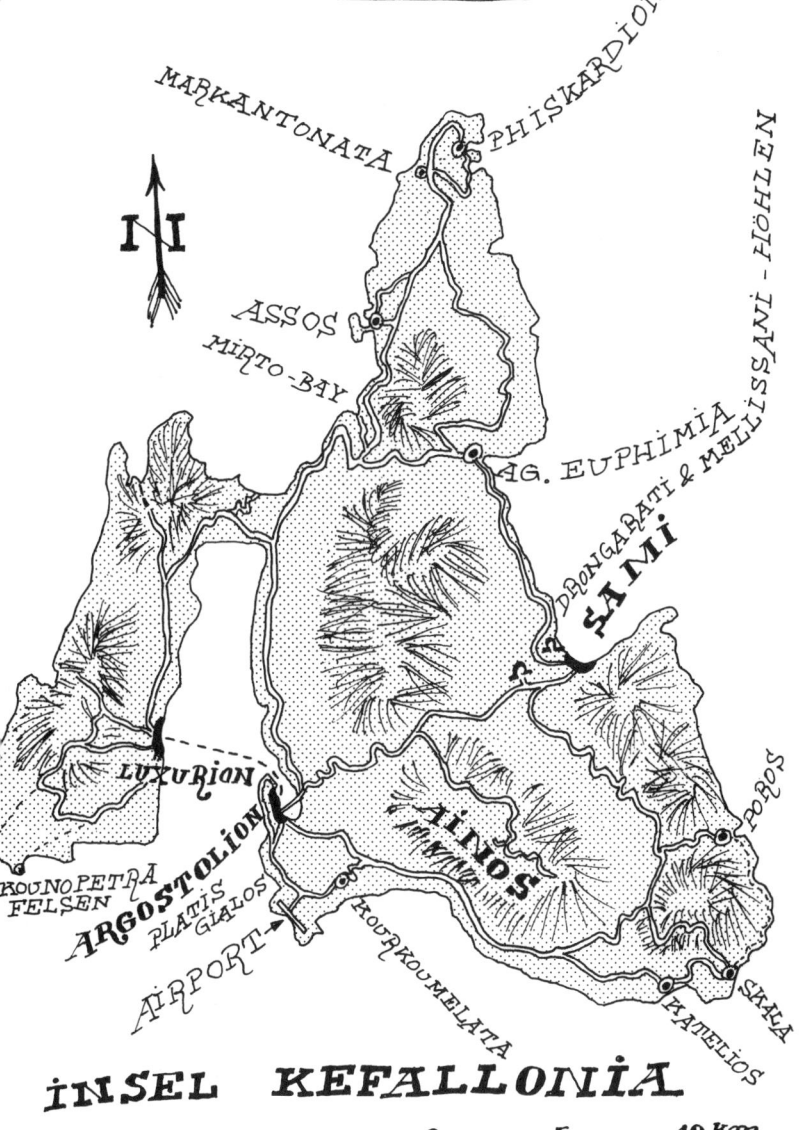

INSEL KEFALLONIA

0　5　10 km
1 2 3 4　6 7 8 9

Piste rechts in Serpentinen abbiegt. Eine Art Eselspfad über die Felsen.

Bezüglich Schönheit gehört der Mirto - Bay zu den 1o schönsten Stränden
Griechenlands!! Ca. 2 - 3 km lang mit blau bis tiefgrünem Wasser. Links
eine kleine Höhle. Rundum von 15o - 2oo m hohen Felsen umrahmt! −
Gleich nach dem Mirto - Bay, oben an der Hauptstraße ein kleines Dorf,
Übernachtung eventuell Privat; keinerlei Hotels im weiteren Umkreis. −
Überwältigend schöne Ausblicke auf der weiteren Strecke bis zur Abzwei=
gung Assos; bezüglich Panorama ist dies der schönste Teil der Insel.

Assos:

Abzweigung von der Haupt=
straße an die Bucht run=
ter ca. 4 km.
Bisher nur
das erste
Stück
as=
phal=
tiert.

zur
Hauptstr.

ASSOS

STEILKÜSTE

STRAND

STRAND

BUCHT von ASSOS

MEERES - HÖHLEN

zur FESTUNG

Diese 4 km runter nach Assos werden im Moment
aber gerade präpariert und sind vielleicht im Som=
mer schon fertig. Fantastischer Panorama- Blick.

Der HAFEN von ASSOS mit kleiner Minibucht und Mole für die Fischer=
boote. Etwa 3o - 4o Häuser am Hang um die Bucht rum, − sehr ma=
lerisch! Direkt im Ort: ein ca. 1oo m - Strand mit Kiesel und im Was=
ser einigen Sandflecken. Später dann, wenn das Wasser schon tief genug
ist: Wasserpflanzen. Sehr klares Wasser. Am Strand steht eine alte, ver=
rostete Kanone und ein Helden- Denkmal mit 2 Kafenions. ÜBERNACH=
TUNG nur im schön gelegenen "Myrto" direkt auf der Landzunge rüber
zur Festungshalbinsel, die dem Hafen gegenüber liegt. Etwa 12 Betten
und in der Hauptsaison vermutlich voll. Einige der Zimmer mit Balkon
und schönem Blick auf den Hafen von Assos, die anderen Zimmer auf's
offene Meer bzw. die Halbinsel. Doppel ca. 25 DM .

Optimale Tauchmöglichkeiten um die Felsen der Landzunge.
Noch besser ist aber die Küste nördlich von Assos, gleich nach der ersten
Felsspitze ins Meer hinter der Mole: eine Steilküste, bei der die Felsen
ca. 1oo - 15o m hoch senkrecht aus dem Meer aufsteigen. Etwa 6 Bays,
die aber alle nur von der Meeresseite erreicht werden können, d.h. eigenes
Schlauchboot nötig oder Fischer anheuern! Der erste Bay liegt ca. 4oo m
von der Mole entfernt. Außerdem gibt's in diesem Gebiet 4 größere
Meeres- Höhlen und Felsdurchgänge! (siehe unsere Karte!) . −

ASSOS ist für mich die schönste Stelle von Kefallonia, − allerdings nur
solang, als nicht zuviel Touristen hier rumhängen. Der Ort ist so klein,
daß er das Elexier "Tourist" nur in kleinen Quantitäten verkraftet. −

Schönste Stelle zum Fotographieren übrigens von der <u>venezianischen</u>
<u>FESTUNG</u> auf der Halbinsel.

DEN WAGEN lässt man besser unten stehen. Es führt zwar ein Schotterweg rauf,
aber der ist so schmal, daß bei Gegenverkehr einer der PKW's über lange Strecken
zurückrangieren muß, und um die Kurven kommt der 2 CV nur per Rangieren rum.
Im Frühjahr ist der Hang voll von Blumen. Eine sehr schöne Strecke zum Wandern!
Schade, wenn man das mit dem Auto macht!! —

Nordspitze von Kefallonia:

<u>Weitere 13 km bis PHISKARDION</u> an der Nordspitze Kefallonias. Die
Straße (Asphalt) ist durchgehend gut ausgebaut ab Argostolion. Oben
an der Nordspitze viel Vegetation: Weiden für Schafe, Olivenbäume und
viele Pinien. Bei Phiskardion eine Art Minizypressen, ganze Wälder davon,
die von weitem an Tannenwälder erinnern. Eigenartige Atmosphäre, die
eigentlich für Griechenland untypisch ist.

Piskardion:

Kleiner Hafen sehr schön gelegen an einer Bucht, die um's Eck ins Land
reicht. Wenn das Meer draußen einigermaßen ruhig ist, so ist der innerste
Teil des Hafens so spiegelglatt wie ein Swimming - Pool. Und es macht
Spaß, die verschiedenen Dinge zu sehen, die im Laufe der Zeit reinge=
worfen wurden. Autoreifen, Blechbüchsen etc., — sowie kleinere Fisch=
chen. —
Mehrere Kafenions am Wasser, eine Taverne und hinter der südlichen
Bucht- Ecke eine <u>Pension der B - Klasse</u> ("Panormos", Doppel ca. 25 DM)
Übernachtung <u>ansonsten Privat,</u> allerdings nur in begrenztem Umfang
Betten.
Direkt am Hafen ein <u>Souvenir-Shop</u> mit Unmengen selbergemalter Ölbilder
(für 4o x 4o cm - Ölding um die 8o DM!) . Extremer Kitsch. Lohnt sich
aber unbedingt, mal reinzuschauen, weil der Arbeitseifer des Künstlers
faszinierend ist. Klou: aus Holz gefertigte Mini - Staffleien, ca. 1o cm hoch,
auf die grelle Ansichtskarten- Motive gepinselt wurden. In diesem Frühjahr
hatte er davon mindestens 2oo Stück rumstehen. —

Daneben noch ein weiterer Andenken-Shop; im Früjhar ist am Hafen noch
Ruhe und es macht Spaß, abends im Freien in der Taverne am Hafen zu
sitzen. Phiskardion ist praktisch der einzigste Ort der Insel, dessen Häuser
vom großen Erdbeben weitgehend verschont blieben. Bringt das Bild, das
Kefallonia früher einmal hatte. Aber gerade deswegen ist der Hafen im
Sommer knallvoll von Touristen und bei der zu erwartenden rapiden
touristischen Entwicklung wird sich speziell im Raum Phiskardion noch
einiges tun. . .

<u>STRÄNDE:</u> nahe am Ort, so z.B. direkt unterhalb der Panormos - Pension
Kiesel, aber klares Wasser. — Viele hübsche weitere Mini- Strände an der
Schotterstraße Richtung Süden, meist ebenfalls mit Kieseleingang. Das
Ganze erinnert an die jugoslawische Küste mit ihren Hügelkuppen im Meer,
aber viel, viel Vegetation.
Kurz wenn man den Ort verlassen hat Ri. Süden: schöner Bay ca. 30 - 1oo

m breit mit einer Minigrotte am Meer, einem Feinschotterstrand am Ende der Bucht, Olivenbäume, Gras, herrlich smaragdgrünes Wasser und rundum viele der Klein- Zypressen, die von Ferne wie Tannen aussehen. Ein eigen= artiges Bild hier im Mittelmeer! Sehr schönes Baden! —

Diese Schotterstraße am Meer entlang ist zwar in sehr schlechtem Zustand, lohnt sich aber landschaftlich sehr. Trifft bei MARKANTONATA wieder auf die geteerte Hauptstraße. —

Ag. Euphnmia:
an der Ostküste: Baden im Hafen weniger reizvoll, da viele Unterwasser= pflanzen. Schön aber eine Minibadestelle an der (asphaltierten) Straße runter nach Sami, ca. 6oo m nach dem Ortsausgang Ag. Euphnmia. Hier ein Friedhof und ca. 1o m feiner Kies.
Ag. Euphnmia selber ist weniger reizvoll. Unterkunft nur Privat.* Es gibt auch Tavernen. —   *sowie das teure "PYLAROS", C-Klasse, ca. 25DM

Schön dagegen ist die Strecke runter nach SAMI. Ausblick rüber auf das bergige benachbarte Ithaki und die Buchten des Südens Kefallonias. Oft der Eindruck, an einem See entlang zu fahren statt am Meer. Das Wasser sehr klar, und immer wieder hübsche Mini- Badestellen mit feinem Kiesel. Macht viel Spaß, hier zu baden, allerdings eigenes Auto nötig.

SÜDROUTE:
Auch wenn man mit eigenem Auto fährt: dafür sollte man einen weiteren Tag ansetzen. Landschaftlich dem Norden sehr verschieden. Die reichen Kefallonier wohnen in den Dörfern unterhalb des Berges AINOS südlich von Argostolion. — POROS, ein Dorf an der Süd-ostküste wird allgemein sehr gelobt, hat uns aber nicht so gut gefallen. — Lange Sandstrände aber wenig los in NEA SKALA und KATELIOS an der Südküste.

Nach Poros:
Kilometermäßig wesentlich kürzer ab Sami direkt, aber diese Straße ist noch nicht komplett ausgebaut und besteht größtenteils aus wildem Schotter, — landschaftlich aber lohnend! Strecke: ab Sami die Straße Richtung Argostolion nehmen, aber bereits nach ca. 2 km rechts ab und durch ein auf einem Hügel gelegenes Dorf. Danach geht's durch schöne Täler mit Weiden für Schafe und im Zickzack rauf über Hügel= ketten. Sehr vorsichtig fahren; wir hätten hier beinahe einen bösen Un= fall gehabt, denn auf dem Schotter/Sand- Untergrund rutscht der Wagen auch bei langsamen Geschwindigkeiten beim Bremsen erheblich und Aus= weichen ist wegen Schmalheit nicht möglich.
KURZ VOR POROS: das M. Atrou - Kloster auf dem Küstenberg Atros. Ein Esels= pfad geht rauf, zu Fuß ca. 35 - 45 Min. Schöner Blick! —

Sami ⟶ Poros (direkt) sind insgesamt ca. 25 km, davon z. Zeit nur die ersten ca. 4 km und die letzten ca. 3 km asphaltiert. Aber in Bau und in ca. 2 Jahren fertig. Im Moment muß man dafür mit dem Auto ca. 1 1/2 Std. rechnen.

Sami —►— Poros (über Argostolion): ca. 55 km, ebenfalls im Auto ca.
1 1/2 Std. Die Inselbusse nach Poros fahren diese Strecke, brauchen
aber länger. Durchgehend asphaltiert und gut ausgebaut. —

Poros:
Kleiner Fischerort an der Süd-Ostküste Kefallonias. Im Sommer für kafal=
lonische Verhältnisse relativ viele Touristen. Der Strand (vorwiegend fei=
ner Kiesel mit kleinem Sandeingang) ist zwar nicht "Top", hat aber kla=
res Wasser. Hier stehen ein paar Sonnen-"Pilze", die mit wildem Wein
überdacht sind. In der umliegenden Bucht: weitgehend grob-Kiesel-Ufer.

Direkt bei den Sonnen-Pilzen gibt's eine handvoll Tavernen; zum Relaxen
kann man Poros durchaus empfehlen. — Unterkünfte im Ort bei Privat
(in den Tavernen fragen). Kostet für's Doppel zur Zeit um die 11 DM,
der Preis könnte aber steigen, wenn Poros touristischer wird. — An den
Felsen nach der Hauptbuchte (mit den Tavernen) gibt's eine Hotel- Pen=
sion ("Herkules"), schöne Lage, Doppel um die 24 DM, B- Klasse.
Im Ort Poros weiterhin: "Atros Poros", C- Klasse, Doppel mit Bad um die
23 DM. —

Nea Skala:
einer der beiden Sandstrände im Süden Kefallonias. Bus von Argostolion
2 - 3 mal am Tag pro Richtung. Bis auf den letzten Teil (der zur Zeit
ausgebaut wird) durchgehend Asphalt. Im Ort ist nicht viel los. Es gibt
eine Taverne, die sich "White Horse" nennt, ein paar Kafenions und eine
recht öde Betonstraße an den Strand.

Weiter Sandstrand hinter dünenähnlichen Strandhügeln, die mit Kiefern
bewachsen sind. Zwischen dem Sand: kleinere Dornen-Gras- Büschel, —
das Meer: feiner Kieseleingang. Sauberes Wasser. Kein schlechter Platz
zum Baden. Wenn der Strand auch nicht First- class ist, so hat er doch
mit seinen Kiefern und Dünen seine Reize. Die Breite zwischen den
Dünen und dem Wasser bewegt sich beim Ort Skala um ca. 30 - 50 m.

ARCHÄOLOGIE/NEA SKALA
In der Nähe, etwa 3oo m von der besagten Betonstraße entfernt Richtung Westen
liegen in einer Gras- Niederung einige Mosaike versteckt. — Freundlicher Wächter, der
sich eigens eine offizielle Mütze besorgt hat und mit traurigem Lächeln das kompli=
ziert zu öffende Vorhängeschloß aufsperrt. Dahinter: 3 nicht allzu besonders über=
ragende Mosaike. Eintrittspreis nach Gutdünken in Form eines Trinkgeldes.

Nicht enttäuscht sein! Der Mini- Reiseführer von Kefallonia schreibt: "und die Einhei=
mischen liefern alle Funde brav dem Bürgermeister ab" . . .

WER GERN WANDERT: es gibt einen schönen, ca. 15 km langen Weg direkt am
Meer entlang, rüber nach Poros. Lohnt sich zum Wandern, kann aber für die Auto=
reifen "tödlich" sein. Extrem viele Steine, — vorwiegend vom Typ:"Reifenschlitzer".

Ab Strand Skala Richtung Osten (Wegweiser in lat. Schrift: POROS). Zuerst am Strand
entlang, Sandpiste, dann plötzlich hinter Landzipfel totaler Wechsel: erinnert an
schottische feine irische Küste: Gras, niedriges Strauchwerk und die besagten Steine.
Eher ein Ziegentrieb- Pfad; — und von denen gibt's hier viele! Gute Stellen zum
Zelten. Das Meer ist nahe, meist Felsen mit guten Schnorchelmöglichkeiten.
Recht orginell: an einer Kapelle unterwegs hängen die Glocken in den Bäumen des
Gartens

Rüber nach POROS führt die reguläre Straße (Schotter) von Nea Skala rauf in die Küstenberge nach SKALA und weiter auf halber Hanghöhe über Phavies (Φανιες) zum Dorf Pastra (πάστρα), wo die geteerte Hauptstraße Argostolion — Poros erreicht wird. Besonders das Stück Nea Skala bis Pastra hat landschaftlich schöne Ausblicke über das Tief= land der Küste. Zum Wandern ca. 2 1/2 Std. bis Wegkreuzung Pastra.

NEA SKALA ⟶ KATELIOS : zur Zeit noch Schotter, aber jetzt im Frühjahr wurde die Piste mit Dampfwalzen planiert, sodaß man eventuell bald mit Asphalt rechnen kann.

Katelios:

1,5 km Bay mit braunem Sand, teilweise aber angeschwemmte Pflanzen. Es gibt im Ort einige Kafenions, eventuell privat wohnen, aber nicht sicher. — Insgesamt ist der Strand nicht so schlecht, und es könnte bei der zu erwartenden touristischen Erschließung Kefallonias passieren, daß hierhin einige Hotels gesetzt werden. —

Katelios, welches an der Strecke Argostolion — Nea Skala liegt, hat täg= liche Busverbindung zu beiden Orten. —

MARKOUPOLO, ein Dörfchen an den nahen Hängen des Berges Ainos ist berühmt durch eine Schlangenart (weiß, mit schwarzem Kreuz auf dem Kopf), — ungiftig, die am 15. August (plus- minus ein paar Tage) im Dorf erscheinen, — gerade dann, wenn Mariae Himmelfahrt gefeiert wird. Glaubenspilger nehmen die "Serpiente" zum Teil so= gar in den Mund!! — Der Name des Dorfes soll übrigens von dem berühmten italie= nischen Seefahrer und Asien- Forschenden Marco Polo stammen, der das Dorf angeb= lich gegründet haben soll. —

Gebiet von Livatho:

Dörfer unterhalb des Hanges des Ainos, — etwa 8 km südlich von Argosto= lion an der Straße nach Poros. Hier wohnen viele reiche Kefallonier, u.a. Landsitze griechischer Reeder. Besonders schön ist das Dorf KOURKOU= MELATA, welches von der Reederfamilie Vergotis wiederaufgebaut wurde. Landschaften: eine Mischung aus Itlaien und Provence. Leicht hügeliges Land, vielleicht 5o - 1oo m oberhalb des Meeres. Wiesen, Pinien, Olivenbäume, Felder und viele eingestreute Villen. Saubere Dörfer. Mal ganz schön, hier durchzufahren, aber nichts Überwältigendes für den, der hier kein Haus hat. Viele Zypressen. Weiche Buchten, leicht vom Ainos abfallend.

Restaurant - Tip: sehr gemütlicher, rustikaler Rundsteinbau: "The Rock House" in Pertata an der Straße nach Poros. Viel Atmosphäre, allerdings Preise nicht gerade billig, aber auch nicht überhöht. Etwas unter Plaka- Niveau in mittleren dortigen Tavernen.

Auf den Berg AINOS:

Schöne Fahrt, allerdings nur mit eigenem Auto möglich. Ab Argostolion sind das ca. 24 km, bzw. ab der Abzweigung der Hauptstraße Sami — Argostolion (wo der Bus ja vorbeikommt) immer noch gute 15 km.

Bei klarem Wetter oben Rundblick über die Buchten Kefallonias und Nachbarinseln, — sehr lohnend!

Oben um den Gipfel (1628 m) eine seltene Tannensorte (die "Abies cephalonica Loud."*) und Nationalpark.

Straße: ab Argostolion Richtung Sami und nach ca. 12 km die Abzwei= gung rechts. Die Strecke ist durchgehend bis zum Gipfel asphaltiert; auf halbem Weg liegt eine Militärstation mit Radar. Ein kurviger, aber gut ausgebauter Weg, — durch ein Tor in den Nationalpark. Die Straße inner= halb des Parkes: ein ehemaliger Asphaltbelag, der aber inzwischen aufge brochen ist und mit Kiesel überschüttet wurde. Landschaft erinnert teils an die europäischen Alpen. Unter euch das mediterranee- Kefallonia mit Dörfchen und Meeresbays. — Oben beim Gipfel eine Post- Funkstation.

LIXURION:

Auf der westlichsten der Kefallonia- Halbinseln. Verhältnismäßig flach, viele Oliven und Korinthen, sowie Weinanbau.

Ein kleines Fährschiffchen fährt stündlich von ARGOSTOLION rüber nach LUXURION: Überfahrt ca. 2o Min., Kostenpunkt für Personen ca. 0,50 DM
mittlere PKW's ca. 2,50 DM

Rund um die Bucht rum per Straße sind's ca. 32 km, mit dem Schiff nur etwa 5 km. Luxurion selber wurde ebenfalls vom 1953 - Erdbeben fast völlig zerstört und besteht heute aus einer modernen Hafenfront. "Ionios Avria" , D- Klasse, Doppel ca. 14 DM und "Horopoula", E- Klasse Doppel ca. 13 DM. Sowie Privatunterkünfte um 11 DM für's Doppel.—

ìNSEL ZAKYNTHOS:

ZUR ZEIT gibt es keine Direkt- Schiffsverbindung rüber zur Nachbar= insel ZAKYNTHOS. Alle Verbindungen laufen über den Hafen KILLINI an der Westküste der PELOPONNES. Aus diesem Grund haben wir die Insel auch dort eingeordnet.

ìNSEL LEFKAS:

Die Insel ist praktisch nur von einem 2o m - Kanal vom Festland getrennt, über das Festland am bequemsten zu erreichen. Alle Details daher unter "Nord- Griechenland"/Festland. Lefkas ist bisher noch recht wenig er= schlossen und läßt sich schön bei der Fahrt von IGOUMENITSA nach PATRAS einbauen, sofern ihr mit eigenem Auto unterwegs seid! —

---

*"DuMont, Griechische Inseln", S. 414

KYKLADEN

NAXOS:

Wenn ihr im Hafen ankommt: weiße, kubische, ineinander verschachtelte Häuser am Hügel hinauf bis zum venezianischen Kastell: Zykladen—Architektur.

Enge, weiß getünchte Gäßchen, zu schmal für Autos, Torgänge und Treppchen, dazwischen im Halbdunkel kleine Geschäfte und Tavernen, — eine Atmosphäre, fast wie in orientalischen Altstadtvierteln. Kleine Obstgeschäfte unter Torbögen wie in Nordafrika.

Am Horizont eine Kette wilder, brauner, hoher Berge. (1000 m). Der Ort Naxos liegt in einer fruchtbaren Ebene, Bambus, riesige Agaven, wie in Mexico und Felder mit Fruchtanbau. Naxos besitzt ausgezeichnete, kilometerlange Sandstrände, einsam aber auch schöne Felsenbuchten zum Schnorcheln und Unterwasserfischen und —fotografieren.

NAXOS/ORT: An der geschäftigen Hafenstraße wird Baustahl verkauft, die Fischer klopfen ihre Polypen , die Straßencafes teilen sich den Platz mit Gasolinzapfsäulen. Das Wahrzeichen des Ortes, das riesige Marmortor, neben dem Hafen auf der kleinen Halbinsel, ist der Rest eines unvollendeten Tempels. Über der Altstadt: die venezianische Festungsanlage mit massiv-dicken Mauern und verwinkelten Gäßchen.

Verbindungen:

1) Schiff: Von Piräus mindestens 1 x täglich im Sommer. Das Schiff kommt über Syros, Paros, Naxos und geht weiter über Ios nach Santorini (Thira).

Neu: "FLYING DOLFINS" im Sommer (und bei ruhiger See) von Piräus über Mykonos — Tinos — Syros — Paros — Naxos. Personenpreise knapp unter Flugpreis.

KAIKIS: täglich ein paar mal in der Woche nach Insel Tiros via Mykonos (1 - 2 x pro Woche, aber nur während der Torustensaison im Sommer).

Ebenso im Sommer ein paar mal in der Woche nach Insel Tiros via Mykonos (1 - 2 mal pro Woche, aber nur während der Touristensaison im Sommer).

2) Flug: Mit Olympic Airways nur nach Mykonos. Hier mit Schiff rüber nach Naxos.

INSELKARTEN gibt es im Schreibwaren— und Buchgeschäft G.M. Melissinos, oberhalb des Marktplatzes am Hafen.

Zum Landkarten— lesen: Es gibt englische und griechische Karten. Abgesehen davon, daß die Straßenführung und auch die km—Angaben selten stimmen, halten sich die Busse auch nicht immer an die genaue Route bzw. fahren Umwege über nicht verzeichnete Ansiedlungen nach vorausgegangenem Großpalaver mit Einheimischen. Gut auch zu wissen: Tripodes = Vivlos, Egares = Galini , — sowie viele verschiedene Ortsnamens- Schreibweisen!

Rest. "Yorgos" am kleinen Platz hinter National Bank. Es wird gut gekocht.

Gute Steaks in der einfachen Taverne an Promenade (ca. 4 DM) "Vasilis Taverna": Altstadt Ag. Nikodemos Str., typische Griechenkneipe, oft viel Stimmung. "Kafeneion Karelemoglou": Hafenpromenade, 1. Stock.

Frau Ursula Ehring schrieb uns ergänzend : bei Manolis in einer kleinen Nebenstraße gab's leckeren warmen (!) Thunfisch. In der Hauptstraße parallel zum Hafen (gegenüber der Bacchus— Boutique) leckere Souvlaki— Spieße aus der Hand. Für Pizza—Freunde — die "Deutsche Welle", wegen des Namens war ich schon voreingenommen, doch die Pizzen sahen gut aus. Im letzten Jahr sollte das "Meltemi" so gut gewesen sein (neben dem Naxos—Beach—Club), aber in diesem Jahr: gehobene Preise — keine Gegenleistung. Am Ag.Anna—Strand unbedingt Omeletta mit chips probieren, hier gibt's angeblich die besten Kartoffeln der Welt! Der kleine Hafen hat eine eigene Anlage zum Sortieren der Kartoffeln und Verschiffen in alle Welt. Am Plaka—Strand gibt's jetzt auch 3 kleine Tavernen.

SPEZIALITÄT   von Naxos ist der leckere Bananenlikör. Ihr könnt ihn in den cafe—Bars entlang des Hafens probieren. Hauptspezialität aber der "Kitron—Likör", der aus den Blättern und Früchten des Zitronenbaums stammt.

Wer mit Wagen da ist, ein paar Dosen Naxos Marmelade einpacken, aber teuer. Obwohl Heimt des Weingottes Dyonissos, keine hervorragenden Weine. In Apollon den süßlichen Apollon Wein.

HOTELS

"Hotel Coronis", eine Hafenpromenade, C-Klasse, ein moderneres Hotel; wer Glück hat und ein Zimmer vorne raus bekommt, sagenhafter Blick vom Balkon auf die Nachbarinsel Paros. Doppelzimmer ca. 30 DM.
"Oceanis": Gegenüber dem Anlegesteg, D-Klasse, ca. 25 DM. Sollte mal wieder renoviert werden.
"Kymata": C-Klasse, kurz vor Stadtbadestrand ca. DM 30.
"Dyonissos": eine Art Jugendherberge, 16 Betten in altem Gewölbe, ca. 6 DM pro Bett oder im Doppelzimmer 20 DM (incl. Frühstück und Dusche) Liegt im alten Stadtteil von Naxos, unterhalb der Burg. Wegweiser ab Hafen per Pfeil, ca. 5 Min. zu Fuß.
"Hotel Panorama": C—Classe neben Jugendherberge, Doppel ca. 30 DM.

Weitere Hotels vor allem aber Privatpensionen am Ag. Georgios Strand, siehe dort.

Viele Privatzimmer in der Altstadt von Naxos, ebenso in den Hauptdörfern.

Ein eigenes Auto auf Naxos ist sehr von Vorteil, da das Landesinnere sehr reizvoll ist. Wilde, zum Teil dichtbewachsene Berge (Wanderungen auf Pfaden), zum Teil dunkel, karg, zum Teil dichte Vegetation, besonders an den Berghängen.

  über "Hotel Coronis Tourist Office": Fiat 127: ca. 55 DM pro Tag + Benzin + ca. 30 Pf. pro Kilometer.
Motorräder: ca. 25 DM für Einsitzer und ca. 50 DM der Zweisitzer,
Fahrrad: 12 DM. Weitere Verleihfirmen am Hafen und hinter dem Hotel Coronis.

INSELBUSSE:

Apollon: morgens 8 , 9 Uhr Abfahrt, zurück ca. 15 Uhr. Im Sommer tägl.
2 Busse. Die 50 km müssen teuer bezahlt werden: 4,50 DM! Fahrzeit allerdings fast 2 1/2 Std. Wenn die Küstenstraße über Mitria besser ausgebaut
ist, werden die Busse häufiger fahren.

Kinidaros: über Mili, Flerio, 1 x tägl. ⎫
Pirgaki: mehrmals tägl. ⎪
Melanes Tal: (Potamia) 3 x tägl. ⎬ Jeweils
Danako: via Filoti: 3 x tägl. ⎪ pro
Tripodes: 2 x tägl. ⎪ Fahrtrichtung
Aspiranthos: 3 x tägl. ⎪
Filoti: 5 x tägl. ⎭

STRÄNDE:

STRAND AGHIAS GEORGIOS: am südlichen Stadtrand, ca. 10 Minuten
zu Fuß. Zum Teil gereinigt, mit vereinzelten Bäumen am Rand. Breiter
Sandstrand, dahinter dünig. Auch ein paar Tavernen, Tretbootverleih. Hier
auch "Naxos Beach Hotel", gepflegt, 70 m hinter dem Strand, ca. 30 DM
fürs Doppel. Klasse C. Wird aber nur mit Extras wie Frühstück etc. verkauft,
somit teurer!

Die besseren Strände AG. ANA und PLAKA–BEACH: eine Fußstunde südlich des Ortes. Vorbei an der kleinen Halbinsel Stelida. Grobe, aber relativ
saubere Sandstrände. Dahinter vom Meer abgetrennte Lagunen, die vom
Schilf bewachsen sind. Am Ag. Ana Strand gibt's mehrere Privatquartiere
(ca. 15 - 20 DM pro Doppel), auch einfache Appartements, — kleinere Tavernen und eine Diskothek. Im Sommer zwischen Naxos/Ort und Ag. Ana
Kaikiverbindung (ca. 8 DM hin und zurück). Das Taxi relativ teuer, — ca.
15 DM pro Taxi!! DISCO

Mehrere im Ort Naxos. Am nettesten ist's im "Naxos Beach Club" am Ag.
Georgios Strand mit großer Terrasse am Meer, ca. 10 Min. zu Fuß vom Anlegesteg.

Inselausflüge:

*Entweder mit eigenem (bzw. Mietwagen) oder Bus, der allerdings auf den
meisten Routen nicht zu häufig fährt. Direkt oberhalb von NAXOS/Ort:*

✗ Fußwanderung zum Kloster Chrissostomos: ca. 3/4 Stunde

lohnenswert wegen der wirklich schönen Aussicht auf den Ort Naxos und die
Nachbarinseln Syros — Paros — Ios; von der Straße nach Mitria aus nach
ca. 500 m rechts abbiegen, an einer Schweinefarm vorbei, zuerst zu einer
kleinen Felskapelle, dann weiter zum Kloster hoch. Das Kloster war zu
meiner Zeit leider geschlossen, an der Tür ein Klingelzug: mit Schild (griechisch) "bei Windstille vorsichtig ziehen". Eine Stimme durch ein Guck-
loch verriet mir nach einer langen Weile auf mein vorsichtiges Fragen nach

der "ekklisia" ziemlich unwirsch, es gäbe keine. Aber es muß eine da sein, sogar mit einer recht ansehnlichen Ikone Johannes des Täufers.

✗ Engares Tal:

3 x tägl. Busverbindung im Sommer, Galini — 7 km, Mitria — 8 km.

Die fruchtbare Ebene ist das Hauptanbaugebiet für Zitrusfrüchte. Die Wege und Felder sind mit meterhohen Gräsern abgeschirmt. Aprikosen. Von Gallini führt ein steiniger Weg ans Meer, irgendwo links eine Abzweigung zum Pirgos Ypsili mit Kapelle und Panaghia; die Bucht von Amilis ist nicht so gut zum Baden (Steinstrand, kein Schutz vor Wind und Wellen).

✗ Melanes Tal:

Busse mehrmals täglich, Kourounochori — 9 km, Mili — 1o km, Flerio — 12 km. Hier in der Nähe liegen die Marmorsteinbrüche der Antike, wo viele Statuen für das nahe Delos gefertigt wurden.

Bei Flerio aussteigen, ca. 1 km langer Feldweg hinunter ins Tal mit Olean= derbäumen. Einsames Gehöft. Lasst euch den nakten Jüngling im Garten zeigen, eine unvollendete Marmorstatue aus der Antike. ("Kouros"). Ist zwar kleiner, als der von Apollon (siehe dort!), zeigt aber zum ersten Mal einen Kouros in Bewegung mit herausgewölbter Brust und vorgesetztem Fuß. Außerdem liegt er sehr idyllisch in dem Privatgarten des Gehöfts. Eine freundliche Alte bietet Kaffee oder Erfrischungen gegen kleinen Obu= lus, sie pflückt auch Kräuter und Blumenzweige.

Von Flerio Fußmarsch durch's Tal zurück nach Mili. Ruinen alter venezia= nischer Wassermühlen. Bemerkenswert: keine Wasserräder, sondern Turbi= nen!

✗ Inselinneres Naxos & Apollon/Nordspitze:

Sehr lohnende Busfahrt quer über die Insel ab Naxos Ort rüber nach Apollc lon an der Nordküste. Die engen Straßen mit vielen Serpentinen, vorbei an malerischen Bergdörfern. Rund 85 km, wofür der Bus ca. 2 1/2 Stunden braucht. Den Frühbus nehmen, abends von Apollon zurück oder unterwegs übernachten!

Am Rand des Talkessels, unterhalb des Mount ZEUS der Bergort FILOTI, hübsch am Hang gebaut. An der Ortsdurchfahrt der Hauptplatz mit schat= tigen Kafenions und Läden. Dort nach Privatzimmern fragen. 5oo m vor dem Ort eine kleine Pension, Kat. D ("Hotel Zeus").

HÖHLE DES ZEUS: ca. 1 1/2 Stunden zu Fuß ab Filoti, 8oo m nach Ortsausgang in Richtung Apollon zweigt ein Trampelpfad ab. Die Höhle, die schön am Berg liegt, und in der der Götterboss Zeus geboren sein soll, ist angeblich geschlossen. In der Höhle archeologische Funde.

Fußweg ab Filoti zur Burg CHIMARROS, ein guter Tagesausflug hin- und zurück in den unbewohnten Südostteil der Insel. Hoher, aus riesigen Stein= quadern gebauter, venezianischer Festungsturm. *Trinkwasser und Essen mitnehmen!*

APIRATHOS, nächstes Dorf nach Filoti auf der Straße nach Apollon. Be=
wohner kretischer Herkunft, die Häuser an den Hang geklebt, enge, graue
Gassen , hoch oben im Berg- Inselinneren von Naxos. Leute leben neben
Landwirtschaft vom Tourismus: Web- und Häkelarbeiten. Feine Tischdecken
o,5 qm ca. 6o DM mit gehäkelten Säumen.

Der nächste Ort: STAVROS. Schöne Wanderung über die alte Straße zurück
nach Moni, vorbei an der Geisterstadt Sifones, seit dem 2. Weltkrieg unbewohnt. Von Stavros bis Moni sinds zu Fuß ca. 2 Stunden., schöne Strecke
durch ein Tal, immer bergab. Tavernen und Bus in Moni.

Von Stavros führt die enge Inselstraße in vielen Serpentinen nach
APOLLON, dem Endpunkt der Buslinie. Der Ort, in einer schmalen Fels-
bucht gelegen, hat selbst nicht allzuviel Flair. Vor dem breiten Sandstrand
6 oder 7 Tavernen, im Ort mehrere billigen Pensionen, auch Appartements
mit Kücheneinrichtung.

In der Nähe von Apollon ebenfalls ein KOUROS, diesmal 11 m groß:
ab Apollon über die Betontreppe hinauf. Ca. 1o Min. zu Fuß. Dieser Kou=
ros wurde für das Heiligtum in Delos angefertigt und sollte von Apollon
nach Delos hinüberverschifft werden, zerbrach aber bei den Arbeiten und
blieb so auf Naxos unvollendet liegen.

KÜSTENSTRASSE nach Naxos/Ort (über Westküste): karge Landschaft,
Staubstraße. Führt hoch über dem Meer hinweg. Nach 7 km die angewit=
terte Märchenburg "AG. PIRGOS", eine alte Klosterfestung. Heute Wohn=
haus mit gackernden Hühnern. — Etwas weiter: Bucht von AMPRAMI.
Kieselig, etwas mit Schilf bewachsen. 2 Villen, ein Bauernhaus. Pension
"Efthimis" am Strand mit Restaurant und 12 Zimmern (ca. 12 DM/Dop=
pel).

Naxos Ort nach Tripodes und Pirgaki:

Schöne Straße zwischen Agaven, Schilf, Felder und ratternde Bewässerungs
Pumpen. Kleine, weiße Kirchlein und schöne Ausblicke auf Paros.

In Tripodi (Bus ab Naxos) mehrere Tavernen. Von Tripodi schöner Fuß=
weg an den Plaka- Beach, — bzw. Straßenfortsetzung bis PIRGAKI. Düniger
Strand mit Felsen drumrum. Oben am Hang ein modernes Bungalow- Ho=
tel. Dreibett- Studio ca. 4o DM. Liegt schön, ist aber etwas touristisch.
Bus ab Naxos in die Nähe des Hotels.

TRAMPEN auf Naxos möglich, aber schwierig, da wenig Autos.

Bei gutem Wetter fährt ein kleines Motorboot entlang der Küste mit ihren
schönen Buchten und Fischerdörfchen rechts und links um die Insel rum.
Kristallklares Wasser, viele Fische.

*Besten Dank an Frau Ursula Ehring, die zu Naxos
viele Infos beisteuerte!*

Insel Ios:

Im Sommer <u>75 % Rucksack- Touristen</u>, die weitgehend am Strand schlafen. Buntes Bild der Rucksäcke; viele Kontakte. Allerdings warnen die Ärzte vor Seuchengefahr wegen Kot am Meer, - die sanitären Einrichtungen fehlen und im Sommer geht auch öfters mal das Trink= wasser aus.

<u>Die Polizei</u> ist jetzt schärfer am Ball:1977 kein Rauschgift-Fall. Außerdem wurde ein Campingplatz gebaut (ohne Schatten!), Zelten wild am Strand verboten. Unten am Hafen knacken deutsche Yachtbesitzer die Hummer.

<u>Eigenes Auto</u> auf der Insel nicht nötig, da es nur eine kurze Teerstraße gibt (3 km). Entferntere, ruhigere Strände per Kaiki ab Hauptort Ios.

<u>IOS/ORT:</u>

an einer, tief ins Land reichenden Bucht: hübsche Kykladenarchitektur, Tavernen, aber nichts besonderes los. Aber ruhiger, als oben im Bergdorf.

Neben der Schiffsanlege einige <u>Hotels</u>:

"Hotel Sea Breeze": ca. 28 DM Doppel am Hafenplatz

"Pension Ioanis Pantazidis": ca.17 DM Doppelzimmer, Apartments ca.40 DM mit gut einge= richteter Küche. Freundliches Haus auf der anderen Seite der Badebucht am Hang.Ca. 15 Min vom Hafen zu Fuß.

"Pension Helena":ca.18 DM Doppel, große Zimmer mit Waschgelegenheit, Snackbar im Hof, 100 m hinter Badestrand.

"Hotel Aktaeon", am Hafenplatz, ca.24 DM für's Doppel.

Nähe der Schiffsanlegestelle, ca. 300 m am Ortsrand ein <u>guter Badestrand</u> mit Sand. Nicht so voll, wie der Hauptstrand "Milopotamou". Mit Tavernen und kleineren Pensionen.Aber noch viel Platz. Campingplatz hier geplant.

VERBINDUNGEN:

per Schiff: im Sommer fast täglich Verbindung per Auto/Personenfähre ab Piräus über
   Syros - Paros - Naxos nach Ios und weiter nach Santorini.(- Gelegentlich weiter bis
   Kreta (ca. 1 - 2 mal pro Woche).). -
von den fünf verschiedenen Schiffsbüros am Hafen versucht jede, nur die von ihr vertre=
tenen Schiffslinien zu verkaufen. Sollte also am betreffenden Tag kein Schiff mehr fahren
so müßt ihr zum Nachbarn gehen! -

per Kaiki: die von "Kritikaki" fahren im Sommer 2 mal wöchentlich von Ios über die klei=
   ne Insel Sikinos nach Folegandros. Für die Schiffsschaukel ca.15 DMretour. Die Of=
   fice von Kritikaki liegt am Hafen und hat ein Schild drüber.

per Kaiki: vom Hotel Aktaeon in hoteleigenen Kaikis rüber nach Paros, Naxos und Thira
   (=Santorini). Gehen nach Bedarf, meist im Sommer aber täglich.

INSELBUS:

gibts nur einen, Pendelverkehr im Sommer von 1o Uhr morgens bis 12 Uhr nachts zwischen
Hafen und Bergdorf und weiter zum Hauptbadestrand Milopotamou. Kostet ca. 1,5o DM
bis zum Strand.

CHORA/Bergdorf Ios:

Die Straße geht in Serpentinen; wer zu Fuß gehen will: auf Eselspfad ca. 2o Min.
Kykladisches Bergdorf mit leichtem Mykonos-Touch wegen vieler Diskotheken und Touristen.
Im August Gassengedrängel mit vielen Bars und Boutiquen. High life in "Jonis Electric-
Bar" mit Menschentrauben davor. Am kleinen Dorfplatz neben Kapelle schwierig, Stühle
zu bekommen.

Restaurants: am Dorfeingang (wenn man vom Hafen kommt): "Rest. Pithari", Preise etwas
   überdurchschnittlich, aber gutes Essen. - "Rest. Astoria": gute Steaks für 8 DM bei
   den Windmühlen. - "Cafe The Greek", am Ortsrand an der Straße zum Molipotamou-Strand.
   Mit Pop-Musik und die ganze Nacht offen. - "Taverne des Geigenspielers", an der Haupt
   straße nach dem Dorfplatz. Wirt speilt Geige, Gäste hören zu.

Übernachtung Chora: keine Hotels im Dorf. Es gibt viele Privatzimmer (Doppel ca. 1o DM).
   Die "Pension Yorgia" 5 Min. außerhalb des Ortes auf einem Plateau oberhalb des Meeres
   Doppel ca.1o DM Weg: 5o m vor Polizei rechts abbiegen und Trampelpfad gehen, 5 Min.
   1977 war noch kein Strom da. Abgeschieden, schöner Blick vom Plateau-Rand!
   Mehrere Pensionen zu beiden Seiten des Eselspfades den Hafen runter. Im Ort Chora
   selber weniger. -

Nachtleben: es gibt in dem hübschen Kykladendorf zur Zeit 8 Bars und 5 Diskotheken.
   Bemerkenswert der "Ios- Club": open- air, auf einem kleinen Hügel neben dem Bergdorf
   Chora, 5 Min. zu Fuß. Von 19 - 21 Uhr klassische Musik zum Sonnenuntergang. Danach
   Pop. - Openair- Disko "Fanari", am Ortsrand an der Straße zum Milopotamou- Strand
   High-Life bis in die Sonne wieder aufgeht. - "Jazzclub Kukuraya", excellenter mo=
   derner Jazz.

In der Nähe des Postamtes eine Schneiderei und Wäscherei von Michael Labaras, der die
Hosenknöpfe und Risse in Asien- Pants flickt. -
TRINKWASSER: schmeckt auf Ios oft etwas salzig, oder fließt überhaupt nicht. -

iOS:

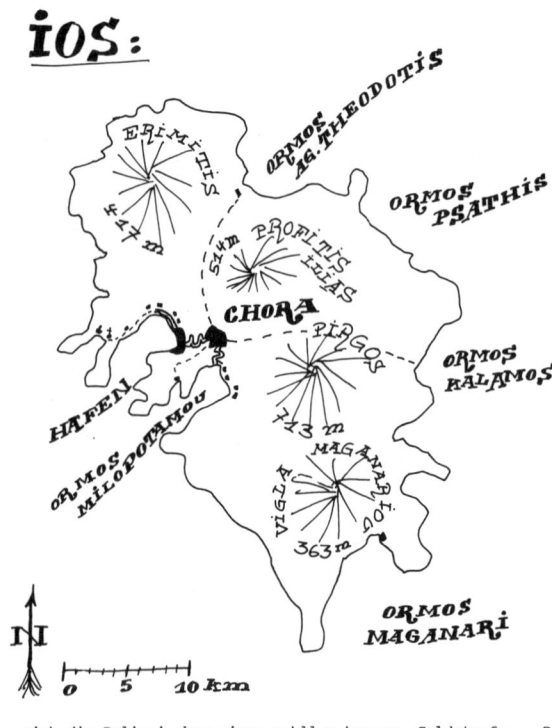

MILOPOTAMOU - STRAND:

1,8 km lang, ca. 1oo m breit;
feiner Sand, auf dem gelegentli
Glasscherben und Esel- Rückstär
de zu sehen sind. Treff der
Schlafsacktouristen. Am Tag lar
Reihen von Rucksäcken am Stran
abends schlägt man sich in die
Büsche am Hang. Zeltaufstellen
verboten; manchmal kommt die Po
lizei. Der nahe Zeltplatz (Ein=
tritt 1,5o DM pro Nacht) ist we
niger zu empfehlen, da tagsüber
keinerlei Schatten.-

Sanitäre Anlagen haben wir nur
im Campingplatz oder den Taver=
nen gesehen;es dürften aber im
Sommer mehrere Tausend Leute
am Strand hocken, die natürlich
alle gewisse Bedürfnisse haben.
(Das geht auch unter Wasser, le
der!!)

Nacktbaden verboten. Wird zwar
oft "übersehen", manchmal zieht

sich die Polizei aber einen wahllos heraus. Geldstrafe. - Der Strand mit seinen Tavernen
und Privatunterkünften hat keinen Anschluß ans Stromnetz; Versorgung per Generator, der
um 24 Uhr abgeschaltet wird. Größere Pensionen haben eigenen Generator.
Am Strand 5 Tavernen, - "Far Out"(große Terasse mit Stereo- Musik, Pop & Rock, nachts
wird getanzt.)Viele Leute haben eigene Gitarren dabei und spielen!

Unterkunft am Strand:"Pension Inissos": Doppel ca.2o DM mit Dusche, etwas hinter dem
Strand landein mit Blick. - Im Rest. "Panagiotis" Doppelzimmer für 12 DM - "Hotel Delfin"
bestes Hotel am Strand (Kat. C): Doppel mit Bad 3o DM, bzw. Dreibettzimmer für ca. 33 DM
Außerdem eine ganze Reihe Privatzimmer, aber im Sommer schwer, etwas zu bekommen!

Kleine Alternative: Strand Kolizani, liegt ca. 2 km westlich des Milopotamou- Strandes,
kann aber nur über den Eselpfad vom Ort Chora erreicht werden (oder per Kaiki): beim
Ortsausgang von Chora (Fanari- Disko) rechts auf den Trampelpfad. Bei einem Bauernhaus
nach ca. 6oo m abbiegen an die Bucht runter (die man schon sieht). - Außer einer Privat=
villa nichts am Strand: feiner Sand, Felsen am Rand. Hier aber Problem mit Camper-Müll.
Angeblich darf man hier Nacktbaden.

Im Sommer täglich Badeboot (Kaiki) ab Hafen zum MAGANARI- STRAND, Abfahrt ca. 1o Uhr mor=
gens, retour 18 Uhr. Kostet 5,5o DM hin + rück. Fahrzeit pro Richtung 1 Std. Eine Gruppe
von Sandbuchten, untereinander abgeteilt von kleinen Felshalbinseln. Feiner, sehr saubere
Sandstrand. Nicht überlaufen. Im Sommer arbeitet die Taverne an der Hauptbucht. Seitlich

am Strand das Bungalow- Hotel "Manganari" (Doppel mit Bad ca. 44 DM). Gepflegt, mit ei=
gener Diskothek und Wasserski. -

Theodotis Bucht: von Ios/Hafen per Schotterweg (führt über die Chora, siehe unsere Karte!)
zu Fuß in ca. 3 Std. zu erreichen. (8 km). Kieseliger Sandstrand, hier steht ein kleines
Hotel (Besitzer ist der einzigste, der mit seinem Kleinwagen mal rüberfährt; sonst kein
Transport. Besitzer heißt Nikos Konstantinos, Tel.: 91241). Mit Taverne. Strand ruhig.
Von regelmäßiger Kaiki- Verbindung nichts bekannt. -

FESTE:
In Ag. Theoditis am 8. Sept. und auch in Psathis am 28. Aug. größtes Kirchweihfest der
Insel. Abfahrt am frühen Nachmittag des Vortages mit Kaiki am Hafen Ios. 1o DM retour.
Gefeiert wird die ganze Nacht. Priester verteilen Essen, sind aber vermutlich nicht über
große Touristenmassen zwischen dem religiösen Fest erfreut. -

WANDERN zum Profitis Ilias: (514 m hoch), von den Windmühlen der Chora führt der Weg vor=
bei an den Müllkippen des Ortes, weiter nach der 2. Kirche den 2. Weg nach links abbiegen.
Am Gipfel eine etwas heruntergekommene Radarstation und eine Kirche mit zerbrochenen
Scheiben. Zisterne, aber nicht sicher, ob immer Wasser. Dauert ab Hafen bis Gipfel 1 1/2
Std. . Vom Gipfel führt der Pfad weiter an den Ormos Kalamos runter.

Insel Folegandros:

Bisher Insider- Geheimtip, aber jeder will hin. Eine der kleinsten bewohnten Inseln der
Kykladen, Felsküste: gut zum Schnorcheln. Nur wenig Unterkunftsmöglichkeit. Zur Zeit
gibt's im Sommer 2 - 3 mal Kaiki von Ios über Sikinos nach Folegandros.(3 Std.ab Ios,
kostet 9 DM retour. Organisator dieses Trips ist Mr. Kritikaki von Ios. Büro am Hafen.

        im Sommer 1 mal pro Richtung mit der "Elli" Ios - Folegandros
        "   1 mal pro Richtung "   "   "   Milos - Folegandros.

Zur Zeit gibt's aber keinen durchgehenden Dampfer auf der Strecke Ios - Milos; wer diese
Route wählt, muß auf Folegandros übernachten beim Risiko, kein Zimmer zu finden.
Die Kaikis verkehren nicht, wenn schlechtes Wetter über der Ägäis hängt; die "Elli" än=
dert auch laufend ihren Routenplan. Es kann also passieren, daß man einige Tage auf der
Insel festhängt; daher mit der Zeit nicht zu knapp planen!! -

KARAVOSTASIS: Hafenort der Insel an der Ostseite. In einer Bucht mit vorgelagerter
kleiner Fesleninsel. Fischerdorf. Harter Kieselstrand mit Pinien. Im Ort eine handvoll
Tavernen und Kafenions. 2o Privatzimmer zu vermieten. Doppel ca.12 DM. In Kafenions
nach den Zimmern fragen. BADESTRAND: Chryssospilia in der Nähe von Karavostasis: kleine
geschützte Bucht mit Sandstrand. -

Wenn das Schiff am Hafen ankommt, wartet schon der VW - Bus zum Bergdorf rauf nach CHORA
Kostet im Linienverkehr (wenn Schiff ankommt): ca. 1 DM, sonst pro Bus 9 DM.
Schmale Betonpiste führt durch Ödland rauf zum Dorf. Festungsanlage am Steilhang zum
Meer: fällt 2oo m fast senkrecht ins Wasser runter und die Häuser sitzen oben wie im
Adlernest. Viele alte Häuser, der Dorfplatz üppig bewachsen, die Häuser im Kykladenstil.
Es gibt nur 2 kleine Hotels und ein paar Privatzimmer. "Hotel Danassis", Doppelzimmer 15
DM, im Vierbettzimmer 8 DM pro Person, insgesamt 4o Betten. Ein altes Kykladenhaus direkt

an der Steilwand zum Meer. Toller Blick durch das "Burgfenster"! - "Hotel Fanitrianda=
filo" , Doppel ohne Bad 25 DM. Eine restaurierte venezianische Villa am Ortsrand, Neben=
gebäude werden gerade als Apartments ausgebaut.

Außer diesen beiden Dörfern gibt's noch ein drittes: Apano Meria, mehr oder weniger nur
eine Ansammlung von Bauernhäusern. Per Taxi von Chora 7 km , 9 DM (fürs komplette Taxi).
Kurz vor dem Ort führt ein Weg hinunter zu einer Badebucht (Kiesel, im Sommer mit Taver=
ne). -

Insel Santorini (Thera)

Eine Touristeninsel und Hauptanlegestelle der Kreuzfahrtschiffe,
aber trotzdem sehr empfehlenswert. Fahrt am besten im Herbst nach
Santorini. Im Oktober ist die Insel bis auf die nur für 1 Std. an-
legenden Kreuzfahrtschiffe relativ ausgestorben.

Die alte "Elly" braucht von Piräus lt. Fahrplan 1o Std.,kommt aber
meist erst nach 12-15 Std. an. Wie ich mit ihr fuhr, ertönte aus
dem Maschinenraum auf hoher See eine dumpfe Detonation.-Sie kommt
aber immer an! So eine Überfahrt ist ein Erlebnis für sich: an die
Reling ist eine Musikbox angebunden, die auch bei hohem Seegang ausgezeichnet spielt. Fahrt bloß nicht 2.Klasse. Die besten Kontakte,
gerade auf dieser Strecke, mit Trampern aus aller Welt an Deck!
Santorini ist eine Vulkaninsel, die explodierte und in deren Kraterinneres das Meer drang. Mit dem Schiff fahrt Ihr in das Kraterinnere

und ankert an einer Boje; das Wasser ist im Kraterinneren 350m tief.
Die einheimischen Busfahrer fahren wie die Säue die Serpentinen am
fast senkrechten Kraterrand. Sie brausen mit 80km/h auf die Kurve zu,
wir drinnen eingequetscht wie die Sardinen, uralte, klappernde Busse,
und bremsen im allerletzten Moment erst ab, sodaß der Bus sich quit-
schend in die Kurve legt,und es uns flau und übel wurde, wenn wir
senkrecht nach unten schauten.

SANTORINI:
Eine der schönsten und interessantesten Inseln der Ägäis. Die rotbraunen Kraterwände
steigen bis zu 360 m aus dem tiefblauen Meer. Auf der Spitze der Kraterwand sitzen die
leuchtend weißen Häuser von Thira. Euer Schiff legt in ATHINIOS - BAY 3 km südlich vom
Ort Thira (Santorini) an. Busse nach Thira ca. 2,5o DM (1/2 Std. raufwärts) oder Taxi
(bei mehreren Fahrgästen ca. 9 DM pro Passagier). Laufen lohnt sich nicht.(ca. 4 Std.)
Oben auf dem Marktplatz weht ein kräftiger Wind, und Einheimische begrüßen euch mit bil=
ligen Zimmerangeboten. (Privatpensionen ab ca. 1o - 15 DM/Doppel)

Gelegentlich legen die Schiffe auch noch im alten Hafen an, -
die Dampfer nach Anafi und Folegandros zur Zeit, - ebenso die
großen Kreuzfahrtdampfer. Der alte Hafen (SKALA THIRA) liegt
direkt unterhalb des Ortes. Rauftransport auf dem Eselsrücken
(gelegentlich kreischen die älteren Kreuzfahrtdamen laut auf,
wenn der Esel am Steilhang leicht pendelt!) Es geht nämlich ganz
knapp am Hang wie an einer Hauswand senkrecht im Zickzack rauf.
687 Stufen übrigens. Der Esel will 5 DM pro Richtung.

ÜBERNACHTUNG THIRA:
Privat (siehe oben!) oder im luxuriösen "Hotel Atlantis", Doppel
ca. 5o DM, aber wird meist nur in Vollpension verkauft (ca. 1oo
DM komplett). - "Panorama Hotel", Doppel mit Bad ca. 3o DM.
Werner Fischbach empfiehlt das "Tataki"- Hotel (D-Klasse),
war in der Vorsaison blitzsauber, Doppel ca. 2o DM. (Außerdem
berichtet er, daß vom alten Hafen nach Thira zur Zeit an einer
Seilbahn gebaut wird "Die Kabinen liegen schon in Thira". Du
Schreck und Graus! Außerdem: arme Esel!)
Wir zitieren weiter: " Vielleicht solltet Ihr mal auf die hohen
Wasserpreise in Santorini hinweisen (ein Kubikmeter kostet das
dreifache des bundesrepublikanischen Preises). Dann könnte es
einigen Reisenden eventuell leichter fallen, ihre Duschorgien
etwas einzuschränken."
Die Privatzimmer sind zum Teil unheimlich schön am Kraterrand gelegen, mit Blick von
der Terasse über das vom Meer gefüllte Kraterinnere weit übers Wasser zum Horizont, wo
im Dunst Nachbarinseln liegen. Rund um euch die für die Kykladen so typischen Häuser,
die sich ineinander verschachtelt an den Steilhang drängen. Die Zimmer kühl, weiß ge=
kalkt mit gewölbten Zimmerdecken, wie griechische Kapellen.

<u>TIP:</u> während der Hochsaison extrem schwierig, Zimmer zu finden. Die Hotels sind meist schon von den Reiseveranstaltern vorgebucht, - fast aussichtslos. - Privatzimmer: zu= mindest für die erste Nacht schnell zugreifen.

<u>Jugendherberge:</u> 4oo m vom Hauptplatz an der Straße nach IA. 5 DM inkl. Dusche, ca. 6o Leute in einem einzigen Schlafsaal untergebrachte (ein altes Gewölbe!) Selbstver= ständlich Mädchen und Knaben getrennt. Man kann aber auch auf dem Dach schlafen. Mitgliedsausweis soll angeblich nicht nötig sein! - Herberge hat eigene Snackbar.

<u>Konditoreien:</u> hier gibt es den leckeren Santorini - Kuchen: kleine schwarze Würfelstück= chen. - <u>Restaurants:</u> einige liegen direkt am Kraterrand mit sagenhaftem Blick, besonders, wenn die Sonne untergeht! Dafür aber auch teurer. Empfehlenswert ist z.B. das <u>"Babis"</u> aber ziemlich voll.

Entlang der "Hauptstraße" (Gasse, nur für Fußgänger) unzählige <u>Kunsthandelgeschäfte:</u> <u>griechische Pullover</u> (je nach Größe ca. 45 DM, Kinderpullover kosten ca. 3o DM) griechischer Kitsch a la "Adonis- Brieföffner", "Zeus in Gips" etc. und nachgemachte Ikonen.Handeln! In verschiedenen Geschäften Preise vergleichen, sie variieren! Sehr schön sind auch die handgewebten <u>Teppiche, Wandbehänge</u> und <u>Kissenbezüge.</u> - <u>Schöner Schmuck!</u>

Bei der Post/Hotel Atlantis in einem im allgemeinen recht teuren Geschäft sah ich ein sehr schönes <u>Schachspiel</u> mit holzgeschnitzten Figuren (Ritter, die alle recht verquert schauten!) für 1oo DM.

Tavernen, mehrere im Ort, alle recht gut. Preise ca. 1o - 15 DM.

<u>Santorini- Kraterwein</u> probieren ! Klaus Putjenter und Brigitte Ottner schrieben uns: " der Weinanbau auf Santorini bringt erstaunliche Wein- varianten in die Flaschen. Vom supertrockenen Wein, der wie gewürziger Sand im Mund liegt (z.B. "Atlantis") bis zum dickflüssigen Süßwein, werden von verschiedenen Herstellern alle möglichen Zwischenstufen gekeltert, Preiswert und typisch sind die Marken LAVA und VULKAN." Probierstuben, Schild am Eingang. Vulkanische Böden bringen gute Voraus- setzungen für Weinanbau, siehe auch die rauhen, intensiven Vesuv-Weine bei Neapel/Italien!

<u>Sehr schöner Weg zu Fuß</u> entlang des Karterrandes von Thira nach Ska= ros, besonders bei Sonnenuntergang über dem Vulkan!

<u>Archäologisches Museum:</u> Funde von Ausgrabungen auf Santorini (Vasen, Minoische Plastiken etc.), - die interessantesten Stücke aber in Athen (Nationalmuseum).

<u>TRANSPORT SANTORINI:</u>

✦ 1.) <u>Busse:</u> ab Hauptplatz Thira (Platia Theotokopoulou) nach <u>Athinios</u> (neuer Hafen) zur Abfahrt und Ankunft des Schiffes. - Nach <u>Kamari</u> <u>Perissa</u>, <u>Oia</u>, <u>Akrotiri</u> (Ausgrabunsstätten).

Zu den Stränden im Sommer etwa stündlich bis etwa 21 Uhr.
Am Hauptplatz ist ein <u>Schwarzes Brett</u> mit den Abfahrtszeiten der Busse.

Im Sommer 1o mal am Tag mod. Mercedes Bus von Thira nach Oia. <u>Joachim
Röttger</u> schrieb uns "die Fahrt von Thira nach Oia über die enge Berg-
strecke ist ein Erlebnis, wenn man sich die Randböschung wegdenkt,
entsteht der Eindruck, man fliege über die grünen Wiesen und Felder.
Wir haben die Fahrt gleich zweimal gemacht."

2.) <u>Taxi</u>: der Taxistand Thira ist ca. 5o m vom"Busterminal" (Platia Theotokopoulou) entfernt. Wegen hoher Benzinpreise und PKW-Kosten in Griechen=
land sind die Taxipreise gestiegen. Außerdem ist bekannt, daß Touristen
gern private Sonderpreise bekommen. Bernd Tesch/Globetrott Shop Aachen
zahlte 1981 für eine Fracht: 2 Erwachsene + 2 Kinder zwischen Airport
und Thira knapp 6 DM, - als grobe Orientierung. (Beim Zwischenstop in
München wurden ihm übrigens auf dem Lufthansaflug von der korrekten
Münchner Polizei eine Machete abgenommen... Warum und wozu man auf
Santorini eine Machete braucht, soll im späteren Text erörtert werden.)

Neueste Taxifacts von der <u>Tourist Police</u>, 25, Martiou (ca. 5o m vom
Busterminal), die auch bei Engpässen Privatzimmer in Thira vermittelt.

3.) <u>AUTOVERLEIH</u>: über Reisebüro Atlantis am Hauptplatz. <u>Fiat 127</u> oder <u>VW-
Safari</u> (Kübelwagen) kosten ca. 9o DM pro Tag. Kein Km- Geld extra.
Teurer Spaß, zudem schwierig, ein Auto in der Hochsaison zu bekommen.

4.) <u>2 MOPEDVERLEIHE</u>: Einsitzer kosten ca. 26 DM/Tag, - Zweisitzer ca. 38 DM/
Tag. Km- frei. Während der Saison Engpässe. -

<u>AUSFLÜGE MIT DEM BOOT</u> zu den Inseln <u>Nea Kameni</u> und <u>Palaia Kameni</u>, Auswurf und Zentrum
des unter Wasser liegenden Vulkans. Ist 17o7 aus dem Wasser aufgetaucht und wächst immer
noch. Schwarze, nach Schwefel stinkende Lavabrocken. Ihr könnt darauf spazieren gehen, -
die gelblich grünen Brocken sind Schwefel, weiß: Bimsstein. In der Mitte der King George

II - Kratermund. Wenn ihr Glück habt, raucht er gerade. - <u>BADEN um die Insel</u>:
das angewärmte Wasser um die Insel, - wird gesagt, ist Tummelplatz für die Haifische.

<u>FACTS:</u>   • <u>Nea Kameni</u> maxim. Höhe ca. 13o m, schwarze Asche und Lava.
          1925 entstanden, eine Reihe späterer Eruptionen ergaben die
          heutige Gestalt. Dämpfe und Gase aus diversen Spalten.

          • <u>Palea Kameni</u>: maximale Höhe ca. 1o3 m. Parallelauswurf des
          Inneren des Santorini-Meereskraters. Für den Besuch beider
          Inseln gutes Schuhwerk, da scharfe Lava- Kanten!

<u>THIRASIA:</u> rüber per Kaiki vom alten Hafen unterhalb Thira/Ort.
Abgeschiedene Insel. Bis 1978 noch ohne elektrischen Strom! Im Zuge
des Santorini- Tourismusses jedoch mehrere Tavernen, die im Sommer offen
sind, malerische Dörfer, wenig Privatzimmer. 295 m hoch, fällt steil nach
Osten (Kraterinneres, Meer) ab, Treppe, - nach Westen, Krateräußeres: sanft
Abfall. MANOLAS: Hauptort.

<u>AUSFLÜGE   AUF   DER   HAUPTINSEL   SANTORINI</u>:

✱ Wichtigstes Dorf im Norden der Insel <u>IA</u> (auch "Oia" geschrieben). Das
Erdbeben 1956 richtete erheblichen Schaden an. Viele haben damals das
Dorf verlassen, - Mörtelspuren am Hang, das Haus verschwand im Meer.
Kirchenruine auf der Landspitze, als hätte die Erde erst vorgestern
gebebt. Zugleich aber auch in den 7o-er Jahren intensive Restaurations-
Arbeiten, u.a. durch Deutsche, die aus Ia das machten, was für viele heute
das schönste Dorf der Insel ist! Winkelige Gassen, kleine Kapellen mit
Ikonen. Hier auch ein <u>MARINE-MUSEUM:</u> Gallionsfiguren, alte Schiffsmodelle
und Bilder (offen während der Saison 12.oo - 13.oo und 16.oo - 17.oo Uhr).

<u>UNTERKUNFT:</u>   restaurierte Häuser durch die <u>Griech. Fremdenverkehrs-</u>
<u>Zentrale</u> (siehe Facts und Buchung in unserer Einleitung, Kapitel "Hotels"!)
Weiterhin: <u>"Atlantis Villas"</u>, sehr gemütlich eingerichtet in renovierten
Kykladenhäusern mit schönen Möbeln und eigenem Swimming Pool hoch über dem
Meer. Übernachtung mit Küche ca. 45 DM Doppel. Vorbuchen Tel.: (o286)-
71 214 oder Piräus, 74 - 76 Kolokotroni Street. - <u>Nina und Georgios Karras</u>
haben in Oia eine Reihe von Höhlenwohnungen wiederausgebaut und vermieten
unter dem Namen <u>"Oia-Village"</u>. Buchung über Hiltensbergerstr. 42, 8ooo
München 4o.

Wegen <u>diverser Privatunterkünfte</u> im Ort fragen, - Kafenion oder beim
Custos des Marine- Museums, der auch ein kleines Tourist-Büro unterhält.
Kostenpunkt ab 1o DM/Doppel.   <u>Ausflüge ab Oia</u> zum King George Krater
mit dem kleinen Reisebüro im Ort am Ende der Dorfstraße. Ca. 3o DM pro
Boot, in das 5 Leute passen.

Von der Spitze des Kraterrandes (OIA) fällt die Insel zur anderen Seite
in sanfter Neigung zum Meer ab. Straßenverbindung, ca. 4 km. Schwarz-
sandiger Lavastrand.

OIA hat eigenen Hafen, der von Regional-Dampfern der Kykladen angelaufen
wird. klaus Putjenter und Brigitte Ottner schrieben " Einige Lagerhäuser
der Fischer und ein Mini-Kafenion sind die einzigsten Bauten. Mulis stehen
für den Gepäcktransport bereit, den Aufstieg zum Ort Oia schafft man ohne
Gepäck in ca. 2o Min. Die Felsen haben sich im Laufe des Tages erheblich
aufgeheizt, so daß man selbst bei später Ankunft ins Schwitzen kommt.
Man wird entlohnt, indem man an allen Gesteinsformationen vorbeigeführt
wird, die diese ungewöhnliche Vulkaninsel zu bieten hat."

Hübsche Pension in Oia: "Pension Lauda", mit Blick auf Krater, großer
Terrasse, Doppel ca. 1o - 15 DM.

MESSARIA: Alternative zu Thira/Ort, wenn dieser zu voll ist. Der Bus vom Schiff
von Athinias nach Thira/Ort stoppt in Messaria. Hier gibt's eine Bäckerei, die
ein Spezialbrot macht: Laiberl mit oben viel Gewürz, frisch   aus dem Ofen fast
wie Roggenbrot! - Im Ort: "Hotel Artemiporos", Cat. C., Doppel ca. 3o DM,
allerdings, wie uns Leser schrieben, nicht allzu sauber und viel Lärm, da
a) Busstation vorm Haus, - b) Mopedverleih. - Sowie weitere Privatquartiere
und Tavernen.

Im Nachbardorf Vothon eine alte Kapelle, unterirdisch als Festung in die
Felswand gegraben. Im Ort nach Schlüssel fragen. (Kliti Panagia Tripi).

PYRGOS: malerisches Bergdorf zu Füßen des Prof. Ilias auf einem Bergkegel. Schöner Fußmarsch runter nach EXO GONIA und von dort weiter durch
ein kleines Bergtal zur Straße nach Kamari. - In Pyrgos nur wenige
Privatquartiere, - Taverne.

STRÄNDE:
Hauptbadestrand bei KAMIRI, 1o km ab Thira/Ort, mehrmals täglich Busverbindung. Schwarzer Lavastrand, einseitig begrenzt durch die Felsnase des Profitis Elias (568 m).

Am Strand Pinien, viele Camper, aber es gibt keine organisierte Strandmüllabfuhr. Duschen
kann man bei den Restaurants für ca. 5o Pfennig. 8 Restaurants, davon das "Kanari" mit
Selbstbedienung. - "Rest. Irini": Frau Irini hat sich die Wände von Antonio, dem Deutschen
aus Oia bemalen lassen. Marco ihr Pelikan schaut etwas mitgenommen aus, wenn es ihm zu
warm wird und er sich unter die Dusche stellt. -"Hotel Kamaris" Cat. B, ca. 45 DM Doppel
mit Halbpension mit einem Swimming Pool hinter den Pinien. Nebenan eine Taverne. Abends,
wenn die Badegäste nach Thira/Ort mit dem Bus zurückgefahren sind, ist es ruhiger. -
Neben dem Hotel auch Privatpensionen, sowie Apartements. Das kleine Reisebüro am Strand
vermietet Mopeds, veranstaltet Inselrundfahrten, sowie Ausflüge im Kaiki nach Folegandros
und Anafi. -

FKK - Baden wird im Randteil des Kamini - Strandes geduldet. -
Ab Kamini nach ANCIENT THIRA entweder per Esel oder zu Fuß (ca. 1 Std.): die Ausgrabun=

gen der bis 8oo nach Christus bewohnten Stadt sind bei weitem nicht so spektakulär wie
die Ausgrabungen Akrotiris (doch davon später!). Von Anc. Thira den Felshügel runter,
45 Min. zu Fuß nach PERISSA (auch per Bus über Megahlo Khorion zu erreichen): nicht so
überlaufen wie Kamiri, - langer, schwarzer Sandstrand mit Pinien. Mehrere Tavernen,
Diskothek, Pensionen und Camping. "Rest. Faros" vermietet schöne Zimmer, einige mit Bal=
kon zum Meer (ca. 11 DM Doppel, bezw. 16 DM Dreifachzimmer). Im Kloster Perissa (schö=
ner weißer Kuppelbau!) vermieteten die Mönche bis vor 2 Jahren noch Zimmer.
Das gemütliche Dorf Emporion ca. 2 km landein (Hotel Adenauer) hat einen Krämerladen.
Tip: die kleine Weinkellerei von Nicos Pregas läßt euch erteinmal durch die verschiedenen
Sorten trinken, bevor die 2 Literflasche gefüllt wird. Literpreise z.Z.: "Rose" (etwas
sauer) 1 DM, "Imigligo" (süß und schwer, hat uns am besten geschmeckt) 2 DM, teuerster
Wein bei ihm "Visato" 3,5o DM.
Monolithos: ruhiger Badestrand mit kleinem Pinienwäldchen. 3 Tavernen, wenig Privatzim=
mer. Leider unterhalb der Flughafen- Rollbahn und neben einer ehemaligen Tomaten - Ketch-
up Fabrik.

Tip für Wanderfreudige:
Besteigung des Berges Profitis Ilias (568 m), ab Pyrgos geht ein Weg auf die Spitze zum
Kloster Elias, - schöner Blick über den Vulkan, zu den Nachbarinseln Ios, Amorgos, Ana=
phi, - bei klerer Luft sogar bis Kreta (Bergkette).
Ab Pirgos bis zur Spitze 45 Min. der Straße entlang, auch Eselspfad. Das Kloster selber
ist recht unscheinbar. Am Eingang eine alte Sonnenuhr, feingeschnitzter Altar in der
Klosterkirche. Mehrere Räume als Museum mit alten Möbeln, Schriften und Werkzeugen (z.B.
eine alte Kelterpresse). Für Besucher gibt's von den Mönchen einen Raki, sofern nicht
zuviele Leute oben sind!

Zum Prof. Ilias ab Perissa: schöner Felsenpfad, der morgens im Schatten
liegt, - von Kamari eine Schotterstraße, ca. 2o Min. bis zum Gipfel, -
von Pyrgos: viele Busse auf Teerstraße.

Beim Dorf AKROTIRI Ausgrabungen minoischer Städte, die mit zu den interessantesten Ausgrabungen der Welt zählen. Unter einer 15 m dicken Ascheschicht (mit Tuffstein vermengt)
fand man Häuser mit minoischen Fresken, Tempel, Bäder, Keramik. Diese Funde lassen(nach
einigen wissensch. Theorien) den Schluß zu, daß das Zentrum der Minoischen Kultur nicht
Kreta (Palast von Knossos), sondern Santorini war.
Man vermutet, daß das von Plato beschriebene ATLANTIS , welches im Meer versank, - von

Ausschnitt aus Akrotiri- Wandmalerei   Ca. 2000 v. Ch

früheren Wissenschaftlern wurde die Plato-Geschichte als mystisch, d.h. in der Wirklich=
keit niemals existent hätte, - auf Santorini existiert haben könnte. Zur Zeit von 1500
v. Chr., dem Ende der minoischen Kultur gab es auf Santorini eine furchtbare Explosion,
die gewaltigste, die Europa je erlebt hat: große Inselteile wurden in die Luft geblasen,
andere versanken im Meer. Der Rest unter meterhohen Asche/Lavamassen begraben. Die Erupti=
on war damals so stark, daß der Himmel von den Rauch- und Staubschwaden die benachbarten
Gebiete in völlige Dunkelheit stürzte. Diese Eruption wurde von einer gewaltigen seismi=
schen Flutwelle begleitet, die weite Küstenstriche Kretas unter Wasser setzte. Hier
waren wichtige Häfen der Minoer. Angeblich soll sich diese Flut bis Ägypten fortgesetzt
haben und somit die in der Bibel geschilderte Wanderung der Israeliten durch das Rote
Meer ermöglicht haben. Zur Erhärtung der These, daß das Ende der Minoischen Kultur durch
den Ausbruch des Vulkans von Santorini hervorgerufen wurde und, - daß sich ihr Zentrum
auf Santorini befunden habe, fehlt nur noch die Beseitigung einer kleinen Unstimmigkeit:
Die Zerstörung der Siedlungen auf Santorini geschah etwa 50 Jahre früher, als diejenige
von Kreta. (Nach Untersuchung der Stilentwicklung, sowie radiometrischen Datierungen). -
Die Untersuchungen seit 1970 ergaben, daß die minoischen Bewohner des früheren Santorini
(ein stark bewaldeter Bergkegel in der Ägäis) 1520 v. Chr. ihre Insel in organisiertem
Aufbruch verlassen haben mußten, als sich der Berg zu rühren begann und ein kleineres
Vor- Erdbeben die halbe Stadt in Trümmer schüttelte. Ein paar Leute blieben aber, - und
hatten mit dieser Entscheidung nur noch 3 Jahre zu leben: die große Haupteruption stand
erst noch bevor! Sie räumten auch dem Vor-Erdbeben erstmal die Stadt wieder auf; die
Archäologen fanden Spuren der Aufräumungsarbeiten: mit riesigen Steinhämmern, die an Sei=
len hingen (ähnlich unseren heutigen Hausabruchmethoden) riß man die Mauern ein und re=
parierte schon in einigen Häusern die Risse. Man fand Fingerabdrücke von minoischen
Maurern im Mörtel. Der Mörtel wurde in Tongefäßen angerührt. Dann kam erst die "große
Explosion" (Karte 4) -

Die Ausgrabungen auf Santorini haben die bereits
im letzten Jahrhundert beginnenden Spekulationen
der Atlantis - Lage wieder angekurbelt; beweisen
läßt sich nichts, da die Angaben im Plato- Text
zu ungenau sind. Die Spekulationen erstrecken sich
über die gesamte Welt und die Beweisführung ist
zum Teil recht bizarr. Bestseller- Autor Berlitz
könnte sich z.B. durchaus vorstellen, daß Atlantis
im berüchtigten Bermuda - Dreieck gelegen hätte. -
Eher wahrscheinlich ist dagegen eine Lage auf den
Azoren, einer Inselgruppe mit starker Vulkantätig=

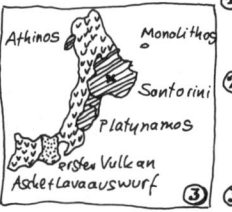

① Ursprüngliche Ge=
stalt Santorinis
1500 v.Chr. —
(Minoische Kultur)

② Der Vulkan wird
tätig: er erscheint
an der Wasserober=
fläche als kleines
Inselchen neben der
Hauptinsel

③ Vulkantätigkeit
auf Grund von hefti=

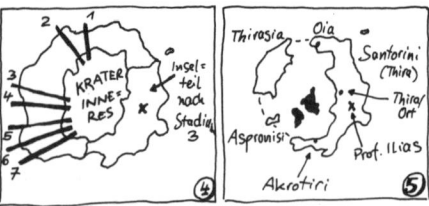

gem Lavaauswurf vergrößert si
die ursprüngliche Insel.
④ Zerstörung der minoischen Siedlun
Der Vulkan steht als riesiger Keg
der Agäis mit nach innen abfall
Kraterinneren. - Balken 1-7.
Landabsenkungen unter Meere
Hier drang das Meer in das In
des Vulkanes. -
⑤ Heutiger Zustand.

keit im Atlantik. -

Basierter arbeiten dagegen die Archäologen in Akrotiri. Bereits vor rund 1oo Jahren
entdeckt(vom Regen freigewaschene Mauerteile); Ausgrabungsarbeiten wurden aber bald wie=
der aufgegeben, weil sie sich nicht zu lohnen schienen. - 19oo beschäftigte sich dann
der englische Archäologe Evans mit Knossos auf Kreta und entdeckte die von ihm benannte
Minoische Kultur (ca. 26oo - 11oo v. Chr.). Der griechische Archäologe Marinatos, der
bereits auf Kreta vor dem ersten Weltkrieg gegraben hatte und auf erste Zusammenhänge
zwischen Kreta und Santorini hinwies, begann dan Anfang der 6o-er Jahre mit den Santori=
nigrabungen. Die Ausgrabungen sind bis heute noch nicht abgeschlossen; Schmuck hat man
bisher noch nicht gefunden und vermutet, daß die Bewohner selben auf der Flucht im
Boot mitgenommen hatten. Durch die Flutwellen sind die Boote vermutlich untergegangen. -

AKROTIRI kann besucht werden und dürfte eine der interessantesten archäologischen Stät=
ten Griechenlands sein, weil "hier alles noch in Arbeit ist", - lebendige Archäologie!
Vor und hinter euch ein Aufpasser, so schiebt ihr euch durch die engen Gassen der Stadt,
die vor 45oo Jahren bewohnt war: die Häuser bis zu 3 Stockwerken(!), aschegefüllte Am=
phoren, die Fresken (herrliche Farben, fast noch schöner als auf Kreta!!) sind bereits
in Athen im Museum. Die gesamte Ausgrabungsstätte ist überdacht. Man sollte sich an
eine Tour hängen, damit einem alles erklärt wird. -

Die Ausgrabungen von Akrotiri können (leider) im Winter (Okt. - April)
nicht besichtigt werden. Zur übrigen Zeit: wochentags: 9 - 12 und 16 - 18
Uhr (Achtung, kann sich ändern!), sowie Sonntags 9.3o - 12.oo Uhr.
Busverbindung mehrmals täglich zwischen Thira/Ort und Akrotiri.

Der Badestrand 2oo m unterhalb der Ausgrabungen: rauher Kieselstrand,
begrenzt durch Klippen. Am Strand in einer Felshöhle eine kleine Taverne,
die von einem Fischer und seiner Frau betrieben wird. Gute Küche, speziell
Fisch!

ANCIENT THIRA: antike Stadt, 1oo (Länge) x 15om (Breite), liegt auf einem
Vorberg des Prof. Ilias (ca. 369 m hoch) oberhalb des Meeres, Ostseite der
Hauptinsel Santorini. Zu erreichen über den Bergsattel vom Prof. Ilias, bzw.
über eine schmale Schotter-Serpentinenpiste ab Hafen KAMIRI.

SCHIFFSVERBINDUNGEN:

Per großem Passagier/PKW- Dampfer über Ios - Naxos - Paros - Syros nach
    Piräus. Rund 5 - 7 mal in der Woche, Fahrzeit 12 Std., - in der Vor=
    saison weniger (ca. 3 - 4 mal/Woche).

    Weiterhin (variabel und saisonbedingt):
    • Santorini - Folegandros - Sikinos - Ios - Naxos - Paros -
      Syros - Piräus.
    • Santorini - Ios - Milos - - Kimolos - Sifnos - Serifos -
      Kithnos - Piräus
    • Santorini - Anafi - Ios - Naxos - Paros - Syros - Piräus

    Weiterhin: (zum Teil reine Personenfähren, zum Teil PKW-
    Verladung per Kran, nur begrenzte Anzahl an PKW's möglich!):
    • Santorini - Anafi - Ag. Nikolaos (Kreta) - Sitia (Kreta) -
      Kasos - Karpathos - Rhodos
    • Santorini - Heraklion/Kreta (Nur im Sommer, ca. 6 Std.)
    GLEITKUFEN- SCHNELLBOOTE ("Flying Dolphins"):
    Neu eingerichtet auf der Strecke Santorini - Heraklion/Kreta.
    Die Boote brauchen für die Strecke ca. 2 1/2 Stunden bei
    Geschwindigkeiten von ca. 8o km/h und kosten geringfügig we=
    niger als das Flugzeug. - Ebenso auf der Strecke: Santorini - Naxos -
    Paros - Mykonos - Piräus.

FLUGVERBINDUNGEN:

Täglich mit der Olympic Airways in Jets Typ Boeing 737 zwischen Athen und
Santorini, dessen Flughafen kürzlich vergrößert wurde. Einfaches Ticket
z.Z. knapp 9o DM. - Im Sommer zusätzlich, z.Z. noch mit kleineren Propeller-
Maschinen. bei Bedarf werden aber auch Boeings eingesetzt zwischen Santorini und Heraklion/Kreta. Flugdauer: per Jet ca. 3o Min., per Propeller ca.
45 Min. auf beiden Strecken. Die Strecke Athen - Santorini gehört zu einem
der schönsten Flüge in der Ägeis, besonders bei der Landung auf Santorini,
wenn man über dem Krater fliegt!

NEWS! NEWS!

Die Firma Interkontinental Reisen München richtet jetzt einen Direktflug

zwischen <u>München und Santorini</u> ein. Flugdauer ca. 3 Stunden! Zu Buchen auf
Basis des "Pauschalarrangements" (siehe unser Kapitel"Anreise per Flug"!).
Auch, wer nicht auf Santorini bleibt: gute Ausgangsbasis, da zentral in der
Ägeis! Zudem schnelle Verbindung mit dem Flying Dolfin rauf nach Mykonos,
Naxos, Paros, bzw. mit dem regulären Passagierdampfer rüber nach Milos, Si
nos, Kimolos etc.

Insel Paros

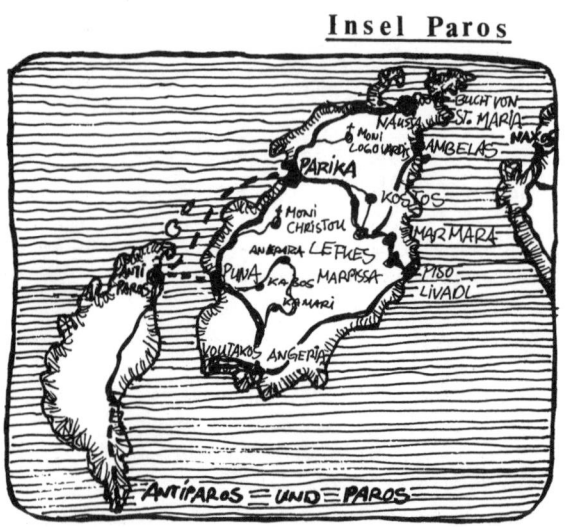

Tip für Leute, die gern
<u>baden,</u> denn hier liegen
die wohl <u>schönsten Strän=
de der Kykladen!</u>
Sehr hübsche Hauptorte:
Naussa und Parika, bei=
de in weißer Kykladen=
architektur, letzteres
mit venezianischem Touch.
Landschaftlich ungemein
reizvoll, - bergig mit
weiten Ginsterflächen,
mannshohen Agaven und
vielen fruchtbaren Tälern
mit Melonenfeldern, Fei=
gen und Olivenbäumen. Vie
Landwirtschaft. -
Im Norden bei Naussa: Sand

dünen und ausgetrocknete Salzseen, - bei Marpissa: Marmorstollen aus der Antike, die ihr
mit der Taschenlampe erforschen könnt und ein Tal mit exotischen Schmetterlingen. -
FKK ist auf Paros zwar immer noch per verrostetem Schild (am Hafen Parika) verboten,
aber der Polizist in der Mühle hat sein berühmtes Fernglas jetzt weggesteckt! - Wer
einsam sein will, sucht sich eine Stelle an der Ostküste unter einer Pinie. Herrlich
klares Wasser! -

<u>VERBINDUNGEN:</u>
mit Piräus (ca. 8 Std. Fahrzeit, Decksklasse 25 DM) im Sommer täglich über Syros. -
    <u>KAIKIS:</u> im Sommer täglich, sofern Bedarf nach Ios über Naxos ab Hafen Parikia
           "   "   "   "   "   " Mykonos vom Hafen Naousa, bei Bedarf
           auch von Parikia. Diese Kaiki- Verbindungen sind aber mehr Excursions-
           trips und von daher teurer, als der normale Liniendampfer. Einfach kann
           gebucht werden. -
    <u>FLYING DOLPHINS:</u> Gleitkufenboote auf der Strecke Piräus - Myko=
           konos - Paros - Naxos. Bei ruhigem Wetter mit 8o km/h
           über's Wasser, wobei die Inseln auf 3o Min- Distanz zu=
           sammenschrumpfen. Weiter über Ios nach Santorini.
Es gibt <u>keine Flüge.</u> - Nächster Flughafen ist Mykonos (Olympic- Propeller
mit Athen) und Santorini (Jet mit Athen bzw. Direktflug mit München).

Florian Hugentobler schrieb uns, daß auch auf Paros zur Zeit an einem
<u>Flugfeld</u> gebaut würde, - in der Nähe von Pounda. Zur Zeit jedoch noch
nicht in Betrieb. -

<u>FKK:</u> Birgit Breyer schrieb uns zum Fernglaspolizist, daß er nun doch wieder
in Aktion sei: "Ich war am Strand Santa Maria und eines guten Tages kam
die Polizei, schnappte sich alle Nackten und nach 3 stündigem Aufenthalt
im Gerichtssaal durften wir mit einer strengen Verwarnung, daß es beim
2. Mal Strafe kostet, wieder abziehen." - Zur Zeit sind die Strände
* <u>MONASTERY</u>, - * <u>LAGERI</u> die Strände, wo FKK praktiziert und geduldet
wird.

<u>PARIKIA:</u>
weiße Kykladenwürfel- Häuser auf einer Bergkuppe, malerische Gässchen, um den Hafen viele
Kafenions und Tavernen unter Weinranken, - im Inneren des Ortes Boutiquen: griechische
Woll-Strickpullover für ca. 4o DM (handeln!) und schöne Silberarbeiten! Parika ist im
Sommer sehr überlaufen, also Rummel und Kontakte für den, der das sucht! -

<u>Unterkunft/Hotels:</u>
"Hotel Georgy", Doppel ca.3o DM mit eigenem Bad, zentral am Hauptplatz, große Terassen,
    Zimmer aber etwas eng.
"Hotel Dina", Doppel ca. 14 DM mit Waschgelegenheit (kein Bad), in der Haupteinkaufs=
    gasse. Altes Haus mit Blumen im Innenhof.
"Xenia", Cat. B, Doppel ca.45 DM mit Bad, am Rand des Ortes auf kleinem Hügel gelegen.
"Alkyon", C- Klasse, Doppel 3o DM mit Bad, bzw. ohne Bad Doppel 24 DM. -
"Hermes"C- Klasse,3o DM, - "Paros", C- Klasse, Doppel ca. 3o DM mit Bad, - "Pandrossos",
liegt etwas unterhalb des Xenia - Hotels am Hang, Doppel 15 DM ohne Bad, E - Klasse, soll
aber angeblich demnächst abgerissen werden, sehr schade, denn ein sehr schönes verwin=
keltes, altes Haus, sehr gemütlich. - "Hotel Kontes", 16 DM ohne Bad, mit Bad: 22 DM.
    <u>Privatzimmer</u> im Ort um die 8 - 9 DM, - Adressen durch die Touristpolizei am Hafen in der
    Windmühle.(Arbeiten aber nur während der Hauptsaison!)-
                              (75 % der Insel-Gästebetten in Parikia!)

<u>BADEN:</u>
an der Strandpromenade, Kiesel-Sandstrand. Hier auch ca. 8 kleinere Hotels sowie am
Brückchen die <u>Privatpension "Daverera"</u>: bäuerlich, neben dem Strand, schattiger Garten.
Doppel ca. 15 DM. Am Strand Bäume und ein Campingplatz (5 DM pro Nacht, ohne Schatten).
Besser ist aber in Parikia- Nähe der <u>Krios- Strand</u> auf der anderen Seite der Hafen=
bucht. Im Sommer Kaiki- Pendeldienst vom Hafen, kostet ca. 3 DM einfach.

<u>Ausgezeichnete Busverbindungen</u> zu allen Orten der Insel.
Ab Hafen Parikia alle 3o Min. nach <u>Naousa</u> (im Sommer, - im
Winter ca. alle 1 - 2 Std.). - ab Hafen Parikia nach <u>Drios</u>,
über <u>Marathi</u>, <u>Kostos</u>, <u>Lefkes</u>, <u>Pisso Livadi</u>.
Ab Parikia nach <u>Pounta</u> an der Meeresenge zu Antiparos (2 mal
täglich) und weiter nach <u>Allyki</u>.

Die Fahrscheine sind nicht mehr extrem billig, wie Ende der 7o-er Jahre, da
die Benzinpreise in Griechenland massiv gestiegen sind, so aber immer noch im
Vergleich zu Mitteleuropa recht günstig. Man sitzt eingequetscht zwischen
dicken Griechinnen, und die Hühner legen währenddessen unter den Sitzen Eier.
Aber nur in der Vorsaison, - im Hochsommer sitzen statt der Hühner Touristen
im Bus. So eine Busfahrt ist aus zwei Gründen sehr zu empfehlen: 1.) Überblick
über die Insel, - 2.) Kontakte anknüpfen, denn Paros ist bei Sekretärinnen und
Junggesellen sehr beliebt für Individualurlaub.

AUTOMIETEN: in Parikia möglich (ca. 6o - 8o DM/Tag, Sprit geht extra,
    Km- ist meist inklusiv). - ESEL gibt's nur mit Führer (ca. 1o - 15 DM
    pro Std.) zum Schmetterlingstal (später beschrieben!). - DRAHTESEL: um
    die 8 - 1o DM/Tag. - TANKSTELLEN in allen größeren Orten.

MOPED-MIETEN: schöne Sache bei der griechischen Wärme. Florian Hugentobler
    schrieb uns hierzu: "sehr lohnend ist es, mit dem Moped an einem sehr
    früh begonnenen Tag um die Insel zu fahren. Tip: von Vorteil sind Mopeds
    mit möglichst großen Rädern wegen der "Straße" im Süden der Insel.
    Benzin und Zeit reichen gut für einen Tag.
    Zum krönenden Abschluß des Tages kann man sich bei einem Bad in der
    Bucht von AGIA IRINI den Staub abwischen und dabei den herrlichen
    Sonnenuntergang über den nördlichen Felsen von Antiparos genießen!
    Traumhaft!!"

Parika ist der Anlegehafen für die großen Piräus- Santorini - Fährschiffe.Der Ort in
einer Gartenlandschaft, die sich leicht den Hang raufzieht. Hauptplatz am Hafen, viele
Cafes und Tours- Organisator-Büros. Vom Hafen führt die schmale Einkaufsgasse "Lochagou"
in den alten Teil des Ortes. Weißgewaschene Häuser, auch venezianische Bürgerhäuser mit
vielen Blumen in den Vorgärten. Mitten im Ort: eine venezian. Festung, der Clou: zusam=
mengeschustert aus Teilen des Apollon- Tempels.
In der "Odos Lochagou" ein Antik- Shop, wo ihr alte Inseltrachten kaufen könnt (ca. 8o DM)
Am Ende der Straße beim Brunnen verkauft der an den Rollstuhl gebundene Kavalas schöne
Holzschiffchen ab 13 DM. - Kirche "Ekatontapilyliani", nähe des Hafen, etwas versteckt
hinter Klostergemäuer. Kirchenkuppel aus exakt behauenen Steinbrocken ohne Mörtel zusam=
mengesetzt! Gebaut 1o. Jhd. - Mal hinter den Altar sehen: steinerner Thron. - Die Glocken
dieser Kirche hängen draußen im Baum! Angeblich soll es mal ein Erdbeben gegeben haben. -
Rest. "Klimataria", (auch "vineyard" genannt), Touristentaverne im belaubten Innenhof
an der Haupteinkaufsgasse, Preise durchschnittlich. Gut sind:"gefüllte Tomaten + Rinds=
fleisch", zusammen ca. 1o DM - "Rest. Fanari", Grillrestaurant am Ende der Hafenprome=
nade. Faros hat gute Inselweine: "Brousko", ziemlich starker Landrotwein; gibt's auch in
schwarz ("Mavra"). Etwas trockener der "Lageri" - Rotwein.

EXCURSIONEN ab PARIKIA:
Per "Paros- Travel Agency" Inseltrips im Kleinbus und Badebus zum schönsten Badestrand
der Insel: SANTA MARIA im Norden der Insel. -

SCHMETTERLINGS-TAL (Petaloudes)   (Esel gibt's vom Fotogeschäft an der Hafenstraße)
zu Fuß sind das eine gute Stunde: über Eselspfad aus Parikia raus den Berg rauf Richtung
Süden und Kloster "Ag. Arsenios". Hier bekommt man Wasser von den Nonnen und kann gegf.
auch das Innere besichtigen. Dann gehts den Berg im Tal runter, immer der besseren
Schotterstraße entlang. Ca. 1o Min. bis zu einem umzäunten Park mit riesigen Bäumen.Das
Gelände ist in Privathand, und der Besitzer öffnet nur, wenn sich größere Gruppen ange=
sammelt haben. Dürfte im Sommer aber immer der Fall sein.
Eintritt: ca. 1 DM. Zwischen den Bäumen flattern Tausende von hübschen Faltern, die es
aber nur im Sommer gibt, denn im Winter sind sie Raupen ...

Schönster Ort der Insel ist NAOUSA an der Nordbucht, - Standquartier- Alternative zu
Parikia. Winzig kleiner und sehr gemütlicher Hafen mit vielen bunten Fischer-Kaikis,
- der Ort quillt aber, wie auch Parikia in der Hochsaison absolut über von Touristen.
Generelle Paros- Empfehlung: nach Möglichkeit unbedingt in der Vor- oder Nachsaison
kommen!!
Über den Leinen hängen Polypenarme zum Trocknen, die Hafeneinfassung ist mit Marmor=
platten belegt und so schmal, daß bei dem Touristengedränge schon mal einer über Bord
geht...
Am 23. August wird die Verschleppung der Inseljungfrauen in Szene gesetzt: wie in alten
Zeiten kommen die vermeintlichen, lampionbehängten Seeräuber- Kaikis. Wupps dich, und
schon sind die hübschesten Inselfrauen draußen auf der hohen See! - Wenn sie dann wieder
retour gebracht werden, beginnt das Fest mit viel Musik und Wein, sowie Tanz.
Im Ortsinneren hübsche Gässchen mit Blumenkästen. Am Hauptplatz, Endstation der Busse
von Parikia: Straßencafes und Tavernen, Postamt, Polizei und O.T.E. (Telefon).
Naousa hat viel Atmosphäre. - Bestes Restaurant im Ort: "Christos", große Auswahl, aller=
dings auch gehobene Preise. - "Restaurant im Hotel Minoa", nicht schlecht,Preise durch=
schnittlich. - Billiger, aber ebenfalls gutes Essen im Hotel "Minoa"-
HOTELS: "Pension Naousa", B- Klasse, 25 DM Doppel mit Bad,ohne ca. 2o DM. - "Bungalows
Marina" am Ortsausgang Richtung Marino- Beach, etwas öde Zimmer mit 4 Betten und Koch-
raum, - relativ teuer: ca. 65 DM pro Bungalow, aber doch recht ruhig gelegen und schöner Blick auf's Meer! - "Pension Marina Kritikou", ca. 2o Doppelzimmer je 2o DM, liegt
in Richtung Parikia, ca. 2oo m vom Hauptplatz am Hang gelegen. Sauber, - mit kleinem
Balkon und Blick zum Meer, - "Hotel Minoa", ca. 3o DM Doppel, geräumige Zimmer mit Bad, -
"Galini", Doppel ca. 25 DM mit Bad.

FAHRRÄDER: pro Tag ca. 8 - 1o DM, - MOPED/einsitzig: ca. 3o
DM/Tag, - zweisitzig: ca. 35 DM, Geländemaschinen teurer.
Im Ort ist ein Kino, das öfters englische Filme mit
Orginal- Sound spielt.

AUSFLUGSSCHIFFE im Sommer (Fischerboote, die für Tou=
risten umfunktioniert wurden) rüber nach MYKONOS, das
Boot geht während der Saison tägl. morgens, meist auch
noch ein zweites Schiff am späten Mittag. Zwischenstop

Esel mieten
kostet ca.70-75DM/Std.

auf der <u>Insel Delos</u> für 1 1/2 Std., um die archäologisch sehr lohnende Insel besichtigen
zu können. Details siehe unser "Delos" - Text. Anschluß an das Boot,von Parikia per Bus
in ca. 2o Min. nach Naousa. -

<u>Um Naousa die schönsten Strände der Insel</u>, zu erreichen per Kaiki, das im Sommer häufig
verkehrt ab Hafen Naousa. Glasklares Wasser in schönen Buchten!

1.) <u>COLIBITHRES-STRAND</u>: gegenüber von Naousa auf der anderen Seite der Bucht. Per Kaiki
im Sommer Pendelverkehr (3 DM retour). Sandige Einbuchtungen neben Rock-Szenerie:
riesige Felsen, wie von Gletschern flachgewaschen. 2 Tavernen, viele Agaven.
In der Nähe eine Kaiki- Werft und ein Kloster, hinter dem nackt gebadet wird (Ag. Ioa=
nis- Strand). Leider kein Schatten. Wenn ihr über die Felsen auf die offene Meerseite
rüberlauft (ca. 1o Min.): wilde Felsenküste, - gut zum Schnorcheln. Klares Wasser.

2.) <u>LAGERI-STRAND</u>: nordwestlich von Naousa, aber noch in der Nordbucht, - zu Fuß ca. 4o
Min. immer der Staubstraße entlang, - bei Bedarf fahren auch Kaikis ab Hafen Naousa.
Dem Strand vorgelagert eine Felsinsel, die durch eine breite Sandbank mit dem Ufer
verbunden ist (ca. 2oo m).

3.) <u>SANTA MARIA- STRAND</u>: einer der schönsten Strände der Insel: feinsandig, eine langgezo=
gene Bucht, - dahinter dünig mit Büschen bewachsen. Unter Wasser in der Bucht sollen
Häuser-Ruinen liegen; wir hatten allerdings nur "Schnorchel-Besteck" dabei und konnten
nichts finden. Durchaus denkbar wäre es aber, da bei Erdbeben in der Antike Teile der
Insel unter den Meeresspiegel. So liegt ein Teil des antiken Parikia z.B. im heutigen
Hafenbecken unter Wasser. -   <u>Bus</u> ab Naousa, 11 km, ca. 7 DM hin & rück.
Nördlich der Santa Maria - Bucht ein <u>Salzteich</u>, den Sommer über meist ausgetrocknet.

4.) <u>AMBELAS-STRAND</u>: an der Ostküste, 1 Hotel der C- Klasse <u>("Ambelas"</u>, Doppel mit Bad
25 DM), 2 Tavernen und im Sommer Bus von Parikia über Naousa nach Ambelas.
Gut zum Schnorcheln. Sehr schöne Steine am Strand (eignen sich für Halsketten!).

5.) <u>MONASTERY- STRAND</u>: ein herrlicher Felsenstrand mit wenigen Sandstreifen, - beim
Kloster Ag. Ioannis. FKK hier allgemein üblich, eine kleine Taverne, wo man Getränke
und ein bischen zu essen bekommt. Im Sommer Kaiki- Verbindung, retour ca. 3 DM.

<u>OSTKÜSTE/STRÄNDE:</u>

<u>Pisso Livadi</u>: mit Blick auf Naxos: früher ein reines Fischerdorf, jetzt aber mit Hotels
und privaten Ferienvillen durchsetzt. Weniger reizvoll. Der Strand ist sauber, aber weit=
gehend Kiesel. Daneben aber 1oo m Sandstrand. - Im Sommer bei Bedarf KAIKI rüber nach
Naxos. - Übernachtung in Pisso Livadi zwischen ca. 3o Dm Doppel ("Hotel Leto") und ca 1o
DM in Privatpensionen. -

Wesentlich besser ist der <u>Strand von Logaras</u>, ein paar Hundert Meter weiter um eine kleine
Landausbuchtung herum. Breiter Sandstrand, von Pinien gesäumt, ein paar billige Pensionen,
sowie ein Restaurant am Meer. Hier im 1. Stock Zimmer billig mit Balkon und schönem Meeres-
Blick. -

<u>Die Straße weiter nach Drios</u> im Süden führt durch sanfte, unbesiedelte Landschaft mit
einsamen Stränden an der Küste. Kurz vor Drios der <u>GOLDEN BEACH</u>: sauberer, feiner Sand
unterhalb der niedrigen Kliffs. Einer der besten Inselstrände! Ziemlich lang, ca. 1 1/2

km. An der Straße die Taverne von Stavros (ca. 2oo m vom Srand entfernt) Haben im Garten
Häuschen mit einfachen Zimmern zu vermieten. Zur Zeit baut man direkt an den Strand ein
kleines Hotel. -
Von dort nur noch ca. 2 km bis Drios, kleiner Ort mit Atmosphäre, Bäume, - Busverbindung
mit Parikia, 26 km. "Hotel Avra", Doppel mit Bad ca. 3o DM, ohne ca. 2o DM.- - "Drios":
ca. 14 DM Doppel ohne Bad, sowie 4 andere Hotels.
Parikia - Drios: Asphalt, danach um die Insel rum nach Allyki per Auto nicht zu empfehlen.
Übele, felsige Piste, eher was für den Esel. -

MARMORBRÜCHE   AUS   DER   ANTIKE:

Wer eine Taschenlampe dabei hat, kann die Gänge mit festen Schuhen erforschen, - allerding!
Vorsich, eventuell Einsturzgefahr. Der Eingang zu den unterirdischen Stollen liegt beim
kleinen Dorf Marathi in den Bergen des Inselinneren, - an der Straße von Parikia nach
Drios, ca. 5 km ab Parikia. In den Gängen ist es ziemlich feucht und kalt! Der Marmor von
Paros war zur Antike einer der begehrtesten und sehr durchsichtig! Die griechischen Bild=
hauer übten sich hier im Torso- Meißeln... Die VENUS VON MILO ist übrigens auch aus Paro!
Marmor. -

Wegbeschreibung:

Nach Tacho fahren (oder Busfahrer fragen!): 5 km ab Ortsausgang Parikia rechts am Hang
die verlassenen Arbeiterhäuser (Steinbruch war noch bis vor 1844 in Betrieb: Marmorbe=
schaffung für das Grab von Napoleon), nach einer kleinen Steinbrücke rechts: 1oo m zu Fuß
über Eselspfad zum Fuß des Berghanges: Eingang der antiken Stollen, von der Hauptstraße
aus nicht zu sehen. Der Eingang liegt links unterhalb der Arbeiterhäuser (ca. 2oo m ent=
fernt).
Es gibt 2 Hauptstollen die sich etwa 15o m steil in den Berg hineinbohren und sich dann
nocheinmal aufgabeln. Man kann den linken Hauptstollen hinuntergehen bis zum Ende, wo sich
der Stollen T- förmig aufteilt: rechten nehmen, über viele Treppen rauf und später etwas
klettern. Fast an der selben Stelle kommt ihr wieder ans Tageslicht.

BERGDORF LEFKES:

Ehemalige Inselhauptstadt, nun stilles Bergdorf.
Alte Bürgerhäuser und das stattliche Rathaus neben
dem Weg zum Dorfplatz. Keine Tavernen, aber kleiner
Imbiss in den Kafenions. Zimmer schwer zu bekommen,
aber es soll bald eine Pension geben. Das erste Haus
am Ortseingang, links, eine Töpferwerkstatt. -
Von Lefkes kann man auf der alten gepflasterten byzanti=
nischen Straße in ca. 1,5 km an die Küste runterwandern.
Es geht meist bergab, vorbei an Windmühlen und Olivengärten.

nach
PISSO LIVADI
BERG
Brücke   Pfad
offene
Steinbrüche
nach
PARIKIA 5 Km
Nebenstollen,
fast nicht zu sehen
Marmorbrüche
Paros-Marathi

PARIKIA - ALLYKI: ca. 13 km

Etwa 6 km südlich von Parikia schöner Strand: AGIA IRINI: Sand, Bauernhaus, Obstgärten.
Die letzten 6 km bis Allyki schlechte Schotterpiste, - mühsam zu fahren. ALLYKI: hat langer
Sandstrand mit Bäumen, Tavernen, Übernachtungsmöglichkeit im "Hotel Angeliki", Doppel mit
Bad ca. 25 DM. Auch billige Privatpensionen. - Im Sommer gelegentl. Kaiki ab Parikia. -

Insel Antiparos:

Mit dem Kaiki von Parikia tägl. 2 mal (Anschluß an die Piräus-Fähre!) rüber nach Antiparo einem einsamen Eiland mit ca. 5oo Einwohnern, Schafen, Ziegen und Eseln. Geheimtip auf Antiparos ist aber die Tropfsteinhöhle, die zu einer der schönsten der Kykladen zählt.

Andere Möglichkeit (umständlicher, aber billiger): Bus von Parikia bis Pounta an der Meeresstraße zwischen beiden Inseln. Ca. 4oo m breit. Kaiki- Transport: funktioniert folgendermaßen: blaue Kapellentür am Hafen öffnen. Ist Zeichen für den Fährmann auf der anderen Seite. (Kann aber sein, daß der in irgendeinem Kafenion beim Ratschen sitzt.) Nicht Rüberschwimmen! Starke Strömung durch den Kanal!!

ANTIPAROS/ORT: nur ein paar Hundert Einwohner. Viele Ferienhäuser der Athener in letzter Zeit hinzugekommen, die das bisher hübsche Dorfbild verändert haben. Übernachtungsmögl.: "Hotel Chryssiakti", C- Klasse, 25 DM Doppel mit Bad, - aber auch Privat im Ort. Es gibt sogar eine kleine Diskothek im Ort... Bester Inselstrand der AG. GEORGIOS im Süden. Im Sommer Kaiki- Verbindung.
ANTIPAROS- HÖHLE: entweder zu Fuß ab Ort Antiparos in ca. 1 Std. oder per Excursion ab Parikia im Kaiki , manchmal auch ab Antiparos/Ort. - Betontreppen runter 9o m in die Tiefe, feucht und dunkel, aber sehr eindrucksvoll.
Die Höhle war früher in Zeiten der Gefahr ein Versteck; man konnte nur per Abseilen runter

Insel Amorgos:

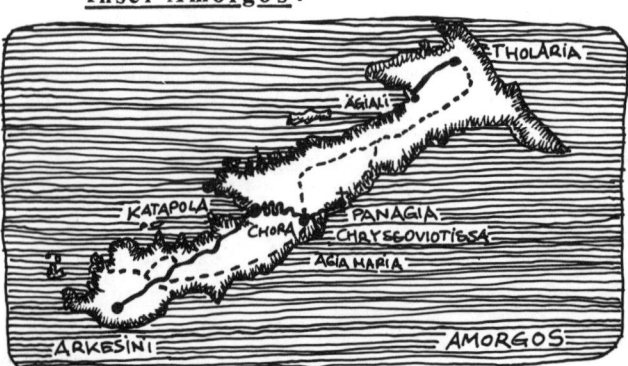

Wilde Landschaften mit teils 5oo m senkrecht abfallenden Felssteilküsten; an einer das eindrucksvolle Kloster "Panagia Chryssoviotissa", eines der am eindrucksvollsten gelegenen Klöster der Ägeis!

Nur begrenzte Unterkunftsmöglichkeit, - ein C- Klasse Hotel, aber ein gan= zer Schwung Privatquartiere.

VERBINDUNGEN:
im Sommer 3 mal pro Woche ab Piräus über eine ganze Reihe kleiner Inseln unterwegs wie Folegandros, Koufanissa, Donoussa, aber auch Naxos, Paros und

Syros. Der Fahrplan wechselt laufend, ebenso auch die Route und die Fahrt=
häufigkeit pro Woche. Daher besser kurzfristig im Tourist- Büro/Athen, Syn=
tagma- Platz fragen nach den neuesten Daten.

Wenn die Route ungünstig liegt (viele Inseln unterwegs angelaufen, kleiner
"Umweg"), so kann das Schiff zwischen Piräus und Amorgos bis zu 24 Std.
unterwegs sein!

Vorwiegend fährt die "Miaolis" oder die "Elly" oder die "Kyklades", alles
kleinere Schiffe, die bei Seegang kräftig schwanken. - Gerade die Abgelegen-
heit hat Amorgos eigentlich vor einer Zerstörung durch große Touristenströ=
me bewahrt und macht die Insel interessant. Gleichzeitig auch wenig Kom=
fort, da nur Privatunterkünfte und ein C- Klasse Hotel auf der Insel.

Wenn die Kyklades in den Hafen von Katapola einfährt, stehen die Leute
am Kai und winken. Hier oder bei Hafenpolizei Zimmervermittlung.

Katapola, der Haupthafen der Insel liegt in einer Bucht mit steilen Felswänden. Von der
Lage her sehr beeindruckend! Hier legen die Fährschiffe an, - hier findet man noch am
ehesten Kaikis zu Nachbarinseln, allerdings nicht zu viele Hoffnungen machen, denn relativ
selten Verbindungen. - Am Hafen Tavernen, Übernachtung im "Hotel Mavros" (ca. 3o DM)
oder Privat. (Leute im Kafenion fragen!) Katapola hat Post und O.T.E. - Station.
Große Abwechslung wie Diskotheken-Rummel etc. gibt ea auf Amorgos nicht, aber vielleicht
liegt gerade darin der Reiz. -
Bei Katapola ein fruchtbares Tal mit Olivengärten, Blumen und Feigenbäumen, - ein Kon=
trast zu den kahlen Hochebenen. - Eine Serpentinenstraße (Schotter) hinauf auf's Hoch=
plateau nach CHORA , dem Hauptort der Insel: weißes Häusernest zwischen braunen Erd- und
Steinbrocken um eine hohe Felsnadel. Zu Fuß ca. 1 - 2 Std., sehr lohnend wegen dem Blick
in den Hafen runter, - oder mit Taxi/Bus in ca. 2o Min. Der Ort Chora liegt 37o m über dem
Meer; schmale Gässchen, weiß gekalkte Häuser. Selbstverständlich keine
Hotels. Ihr könnt privat schlafen in herrlichen Zimmern mit Bauernschrän=
ken und Holzdecken und -Fußböden.Viele Flöhe, aber großes Erlebnis! -
Im Ort rund 4o kleine Kirchlein, mit schönen Wandgemälden, Tonnengewölbe,
weiß gekalkt. Ab CHORA kommt man über einen schmalen Eselspfad in etwa
45 Minuten runter zum Kloster Panagia Chryssoviotissa: plötzlich, wenn ihr

Um die letzte Felsnase kommt, liegt das Kloster wie
ein Adlernest ganz eng an dem rotbraunen Felssteilab=
fall geschmiegt, - für mich eines der schönsten
Ägeis- Erlebnisse! Hier leben noch vier Mönche,
zwei alte und zwei junge.

Die Gründungslegende erzählt von einer Frau,
die um 1.ooo n. Chr. an der Kleinasiatischen
Küste 3 Ikonen in's Meer warf, um sie vor dem
Zugriff von Barbaren zu retten. Eines der Bil=
der wurde an den Berg Athos gespült, ein anderes Bild trugen die Wellen an

die Küste von Amorgos, dort, wo heute das Kloster steht.

Angeblich soll die Heilige Maria mit einem rostigen Nagel den Klosterbau in
Auftrag gegeben haben. Die Mönche zeigen schöne alte Bücher, Priestertrachten
mit Goldstickereien und Ikonen. Als Dank bitte einen Obulus in die Kloster=
kasse!

BADEN: von Chora aus: auf halber Strecke zwischen dem Kloster und Chora liegt
im Klostergarten ein Ziegenpfad zum Felsabfall hinunter; man kraxelt gut eine
Stunde runter. Unten eine winzige Bucht zwischen den Felsen mit Fischerhütten
und einem Kirchlein. Nichts zum Essen; nach dem Bade dann wieder 1 1/2 Std.
rauf! -

AMORGOS ist eine der ärmsten Inseln der Ägeis. Johannes Gaitanides hat einen
Verein zur Förderung der Insel ins Leben gerufen. - Die Jugend wandert ab;
viele Häuser stehen leer. Zugleich Hilfsmaßnahmen der griech. Regierung: Amor=
gos besitzt jetzt eine eigene Straße (Staub/Schotter) von Katapola über Chora
auf die Ostseite der Insel zur Kapelle St. Anna, dort liegen Sand-Badebuchten,
weiter bis Ägiali, Fischerort im Norden. Straßenzustand allerdings zur Zeit
noch so schlecht, - daß, wie mir Rainer Runge schrieb, der Bus noch nicht
fahren kann, das Auto des Arztes angeblich auch nicht, da nicht geländetauglic
Klaus Putjenter und Brigitte Ottner sind 1979 mit einem Chevro- 16- Sitzer aus
Armee-Beständen gefahren. Steht aber zu erwarten, daß die Straße demnächst in
Schuß kommt, da sie nicht aus Prestige-Objekt sondern als erster und wichtig=
ster Schlüssel zur wirtschaftlichen Erschließung der Insel gebaut wurde.

Schöne Wanderungen auf Amorgos: Essen und Trinken einpacken, unterwegs be=
gegnet einem allenfalls eine Ziege! Großartige Ausblicke, 17 km bis Ägiali.
Rainer Runge empfiehlt, nach wie vor diesen Ziegen- und Eselspfad und nicht
die Schotterstraße zu benutzen, da schöner! Über die ganze Insel verstreut:
viele weiße Kirchen und verlassene Kykladen Bauernhöfe. -
Von der Länge her ließ sich Amorgos in einem früh begonnenen Tag von Chora
rauf nach Ägiali durchwandern:

Ägiali, zweiter bedeutender Hafenort der Insel. Vielleicht 3oo Leute.
Die Schiffe aus Athen können nicht anlegen, sondern ihr werdet ausge=
bootet. Obst und Gemüseanbau im Tal um Ägiali und rundum wilde Felsen=
landschaft! Gemütliche Hafentavernen am Kai und einfache Pensionen im
Ort, - "Hotel Mike" (C- Klasse), Doppel mit Bad 24 DM, ohne ca. 18 DM. Telefon Nr. 2 (!!)
Von Ägiali 3 mal in der Woche Boote nach Katapola, 3o Min., aber unregelmäßige Abfahrten.

Insel Astipalea:

Zweimalpro Woche ab Piräus Schiffsverbindung, ca. 13 - 15 Std. auf See, je nach Route
und angelaufene Inseln. Manchmal gibt's auch Verbindung ab der Insel Rhodos.
Die weit abseits der Haupt- Touristenrouten gelegene Insel (ca. 15oo Einwohner) hat einen

malerischen Hafen, - "Hotel Astynea" (D- Klasse) ca. 14 DM Doppel, - "Hotel Paradissos",
D- Klasse, Doppel ca. 14 DM, beide ohne Privatbad. Viele reiche US - Griechen haben sich
auf der Insel ein Ferienhaus gebaut, - beste Badestrände in der Mitte der schmetterlings-
förmigen Insel nahe des Hafenortes. (Teilweise Sand).
Im Sommer Schiffsverbindung: Piräus - Amorgos - Astipalea -Rhodos & retour.

Insel Anafi:

Felseneiland 2o km östlich der Insel Santorini, - bisher so gut wie kein Tourismus, - bis
auf kleine Ausflugsboote (Kaikis) ab dem Kamiri- Strand/Santorini. Die Insel hat nur rund
4oo Einwohner, - zur Zeit der Militär-Junta wurden hierhin politische Gefangene abgescho=
ben. Fährverbindung ab Piräus im Sommer 1 - 2 mal pro Woche (meist mit der "Elly") über
Santorini auf der Fahrt nach Kreta. -
Es gibt keine Hotels auf der Insel, also nur Privat-wohnen. Höchste Erhebung der nur rund
12 km langen Insel: 59o m! Der wichtigste Ort der Insel, die CHORA liegt sehr schön in
2oo m Höhe über dem Meer, überragt von einem Kastell. Sehr lohnt sich die Wanderung zum
Kloster Panagia Kalamiotissa an der Ostspitze der Insel, bester Inselstrand: Anagi .
Wer als "Tour" nach Anafi will: bei "Kamari Tours" Kamari Santorini (Tel.o286 - 3139o),
fahren im Sommer angeblich jedenSamstag früh.

Insel Karpathos:

Immer noch relativ unberührt, - sofern man nicht
in den Monaten Juli, August auf die Insel kommt.
Dann quillt der Hafenort Pighadia über von Tou=
risten, die aber zum Glück weitgehend nur im
Ort bleiben.
Karpathos hat schöne Landschaften: malerische
kleine Dörfchen, Orangenhaine, hohe Berge, karge
Herbheit der Landschaft, viele kleine Buchten
mit Sand zwischen Felsen und Höhlen, in die das
Meer reinbricht. - Wildzelten verboten.
Wanderungen durch zerklüftete, wilde Bergland=
schaften, - stundenlang ohne einen Menschen zu
sehen. Schlafen bei Bauern oder Fischern.
Im Ort Pighadia nur 3 Hotels (sowie eine hand=
voll Privatzimmer): erheblicher Engpass in den
Sommermonaten. Zudem wenig Abwechslung. Wer so=
was sucht, fährt besser gleich nach Paros.

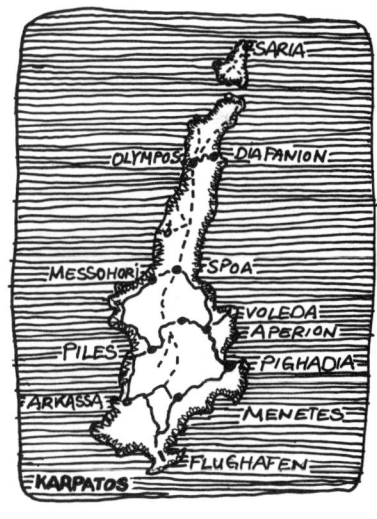

Lage: zwischen Rhodos und Kreta; auf einigen Karten garnicht eingezeich=
net, da zu weit abseits.

Anreise: verschiedene Schiffe, die meist (je nach Saison verschieden)
die Route Piräus - Milos - Santorini - Ag. Nikolaos/Kreta - Sitia/
Kreta - Kassos - Insel CHalki - Pighadia/Karpathos fahren. Fahrzeit:

Piräus - Karpathos ca. 26 Stunden oder mehr.

Manchmal ankern die Schiffe auch vor Diaphanion/Norden Insel Karpathos;
die Passagiere werden ausgebootet, während des in Pighadia einen An¾
legesteg gibt.

Die "Panormitis" fährt ab Karpathos weiter nach Rhodos (ca. 8 Std.)
und selbe Route wieder zurück. Erheblich schneller erreicht man
Karpathos, - wenn auch teurer, wenn man den Nacht-Schnelldampfer ab
Piräus nach Rhodos nimmt und dort in die "Panormitis" einsteigt: 1.)
komfortabler, zumindest bis Rhodos und 2.) an reiner Fahrzeit schneller,
dafür aber Wartezeit in Rhodos auf den Anschluß.Oder: Nachtdampfer nach
Heraklion/Kreta, dort mit dem Bus rüber nach Sitia (= ca. 2 1/2 Std.,
häufig am Tag) und dort in den Dampfer nach Karpathos.

FLIEGEN: schnellste und bequemste Anreise. Zudem ein kleines Abenteuer:
geflogen wird mit 8 - sitzigen Sportmaschinen der Olympic Airways
jedoch nur auf der Strecke Heraklion/Kreta - Karpathos und Karpathos-
Rhodos . Flugzeit jeweils ca. 45 Min. Die reichen Leute fliegen mit
diesem "Hüpfer" zum Einkaufen nach Rhodos. Unbedingt rechtzeitig bu=
chen (wer seine Termine schon kennt: am besten bereits ab Deutsch=
land, geht in jedem Olympic -Büro!), da die Maschinen immer schnell
voll sind. -

Der "Flughafen" von Karpathos besteht aus einer winzigen Sandpsite, die
die Maschine bei der Landung kräftig durchschüttelt. Nach Pighadia
ca. 15 km, mit Olympic-Bus (ca. 2 DM) oder Taxi (ca. 1o DM) und runde
2o - 3o Min. Fahrt. Trampen kaum Chancen, da keine Dörfer am Südende
der Insel.

PIGHADIA Haupthafen der Insel: ein verhältnismäßig modernes, griechi=
sches Inselstädtchen, schön an einer weiten Bucht gelegen. Zu Beginn
Sandstrand, später Kieselstrand, Bäume. Am Kai eine Taverne neben der
der anderen, dazwischen Schiffsbüros, Banken und Kolonialwarenlädchen!-
Im Hafen kaum Segeljachjachten, aber viele Fischkutter und buntes Trei=
ben! - Essen vielseitig, Tintenfische etc. , aber relativ teuer. -
Hotels: mehrere im Ort, die an Komfort mit unseren Pensionen zu verglei=
chen wären. zB. "Zephiros" am Hafen, - anständig; wenig Zimmer,und ihr
seid im kleinen Kreis (Doppel 15 DM) . - Privatzimmer : ab 1o DM das
Doppel.- Eines der wenigen komfortableren Hotels: "Xenia Porphyra", von
zwei munteren griechischen Brüdern geleitet; 5 Min von Pighadia zu Fuß
an eigenem Sandstrand am nördl. Rand der Bucht. Zimmer mit Duschen und
Frühstück für 3o,- DM .- Die Häuser von Pighadia sitzen wie kleine
Domizile auf dem Felsen. Die Gärten mit Oleanderblüten und Hibiskus;
Orangenbäume! Traumhaft schöne Natur, aber von der Architektur der Stadt
her nichts Besonderes. -

TIP: um die Insel kennenzulernen:

★Moped mieten, - da viele Berge. Bei Gatuli (Karpathos/Ort) ca. 25 DM
für eine einsitzige und ca. 35 DM für eine zweisitzige Maschine.
Preise ohne Benzin und pro Tag.

★Busse ab Karpathos/Ort: (auch Pighadia genannt)

Nur zu den Hauptdörfern, oft nur 1 mal pro Tag und Fahrtrichtung,
einige Strecken nur 1 - 2 mal pro Woche:

Nach PILES: durch die Dörfer Aperi, Othos, Volada, mehrmals täglich

    SPOA: Abfahrt gegen Mittag (an der Ostküste entlang), zurück am
       nächsten Morgen (Abfahrt in Spoa).

    ARKASSA: Nur einmal pro Tag, am nächsten Morgen wieder zurück.

    DIAFANION: Fertigstellung der Straße, nunmehr gemäß unseren Infor=
       mationen Busse.

Baden und Tauchen: am besten an der Ostküste: Steilküste wechselt mit
Sandstränden; abgeschiedene kleine Buchten, allerdings etwas schwierig
zu erreichen. Relativ viel Wald, sodaß ihr auch gut zelten könnt. -
Im Gebiet der Kaps einige Höhlen. - Überall kleine Pfade. -

① Karpathos/Ort (Pighadia: Der Ort liegt an einer schönen Bucht, zum
Teil sandig (am Beginn) mit Bäumen am Rand, Kieselsteine weiter draußen

② Ammopi Beach: Sehr sauberer feiner Sandstrand (windgeschützt).
Gutes Essen in der Strandtaverne, 16 Zimmer zu vermieten: das Doppel
für 10 DM. Keine Busverbindung , zu Fuß ca. 1 Stunde, Taxi 7 DM.
Am Morgen per Airport-Bus: nach ca. 5 km (von Pighadia) aussteigen
nur noch ca. 20 Min. zu Fuß (Fahrer bescheid sagen).-

③ Bay Amorfos: ca. 200m neben Ammopi Beach, mit Taverne und kleinem
Hotel (Doppel 13 DM).-

④ Iaki Ammopi: Eine Felsenbucht 10 Min (zu Fuß) von Amorfos Bay.
Gorge Sakelis baute für Buget-Reisende ein paar Bungalows danneben.
6 Minibungalows (3X3 m Bodenfläche) mit bretterharten Betten (Schlafsack mitbringen).

⑤ Kyra Panagia: Schöne Badebucht bei kleinen weinberangten Villen.
Die Hänge der Bucht sind dicht mit Bäumen und Sträuchern überwuchert.
Am Strand Taverne, Zimmer schwer zu bekommen.
Mit Spoa-Bus bis ca. 5 km nach Aperi (Ostküste), ca. 15 Min zu Fuß
von der Straße hinunter zur Bucht.

Westküste:

⑥ Lefkos: 3 schöne Badebuchten an der kleinen Landzunge. Tip für Leute

die Einsamkeit suchen, nur ein paar Fischerhäuser und kleines Kafnion.
Familie Kaliopy vermietet Zimmer : ca. 5 DM im 3-Bettzimmer.
Nur zu Fuß (2-3 Std) vom Dorf Mesohori zu erreichen.

NORDTEIL DER INSEL KARPATHOS:

Nach DIAFANION/Nordteil der Insel jetzt über Straße, ein Teil des Ver=
kehrs, Warentransport etc. läuft noch parallel per Kaiki übers Meer.
Diafani: kleines Fischernest an der wild zerklüfteten Ostküste. Viel=
leicht 1o Häuser. Sehr einfache Hotels. Badestrand im Norden des Ortes.
Von Diafani führt eine 1o km Serpentinenpiste in die Berge hinauf
nach Olympia, dem schönsten Dorf der Insel. Kleintransport-Busse
sonst Taxi, oder zu Fuß (3 Std.). Olympia, ein altes, verträumtes Berg=
dörfchen, an den Hang geklebt   mit herrlichem Blick übers weite
Meer! Einige Mühlen sind   noch in Betrieb: am Sonntag
angestellt, um Mehl zu   ·mahlen! - Jedes Haus mit
eigenem Backofen! Kein   elektrisches Licht, sondern
Gasfunzeln! Die Leute   laufen noch in ihren alten
laufen Trachten herum: weiße   bestickte Blusen, dunkel=
braune Jacken und schö=   ne Lederstiefel mit vielen
Verzierungen!-Webstühle   - Wenn ihr Glück habt,
könnt ihr eine Hochzeit   miterleben! Die Feierlich=
keiten dauern mehrere   Tage; Stühle und Tische
werden unter Olivenbäumen   aufgestellt, irgendwo brutzelt
der Hammel und es gibt Wein   in Hülle und Fülle. Die Frauen
dürfen nach alter Tradition erst zu essen beginnen, wenn die Männer be=
endet haben! Nach dem Schmaus tanzt das ganze Dorf bis zum Morgen.
Übernachtung nur privat. Z.B. beim Wirt Manolitis, am Hauptplaza. Hat
ein kleines Kafeneion. Freundlich; das Zimmer für 9,-DM. fast nur
Stroh. Wer Karpathos besucht, sollte keine Komfort-Ansprüche haben; em=
pfehlenswert nur für Leute mit Liebe zu griechischer Mentalität in
ihrer Ursprünglichkeit und Freude an einfachstem Leben! - Die Leute
von Olympia sind etwas verschlossen und unzugänglich. Das Reizwort:
"unverfälschte Tradition" lockt seit Anfang der 7o er Jahre immer mehr
o&15-Touristen nach Karpathos, die aber hier recht enttäuscht werden,
denn zum schönen Urlaub gehört das sich "Wohlfühlen". Wer Abwechslung
wie Diskotheken, Bekanntschaften und ähnliches sucht, sollte besser
nach Mykonos oder die Nordküste von Kreta fahren! -
Besucht mal Manolitos, den Schuster! Er freut sich, wenn er sich bei
der Arbeit unterhalten kann. Wohnt mitten im Dorf. Ihr könnt ihm stun=
denlang zusehen, wie er Trachtenstiefel schustert. - Zum Strand: 15 Min.
Kletterei. Pfad direkt ab Dorfmitte. Leider etwas ölig, wie die ganze
Westküste der Insel. - Schaut euch unbedingt eine echte Karpathos-
Wohnstube an: Holzschnitzereien. Vom Hauptraum gehen Stufen zur Schlaf=
empore hinauf. Abends werden die Polster ausgelegt für die gesammte

Familie! Viele Teller an der Wand, zum Teil etwas kitschig! - Andere
Übernachtung bei "spring" im Dorf, ein handgemaltes Schild über dem
Eingang! 4 Zimmer. Besitzer: Joannis und Ireni: kochen auch selbst,
eine der wenigen Möglichkeiten, im Dorf zu essen . Einfache Zimmer,
sogar mit Dusche. Lasst euch mal ihr Wohnzimmer zeigen! Berge von Aus=
steuer: gewebte Tücher, eigener Webstuhl. Schöner Blick aufs Meer. -

Wanderungen von Olympia: in den öden Norden der Insel: praktisch nur
Felsbrocken! Eine totale Steinwüste! Nach Avlona 1,5 Std. zu Fuß
über einen Eselspfad. Im Dorf 1 Kafeneion und 2 Wasserhähne an der Stra=
ße. Leute dreschen vorsintflutlich. Mehr interessant als malerisch! -
2 km weiter am Meer in einer Höhle eine kleine Kapelle. Feldbetten und
Tische mit Stühlen fürs Kirchenfest. Zwischen den Klippen kleine Sand=
buchten; kein Mensch! - Ein anderer Pfad führt an die Meeresstraße
zwischen der Insel Karpathos und dem kleinen Nachbarinselchen Saria.
Ca. 30 m breit. Achtung: sehr gefährlich rüberzu schwimmen, wegen star=
ker Meeresströmung!
Saria: ein paar Schafshirten-Hütten; Ziegen und öde Felslandschaft. Wer
will, kann sich in Diafani ein Kaiki mieten und rüberfahren. -

Karpathos- Wanderungen: Schön ist die Wanderung auf dem Eselspfad von
Olympia rüber nach Spoa: ca. 8 Std., wenn man sich nicht verläuft: immer
oben am Pfad halten, auch wenn der ans Meer hinunterbiegende ein=
leuchtender erscheint. Essen und Wasser mitnehmen. Keine Leute unterwegs,
nur ein einsames Kapellchen mit einer Nonne am Meer. Steile Felsen bis
hinunter ans Meer, Berggipfel bis zu 1.200 m Höhe! Durch Pinienwälder,
wilden Majoran, Zitronenbäume und Olivenhaine. Unterwegs gib es einige
Quellen, die aber schwierig zu finden sind. Dann wieder brachliegende
Felder und halb zerfallene Hütten, denn viele Bewohner von Karpathos
sind in die USA ausgewandert. - Wenn ihr gut geht, seht ihr nach 8 Std.
tief unter euch das kleine Dörfchen Spoa in einer Talsenke. Einfache
Übernachtungsmöglichkeit; Leute etwas trottelig, aber sehr freundlich.
Stefan Braunwalder schrieb uns, daß morgens ca. 7 Uhr Arbeiter von Olympus
rüber nach Spoa fahren, 1. Transportmöglichkeit, - weiterhin gäbe es in
Spoa immer jemand, - wenn man genügend Zeit hat, der rüber nach Aperi
oder Pighadia will. Fragt in Olympia Joannis vom "Spring" wegen Trans=
port und in Spoa im Kafenion am Dorfeingang.

Volada:Häuser am Hang zwischen Aprikosen und Mandelbäumen. - Orthos:
malerisch mit rosa Häusern. - Aperia ist ein reiches Dorf mit eigener
High School. Viele der Leute von Karpathos, die nach den USA auswander=
ten und dort zu Reichtum kamen, schicken ihre Kinder nach Karpathos zu
den Großeltern, damit sie die Insel erleben und sich mit ihr verbinden!-
Amopi: ist ein schöner Strand in der Nähe von Pighadia. Kein Bus; 2 Std.
zu Fuß, oder Taxi mieten. Übernachtungsmöglichkeit in der Kneipe am Strand

Zum Baden die 2. Bucht noch besser und versteckter; viel Vegitation! -
<u>Kyra Panagia</u>: schöne Badebucht. Kein Quartier, kein Kafeneion. Aber
Süßwasserhahn am Strand. Erreichbar von Aperi. -

Insel Patmos

Wild zerklüftete Vulkaninsel,
braune Lavabrocken und gelbver=
dorrtes Dorngestrüpp. Großartige
Landschaft und schöne Badebuch=
ten. Ideal für Baden und Wandern
Malerische Dörfer mit weißen
Kykladenhäusern und schmalen
Gasschen. - Sehr zu empfehlen
für gemütliche und abwechslungs=
reiche Ferien! -

sKALA: Inselhafen in schmaler
Bucht; die leuchtend weißen
Häuser ziehen sich den Hang
hinauf bis zur Bergkuppe.Unten
am Wasser viel Leben: Fischer=
boote, Hafentavernen, in denen
ihr leckere Fische auf Holz=
kohlenfeuern gebraten bekommt,
und deren Duft sich durch eure
Nase zieht! Über den Stühlen
hängen getrocknete Polypenarme.

<u>UNTERKUNFT</u>: <u>8 Hotels der B bis D- Klasse</u> im Hauptort Skala mit zusam=
men 135 Zimmern. Viele Leute vermieten aber <u>Privat</u> und kommen an den
Hafen zur Ankunft des Schiffes.Letztere meist in einfacher Ausstattung,
aber oft herrlich gelegen. Je höher auf dem Berg desdo billiger und
schönerer Blick! Privat, Doppel zwischen 1o und 15 DM/Nacht. Die Zimmer
sind oft über kleine Treppchen zu erreichen und besitzen meist kleine
Terrassen, auf die man sich abends bei herrlichem Blick auf die Unterstad
und Hafen zu einem Wein zusammensetzen kann.

<u>Hotels</u> mit mehr Komfort:<u>"Xenia"</u>, B- Cat., an eigenem Strand 6 km außer=
halb, Taxi oder Bus. Zimmer mit Dusche, WC und Balkon. Strand des Hotels:
sauberer Kiesel, bzw. Felsstrand. - <u>"Patmion"</u>, B-Cat., im Ort, - <u>"Astoria</u>
C-Cat., - <u>"Cris"</u> im Ort, C-Cat., <u>"Villa Zacharo"</u>, C-Cat und weitere. Für
die hiergenannten Hotels und Pensionen muß man (ausgenommen dem Xenia =
ca. 6o DM) mit ca. 3o DM für's Doppel rechnen.

INSELTRANSPORT:

Busse Skala - Chora, Skala - Grikos, Skala - Kampos,
alle mehrmals täglich ab Hafen/Skala.

MOTORBOOTE: Skala - Grikos, Skalà - Lambi, fahren im Sommer
für die Touristen, Grikos ist der Hauptbadestrand der Insel. Das
Boot nach Lambi mit großem Abstand zur Küste, um die vielen Buchten
abzukürzen; wenn's leicht stürmig ist, schaukelt das Boot ganz schön!
Boote fahren meist 1 - 2 mal am Tag pro Richtung, morgens hinwärts
und am späten Nachmittag wieder zurück.

SKALA ist im Inneren unheimlich hübsch: keine Autos, sondern schmale,
verwinkelte Gässchen mit Torbögen, Durchgängen unter Häusern und klei=
nen versteckten Tavernen im Inneren; viel Atmosphäre! Die Altstadt
wurde weitgehend von den Kretern gebaut, die zur Zeit türkisher Be=
setzung Kretas nach Patmos flüchteten. Ganz oben auf der Bergkuppe
herrlicher Blick auf die wilde, zerklüftete Vulkaninsel mit ihren vielen,
versteckten Buchten und hinüber zur gewaltigen Klosterfestung der Chora
in den Bergen.

Essen: viele gute Tavernen am Hafenkai unter Platanen! Fisch, Souflaki
und andere, typische griechische Gerichte. " Pandelis" hat geheiratet,
die früher sehr empfehlenswerte Taverne heißt jetzt " The Palm" und ist,
wie Monika Blachut schrieb, ein wenig empfehlenswerter"Wartesaal". -

CHORA, die Altstadt von Skala, 26o m hoch in den Bergen. Eine Serpentinenstraße führt hinauf. Ihr könnt mit dem Bus ab Hafen fahren, - oder, was
viel schöner ist, rauflaufen. ½Std., wenn man die Abkürzungen benutzt.
Dichte Maccia, Dorngestrüpp und herrliche Ausblicke auf die Bucht von
Skala. Hier oben gibt's eine Höhle, in die der Apostel Johannes verbannt
worden sein soll und hier seinem Lieblingsjünger Prochoros das Johannes-
Evangelium diktiert hat. Seitlich der Straße, bevor man in den Ort Chora
kommt. Über der Höhle ein kleines, weißes Kapellchen, daurch das man
durchgeht. Offen wochentags zwischen 8 und 12 sowie 15 - 18 Uhr. Im
Licht eines flackernden 7-armigen Kerzenleuchters: Ikonen, orthodoxe
Altäre und in einer Höhlenvertiefung eine Kuhle, in der das Haupt des
Apostels nachts geruht haben soll. In dieser Höhle wird auch das Oster=
fest gefeiert. -

In der CHORA: schöne Plazas mit Platanen und
gemütlichen Tavernen und Kafenions, - die
riesige Klosterfestung von Patmos. Schaut
euch unbedingt die Bibliothek der Mönche an!
Seiten aus dem Orginal-Evangelium mit denen
für diese Zeit üblichen, herrlichen Anfangs=
buchstabenverzierungen. Ikonen, eine Schatz=
kammer und holzgeschnitzte Empfangshallen. - Private Übernachtungsmög=

lichkeiten in der Chora; viel Ruhe und Ausgeglichenheit und alte Patrizier
häuser! Preise für Privatzimmer, Doppel ca. 15 DM.

WANDERUNGEN:

Ab Chora führt ein schöner Pfad hinunter nach <u>Kipsos</u>, ca. 4o Min.
pro Richtung, Strand zum Baden aber weniger attraktiv. - Oder von der
Chora rüber auf den <u>Profitis Illias (269 m)</u> dem höchsten Berg der Insel,
Fußpfad durch dichte Macchia, in der Gegend viele Schafe und Ziegen.
Herrlicher Rundblick! Oben ein (abgesperrtes) Kloster (18. Jhd.). - Oder:
in ca. 1 1/2 Std. ab Chora runter ans Meer nach Diakofi im Südosten der
Insel.

(1) <u>GRIKOS:</u> Hauptbadestrand, mehrmals täglich Bus ab Hafen Skala, 6 km. Ein
Sandstrand, der von Steinen durchsetzt ist , Bäume. Vorne am Meer das
Hotel "Xenia". An der Landzunge Nacktbaden üblich, was z.Z. von der Insel-
polizei stillschweigend geduldet wird. Kleines D- Klasse Hotel ("Flisvos",
8 Zimmer, Doppel ca. 2o DM).

(2) <u>MELOI:</u> langer, gerader Sandstrand mit Taverne, Bäume, dahinter Äcker.

(3) <u>KAMBOS:</u> Kneipen, Essen, Baden; Wasser allerdings etwas kalt, wegen kalter
Quellen im Meer. Busverbindung mit Skala mehrmals täglich. Privatquartiere
Der Strand: Sand mit Steinen durchsetzt.

(4) <u>LEFKOS:</u> Auf der anderen Inselseite, entweder in ca. 1o Min. ab Kambos oder
ca. 1 Std. ab Skala zu Fuß, letzteres eine schöne Wanderung durch ein Tal
mit Kirsch und Birnenbäumen. Am Strand ein paar Bauernhäuser verstreut in
schöner Landschaft.

(5) <u>LAMBI:</u> Bucht, Nordküste von Patmos. Weg von Kambos, ca. 35 Min. Der Strand
besteht aus Tausenden von Kieselsteinen mit herrlich gestreiften braunen
Steinen! Hier gibt's 2 Tavernen, 1 Swimming Pool (Süßwasser, kostenlos!),
und im Sommer eine Kaiki- Verbindung mit Skala.

Schöne Wanderung von Lefkes zum <u>Kloster S. Mikolas Evdilos</u> am Hang
des Berges Vouno im äußersten Norden. Essen und Wasser mitnehmen. Sehr
schöner Blick von der Nordspitze der Insel Patmos auf die im Meer liegenden kleinen Nachbarinseln.

<u>Souvenirs</u> , die berühmten Lambi-Ketten: braune Steine aus der Bucht von
Lambi an Lederketten. - Und gestrickte, weiße Wollpullover. Geschäfte
in Skala.

VERBINDUNGEN: SCHIFF:

<u>6 mal pro Woche</u> Personen&PKW- Fährdampfer mit <u>Piräus</u> und <u>Rhodos.</u> Die Über-
fahrt nach Piräus dauert 1o Stunden und mehr, je nachdem, wieviele Inseln
unterwegs noch angelaufen werden. Die Schiffe fahren entweder direkt,
oder legen zwischendrin nochmals in <u>Mykonos</u> an. Andere Route: über <u>Leros,</u>

Kalymnos, Kos, Patmos nach Rhodos.

Weiterhin: Dampfer auf der Route vor der Türkischen Küste, der von Rhodos
die Inselkette über Patmos bis hinauf nach Lesbos verbindet. Hier Schiff bis
Kavala/Nordgriechenland, Festland.

Die "MED-SUN-LINES" verbindet Patmos auf einer Kreuzfahrt im Sommer mit
Ancona/Italien (Details siehe unser Kapitel "Anreise per Schiff über Ita=
lien"!). Man kann jedoch nur die komplette Kreuzfahrt buchen, wobei aber
Unterbrechung bis zum nächsten Schiff auf Patmos möglich ist.

KAIKI- Verbindungen mit den kleineren Nachbarinseln wie Lipsi. Details
im Hafen von Skala/Patmos.

Fährverbindungen mit der Türkei: ab der Insel Samos.

Kein Flugahfen auf Patmos. Nächste Flughäfen: Samos und Kos

Rhodos:

Die Roseninsel des Mittelmeers; im
Sommer an die 4o ooo Touristen, die
zum Glück in ihren Betonklötzen um den
Hauptort Rhodos bleiben. Wer pauschal
reist, sollte sich ein Hotel weit außer=
halb des Rummels geben lassen!
Großartige Landschaft im Inselinneren:
bergig mit viel Wald, einsamen Quellen,
Schafhirten, kleinen griechischen
Kapellchen und Dörfern und Blumen über
Blumen: Hibiskus Sträucher, Oleander,
Azaleen und Bougenvillas.Es lohnt sich,
für ca. 6o DM/Tag ein Auto zu mieten. -

RHODOS ist das Sprungbrett nach Israel
und Cypern . (Libra Maritime und Solines).
Details: siehe "Verbindungen ab Rhodos"
am Ende des Rhodos-Teils!

Stadt Rhodos: im Zentrum eine riesige Festung aus venezianischer Zeit
mit Türmchen, Schießscharten, wuchtigen Burgtoren und Straßenbasaren
unter Platanen im Inneren. Viele türkische Moscheen und Minaretts in
schmalen kieselgepflasterten Gassen. - Außerhalb: Unmengen kalter
Betongefängnisse, Supermärkte, Diskotheken und Bars. - 4 km außerhalb der
Park Rodini, in dem Pfauen herumspazieren, die leider durch die Touristen=
bewunderung noch arroganter geworden sind. Ab 7 Uhr abends großes Be=
säufnis mit süffigem Rhodos Wein.
Rhodos ist berühmt für seine geschickten Juweliere. (Sokrates Str.!).-

Besonders beliebt sind die Satyr-Anhänger mit überdimensionalem Penis..
Als Regalausschmuck gibt's das schon ab 5 DM. - Bestes Fischlokal:
"Manolis Minoris" in der Sokrates Str.: die Fische leben noch, bevor ihr
zu essen beginnt. Preis nach Gewicht. Eine typisch griechische Taverne mi*
Fliesenboden und ein paar Holztischen mit Papierdecke. -

    Zwischen dem alten und dem modernen Rhodos liegt der Marktplatz:
Unter den Bäumen: Geschäftchen, Tavernen und gemütliche Kafenions.
In der Mitte eine überdachte Halle, in der die Fischer morgens ihren
Fang den Schau- und Kauflustigen präsentieren. Wenn ihr mit eigenem
Auto auf Rhodos seid, könnt ihr mit einem besonders schönem Polypen
rausfahren zum Grillen am Meer! - Etwa in der Mitte der Sokratou Str.
ein Haus mit prächtig geschnizter Außenwand: ein türkisches Cafehaus
(Nähe der Moschee auf der linken Seite), und nicht weit entfernt in
der Archelaosstr. könnt ihr stilecht ein türkisches Bad nehmen...

    Gegenüber vom Mandraki - Hafen die 3 Windmühlen von Rhodos, beliebtes
Fotomotiv. Über der Hafeneinfahrt soll der überdimensionale Koloss
von Rhodos gestanden haben, eine Art Herkules, zwischen dessen Beinen
die Schiffe durch mußten: eines der 7 Weltwunder. Ein Erdbeben hat ihn
seiner Männlichkeit und seines Platzes beraubt.

    Rhodos ist Freihafen: zollfrei gibts relativ billig: Metaxa Cognac
für ca. 1o DM, Zigaretten (USA), die Stange um 12 - 15 DM, Parfum und
Pelzsachen aus Alaska. -

Einkaufen: Einige Touristen kaufen sich für ein paar Tausend Mark
Pelzmäntel und reden davon ihren Urlaub dadurch finanziert zu haben.
Etwas ist dran: billig-zollfrei eingeführte Rohstoffe und eine
alte Handwerkszunft - deshalb billig Gold-Silberschmiedarbeiten, Pelzmäntel und Alkohol. Bei Pelzen sollte man sich beim Kauf etwas aus-
kennen (Verarbeitung!). -

Pelze: Oft kommen die Pelzmäntel der großen luxuriösen Pelzhäuser
aus den kleinen Kürschnerwerkstätten in der Altstadt, sind dort ein
ganzes Stück billiger zu haben. Angeblich sind "Tassos Pelze (in der
Polidorou Str.) qualitativ o.k.. In der Neustadt Tsopas Pelze (Venizelou Str.), der Inhaber ein Kürschner aus Kastoria, der nordgriech.
Stadt mit einer alten Pelzhandelstradition. Wichtig beim Pelzkauf:
Um den Preis feilschen und Qualitätsvergleich.

Schmuck: Die Altstadt ist voll von glitzernden Schaufenstern, das
meiste stammt mittlerweile aus den Athener Großwerkstätten. Preise
oft ca. 30 % unter deutschen Durchschnittspreisen. Der letzte Gold-
schmied Christodoulou in der Panetioustr. neben dem Großmeisterpa-
last. Wenn dir deine alte Golduhr zu langweilig ist, laß dir einen
schönen Armreif daraus schmelzen. Viel Auswahl (recht preisgünstig)
in Falaraki, an der Straße nach Lindos. Große Werkstatt, machen alles
selber.

Kleidung: Spitzenanzüge aus enlischen Stoffen für ca. 400 DM. Bei
einem billigen Schneider kann man sich eine Hose nach eigenem Geschmack nähen lassen. In der Altstadt bekommt man vom "Jakoumis"
(Schuster) HANDGEMACHTE Schuhe (alte Form).
Keramik: Die Souvenierläden sind voll damit, produziert mit Spritz-
maschinen und Klebedruck sollte das Zeug billiger sein. Auf der
Insel stehen 7 Keramikfabriken.
Wenn unbedarfte Touristen ihre Nase in die Werkstatt von Kostas Pe-
ppas (Panetiou Str.) stecken werden sie von den Preisen schnell enttäuscht sein. Einziger Vasenmahler (Ritztechnik) von Griechenland,
hier mahlt der Künstler den Schwanz des Löwen mit der Hand. Besonders
schön die Nachempfindungen der minoischen Motive. Von der internatio=
nalen Fachwelt bewundert. Prunkstücke kosten über 500 DM, aber auch
billigere Gegenstände.

   Autorennen: am 27.7. jedes Jahr durch die Berge bei Philerimos.
               am 28.7. die Rally Rhodos um die ganze Insel rum. -
   Bouzuki für Touristen in den Night-Clubs "Baboulas",Odos Australis
   und bei "Bel Passo", Monte Smith. - Vielleicht findet ihr aber auch
   echten Bouzuki in einer Taverne im Inselinneren. -
Kostenlose Rhodos-Karte und Hotel-Infos durch das Touristenbüro
Alexandriou Ecke Friderikis Straße.-
Die Post ist am Eleftherias Platz. Auslandsgespräche die ganze Nacht
über möglich. Billiger, als vom Hotel, - besonders, wenn man länger telefonieren muß!

AUTOVERMIETUNG:

bei relativ guten Busverbindungen auf Rhodos nicht unbedingt notwendig,
so doch bequem und schön, um das landschaftlich lohnende Inselinnere
kennenzulernen.Minis oder Fiat 127 bekommt man für ca. 6o - 7o DM/Tag,
Sprit extra, Km meist inklusviv und frei.- Mofas: ca. 18 DM, Mopeds
(zweisitzig) ca. 3o DM, Fahrrad ab ca. 1o DM/Tag.

Vermietungsbüros in Rhodos/Ort, in Trianda, Faliraki und Ixia. -

HOTELS:

Privatpensionen und kleinere Hotels in der Altstadt. Wer Atmosphäre will,
der bleibt besser hier. - Außerhalb der Mauern beginnt der Bezirk der
Rhodos- Hotelpaläste. Bettenzahl 3o.000!! Mit Luxusläden, Night-Clubs,
meist auch Swimming Pool, denn die Strände in diesem Bereich sind nicht
Top.

Über 1oo DM: "Grand Summer Palace", Acti Miacouli. -
5o - 8o DM : "Rhodos Palace", Faneromeni Ixia, - "Avra Beach", Leoforos
Trianda, - "Golden Beach", Acti Trianta, - "Imperial", 32 Vassileos
Constantinou.-

2o - 4o DM: "Als", 1o Platia Vass. Pavlou, - "Caracas", 19 Th Sofouli,-
"El greco", 2 Georgiou Efstathion, - "Karpathos", 9 Vassilissis Sophias,-
"Soleil", 2 Vassil. Friderikis. -
15 - 25 DM: "Atlas", 44 Orifandiou & Fanouraki, - "D'Or", 81 Appol.
Rodiou, - "Noufra", 35 Vassil Sophias, - "Xanthi", 18 Papalouka. -

Bei Zimmer- Engpässen die TOURIST-POLICE: Alexandriou Ecke Friderikis Street.
Hat lange Liste und vermittelt in allen Preisklassen. -

UNTERHALTUNG:

Neben dem bereits erwähnten Rodini- Park (Weinfest, vorwiegend von den auf Rhodos stark
vertretenen Skandinaviern, die hier extrem saufen!!) gibts in der Nähe des Ritterpalastes
(Mandraki- Hafen) täglich Ton & Light - Show, auch in deutscher Sprache. - Beim Tourist-
Office, siehe oben! einen monatlichen Plan aller kultureller Veranstaltungen. So gibt das
Rhodesische Philharmonische Orchester und der stättische Chor gelegentlich Konzerte. Für
die skandinavischen Gäste bemüht man sich, am 25. Juni eine orginalgetreue Sonnwendfeier
auf die Bühne zu stellen. -

DISKOTHEKEN:

Im "Disco - Zentrum" in der Ipirou Street sammeln sich abends die jungen Touristen. -
"Mikis Aquarius" und andere liegen dicht nebeneinander, meist in alten Villen mit Blumengär=
ten dahinter. Die monotone Musik hilft dem recht steifen Publikum auch nicht gerade. Bier
hier besonders teuer (normaler Weise kostet eine kleine Flasche in der Altstadt um die 4 DM).
Gemütlicher ist der Pub in der Venizeloustreet.
Für anderes Publikum eine Reihe von "spritzigen" Clubs mit Floor-Show und Bouzouki. Nach der
Show in der Copacabana fliegen die Teller zur griechischen Tanzmusik. Die Flasche Wein um die
5o DM!

Der STADTBADESTRAND an der Westküste neben Rhodos/Stadt, ca. 2 km lang, teilweise mit
vielen Kieselsteinen.
Schöner Strand, aber voll von Leuten das Strandbad ELLI an der nördlichen Landspitze.
Im altenClubhaus Cafe- trinken. Für den Abend gibt es einen Nachtclub. -

VOM MANDRAKI- HAFEN:

Im Sommer täglich Kaikis zu den Badesträndern in der näheren Umgebung. Abfahrt morgens gegen
9 Uhr
NACH LINDOS (55 km) per Bus ca. 4 DM oder gelegentlich Kaikis. - Die Straße führt durch
Wälder, Orangenhaine und kleine Dörfchen. Zwischen Afantou und Arhangelos biegt links eine
Straße ab zu den 7 Quellen (Epta Piges).

In Lindos warten schon am Ortseingang Esel auf euch, die euch mehr
oder weniger gerne den Akropolis Aufstieg erleichtern wollen(5 DM).
Zu Fuß ist man aber schneller und kann sich unterwegs mit den handarbei=
tenden Frauen unterhalten, die im Schatten von Oleanderbäumen ihre
Strickpullover den vorbeiziehenden Touristen anbieten. Oben wimmelt es
von Touristen, die stündlich mit Air-Condition Bussen herangekarrt
werden. Aber es lohnt sich! -

<u>Lindos</u>:viele der weißen Häuschen in den schmalen Gassen sind mit bunten
Kieselstein Mosaiken geschmückt, - Ranken, Weinlauben, Orangen- und
Zitronenbäume. Hinter dem Strandbad ein Platz mit riesigen Bäumen,
Kafeneions und Fischtavernen. Ein Platz für Genießer, die sich nicht am
Rummel stören, denn der beginnt hier morgens um 11 und endet tief in der
Nacht! - Zum Glück keine Hotelklötze; Lindos steht unter Naturschutz! -
Leute sprechen euch an: Privatzimmer in Lindos für runde 15 DM.-

     Am besten biegt ihr bei Lindos ins <u>Landesinnere</u> ab, auf die Straße
nach <u>Asklipiion</u>. Nur im Landesinneren findet ihr noch Abgeschiedenheit
und Ursprünglichkeit, denn der Massentourist bevorzugt Küste und Beton.
Landschaften von einer Schönheit wie nur auf wenigen griechischen
Inseln, viel pastorales und sehr freundliche Leute.
     - Weiter westlich führt die Straße nach <u>Embonas</u>: ein Dorf mit Weinfest
im Sommer jeden Abend. Weniger Touristen als im Rodini-Park. Bergsteiger
beginnen hier den Aufstieg auf den Ataviros; ziemlich anstrengend, aber
bei gutem Licht Blick bis zur Küste Kretas! -
     Das berühmte <u>Schmetterlings Tal</u> (Tausende exotischer Falter!) hinter
den Dörfern Kremasti und Paradission an der Westküste, links ab nach dem
Dorf Petaloudes: eine leicht ansteigendes Tal, Ziel der Air-Cond. Busse;
ganz interessant, aber viel Rummel. -

<u>VERBINDUNGEN</u>   <u>SCHIFF:</u>

<u>Liniendampfer</u> ab Piräus täglich. Fahren gegen Abend in Piräus ab, um im
Laufe des nächsten Morgens in Rhodos anzukommen. Andere Dampfer laufen
unterwegs Kos, Kalymnos, Leros und/oder Patmos an.

<u>Das Tourist- Büro</u>, wie auch die <u>Tourist Police</u> in Rhodos stellt in
einer handabgezogenen Liste die jeweils gültigen Schiffspläne zu=
sammen, die sich ja bekanntlich laufend in der Ägeis ändern.

<u>Weiterhin Schiffe im Bereich des Dodekannes:</u>
<u>Rhodos</u> - Astipalea (über Symi - Tilos - Nyrissos) 2 - 3 mal pro Woche
   "   - Halki - Karpathos - Kassos - Ag. Nikolaos/Kreta: 3 x Woche
   "   - Samos - Chios - Mytilini(Lesbos) - Limnos - Kavala: 2x Woche
In unregelmäßigen Abständen werden die kleineren Inseln angelaufen, -
teils mit Kaikis.

<u>FLÜGE:</u> täglich in Jets zwischen Athen und Rhodos, Olympic Airways.
          annähernd tägl. (je nach Saison) per Jet: Rhodos- Heraklion/Kreta
             "   "   "   "   "   Rhodos - Kos
             "   "   im Sommer per Propeller: Rhodos - Karpathos-Heraklion

<u>Tip:</u> wer ab Athen mit Olympic nach Karpathos fliegt, kann ohne Aufpreis
einen Zwischenstop in Rhodos einlegen. Ebenso möglich: Athen - Kos - Rhodos
buchen, selber Preis wie Athen - Rhodos direkt!

Besonders für <u>Flüge nach Karpathos</u> im Sommer vorbuchen und mit "o.k." im
Ticket reservieren lassen!

<u>FLÜGE   INTERNATIONAL:</u> Jets von deutschen Veranstaltern zwischen Deutschland
und Rhodos direkt. Rhodos ist guter Ausgangspunkt für Inseltrips im
Bereich der Dodekannes. Details siehe "Anreise per Flug"/Einleitungs-
kapitel dieses Bandes.

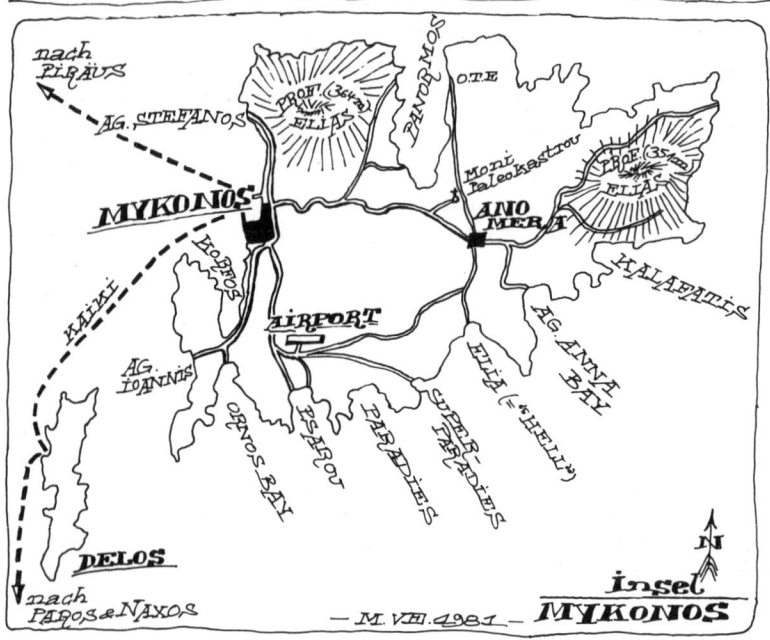

Insel Mykonos

Total auf Tourismus eingestellt. <u>Vorwiegend junge Leute</u>, - vom Jet Set
bis zum Rucksackler. Jegliche Unterhaltungs- und Vergnügungsmöglichkeiten.
Landschaftlich gehört Mykonos zu den schönsten griechischen Inseln! Weiße
Kykladenarchitektur auf schwarzgrauem Granithügel im strahlenden Licht der
Ägeis. Windmühlen, kleine, verschachtelte weiße Kirchlein, rund um das
tiefblaue Meer mit Blick zu den Nachbarinsel Paros, Naxos, Syros und Tinos.

<u>Eine Touristeninsel</u>, die im Sommer aus allen Nähten quillt. Die griechischen
Moralvorstellungen, die unter dem Besucherstrom etwas gelitten hat, geben
den Touristen viel Freiraum. Am Abend lärmende Discos, zutrauliche Pelikane
und Schwule an der Hafenpromenade. Letztere auf ihre Art, mit gepflücktem
Blumenstrauß auf der Suche nach ihrem Apollon. In der Mehrzahl jedoch
Heteros, im begehrenswertem Alter zwischen 2o und 3o.

Die typische Kykladenarchitektur mit ihren verschachtelten, kubischen
Häusern wirkt gemütlich. Man drängelt sich durch die engen Gassen.

Vom Pier rechts der Ortsteil ALEFKANTRA ("Kleinvenedig") mit überhängen=
den Balken der Obergeschosse, zusammen mit dem Mykonos-Pelikan meistfoto=
graphiertes Motiv. Hier auch die Kirche Paraportine, eines der schönsten
Kykladenkirchleins, - wie eine Kinderburg aus Schnee! Am Ortsrand eine
Reihe von Windmühlen. Bei genügend Wind werden die Segel gesetzt, sofern
nicht bereits als Disko umfunktioniert.

Den 7.ooo Besuchern, die sich zur gleichen Zeit in den Inselbetten räkeln,
geben die etwa 5o Bars und Diskotheken der Insel genügend Abendfülle. Auch
der weiterentwickelte Musikliebhaber braucht keinerlei Kompromisse zu
schließen! Für Besondere gibt es "Pierres Bar" oder auch das "Markis", um
schneller warm zu werden. Man findet die Clubs leicht um den Hafen herum,
nur dem Schall auf der Spur bleiben, wenn auch die Indifferenz vielzahliger
Schallquellen etwas verwirrend sein können.

"Vengera Bar" (Zouganeli und Kalogerastreet) wegen ihrer persönlichen
Atmosphäre und geschmackvoller Musik (sofern Besitzer nicht gewechselt
hat!). In Alefkantra auf einer Terrasse zum Meer das "Cafe Sunset" oft mit
klassischer Musik, Luft geschwängert mit dem Geruch des Seetangs.

Während der Hochsaison kann es zu Auswüchsen kommen, - wie mir Bernhard
Hummel schrieb, dem am Kalafatis-Strand im letzten Sommer 4,5o DM für eine
Portion Pommes-Frites abgeknöpft wurden, siehe auch Kapitel "Unterkünfte"!
Insgesamt haben sich die Preise aber auf ein gehobenes griech. Niveau einge=
pendelt. In der Vor- und Nachsaison (Oktober bis Anfang April) ist der ganze
Touristenspuk vorbei und viele der Kneipen zu.Man kann in Ruhe malen oder
fotographieren, ohne von der Masse weitergeschoben zu werden, - aber auch
weniger Kontaktmöglcihkeiten.

UNTERKUNFT:

Am Hafen bei der Ankunft der Schiffe warten die Zimmervermittler. Wenn das
Zimmer nicht gut war, schnell wieder in den Hafen zurück, bevor die anderen
Zimmer vergeben sind! Trotz ungeheurer Masse an Privatquartieren sind diese
in der Hochsaison schnell weg.

Vorsicht vor Nepp! Die Tourist Police kontrolliert zwar, trotzdem werden
aber immer wieder Rattenlöcher zum Preis von 1o DM und mehr verkauft, Zim=
mer mit Abmessungen von 2 x 2 m, ohne Fenster, mit Wellblech als Dach!
Vorsicht auch vor falschen Tricks! Man erzählt euch, daß das Zimmer 1o DM
kostet, knöpft dann aber pro Person 1o DM ab. Wer Glück hat, kann aber auch
riesige Zimmer, schön eingerichtet mit Blick auf Hafen bekommen. Preise
liegen für's Doppel/Privat bei ca. 15 - 2o DM.

TOURIST POLICE: Büro gleich am Hafen, hilft bei Vermittlung, aber auch
Streitigkeiten.

Hotels, nach Möglichkeit vorbuchen, wenn man in der Hochsaison nach
Mykonos will.

"Theoxenia" , B-Cat., direkt bei den Windmühlen am Meer. Parkanlage, große
Terassen, nicht schlecht. Doppel ca. 6o DM

"Hotel Leto", A-Cat, hinter kleinem Badestrand nahe Hafen. Dicht bewach=
senes Parkgelände. Doppel ca. 65 DM

"Hotel Apollon" , D- Cat., am Hafen. Inseltypisch verwinkeltes Haus. Das
warme Wasser tröpfelt nur. Doppel ca. 3o DM.

"Hotel Kouneni", Cat. B, im Ort, umgeben von Garten. Geräumige Zimmer.
Doppel ca. 5o - 65 DM je nach Saison.

"Pension Agelitakis Andreas", am Hang etwas oberhalb des Ortes (1o Min.)
mit schönem Blick. Netter Besitzer, der auch etwas Deutsch spricht.
Viele weitere. - Außerhalb von Mykonos/Ort gibt es Hotels in Ano Mera
("Hotel Ano Mera", A-Cat.), - am Kalafati Beach, - am Ag. Stefani Beach, -
am Troulos Beach, - am Megali Ammos (südl. Mykonos/Ort),- am Korfos Bay , -
am Ornos Bay und auf der Insel Delos("Xenia", B-Cat., ca. 4o DM Doppel).

EINKAUFEN:

Jede Menge Boutiquen mit großer Auswahl, aber auch ein paar kleine Läden,
die nur Pullover (auf der Insel gestrickt) verkaufen. Ein recht orgineller
Flohmarkt bei Tria Pigadia. Keramikvasen halb verdeckt von verrosteten
Zaunresten. Auch viel Unnützes Zeugs zwecks Schamott-Dekoration. Messing-
Cafemühle für ca. 5o DM.
Am Hafen werden kleine Windmühlenmodelle verkauft, ein Dauerbrenner. 1o -
2o cm hoch ca. 5 - 12 DM. In einigen Läden ansprechende, handbemalte Keramik-
Fliesen mit Mykonos-Motiven (Windmühlen, sorry!)
Dreammaker-Galerie in Alefkantra. Amerikaner verkauft seine eigenen Werke
(J. Rutekin), Motive in Öl auf Kunstfolie, Grau- und Blautöne herschen vor.
Schwarz weiß- Bilder, die sich durch Lichteffekte verändern und zu leben
scheinen. Geschmackssache. Neben dem "Sundown". Deftige Preise!

ESSEN:

In den Mittelklasse- Restaurants isst man besser, als auf manch anderer
Insel (schmackhaft gewürzt). Wegen der vielen Besucher sind billige
Griechenkneipen schwer zu finden. Ein bekannter Münchner Kneipentester
und -Kolumnist hat einmal gesagt:"Zeige mir Deine Toilette und ich sage
Dir, wie die Küche schmeckt". In jedem Fall gilt für Mykonos: viele
Tische ist nicht gleich guter Küche!

"Spiro", unten am Hafen. Vielen Dank für die vielen Briefe zu dieser
Taverne! Wir möchten dem nur hinzufügen: Der Wirt Spiro verliert nie
seine gute Laune (wozu er auch allen Grund hat, bei den guten Umsätzen
und Preisen). Wer günstiger wegkommen will, sollte sich eine versteckte
Taverne im Gassengewirr suchen. Bei Spiro jedenfalls schöner Blick auf

"Klein-Venedig" (Kommentar von meinem Freund Michael: "warum nicht
Klein-Bamberg??"), und wenn Spiro besonders gute Laune hat, tanzt er
mit dem Tisch im Mund.

"Pelikan" und "Katrin" für gehobenere Ansprüche. Mitteleurop. Küche.
"Tasos" neben Katrin wurde uns empfohlen, mitten im Ortszentrum, mit
einem Pelikan, der regelmäßig zum Essen erscheint, aber vom Besitzer
wieder weggeschickt wird, weil er nie seine Rechnungen bezahlt!

"Le Cathedral" neben Spiro: angeblich besser und billiger.
Frühstück bei "Jorgo" (Spiegeleier, Käseplatte, Ouzo mit Mezedes etc.)
Jede Menge weiterer Tavernen im Ort.

Das Leben spielt sich auf Mykonos nach einem festgelegten Rythmus ab,
worauf Tavernen, Discos, Shops, Kaikis etc. abgestimmt sind:
1.) Aufstehen gegen 9.oo oder 1/2 1o Uhr, Frühstück nicht im Hotel,
    sondern in einem Cafe im Ort. Dann:
2.) Per Kaiki raus an den Strand. Braunwerden, Braten, Schwimmen und
    (Amore) bis ca. 17.oo oder 18.oo Uhr. Mit Kaiki retour.
3.) Im Ort rumbummeln, Shopping tätigen, mit Leuten quatschen.
4.) Abendessen gegen 9.oo oder 1o.oo, anschließend in einer Bar einen
    heben gehen und damit dann in die Disko.
Soll nicht heißen, daß sich jeder an diesen Rhytmus hält, so ist doch
eine generelle Tendenz festzustellen. Auf dieser Route trifft man Leute
wieder, die man gerne kennenlernen möchte, - auch da man bald seine
Stammkneipen gefunden hat, die geschmacklich auch auf einer Linie liegen.

STRÄNDE:

* Mykonos Hilton: nicht zu empfehlen, "leicht" verschmutzt von den Schiffen,
  die nach Mykonos kommen und von den Abwässern der Bewohner des Ortes. Der
  Stadtstrand im Bereich des Ortszentrums Mykonos.

* Agios Stefanos: nördlich von Mykonos/Ort. Sandstrand, mehr oder weniger
  sauber, was auch mit offener Lage zum Meer, Wind und angeschwemmtem
  Abfall zusammenhängt. Griechen reinigen, da mehrere Hotels bzw. Pensionen
  hier oben. Wasserski.

* Megali Ammos am Südende des Ortes. (siehe Mykonos Hilton).

* Ag. Ioannis: Sandstrand, gegenüber Delos. Empfehlenswert. Tavernen und
  kleinere Hotels. Knapp 5 km vom Ortszentrum Mykonos.

* Ornos Bay: Sandstrand, grobkörnig. Tavernen. O.K.

* Plati Gialos: (Psarou) Badebucht mit grobem Sand. Etwa 5 Tavernen.
  Tretbootverleih. Busverbindung mit Mykonos/Ort. Von der Mole von
  Plati Gialos fahren im Sommer regelmäßig Boote zu den nächstfolgenden
  Stränden, - zum Paradies-Beach kann man aber auch bequem zu Fuß
  gehen (ca. 15 Min.) Ausgetretener Fußweg beginnt am Ende des Strandes.

Nur kurz über ein Stück Asphaltpiste, dann ausgetretener Pfad durch von
Ziegen und Kühen abgegraste, trockene Landschaft. Man kommt an einer
kleinen Peninsula vorbei mit Strand und Taverne (ebenso Zimmer).

* Paradies: nackte Bucht, von Felsen eingerahmt. In der Talsohle hat man
  das Schilf gerodet und Platz für Camping, Taverne (Tanz bis tief in die
  Nacht!) und Badegäste zu schaffen. Im Sommer bis zu 4oo Leute! Zimmervermietung. FKK , sowie Tretboot und Kanuverleih. Grober Sandstrand.

  Wildzelten verboten, aber Campingplatz relativ billig (ca. 5 DM/Nacht),
  mit Pinien, Bambus und abgegrenzten Stellflächen. Gute Kontakte, viele
  junge Leute, - ergänzend dazu die Taverne mit Musik und Tanz.

* Super Paradies: nächste Bucht, ebenfalls wieder von Felsen eingerahmt.
  Sauberer Sandstrand. Nacktbaden. Die Homosexuellen, die diesen Strand
  bisher bevorzugten, sind an den "Elia" umgezogen. Jetzt eher Schickeria
  aus Pöseldorf, Düsendorf und Rottmanshausen. Bootsverleih (Tretboot,
  Windsurf). Im Sommer Bootsverbindung mit Mykonos/Ort und Plati Gialos.

* Elia-Beach, auch "The Hell" genannt.Mehrere Tavernen, Jet Set- Schickeria
  Wasserski ("Jani", der auch eine Taverne hat), Tretbootverleih, FKK.
  Bootsverbindung mit Plati Gialos über Paradies und Super Paradies.
  Sandstrand. Zimmervermietung (kleine Bungalows) über eine der beiden
  Tavernen.Allgemein wird der Salat von "Jani" in diversen Leserbriefen
  gelobt!

* Kalafatis: der östlichste Strand der Südküste von Mykonos. Breiter
  Sandstrand, paar Bäume. B-Klasse Hotel. Verleih von Booten, - nach
  Mykonos Ort 15 km. Schlechte Busverbindung, daher Strand hauptsächlich
  von Hotelgästen benutzt.

* Panormos: Bucht an der Nordseite der Insel. Nur per Taxi zu erreichen.
  Bzw. ca. 1 1/2 bis 2 Std. pro Richtung zu Fuß. Für Leute, die relativ
  einsam baden wollen; das Gros der Leute drängt sich an den Stränden
  zwischen Plati Gialos und The Hell.

Vom Ellia-Beach (The Hell) übrigens schöner Fußweg zurück nach Mykonos/
Ort: ca. 1 1/2 Std., Felsen, Bauernhäuser, Windmühlen. Kahl, da auf
Mykonos zwischen April und November praktisch kein Regen fällt.

ANO MERA
Die Insel Mykonos, ca. 3.5oo Einwohner (ohne Touristen, - beachte das
Verhältnis im Sommer!) besteht aus dem Hauptort Mykonos an der Westküste,
sowie einem kleineren Dorf im Inselzentrum, Ano Mera. Eine Handvoll
weißer Häuser um einen schönen Marktplatz. Seit Eröffnung des 124 Betten-
Hotels "Ano Mera" (A-Klasse) auch in diesem Ort viel Tourismus. Kostenloser
Busservice für Gäste dieses Hotels zu Stränden und nach Mykonos/Ort.

INSELTRANSPORT:

Busterminal oben bei den Windmühlen. Nach Ag. Stefanos (4 km) alle 2o Min.

	Ornos: (3 km) stündlich
	Psarou (Plati Gialos)alle 1o Min.
alle Daten für Sommerbetrieb!	Ano Mera: (12 km) stündlich

Boote: ab Hafen Mykonos im Sommer tägl. ca. 1o Uhr nach Paradies, Super-
Paradies und Hell. Ebenso ab Plati Gialos häufig zu obengenannten.
Wer mit seinem Frühstück später als 1o Uhr fertig wird, nimmt sich
daher einen Bus nach Plati Gialos und steigt hier ins Schiff, bezw.
läuft über die Landzunge rüber, siehe oben!

Autovermietung: die Firmen "Delos" (Zouganelistreet/Mykonos) und "Mykonos
Autorent" vermieten Fiat 127, Mini Jeeps. Frage, ob Mietwagen
auf Mykonos notwendig ist! Suzuki Mini Jeep pro Tag ca. 8o DM.

TRANSPORT:

Piräus: in der Hauptsaison mehrmals täglich nach Mykonos. Überfahrt
6 Stunden. Ein Teil der Schiffe fahren direkt, andere über
Syros - Tinos nach Mykonos. Personen und PKW- Transport.

Rafina: im Sommer tägl. Autofähre. Rafina liegt auf dem Festland/Attika.

ab Mykonos: Personen& PKW- Fähren nach Ikaria - Samos
"   Patmos - Leros - Kalymnos - Kos
"   Paros - Naxos - Ios - Santorini

Flying Dolfins: Gleitkufenboote auf der Strecke Piräus - Mykonos -
Santorini - Kreta , sowie Mykonos - Tinos - Syros - Paros -
Naxos. Wegen hoher Geschwindigkeit ca. Hälfte der Fahrzeiten
normaler Fähren, Preise knapp unter Flugpreisen.

FLIEGEN: Olympic Airways, im Sommer mehrmals täglich, jedoch nur,wenn
das Wetter es erlaubt! Office in Mykonos am Hafen. Bus der
Fluggesellschaft bringt Passagiere vom Hafen zum Flugfeld. Einge=
setzt werden für den Flug Athen - Mykonos kleine Propellermaschinen.

NACH DELOS: täglich 9 Uhr, retour ca. Mittag. Wer will, kann auf
Delos in kleinem Hotel übernachten, da jedoch nur wenige Zimmer be=
sitzt und zudem relativ teuer ist für gebotenem Komfort.

Das KAIKI Mykonos - Delos braucht ca. 3o Min.

Alphabet:

A	α	= a			
B	β	= w	wie "Taverne"		
Γ	γ	= g	→ g (vor a, o u)		
			↘ j (vor e, i)		
Δ	δ	= d			
E	ε	= e			
Z	ζ	= z	"s" wie "Hose"		
H	η	= i			
Θ	ϑ	= th	wie engl. "the"		
I	ι	= i			
K	κ	= k			
Λ	λ	= l			
M	μ	= m			
N	ν	= n			

Ξ	ξ	= x
O	ο	= o
Π	π	= p
P	ϱ	= r
Σ	σ, ς	= s
T	τ	= t
Y	υ	= i
Φ	φ	= f
X	χ	= ch
Ψ	ψ	= ps
Ω ω } Ϙ ϱ }		= o
OY ου	= ου	

In Athen fast nur griechische Straßen- Beschriftung! — Wegweiser an den Straßen auf dem Land meist zwei- sprachig (griech. und lat. Schrift), manchmal aber (besonders in entlegenen Gegenden oder auf Inseln) nur griech. Schrift.

AKZENTE sind auf die griech. Schreibweise gesetzt, die die Betonungs= stelle angeben. —

Telefon-Buchstabierungs-Kode:

A Aléxandros	H Iraklis	N Nikólaos	T Timoléon
B Vasílios	Θ Theódoros	Ξ Xenofón	Y Ypsílantis
Γ Geórgios	I Ioánnis	O Odisséfs	Φ Fótios
Δ Dimítrios	K Konstantínos	Π Periklís	X Chrístos
E Eléni	Λ Leonídas	P Ródos	Ψ Psáltis
Z Zoï	M Menélaos	Σ Sotírios	Ϙ Oméga

Kleiner Wortschatz

(mit Lautschrift!)
& Betonung

(für den Anfänger)

Archäolog. Stätte	archäótitäs tis äládos
Ausgang	éxodos
Badestrand	plas
Berg	wunó
Botschaft	presvia
Boulevard	leofóros
Dorf	chorjó
dort	eki
Eingang	ísodos
Fluß	potamós
Geschäft	magasí
Haus	spíti
hier	edo
Insel	nisí
Kino	sinemá
Kirche	eklisía
Kreuzung	djastáwrosis
Landkarte	chartis
links	aristerá
Museum	musíon
oben	epano
Platz	platía
rechts	dhexiá
Restaurant	estiatório
Stadtplan	schedjoghráfima tis
	póläos
Stadt	póli
Stockwerk	pátoma
Straße	dhrómos
die nächste Straße	o prótos dhrómos
..... zweite Straße	... dhéfteros dhromos
Tempel	naós

ORIENTIERUNG

Türe	porta
unten	kato
wie erreicht man...?	apo pu pai kanis stis...?
wieviel km sind es nach	pósa chiliómetra íne os to ...?
wie weit ist es zu Fuß nach ...?	pósi óra tha páme me ta pódia os ...?
wo ist?	pu íne?

ORIENTIERUNG

Auskunft

gibt es hier ...?	ipárchi ädó ...?
ist dieser Platz frei?	ínä äläfthäri aftí i thäsi?
wann?	póte
wann beginnt die Vor- stellung?	ti óra archísi i pará- stasi?
wann ist geöffnet?	pótä ínä anichtó?
warum?	giati?
wie heißt das auf deutsch (griechisch)?	pos läjätä aftó järmaniká (äliniká)?
wie spricht man dieses Wort aus?	pos profárata aftí i läksi?
wie lange wird es dauern?	póso keró tha diarkéssi?

ΔΩΜΑΤΙΟΝ

Im Hotel ....

ich möchte ein billiges (gutes) Hotel	télo éna fthinó (kaló) xenodochío
ich reise heute abend (morgen früh) ab	tha fígho apópse (áwrio to proi)
kann ich das Zimmer sehen?	boró na do to domátio?
wecken Sie mich um 8	tha me xipnísete stis ochtó
wie ist der Preis?	piá íne i timí?
Einzelbettzimmer	dhomátion me éna krewáti
Doppelbettzimmer	dhomátio me dhio krewátia

Frühstück	proinó
Gepäck	aposkevés
Hotel	xenodhochío
mit Bad	me lutro
Pension	pansión
die Rechnung !	to logariasmó!
heißes Wasser	zesto nero
Zimmer	domátio

haben Sie Zimmer?	échete dhomátia?
hat dieses Zimmer fließendes Wasser?	échi to domátio trechúmeno neró?
ich bleibe 1 Nacht	tha míno mía nichta
ich möchte ein anderes Zimmer	télo álo dhomátio

TRANSPORT

Abfahrt	anachórisis
Ankunft	áfixis
Bahnhof	stathmós
Boot	
Bus	leoforío
Endstation	térma
Fähre	porthmío
Fahrkarte	isitírjo
Fahrkartenschalter	thirída
Fahrplan	dromolójio
Flughafen	aerodrómio
Flugzeug	aeropláno
Gepäck	aposkevés
Gepäckaufbewahrung	apothíki aposkewón
Hafen	limáni
Haltestelle	stásis
Moped	motopodílato
Motorrad	motosikléta
Reisebüro	ghrafíon taxidíon
Rückfahrkarte	isitírjo me epistrofí
Schiff	plío
Zug	tréno

wann fährt ...?	póte févgi ...?
was ist die beste Verbindung nach ...?	pjá íne i kalíteri singinonía ja ...?
wohin fährt dieser Zug?	ja pu pái aftó to tréno?
wo muß ich umsteigen?	pu prépi nalákso tréno?

Im Restaurant

siehe auch die Kapitel "Essen in Griechenland" & "Kafenion" (und allg. Tips)!!!

Gastwirtschaft	estjatórjo
gebacken	tighanitós
gebraten	psiméno
gekocht	wraßtós
geröstet	tis skáras
geschmort	tis kazarólas
Kellner	garsóni
Messer	majchéri
Teller	pjáto
bitte zahlen!	télo na pliróso!
bringen Sie mir bitte	férte mu parakaló
Herr Ober, die Speise-karte bitte	garsón, tongatá logho parakaló
ist dieser Tisch noch frei?	ine eléfthero aftó to trapési
wo kann man gut und billig essen?	pu borí na fái kanís kalá kje ftiná?

Essen

Baklawa	baklawás
Beefsteak	biftáki
Blätterteig	buréki
Bohnen	gigantes
Braten	psitó
Brot	psomí
Butter	wútiro
Eier	awghá
Eis	paghotó
Fisch	psári
Fischsuppe	psarósupa
Fleischklößchen	sudsukákia
Fleischspieße	suwlákia
Garnelen	garídes
gemischer Salat	saláta miktí
Gemüse	lachaniká
griechischer Salat	choriatikí saláta
Gulasch	kokinistó
Hackfleisch	kimás
Hammelfleisch	arní
Hammelragout	patsás
Huhn	kóta
Käse	tirí
Kartoffeln	patátäs
Kebab (geröstet)	käbáb
Kotelett	brisóla
Krebse	karawídes

Trinken

Bier	bíra
Flasche	botílja
Glas	potíri
Kaffee	kafes
Kognak	koniák
Limonade	lemonáda
Milch	ghála
Mineralwasser	metallikón
Ouzo	úso
Raki	rakí
Tee	tzái
Trinkwasser	pósimo neró
Wasser	neró
Wein	krasí
........rot	máwro krasí
........weiß	áspro krasí
........geharzt	rezína

Essen

Kuchen	pásta
Musaka	musaká
Obst	frúta
Oliven	äljás
Pommes frites	patátäs tighanitás
Pudding	putínga
Reis	rísi
Rindfleisch	wodinó kráas
Salz	aláti
Schafskäse	féta
Schweinefleisch	chirinó kráas
Spaghetti	spajáti
Tintenfischchen	kalamarákia
Würstchen	loukánika
Wurst	salámi
Yoghurt (+ Knofel)	tzatzíki
Zucker	sáchari

KOMMVNIKATION:

Auf Wiedersehen	chére (chérete)
bitte	parakaló
danke	efcharistó
Frau (Anrede)	kiría
guten Tag	kalí méra
guten Abend	kalí spéra
gute Nacht	kalí níchta
gute Reise	kaló taxídhi
Hallo	ghiá su
Herr (Anrede)	kírie
prost!	ghiá su ↑ s.o.
schönes Wetter	kalokeriá ✳
schlechtes Wetter	kakokeriá

Regen	wrochí
Sonne	ílios
Verzeihung!	me sinchoríte
ich	egó
du	essí
er, sie, es	aftós, -tí, -tó
wir	emís
ihr, Sie	esís
sie	aftí, -tés, -tá
helfen Sie mir!	wojthíste me!
ich bin Deutscher	íme jermanós
.... Österreicher	...... aftriakós
.... Schweizer	...... etwetós

ich spreche nicht griechisch ★	dhe miló eliniká
ich verstehe Sie nicht	dhe sas katalawéno
sprechen Sie deutsch?	miláte jermaniká?
.... englisch	.... angliká
sprechen Sie langsam	milísete sigá
verstehen Sie?	katalawénete?
wie geht es Ihnen?	ti kanéte?
.... Dir	.. kanis

EINKAUFEN

το καπέλλο
kapálo

τα γυαλιά
ηλίου
jaljá ilíu

το
πουκάμισο
pukámiso

το παντελόνι
pandalóni

Badeanzug	majó
Badehose	majó
Farbfilm	ánchromo film
Haarwaschmittel	sambuán
Handtuch	pätsáta
Hautcreme	kráma tu prosópu
Hemd	pukámiso
Hose	pandalóni
Hut	kapálo
Kamm	chtáni
Kasse	tamíon
Kleid	fóräma
Klopapier	chartí ijías
Pullover	pulowär
Schmuck	kósmima
Schuhe	papúzja
Seife	sapúni
Sonnenöl	ládi ja ton íljo
Sonnenbrille	jaljá ilíu
Streichhölzer	spírta
Tabak	kapnó
Zeitung	efemerída
Zigaretten	tsigára

1oo Gramm	äkató ghramárja
1 (1/2) Kilo	(miso) kiló
1 (1/2) Liter	(miso) lítro
das gefällt mir	aftó mu aréssi
das gefällt mir nicht	aftó dhe mu aréssi
das ist zu teuer	aftó íne polí akriwó
geben Sie mir bitte	dóstá mu parakaló
haben Sie ...?	äjchätä ...?
ich brauche	chriásomä
ich möchte	thélo
wieviel kostet das?	póso káni?

Griechische GESCHÄFTE:

- *Lebensmittel*
- *Metzger*
- *Bäcker*
- *Obst & Gemüse*
- *Reinigung*
- *Schuster*
- *Buchhandlung*

(von oben nach unten)

ΠΑΝΤΟΠΩΛΕΙΟΝ
pandopolíon

ΚΡΕΩΠΩΛΕΙΟΝ
kräopolíon

ΑΡΤΟΠΩΛΕΙΟΝ
artopolíon

ΛΑΧΑΝΟΠΩΛΕΙΟΝ
lachanopolíon

ΚΑΘΑΡΙΣΤΗΡΙΟΝ
katharistírjon

ΥΠΟΔΗΜΑΤΟΠΟΙΕΙΟΝ
ipodimatopiíon

ΒΙΒΛΙΟΠΩΛΕΙΟΝ
wiwljopolíon

GELD + POST + BEHÖRDEN

Bank	trápäsa
Brief	ghráma
Briefmarken	ghramatósima
Devisen	sinalaghma
Ferngespräch	ipärastikó tiläfónima
Geld	chrímata
Hauptpostamt	kendrikón tachidhromíon
Karte	kárta
Kleingeld	psila
Luftpost	aeroporikós
Paket	dhéma
Pass	dhiawatirío
Polizist	astifílax
Polzeirevier	astinomikó tmíma
Post	tachidhromíon
postlagernd	post- restánd
Reisescheck	tzäk taxidíu
Scheck	epitagí
Telefongespräch	tilefónima
Telefonzelle	tilefonikós thálamos
Telegramm	tilegráfima
Visum	thäórisis

ich möchte ein Gespräch nach... anmelden	télo na anangílo éna tilefónima ja...
ist Post für mich da?	írthe tachidromío ja ména?
können Sie wechseln?	boríte na chalássete?
nichts zu verzollen?	típota na dhilósete?
wo ist die Post?	pu íne to tachidhromío?

ARZTBESUCH

ich habe hier Schmerzen	écho pónus edó
ich habe Kopfweh	écho ponokéfalo
ich habe Fieber	écho piretós
wann hat der Arzt Sprechstunde?	póte déchete o jatrós?
was fehlt Ihnen?	ti échete?

Apotheke	farmakío	Krankenhaus	nosokomíon
Arm, Hand	chéri	Magenschmerzen	stomachóponos
Arzt	jiatrós	Medikament	fármako
Aspirin	aspiríni	Mund	stóma
Auge	máti	Nase	míti
Bauch	kiliá	Ohr	aftí
Blut	éma	Schlafmittel	ipnotikó
Durchfall	diárja	Sonnenbrand	égavma
Erkältung	kriolójima	Tablette	diskíon
Hals	lemós	Thermometer	thermómetro
Halsschmerzen	ponólemos	Tropfen	staghónes
Herz	kardhiá	Verband	epídesis
Infektion	mólinsis	Verstopfung	diskiljótita
Kopf	kefáli	Zahn	dhóndi
Kopfschmerzwn	ponokéfalos	Zahnarzt	odhontíatros
Klinik	klinikí	Zahnschmerzen	ponódhontos

ARZTBESUCH

Motor	motér
Motoröl	ládi michanís
Parkplatz	chóroß ßtasmáfßäoß aftokiníton

Auspuff	exátmissi
Autoschlüssel	klidiá aftokinítu
Batterie	bataría
Benzin	venzíni
Bremse	fréno
Diesel	petrélio
Ersatzteil	andalaktikón
Führerschein	ádhia odhigú
Keilriemen	imándas
Kühler	psijíon
Kupplung	simbléktis
Licht	fos
Lichtmaschine	dhinamomichaní
Luftdruck	píessi aéros

Reifen	lásticho
Super	súper
Werkstatt	ergastírion
Windschutzscheibe	parbrís
..... Liter Benzin	..... lítra vensíni

Brtt

mein Auto ist kaputt	to aftkínitó íne chalasménos
wie teuer wird die Reparatur sein?	póso tha stichísi i episkewí?
wo ist die nächste Tankstelle (Werkstatt)?	pu íne to plisiésteron pratírion vensínis (sinergíon)?

Auto

"Raucher"	kapnistón
"Nichtraucher"	mi kapnistón

Toilette	tualéta
"Damen"	jinekón
"Herren"	andrón
"besetzt"	katiliménon
"frei"	eléftheron

"offen"	aniktó
"geschlossen"	klistó

gut	kaló
schlecht	kakó

der, die, das	o, i, to
die (Plural)	i, i, ta

ja	ne, malista (stärker)
nein	ochi
nicht	dhen

gelb	kítrino
grün	prásino
blau	ble
rot	kókino
weiß	áspro
schwarz	máwro

Deutschland	jermanía
Österreich	afstría
Schweiz	elwetía

Dolmetscher	djermiéfs
Eintrittskarte	isitírjo
Führer	odighós

Morgen	proí
Mittag	messiméri
Nachmittag	apógewma
Abend	wrádhi
heute	símera
gestern	chtés
morgen	áwrio

Januar	januárjos
Februar	fäwruárjos
März	mártjos
April	apríljos
Mai	májos
Juni	júnjos
Juli	júljos
August	áwghußjos
September	säptámwrjos
Oktober	októwrjos
November	noámwrjos
Dezember	däkámwrjos

★

es ist 1 Uhr	íne mía
in 3 Tagen	sä tris máräs
um 12 Uhr 3o	stis dódäka kjä triánda
um Viertel vor (nach) 12	stis dódäka pará (kjä) tátarto
wie spät ist es?	ti óra íne?

Montag	dheftéra
Dienstag	tríti
Mittwoch	tetárti
Donnerstag	pémpti
Freitag	paraskewí
Samstag	sáwato
Sonntag	kiriakí
Woche	ewdhomádha
Monat	mínas
Jahr	chrónos

ZAHLEN

1	éna
2	dhío
3	tría
4	tésara
5	pénde
6	éxi
7	eftá
8	ochtó
9	enjá
1o	déka
11	éndeka
12	dódeka
13	dekatría
14	dekaésara
15	dekapénde
16	dekaéxi
17	dekaeftá
18	dekaochtó
19	dekaenjá
2o	íkosi
21	íkosi éna
22	íkosi dío
3o	triánda
4o	saránda
5o	penínda
6o	exínda
7o	ewdomínda
8o	oghdónda
9o	enenínda
1oo	ekató
2oo	diakósja
3oo	triakósja
1ooo	chílja
2ooo	dío chiljádes

ἔνα
ena

δύο
dio

τρία
tria

τέσσαρα
= 4

NOTIZEN

VERLAGS PROGRAMM

Reihe unkonventioneller Reiseführer im Verlag Martin Velbinger, München. Mit vielen Tips vollgepackt, – alles, was man zur Planung und für unterwegs braucht. Die Fülle hilfreicher Details und Infos zu – Hotels – Restaurants – Verbindungen – Sport – Stränden etc. besticht, der locker- lebendige Stil macht Freude zum Lesen und motiviert zum Selbst- entdecken und Ausprobieren. – "Eine Reihe von ungemein hohem Gebrauchswert" –

"ein oder zwei tips könnnen schon den Kaufpreis des Buches wieder einsparen!"

VERLAG MARTIN VELBINGER

Bahnhofstr. 1o6 – 8o32 Gräfelfing/München

TEL (o89) – 85 1o 19   TELEX 52 14 86o

Südamerika
— FÜHRER —

Band ③

Mexico, Guatemala, Honduras, Nicaragua, San Salvador, Costa Rica, Panama

Rund 4oo Seiten, — 39,8o DM

in Vorbereitung

Martin Velbinger

Band ①

Guyana, Surinam, Franz. Guyana, Kolumbien, Venezuela, Ecuador, Peru, Bolivien, Brasilien, Paraguay, Uruguay, Argentinien, Chile Osterinseln und Galapagos.

völlig überarbeitete Neuausgabe
1.584 Seiten, — 68,- DM

Martin Velbinger

Band ②

Guadeloupe, Les Saintes, Marie Galante, Desirade, Dominica, Martinique, Barbados, St. Lucia, St. Vincent, Grenadinen, Grenada, Trinidad, Tobago

512Seiten, — 39,8o DM

Martin Velbinger

USA FÜHRER

Band ⑧

Umfangreiche Tips zu Florida/USA sowie der Inselgruppe der Bahamas, deren Gewässer zu den klarsten und besten Tauch/Badegebieten der Welt zählen! Sport, — Unterkunft, Verbindungen.

288 Seiten, —   26,8o DM
Martin Velbinger

TOLLE TIPS!

VERLAG
MARTIN
VELBINGER
Bahnhofstraße 106 – 8032 Gräfelfing

IN KÜRZE: "IRLAND"/Franz Rappel, sowie weitere Titel in Vorbereitung. Anfrage an den Verlag!

West-Europa Führer

Band 24

Viele konkrete Tips zu Unterkünften, Restaurants, Pubs und lokalen Festivals. Infos zu Folk-Musik, Sport, Hausboottouren und Ferien im Zigeunerwagen. Alle Infos zu Flug-, Bus-Schiffsverbindungen

Franz Rappel
ca. 380 Seiten   26,80 DM

Band 25

inkl. Channel Islands

Alle nützlichen Infos zu Camping, Unterkunft, Ausgehen. Viele hilfreiche Details zu Sport (Surfen, Reiten, Baden, Tennis). Routen zu Hinkelsteinen und Kalvarienbergen, selbstverständlich alles direkt vor Ort recherchiert.

Schröder/ Pagenstecher
480 Seiten   26,80 DM

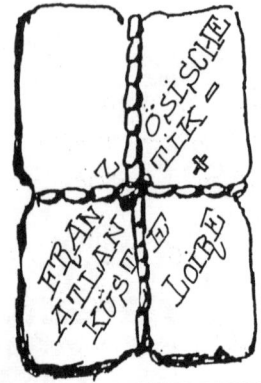

Band 26

Alles über Baden, Surfen, Segeln, Wetter, Camping, Hotels. Nützliche Tips für Essen, Einkaufen und Savoir Vivre. Ausführliche Infos über die Loireschlößer, Anreise, Kanu- und Ausflugsfahrten auf eigene Faust.

Schröder/Pagenstecher
ca. 250 Seiten   22,80 DM

Nord–Europa
– FÜHRER –

Franz Rappel
SCHOTTLAND

REISE-Handbuch
VERLAG MARTIN VELBINGER
Die Reiseführer mit dem hohen Gebrauchswert

Band ⑰

handfeste Tips, – von Verbindungen (Bus, Schiff, Zug, Flug) – zu Tips für Übernachtung, Wandern, Bootsmieten, Pubs, Shopping etc.
Inkl. Orkneys, Shetlands und Hebriden.   Franz Rappel
384 Seiten, –   26,8o DM

Marlen & Bert Baesgen
SCHWEDEN
inkl. Kungsleden + Sarek
Süd - Mittel Schweden – Lappland

REISE-Handbuch
VERLAG MARTIN VELBINGER
Die Reiseführer mit dem hohen Gebrauchswert

Band ⑱

mit einer Fülle von Tips zu Campen, – Kanuwandern, – Wildwasser, – Unterkunft, preiswert Essen, Wandern. Handfest vor Ort recherchiert,– nützlich und hilfreich für jede Schweden- Reise

416 Seiten, –   26,8o DM
Marlen und Bert Baesgen

Schröder/Pagenstecher
NORWEGEN
REISE-TIPS

REISE-Handbuch
VERLAG MARTIN VELBINGER
Die Reiseführer mit dem hohen Gebrauchswert

Band ⑲

umfangreiche Tips zu allem, was der Norwegenfahrer braucht: günstigste Anreise, – Übernachtung, – Fjordroute, Wandern in Norwegen etc.

ca. 5oo Seiten, –   26,8o DM
Schröder/Pagenstecher

Süd-Europa
—Führer—

Band (21)

alles, was der Kretareisende braucht: von der preisgünstigsten Anreise zu Tips Hotels, — Verbindungen, — Strände, — Wandern etc.

ca. 35o Seiten, — 22,8o DM
Velbinger/Bausenhardt

Hans Bausenhardt

SIZILIEN

inkl. Eolische Inseln

REISE-Handbuch
VERLAG MARTIN VELBINGER
Die Reiseführer mit dem hohen Gebrauchswert

Band (23)

Vollgepackt mit handfesten und nützlichen Tips und Infos zu Sizilien, Eolische Inseln, Egadische Inseln und Pantelleria. Günstige Anreise, Verbindungen auf der Insel, Strände, beste Restaurants, Unterkunft etc.
48o Seiten, — 26,8o DM
Hans Bausenhardt

Band (22)

Herausgeber: Martin Velbinger, - geschrieben von einem Autoren-Team, das im jeweiligern Land sein Spezialgebiet hat.

Kompakt, — übersichtlich jede Menge nützlicher Tips !

ca. 6oo Seiten, — 24,8o DM

Süd-Europa
FÜHRER

Band ⑭

vollgepackt mit Ferieninformationen zu Stränden, — Restaurants, — Camping, — Wanderrouten, Verbindungen, — Sport.

432 Seiten, —   22,8o DM
Hans Bausenhardt

Band ⑮

einer der detailliertesten, konkreten Führer zur Region Neapel, — Capri, Ischia, — Amalfi, Cilento.

384 Seiten, —   24,8o DM
Hans Bausenhardt

Band ⑯

Küste, — Inseln, sowie Inland. Viele Tips zu Sport, — Stränden, Hotels, Camping, Essen, — Wildwasser, Kanutrips, Höhlen, Eine Fülle nützlicher Tips, die vor Ort viel Geld sparen.

32o Seiten, —   24,8o DM
Schröder/Pagenstecher

Städte: —FÜHRER—

Band ⑦

Das Leben genießen.
Für Leute, die mal ein Wochenende ausspannen wolle, — oder
länger. Viele Tips zu Hotels,
Restaurants. Ungeheure Tips-
fülle!

Hans Jörg Sing
356 Seiten, —   29,8o DM

Band ⑩

Wiener Szene, — Beisln, Schlafen,
Shopping, — Musik, Szene, Kunst.
Viele Tips zu Hotels, Restaurants.
Geschrieben von Redakteur des
Österr. Rundfunks, der Wien
kennt.

48o Seiten, —   24,8o DM
Norbert Steidl

Band ⑳

Insider Tips zu Shopping, Sight-
Seeing, Kunst und Kultur. Aber
auch zu den besten Restaurants,
Unterkunft, Szene und Umgebung, die einem viel Geld einsparen können.

ca. 35o Seiten, —   22,8o DM
Hans Bausenhardt

Süd-Europa-Führer

Band 11

Die Toscana in ihren 9 Provinzen, sowie die Insel Elba. Anreise, — Verbindungen in der Toscana, Sight Seeing und Kunst, sowie eine Fülle nützlicher Tips zu Restaurants und Unterkunft.

288 Seiten, — 24,8o DM
Hans Jörg Sing

Band 12

Anreise, Campanien, Gargano, Apulien, Lucanien, Calabrien.

Unzählige Tips zu Hotels, Restaurants, Stränden, Verbindungen.

448 Seiten, — 26,8o DM
Hans Bausenhardt

Band 13

Kreativ Ferien auf einer der schönsten Inseln des Mittelmeers.
Wandern, Baden, Segeln, Tauchen, Hotels, Camping, Verbindungen, Essenstips.

416 Seiten, — 24,8o DM
Schröder/Pagenstecher

Süd-Europa
FÜHRER

GRIECHENLAND
REISE-TIPS

MARTIN VELBINGER
Band ⑤

Band ④

Seit 11 Jahren bewährter Reise-
begleiter für "Griechenland auf
eigene Faust"!
Anreise, griechisches Festland,
Peloponnes, sowie 36 Inseln.
kompakt in 1 Band, — jetzt
14. Auflage!

416 Seiten,   —   29,8o DM
Martin Velbinger

Michael Müller
SÜDFRANKREICH

REISE-TIPS: Provence
Languedoc
Roussilion
Tarn
Camargue
VERLAG
MARTIN
VELBINGER

Band ⑥

Anreise, Auto, Eisenbahn, Flug.
Tips zur Provence, — Camargue,
— Languedoc, — Roussillion, —
Tarn, — Ardeche. — Kneipen,
Kanuwandern, — Hotels, Wan-
derungen etc.

Neuausgabe,   —   24,8o DM
Michael Müller

Michael Müller
PORTUGAL
ALGARVE·LISSABON·NORDPORT·AZOREN

REISE-TIPS
VERLAG
MARTIN
VELBINGER

Band ⑤

Anreise, Tips, Nordportugal,
Algavre, Lissabon, Azoren, —
Landesinnere, Restaurants,
Strände, Sport etc.

ca. 35o Seiten,   —   26,8o DM
Michael Müller